I4K 12 (Reserve)
.187
C.

HISTOIRE
DE
L'ISLE ESPAGNOLE
OU DE
S. DOMINGUE.

ECRITE PARTICULIEREMENT SUR
des Memoires Manuscrits du P. Jean-Baptiste le Pers,
Jesuite, Missionnaire à Saint Domingue, & sur les Pieces
Originales, qui se conservent au Dépôt de la Marine.

Par le P. Pierre-François-Xavier de Charlevoix,
de la Compagnie de Jesus.

TOME SECOND.

A PARIS,
Chez François Barois, Quay des Augustins,
à la Ville de Nevers.

———————————

M. DCC. XXXI.
AVEC APPROBATION ET PRIVILEGE DU ROY.

TABLE
DES SOMMAIRES
DU TOME SECOND.

LIVRE SEPTIE'ME.

LEs François & les Anglois débarquent en même têms à l'Isle de Saint Christophle, & la partagent entr'eux. Ils se brouillent, & les Anglois sont battus par une Escadre du Roi. Les uns & les autres sont attaqués par les Espagnols. Lâcheté d'un Commandant François. Les François sortent de Saint Christophle. Les Anglois traitent avec les Espagnols : embarras, où se trouvent les François. M. d'Enambuc retourne à Saint Christophle. Origine des Flibustiers & des Boucaniers. Ils s'emparent de l'Isle de la Tortuë : Description de cette Isle. Les Flibustiers en chassent les Espagnols. Elle se peuple & se cultive. Les François sont chassés de la Tortuë par les Espagnols, qui donnent aussi la Chasse aux Boucaniers de S. Domingue. Le Vasseur est nommé Gouverneur de la Tortuë & Côte Saint Domingue. Les Anglois sont chassés de la Tortuë. Nouveaux efforts des Espagnols contre la Tortuë. Fortifications faites par le Vasseur à la Tortuë. Les Espagnols sont repoussés avec perte. M. de Poinci tâche envain de tirer adroitement le Vasseur de la Tortuë. Le Vasseur se rend odieux par ses cruautés. Il se rend indépendant. Il se fait reconnoître Prince de la Tortuë. Il est assassiné. Ses assassins s'emparent du Gouvernement. Le Chevalier de Fontenay nommé Gouverneur de la Tortuë, y est reçû par composition. Etablissement des François à la Côte de l'Oüest de S. Domingue. Imprudence du Chevalier de Fontenay. Les Espagnols attaquent la

a ij

TABLE

Tortuë, les François sont trahis par un transfuge. Ils se rendent par composition. Ce qu'ils deviennent après la perte de l'Isle. Ils se séparent en deux bandes. Sort des uns & des autres. Le Chevalier de Fontenay retourne à la Tortuë. Il est contraint d'abandonner son entreprise. Sa mort. Les Flibustiers aident aux Anglois à conquerir la Jamaïque. Les Boucaniers donnent la chasse aux Espagnols dans cette Isle. Le President de Saint Domingue décapité à Seville. Les François pensent à reconquerir la Tortuë. Quel fut le succès de cette entreprise. Du Rausset entreprend de reconquerir la Tortuë. Il en vient à bout. Il repasse en France. Le sieur de la Place Commandant à la Tortuë: sa bonne conduite. M. d'Ogeron Gouverneur de la Tortuë. Etat de l'Isle de Saint Domingue en 1665. Action cruelle d'un Espagnol. Vengeance qu'en tirent les Avanturiers. Ceux-ci sont attaqués au retour & se défendent bien. Etablissemens des François. Description des Boucaniers. Leurs Boucans. Leur maniere de vivre, leurs Loix & leurs Religion. Leurs vétemens, leurs armes, leurs chiens, leurs chasses, leur maniere de se nourrir. Maladies ausquelles ils étoient sujets. Leurs principaux Boucans. Succès de la guerre entre les Boucaniers & les Espagnols. Mesures que prend la Cour d'Espagne pour exterminer les Avanturiers. Les Espagnols veulent surprendre les Boucaniers, & sont battus. Origine de plusieurs Etablissemens. Précautions des Boucaniers contre les Espagnols; & comment ceux-ci viennent à bout de les dissiper. Quelques échecs que les Boucaniers reçûrent. Description des Flibustiers. Leur maniere de partager le butin; sur quoi ils fondoient leur droit de faire la guerre aux Espagnols. Leur maniere de faire la guerre. Leur indépendance. Leur irréligion. Expeditions ordinaires des Flibustiers. Caractere de M. d'Ogeron. Ses Avantures. A quelles conditions il est reçû dans la Tortuë. Son application à faire fleurir sa Colonie. On envoye des Filles de France à la Tortuë. M. d'Ogeron n'est pas secondé, & ce qui en arrive. Sa générosité, & le succès qu'elle eut. Nouvelles habitations dans l'Isle de Saint Domingue. Avantures de l'Olonnois fameux Flibustier. Les différens Etats, par où il passe. Ses premiers Exploits. Ce qui lui arrive à la Côte du Cuba. Il se rend maître d'une Frégate. Il coupe la tête à tout l'Equipage, & fait jetter à la Mer ceux de quatre Barques. L'Olonnois & le

DES SOMMAIRES.

Basque se joignent pour un grand dessein. Prise de Maracaïbo, & de Gibraltar. Les Flibustiers rançonnent Maracaïbo. Butin qu'ils remportent de cette expedition. Nouveau dessein de l'Olonnois. Il veut aller au Lac de Nicaragua, & ne peut y arriver. Sa mort.

LIVRE HUITIEME.

Hostilités entre les Anglois de la Jamaïque, & les François de Saint Domingue. La Guerre devient plus vive que jamais entre les François, & les Espagnols de Saint Domingue. M. d'Ogeron envoye des Troupes pour piller Sant-Yago. Quel fut le succès de cette entreprise. Seconde prise de Maracaïbo. La Paix ne fait point cesser la Guerre, & pourquoi. Pillage de Panama, & de Portobelo. M. d'Ogeron continué Gouverneur de la Tortuë. Etat & avantage de cette Colonie. Pourquoi M. d'Ogeron ne juge pas qu'on doive bâtir une Forteresse à Saint Domingue. Il propose un Etablissement à la Floride. Les Anglois s'établissent dans la Floride Françoise, & la nomment Caroline. La Colonie se révolte contre la Compagnie & contre le Gouverneur. Quel en fut le sujet. Le Commandant du Cul-de Sac arrêté par les Mutins. Il est délivré par M. d'Ogeron, qui est insulté au petit Goave. Il demande du secours au Gouverneur Général des Isles. M. de Gabaret refuse d'aller à son secours. Progrés de la Révolte. Moyens proposés pour réduire les Révoltés. Suite de la Révolte. Le Roi ordonne à M. de Gabaret d'aller au secours de M. d'Ogeron, & fait faire des plaintes aux Etats Généraux contre les Auteurs de la Révolte. Voyage de M. de Gabaret à Saint Domingue. Ce qui se passe à Leogane, au petit Goave, & à Nippes. Les Quartiers du Nord prêtent un nouveau serment de fidelité. Départ de M. de Gabaret. La Révolte s'assoûpit tout à coup. M. d'Ogeron fait un coup d'authorité, qui lui réüssit. Les Habitans reçoivent l'amnistie. M. de Baas forme le dessein de s'emparer de Curaçao. Description de cette Isle. M. de Baas part pour cette Isle. L'entreprise est manquée. Naufrage de M. d'Ogeron. Conduite indigne du Gouverneur de Portoric. M. Bodard manque une belle occasion de se sauver. M. d'Ogeron se sauve, & arrive à la

TABLE

Tortuë. Conduite de M. de Baas en cette occasion. Le Chevalier de Saint Laurent envoye redemander les François au Gouverneur de Portoric, qui refuse de les rendre. A quoi il tient qu'il ne les relâche. M. d'Ogeron part pour Portoric. Succès de son expedition. Le Gouverneur de Portoric fait embarquer les Officiers François pour le Perou. Ils sont délivrés par un Anglois. M. d'Ogeron projette de chasser les Espagnols de toute l'Isle. Description de Samana. Etablissement dans cette presqu'Isle. M. d'Ogeron passe en France, & y meurt. Caractere de son successeur. Une Escadre Hollandoise brûle plusieurs Vaisseaux Marchands dans le Port du petit Goave. Autre Escadre, dont un Capitaine Suédois rompt toutes les mesures. M. de Poüancey est nommé Gouverneur de la Tortuë le 16. Mars 1676. La Colonie de Samana transportée au Cap François. Prise du Cotuy. M. de Poüancey fait une course dans le Pays Espagnol. Prise de Tabago par le Comte d'Estrées, qui mande à M. de Poüancey de le venir joindre avec une partie de ses Milices, pour une seconde entreprise sur Curaçao. M. de Poüancey arrive à Saint Christophle. Proposition qu'il fait à M. d'Estrées. La Flotte échoüe sur les Isles d'Avés. Les Hollandois font plusieurs prises à la Côte de l'Oüest. Entreprise malheureuse des Flibustiers sur Sant-Yago de Cuba. Autres expeditions plus heureuses. Troisiéme prise de Maracaïbo. Révolte de Negres au Port de Paix. Ils sont défaits. Etat de la Colonie. Mutinerie des Habitans du Cap-François. Conduite ferme de M. de Poüancey en cette rencontre. Il appaise la sédition. Prétentions des Espagnols sur l'Isle de Saint Domingue. Expedition de Granmont à la Côte de Cumana. Il est attaqué & blessé dans sa retraite. Mort de M. de Poüancey: en quel état il laisse sa Colonie. Un Navire Anglois pris par Granmont, & l'Equipage passé au fil de l'épée. Prise & pillage de la Vera-Cruz par les Flibustiers. Description de cette Ville. Les François entrent dans la Ville pendant la nuit, & s'emparent de tous les Postes. Embarras des Flibustiers & des Espagnols: Les premiers s'embarquent. Différent survenu entre les Flibustiers. Mort de Vand Horn. La bonne intelligence rompuë entre les Flibustiers de Saint Domingue & ceux de la Jamaïque. M. de Cussy arrive à Saint Domingue avec les Provisions de Gouverneur. Combat auprès de Carthagene entre les Flibustiers & les Espagnols. Messieurs

DES SOMMAIRES.

de Saint Laurent & Begon passent à Saint Domingue, & pourquoi. Hostilités des Espagnols pendant la Tréve. Application de M. de Cussy à bien régler sa Colonie. Abus qui s'étoient introduits parmi les Flibustiers. On travaille à faire revenir ceux-ci dans la Colonie. Le Roy ne goûte point les ménagemens qu'on a pour eux. Caractere de M. de Cussy : calomnies publiées contre lui. Etablissement proposé dans la nouvelle Biscaye. Négociations inutiles avec le Président de San-Domingo. Etablissement d'un Conseil Supérieur, & de plusieurs Sieges Royaux. La Ferme du Tabac ruine la Colonie. Propositions des Habitans au Roi, pour augmenter le Commerce de leur Isle.

LIVRE NEUVIE'ME.

Depart de Messieurs de Saint Laurent & Begon. Causes d'une excursion des Flibustiers dans la Mer du Sud. Différentes routes qu'ils prennent. Ils manquent la Flotte du Perou, & en sont ensuite fort maltraités. Les deux Nations se séparent. Realejo & Leon pris par les Anglois ; & Pueblo-Viejo par les François. Différentes Avantures de ces derniers. Une Troupe d'Anglois se joint aux François. Attaque de Grenade, & sa prise. Les Flibustiers se séparent en deux bandes. Prise de la Villia. Combat auprès de Panama. Victoire des Flibustiers. Second Combat, & seconde Victoire. Ce qui se passe entre le Président de Panama & les Flibustiers. Description de Guayaquil. Les Anglois & quelques François se séparent de nouveau, puis se réjoignent pour l'Expedition de Guayaquil. Les Flibustiers arrivent avec un nouveau renfort devant Guayaquil. Ils attaquent la Ville & la prennent. Le butin qu'ils y firent. On cherche à les amuser. De quelle maniere ils passent le têms à la Puna. Départ des Flibustiers ; ils sont attaqués dans leur retraite. Ils partagent leur butin. Plusieurs François les joignent. Prise de Tecoantepeque. Route que prennent les Flibustiers pour se rendre à la Mer du Nord. Action hardie de dix huit Flibustiers. Derniere résolution des Flibustiers pour le passage à la Mer du Nord. Préparatifs & ordre de la Marche. Départ pour la nouvelle Segovie. Ce qu'ils eurent à souffrir dans le chemin. Départ de la nou-

velle Segovie. Dangers où se trouvent les Flibustiers. Comment ils s'en tirent. Les retranchemens des Espagnols sont forcés. Ce qui s'étoit passé au bagage. Ils arrivent à la Riviere. Sa description. Maniere d'y naviguer. Assassinat de cinq Anglois. Arrivée des Flibustiers à la Mer du Nord. Avantures d'une autre Troupe de Flibustiers, & du Capitaine le Sage. Inconveniens des Courses des Flibustiers. M. de Cussy tente en vain de les faire cesser. Prise de Campêche. La Forteresse est abandonnée par les Espagnols. La Ville est brûlée. Histoire de Granmont. De Graff est fait Major. Les Espagnols se rendent Maîtres du petit Goave & en sont chassés. Ou se prépare des deux côtés à la Guerre. Mauvaises manieres des Anglois. Conduite des François à leur égard. Gallion échoüé aux Serenilles, & ce qui en arrive. Navire du Roi pris par les Hollandois. Les Anglois se rendent Maîtres du Gallion échoüé sur les Serenilles. Révolte au Cap-François. Elle est réprimée. Entreprise sur Sant-Yago par M. de Cussy. M. de Cussy envoye son Secretaire au Gouverneur. Ce qui se passe entre M. de Cussy & un Officier du Gouverneur. Les Espagnols dressent une embuscade aux François. Ils sont repoussés avec perte. Prise de Sant-Yago. Retraite des François. Les Espagnols viennent attaquer le Cap-François. Combat où Messieurs de Cussy & de Franquesnay sont tués. Suites de cette défaite. Les Troupes refusent de piller le Bourg de Gohava. M. Dumas Lieutenant de Roy se transporte au Cap, & y rétablit l'ordre. Il y établit M. de la Boulaye pour Commandant. Une partie de la Colonie de Saint Christophle transportée à Saint Domingue, & les avantages qu'elle y procure.

LIVRE DIXIE'ME.

Monsieur Du Casse nommé Gouverneur de Saint Domingue. Ses diverses Avantures. Il entre dans le service du Roi, & à quelle occasion. Tentatives inutiles des Anglois sur saint Domingue. Conspiration des Negres découverte & punie. Arrivée de M. Ducasse. Etat où il trouve la Colonie. Il examine la conduite de M. de Cussy, & le jugement qu'il en porte. Etat de la Colonie Françoise de Saint Domingue en 1691. Projet d'abandonner

DES SOMMAIRES.

ner tous les quartiers, à la réserve de deux. Les Ennemis s'avancent par Mer & par Terre, pour attaquer la Colonie, & se retirent sans rien faire. Indocilité des Flibustiers. Mesures que prend M. Ducasse pour retirer les François Prisonniers des mains des Anglois & des Espagnols. Lettres interceptées par les Anglois: effet qu'elles produisent. Expédition dans la Jamaïque. Tremblement de Terre extraordinaire à la Jamaïque. Suite de ce Tremblement. La Colonie est menacée de nouveau par les Anglois & les Espagnols. Préparatifs de M. Ducasse pour se deffendre. Lettres de l'Archevêque de San-Domingo interceptées. Projet proposé par M. Ducasse: ce qui en empêche l'exécution. Ce qui fait manquer le dessein des Espagnols & des Anglois sur la Colonie Françoise de Saint Domingue. Proposition de Monsieur Ducasse à Monsieur de Pontchartrain, pour rendre la Colonie florissante. Prise de la Garde-Côte Angloise. M. Ducasse part pour la Jamaïque avec de grandes forces. Prise du Port Moran & du Port Marie. Le Téméraire détaché de la Flotte, ce qu'il devient. Prise d'Ouatirou par M. Ducasse. Générosité de M. Ducasse blâmée à la Cour. Les Anglois sont repoussés du Cul-de-Sac, & de l'Isle Avaches. Préparatifs des Anglois & des Espagnols, pour attaquer la Colonie Françoise de Saint Domingue. Embarras de M. Ducasse, & quel parti il prend. La Flotte des Alliés fait sa première descente à la Baye de Mancenille. Mauvaise conduite du sieur de Graff. Les ennemis s'emparent du Cap & des Batteries. Le retranchement du haut du Cap abandonné. Les Ennemis vont au Port de Paix. Prise de Saint Louis. Marche des Troupes de Terre jusqu'au Port de Paix. Mauvaise manœuvre du S. de la Boulaye. Les Ennemis arrivent devant le Port de Paix. Ce qui empêche M. Ducasse d'aller au secours du Port de Paix. Siege du Port de Paix. Mésintelligence entre les Assiégeans. Division dans le Fort. Les Habitans veulent sortir du Fort, & les Soldats veulent capituler. L'abandon du Fort est résolu. Retraite des François. Le Major Bernanos est tué. Belle retraite des François. Les Anglois se rendent Maîtres du Fort. Causes de la retraite des Ennemis. M. Ducasse propose le siége de San-Domingo. La Colonie de Sainte Croix transportée à Saint Domingue. Description de l'Isle de Sainte Croix, & les différentes révolutions qu'elle a essuyées. Procès fait aux sieurs

TABLE

de *Graff* & *de la Boulaye*. On informe contre eux. Quelles furent les suites de ces informations. Entreprises de part & d'autre sans succès. Armement du Chevalier des Augiers, son objet, & le succès qu'il eut.

LIVRE ONZIEME.

Projet pour le Commerce avec les Espagnols. Armement de M. de Pointis. Sentimens de M. Ducasse sur cette Entreprise. Caractere de M. de Pointis, & de M. Ducasse. Portrait de M. de Galifet. Secours que M. de Pointis tire de Saint Domingue. Il arrive au Cap. M. de Pointis & M. Ducasse commencent à se brouiller. Ce qui détermine M. Ducasse à suivre M. de Pointis. Les Gens de la Côte refusent de s'embarquer. Reglement fait avec eux. Revolte des Flibustiers appaisée par M. Ducasse. Départ de l'Escadre pour le Cap Tiburon. M. de Pointis delibere sur le parti qu'il doit prendre. Premier avis, aller chercher les Galions. Second avis, la prise de la Vera-Cruz. Troisieme avis, l'attaque de Carthagene. Il se détermine à suivre ce dernier avis. Etat de l'Armée de M. de Pointis au sortir de Sambay. Disposition des Troupes. M. de Pointis trompé par les Plans, qu'on lui avoit donnés de Carthagene. Messieurs de Pointis, Ducasse, de Levi & du Tilleul, se trouvent en danger à la Côte de Carthagene. La Flotte mouille devant Boucachique. Description de Carthagene. La descente se fait à Boucachique. Description du Fort de Boucachique; approches de ce Fort. Prise d'une Pirogue chargée d'Hommes & de munitions. La place est battuë de toutes parts. Prise de Boucachique. Les Flibustiers sont commandés pour aller se rendre Maîtres de Notre Dame de la Poupe. Sédition à ce sujet. Le Fort de Sainte Croix abandonné. Prise du Fort de Saint Lazare. Attaque de Hihimani. On prend un bateau venu de Portobelo. Hihimani pris d'assaut. Perte des Assiegeans. La Ville haute bat la chamade. Articles de la Capitulation. M. de Pointis prend possession de Carthagene. Butin fait à Carthagene. Conduite de M. de Pointis envers les Flibustiers. Conduite de ceux-ci avec les Habitans de Carthagene. Ce qui se passe entre Messieurs de Pointis & Ducasse après la prise de

DES SOMMAIRES.

Carthagene. Mauvais traitemens faits aux Gens de la Côte. On prend le parti de ne garder ni Carthagene, ni Boucachique. M. de Pointis s'embarque & trompe les Gens de la Côte. Les Avanturiers retournent à Carthagene. M. de Pointis est poursuivi par une forte Escadre ennemie. Les Avanturiers à Carthagene. La Ville est au pillage. Stratagême, dont les Avanturiers s'avisent pour tirer des Habitans toutes leurs richesses. Ils se rembarquent, & sont avertis de l'approche d'une Flotte Angloise. Ils la rencontrent, & ce qui en arrive. M. Ducasse demande son rappel, & la réponse qu'on lui fait. Le Roi rend justice aux Gens de la Côte, mais ils en profitent peu. Les Prisonniers faits par les Anglois. Révolte des Negres au Cap. Les Anglois font une irruption au petit Goave, & en sont chassés. Mort du Comte du Boissy Raymé. Hostilités des Anglois & des Espagnols. La Paix de Riswick arrête toutes les hostilités. Etablissement de l'Isle Avache. M. de Galifet Gouverneur de Sainte Croix, avec droit de commander en chef en l'absence de Gouverneur. Compagnie de Saint Louis. Etat misérable de la Colonie, & d'où venoit le mal. Efforts de Messieurs Ducasse & de Galifet pour y remedier. Reglement pour le Commerce, & pour les Fortifications des Postes. Etablissement des Ecossois vers le Golphe de Darien. Inquiétude de la Cour à ce sujet. Mesures de M. Ducasse pour s'opposer à cet Etablissement. Les Indiens de Sambres se mettent sous la protection de la France. Les Ecossois abandonnent pour la seconde fois le Darien. Avenement de Philippe V. à la Couronne d'Espagne. Ce qui empêche les Anglois de succomber sous les efforts des François & des Espagnols. Le Vice-Amiral Bembou attaque Leogane, & avec quel succès. Les Ennemis se retirent. Combat entre le Vice-Amiral Bembou & M. Ducasse. Les Ennemis attaquent le petit Goave, & se retirent. M. Auger succede à M. Ducasse dans le Gouvernement de S. Domingue. Son arrivée à S. Domingue, & sa conduite à l'égard de M. de Galifet. Mort de M. de Galifet. Caractère de M. Auger. M. Deslandes, Commissaire Ordonnateur à Saint Domingue. Les Jesuites envoyés à Saint Domingue à la place des Capucins. M. Mithon, Premier Intendant à Saint Domingue. M. d'Iberville à S. Domingue. Le Comte de Choiseul, Gouverneur de S. Domingue. Sa mort. Le Gouvernement de la Tortuë érigé en Gou-

TABLE

vernement Général, en faveur de M. de Blenac. Fin de la Flibuste. Tous les Cacaoyers de Saint Domingue meurent. La Guerre déclarée aux Espagnols. Désertion des Negres, & les suites qu'elle peut avoir.

LIVRE DOUZIEME.

Mécontentement de la Colonie contre la Compagnie des Indes. Surquoi particulierement il étoit fondé. Discours insolens attribués aux Employés de la Compagnie. Ordres du Roy qu'on prétend avoir été inspirés par la Compagnie des Indes. Différentes dispositions des Habitans à ce sujet. Des Femmes du Cap vont en armes insulter les Employés de la Compagnie. Mauvais procedé du Directeur en cette occasion. Le Comte d'Arquian arrête le désordre. Nouvelle émûte. Ce qui se passe à la maison d'Afrique. La maison de campagne de la Compagnie brûlée par les Révoltés. Le poids des Especes est supprimé. Lettres du Général & de l'Intendant, & l'effet qu'elles produisent. La Révolte recommence. M. de Châtenoye fait inutilement ses efforts, pour obliger les Habitans à désarmer. M. d'Arquian les va trouver. Ce qui se passe entre eux & lui. Départ de la Bellonne. Habitation brûlée. Désordre arrivée au Cap. Ce qui se passe à Léogane au sujet des nouveaux droits obtenus par la Compagnie des Indes. Ordonnance pour la suppression du poids des Especes. Divers mouvemens à Léogane. Lettres du Gouverneur Général & de l'Intendant à Messieurs d'Arquian & Duclos; & les réponses de ceux-ci. Le quartier de l'Artibonite se révolte. Les Habitans de ce quartier vont à Léogane. Ce qui se passe dans cette marche. M.r le Marquis de Sorel envoye au-devant d'eux. Accommodement entre le Général & l'Intendant d'une part, & les Habitans de l'autre. De quelle maniere on contente les Volontaires, pour les dédommager du pillage, qu'on leur avoit promis. Les Habitans reprennent les armes, & se rendent Maîtres de la personne du Général. Départ des Directeurs de Léogane & de Saint Louis. Nouvelle insulte faite au Gouverneur Général. Arrivée d'un Negrier au Cap : nouveaux mouvemens à ce sujet. Ils s'appaisent pour peu de tems. On fait

DES SOMMAIRES. xij

courir de nouveaux Ecrits, mais sans beaucoup de suite. Les Députés des quartiers s'assemblent au haut du Cap, & ce qui s'y passe. Demandes des Habitans à Messieurs d'Arquian & Duclos. Diligence de Messieurs d'Arquian & Duclos pour la Traite du Negrier. Ce qui se passe à Leogane à ce sujet. Nouvelle opposition de quelques Deputés à la Vente des Negres. Elle se fait pourtant, & ce qui en arrive. Les quartiers s'assemblent de nouveau. Attentat de quelques particuliers. La Vente du Negrier s'acheve. La tranquillité rendue aux quartiers du Cap. Arrivée d'un nouveau Navire de la Compagnie des Indes. Le Gouverneur Général & l'Intendant se retirent à bord d'un Navire du Roi, & passent au petit Goave. Divers Arrêts rendus par le Conseil de Leogane. De quelle maniere ces Arrêts sont reçus au Cap. Repliques pour le Conseil de Leogane. Déliberation du Conseil Supérieur presentée à M. Sorel après son départ pour le petit Goave. Discours de M. de Nolivos au Conseil. Replique du Conseil. Effet que produit au Cap la Retraite du Général. Un Navire de la Compagnie paroît à la vûë du Cap, & n'y entre point. Le Conseil de Léogane divisé. Ordre intimé aux Conseillers restés à Léogane de ne plus s'assembler. Réponse des Conseillers. Etat où se trouverent ensuite les affaires dans ces quartiers. Bons effets de la présence des Vaisseaux du Roi. Differentes Instructions données à la Cour. Le parti que prend le Roi. Arrivée du Comte de Champmélin, & du Chevalier de la Rochallar au petit Goave. Leur réception. Premiere Séance du Conseil, où ils président. Seconde & troisiéme Séance. De quelle maniere les Généraux en usent avec le Conseil & les Habitans du petit Goave. L'Escadre fait voiles vers Léogane. Conduite du Comte de Champmélin. Ce qui se passe à la revûë de Léogane. Diligences de M. de Champmélin, pour se saisir du sieur de C***. Revûë & serment de fidélité à saint Marc. C*** échappe au Général, qui le casse à la tête des Troupes & le proscrit. Quatriéme Séance du Conseil. Cinquiéme Séance; deux Conseillers interdits. Départ des Généraux pour les quartiers du Nord. Ce qui se passe au Port de Paix. Leur Réception au Cap, & le compte que M. de Champmélin en rend au Ministre. Ordonnance du Roy en faveur de la Colonie. Retour de l'Escadre au petit Goave. Les deux Conseillers

b iij

interdits sont réhabilités. Sentence renduë contre C*** & Fourtier. Derniere séance du Conseil. Visite du Port au Prince. Retour, Mort, Eloge de M. de Champmelin. Attachement des peuples de S. Domingue pour le Roi. Description de la Colonie Espagnole. Sant-Yago de los Cavalleros. Richesses de ce quartier. Le Begue & l'ancienne Ville de la Vega. Le Cotuy. La Vega Real, Monte-Plata, Boya. De la Plaine de San-Domingo. Forces de la Ville & des environs. La force, ou la Citadelle. Gouvernement de cette Capitale. Des Garnisons. Du Clergé. Higuey, Alta-Gratia, Zeibo, Bayaguana, Bany, Goava, Banica, Azua. Pauvreté des Espagnols. Leurs occupations & leur sobrieté. Leur ignorance, & leur fierté. Leur Religion. Leurs Vertus. Etat de la Colonie Françoise. Caractere d'esprit des Créols François, leurs bonnes & leurs mauvaises qualités. Inconveniens à craindre pour les successions. Description de la Plaine du Cap François. Le Port du Cap, Bayaha, le Port Margot, le Port François, l'Acul, le Port de Paix, le Port des Moustiques, le Port à l'Ecu, le Havre saint Nicolas. Puerto Réal, le Baye de Caracole, le Baye de Mancenille, la Grange, Monte-Christo, Isabelique, Porto-Platte, Baye de Cosbec, Samana. Paroisses de la Plaine du Cap. Ses Rivieres, ses Mines. Nombre de ses Habitans. Varieté du Terroir de la partie Françoise de Saint Domingue. Chemins de la Plaine du Cap. Climat des Montagnes, qui bordent la Plaine du Cap. Des Fruits & des Animaux domestiques. Description de la Côte Occidentale, & de la Côte Meridionale. Situation de Léogane. Miseres des Negres. Leur vrai bonheur malgré cette misere : divers caracteres des Negres. Leur défaut de memoire; qualités de leur esprit. Leurs Vertus & leurs Vices. De quelle maniere il les faut traitter. Diverses particularités de ces Peuples. Religion de Negres. Effet du Baptême en eux : leur superstition. De leurs mariages. Quelques particularités touchant les Negres.

Fin de la Table des Sommaires.

Combat de Santyago où M. de Cussy défit les Espagnols.

HISTOIRE
DE
L'ISLE ESPAGNOLE
OU DE
S. DOMINGUE.
SECONDE PARTIE.

LIVRE SEPTIE'ME.

ES Espagnols, qui commençoient à faire assés peu de cas des grandes Antilles, & qui poussoient de jour en jour leurs Conquêtes dans le Continent de l'Amérique, où il se formoit un Empire, lequel pour l'étenduë, & peut-être même pour les richesses, ne le cedoit point à celui des premiers Cesars, n'avoient eu garde de s'attacher aux petites Antilles; ils prétendoient bien

1625.

Tom. II.   A

1625.
|
1630.

à la vérité s'en être assûré la possession par plusieurs actes réiterés en divers têms, mais ils n'avoient jamais fait que de foibles efforts pour s'y établir, & ils ne paroissoient plus y faire la moindre attention, lorsqu'en 1625. les François sous la conduite de MM. d'Enambuc & du Rossey, Capitaines de Vaisseaux, & les Anglois conduits par M. Vaërnard, se trouverent par un concours d'évenemens assés singulier en même têms des deux côtés de l'Isle de S. Christophle. Ce qu'il y eut peut-être de plus admirable en cela, ce fut la bonne intelligence, avec laquelle vécurent ces deux Nations dans une fort petite Isle, non-seulement lorsqu'il s'agit d'unir leurs forces contre les Caraïbes, qui l'habitoient, mais encore lorsqu'il ~~fallut partager~~ leur Conquête ~~entre eux~~.

Les Anglois se brouillent avec les François, & sont battus par une Escadre du Roi.

Il est vrai que l'ambition des Anglois troubla bientôt une si belle union. Vaërnard voulut s'étendre aux dépens des François; mais en 1629. M. de Cusac Chef d'Escadre ayant paru avec des Vaisseaux du Roi sur les Côtes de S. Christophle, prit, coula à fond, & dissipa tout ce qui se trouva de Navires Anglois dans ces Mers, & obligea Vaërnard à s'en tenir au Traité de partage, qui avoit été fait deux ans auparavant entre les deux Nations. ~~Il est vrai qu'~~elles ne joüirent pas long-têms d'une paix, que les Chefs paroissoient fort disposés à maintenir: la Cour d'Espagne n'avoit pu voir sans chagrin ces deux Puissances si près de ses Colonies, & sur un terrein, qu'elle prétendoit lui appartenir. Elle avoit donc pris des mesures pour les en chasser au plûtôt; & dès l'année suivante 1630. le Roi Catholique envoyant au Bresil une Flotte contre les Hollandois, qui s'étoient emparé d'une partie de ce beau Pays, avoit donné ordre à D. Frederic de Tolede, qui la commandoit, de passer à l'Isle de S. Christophle, & de n'y pas laisser un seul Anglois, ni un seul François.

Les uns & les autres sont attaqués par les Espagnols.

On avoit été averti en France de ce dessein, & c'étoit pour défendre l'Isle de S. Christophle, contre les efforts des Espagnols, que l'Escadre de M. de Cusac avoit été équi-

pée. Cet Officier content de la victoire, qu'il avoit rempor- 1625.
tée sur les Anglois, & n'apprenant aucune nouvelle des Espagnols, à qui leur lenteur fut pour cette fois avantageu- 1630.
se, se lassa d'attendre, permit à ses Vaisseaux d'aller faire
la course, où bon leur sembleroit, & lui-même alla croiser dans le Golphe Mexique, laissant ainsi sans aucune ressource, non-seulement l'Isle de S. Christophle, mais encore celle de S. Eustache, où il venoit de bâtir un Fort, &
de commencer une Habitation. Enfin D. Frederic vint mouïl-
ler à deux portées du Canon d'un des Quartiers François
avec une Flotte composée de 35. gros Gallions, & de 14.
Navires Marchands armés en guerre, ayant pris en passant à Niéves quatre Vaisseaux Anglois, & poursuivi un
cinquième, qui vint se refugier à sa vûë sous le Canon du
Fort, où commandoit M. du Rossey,

   Ce Capitaine fit aussi-tôt sçavoir à M. d'Enambuc, & au   Lâcheté
Général Anglois le danger, où il étoit, & le pressant besoin   d'un Com-
qu'il avoit d'être promptement & puissamment secouru.   mandant
Vaërnard lui envoya sur le champ 7. à 800. Hommes, &   François.
M. du Parquet neveu de M. d'Enambuc lui en amena 120.
C'étoit du moins de quoi faire une résistance, qui pût
donner moyen d'obtenir une Capitulation honorable ; mais
jamais lâcheté ne fut pareille à celle du Commandant François. D. Frederic fit sa descente sans aucune opposition, &
lorsque les Espagnols eurent commencé leur attaque,
ils furent assés surpris de ne voir venir à eux que le seul
du Parquet avec sa Compagnie. Ce brave Homme eut le
sort, auquel il devoit s'attendre, il fit des prodiges de valeur,
qui, malgré la disproportion du nombre des Combattans,
tinrent quelque tems la victoire en suspens ; de sorte qu'on
ne douta point que, si du Rossey & les Anglois eussent donné,
l'Ennemi n'eût été contraint de se rembarquer avec perte.
Mais ceux même, qui avoient suivi M. du Parquet l'abandonnerent lâchement, & il se trouva réduit à trois Hommes,
avec lesquels il tint encore bon, tua de sa main le Commandant des Espagnols, qui étoit un Italien, & tomba en-

A ij

1530.

fin percé de 18. Coups fur des Monceaux d'Ennemis, fur lefquels il avoit par avance vengé fa mort. On l'emporta fur le Gallion, que montoit l'Amiral, qui n'omit rien pour le bien traiter, & pour lui marquer l'eftime, qu'il faifoit de fa perfonne: mais après 18. jours le malade expira dans de fort grandes douleurs, & D. Frederic n'ayant pu réüffir à le guerir, lui fit faire des obfeques telles, qu'on les fait en Efpagne aux Perfonnes de la premiere confideration.

Les François fortent de S. Chriftophle.

Du Roffey, qui avoit le premier pris l'épouvante, fut bien moins raffûré par un fi bel exemple, qu'il ne fut intimidé par la défaite de cet Officier, & par le refus, que firent les Anglois de combattre; il s'écria auffi-tôt qu'il falloit que chacun penfât à foi, & il s'enfuit le premier, laiffant le Pavillon de France dans fon Fort. Tous fes gens & les Anglois le fuivirent avec tant de précipitation, qu'ils jetterent leurs Bandoüillieres, & leurs Moufquets par les chemins, pour mieux courir. Les nôtres arriverent ainfi à un endroit, qu'on appelloit la Cabeftere, éloigné de 8. lieuës du Fort, qu'ils avoient abandonné; ils y trouverent M. d'Enambuc, & lui dirent que tout étoit perdu, & qu'il n'y avoit point d'autre parti à prendre que de s'embarquer au plus vite. D'Enambuc fit inutilement bien des efforts pour les raffûrer, & pour leur perfuader au moins de ne pas fe laiffer chaffer fans réfiftance d'une Ifle, où il leur avoit tant coûté pour s'établir & où ils étoient en état de faire périr une bonne partie de l'Armée d'Efpagne, pour peu qu'ils vouluffent s'entendre, profiter de l'avantage du terrein, & fe fouvenir de ce qu'ils étoient. Ils furent infenfibles à tout: du Roffey l'obligea d'affembler le Confeil, & comme la frayeur y préfidoit, il y fut décidé d'abord, d'un confentement prefque unanime, qu'il falloit faire retraite, & aller habiter l'Ifle d'Antigoa. On ajoûte même qu'il fut réfolu de poignarder M. d'Enambuc, s'il s'oppofoit à cette déliberation. Il fallut ceder, & tous les François au nombre de 400 Hommes s'embarquerent fur deux Navires, qui fe trouverent dans la rade.

DE S. DOMINGUE, LIV. VII.

Vaërnard ayant appris cette retraitte, vît bien que c'étoit une nécessité pour lui de traitter avec Dom Frederic. L'Amiral Espagnol lui donna les quatre Navires, qu'il avoit pris à Niéves, & comme ils se trouverent trop petits, pour contenir tous les Anglois, qui avoient toûjours été en bien plus grand nombre que les François, il les fit appareiller en sa présence, tira parole de ceux, qui restoient, qu'ils profiteroient pour les suivre de la premiere occasion, qui se rencontreroit, & leur déclara que, si à son retour du Bresil, il les trouvoit encore à Saint Christophle, il les feroit tous passer par le fil de l'Epée. Les François de leur côté étoient dans le plus grand embarras, qu'on puisse imaginer : la précipitation, avec laquelle ils s'étoient embarqués, ne leur avoit pas permis de faire aucunes provisions, & ils furent bientôt réduits à la plus affreuse disette. Pour comble de malheurs, ils ne purent jamais gagner l'Isle d'Antigoa ; ils essuyerent deux Tempêtes, qui les mirent en grand danger, & après avoir battu la Mer pendant trois semaines entieres, ils se virent contraints de prendre terre à l'Isle de Saint Martin, qui n'est qu'à huit lieuës de Saint Christophle. Ils se croyoient au bout de leurs maux, mais l'endroit de l'Isle, où ils aborderent, étoit si stérile, & si dépourvû d'eau douce, qu'ayant creusé des Puits, dont l'eau se trouva saumatre, plusieurs moururent pour en avoir bû sans mesure, & avec trop d'avidité.

1630.
Les Anglois traitent avec les Espagnols. Embarras, où se trouvent les François.

La patience de du Rossey ne fut pas à l'épreuve de tant de disgraces ; il résolut enfin de tout abandonner, gagna une partie des Officiers & des Soldats, & obligea un des deux Capitaines de Navires à le remener en France, où il ne fut pas plûtôt arrivé, que le Cardinal de Richelieu le fit mettre à la Bastille. Le reste de la Colonie répanduë dans les Isles de Mont-Serrat, de Saint Martin, de Saint Barthélemy, & de l'Anguille, n'y demeura pas long-tems. M. d'Enambuc apprit bientôt que Vaërnard & les Anglois se maintenoient dans l'Isle de Saint Christophle, & qu'il y avoit parmi eux quelques François, apparemment du nombre de ceux, qui

M. d'Enambuc retourne à S. Christophle.

A iij

1630.

avoient pris la fuite avec du Roſſey. Il raſſembla auſſi-tôt une partie de ſon monde, & avec le ſecours d'un Navire, qui lui étoit venu fort à propos de France, il ſe remit en poſſeſſion de ſes anciens Etabliſſemens, malgré les efforts des Anglois, qui avoient bien compté de demeurer les ſeuls Maîtres de l'Iſle.

Dans le même têms, quelques-uns de ceux, qui en étoient ſortis avec MM. d'Enambuc & du Roſſey, s'étant joints à d'autres Avanturiers Anglois & François, s'approcherent de l'Iſle Eſpagnole, & en ayant trouvé la Côte Septentrionale preſqu'entierement abandonnée par les Caſtillans, ils s'y arrêterent & s'y établirent. Comme les Bois & les Campagnes y fourmilloient partout de Cochons & de Bœufs, ils s'y trouverent fort à leur aiſe, & les Hollandois leur ayant enſuite promis de ne les y laiſſer manquer de rien, & de recevoir en payement les Cuirs, qu'ils tireroient de la Chaſſe des Bœufs; cette aſſûrance acheva de les fixer.

Origine des Flibuſtiers & des Boucaniers.

La plûpart de ces nouveaux Colons étoient Normands, & on les appella Boucaniers, parce qu'ils ſe réüniſſoient après leur Chaſſe, pour y Boucaner à la maniere des Sauvages la chair des Bœufs, qu'ils avoient tués; car on uſoit dès-lors de ce terme, qui ſignifie la même choſe, que cuire, où plûtôt ſécher à la fumée; & l'endroit, où cela ſe faiſoit, ſe nommoit *Boucan*. On a depuis fort étendu la ſignification de ce terme. Ainſi on dit, faire un Boucan, pour, boucaner de la Viande, & un morceau de Viande boucanée, s'appelle auſſi, un morceau de Boucan. Selon le Pere du Tertre, ce mot eſt Indien; mais cet Auteur auroit bien dû nous apprendre de quelle Langue Indienne il eſt tiré. Ce fut auſſi alors, & à cette occaſion, que l'Iſle Eſpagnole commença d'être connuë en France, ſous le nom de Saint Domingue, qui eſt celui de ſa Capitale, & que nous lui donnerons déſormais. C'étoit pourtant une grande incommodité pour la nouvelle Colonie, que de ne recevoir bien des choſes, dont elle ne pouvoit ſe paſſer, que par des mains étrangeres : les Boucaniers se tirerent bientôt de cet embarras. Une partie d'entre eux, qui n'avoient jamais trop goûté la Chasse des Bêtes Fauves, ou qui s'en dégouterent d'abord, se firent Corsaires, & tout ce qui tomba sous leurs mains, Amis ou Ennemis, devint leur proye. L'Isle de Saint Domingue étoit toûjours leur retraitte, aussi bien que la petite Isle de la Tortuë, dont une Troupe d'Anglois mêlée de quelques François, s'étoient emparée. Ils commencerent à se rendre célébres sous le nom de *Flibustiers*, ou, comme on disoit alors, *Friboutiers*, de l'Anglois *Frée-Booter*, qui se prononce *Fri-Bouter*, & qui signifie proprement un Forban, un Corsaire, & en général, tout Homme, qui fait la Guerre uniquement pour piller. *Flibuster*, d'où quelques-uns de nos Dictionnaires font dériver le mot *de Flibustier*, n'est pas un mot Anglois, & le *Flibot* doit son nom aux Flibustiers, qui se servoient pour l'ordinaire de cette sorte de Bâtiment; quoique quelques-autres, faute d'être instruits, ayent avancé que *Flibustier* venoit *de Flibot*.

1630.

Le rendés-vous le plus ordinaire des Flibustiers étoit l'Isle de la Tortuë, & ce qui les y attiroit particulierement, c'est qu'ils y trouvoient un Havre commode, & qu'ils s'y croyoient plus en sûreté contre les entreprises des Espagnols. Toute la Côte du Nord en est inaccessible, même aux Canots; c'est ce qu'on appelle une Côte de Fer. Dans celle du Sud, il n'y a qu'un seul Port, dont nos Braves s'étoient emparés. Ce n'est même proprement qu'une Rade affés sûre, à deux lieuës de la pointe de l'Est, & on ne l'appelle point autrement que *la Rade*. Le Moüillage y est bon sur un fond de sable fin, & l'entrée en peut être facilement défenduë; il ne faut pour cela que placer sur un Rocher, qui la commande, & dont la montée est très-difficile. Les Terres des environs sont fort bonnes, on y trouve sur-tout des plaines admirables, & d'une merveilleuse fertilité. Toute l'Isle est couverte de Bois, qui croissent extrêmement haut, quoiqu'ils naissent entre des Rochers, où l'on ne peut concevoir qu'il y ait de quoi nourrir leurs Racines; l'Aca-

Ils s'emparent de l'Isle de la Tortuë. Description de cette Isle.

1630. joux y domine sur-tout, & c'est ce qui fait encore aujourd'hui sa principale richesse. Cette Isle a huit lieues de long de l'Est à l'Ouest, sur deux de large du Nord au Sud, & le Canal, qui la sépare de S. Domingue, n'a que la même largeur. Elle est située au vingtiéme dégré 10. minutes. L'air y est fort bon, mais on n'y voit aucune Riviere, & les Fontaines y sont même fort rares. La plus abondante est à 9. ou dix pas d'un Rocher, dont nous parlerons ailleurs, elle jette de l'eau de la grosseur du bras. Les autres sont très-peu de choses, & les Habitans étoient obligés en bien des endroits de ramasser les eaux de pluye, sans quoi, ils auroient souvent couru risque de mourir de soif.

1632. Les Flibustiers en chassent les Espagnols.

L'Isle de la Tortuë, qui est présentement toute dépeuplée, a eu autrefois jusqu'à six quartiers habités, à sçavoir : la Basse-Terre, Cayone, la Montagne, le Milplantage, le Ringot, & la Pointe au Maçon; le seul défaut d'eau douce avoit empêché qu'on en habitât un septiéme, qu'on nommoit la Cabesterre. Tous les fruits, qu'on voit dans les Antilles, croissoient dans la Tortuë, le Tabac y étoit sur-tout excellent, & les Cannes de Sucre d'une grosseur & d'une bonté, qu'elles ont en peu d'autres endroits. On y avoit transporté des Cochons de Saint Domingue, & ils y avoient extrêmement multiplié. Ils y étoient plus petits, que dans cette grande Isle; mais la chair en étoit plus délicate. Outre cela les Côtes, surtout celle du Sud, y sont fort poissonneuses. Lorsque les Flibustiers penserent à se saisir de la Rade, ils y trouverent les Espagnols ; mais outre qu'ils n'y étoient qu'au nombre de vingt-cinq, ils s'y regardoient comme dans une espece d'exil, & ils s'y ennuyoient fort. Aussi se retirerent-ils à la premiere sommation, qu'on leur en fit, & cette retraitte causa apparemment autant de joye à ceux, qui la faisoient, qu'à ceux, qui en profitoient.

Elle se peuple & se cultive.

On n'eut pas plûtôt appris à Saint Christophle ce qui se passoit du côté de Saint Domingue, que plusieurs Habitans de cette Isle se transporterent à la Tortuë, dans l'esperance d'y faire une fortune plus prompte, soit par la facilité

lité du Commerce avec les Etrangers, soit par les prises des Flibustiers, sur lesquelles il y avoit toûjours à profiter beaucoup. Plusieurs de ces nouveaux venus s'appliquerent à la Culture des Terres, & planterent du Tabac; mais ce qui contribua davantage à rendre cette petite Colonie florissante, c'est que les François, surtout ceux de Dieppe, commencerent à les visiter. Ils leur amenoient des Engagés, qu'ils leur vendoient pour trois ans, & dont on tiroit les mêmes services, qu'on auroit pû tirer des Esclaves, en vertu de bons Contrats, que ces malheureux avoient passés pardevant Notaires avant leur départ de France. Ainsi la nouvelle Colonie étoit alors composée de quatre sortes de Personnes; de Boucaniers, qui s'occupoient de la Chasse; de Flibustiers, qui couroient les Mers; d'Habitans, qui cultivoient la Terre; & d'Engagés, qui pour la plûpart demeuroient avec les Habitans & les Boucaniers. Tout cela formoit ce qu'on commença dès-lors à appeller le Corps des Avanturiers. Ils vivoient entre eux en fort bonne intelligence, & ils avoient établi une sorte de Gouvernement Démocratique; chaque personne libre avoit une authorité Despotique dans son habitation, & chaque Capitaine étoit Souverain sur son Bord, tant qu'il en avoit le Commandement, mais on pouvoit le lui ôter.

1632.

Cependant les Espagnols furent encore plus effrayés de voir ces nouveaux venus cantonnés dans la Tortuë, & dans l'Isle de Saint Domingue, qu'ils ne l'avoient été d'apprendre l'établissement des Anglois & des François à Saint Christophle; & jugeant bien que, si les premiers étoient une fois chassés de la Tortuë, tout le Corps d'Avanturiers se dissiperoit de lui-même, le General des Galions eut ordre d'attaquer cette Isle, & sans s'amuser à capituler, de faire main basse sur tout ce qu'il y trouveroit. Ce Général s'acquitta parfaitement de sa Commission; il prit le têms que tous les Flibustiers étoient en Mer, & la plûpart des Habitans à la Chasse avec les Boucaniers dans l'Isle de Saint Domingue, aussi eut-il bon marché des autres. Ceux, qui tombe-

1638.
Ils sont chassés de la Tortuë par les Espagnols.

1638.

rent les premiers entre ses mains, furent passés au fil de l'Epée : quelques-uns, qui pour sauver leur vie, se rendirent de bonne grace, furent pendus ; un petit nombre d'autres se refugia dans les Montagnes & dans les Bois, où les Espagnols ne daignerent pas les aller chercher. Mais cela ne suffisoit pas pour assûrer la Tortuë à l'Espagne, il falloit y laisser une Garnison capable d'en écarter les Avanturiers & c'est ce que le Général Espagnol ne fit pas : il se persuadà que ces Corsaires ne seroient pas assés mal avisés, pour s'exposer de nouveau à un traitement pareil à celui, qu'il venoit de faire à leurs Camarades : effectivement plusieurs reprirent la route de Saint Christophle.

Qui donnent aussi la chasse aux Boucaniers.

Il pensa ensuite à purger Saint Domingue des Boucaniers, & dès qu'il fut arrivé à San Domingo, il mit sur pied un Corps de 500 Lanciers, pour leur donner la Chasse. Ces Lanciers ne marchoient ordinairement, que cinquante à la fois, ce qui fit donner à cette Milice le nom de Cinquantaine. Elle a duré jusqu'à la fin de la guerre, que les deux Nations se sont faite dans l'Isle, c'est à-dire, jusqu'à l'avenement de Philippe de France à la Couronne d'Espagne. Mais elle ne fit pas d'abord grand mal aux Boucaniers, qui étoient sur leurs gardes, & dont le nombre augmentoit tous les jours. Cependant la nécessité de se défendre contre un ennemi, avec lequel il n'y avoit point de paix à esperer, fit songer aux Avanturiers à se choisir un Chef. Parmi les Anglois, qui s'étoient joints à eux, il y en avoit un, nommé Willis, qui étoit homme de tête, & de résolution : ils lui défererent le Commandement ; mais ils s'en repentirent bientôt ; ils s'apperçurent que cet homme attiroit autant qu'il pouvoit de gens de sa Nation, & ce qui leur donna encore plus à penser, c'est qu'ayant voulu nommer un autre Général, il se mocqua d'eux. La Colonie étoit perduë pour la France, sans la résolution d'un François, qui mit en tête à Willis un homme, auquel il n'étoit pas en état de résister.

Cet Avanturier, dont l'Histoire auroit bien dû nous con-

DE S. DOMINGUE, LIV. VII.

ferver le nom, s'embarqua secretement sur un Batiment, qui alloit à Saint Christophle, & y étant arrivé, il informa le Commandeur de Poinci, Gouverneur Général des Isles du Vent, de ce qui se passoit à la Tortuë, & lui dit que les Anglois étoient absolument les Maîtres de cette Isle. Le Commandeur comprit l'importance de cette affaire ; mais il en conçut la difficulté. Après y avoir pensé quelque tems, il se souvint qu'il avoit un de ses Officiers, dont il cherchoit à se défaire sous un prétexte honorable, & il résolut de lui confier la commission de chasser Willis de la Tortuë. Cet Officier se nommoit le Vasseur, & avoit accompagné M. d'Enambuc à la premiere expedition des François à Saint Christophle. C'étoit un homme d'esprit, habile Ingénieur, & qui avoit de la bravoure & du commandement ; mais il étoit Calviniste, & la confiance, que M. de Poinci avoit euë jusques-là en lui, faisoit dire aux ennemis de ce Général, qu'il favorisoit les Huguenots, & lui avoit attiré des reproches de la Cour. Ce fut sans doute ce qui le fit résoudre de proposer à le Vasseur d'aller se mettre à la tête des Avanturiers ; il lui donna le Gouvernement de la Tortuë ; & pour l'engager plus aisément à cette expedition, il lui promit, par un article secret, la liberté de conscience pour lui, & pour tous ceux de sa Secte, qui l'accompagneroient.

1640.
Le Vasseur est nommé pour Gouverneur de la Tortuë & Côte de S. Domingue.

Le Vasseur n'avoit garde de rejetter une pareille proposition ; il assembla tout ce qu'il put trouver de Protestants, & partit lui quarantiéme de Saint Christophle. Il ne jugea pas à propos de se montrer à la Tortuë, qu'il n'eût auparavant pris langue des Boucaniers, & il s'arrêta dans un petit Port de Saint Domingue, nommé le Port *Margot*, qui est à sept lieuës au Vent de cette Isle. Il y resta trois mois à s'instruire de tout ce qu'il lui importoit de sçavoir, & à faire des Soldats. Environ cinquante Boucaniers, la plûpart de sa Religion, prirent parti avec lui, & quoique ses forces fussent encore de beaucoup inférieures à celles des Anglois, il résolut de les aller attaquer, se flattant que le peu de François, qui étoient avec eux, se rangeroient sous sa Ban-

1641.
Les Anglois sont chassés de la Tortuë.

B ij

1641.

niere, dès qu'ils le verroient paroître; comme il arriva en effet. Il entra dans la Rade sur la fin d'Août, & il mit tout son monde à terre, sans aucune résistance. Il marcha ensuite en ordre de Bataille, & envoya sommer Wullis de sortir de l'Isle en 24. heures avec tous ses Anglois, faute dequoi il pouvoit compter qu'il n'y auroit de quartier pour personne. Une sommation si peu attenduë, & qui fut suivie du soulevement des François, qui étoient restés sous les ordres du Général Anglois, étourdit cet homme, & l'empêcha d'examiner, si le Vasseur avoit dequoi soutenir la hauteur, avec laquelle il parloit. Il prit donc le parti de se retirer, il s'embarqua, & sur le champ le Vasseur entra dans une espece de Fort, que les Anglois avoient construit, & où il y avoit du Canon.

Nouveaux efforts des Espagnols contre la Tortuë.

Mais ce n'étoit pas tout d'avoir pris possession de la Tortuë, le Vasseur devoit s'attendre d'y avoir bientôt à soûtenir de grands efforts de la part des Anglois, qu'il venoit d'en chasser, & de celle des Espagnols, qui avoient déja fait connoître combien le voisinage des François leur tenoit au cœur. Toutefois les premiers ne songerent plus gueres à la Tortuë, il n'en fut pas de même des Espagnols, qui résolurent de ne point mettre bas les armes, qu'ils ne fussent venus à bout de délivrer cette Isle, & la Côte de Saint Domingue, de tous les Etrangers. Pour cela il partit en 1643.

1643.

de San-Domingo une Escadre composée de six Bâtimens, sur lesquels il y avoit 5. ou 600. Hommes. Celui, qui les commandoit, entra dans la Rade avec la confiance d'un homme, qui croit n'avoir à faire qu'à une poignée d'Habitans surpris, sans retranchement & sans Canon, mais il vit bientôt qu'il s'étoit trompé.

Fortifications faites par le Vasseur à la Tortuë.

Le Vasseur, qui étoit habile Ingenieur, s'étoit fortifié dans son Isle, de maniere à ne pas craindre d'y être insulté. A 5. ou 600. pas de la Mer, il y a une Montagne, dont le sommet est en platte forme; du milieu de cette platte forme s'éleve un Rocher escarpé de toutes parts, à la hauteur de 30. pieds, & c'est à 9. ou 10. pas de ce Rocher,

qu'on voit fortir cette belle Fontaine, dont j'ai déjà par- 1643.
lé, & dont l'eau est excellente. Le Commandant avoit
fait faire sur la platte forme des Terrasses regulieres capables de loger jusqu'à 400. Hommes à leur aise. Il s'étoit
logé lui-même, & avoit placé ses Magasins sur le haut du
Roc, & pour y monter il avoit fait tailler quelques marches jusqu'à la moitié du chemin : on faisoit le reste par
le moyen d'une échelle de Fer, qui se retiroit, quand on
vouloit, il y avoit encore menagé un tuyau en forme de
cheminée, par lequel on descendoit avec une corde sur la
Terrasse sans être vû. Un logement aussi inaccessible, que
celui-là étoit encore défendu par une batterie de Canons,
& il y en avoit une autre sur la Terrasse pour défendre l'Entrée du Havre.

Les Espagnols, qui ne s'attendoient pas de trouver les Les Espa-
François si bien retranchés, ne furent gueres moins surpris gnols sont re-
de leur grand nombre, dont ils ne s'apperçûrent pourtant perte.
pas d'abord, personne n'ayant paru pour disputer la descente.
Le Vasseur laissa même approcher l'Ennemi jusqu'à la mi-por-
tée du Canon; alors il fit faire grand feu, chargea les Espagnols sans leur donner le têms de se reconnoître, & les
mit tellement en désordre, qu'ils eurent bien de la peine
à regagner leurs Chaloupes ; & que dès qu'ils eurent rejoint leurs Navires, ils leverent les ancres & reprirent le
large. Quelque têms après on les vit se rapprocher du rivage, mais un peu plus bas, & vis-à-vis le quartier de Cayone. Le Vasseur ne voulut pas encore, ou ne crut pas pouvoir s'opposer à leur descente ; ils la firent tout à leur aise, rangerent leurs Troupes en Bataille, & marcherent vers
le Fort, résolus de lui donner un assaut ; mais ils n'allerent pas loin. Le Vasseur leur avoit dressé une Embuscade, dans laquelle ils donnerent. Ils y eurent 200. Hommes tués sur la place, & le reste ne songea plus qu'à se
sauver : tous s'embarquerent avec une extrême précipitation, & dès le lendemain les Vaisseaux disparurent.

1643.
M. de Poinci tâche en vain de tirer adroitement le Vasseur de la Tortuë.

Cette action, qui fit grand honneur au nouveau Commandant des Avanturiers, parut donner quelque jalousie à M. de Poinci; peut-être aussi eut-il peur que cet Officier Huguenot ne voulût établir dans son Gouvernement une petite République toute Protestante, & qu'on ne lui fît en Cour un crime de lui en avoir donné les moyens. Quoiqu'il en soit, il prit la résolution de le tirer de là, avant qu'il eût eu le tems d'y être plus fort que les Catholiques, il lui envoya M. de Lonvillers son neveu, sous prétexte de le complimenter sur sa victoire, mais avec un ordre secret, de l'engager à faire un voyage à S. Christophle, & dès qu'il seroit parti, de se mettre en possession du Gouvernement. Lonvillers fit assés bien son personnage, il dit à le Vasseur que la défaite des Espagnols avoit causé d'autant plus de joye à son Oncle, que la gloire en étant duë à la sagesse & à la bravoure d'un homme, qui étoit de son choix, elle rejaillissoit sur lui; puis il ajoûta que le Commandeur souhaitoit fort de traitter avec lui, & d'avoir son avis sur les moyens de faire un Etablissement solide dans l'Isle de S. Domingue. Le Vasseur connut d'abord le piege, qu'on lui tendoit, mais il dissimula ses soupçons; il rendit honnêtetés pour honnêtetés, & le Neveu en considération de l'Oncle reçut tous les honneurs Militaires, qu'on auroit rendus au Général même. Le Vasseur lui dit ensuite qu'il ne feroit pas sagement de s'éloigner dans la conjoncture, où il se trouvoit, & que les Espagnols n'étoient pas si loin, qu'en peu de jours ils ne pussent tomber sur la Tortuë avec des forces suffisantes pour en chasser les François, s'ils les trouvoient sans Chef. Lonvillers vit bien que son dessein étoit pénétré, il crut même ne devoir pas faire un plus long séjour dans un lieu, où il étoit suspect, & il retourna à S. Christophle.

Le Vasseur se rend odieux par ses cruautés.

C'étoit fait pour les Catholiques de cette Isle, & apparemment de tous les Etablissemens des Avanturiers dans l'Isle de S. Domingue, si le Vasseur avoit gouverné la Colonie avec autant de moderation, qu'il avoit fait paroître de conduite & de valeur pour la délivrer des Anglois, & la défendre contre les Espagnols; mais dès qu'il crut n'avoir plus rien à craindre du dehors, il se mit peu en peine de se faire aimer au dedans, & il s'attira bientôt la haine de tous ceux, qui étoient sous ses ordres. Il commença par les Catholiques, ausquels il interdit tout exercice de leur Religion, & dont il travailla à se défaire peu à peu. Il fit brûler leur Chapelle, chassa le Prêtre qui la desservoit, & un Capucin nommé le P. Marc, qu'un mauvais tems avoit obligé de relâcher à la Tortuë, & que les Habitans Catholiques y avoient retenu. Les Religionnaires ne furent gueres mieux traités dans la suite. Le Vasseur n'étoit plus reconnoissable; il avoit paru sage, moderé, circonspect, genereux, il devint tout à coup hautain, violent, cruel, interessé. Non content des biens immenses, qu'il avoit amassés, il chargea ses Sujets d'Impôts & de Courvées, il mit des Taxes excessives sur toutes les denrées, & les marchandises, qui entroient dans son Isle; enfin il établit dans la Tortuë une tyrannie, qui rappelloit celle des Denys & des Phalaris. Les fautes les plus legeres étoient toûjours punies, & d'une maniere excessive; il avoit fait faire une Cage de fer, où l'on ne pouvoit être ni debout ni couché; il l'appelloit son enfer & il suffisoit de lui avoir déplu dans des choses assés peu importantes, pour y être enfermé. On n'étoit gueres plus à son aise dans le Donjon du Château, qu'il avoit nommé son purgatoire; il n'y eut pas jusqu'à son Ministre Rochefort, qui n'eût à souffrir de ses violences; ils se broüillerent; & le Prédicant fut interdit. C'est ce même Rochefort, dont nous avons une Histoire des Antilles, & que j'ai déjà cité. Il a eu apparemment ses raisons pour ne nous rien dire de ce qui se passa pour lors dans la Tortuë; on ne découvre pas même dans son Ouvrage de quelle Religion il étoit, & sans doute qu'il n'eût pas été bien aise qu'on sçût les liaisons, qu'il avoit euës avec un homme, qui s'étoit soustrait à l'obéïssance de son Souverain.

1643.

1645.
Il se rend
indépendant.

Le Vasseur n'avoit pourtant pas encore ouvertement levé l'étendart de la rébellion; & quoiqu'il agit en tout avec une grande indépendance du Commandeur de Poinci, son Général, il gardoit toûjours avec lui des dehors de bienséance. Le Commandeur de son côté ne vouloit pas trop commettre une authorité, qu'il n'étoit pas en état de faire valoir par les Armes. Il songeoit seulement à tirer le Vasseur de la Tortuë, & celui-ci continuant à faire le personnage d'un homme, qui ne se défie de rien, donnoit dans toutes les occasions à son Superieur de grandes marques de soumission & de respect. Mais il ne soutint ce caractere que jusqu'à ce qu'il se crut bien affermi & hors d'insulte, & qu'il vit qu'on le craignoit; alors il leva le masque, & ne garda plus de mesures. Il cherchoit apparemment une occasion de se déclarer, il s'en présenta une, & il ne la manqua point. Des Flibustiers avoient trouvé une Notre-Dame d'Argent dans un Navire Espagnol, qu'ils avoient pillé. La statuë fut mise entre les mains de le Vasseur, & M. de Poinci l'ayant appris, la lui fit demander, comme un meuble, qui convenoit mieux à un Catholique, & à un Chevalier de Malthe, qu'à un Protestant. Le Vasseur lui en envoya une de Bois toute semblable, & lui manda que les Catholiques étoient trop spirituels pour s'attacher à la matiere dans les objets de leur culte; que pour lui il avoit trouvé la statuë d'Argent si bien travaillée, qu'il n'avoit pû se résoudre à se défaire d'un si bel ouvrage. Le Général sentit jusqu'au vif cette insolence, & il eut tout risqué pour en avoir raison, s'il ne se fût pas trouvé embarassé dans une affaire, qui l'interessoit plus personnellement, & qui lui étoit d'une toute autre consequence.

Il se fait reconnoître Prince de la Tortuë.

Le Roi, sur la fin de l'année précédente 1644. avoit nommé M. Patrocles de Thoisy, Lieutenant Général des Isles; le Commandeur n'avoit pas jugé à propos de ceder la Place; tout ce qu'il y avoit de François dans ces quartiers-là s'étoient partagés, & la guerre Civile étoit fort allumée dans ces Colonies naissantes. Le Vasseur crut cette occasion

occasion favorable pour mettre la derniere main à son projet, qu'on entrevoyoit assés depuis long-têms. Il sçut tourner si bien l'esprit de ses Sujets, en leur faisant regarder la Tortuë, comme un azile assûré pour tous ceux de leur Secte, qui voudroient la suivre en liberté, que malgré la dureté de son gouvernement, ils consentirent à le reconnoître pour leur Prince. Par malheur pour lui le Commandeur de Poinci resta en peu de têms maître du champ de Bataille par la retraite de son Competiteur, & ce Général se trouvoit engagé par son interêt, autant que par son honneur, à réprimer l'insolence d'un subalterne, qui après s'être soustrait à son authorité, avoit osé se faire une Souverainneté aux dépens de son Roi. On n'avoit pas été instruit à la Cour, & on ne sçut qu'après la mort de Poinci, que ce Général avoit donné la liberté de conscience à le Vasseur, en l'envoyant à la Tortuë; mais on se doutoit bien qu'il ne l'avoit pas gêné sur cet article, & on ne pouvoit lui pardonner qu'il eût livré à des Hérétiques un poste de cette importance. Il sçavoit ce que l'on pensoit sur cela, & il vouloit absolument réparer une faute, qui pouvoit nuire à sa fortune, & à sa réputation. Il tourna donc toutes ses vûës de ce côté-là, dès qu'il se vit tranquille dans son gouvernement, & il résolut de perdre le Vasseur, quoiqu'il lui en pût couter.

1645.

Mais la providence y pourvut d'une maniere, qui convenoit à un Tyran, & le malheur de l'Usurpateur de la Tortuë vint des Complices de sa félonie. Le Rébelle avoit mis toute sa confiance en deux hommes, dont l'un se nommoit Martin, & l'autre avoit nom Thibault. Ils avoient été de tout têms ses Compagnons de fortune, on a crû même qu'ils étoient ses neveux, & il est certain que, n'ayant point d'enfans, il les avoit comme adoptés, & déclarés ses uniques heritiers. Ce furent-là les instrumens, dont le Ciel se servit pour mettre fin à une révolte, qui interessoit également la Religion & l'Etat. Ces deux Scelerats conspirerent contre leur bienfacteur, & l'opinion commune fut

1652.
Il est assassiné.

que leur mécontentement contre lui, étoit venu au sujet d'une Maîtresse, que Thibault entretenoit, & que le Vasseur lui enleva. Ils se flatterent même de pouvoir lui succeder dans la place, qu'il avoit usurpée, & la résolution prise entre eux de l'assassiner, ils n'en chercherent pas long-têms l'occasion. Un jour, qu'il descendoit du Fort, pour aller visiter un Magasin, qu'il avoit sur le bord de la Mer, Thibault lui tira un coup de fusil, dont il fut legerement blessé. Dès qu'il se sentit frappé, il courut à son Negre, qui le suivoit, & qui portoit son Epée; mais dans le moment Martin le saisit au corps. Comme il se débattoit pour se débarrasser, il tourna la tête, & apperçût Thibault, qui venoit à lui le poignard à la main. A cette vûë il devint comme immobile, & regardant ce meurtrier : « C'est donc toi, mon Fils, lui dit-il, qui m'assassines ? » Thibault ne lui donna pas le loisir d'en dire davantage, il lui plongea à l'instant le poignard dans le cœur, & l'étendit mort à ses pieds. Le P. du Tertre change quelque chose à ce récit, & ajoûte que le Vasseur étant tombé percé de coups, demanda un Prêtre, & dit qu'il vouloit mourir Catholique; mais outre qu'une conversion si brusque a bien peu de vrai-semblance, le Vasseur auroit-il oublié dans ce moment qu'il avoit chassé tous les Prêtres de son Isle?

Ses assassins s'emparent du gouvernement.

Quoiqu'il en soit, l'assassinat du dernier des Habitans de la Tortuë eût fait plus de bruit dans cette Isle, que n'en fit celui de son Tyran; personne ne se remua, ses deux neveux se saisirent sans aucune opposition de toute l'authorité, qu'il y avoit eûë, & se mirent en possession de tout son bien, comme s'ils eussent recueilli la succession de leur propre Pere. Nouvelle maniere de détester la Tyrannie, & peut-être la plus capable de toutes, d'en faire concevoir de l'horreur. Mais Thibault & Martin ne joüirent pas long-têms du fruit de leur crime. M. de Poinci ne perdoit point de vûë son dessein de remettre la Tortuë sous l'obéïssance, & il avoit donné le Gouvernement de cette Isle au Chevalier de Fontenay, avec des forces capables

de réduire le Vaſſeur, dont il ignoroit encore la triſte deſ-
tinée. Il ne pouvoit pas mieux choiſir; Fontenay s'étoit fait
une grande réputation dans ſes caravanes pour le ſervice de
la Religion, & il étoit paſſé aux Iſles de l'Amérique, bien
réſolu de ne s'y pas moins diſtinguer contre les Eſpagnols
& les Anglois, qu'il venoit de faire contre les Turcs. Une
expedition contre les Calviniſtes de la Tortuë, étoit un
début aſſés convenable à un Religieux guerrier; il accepta
le Gouvernement de cette Iſle, fit ſes préparatifs avec beaucoup de diligence, & croyant avoir affaire à le Vaſſeur, il
ſongea à l'endormir, pour le mieux ſurprendre. Il fit courir
le bruit que l'Armement, qu'il préparoit à Saint Chriſtophle,
étoit pour courir ſur les Eſpagnols, & il alla effectivement
croiſer ſur la Côte de Carthagene, où il fit quelques priſes.

Il ſe rendit enſuite à l'*Ecu*, petit Port ſur la Côte de Saint
Domingue, où il fut joint par M. de Treval, neveu du Commandeur de Poinci. Le Port à l'Ecu eſt preſque vis-à-vis la
Tortuë, & M. de Fontenay apprit en y débarquant le changement arrivé dans cette Iſle. Il jugea qu'il n'y avoit pas
un moment à perdre, s'il vouloit profiter d'une conjoncture ſi favorable, & les deux Navires s'avancerent juſqu'à l'entrée de la Rade, d'où le Canon du Fort les obligea bientôt
de s'éloigner. Ils firent alors la même manœuvre, que les
Eſpagnols avoient fait en pareille rencontre, ils allerent
moüiller l'Ancre à Cayonne, & ils ſe préparoient à tenter
la deſcente, lorſque M. de Fontenay reçut une députation,
qui termina la Guerre. Les deux Gouverneurs s'étant apperçus que les Habitans n'étoient pas diſpoſés à ſoutenir un
Siege pour leurs interêts, prirent ſagement le parti de négocier un accommodement, tandis qu'ils pouvoient encore
eſperer des conditions favorables; ils offrirent de remettre
le Fort au Chevalier de Fontenay, & ne demanderent point
d'autre grace, ſinon, qu'on ne les rechercheroit point pour
le paſſé, & qu'on leur laiſſeroit leurs biens. Le Chevalier
accorda tout; la Place lui fut remiſe auſſi-tôt, & la nouvelle
ne s'en fut pas plûtôt répanduë à la Côte de Saint Domin-

1652.

Le Cheva-
lier de Fonte-
nay nommé
Gouverneur
de la Tortuë,
s'en rend maî-
tre par com-
poſition.

1653.

Etablissement des François à la Côte de l'Ouest.

gue, que tous les Catholiques, qui, pour éviter les mauvais traitemens des Calvinistes, s'étoient retirés de la Tortuë, ou en avoient été chassés par le Vasseur, y retournerent.

M. de Fontenay est le premier, qui se soit intitulé Gouverneur pour le Roy de la Tortuë, & Côte Saint Domingue, ce que tous ses Successeurs ont long-têms continué; depuis même que cette petite Isle a été abandonnée. Il donna ses premiers soins au Rétablissement de la Religion Catholique; il y fit bâtir une Chapelle, & la Messe, qu'on n'avoit point dite dans l'Isle depuis douze ans, y fut célébrée avec beauconp de solemnité & de dévotion. Le Gouverneur travailla ensuite à augmenter les Fortifications de sa Citadelle, & fit construire deux grands Bastions de pierres de taille, qui environnoient toute la platte-forme, & étoient appuyés d'un côté sur une Montagne, qu'on croyoit inaccessible. Alors l'Isle se peupla extraordinairement, & l'on fut bientôt obligé, faute de terrein, d'envoyer une Colonie dans l'Isle de Saint Domingue. Ce fût à la Côte de l'Ouest, que ce premier Essain sorti de la Tortuë se retira, & les nouveaux Colons la préfererent à celle du Nord, où ils auroient été beaucoup plus à portée d'être secourus par les Boucaniers, parce qu'elle est plus éloignée des habitations Espagnoles. Mais on fut aussi allarmé à San-Domingo de ce nouvel établissement, que si l'on eût déjà vû les François à la porte de cette Capitale; & quelques Chaloupes armées furent dépêchées sur le champ, pour chasser les Avanturiers d'un poste de cette importance, avant qu'ils eussent eu le têms de s'y fortifier. Il y eut effectivement quelques habitations brûlées, mais des Flibustiers & des Boucaniers étant accourus fort à propos au secours de leurs Compagnons, donnerent la chasse aux Espagnols. Alors l'Audience Royale de San-Domingo comprit que, pour se délivrer une bonne fois de ces fâcheux voisins, il falloit aller à la source du mal, s'emparer de l'Isle de la Tortuë, & y laisser des forces capables d'en assûrer la possession au Roi Catholique; & elle songea sérieusement à executer ce dessein.

C'étoit même une nécessité pour eux d'en venir là, s'ils ne vouloient pas voir en peu de têms tomber presque tout leur Commerce dans le Nouveau Monde. La Tortuë étoit devenuë le receptacle de tous les Corsaires, & le nombre de ces Ecumeurs de Mer croissoit tous les jours. Les habitans laissoient leurs Terres en friche pour aller en course; & bien loin que le Gouverneur s'y opposât, il étoit le premier à les y porter; d'où il arrivoit que l'Isle se trouvoit quelquefois presqu'entierement déserte. Les Espagnols furent informés de ce désordre, & ils prirent leurs mesures pour en profiter, comme ils firent en effet. Un jour que le Gouverneur ne pensoit qu'à se réjoüir pour l'arrivée de M. Hotman son Frere; un Boucanier vint troubler la Fête, en disant, qu'étant à la Chasse vers Samana, il avoit été averti qu'on voyoit une Flotte Espagnole, qui prenoit la route de la Tortuë. Sur cet avis, le Chevalier de Fontenay ne perdit pas un moment de têms, & commença par faire faire régulierement tous les jours l'exercice du Canon, de la Mousqueterie & des Grenades au peu d'Habitans, qui étoient restés dans l'Isle, & il arriva à cette occasion, qu'un jour Thibault ayant voulu lancer une Grenade, elle lui créva dans la main droite, qu'il fallut lui couper. Il n'y eut personne, qui ne reconnût le Justice Divine dans un accident, lequel faisoit perdre à cet assassin la main, dont il s'étoit servi pour commettre un Parricide.

1653.
Imprudence du Chevalier de Fontenay.

La Flotte Espagnole parut enfin forte de cinq gros Navires & de plusieurs Barques toutes remplies de Troupes & de Provisions; portant 180. Soldats choisis, & commandées par D. Gabriël Rozas de Valle Figueroa. Elle se présenta à l'entrée de la Rade le 10. de Janvier, & le Canon l'en ayant aussi-tôt éloignée, elle alla faire sa descente à Cayonne, & y réüssit malgré les efforts de M. Hotman. En effet, la partie étoit trop inégale, & Hotman couroit risque d'être enveloppé, s'il n'eût fort à propos fait retraite, pour occuper une petite Colline, où il pouvoit combattre avec plus d'avantage. Les Espagnols étant tous débarqués, cam-

1654.
Les Espagnols attaquent la Tortuë.

1654.

perent dans une petite plaine, où ils resterent trois jours sans rien entreprendre. Le quatriéme jour ils firent un mouvement, pour aller placer une batterie de Canon sur la cime de la Montagne, contre laquelle étoient appuyés les deux Bastions, dont j'ai parlé, & qui dominoit le Fort. L'entreprise étoit hardie, la Montagne étoit escarpée de toutes parts, & les François avoient toûjours tellement supposé qu'elle étoit inaccessible, que, quand ils virent l'Ennemi marcher de ce côté-là, ils s'en mocquerent; mais ils furent bien surpris, lorsque du sommet de cette Montagne, une volée de Canon donna tout au travers du Fort, dont il leur fallut abandonner tout le haut. Ils ne perdirent pourtant pas courage, & ils travaillerent en diligence à un épaulement, qui les mit à couvert du feu de cette Batterie.

Les François sont trahis par un transfuge.

Ce ne fut pas pour long-têms, les Espagnols en ayant dressé un autre à mi-côte qui battoit le Fort d'un bout de l'épaulement à l'autre, Fontenay comprit qu'il étoit perdu, s'il ne venoit à bout d'enclouer le Canon des Ennemis. M. Hotman se chargea de l'entreprise, & il y eût peut-être réüssi, s'il n'eût point été trahi. Il étoit parti à trois heures de nuit avec trente fusiliers; mais il fut prévenu par un malheureux Esclave, qui alla donner avis de son dessein aux Espagnols, de sorte qu'il trouva des gens, qui étoient sur leurs gardes, & un secours, qui leur arrivoit. Il donna dessus tête baissée, renversa tout ce qui se présenta devant lui, & ayant pénétré jusqu'au Magasin des Poudres, il le fit sauter en l'air; mais le nombre des Ennemis grossissant toûjours, il fit sa retraite avec tant de bonheur, qu'il ne perdit qu'un homme, & n'en eût qu'un de blessé, laissant seize Espagnols étendus sur la Place. Toutefois son retour acheva de faire perdre cœur à la Garnison, & les Espagnols ayant multiplié leurs Batteries, & tuant beaucoup de Monde aux Assiegés, la mutinerie se mit dans le Fort. Le Gouverneur faisoit neanmoins toûjours bonne contenance, & un des mutins ayant osé lui faire d'un air assés insolent la proposition de se rendre, il lui brûla sur le champ la cervelle avec son Pistolet, en lui difant : *Traitre, fi j'en fuis réduit-là, tu n'en feras pas le témoin.*

Ce coup étourdit les féditieux, mais ne leur rendit pas le courage, & quoiqu'on fçût que les Efpagnols, qui avoient cru prendre le Fort d'emblée, commencoient à fe rebuter, & fongeoient à lever le Siege; un fecond transfuge les alla avertir de tenir bon, & que les Affiegés feroient bientôt forcés de fe rendre. Sur cet avis ils redoublerent leur feu, & M. de Fontenay, après avoir fait une vigoureufe fortie, qui ne lui réüffit pourtant pas, & ayant prefqu'autant à craindre du dedans, que du dehors, ne fongea plus qu'à obtenir une Capitulation honorable. Il battit la chamade, & fit fes demandes, qui lui furent toutes accordées. Il fortit enfuite du Fort avec toutes les marques d'honneur, & on lui fit même l'honnêteté de lui laiffer emmener dix Negres, qui étoient à lui, & qui n'avoient pas été compris dans la Capitulation. Cette diftinction, toute raifonnable qu'elle étoit, caufa de la jaloufie à quelques Avanturiers, qui eurent l'impudence de l'accufer d'avoir vendu la Place; mais fa réputation étoit trop bien établie, pour être entâmée par de pareils difcours, & il les méprifa.

Ils fe rendent par compofition.

Un Article du Traité conclu avec les Efpagnols portoit que les François remettroient à flot deux Navires, qui étoient échoüés dans la Rade, & s'embarqueroient deffus pour fe retirer, où bon leur fembleroit. Ils y travaillerent de leur mieux, mais comme l'ouvrage n'avançoit pas affés vîte au gré des Victorieux, ceux-ci menaçerent les Travailleurs de les paffer au fil de l'Epée, fi après trois jours tout le monde n'étoit pas embarqué. Ces menaces eurent leur effet, & avant la fin du troifiéme jour les deux Bâtimens furent en état de partir, mais les Efpagnols avoient changé de fentiment. Leur Général avoit déjà renvoyé à San-Domingo fes plus gros Navires, & il ne lui reftoit plus que des Barques; il fit réflexion que, s'il laiffoit partir les François avant lui, ceux-ci pourroient rencontrer quelques

Ce que devinrent les François après la perte de l'Ifle.

1654.

Flibuſtiers, & avec ce renfort venir l'attaquer. Pour parer à cet inconvenient, il fit deux choſes; il voulut avoir des ôtages, & demanda nommément le frere du Gouverneur, qui ne put le lui refuſer; & il obligea les François d'attendre dans la Rade le retour de ces Otages. Tout étant ainſi reglé, il mit à la voile, & dès qu'il fut arrivé à la Capitale, il renvoya les Otages à la Tortuë.

Ils ſe ſeparent en deux bandes. Sort des uns & des autres.

Alors les François ſe ſeparerent en deux bandes, qui ſe partagerent ſur les deux Bâtimens, dont nous avons parlé. L'un fut abandonnée à Thibault & à ſon Complice, & tout ce qu'il y avoit dans l'Iſle de Femmes & d'Enfans, fut embarqué deſſus. M. de Fontenay monta l'autre, & ſon frere s'embarqua avec lui. Après que les deux Aſſaſſins eurent long-têms battu la Mer, ſans trop ſçavoir, où ils alloient, ni où ils vouloient aller, ils ſe déterminerent enfin à tirer droit au Continent, pour y croiſer ſur les Côtes, mais deux choſes les inquiettoient; leur Navire faiſoit eau de toutes parts, & ils avoient des bouches inutiles, qui les affamoient & les embaraſſoient. Le remede à ce dernier mal n'étoit pas difficile à trouver à des gens du caractere des deux Chefs; auſſi ne tarderent-ils pas à l'employer: ils expoſerent leurs Mortes-payes ſur deux petites Iſles déſertes, qu'on appelle les Caïmans, & qui ſont à 30. ou 40. lieuës au Nord-Oueſt de la Jamaïque, & ces malheureux s'attendoient à y périr bientôt de miſere, lorſque la Providence conduiſit de ce côté là un Navire Hollandois, qui les receüillit, & les mena aux petites Antilles. Il ne reſtoit plus à nos Flibuſtiers qu'à radouber leur Navire, mais ils jugerent plus à propos de ſe remonter du premier Bâtiment, dont ils pourroient ſe ſaiſir, ils firent voiles dans cette Eſperance, & l'on n'a jamais entendu parler d'eux depuis.

Le Chevalier de Fontenay retourne à la Tortuë.

Le Vaiſſeau, qui portoit M. de Fontenay n'étoit gueres meilleur que l'autre; auſſi ne jugea-t'il pas à propos de s'éloigner de la Côte de S. Domingue. Il entra dans le Port Margot,

Margot, où il rencontra un Navire Hollandois, qui faisoit la traite avec les Boucaniers, & dont le Capitaine, s'imaginant que son dessein étoit de repasser en France, le fournit abondamment de vivres, & de tous les agrets, dont son Navire avoit besoin pour un si grand trajet. Alors Fontenay se voyant assés bien équipé, proposa à ses gens de retourner à la Tortuë : il n'y eut personne, qui n'y consentît ; quantité de Boucaniers se joignirent à eux, & tous lui promirent avec serment de ne l'abandonner jamais. Il n'avoit garde de laisser rallentir cette ardeur, il fit voiles sur le champ, & alla droit à Cayonne faire sa descente ; quelques Espagnols, qui s'y trouverent, voulurent envain s'y opposer, leur résistance fut même assés foible, & les François s'étant mis à les poursuivre, se flattoient d'entrer pêle mêle avec eux dans le Fort ; mais ils furent arrêtés à moitié chemin par une embuscade, dans laquelle ils auroient infailliblement donné, si un Chien ne l'eut éventée. Le Chevalier de Fontenay y étoit même déjà un peu engagé, mais il s'en tira en brave homme ; il fit faire une décharge si à propos sur les Ennemis, que tous prirent tumultuairement la fuite vers le Fort. Il les poursuivit chaudement jusqu'à une Fontaine, où il fit alte pour rafraîchir ses gens, qui n'en pouvoient plus de chaud & de lassitude. La garnison, qui du haut du Fort découvroit ce qui se passoit, crut cette occasion favorable pour rechasser les François jusques dans leur Navire, & fit une sortie : le Chevalier l'avoit prévû, & se tenoit sur ses gardes ; de sorte que les Espagnols, qui croyoient le trouver en désordre, furent eux-mêmes surpris, & obligés, après un rude combat, où ils perdirent 40. des leurs, de regagner au plus vîte leurs retranchemens.

1654.

Un début si brillant sembloit répondre au Chevalier de Fontenay d'un heureux succès de son entreprise, mais il n'avoit point de Canon, & le moyen sans cela de forcer des gens retranchés sur le haut d'un Rocher, & pourvûs d'une bonne Artillerie ? Son courage & sa résolution lui fit cependant encore surmonter cet obstacle ; les Espagnols

Il est contraint d'abandonner son entreprise. Sa mort.

1654.

avoient laissé sur la Montagne voisine le Canon, dont ils s'étoient si heureusement servi pour se rendre Maîtres du Fort, & ils s'étoient contentés de l'enfermer dans une maniere de retranchement fait de Troncs d'Arbres entassés les uns sur les autres, & gardé par un détachement de 50. Hommes. Le Chevalier, qui en fut instruit, ne balança pas à y marcher, & y donna l'assaut en plein midy. Une attaque si brusque étourdit tellement les Espagnols, qu'ils ne rendirent presque point de combat, & furent tous passés au fil de l'épée. Fontenay fit aussi-tôt pointer le Canon contre le Fort, mais la poudre lui manquant absolument, & la Place ayant reçu un secours de 200. Hommes, il se vit dans la cruelle nécessité d'abandonner une entreprise trop heureusement commencée, & trop courageusement poussée, ce semble, pour échoüer ainsi. Il s'en retourna au Port Margot, où plusieurs de ses gens prirent parti, les uns avec les Boucaniers, les autres avec les Flibustiers: pour lui ne se voyant plus en état de rien entreprendre, il passa en France, où il mourut peu de têms après son arrivée.

Les Flibustiers aident aux Anglois à conquerir la Jamaïque.

1655.

Alors les Avanturiers destitués de Chefs ne songerent plus à la Tortuë. Les Boucaniers étoient assés embarassés à se défendre contre la Cinquantaine Espagnole, ceux, à qui la profession d'Habitans convenoit davantage, se retirerent à la Côte de l'Ouest, où l'Etablissement commencé dans cette grande Anse, qu'on appelloit alors communément le Cul-de-Sac, se fortifioit peu à peu, malgré l'effort des Espagnols; & les Flibustiers, parmi lesquels il y avoit plus de mélange de nations, que dans les deux autres corps, se prêterent aux Anglois, qui étoient alors occupés à s'emparer de la Jamaïque, & qui leur eurent en parti l'obligation d'une si belle Conquête. C'étoit d'abord à l'Isle de S. Domingue, que les Anglois en vouloient. Leur Flotte composée de 17. Navires de guerre, & d'un très-grand nombre de Bâtimens de transport, étoit commandée par l'Amiral Pen; & les Troupes de débarquement, qu'on faisoit monter à 10000. Hommes, étoient sous les ordres de Venables

DE S. DOMINGUE, LIV. VII. 27

mais le débarquement s'étant fait affés loin de la Capitale, les Espagnols couperent le chemin aux Anglois, & 50. Fusiliers placés dans un Bois, les mirent dans un si grand défordre, qu'ils ne penférent plus qu'à regagner leurs Vaiffeaux, après avoir eu 600. Hommes tués, 300. bleffés, & 200. pris. On célébre tous les ans dans cette Capitale une Fête en action de graces pour cette victoire. Mais l'Orage détourné de deffus cette Isle, alla fondre fur la Jamaïque, où il s'en falloit bien qu'on fût autant en état de s'en garantir. Auffi les Côtes & toutes les Habitations de la Campagne furent-elles abandonnées d'abord, & les Anglois, aufquels nos Flibustiers venoient de fe joindre, s'y répandirent & s'y logerent fans opposition.

Les Espagnols ne fe perdirent pourtant pas encore mais retirés dans les Montagnes & dans les Forêts dont ils connoiffoient tous les détours, ils tinrent quelque têms en échec leurs Ennemis. Les Anglois, pour fe délivrer d'une fi grande inquiétude, s'aviférent de mettre à prix les têtes des Espagnols, & le firent fçavoir aux Boucaniers François, qui accoutumés à pourfuivre les Bêtes dans les lieux les plus inacceffibles, leur parurent fort propres à dénicher les Espagnols de leurs retraites. Les Boucaniers accoururent en effet en grand nombre à la Jamaïque, & firent en peu de têms un fi grand carnage des Espagnols, que le reste n'eut point d'autre parti à prendre que de compofer avec les Anglois, & d'évacuer l'Isle, qui est depuis ce têms-là demeurée à la Couronne d'Angleterre.

Il s'en falloit bien que la Conquête de la Tortuë dédommageât les Espagnols d'une perte auffi confiderable, que celle de la Jamaïque, & dont les fuites ont été auffi funestes à leurs Colonies; il ne paroît pas même qu'on en ait fçu beaucoup de gré au Préfident de San-Domingo, par les ordres de qui elle fut faite, & à qui je n'ai pû verifier, fi l'Espagne ne fut pas encore redevable de fa dernière victoire fur les Anglois. Ce qui est certain, c'est que deux ans après l'évacuation de la Tortuë par les François, ce Préfident eut la tête tranchée à Seville, pour avoir fouffert dans

1655.

Les Boucaniers donnent la chaffe aux Espagnols dans cette Isle.

Le Préfident de S. Domingue décapité à Seville.

D ij

1655.

son Isle la traite de deux Negriers Hollandois. Il ne lui servit de rien d'avoir prouvé qu'il avoit eu les Negres à très-vil prix, qu'il n'en avoit permis la vente, que sous promesse qu'ils serviroient à l'expedition de la Tortuë, & qu'effectivement sans le secours de ces Esclaves l'Isle seroit demeurée entre les mains des François, puisque c'étoit par leur moyen qu'on avoit monté le Canon sur la Montagne, qui commandoit le Fort. Il est assés surprenant que l'experience de plus d'un siecle, n'eût point encore ouvert les yeux au Conseil des Indes, sur la véritable cause du déperissement de la premiere de leurs Colonies, qui n'étoit autre chose, que l'interdiction du Commerce avec les Etrangers; ou bien il faut dire que les Rois Catholiques ont pour laisser une Isle autrefois si riche dans l'état d'indigence, où nous la voyons, des raisons, qu'on ne peut voir, que quand on a pénétré dans toute la profondeur de leur politique.

1659.
Les François pensent à reconquerir la Tortuë.

Quant à ce qui regarde les affaires des François dans ces quartiers-là, elles demeurerent dans la situation, que j'ai dite jusques vers la fin de l'année 1659. qu'un Gentilhomme Perigordin, nommé *Jeremie Deschamps*, sieur de *Moussac & du Rausset*, passa dans l'Amérique, pour reconquerir la Tortuë sur les Espagnols. Il avoit fait ses préparatifs de longue main, puisque dès l'année 1657. il avoit obtenu du Roi, le Brevet de Gouverneur & de Lieutenant Général pour sa Majesté dans l'Isle de la Tortuë; aussi ses mesures furent-elles très-bien prises. Au reste il est difficile de voir un point d'Histoire plus défiguré, que l'est celui-ci, par la plûpart de ceux, qui l'ont traité. Le P. du Tertre prétend que les Espagnols ayant abandonné la Tortuë, un gentilhomme Anglois nommé Eliazoüard, alla s'y établir avec sa famille, & 10. ou 12. Soldats; que plusieurs Anglois & quelques François s'étant joints à lui, il en forma une Colonie d'environ cent ou six-vingts Hommes, qui le reconnoissoient pour leur Chef, mais à la maniere de ces gens là, c'est-à-dire, à condition qu'il leur laisseroit une liberté entiere de faire ce qu'ils voudroient; que dans le têms qu'il se flattoit davantage de voir prosperer de plus en plus son Isle, & qu'il croyoit son Etablissement inébranlable, étant autorisé d'une Commission en bonne forme du Gouverneur de la Jamaïque, le sieur *du Rosset*, Gentilhomme de Perigord, qui avoit été habitant de la Tortuë sous M. le Vasseur, & le Chevalier de Fontenay, sollicita & obtint du Roi une Provision de Gouverneur des François dans cette Isle; que dans la crainte qu'Eliazoüard ne s'opposât à sa reception, il passa en Angleterre, où il avoit des amis, & obtint un ordre du Parlement, pour le Gouverneur de la Jamaïque, par lequel il étoit enjoint à cet Officier de le faire reconnoître dans la qualité, que j'ai dit, à condition que les Anglois demeureroient dans leurs quartiers, comme il se pratiquoit a S. Christophle; que du Rosset muni de cette piece, se rendit à la Jamaïque; & que sur la fausse nouvelle, qu'eut Eliazoüard, que le Général Anglois avoit expedié un ordre, en vertu duquel il faudroit qu'il sortît de la Tortuë, ou qu'il se résolût à y reconnoître un François pour son Gouverneur, il se trouva fort embarassé; qu'après avoir balancé quelque têms sur le parti, qu'il devoit prendre dans une si fâcheuse conjoncture, il enleva une Barque, qui appartenoit à un nommé la Ronde, & se réfugia avec tous ses effets dans la Nouvelle Angleterre: qu'à peine il étoit parti de la Tortuë, que du Rosset y arriva, & trouva que les François s'en étoient rendus les Maîtres, y avoient abattu le Pavillon d'Angleterre, & arboré celui de France. Que peu de têms après le nouveau Gouverneur fut attaqué d'une maladie, qui l'obligea de changer d'air; qu'il se transporta au Cul-de-Sac de S. Domingue, laissant le sieur de la Place son Neveu, pour commander à la Tortuë; qu'un Gendre d'Eliazoüard voulut profiter de son absence, pour remettre cette Isle sous la domination Angloise, mais qu'il manqua son coup, fut fait Prisonnier par la Place, avec tous ceux, qui l'avoient suivi, & renvoyé à la Jamaïque, d'où il étoit parti. Que du Rosset ne pouvant recouvrer sa santé dans l'Amérique,

1659.

1659.

passa en France; que la Place craignant d'être attaqué de nouveau par les Anglois, fit réparer l'ancienne Forteresse de le Vasseur, qu'on nommoit communément la Roche, & y fit ajoûter une Tour, sur laquelle il mit quatre pieces de Canon; que quelque têms après des Habitans de la Tortuë étant allé à la Jamaïque, persuaderent au Gouverneur que l'on ne pouvoit plus souffrir dans leur Isle la domination Françoise, & que s'il vouloit y envoyer des Troupes, elles n'y trouveroient aucun obstacle à y faire reconnoître le Roi d'Angleterre pour Souverain ; que le Gouverneur chargea de cette Commission le Colonel Bari, à qui il recommanda sur toutes choses de n'user d'aucune violence, & de déclarer aux Habitans de la Tortuë, qu'il ne vouloit recevoir que des hommages volontaires, que Bari leur ayant fait cette proposition, elle fut reçûë avec de grandes risées ; que ce Capitaine retourna à la Jamaïque chargé de honte & de confusion. Enfin qu'en 1664, M. du Rosset étant à Paris, & se disposant à retourner à la Tortuë, fut arrêté & mis à la Bastille par ordre du Roi, qu'on n'en a jamais bien sçû la raison, qu'on en devina plusieurs, & que la plus vrai-semblable fut, que Sa Majesté ayant cedé à la Compagnie des Indes Occidentales, le Commerce & la proprieté du Continent, & des Isles de l'Amérique, on craignoit que du Rosset, s'il retournoit à la Tortuë, ne s'opposât à ce que cette Compagnie s'y établît, & qu'effectivement il avoit été élargi après le départ des Vaisseaux de la Compagnie, laquelle fut obligée de lui donner 16000. liv. de dédommagement.

Le P. Labat voyage aux Isles de l'Amerique.

Un Auteur moderne, connu par le talent, qu'il a de rendre interessant le récit des plus petites choses, & par une merveilleuse fécondité sur des sujets assés stériles, trouve bien peu de vrai-semblance, beaucoup de contradiction & d'anacronismes dans le récit, que je viens de rapporter, & dit qu'il n'y reconnoît point l'exactitude ordinaire de son Confrere. Selon lui, le Gentilhomme Perigordin se nommoit *du Rossey*, étoit fort connu & fort aimé des Boucaniers de la Côte de S. Domingue, & avoit été pendant plusieurs années leur Compagnon de Chasse & de Course. Ce brave, ajoûte-t-il, ne pouvant souffrir que la Tortuë demeurât plus long-têms entre les mains des Espagnols, partit de France pour les en chasser, & alla prendre Terre à l'Isle de S. Domingue, où il eut bientôt assemblé 600. Hommes bien armés, & aussi résolus que lui à ne pas laisser un Espagnol dans la Tortuë. Comme l'esperance du succès de son entreprise étoit principalement fondée dans la surprise; il fit ses préparatifs avec un grand secret, & tout étant disposé, il s'embarqua avec tout son monde dans des Canots. Il détacha ensuite cent Hommes, pour aller débarquer au Nord de la Tortuë, qu'on avoit crû jusqu'alors inabordable, & qui l'est en effet à tout autre Bâtiment, qu'à des Canots. Aussi nos Avanturiers firent leur descente sans aucune opposition ; ils grimperent ensuite de Rocher en Rocher, & arriverent, sans avoir été apperçus, au sommet de la Montagne, qui dominoit la Roche, & où la batterie de Canons, qu'y avoient montée les Espagnols, étoit encore, gardée par un détachement de Soldats. Il étoit nuit, nos gens trouverent les Soldats endormis, & il ne s'en sauva pas un seul. Du Rossey averti de ce succès par un signal, dont on étoit convenu, s'approcha de la Rade avec le gros de son armée; le Gouverneur de son côté, réveillé au bruit, qui se faisoit sur la Montagne, envoya des Soldats pour s'informer de ce que c'étoit : ces Soldats donnerent dans une embuscade, qui leur avoit été dressée, par une autre Troupe de François, lesquels avoient faits leur débarquement à la pointe de l'Isle. La résistance des Espagnols fut des plus foibles, plusieurs furent tués d'abord, & le reste se mit aussi-tôt à fuïr vers la Roche : nos gens les suivirent, & entrerent avec eux dans la Place, firent main basse sur la Garnison, & le Gouverneur eut bien de la peine à gagner le Donjon avec un très-petit nombre des siens. Il n'étoit pas en état de s'y défendre long-têms, il prit le parti de capituler, & il obtint d'être transporté à l'Isle de Cuba. M.

1660.

32 HISTOIRE

1660.
du Rossey fut aussi-tôt reconnu pour Gouverneur; l'Isle se repeupla bientôt, les Boucaniers recommencerent à y venir vendre leurs Cuirs, & les Flibustiers à y amener leurs prises. Le nouveau Gouverneur n'abusa point de l'authorité, que les Avanturiers lui avoient déferée volontairement, & qui dans le fond ne s'étendoit pas fort loin, il vécut paisiblement avec eux jusqu'en 1663. qu'une maladie l'obligea de repasser en France, & de leur consentement il leur laissa pour Commandant, pendant son absence, le Sieur de la Place son neveu. La nouvelle Compagnie que le Roi établit au mois de May de l'année suivante, ne jugeant pas à propos de se servir du Sieur du Rossey, & apprehendant que, s'il retournoit à la Tortuë, il n'y ameutât les Avanturiers contre elle, obtint du Roi de le faire arrêter & mettre à la Bastille. Elle composa ensuite avec lui, & moyennant la somme de 16000. livres, il ceda tous ses droits. La Compagnie envoya aussi-tôt à la Tortuë M. d'Ogeron, qu'elle avoit demandé au Roi pour Gouverneur, & lorsqu'on sçut qu'il étoit en possession de la Roche, du Rossey fut élargi.

Quel fut le succès de cette entreprise.
Une troisiéme Version, laquelle est de l'Auteur des Memoires, qui m'ont été envoyés de Saint Domingue, & que j'ai pris la liberté de ne pas suivre scrupuleusement en tout, pour des raisons, que j'ai rapportées ailleurs, s'accorde assés avec la seconde, pour la maniere, dont la Tortuë fut reprise sur les Espagnols, & appelle aussi *du Rossey* le Heros de cet Episode. Elle va même plus loin, & elle ajoûte que c'est ce même du Rossey, qui s'étoit comporté si lâchement à l'attaque de l'Isle Saint Christophle. Cet Officier, si on en croit l'Auteur de cette Version, eut à la Bastille tout le têms de refléchir sur l'infâmie, dont il s'étoit couvert, & la honte, qu'il en conçut, lui inspira un desir ardent d'effacer la tache, qu'il avoit faite à son nom, fallût-il y employer jusqu'à la derniere goutte de son sang.

Il entreprend de reconquerir la Tortuë.
Après avoir enfanté bien des projets pour rétablir son honneur, il s'arrêta à celui de reconquerir la Tortuë sur

les

les Espagnols, & il espera d'en venir à bout avec les seuls Boucaniers de Saint Domingue. Il partit pour cette Isle sur un Navire, qui alloit y négocier des Cuirs, & alla prendre terre au Port Margot. Là, il reconnut quelques-uns des plus anciens Avanturiers, qui se souvinrent aussi de l'avoir vû à Saint Christophle, & il les fit inviter à un grand repas, où ils se trouverent en grand nombre. Lorsque le Vin & l'Eau-de-Vie leur eurent un peu échauffé la tête, il leur proposa la Conquête de la Tortuë ; & comme le Vin empêche les réflexions, & leve les plus grandes difficultés, la proposition fut acceptée avec joye, il n'y eut aucun des Conviés, qui ne donnât à du Rossey sa parole de le suivre partout, & la promesse fut même confirmée par serment. L'affaire une fois engagée, les Boucaniers n'étoient pas gens à se dédire, ils persuaderent même à quantité d'autres de leurs Compagnons d'être de la partie, & du Rossey se vit en peu de jours à la tête de 400. Hommes, sur lesquels il crut pouvoir compter.

1660.

Il jugea néanmoins qu'il devoit fonder toute l'espérance d'un heureux succès de son expedition sur la surprise, & par conséquent que le secret & la diligence lui étoient également nécessaires. Ainsi, sans attendre de nouveaux secours, qui pouvoient lui venir des autres quartiers, il s'embarqua avec ses 400. Boucaniers, & alla moüiller au Port de Paix, d'où il envoya cent Hommes débarquer au Nord de la Tortuë ; il leur donna ordre de s'y tenir cachés jusqu'à l'entrée de la nuit, & d'aller ensuite à la faveur des ténèbres s'emparer de la Montagne, où j'ai dit que les Espagnols avoient un retranchement & du Canon : & cela fut executé avec autant de bonheur, que de résolution. Nos Avanturiers après avoir franchi des précipices, que jamais homme n'avoit encore osé regarder de près, se trouverent au point du jour à l'entrée du retranchement, & presque tous ceux, qui le gardoient, furent égorgés, avant que d'avoir pû se reconnoître. Le bruit de cette attaque, & les cris des mourants s'étant fait entendre dans le Fort, on crut que les

Il en vient à bout.

Tom II. E

Soldats s'y battoient entre eux, & l'on y courut tumultuairement, pour tâcher d'appaiser ce prétendu désordre. Alors du Rossey, qui pendant la nuit avoit fait sa descente du côté du Sud, & s'étoit glissé, sans être apperçu, entre la Montagne & le Rocher, sur lequel étoit bâti le Fort, se mit entre cette Place, & ceux, qui venoient d'en sortir, les obligea de se rendre à discretion, & rabattant aussi-tôt sur le Fort, où il étoit resté peu de monde, il y entra sans presque aucune résistance. Tout ce que la Garnison put obtenir, ce fut de se retirer la vie sauve, où elle jugeroit à propos.

Il repasse en France & revient mourir miserable à la Tortuë.

Du Rossey, après une si belle Conquête, qu'il devoit uniquement à sa valeur & à sa bonne conduite, s'appliqua à mettre la Tortuë en état de ne rien craindre, & il y réüssit de telle sorte, que depuis ce têms-là les Espagnols n'ont fait pour y rentrer que d'inutiles efforts. Elle fut bien-tôt toute peuplée d'Habitans, qui se soûmirent sans peine à du Rossey, du moins par provision, & jusqu'à ce que la Cour l'eût nommé Gouverneur ; car personne ne doutoit que Sa Majesté ne lui fit cette grace, qu'il avoit ce semble, si bien méritée. Mais leur attente fut trompée, le Roi refusa constamment de confirmer leur choix. Du Rossey crut que ses amis le servoient mal, & passa en France, pour y solliciter lui-même, ce qu'il ne pouvoit pas comprendre, qu'on fît difficulté de lui accorder. Ses poursuites furent inutiles, & tout ce qu'il gagna, en s'y opiniâtrant pendant sept ans entiers, fut de manger son bien jusqu'au dernier sol. N'ayant plus rien, il retourna à la Tortuë, où il se vit presque réduit à mandier son pain, & où il est mort miserablement. On n'a pû découvrir, ajoûte l'Auteur de mes Mémoires, les raisons, que la Cour avoit euës de traitter avec tant de dureté un homme, qui avoit si bien réparé sa faute ; qu'on pourroit souhaitter de trouver souvent des lâches de ce caractere.

Le sieur de la Place Commandant de la

En partant pour France, il avoit laissé le commandement de la Tortuë au Sieur de la Place son Neveu ; & la Cour, avant que d'y envoyer un Gouverneur, donna à cet Officier tout le têms de faire voir que perfonne n'étoit plus propre que lui à remplir ce pofte. Il gouverna avec une intégrité, une moderation, un défintereffement, qui lui gagnerent généralement tous les cœurs; & comme fa réputation lui attiroit tous les jours de nouveaux Habitans, il fallut fonger à envoyer des Colonies à l'Ifle de Saint-Domingue. Il fit lui-même défricher auprès du Port de Paix, un affés grand terrein, & la prife d'un vaiffeau chargé de Negres, que firent peu de têms après quelques Flibuftiers, ayant mis les Habitans en état d'avancer les travaux, il fe commença en plufieurs endroits des Etabliffemens, qui en peu de têms devinrent très-confiderables.

1660.
Tortuë. Sa bonne conduite.

Il eft certain que nulle de ces Verfions n'eft exacte. En premier lieu, le dernier Conquerant de la Tortuë ne fe nommoit ni *du Roffet*, ni *du Roffey*, mais *du Rauffet*. En fecond lieu, ce ne furent pas les Avanturiers, qui le choifirent pour leur Gouverneur, puifque plus de deux ans avant qu'il paffât en Amérique, pour la Conquête de la Tortuë, il avoit reçû du Roi les Provifions de ce Gouvernement. Ces deux faits font inconteftablement prouvés, par le Contrat paffé entre lui & la Compagnie des Indes Occidentales le 15. Novembre 1664. dont j'ai vû l'original, qui eft au dépôt de la Marine. Il y eft nommé *Jéremie Defchamps Sieur du Rauffet*, Gouverneur & Lieutenant Général pour le Roi de l'Ifle de la Tortuë, conquife par lui. Il y eft expreffément marqué que le Roi lui en avoit donné le Brevet en 1657. qu'il étoit détenu à la Baftille, lorfqu'il fit fon accommodement avec la Compagnie, & qu'il fut mis en liberté pour paffer le préfent Acte; que la Compagnie s'obligea à lui donner 15000. livres, pour fes droits, & cent piftoles de gratification à Frederic Defchamps fon Neveu, (c'eft le Sieur de la Place, qui commandoit actuellement à la Tortuë,) mais que l'entier payement ne fe feroit point que Bertrand d'Ogeron, Ecuyer Sieur de la Boüère, Porteur des Ordres de la Compagnie, n'eût pris poffeffion de la

1659.
1664.

E ij

1660.
|
1664.

Tortuë. Dans le têms que j'écrivois ceci, j'ai découvert la Commission de Gouverneur & Lieutenant Général pour le Roi dans l'Isle de la Tortuë, & autres dépendances en l'Amérique, pour Jéremie Deschamps, Sieur de Moussac & du Rausset; elle est du mois de Decembre 1656. le jour est en blanc.

Ces faits supposés certains, comme il le sont en effet, il paroît plusque vrai-semblable que la Version du P. du Tertre est fausse en tous ses points, que la Tortuë fut conquise par M. du Rausset, à peu près de la maniere, dont il est raconté dans les deux dernieres Versions, entre lesquelles il n'y a point sur cela de difference essentielle: que ce Gentilhomme avoit eu beaucoup de part à la Conquête de la Tortuë sur les Espagnols par le Vasseur, sa Commission, disant en termes formels: *Vû votre experience & votre valeur, dont vous nous avez donné de si notables preuves en la reprise des mêmes Isles*; enfin, que le du Rausset de la Tortuë, n'est point le du Rossey de S. Christophle, lequel en 1660. n'auroit pû gueres avoir moins de 90. ans, puisque dans la Commission, qu'il obtint du Cardinal de Richelieu en 1626. conjointement avec M. d'Enambuc, pour établir une Colonie Françoise *dans les Antilles de l'Amérique*, il est dit, que depuis 15. ans, ces deux Capitaines travailloient à chercher un endroit commode, pour faire un pareil Etablissement. Il faut encore retrancher de la troisiéme Version le refus, qu'on fit à la Cour de donner le Gouvernement de la Tortuë à celui, qui l'avoit si glorieusement conquise, puisqu'il avoit la Commission plus de deux ans avant la Conquête, & il n'est nullement vrai-semblable qu'il soit venu mourir de faim à la Tortuë, où il est même à présumer qu'on ne lui a pas permis de retourner. ^

1660.
|
1665.
M. d'Oge-ron Gouverneur de la Tortuë.

† Quoiqu'il en soit, la Tortuë, dont la Côte de S. Domingue suivoit assés la fortune, quoique sans beaucoup de subordination; la Tortuë, dis-je, étant revenuë de quelque maniere que cela soit arrivé, au pouvoir des François, qui

ne l'ont plus perduë depuis, & la Compagnie des Indes Occidentales, à qui le Roi l'avoit concedée, ayant remboursé du Rauſſet des droits, qu'il y avoit, fondés ſur la Conquête, qu'il en avoit faite, propoſa à ſa Majeſté pour Gouverneur Bertrand d'Ogeron ſieur de la Bouëre, gentilhomme Angevin, ancien Capitaine dans le Regiment de la Marine; & la Commiſſion lui en fut expediée au mois de Fevrier 1665. Il étoit actuellement à la Côte de S. Domingue, & ayant reçû ſes Proviſions, il ſe rendit à la Tortuë le 6. de Juin de la même année. Il étoit muni d'une Lettre de Cachet pour le ſieur de la Place, par laquelle il étoit ordonné à cet Officier de le faire recevoir pour Gouverneur. La Place obéït ſur le champ, & fit même les choſes de très-bonne grace. Il mit tous les Habitans ſous les armes; leur déclara les ordres du Roi, & ſe démit du Commandement. Les Proviſions de M. d'Ogeron furent enſuite luës publiquement, & les Habitans le reçurent pour le Gouverneur, promirent foi, fidelité & hommage au Roi & à la Compagnie des Indes, ſous ſes Ordres, & cette cérémonie ſe termina par de grandes acclamations, & des cris redoublés, de VIVE LE ROI. Mais l'évenement que je viens de raconter, pouvant être regardé comme l'époque de l'Etabliſſement de la Colonie Françoiſe de S. Domingue, & le nouveau Gouverneur pouvant paſſer pour en être le Pere, & le veritable fondateur; je crois qu'avant que de m'engager plus avant dans le récit des choſes, qui ſe paſſerent ſous ſon Gouvernement, je dois donner une idée générale de l'Etat, où ſe trouvoit alors l'Iſle de S. Domingue, tant par rapport aux Eſpagnols, que par rapport aux François.

On comptoit en 1665. dans l'Iſle de S. Domingue, environ 14000. Eſpagnols, Metifs & Mulatres libres, & l'on prétendoit que le nombre des Eſclaves étoit plus grand. Outre cela à 7. lieuës de la Capitale, il y avoit environ 1200. Negres fugitifs, qui s'étoient cantonnés & retranchés ſur une Montagne preſque inacceſſible, & qui faiſoient con-

1660.
|
1665.

Etat de l'Iſle de S. Domingue en 1665.

1660.
|
1665.

tribuer tout le Pays, & la Ville même. Il y avoit dans cette Ville 500. Maisons; on l'avoit fermée de murailles depuis la derniere tentative des Anglois, & elle étoit défenduë par trois Forteresses. La principale étoit l'ancienne, dont j'ai parlé ailleurs, laquelle est située, sur la pointe de terre, que forme l'embouchure du Fleuve Ozama dans la Mer, & qui subsiste seule aujourd'hui. Elle étoit, selon un memoire de ce têms-là, composée de Tours, & bâtie sur un Roc escarpé, garnie de 24. pieces de Canon par le bas, avec une platte forme bien munie d'Artillerie. Après San-Domingo ce qu'il y avoit de meilleur dans la partie Espagnole de l'Isle, c'étoit Sant-Yago. Cette Ville étoit habitée par des Marchands & des Orfevres; il y avoit peu d'années que des François l'avoient pillée ayant débarqué sous pavillon Anglois, à Puerto-di-Plata, dont elle est éloignée de 14. lieuës, & il y a bien de l'apparence que c'est de cette action, dont parle le P. du Tertre, & qu'il place sous le prétendu Gouvernement de son Capitaine Eliazoüard Anglois. Voici le fait en peu de mots.

Action cruelle d'un Espagnol.

Dix à douze François s'étant embarqués à la Tortuë sur le Navire d'un Flamand pour aller à S. Christophle, ou aux Isles voisines, furent rencontrés par un Navire de Guerre Espagnol, dont le Capitaine lui demanda ce qu'il portoit: celui-ci répondit qu'il portoit quelques François aux Isles du Vent. Aussi-tôt ce Commandant lui ordonna de les lui livrer, ce qu'il ne fit, qu'après s'en être long-têms défendu, & à condition qu'on les traitteroit bien. Le Castillan le promit avec serment, mais les deux Navires ne furent pas plûtôt séparés, que le Castillan prit la route de Monte-Christo, mit tous les François à terre, & les fit arquebuser, à la réserve d'une femme & d'un petit garçon, qui se sauva sous la robe d'un Religieux. Les gens de la Côte, (on appelloit ainsi ceux des Avanturiers, qui frequentoient l'Isle de la Tortuë & les Côtes de S. Domingue,) n'eurent pas plûtôt appris cette nouvelle, qu'ils résolurent de s'en venger d'une maniere éclatante, & quelque têms après se trouvant réünis au nombre de 4. à 500. & fortifiés par l'arrivée d'une Frégatte de Nantes; ils formerent le deffein de piller Sant-Yago.

1665.

Ils commencerent par fe munir d'une Commiffion Angloife. Le P. du Tertre dit que ce fut Eliazoüard, qui la donna. Ils s'embarquerent enfuite au nombre de 400. partie dans la Frégatte de Nantes, que le Capitaine fut contraint de leur prêter, & partie fur quelques autres Bâtimens, qu'ils rencontrerent à la Côte, ayant choifi un nommé de l'Ifle pour Commandant, & lui ayant donné trois Lieutenans, qui furent Adam, Lormel & Anne le Roux. Ils débarquerent à Puerto-di-Plata, le Dimanche des Rameaux de l'année 1659. & fe mirent auffi-tôt en marche vers Sant-Yago. Ils fe trouverent la nuit du Vendredy Saint auprès de la Ville, firent leur attaque avant le jour, & ayant paffé fur le ventre à ceux, qui fe préfenterent les premiers devant eux, ils coururent droit au logis du Gouverneur, qu'ils furprirent dans fon lit. Il eut néanmoins le loifir de fe jetter en bas, & entendant parler François, il dit à nos braves, qu'il s'étonnoit que des Sujets du Roi très-Chrétien le vinffent attaquer, vû qu'il avoit des nouvelles d'une ceffation d'armes, & que la paix étoit fur le point de fe conclure entre les deux Couronnes. Ils répondirent qu'ils avoient Commiffion Angloife, lui reprocherent toutes les cruautés, que lui & d'autres Gouverneurs de fa Nation ne difcontinuoient point d'exercer fur les François, & lui dirent de fe préparer à la mort, à moins qu'il ne leur donnât foixante mille écus pour fa rançon. Il les promit, & en paya fur le champ une partie en Cuirs. Le pillage de la Ville dura 24. heures, & rien ne fut épargné; nos Corfaires enleverent jufqu'aux Cloches, aux ornemens des Eglifes & aux Vafes Sacrés; mais ils épargnerent l'honneur des Femmes, & ils étoient convenus entre eux que, quiconque feroit convaincu d'avoir fait la moindre violence au Sexe, perdroit le profit de fon voyage.

Vengeance qu'en tirent les Avanturiers.

1660.
|
1665.

Ils font attaqués au retour, & le défendent bien.

Après qu'ils se furent bien rafraîchis, ils reprirent le chemin de la Mer, chargés d'un butin confidérable, & emmenerent avec eux le Gouverneur & quelques uns des principaux Habitans de Sant-Yago, de qui ils prétendoient bien tirer de grosses rançons. Mais comme l'allarme avoit été donnée à 10. ou 12. lieuës à la ronde, il s'assembla en peu de jours un corps de mille Hommes, qui leur dressa une embuscade sur le chemin. Ils y donnerent, & les Espagnols ne doutoient point que la surprise jointe à l'avantage du lieu & du nombre, ne leur donnât une victoire aisée. Ils se tromperent ; les François qui tiroient tous excellemment, & qui ne se perdirent point, ne manquerent pas un coup, tuerent plus de cent Espagnols , & des Principaux ; en blesserent un plus grand nombre encore, & après deux heures de combat, obligerent le reste à s'éloigner. Ce n'étoit pourtant que pour respirer, que ceux-ci se retirerent du combat, & ils y retournerent peu de têms après, bien résolus de vaincre ou de périr ; mais les François leur ayant fait voir le Gouverneur de Sant-Yago & leurs autres Prisonniers, leur firent dire que, s'ils tiroient un seul coup, ils les verroient égorger à leurs yeux, & trouveroient ensuite des gens, qui vendroient bien cherement leur vie. Cette menace eut son effet ; les Espagnols prirent le parti de se retirer ; nos Avanturiers continuerent tranquillement leur marche jusqu'à la Mer, où ayant inutilement attendu quelques jours la rançon de leurs Prisonniers, ils les renvoyerent sans leur faire de mal, & regagnerent heureusement la Tortuë.

Etablissemens François.

Il paroît assés par le récit de cette expedition, que ce second poste des Espagnols dans l'Isle de S. Domingue étoit dès-lors très-peu de chose, & sans presqu'aucune défense. Les autres n'étoient que de très-petites Bourgades toutes ouvertes, & extrêmement pauvres. Nous donnerons à la fin de cet Ouvrage une description détaillée de l'état présent de cette Colonie, tirée d'un Mémoire, dont il ne m'est pas possible de révoquer en doute l'exactitude & la justesse : ce
que

que je n'oferois dire auſſi affirmativement de celui, que j'ai fuivi dans la defcription, que je viens de faire de San-Domingo. Les Etabliſſemens François ne faiſoient que commencer, & à les prendre en eux mêmes, le meilleur ne valoit pas le moindre de ceux des Eſpagnols. Dans la Tortuë, qui étoit le quartier général, & la Métropole de cette Colonie naiſſante, on ne comptoit que 250. Perſonnes, & ils n'y faiſoient que du Tabac. Au Port Margot, qui eſt à 7. lieuës, il y a un petit Iſlot, lequel a une demie lieuës de tour, où il y avoit 60. Hommes, & il pouvoit bien y en avoir 80. ou 100. dans la grande terre. M. d'Ogeron avoit une habitation en ce lieu-là. J'ai dit que le ſieur de la Place avoit commencé à défricher le Port de Paix vis-à-vis la Tortuë, mais c'étoit encore bien peu de choſe, que ce commencement d'habitation, & il y a même bien de l'apparence que ce Gentilhomme ne reſta pas dans la Colonie, après en avoir perdu le commandement. Il n'y avoit à la bande de l'Oueſt, qu'un ſeul Etabliſſement, & c'étoit celui de Leogane. Les Hollandois en avoient chaſſé les Eſpagnols ; mais ils ne s'y étoient point établis, & c'étoit un des endroits de l'Iſle, ou nos Boucaniers ſe refugioient plus ordinairement alors, quand ils étoient pourſuivis par la Cinquantaine: nous y avions au moins 120. Hommes, dont la moitié étoient aux gages de M. d'Ogeron.

Mais la Colonie Françoiſe pouvoit être regardée comme un Arbriſſeau planté dans une bonne terre, où il a pris racine, & où il croît & ſe fortifie de jour en jour, d'une maniere ſenſible ; au lieu que la Colonie Eſpagnole étoit comme un arbre, qui eſt ſur le retour, & ne prend plus de nourriture, l'accroiſſement de l'une & la décadence de l'autre eurent des progrés d'autant plus rapides, que celle-ci n'avoit gueres pour ſe ſoutenir que ſes propres forces, preſqu'entierement épuiſées, au lieu que celle-là étoit ſoutenuë de deux Corps, qui avec ſes Habitans compoſoient cette République formidable d'Avanturiers, laquelle

Tom. II. F

1660.
|
1665.

42   HISTOIRE

1660.
↓
1665.

donnoit déjà bien de la jaloufie aux Efpagnols des Indes, & fit bientôt trembler les Provinces les plus reculées de ce vafte Empire. Les deux Corps, dont je parle, étoient celui des Boucaniers & celui des Flibuftiers. Le premier étoit alors fans contredit le plus confiderable ; il étoit d'environ 3000. Hommes, & les Efpagnols, qui le regardoient comme le principal appui d'une Puiffance, laquelle prétendoit s'élever fur leurs ruines, s'attacherent furtout à le détruire. Pour comprendre tout ce qui fe paffa d'intereffant dans cette guerre, il fera bon de bien connoître quels Hommes c'étoit que ces Boucaniers, quelle étoit leur maniere de fe loger, de fe vêtir, de chaffer, & de s'armer ; les mefures qu'ils prenoient pour fe défendre de leurs Ennemis, car rarement attaquoient-ils, quand ils n'y étoient pas forcés, & dans quels endroits ils avoient placé leurs principaux Boucans.

Defcription des Boucaniers. Leurs Boucans, leur maniere de vivre.

Ces Boucans, ainfi que je l'ai déjà remarqué, confiftoient en de petits défrichés, où il y avoit des clayes pour faire boucaner la Viande, un efpace pour étendre les cuirs, & des barraques, qu'ils nommoient *Aioupas*, nom emprunté des Efpagnols, & qui originairement venoit des naturels du Pays. Ils étoient là précifément à couvert de la pluye, & des ardeurs du Soleil ; & le vent, qui y entroit de toutes parts, les rafraîchiffoit agréablement. Comme ils n'avoient ni femmes ni enfans, ils s'affocioient toûjours deux enfemble, fe rendoient mutuellement tous les fecours, qu'un Pere de famille peut trouver dans fon domeftique, vivoient dans une parfaite communauté de biens, & tout demeuroit, à celui qui furvivoit à l'autre ; ils appelloient cela s'*matelotter*, & ils fe donnoient réciproquement le nom de *Matelot*, d'où eft venu la coûtume de nommer *Matelotage* toute forte de focieté, que des particuliers font enfemble, pour faire valoir en commun leurs interêts. Au refte ils en ufoient entre eux avec beaucoup de droiture & de franchife ; c'eût été un crime, que de rien tenir fous la clef & l'on auroit été irrémiffiblement chaffé du Corps pour

DE S. DOMINGUE, LIV. VII. 43

le moindre larcin ; mais la tentation n'en venoit point, & tout étoit commun, non seulement entre Matelots, mais encore entre tous les Boucaniers ; ce qu'on ne trouvoit pas dans son cofre, on l'alloit chercher dans celui de son voisin, il falloit seulement lui en demander la permission, & il eût été deshonnoré, s'il l'eut refusée ; ainsi il n'y avoit point dans cette République de mien & de tien, par conséquent il y survenoit peu de démêlés ; que s'il arrivoit quelques differents entre des Particuliers, les amis communs travailloient sur le champ à les raccomoder, & la paix étoit bientôt faite. ⋏

De Loix, les Boucaniers n'en reconnoissoient point d'autres, qu'un assés bizarre assemblage de conventions, qu'ils avoient faites entr'eux, & dont ils avoient formé une coûtume, qu'il regardoient comme la regle Souveraine. A tout ce qu'on y pouvoit opposer ils répondoient froidement, ce n'est pas l'usage de la Côte ; & ils fondoient leur droit d'en user ainsi, sur ce qu'en passant le tropique ils avoient reçu un Baptême, qui les affranchissoit, disoient-ils, de toute obligation contractée antécédemment à cette cérémonie maritime. Ils dépendoient assés peu du Gouverneur de la Tortuë, & ils se contentoient de lui rendre de tems en tems quelque leger hommage. La Religion même conservoit sur eux fort peu de ses droits, & ils croyoient faire beaucoup, que de n'avoir pas entierement oublié le Dieu de leurs Peres. On s'étonne de trouver des Peuples, chés qui l'on a peine à découvrir quelques traces d'un culte Religieux ; & il est hors de doute que, si les Boucaniers se fussent perpetués dans l'Isle de S. Domingue sur le pied, où ils étoient au tems, dont je parle, dès la troisième ou quatriéme generation, ils n'eussent pas eu plus de Religion que ni les Cafres, ou les Hottentots d'Afrique, ni les Topinambous, ou les Caraïbes de l'Amerique.

Ils avoient quitté jusqu'au nom de leurs Familles, & y avoient substitué des sobriquets, ou des noms de guerre, dont la plûpart ont passé à leurs descendans ; plusieurs

1660.
à
1665.

pour l'ordinaire

Leurs Loix, & leur Religion.

Leurs vêtemens.

F ij

néanmoins, lorſqu'ils ſe marioient, (ce qu'ils ne faiſoient ordinairement, qu'en changeant d'état, & devenant Habitans,) mettoient leurs véritables ſurnoms dans leur Contrat de Mariage, ce qui a donné lieu à un proverbe, qui a encore aujourd'hui cours dans les Antilles, qu'on ne connoît les gens, que quand ils ſe marient. Leur habillement conſiſtoit dans une Chemiſe, toute imbuë du ſang des animaux, qu'ils tuoient, un Caleçon encore plus craſſeux, & fait comme un Tablier de Braſſeur, c'eſt-à-dire, ouvert par en bas, en maniere de Candale; une Courroye, qui leur ſervoit de Ceinture, & d'où pendoit une large gaine, dans laquelle étoient quelques Coûteaux Flamands, avec une eſpece de Sabre fort court, appellé Manchette, un Chapeau ſans bord, excepté ſur le devant, où ils en laiſſoient un bout pour le prendre, comme aux Carapoux, point de bas, & des Souliers faits de peaux de Cochons.

Leurs armes, leurs Chiens, leurs Chaſſes. Leurs Fuſils avoient un canon de quatre pieds & demi de long, & tiroient des balles de 16. à la livre. Et c'eſt de leur nom, comme je l'ai déjà obſervé, qu'on a depuis appellé Boucaniers les Fuſils de ce calibre. Chacun avoit à ſa ſuite plus ou moins d'Engagés, ſuivant ſes facultés, & une meute de vingt ou trente Chiens, parmi leſquels il y avoit toûjours un Brac, ou Venteur. La Chaſſe du Bœuf étoit leur principale occupation, & s'ils donnoient quelques momens à celle du Cochon Maron, ce n'étoit gueres, que pour ſe divertir, ou pour avoir de quoi ſe régaler. Dans la ſuite il y en eut quelques-uns, qui ne s'attachoient qu'à la Chaſſe du Cochon, & en faiſoient Boucaner les chairs à la fumée de la peau même de la Bête; ce qui leur donnoit un goût merveilleux. Les Chaſſeurs partoient le matin à l'aube du jour, ſeuls pour l'ordinaire, leurs Engagés & leurs Chiens venoient après, le ſeul Chien Venteur alloit devant, & conduiſoit le Chaſſeur ſouvent par des chemins affreux, qu'il falloit franchir. Dès que l'Animal étoit éventé, tous les Chiens accouroient, & l'arrêtoient en aboyant tout autour de lui, juſqu'à ce que le Boucanier survenant, tetiroit. Il lui donnoit pour l'ordinaire, le coup au défaut de la poitrine, & après l'avoir jetté bas, il lui coupoit le jaret, pour l'empêcher de se relever. On a même vû des Boucaniers gagner les Bœufs à la course, & leur couper d'abord le jarret. Quelquefois l'animal, quand il n'étoit que legerement blessé, & qu'on avoit manqué de le terrasser, se jettoit de furie sur les Chasseurs, & en éventroit quelqu'un ; mais cela étoit rare : les Boucaniers étoient presque toûjours sûrs de leurs coups, & quand même ils n'addressoient pas juste, ils étoient assés alertes, pour monter au haut d'un arbre, derriere lequel ils avoient pris la précaution de se placer. ^

1660.
1665.

Quand la Bête étoit à demi écorchée, le Maître en tiroit un des plus gros os, le cassoit, & en succoit la moëlle. C'étoit son déjeuner ; il abandonnoit les autres à ses Engagés, dont il laissoit toûjours quelqu'un, pour achever de dépoüiller l'animal, & pour en lever un morceau choisi, qu'il avoit ordre de porter au Boucan, & de faire cuire pour le dîner des Chasseurs. Tous les autres continuoient leur Chasse, jusqu'à ce que le Boucanier eût tué autant de Bêtes, qu'il avoit de personnes avec lui. Il retournoit le dernier, chargé comme les autres d'une peau, & d'un morceau de viande, & il trouvoit les tables garnies. Je dis les tables, car chacun avoit la sienne, & c'étoit tout ce qui se trouvoit d'abord, une pierre, un tronc d'arbre, une racine, point de nappe, point de serviette, point de pain, point de vin. Du Piment, & un peu de jus d'Orange faisoit tout l'assaisonnement : l'esprit content, nulle inquiétude, un grand appetit, & beaucoup de joye faisoient trouver tout bon. Un jour ressembloit parfaitement à l'autre, jusqu'à ce que l'on eût amassé le nombre de Cuirs, qu'on s'étoit engagé à fournir aux Marchands ; car alors le Boucanier portoit sa Marchandise, ou à la Tortuë, ou à quelque Port de la grande Isle.

Leur maniere de se nourrir.

Comme ces gens-là faisoient beaucoup d'exercice, & se nourrissoient toûjours de viandes fraîches, ils joüissoient

Maladies, ausquels ils étoient sujets.

1669.
|
1665.

communément d'une affés bonne fanté ; ils étoient à la vérité fujets à des fiévres, mais c'étoit des fiévres ephemeres, dont ils ne fe reffentoient point le lendemain ; ou de petites fiévres lentes, qui ne les empêchoient pas d'agir, & dont ils faifoient fort peu de cas ; de forte, que quand on leur demandoit, comment ils fe portoient ; fort bien, répondoient-ils, je n'ai que la fiévre. Avec le têms néanmoins ils ne pouvoient manquer de s'affoiblir fous un Ciel, aux intemperies duquel ils n'étoient pas affés faits, pour foutenir pendant de longues années une vie fi laborieufe, & fi dure ; auffi les plus raifonnables ne la continuoient, qu'autant qu'il étoit néceffaire, pour être en état de fe faire Habitans. Les autres dépenfant d'abord au Cabaret le fruit de leur Chaffe, c'étoit toûjours à recommencer, & plufieurs s'accoutumoient tellement à cette vie, qu'ils devenoient incapables d'en mener une autre. On a vû des jeunes gens de bonne famille ne pouvoir fe réfoudre à quitter une profeffion fi penible, expofée à tant de rifques, & dans laquelle le feul libertinage les avoit engagés, pour aller receüillir en France des fucceffions confiderables.

Leurs principaux Boucans.

Leurs principaux Boucans étoient la prefqu'Ifle de Samana, la petite Ifle, qui eft au milieu du Bort de Bayaha ; le Port Margot ; la Savane brûlée, vers les Gonaives ; l'Embarcadaire de Mirbalet, & le fonds de l'Ifle à Vaches ; mais de-là ils couroient toute l'Ifle jufqu'aux habitations Efpagnoles. Tels étoient les Boucaniers de S. Domingue, & telle étoit leur fituation, lorfque les Efpagnols entreprirent de les chaffer de toute l'Ifle. Les commencemens de cette guerre leur furent affés favorables ; les Boucaniers alloient feuls à la Chaffe, avec un petit nombre d'Engagés, ainfi que je viens de le dire ; il fut aifé à leurs Ennemis d'en furprendre un bon nombre, dont plufieurs furent tués, & les autres pris & condamnés à un cruel efclavage.

Succès de la guerre entre les Boucaniers

C'étoit fait de tout ce Corps d'Avanturiers, & la feule Cinquantaine les eut exterminés, fi nos braves n'euf-

DE S. DOMINGUE, LIV. VII. 47

sent usé d'un peu plus de précaution. Ce n'est pas que, quand ils avoient le têms de se mettre en défense, ils n'échappassent à l'Ennemi; car la crainte de tomber vifs entre les mains d'une Nation, dont ils connoissoient la jalousie & la cruauté, les faisoit combattre avec tant de valeur, qu'on voyoit un seul homme tenir tête à toute une Compagnie, & s'en débarasser. Mais ce qui engagea davantage les Boucaniers à se réunir, & à se mettre en état d'attaquer les Espagnols, c'est que ceux-ci ayant découvert leurs Boucans, s'y transportoient la nuit & surprirent un assés grand nombre de Maîtres & d'Engagés, qui furent plûtôt massacrés qu'éveillés. Il n'auroit pas fallu que cette manœuvre eût duré long-têms, pour voir la fin de cette guerre ; mais quand les Boucaniers se furent attroupés; alors on les vit aussi furieux que les Taureaux, qu'ils chassoient, se jetter sur tout ce qu'ils rencontroient, & ils firent périr en fort peu de têms un très-grand nombre d'Espagnols. Ils s'étoient flattés de gagner au moins par-là qu'on les laissât en repos, mais il en arriva tout le contraire. Il vint du secours à leurs Ennemis ; ils en reçurent aussi de leur côté, & toute l'Isle se trouva remplie de partis, qui l'inonderent de sang. Plusieurs endroits en ont reçu le nom de massacre, qu'on donne encore aujourd'hui à quelques-uns.

1660.
|
1665.
& les Espagnols.

Pendant plusieurs années la France n'avoit pas paru prendre beaucoup de part à ce qui se passoit dans l'Isle de S. Domingue. On laissoit faire des Avanturiers, qu'on pouvoit toûjours désavoüer, mais dont les succès pouvoient être utiles ; d'ailleurs ils n'avoient point de Chefs. La Tortuë n'avoit point eu proprement de Gouverneur nommé par le Roi avant du Rausset. Le Vasseur & le Chevalier de Fontenay n'avoient eu des Provisions, que du Commandeur de Poinci, Gouverneur Général des Isles, & le Roi n'avoit encore fait aucun acte, qui fît voir que les Avanturiers fussent authorisés de lui, si on en excepte la Commission donnée au sieur du Rausset qui ne fut même accompagnée d'aucun secours pour aider ce Gentilhomme à se mettre en

Mesures que prend la Cour d'Espagne pour exterminer les Avanturiers.

1660.
|
1665.

possession de son Gouvernement ; mais la Cour de Madrid ne regardoit pas cette affaire avec des yeux aussi tranquilles : il s'agissoit de la perte, ou de la conservation de la plus ancienne de ses Colonies, & de la sûreté de son Commerce dans tout le Nouveau Monde. Elle donna donc des ordres précis au Président de l'Audience Royale de ne rien négliger pour exterminer jusqu'au dernier François de Saint Domingue & de la Tortuë ; promit des récompenses à tous ceux, qui se distingueroient dans cette Guerre ; permit de faire venir des Troupes des Isles voisines, & du Continent, & envoya pour les commander un vieil Officier Flamand, nommé Vandelmof, qui avoit servi avec réputation dans les Guerres des Pays-Bas.

Les Espagnols veulent surprendre les Boucaniers & sont battus.

Vandelmof arriva à San-Domingo en 1663. & s'étant donné à peine quelques jours pour se reposer, il passa au Bourg de Goava, pour être plus à portée d'avoir des nouvelles de l'Ennemi. Il y apprit, que le plus considerable Boucan des François étoit dans la Savane brûlée, assés près des Gonaives : il choisit 500. Hommes des plus propres à cette sorte de guerre, & marcha en diligence vers ce quartier-là, dans l'espérance d'y surprendre les Boucaniers, mais sa marche ne put être si secrette, que ceux-ci n'en fussent avertis : un dès leurs, qui étoit à la chasse, du côté de l'Artibonite, apperçut cette petite Armée, qui avançoit en bon ordre, & courut aussi tôt en donner avis à ses Camarades. Il ne se trouva environ que cent Boucaniers à ce Boucan, les autres étant dispersés de côté & d'autre, ils ne purent néanmoins se résoudre à fuir ; & pour montrer aux Espagnols, qu'ils ne les craignoient point, ils allerent sur l'heure au-devant d'eux. Ils les rencontrerent au détroit des Montagnes, qui séparent ce qu'on appelle le petit Fonds d'avec le grand Fonds. Cette rencontre déconcerta un peu les Espagnols, qui perdoient, outre l'avantage de la surprise, celui du grand nombre ; le lieu, où on les attaquoit, rendant inutile la superiorité, qu'ils avoient de ce côté-là sur les François. Mais il n'y avoit pas à reculer, on se battit avec un

grand

grand acharnement, & la victoire balança affés long-têms, quoique Vandelmof eût été tué à la premiere décharge. A la fin cependant les Espagnols ne purent soûtenir les efforts redoublés des Boucaniers, & s'enfuirent confusément dans les Montagnes, où les victorieux ne crurent pas les devoir pourfuivre.

1660.
1665.

Cet échec rebuta fort les Espagnols, qui n'avoient pourtant perdu que vingt cinq Hommes; ils en revinrent à leur premiere maniere de faire la guerre, & elle ne leur réüssit gueres moins qu'auparavant, parce que les Boucaniers négligerent souvent de se tenir sur leurs gardes. Leurs pertes les réveillerent pourtant encore une fois, & après bien des délibérations sur ce qu'il leur convenoit de faire, dans la situation, où ils se trouvoient, ils prirent le parti de transporter leurs Boucans dans les petites Isles, qui sont autour de celle de Saint Domingue, de s'y retirer tous les soirs, & de n'aller à la Chasse, que bien accompagnés. Cet expedient eut tout le succès, qu'ils en avoient esperé, & les forces étant ainsi à peu près égales des deux côtés, la guerre continua sans grand avantage, ni grande perte de part & d'autre. Il arriva même que ces Boucans n'étant pas sujets aux changemens, comme les autres l'avoient été, ils devinrent peu à peu des habitations, & l'Etablissement de *Bayaha* se fit de la sorte. C'est d'ailleurs le plus beau & le plus spacieux Port de toute l'Isle, & peut-être n'y en a-t'il pas un seul dans toute l'Amérique, qui lui soit préférable : il a dans son milieu, ainsi que je l'ai déjà dit, une petite Isle; elle en défend l'entrée, qui est fort étroite, & les plus gros Navires y peuvent moüiller affés près de terre, pour la toucher de leur beaupré. Ce qui avoit sur-tout attiré les Boucaniers dans ce Port, c'est que la Chasse n'étoit nulle part plus abondante, que dans son voisinage, & que de là ils pouvoient aller en peu d'heures à la Tortuë, pour y vendre leurs cuirs. On leur épargna même bientôt la peine de ce court trajet, parce que les Vaisseaux François & Hollandois, trouverent qu'il étoit plus commode pour eux d'al-

Origine de plusieurs Etablissemens.

Tome II. G

ler charger à Bayaha, où il se forma peu à peu une jolie Bourgade.

1600.

1665.
Précautions des Boucaniers contre les Espagnols; & comment ceux-ci viennent à bout de les dissiper.

Dès que les Boucaniers se furent ainsi fixés, ceux d'un même Boucan, se rendoient tous les matins à l'endroit le plus élevé de l'Isle pour voir, s'ils ne découvriroient point quelque parti Espagnol : ensuite, avant que de passer dans l'Isle de Saint Domingue, ils convenoient du lieu, où ils se rassembleroient le soir, & ils se trouvoient exactement au rendés-vous à l'heure marquée. Si quelqu'un y manquoit, on ne doutoit point qu'il n'eût été ou pris, ou tué; & il n'étoit permis à personne de chasser, qu'on ne l'eût retrouvé, ou que sa mort n'eût été vengée. Un soir les Boucaniers de Bayaha trouverent qu'il leur manquoit quatre Hommes; ils prirent sur le champ la résolution de se réünir tous le lendemain, & ne point se séparer qu'ils n'eussent appris des nouvelles de leurs Camarades. Ils marcherent du côté de Sant-Yago, & ils n'allerent pas bien loin, sans apprendre par des Prisonniers, qu'ils firent, que ceux, qu'ils cherchoient, avoient été massacrés par des Espagnols, dont ils n'avoient jamais pû obtenir quartier. A ce récit, les Boucaniers entrerent en fureur, & ceux, qui le leur faisoient, en furent les premieres Victimes. Ils se répandirent ensuite comme des Bêtes féroces dans les premieres habitations, où tout ce qu'ils y rencontrerent d'Espagnols, ils les sacrifierent aux Manes de leurs Freres.

Quelques échecs que les Boucaniers reçurent.

Les Espagnols avoient aussi quelquefois leur revanche. La Riviere du massacre, qui se décharge dans la Mer à quelques lieuës à l'Est de Bayaha, doit son nom à la défaite de trente Boucaniers, qui la passant à gué chacun avec une peau de Bœuf sur le dos, y furent surpris par un gros parti Espagnol; ils se défendirent bien, mais ils furent tous tués. Une autre bande de Chasseurs, ayant à leur tête un certain Charles Toré, s'étoit arrêtée avec plusieurs autres, dans un endroit nommé l'Acul des Pins, & y étoit demeurée jusqu'à ce qu'elle eût assemblé un nombre de cuirs, dont elle étoit convenuë avec des Marchands. Cela fait, Toré

DE S. DOMINGUE, LIV. VII. 51

se mit en marche avec sa Troupe, pour retourner à Baya-ha, d'où il étoit parti. Les Espagnols, qui l'avoient découvert, s'étoient assemblés en grand nombre, pour le charger au premier mouvement, qu'ils lui verroient faire, & l'ayant vû reprendre la route de Bayaha, ils le suivirent dans l'espérance de trouver une occasion de le combattre avec avantage. En effet, comme les Boucaniers traversoient les Savanes de Bayaha, & se croyoient hors de tout péril, les Espagnols tomberent sur eux; ils ne laisserent pas, tout surpris qu'ils étoient, de se battre avec toute la bravoure, dont ils étoient capables, & ils vendirent fort cher la Victoire aux Ennemis; mais cette Victoire fut complette, il ne resta pas un seul Boucanier, pour aller porter à Bayaha une si triste nouvelle.

1660.
1665.

Après tout, ces petits avantages étoient rares, & ne décidoient de rien; enfin les Boucaniers aigris par leurs pertes, ne songerent presque plus qu'à les venger, & la terreur de leur nom croissoit tous les jours. Les Espagnols de leur côté s'aviserent de faire eux-mêmes une chasse générale dans l'Isle, & la dépeuplerent presque entierement de Bœufs : alors les Boucaniers ne trouvant plus de quoi subsister, ni continuer leur Commerce, se virent contraints, pour la plûpart, à embrasser un autre genre de vie, plusieurs se firent Habitans, & défricherent les quartiers du grand & du petit Goave, & celui de Leogane. L'établissement du Port de Paix s'accrut aussi beaucoup à cette occasion. Ceux, pour qui la vie d'Habitant, comme trop sédentaire, & trop réguliere n'eût point d'attraits, se rangerent parmi les Flibustiers, dont le Corps devint très-célébre par cette jonction, & mérite bien autant que celui des Boucaniers, que je le fasse ici connoître.

On peut bien croire que parmi les Avanturiers, les plus honnêtes gens ne furent pas ceux, qui se firent Corsaires sous le nom de Flibustiers. Rien ne fut plus foible & plus petit que les commencemens de cette redoutable Milice. Les premiers, qui embrasserent ce genre de vie, n'avoient ni Bâ-

Description des Flibustiers.

G ij

1660.
|
1665.

timens, ni Munitions, ni Pilotes, ni aucune forte de Provisions: la hardiesse & le génie y suppléerent en peu de têms. Ils commencerent par se joindre plusieurs ensemble, & par former de ces petites societés, ausquelles ils donnerent, comme les Boucaniers, le nom de *Matelotage*. Mais entre eux ils ne s'en donnoient point d'autre, que celui de *Freres de la Côte*, lequel avec le têms s'étendit à tous les Avanturiers, sur tout aux Boucaniers; au moins on entendoit ordinairement par *les gens de la Côte*, toutes les Milices de Saint Domingue. Quoiqu'il en soit, chaque Societé de Flibustiers achetta un Canot, & chaque Canot portoit vingt-cinq ou trente Hommes. Ainsi équipés, ils ne songeoient d'abord qu'à surprendre quelque Barque de Pêcheurs, ou d'autres semblables Bâtimens. Quand ils y avoient réüssi, ils retournoient à la Tortuë, pour y augmenter leurs Equipages, & pour l'ordinaire une Barque étoit montée de 150. Hommes. Ils alloient ensuite à Bayaha, ou au Port Margot, pour y prendre du Bœuf, ou du Cochon; ceux qui aimoient mieux se pourvoir de chair de Tortuë, alloient à la Côte Meridionnale de Cuba, où il se trouve une très-grande quantité de ces animaux.

Leur maniere de partager le butin, & surquoi ils fondoient leur droit de faire la guerre aux Espagnols.

Avant que de se mettre tout de bon en Mer, ils se choisissoient un Capitaine, qui étoit amovible à leur volonté, & dont toute l'authorité consistoit à commander dans l'action. Il avoit aussi le privilege de lever un double lot dans le partage du butin. Le Coffre du Chirurgien se payoit à frais communs, & on récompensoit aussi les Blessés, avant que de faire les lots. Ces récompenses étoient reglées, & proportionnées au dommage, que causoit la blessure. Par exemple, on donnoit six cens écus, ou six Esclaves à ceux, qui avoient perdu les deux yeux, ou les deux pieds, & il falloit continuer la course, jusqu'à ce qu'il y eût de quoi satisfaire à tout. Cette convention s'appelloit *Chasse-partie*, & partager de la maniere, que je viens d'expliquer, s'appelloit partager *à Compagnon bon lot*. Au reste, quoique les Flibustiers courussent d'abord assés indifféremment surtout ce qu'ils pouvoient rencontrer, les Espagnols furent toûjours leur principal objet, & ils établissoient la justice de la guerre implacable, qu'ils leur faisoient, sur ce que ceux-ci les empêchoient de faire la Pêche & la Chasse sur leurs Côtes, quoique l'une & l'autre fussent, disoient-ils, de droit naturel. Ils avoient si bien formé leur conscience sur ce principe, qu'ils ne s'embarquoient jamais sans avoir fait des prieres publiques, pour recommander à Dieu le succès de leur expedition, & qu'ils ne manquoient point aussi à lui rendre de solemnelles actions de graces après la Victoire.

1660.
|
1665.

Au reste, il n'est pas possible de jetter les yeux sur tout ce qui s'est passé dans les Indes Occidentales, depuis le commencement de cette guerre, & l'établissement du Corps des Avanturiers, sans reconnoître que Dieu a voulu se servir de ces Brigands, pour venger sur les Espagnols les cruautés inoüies, qu'ils avoient exercées contre les Habitans du Nouveau Monde. Les Relations, qu'on en avoit publiées, avoient rendu extrêmement odieuse cette Nation, à qui sa puissance & sa hauteur, faisoient d'ailleurs des Ennemis de presque toutes les autres, & il s'est vû des Avanturiers, qui n'étant portés, ni par l'interêt, ni par le libertinage, ne faisoient la guerre aux Espagnols, que par animosité. C'est ce qu'on a sur-tout publié d'un Gentilhomme de Languedoc, nommé Montbars : le hazard lui ayant mis entre les mains dès sa plus tendre jeunesse, les Relations dont je viens de parler, il conçut contre les Espagnols une haine si implacable, qu'elle paroissoit dégénérer quelque fois en véritable fureur. On raconte à ce sujet, qu'étant au College, & joüant dans une piece de Théatre le Rôle d'un François, qui avoit quelque démêlé avec un Espagnol, il s'enflamma tellement un jour en faisant son personnage, qu'il se jetta de rage contre son Camarade, qui représentoit l'Espagnol, & que si on ne fût venu au secours, il l'auroit tué. Il n'étoit pas aisé de réprimer une passion, qui se manifestoit de si bonne heure, & par de semblables saillies ; Montbars ne soupiroit qu'après les occasions de l'assouvir dans le

G iij

1660.
|
1665.

sang des Espagnols, & la guerre ne fut pas plûtôt déclarée, qu'il monta sur Mer pour les aller chercher sur ces Côtes fatales, qu'ils ont si souvent fait rougir du sang des malheureux Indiens. Rien ne le flattoit tant, que la pensée, qu'il vengeroit ceux ci, & l'on ne peut dire les maux, qu'il a faits à ce qu'il appelloit leurs Tyrans, tantôt sur Terre, à la tête des Boucaniers; & tantôt sur Mer, commandant les Flibustiers. Il en a remporté le surnom d'Exterminateur; mais on lui rend cette justice, qu'il n'a jamais tué un homme désarmé; & on ne lui a point reproché, que je sçache, ces cruautés, ces brigandages, ni ces dissolutions, qui ont rendu un si grand nombre d'Avanturiers abominables devant Dieu, & devant les Hommes.

Leur manière de faire la guerre.

Pour revenir aux Flibustiers, ils étoient, sur-tout dans les commencemens, si serrés dans leurs Barques, qu'à peine y avoient-il assés de place, pour s'y coucher; d'ailleurs, ils ne ménageoient pas beaucoup leurs vivres, & ils s'en trouvoient bientôt au bout; de plus, ils étoient nuit & jour exposés à toutes les injures de l'air, & en vertu de l'indépendance, où ils vivoient les uns des autres, personne ne se gênoit en rien. Les uns chantoient, quand les autres vouloient dormir, & il falloit supporter toutes ces incommodités, sans se plaindre. Mais on peut juger que des gens, qui étoient si mal à leur aise, ne trouvoient rien difficile pour se mettre plus au large; que la vûë d'un Navire plus grand & plus commode leur donnoit du courage, pour s'en rendre les Maîtres, & que la faim leur ôtoit jusqu'à la vûë du péril, lorsqu'il étoit question de se procurer des vivres. Aussi attaquoient-ils sans déliberer, tout ce qu'ils rencontroient, & ils alloient toûjours droit à l'abordage. Une seule bordée auroit souvent suffi pour les couler bas; mais leurs petits Bâtimens se manioient comme on vouloit; leurs Matelots étoient fort alertes, & ils ne présentoient jamais que la Proûë chargée de Fusiliers, qui tirant dans les Sabords, déconcertoient tous les Canoniers. Quand ils étoient une fois à bord, il y avoit bien du malheur, s'ils ne se rendoient

DE S. DOMINGUE, LIV. VII.   55

pas les Maîtres du Bâtiment, quelque nombreux que fût
l'Equipage. Les Espagnols surtout, qui les regardoient comme autant de démons, & qui ne les appelloient pas autrement, sentoient leur courage se glacer, dès qu'ils les voyoient
de près, & prenoient la plûpart du têms le parti de se rendre d'abord, & de demander quartier ; ils l'obtenoient, lorsque la prise étoit considerable, mais s'il ne se trouvoit rien,
ou peu de choses, le dépit des vainqueurs faisoit jetter les
vaincus à la Mer.

    Ils conduisoient leurs prises où bon leur sembloit, ordinai-
rement c'étoit à la Tortuë, où à la Jamaïque ; & avant
que d'en venir au partage, chacun levoit la main, & pro-
testoit qu'il avoit fidelement porté à la Masse tout ce qu'il
avoit pillé. Si quelqu'un étoit surpris à faire un faux serment, on ne manquoit point de le dégrader à la premiere
occasion sur quelqu'Isle deserte, où on l'abandonnoit à son
triste sort. Quand on avoit eu Commission du Gouverneur
de la Tortuë, on lui donnoit exactement le dixiéme de
tout ce qu'on avoit gagné ; mais si la France étoit en paix
avec l'Espagne, les Flibustiers alloient partager leur proye
dans un quartier éloigné, & moyennant un présent, qu'ils
faisoient au Gouverneur, celui ci fermoit les yeux ; d'autant plus qu'envain auroit-il entrepris des gens, qui ne reconnoissoient gueres son authorité, que pour la forme, &
contre qui il n'étoit nullement en état de la faire valoir. Les
Lots distribués, nos Braves ne songeoient plus qu'à se donner
du bon têms, & cela duroit tant qu'ils avoient dequoi. Leur
patience dans la faim & dans tous les accidens fâcheux,
qui pouvoient survenir dans une vie pleine de si grands
risques, alloit jusqu'au prodige ; mais la victoire leur avoit-
elle ramené l'abondance, il portoient la débauche & la
mollesse aux plus grands excès.

    De Religion, il ne leur en restoit au fond aucune trace dans
le cœur, néanmoins ils paroissoient de têms en têms rentrer
sincerement en eux-mêmes, ils ne s'engageoient jamais au
combat, sans s'être embrassés les uns les autres, en signe

1660.
|
1665.

Leur Indé-
pendance.

Leur irré-
ligion.

1660.
1665.

de réconciliation. On les voyoit enfuite fe donner de grands coups fur la poitrine, comme s'ils euffent voulu exciter dans leur cœur une componction, dont ils n'étoient plus gueres fufceptibles : echapés du danger, ils retournoient d'abord à leur crapule, à leurs blafphêmes, & à leurs brigandages; les Boucaniers au prix d'eux fe croyoient gens de bien, & les regardoient comme des Scelerats; mais dans la vérité ils ne fe devoient rien les uns aux autres. Les Boucaniers étoient peut-être moins vicieux, mais les Flibuftiers confervoient un peu plus les dehors de la Religion ; enfin à la referve d'une certaine bonne foy, qui regnoit entre les uns & les autres, & de la chair humaine, qu'ils ne s'avifoient pas de manger, peu de Barbares dans le Nouveau Monde étoient plus méchans qu'eux, & un grand nombre des plus Sauvages, l'étoient beaucoup moins.

Des Engagés.

Les Habitans avoient auffi leurs affociations, & on leur donnoit du terrain à proportion des perfonnes, qui compofoient leur focieté ; mais quoiqu'ils euffent beaucoup moins d'occafions, que les autres Avanturiers, de fe mefurer avec les Efpagnols, on ne laiffoit pas de trouver parmi eux de très-braves gens, & c'étoit de leur Corps, qu'on tiroit les Milices, qui fe font fi fort diftinguées dans plufieurs rencontres. Si l'on en croit certains faits racontés dans l'Hiftoire des Flibuftiers, ils ne valoient pas mieux que, ni ceux-ci, ni les Boucaniers ; il paroît même qu'ils étoient plus intereffés, & par une fuite néceffaire, plus dûrs. Je ne parle point du quatriéme Corps des Avanturiers, qui étoit celui des Engagés, parce qu'ils n'entreprenoient jamais rien de leur chef. On ne laiffoit pas dans l'occafion de s'en fervir, même à la guerre, & il s'eft trouvé parmi eux de fort braves gens, il y en a eu auffi d'affés habiles, pour fe tirer bientôt de la fervitude, & pour faire des fortunes immenfes.

Expeditions ordinaires des Flibuftiers.

Les Côtes, que les Flibuftiers fréquentoient le plus, étoient celles de Cumana, de Carthagene, de Porto-Belo, de Panama, toutes celles de Cuba, & de la Nouvelle Efpagne,

Espagne, l'embouchure du Chagre, & les environs des Lacs Maracaïbo & Nicaragua; mais ils couroient rarement fur les Navires, qui alloient d'Europe en Amérique, parce que ces Navires n'étant chargés que de Vins, de Farines, & de Toiles, ils auroient été fort embarassés de toutes ces choses, dont ils n'auroient pû trouver aisément le débit. C'étoit au retour, qu'ils les attendoient, & lorsqu'ils étoient fûrs d'y trouver de l'Or, de l'Argent, des Pierres précieuses, & toutes les plus riches Marchandises du Nouveau Monde. Ils suivoient ordinairement les Gallions en queuë jusqu'au débouquement du Canal de Bahama, & si un gros têms, ou quelque autre accident laissoit en arriere quelques Bâtimens de la Flotte, c'étoit autant de pris. Un de leurs Capitaines, nommé Pierre le Grand, natif de Dieppe, enleva ainsi un Vice-Amiral des Gallions, & le conduisit en France; son Bâtiment n'étoit monté que de quatre petits Canons, & il n'avoit avec lui que 28. Hommes: il aborda le Navire Espagnol, après avoir donné ses ordres, pour faire couler le sien à fond, & il étonna si fort l'Equipage, qu'il demeura comme tout interdit; il alla lui-même trouver le Capitaine, qui joüoit dans la Chambre, & lui mettant le Pistolet sous la gorge, il l'obligea de se rendre. Il le débarqua ensuite avec tout son monde au Cap Tiburon, dont il étoit proche, & ne garda que ce qu'il lui falloit de Matelots pour manœuvrer. Un autre Flibustier, nommé Michel le Basque, fit encore un coup plus hardi; il osa attaquer sous le Canon de Portobelo un Navire de la même Flotte, nommé la Marguerite, chargé d'un million de Piastres, & s'en rendit le Maître.

Cependant de tout ce que j'ai dit jusqu'ici des differens Corps, qui composoient la République des Avanturiers, il est aisé de conclure que tout le monde n'étoit pas capable de gouverner ces gens-là, & que pour en venir à bout il falloit un assemblage de qualités, qui se trouve rarement. C'est ce qui a fait tant d'honneur à M. d'Ogeron, lequel a sçû s'en faire estimer, & s'en faire craindre, les

Caractere de M. d'Ogeron.

1660.
|
1665.

Tom. II. H

1665.

attacher à sa personne, & les affectionner à l'Etat; les accoûtumer à respecter l'authorité des Loix, qu'ils avoient long-têms crû n'être point faites pour eux; ôter à leurs expeditions un peu de cet air de Brigandage, qui les décrioit si fort, même parmi ceux, qui n'avoient rien à craindre de leurs courses; rendre leur bravoure utile au Prince, adoucir leurs mœurs, augmenter le nombre des Habitans, tolerer sagement ce qui ne se pouvoit empêcher sans s'exposer à de plus grands maux; en un mot former une Colonie reglée d'une troupe de Scelerats, qui n'étoient presque plus, ni Chrétiens, ni Sujets, & paroissoient incapables de la moindre subordination. Aussi ne vit-on jamais un plus honnête homme, une ame plus noble & plus désinteressée, un meilleur Citoyen, plus de probité & de Religion, des manieres plus simples & plus aimables, une plus grande attention à faire plaisir, quoiqu'il en dût couter; plus de constance & de fermeté, plus de sagesse & de véritable valeur, un esprit plus fécond en ressources, ni des vûës plus reglées. Il fut en un mot le Pere plûtôt que le Gouverneur des Peuples confiés à ses soins; aussi propre à gouverner dans la paix, que dans la guerre; & il ne lui auroit rien manqué, s'il eût été aussi heureux dans ses entreprises, qu'il méritoit de l'être, & s'il eut eu moins de confiance dans la probité de ceux, avec qui il eut à traiter.

Ses avantures.

Il y avoit quinze ans, qu'il étoit Capitaine dans le Regiment de la Marine, lorsqu'il se laissa entraîner par ceux, qui formerent en 1656. une Compagnie pour la Riviere d'Oüatinigo, dans le Continent de l'Amérique: il s'embarqua l'année suivante sur un Navire, nommé la Pelagie, ayant employé 17000. livres à s'équiper de tout ce qui est nécessaire, pour un grand Etablissement. Il apprit, en arrivant à la Martinique, qu'on l'avoit trompé, & résolu de s'établir dans cette Isle, il demanda à M. du Parquet, qui en étoit Gouverneur & Proprietaire, tout le Quartier du Cul-de-Sac; M. du Parquet le lui promit, mais peu de têms après, par complaisance pour sa femme, à qui cette concession ne plaisoit pas, il retira sa parole; il offrit tout autre emplacement à choisir, mais d'Ogeron se picqua, & quelques Boucaniers de S. Domingue, qui avoient passé de France avec lui dans la Pelagie, profiterent de cette disposition, pour l'engager à les suivre dans leur Isle. Il s'embarqua donc avec eux, ses Engagés & tout son train, dans une assés méchante Barque, & ayant pris par le Sud, je ne sçai pourquoi, il alla droit à Leogane, où il fit naufrage en abordant. Tout le monde se sauva, mais la meilleure partie des Marchandises & des Provisions fut perduë. Se trouvant par ce malheur hors d'état de rien faire, il donna la liberté à ses Engagés, & se vit réduit à vivre pendant quelque têms avec les Boucaniers, qui eurent pour lui tous les égards dûs à son mérite & à sa vertu.

Il avoit encore une ressource, parce qu'en partant de France il avoit laissé un ordre à ses Correspondans de lui envoyer des Marchandises à la Martinique, & lorsqu'il vit approcher le têms, auquel ce secours lui devoit arriver; il partit pour l'aller recevoir. Il apprit en débarquant que le Convoy étoit déjà venu & dissipé; celui, à qui on l'avoit adressé, ayant peut-être cru que ces effets appartenoient à la Compagnie d'Oüatinigo, ou les ayant vendus à perte. Ce qui est certain, c'est que M. d'Ogeron fut contraint de repasser en France, avec la valeur de 5. ou 600. liv. de Marchandises. On crut dans sa famille que ce mauvais succès l'auroit dégoûté de pareilles entreprises, on se trompa. Il ne fut pas plûtôt chés lui, qu'il ramassa tout ce qu'il put d'Argent, leva des Engagés; équippa un Navire, le remplit de Vins & d'Eau-de-Vie, & prit la route de S. Domingue, ne doutant point qu'il n'y fît un profit considerable sur sa Carguaison: d'autant plus que ces Boissons étoient ce qui y manquoit le plus; mais depuis qu'il en étoit parti, on y en avoit porté une si grande quantité, qu'elles y étoient à vil prix. Cela le fit résoudre à porter sa Marchandise à la Jamaïque, où l'ayant confiée à un Commissionnaire, qu'il n'avoit pas bien connu; ce fripon ne lui en a jamais

H ij

tenu compte d'un fol; de forte que ce fecond Voyage lui couta encore 10. à 12000. livres.

Il avoit chargé en partant de France un de fes amis, de lui faire conftruire un Navire, plus propre à porter des Hommes, que des Marchandifes; mais fa famille ne le vit pas plûtôt de retour de cette feconde expedition, qu'elle mit tout en ufage, pour l'empêcher d'en tenter une troifiéme, & lui refufa tous les fecours, dont il avoit befoin pour fe remettre en équipage. Il fe trouva alors dans un grand embarras, car fes pertes n'avoient fait qu'irriter fon courage. Enfin Madame du Tertre fa fœur, qui l'aimoit tendrement, lui donna 10000. liv. en Argent, & des Lettres de crédit fur des Marchands de Nantes, pour une plus groffe fomme. Il leva auffi-tôt des Engagés, dont il chargea fon Navire, & paffa à S. Domingue. Il commença au Port Margot une habitation, dont il confia la conduite à un nommé Giraut fon Domeftique, il fe transporta enfuite au petit Goave & à Leogane, ou quelques Habitans s'étoient établis depuis peu, après en avoir chaffé des Efpagnols, qu'ils y avoient trouvés, ou qui étoient venus les y inquieter: ces deux Poftes ne tarderent pas à fe peupler, dès qu'on fçut que M. d'Ogeron y étoit. Il avoit déjà la réputation d'être le Pere des miférables, & il n'a effectivement jamais vû un homme dans la néceffité, qu'il ne lui ait donné tout le foulagement, dont il étoit capable.

Il fit encore une entreprife, qui ne lui réüffit point; il avoit conçu une véritable eftime, & beaucoup d'inclination pour la nation Angloife, & le P. du Tertre Dominiquain, auteur de l'Hiftoire des Antilles, que nous avons déjà plus d'une fois citée, lui avoit confeillé d'avoir une habitation dans la Jamaïque. C'eft ce Religieux même, qui nous en affûre, & il auroit bien pû nous dire la raifon d'un Confeil fi peu convenable, ce femble. M. d'Ogeron l'avoit fuivi, mais il eut bientôt tout lieu de s'en repentir, & il y perdit encore pour 8. ou 10000. livres de Marchandifes. Il étoit à peu près en ces termes, lorfque

DE S. DOMINGUE, LIV. VII. 61

la Compagnie des Indes Occidentales jetta les yeux fur lui, pour le mettre à la tête de toute la Colonie, & le propofa au Roi, qui l'agréa, & lui envoya fes Provifions à S. Domingue. Elles font du mois de Fevrier 1665. & au mois de Mai M. d'Ogeron, qui les avoit déjà reçûës, alla s'aboucher au Port François avec le Marquis de Tracy, que le Roi avoit envoyé l'année précédente, pour retirer toutes les Antilles Françoifes des mains des Particuliers, & en mettre la Compagnie des Indes Occidentales en poffeffion. Il avoit eu ordre d'en faire autant de la Tortuë, & de la Côte de S. Domingue, & quelques Mémoires difent, qu'il y fit effectivement prêter ferment de fidelité à tous ceux, qu'il y rencontra; mais ce fait n'eft pas bien certain, & je crois plus vrai-femblable qu'il prit avec M. d'Ogeron les mefures convenables, pour faire agréer au fieur de la Place, qui commandoit encore à la Tortuë, & aux Avanturiers, les changemens ordonnés par fa Majefté.

1665.

Il y avoit en effet bien des ménagemens à prendre, pour faire goûter de pareils ordres à des gens, qui n'en avoient point encore reçû de la Cour, & l'on avoit d'autant plus lieu de craindre que le feul nom de Compagnie ne les effarouchât, que l'on étoit fort prévenu dans toute l'Amérique contre la précédente. Auffi M. d'Ogeron s'étant rendu au Port Margot, & ayant envoyé de là donner avis au Sieur de la Place de fa Commiffion; ce Gentilhomme l'affûra qu'il feroit le très-bien venu; mais les Avanturiers lui firent dire qu'ils ne fe foumettroient jamais à aucune Compagnie; que pour lui, s'il venoit les gouverner au nom du Roi, il trouveroit des Sujets foûmis : qu'il y avoit pourtant un point, fur lequel ils ne lui répondoient pas d'une grande docilité : qu'ils ne fouffriroient jamais qu'on leur interdît le Commerce avec les Hollandois, qui ne les avoient jamais laiffé manquer de rien dans un têms, où l'on ne fçavoit pas même en France qu'il y eût des François à la Tortuë, ni à la Côte S. Domingue. D'Ogeron fit femblant de fe foûmettre à ces conditions; il eût été hors

A quelles conditions il eft reçû dans la Tortuë.

H iij

1665.

de saison de faire la moindre difficulté, il se rendit à la Tortuë, & la Place, ainsi que je l'ai déja dit, le fit reconnoître en qualité de Gouverneur, après quoi il se retira, & fut extrêmement regretté de tout le monde. Mais son Successeur consola peu à peu les Avanturiers de la perte, qu'ils faisoient.

Son application à faire fleurir sa Colonie.

La premiere chose, à quoi il pensa, dès qu'il eut pris possession de son Gouvernement, & qu'il vit les esprits tranquillisés; ce fut aux moyens d'établir solidement son authorité, & rien ne lui parut plus propre à ce dessein, que de se fortifier, d'occuper tous ses gens, de faciliter le Commerce, non seulement celui, qu'il falloit nécessairement avoir au dehors; mais encore celui, que les differens quartiers ne pouvoient gueres se dispenser d'avoir entre eux; enfin de mettre sa Colonie en réputation. Il est vrai que la plûpart des projets, qu'il fit pour cela, ne réüssirent point, parce qu'il ne fut point secouru à propos; mais la Tortuë & la Côte de Saint Domingue ne laisserent pourtant pas de prendre bientôt une nouvelle face; & les Espagnols ne douterent plus dès-lors, que leurs craintes & leurs pressentimens, sur cet Etablissement des François dans leur voisinage, & jusques dans la premiere de leurs Conquêtes, ne se justifiassent.

En effet, dès l'année suivante, M. d'Ogeron proposa à la Cour d'aller attaquer San-Domingo, &, selon toutes les apparences, rien n'empêcha M. Colbert d'y donner les mains, que de ne pas encore assés connoître celui, qui lui faisoit une pareille proposition. Il goûta davantage ce que le Gouverneur de la Tortuë lui représenta de la nécessité de faire un Fort dans cette Isle, pour assûrer la Rade, & de le revêtir de murailles; de fermer cette même Rade du côté de l'Ouest, de tirer un chemin de douze ou quinze lieuës de long dans l'Isle de Saint Domingue, pour faciliter la communication entre les differens quartiers: d'avoir un Etablissement à la Bande du Sud, vers *l'Isle à Hachos*, laquelle est le passage ordinaire des Vaisseaux, qui vont à la Jamaïque : de diminuer au moins d'un tiers le prix des Denrées & des Marchandifes, qui venoient de France, fans quoi il ne falloit point fe flatter d'engager les Boucaniers, ni les Flibuftiers à fe rendre Habitans : d'envoyer tous les ans dans la Colonie mille à douze cens perfonnes, dont un tiers feroit des Enfans ; de remettre aux Habitans la moitié des droits fur le Tabac & les autres Marchandifes, qu'on tireroit du Pays ; de tenir la main à ce qu'il ne fût pas permis aux Hollandois d'y trafiquer ; enfin de mettre un Gouverneur particulier à la Tortuë, afin de lui laiffer à lui la liberté de fe tranfporter partout, où il jugeroit fa préfence néceffaire. Il offroit même de payer les appointemens de ce Gouverneur fubalterne, & il propofoit M. de la Logerie, pour remplir cette place. Tout cela fut fort approuvé ; je ne fçache pourtant pas que la plûpart de ces articles ayent eu aucun lieu.

1665.
1667.

Il fut un peu plus fecondé dans le deffein, qu'il avoit de fixer le plus qu'il pourroit d'Avanturiers, en les mariant. On lui envoya des Filles de France, & quoique le nombre n'en fût pas d'abord confiderable, on s'apperçut bientôt d'un grand changement dans l'efprit & dans les manieres des Habitans. Il eft vrai que dans ces commencemens, fi les Femmes communiquerent à leurs maris un peu de toutes les vertus, qui font naturelles à leur Sexe, ce ne fut pas tout à fait comme la lumiere, qui ne perd rien en fe communiquant. Mais le têms a achevé de perfectionner les uns, & a rendu aux autres ce qu'elles avoient perdu. D'un autre côté leurs Maris n'avoient pas laiffé de leur infpirer auffi un peu de leurs vertus militaires, & quelques-unes ont porté fort loin l'agilité & la bravoure. On a vû long-têms à S. Domingue, & dans un befoin l'on verroit peut-être encore, des Atalantes atteindre à la courfe les Taureaux & les Sangliers, d'auffi bonne grace, que les plus agiles Meleagres ; & plus d'une Amazone faire le coup de Piftolet avec d'autres Femmes, & même avec les plus hardis Guerriers.

On envoye des Filles de France à la Tortuë.

La Compagnie n'avoit envoyé que cinquante Filles, qui

Il n'eft pas

64   Histoire

1665.
1667.
secondé & ce qui en arrive.

furent d'abord venduës, & livrées à ceux, qui en offrirent davantage. M. d'Ogeron renvoya sur le champ en France le même Bâtiment, qui les avoit apportées, & il revint peu de têms après avec une pareille charge, dont il eut encore bientôt le débit. Mais on ne continua pas avec le même zéle à seconder celui du Gouverneur de la Tortuë, & cette négligence a long-têms laissé cette Colonie dans une langueur, dont elle se sent encore aujourd'hui. En effet, quand la guerre eut cessé, quantité de jeunes gens, que rien ne retenoit sur les Côtes de Saint Domingue, & qu'on auroit facilement engagés à y faire des habitations, si on avoit eu des Femmes à leur donner, passerent ailleurs ; & l'on peut dire que c'est là une des plus grandes & des plus ordinaires fautes, que les François ayent faites dans leurs Etablissemens du Nouveau Monde. On avoit pourtant pris le train d'envoyer à la Tortuë des Filles engagées pour trois ans, mais on fit d'abord cesser ce Commerce, qui étoit la source de bien des désordres.

Sa générosité, & le succès, qu'elle eut.

M. d'Ogeton s'avisa encore pour faire fleurir sa Colonie d'un autre expedient, qui eut un grand succès, & qui lui fit bien de l'honneur. Il avoit remarqué que plusieurs Avanturiers ne continuoient leur vie errante & libertine, que faute de certains secours nécessaires, pour commencer une habitation. Il en instruisit la Compagnie, & l'engagea par la vûë de son propre avantage à faire des avances à ceux, qui voudroient s'attacher à la culture des Terres. Il avança lui-même plus d'une fois ses propres deniers, sans interêts : il fit plus, il achetta deux Navires, qu'il envoya en France pour son compte ; mais ces deux Bâtimens étoient moins à lui, qu'aux Habitans. Chacun y embarquoit ses Denrées, en payant un fret fort modique, & lorsqu'ils retournoient chargés de Marchandises d'Europe, le charitable Gouverneur en faisoit étaler la Carguaison à la vûë de tout le monde, & les mettoit pour ainsi dire à la discretion d'un chacun : car non seulement il n'exigeoit pas qu'on payât argent comptant ce qu'on y prenoit, mais il ne vouloit pas même

de

DE S. DOMINGUE, LIV. VII. 65

de Billet, & se contentoit d'une promesse verbale de le sa- 1665.
tisfaire, quand on le pourroit. On le vit même plus d'une
fois user d'une douce violence à cet égard envers ceux, 1667.
qui par timidité craignoient de s'engager, ou par modestie
n'osoient rien demander. Enfin, il ne sçavoit personne dans
le besoin, qu'il ne le prévînt par des liberalités, dont la
maniere augmentoit beaucoup le prix. Il est vrai que cette conduite lui ayant gagné tous les cœurs, toutes les bour-
ses lui étoient ouvertes. Fond inépuisable, plus sûr &
plus précieux, que les Mines les plus abondantes, & les
possessions les mieux établies. Il n'est point de personnes en
place, qui ne puissent se l'assûrer, mais peu en sçavent prendre les véritables moyens.

On accouroit de toutes parts à la Tortuë, & à la Côte Nouvelles
Saint Domingue, pour s'y établir, & y vivre sous un si ai- Habitations
mable Gouvernement. Il y vint surtout beaucoup d'Ange- dans l'Isle de
vins, parce que M. d'Ogeron étoit d'Anjou, & ce Gouver- S. Domingue.
neur eut l'attention de distribuer de telle sorte ces nouveaux
venus, qu'insensiblement toute cette partie de la Côte Septentrionnale de Saint Domingue, qui est entre le Port Margot & le Port de Paix, se trouva peuplée. La guerre, que
la Révolution de Portugal avoit allumée entre cette Couronne & celle d'Espagne, & à laquelle la France prit tant
de part, donna aussi lieu au Gouverneur de s'attacher un
grand nombre de Flibustiers, qui étoient demeurés jusques-
là dans une indépendance entiere, & à qui il distribua des
Commissions, que le nouveau Roy de Portugal lui avoit
envoyées. Son dessein étoit, après qu'il se seroit servi de ces
Brigands, pour affermir un peu davantage sa Colonie contre
les efforts des Espagnols, d'en faire de bons Habitans.

Les Flibustiers de Saint Domingue n'étoient plus dès-lors Avantures
renfermés dans les bornes de la Mer des Antilles, ils com- de l'Olonnois
mençoient déjà à infester toutes les Côtes du Continent de fameux Fli-
l'Amérique, & la terreur de leur nom se répandoit comme bustier.
un torrent dans toutes les Provinces de l'Empire des Indes
Espagnoles. Ils avoient leurs Heros, dont les expeditions

Tom. II. I

1665.
|
1667.

m'engageroient dans de trop longues & trop fréquentes digreſſions, ſi je voulois leur donner place dans cet ouvrage; mais comme elles ne ſont pas toutes abſolument étrangeres au ſujet, que je traitte, puiſqu'il s'agit des Fondateurs de la Colonie, dont j'écris l'Hiſtoire; je crois devoir prendre un milieu entre deux extrêmités, qui me paroiſſent également blamables, de les rapporter toutes, & de n'en rapporter aucune. Je tâcherai donc de faire un choix de celles, qui m'écarteront moins de mon objet principal, & qui en même têms ſeront plus capables de faire connoître des hommes, dont les vices & la bravoure ſeront l'étonnement des ſiecles futurs, s'ils y peuvent trouver créance.

Les differens états par où il paſſe.

Celui de tous, dont les grandes actions illuſtrerent davantage les premieres années du Gouvernement de M. d'Ogeron, fut l'Olonnois. On l'appelloit ainſi, parce qu'il étoit des Sables d'Olonne en Poitou, & je n'ai pû trouver nulle part ſon véritable nom. Il paſſa aux petites Antilles comme Engagé, & il ſervit les trois ans de ſon engagement. Il étoit alors fort jeune, il entendit beaucoup parler des Avanturiers, & ſouhaitta fort de ſe trouver parmi eux; c'eſt pourquoi, ayant fini ſon terme, il ſe fit conduire à la Côte Saint Domingue, où il prit un ſecond engagement avec un Boucanier. Au bout de ſes trois ans, de Valet il devint Maître, & ſe fit de la réputation dans un Corps, où on ne ſe la faiſoit qu'à juſte titre. Il ſe laſſa pourtant bientôt de ce genre de vie, il lui falloit un plus vaſte champ, & il ſe fit Flibuſtier. Il ne fut pas long-têms ſimple Particulier dans une Profeſſion, où rarement le mérite étoit négligé. Celui de l'Olonnois éclatta ſi fort dès ſes premieres Campagnes, qu'il ne tarda pas à ſe voir Commandant d'un Navire.

Ses premiers Exploits.

Alors tous ſes talens ſe développerent, il juſtifia bientôt le choix de ceux, qui l'avoient mis à leur tête, & avec un très-petit Bâtiment, il fit des priſes ſi conſidérables, & en ſi grand nombre, qu'on lui donna le ſurnom de Fleau des Eſpagnols. Ces premiers ſuccès furent ſuivis de quelques malheurs, qui ne ſervirent qu'à donner un nouveau luſtre à sa gloire, par la maniere, dont il s'en releva. Il fit un jour naufrage, & perdit tout ce qu'il avoit. M. de la Place, qui ne vouloit pas laisser dans l'inaction un si brave homme, le remonta ; mais après plusieurs belles actions, qui porterent fort loin sa renommée, ayant inconsidérément tenté avec peu de monde une descente près de Campêche, toute une armée lui tomba sur le corps. Il se battit bien, mais la partie étoit trop inégale, tous ses gens furent tués ou pris, & il échappa seul par un stratagême assés nouveau; il se couvrit tout le corps de sang, & se jetta parmi les morts. On l'y laissa, & la nuit étant venuë, tandis qu'il se faisoit des feux de joye à Campêche pour sa mort, il se revêtit de l'habit d'un Espagnol, qui avoit été tué. Il s'approcha doucement de la Ville, promit la liberté à quelques Esclaves, qu'il y rencontra, s'ils vouloient se joindre à lui, pour enlever le Canot de leur Maître, qui étoit à la Côte; ils y consentirent, & il se rendit avec eux à la Tortuë, où il leur tint parole.

1665.
1667.

On ne tarda pas à le revoir à la Côte de Cuba, vers les Cayes du Nord, dans un Canot monté de vingt-deux hommes, selon quelques-uns, ou de vingt-cinq selon d'autres. Un Canot de Pêcheurs, qu'il prit, le mit un peu au large, il y fit passer la moitié de son monde : les deux Canots s'écarterent un peu, & attendirent les Barques, qui dans cette Saison vont charger au Port de *Boca de Las Caravelas* des Cuirs, du Sucre, de la Viande & du Tabac, pour les porter à la Havane ; ils attendirent envain, rien ne parut, mais un Canot de Pêcheur, dont ils se saisirent, leur aprit des nouvelles, qui les réjoüirent fort. Ces Pêcheurs dirent qu'on étoit averti que l'Olonnois épioit les Barques, & qu'aucune n'osoit sortir; qu'on avoit fait de grandes plaintes, au Gouverneur de la Havane, de ce qu'il souffroit que le commerce fût ainsi interrompu, & que cet Officier venoit de faire sortir de son Port une Frégate legere, montée de dix pieces de Canons & de quatre vingt Hommes d'Equipage, pour leur donner la chasse, après avoir fait jurer au

Ce qui lui arriva à la Côte de Cuba.

I ij

1665.
|
1667.

Commandant de ne faire quartier à perſonne ; que de pareils ordres avoient été envoyés à quatre Barques, qui étoient au Port du Prince, & que ces cinq Bâtimens devoient agir de concert.

Il ſe rend maître d'une Frégate.

L'Hiſtorien des Flibuſtiers prétend que la Fregate étant entrée dans une petite Riviere nommée *Eſſerra*, apparemment pour y attendre les quatre Barques, l'Olonnois, qui l'apperçut, vint avec ſes deux Canots au commencement de la nuit ſe gliſſer des deux côtés de la Riviere, débarqua ſon monde vis-à-vis de la Frégate, ſe fit un parapet de ſon Canot, qu'il avoit placé derriere des Arbres, que l'autre fit la même manœuvre, & qu'à la pointe du jour, tous ſe mirent à tirer ſur la Fregate ; que les Eſpagnols, qui ne voyoient point d'Ennemis, répondirent de leurs Canons, mais que ne tirant qu'au hazard, ils ne bleſſérent perſonne. Que les Flibuſtiers voyant couler le ſang en abondance par les ſoutes, jugerent que l'Equipage étoit en mauvais état, ſe rembarquerent dans le moment, vinrent bruſquement aborder la Frégate des deux côtés, & y entrerent ſans réſiſtance. D'autres ne parlent que d'un Canot, & diſent que l'Olonnois ayant rencontré la Frégate, l'aborda, & après un très-ſanglant combat s'en rendit Maître. Ce qui eſt certain, c'eſt qu'il uſa cruellement de ſa victoire, qu'il commença par achever tous les Bleſſés, & que tous les autres s'attendoient à un ſort pareil, lorſqu'un Eſclave vint ſe jetter à ſes pieds, & lui dit, que s'il vouloit lui donner la vie, il lui diroit la verité.

Il coupe la tête à tout l'Equipage, & fait jetter à la Mer ceux des quatre Barques.

Cette propoſition ſurprit l'Olonnois ; il s'arrêta, & ayant promis la vie & la liberté à l'Eſclave, il lui ordonna de parler : « Seigneur Capitaine, lui dit alors ce malheureux, le Gouverneur de la Havane, ne doutant point que nous ne vous fiſſions tous Priſonniers, avoit donné ordre qu'on vous fît tous pendre, & j'avois été embarqué pour ſervir de Bourreau. A ces mots le féroce Olonnois fut ſaiſi de rage, & ayant ordonné qu'on levât l'écoutille, & qu'on lui amenât tous les Priſonniers les uns après les autres, il leur coupa à tous la tête, fucçant à chaque fois le fang, dont fon fabre étoit teint. Il fe rendit enfuite au Port du Prince, où l'Efclave l'avoit informé qu'étoient les quatre Barques deftinées à lui donner la chaffe; il les y trouva, les prit fans réfiftance, fit jetter les Equipages à la Mer, & ne fit grace qu'à un feul homme, qu'il envoya au Gouverneur de la Havane avec une lettre, dans laquelle il lui mandoit ce qu'il venoit de faire, l'avertiffoit qu'il traitteroit de la même maniere tout ce qu'il lui tomberoit entre les mains d'Efpagnols, lui-même s'il avoit ce malheur, & ajoûtoit que pour lui, il ne devoit jamais compter de l'avoir vif en fon pouvoir. Il échoüa enfuite fes deux Canots, & les Barques, & fe rendit fur la Frégate à la Tortuë.

Il y trouva Michel le Bafque, dont nous avons déjà parlé, lequel y avoit auffi amené une belle prife; ces deux Avanturiers, qui étoient amis, fe voyant ainfi réünis, réfolurent de faire enfemble quelque entreprife importante, & ayant dreffé leur plan, convinrent de le tenir fecret; ils publierent feulement qu'ils alloient faire un armement confiderable, & que ceux, qui voudroient être de la partie, ne tardaffent point à les venir joindre à la Tortuë, ou à les aller attendre à Bayaha. La réputation de ces deux Chefs, dont l'un devoit commander fur Mer, & l'autre fur terre, attira aux rendés-vous un fort grand nombre d'Avanturiers de toute efpece; l'armement fe trouva de fix Vaiffeaux & de 440. Hommes, & l'Olonnois, qui étoit l'Amiral de cette petite Flotte, prit fa route vers l'Eft, fans avoir encore découvert fon deffein à perfonne. A peine avoit-il doublé la pointe de l'Efpade, la plus Orientale de S. Domingue, qu'il fit rencontre de deux Navires Efpagnols, qu'il enleva fans beaucoup de réfiftance. L'un étoit chargé de Cacao, & fa Charge étoit eftimée près de 200000. liv. il l'envoya à la Tortuë, avec ordre à celui, à qui il en avoit confié le commandement, de le lui ramener à Curaçao, après qu'il l'auroit déchargé. L'autre étoit rempli de

1665.
1667.

L'Olonnois & le Bafque fe joignent pour un grand deffein.

1665.
|
1667.

munitions de Guerre, deſtinées pour San-Domingo, il le retint avec lui. Il fit voiles enſuite pour Curaçao, où ſon autre priſe l'ayant rejoint avec un très-grand nombre de Braves, dont pluſieurs ne faiſoient que d'arriver de France, il déclara que ſon deſſein étoit d'aller piller la Ville de Maracaïbo. Ce qui l'avoit déterminé à cette entrepriſe, c'eſt que le Baſque, dans le dernier Vaiſſeau, dont il s'étoit emparé, avoit trouvé deux François, qui ayant été faits Priſonniers dans leur jeuneſſe par les Eſpagnols, s'étoient établis parmi eux, & l'un des deux étoit Pilote de la Barre, qui eſt à l'entrée du Lac Maracaïbo; ils avoient tous deux donné au Baſque de grandes connoiſſances ſur toutes la Province de Venezuela, & l'Amiral Flibuſtier, en publiant ſon projet, avertit ſes gens que ſes deux guides lui répondoient ſur leur tête du ſuccès de l'Entrepriſe.

Priſe de Maracaïbo.

Maracaïbo eſt ſitué environ par les onze dégrés de latitude Nord ſur la Rive Occidentale d'un Lac, qui lui doit, ou qui lui a donné ſon nom, & qui porte auſſi celui de Baye de Venezuela. Cette Ville étoit dès-lors, comme elle eſt encore aujourd'hui, une des plus floriſſantes Villes, que les Eſpagnols euſſent dans toute cette partie du Continent, qui s'étend depuis l'Orénoque juſqu'à la Vera Crux, elle avoit environ 5000. Habitans, elle en a aujourd'hui 7. à 8000. & l'on y fait un grand commerce de Cuirs, de Tabac & de Cacao; à quoi ne contribuë pas peu la commodité de ſon Lac, lequel d'un côté ſe décharge dans la Mer, & de l'autre entre 50. lieuës dans les terres. Un banc de ſable, que les Eſpagnols nomment la Barre, rend l'embouchure du Lac dangereuſe & difficile, & ſans la précaution d'entretenir un Pilote, pour entrer ou ſortir les Navires, la plûpart y périroient, à cauſe du courant, qui y eſt très-fort. Cette difficulté n'embarraſſoit pas l'Amiral Flibuſtier, parce que, comme nous avons dit, il avoit un Pilote pratique de cette Barre, mais il y avoit une Foreteſſe, qui en défendoit le paſſage, avec 14. pieces de Canon, & 250. Hommes de Garniſon, & les Eſpagnols ne croyoient pas

que l'on ofât feulement entreprendre de la forcer. Ils chan- 1665.
gerent bientôt de penfée; le Bafque, fous les ordres duquel l'Olonnois voulut fervir comme volontaire, emporta 1667.
la Fortereffe l'Epée à la main, après un combat très-opiniâtre,
la démolit en peu d'heures, parce qu'elle n'étoit que de
Gabions faits avec des pieux & de la terre, & encloüa le
Canon.

Nos Braves, après cette expedition, fe rembarquerent, en- *Et de Gi-*
trerent dans le Lac, & allerent fe préfenter devant la Ville, *braltar.*
qui eft éloignée de fix lieuës du Fort, dont ils venoient de
faire la conquête. Les Efpagnols n'avoient pas jugé à propos de les attendre dans une Place, qui n'avoit point d'autre
défenfe, que la difficulté d'en approcher; ainfi ils n'y trouverent perfonne; les Habitans ayant eu le têms de s'embarquer dans des Canots avec leur argent, & ce qu'ils avoient
de plus précieux, & de fe retirer à Gibraltar. C'eft une petite Bourgade fituée de l'autre côté du Lac, fur un terrein fertile : mais l'air n'y eft pas fain, comme à Maracaïbo, & dans la faifon des pluyes, il n'y refte gueres que
des Ouvriers, & ceux, qui n'ont pas le moyen de fe tranfporter ou à Maracaïbo, ou à Merida, qui eft 40. lieuës
plus avant dans les terres. C'eft aux environs de Gibraltar,
que fe receüille le meilleur Cacao de l'Amerique, & ce
Tabac fi fort eftimé en Efpagne, fous le nom de Tabac
de Maracaïbo. Si les Avanturiers euffent d'abord fuivi les
Efpagnols à Gibraltar, ils auroient eu bon marché de gens,
que la frayeur avoit faifis; mais ils s'arrêterent quinze jours
à Maracaïbo, à faire bonne chere, & à piller le peu, qui
reftoit dans cette Ville. Ils pafferent enfin à Gibraltar, &
furent trois jours à faire ce trajet, qui n'eft que de quelques
lieuës; auffi trouverent-ils les Efpagnols affés bien retranchés,
& fort raffûrés.

Ils firent néanmoins leur débarquement fans réfiftance :
ayant enfuite voulu couper dans le Bois, pour prendre les Ennemis par derriere, ils trouverent qu'on s'étoit douté de leur
deffein, qu'on avoit fait de grands abbatis d'arbres, pour les

1665.
1667.

arrêter, & que pour arriver jusqu'à un premier retranchement, où on les attendoit; il n'y avoit qu'un chemin, où six hommes pouvoient marcher de front, mais qui étoit extrêmement bas & marécageux. Ils ne balancerent pourtant pas à s'engager dans cette avenuë, & ils y avancerent aisément jusqu'à la portée du Pistolet : mais alors ils commencerent à enfoncer dans la vase jusqu'aux genoux. On tira en même têms sur eux d'une Batterie de vingt pieces de Canon chargées à Cartouche; mais les deux Chefs remedierent d'abord à ce premier inconvenient, en faisant couper à tout le monde des branches d'arbres, dont ils se servirent en guise de Fascines, pour marcher plus aisément : quant au second, il coûta la vie à bien des Braves, qui en mourant animoient leurs Compagnons, par l'espérance d'une prompte Victoire. Cette espérance ne fut pas vaine, les Flibustiers passerent au travers des canonnades, avec une résolution, qui effraya les Espagnols. Le premier retranchement fut forcé, & la Garnison s'étant refugiée dans un second, y fut suivie de si près, qu'elle n'eût point d'autre partie à prendre, que de demander quartier.

Ils rançonnent Maracaïbo.

Cette Victoire, qui rendoit les Flibustiers Maîtres de Gibraltar, leur coûta cent Hommes tués ou blessés : de six cens Espagnols, qui défendoient les retranchemens, il y en eût deux cens de tués, & cent de blessés. Presque tous les Officiers furent du nombre des premiers, & l'on regretta beaucoup le Gouverneur de Merida, qui s'étoit fort distingué dans les Armées de Flandres. Ce Gouverneur étoit accouru au secours de Gibraltar, parce que cette Bourgade dépendoit de son Gouvernement, comme Maracaïbo dépend de celui de Caraque. Cependant le pillage de Gibraltar ne répondit pas à l'attente des Avanturiers ; les Espagnols avoient fort bien caché leur or, & il ne fut pas possible de les contraindre, même par la force des tourmens, à dire, où ils l'avoient porté. On s'en vengea en brûlant la Bourgade, après quoi on retourna à Maracaïbo, qu'on menaça de traitter de la même maniere, si les Bourgeois ne la rachettoient. Il fallut

DE S. DOMINGUE, LIV. VII. 73

fallut en paſſer par où ils voulurent, & pour les engager à partir au plûtôt, on leur fit encore un préſent de 500. Bêtes à corne, qu'ils embarquerent ſur leurs Navires.

1665.
|
1667.

L'Olonnois propoſa enſuite le Pillage de Merida, pour ſe dédommager de ce qu'on avoit manqué à Gibraltar. Cette Ville paſſoit pour être très-riche; mais le plus grand nombre ne fut pas de ſon avis, & il n'inſiſta pas davantage. Il mit à la voile, emmenant avec lui un Navire chargé de Tabac, qu'il avoit pris dans le Port de Maracaïbo, & alla faire le partage de ſon Butin au Port *des Gonaives*, où il arriva vers la Fête de la Touſſaint de l'année 1666. Ce Butin conſiſtoit en Joyaux, Pierreries, Or, Argent, Tabac, Cacao, & Eſclaves, & le tout fut eſtimé quatre cent mille écus, ſans y comprendre apparemment quantité d'Ornemens d'Egliſe, que les Avanturiers avoient démolies, & dont ils avoient tout emporté juſqu'aux Cloches, aux Tableaux, & aux Croix qui étoient ſur les Clochers; leur deſſein étant, diſoient-ils, d'en bâtir une à la Tortuë, & d'y conſacrer toute cette partie de leur Butin. Quoiqu'il en ſoit, chacun ayant levé ſon lot, l'Olonnois ſe rendit à la Tortuë, où il eut bientôt diſſipé tout ce qu'il avoit; auſſi ne tarda-t'il pas à former un nouveau projet.

Butin qu'ils remportent de cette expedition.

Soixante Flibuſtiers avoient depuis peu ſurpris la Ville de Grenade ſituée au fond du Lac Nicaragua, dont la tête n'eſt qu'à quatre lieuës de la Mer du Sud, & quoiqu'ils n'euſſent pillé que quelques Maiſons, n'étant pas aſſés de monde, pour reſter plus long-têms dans un lieu ſi peuplé, ils y avoient fait un très-grand butin. L'Olonnois, qui avoit un Indien né dans ces quartiers-là, lequel conſentoit à lui ſervir de guide, comprit que, s'il avoit des forces ſuffiſantes, pour prendre la Ville, il en emporteroit des richeſſes immenſes, il le perſuada à un grand nombre d'Avanturiers: ceux, qui l'avoient accompagné à Maracaïbo, n'ayant plus rien, non plus que leur Amiral, & pluſieurs Habitans, à la vûë du Butin rapporté de Maracaïbo, ſe flattant de s'enrichir dans une Campagne; de ſorte qu'il ſe trouva bientôt

Nouveau deſſein de l'Olonnois.

Tome II. K

1665.
|
1667.

à la tête d'un Armement plus confiderable que le premier. Son rendés-vous fut à Matamana, au Sud de l'Ifle de Cuba, où il fe fait une grande pêche de Tortuë. Il avoit befoin de Canots pour fon expedition, il comptoit d'en trouver dans cet endroit-là, & il en enleva effectivement aux Pêcheurs autant qu'il lui en falloit.

Il veut aller au Lac Nicaragua, & ne peut y arriver.

De-là, il voulut gagner le Cap *Gracias à Dios*; mais les Courans l'ayant fait dériver vers le Golphe de *Honduras*, il ne lui fut pas poffible de fe relever, ce qui le déconcerta entierement. Il chercha à fe dédommager fur quelques Bourgades de ce Golphe, & il pilla entre autres celles de San-Pedro, & de Puerto de Cavallos, mais il n'y fit pas grand Butin, quoiqu'il eût exercé de grandes cruautés fur les Habitans, pour les obliger à dire, où ils avoient caché leurs effets, & qu'il eût trouvé à Puerto de Cavallos un Navire de 24. pieces de Canon, & plufieurs petits Bâtimens, dont il s'empara. La prife de San-Pedro lui coûta même fort cher; il tomba, en y allant, dans deux embufcades, où il perdit bien du monde : il lui fallut enfuite forcer un retranchement, dont la feule vûë auroit rebuté tout autre que lui : il fit partout-là des prodiges de valeur, qui ne furent égalés que par les cruautés, qu'il exerça fur tout ceux, dont il vouloit tirer ou de l'or & de l'argent, ou des connoiffances, par rapport aux routes, qu'il lui falloit prendre. Il auroit pu faire un très-grand profit fur l'Indigo, dont il trouva une très-grande quantité à San-Pedro, mais il ne vouloit que de l'Or, de l'Argent, ou des Pierreries. Il brûla cette petite Ville, qui ne put, ou ne voulut pas fe racheter, & s'étant enfuite rapproché de la Mer, il propofa d'aller par terre attaquer la Ville de *Guatimala*, mais comme il n'avoit que 500. Hommes, & que Guatimala pouvoit lui en oppofer 4000. perfonne ne fut de fon fentiment. Il eut enfuite avis qu'une Hourque de fept à huit cens Tonneaux, qui alloit tous les ans d'Efpagne aux Honduras, pour y porter les chofes, dont les Habitans de la Province de Guatimala ont befoin, étoit attenduë inceffamment dans la Riviere de ce nom, il y alla, & fut trois mois, sans en entendre parler. On appelle Riviere de Guatimala, une grande Riviere, qui tire sa source de cette Province, passe au travers de la Province de Honduras, & se décharge dans le Golphe de même nom. L'Olonnois ayant enfin sçû que la Hourque approchoit, il proposa à ses gens de la laisser passer, & de l'attaquer au retour, parce qu'alors elle seroit plus richement chargée. Ils y consentirent, & ils eurent tout lieu de s'en repentir : la charge de la Hourque valoit au moins un million, & celui, qui la commandoit, ayant été informé du dessein des Flibustiers, déchargea son Bâtiment, dès qu'il fut arrivé au Port, & y attendit ensuite que nos Avanturiers vinssent à lui. Ils vinrent en effet, & trouverent des gens tout prêts à les bien recevoir. Cependant la partie étoit trop inégale, la Hourque n'avoit que 70. Hommes, qui combattirent tout un jour avec beaucoup de valeur ; mais il fallut ceder au nombre ; la Hourque fut prise, mais il n'y avoit presque plus rien dedans. Cela dégoûta fort les Compagnons de l'Olonnois, qui la plûpart le quitterent ; chacun alla de son côté, & quelques-uns firent des prises considérables.

1665.
1667.

L'Olonnois resté seul avec un fort grand Navire, sur lequel il avoit 300. Hommes, appareilla pour le Lac Nicaragua ; mais après avoir gagné avec bien de la peine le Cap Gracias à Dios, il y perdit son Navire, qui demeura échoüé sur des Recifs. Ce nouvel accident ne fut pas encore capable de l'abbatre. Des débris de son Vaisseau, il fit construire quelques Barques longues, avec lesquelles il continua sa route, & entra dans la *Desaguadero*, ou Riviere Saint Jean, qui sort du Lac de Nicaragua. Mais les Espagnols ayant envoyé contre lui une armée d'Indiens, il fut obligé de se retirer avec perte. Ce malheur fut suivi d'un autre ; une partie de ceux, qui étoient restés avec lui, l'abandonnerent encore. Il entra avec les autres dans une Baye, qu'on appelle *Boca del Toro*, d'où ayant voulu croiser avec sa Barque du côté de Carthagene, il mit à terre, aux Isles *de Barou*,

Sa Mort.

Ou Isles de *Varu*.

qui font entre cette Ville, & le Golphe d'*Uraba*. Son deſſein étoit d'y traitter des vivres ; mais Dieu, vengeur de ſes crimes, le conduiſoit-là, comme par la main, pour lui faire trouver une fin digne d'un des plus cruels hommes, qui fut jamais. A peine avoit-il mis le pied hors de ſon Canot, qu'une Troupe d'Indiens l'environna, & le ſaiſit, avant qu'il eût eu ſeulement le têms de ſe mettre en défenſe; ces Barbares le porterent dans le Bois, le rotirent & le mangerent. Pluſieurs de ſes Gens eurent un ſort pareil; ceux, qui étoient reſtés dans les Barques, n'ayant plus de Chef, s'en retournerent à la Tortuë fort mal en ordre, & M. d'Ogeron ne manqua point de profiter du mauvais ſuccès de leur Entrepriſe, pour en engager pluſieurs à ſe faire, ou à redevenir Habitans.

Fin du Septiéme Livre.

HISTOIRE
DE
L'ISLE ESPAGNOLE
OU DE
S. DOMINGUE.
SECONDE PARTIE.

LIVRE HUITIE'ME.

 E u de têms avant que ceux des Flibuftiers, qui avoient eu part à l'expedition de Maracaïbo, dont je viens de parler, fuffent de retour à Saint Domingue, on nous avoit déclaré la guerre à la Jamaïque: plufieurs François, qui s'étoient rencontrés dans cette Ifle, avoient été arrêtés, & on les avoit même voulu forcer à porter les armes contre leur propre Souverain, & contre leur Patrie. Après quelques hoftilités, qui n'aboutirent à rien d'effentiel; les Anglois, pour tromper les François, firent une paix fimulée; mais la fraude fût découverte, & l'on fe tint fur fes gardes. M. d'Ogeron fit enfuite un plan d'expedition fur le Port Royal, Capitale de la Jamaïque; mais fon projet n'eut point d'execution, parce qu'il ne reçut point les fecours de France, qu'il avoit demandés.

1665.
|
1667.

Hoftilités entre les Anglois de la Jamaïque & les François de S. Domingue.

D'un autre côté, la paix des Pyrenées concluë en 1659. avoit fait croire aux François de Saint Domingue, que les Efpagnols les y laifferoient en repos, & M. d'Ogeron avoit reçû des ordres très exprès du Roy, de fe tenir précifément fur la défenfive. Il obéït par rapport à l'Ifle de Saint Domingue, mais les Efpagnols, ou ne reçûrent point de pareils

La Guerre devient plus vive que jamais entre les François & les Efpagnols de S. Domingue.

K iij

1667.

ordres, ou n'y déférerent pas : en effet leurs hostilités continuelles obligerent nos Habitans à être toûjours armés, même en travaillant à la terre, & à faire la sentinelle toutes les nuits, sans quoi il n'en seroit pas échapé un seul. Plusieurs même, malgré toutes ces précautions, furent égorgés dans leurs lits, & d'autres massacrés pendant le jour au milieu de leurs habitations. De cette sorte il n'étoit pas au pouvoir du Gouverneur de la Tortuë, de retenir les Boucaniers, ni encore moins les Flibustiers, & il ne fut pas même apparemment fâché que les Espagnols eussent par leur conduite authorisé ces derniers, à continuer une guerre, que l'état de sa Colonie rendoit nécessaire, à l'égard du plus grand nombre ceux, qui la composoient ; & dans la vérité, la plûpart des Flibustiers n'eussent pû discontinuer la course ; la seule chose, à quoi ils étoient désormais propres, sans causer de grands troubles à la Tortuë, & dans les autres parties de ce Gouvernement. Enfin la guerre s'étant rallumée en 1667. entre les deux Couronnes, le Gouverneur se trouva en pleine liberté d'agir, & songea d'abord à quelque expedition, capable de lui faire prendre sur l'Ennemi une superiorité, dont il se promettoit bien de profiter.

Il envoye des Troupes pour piller Sant-Yago.

J'ai dit qu'il avoit eu la pensée d'aller attaquer San-Domingo ; mais n'y ayant nulle apparence de réüssir dans cette entreprise avec ses seules forces, & ne pouvant compter d'en recevoir de France, il changea de dessein, & tourna toutes ses vûës sur Sant-Yago de Los Cavalleros, dont les Habitans étoient ceux de toute l'Isle, qui incommodoient davantage nos habitations ; quoique tout le district de cette Ville pût à peine mettre sur pied six à sept cens Combattans. Sant-Yago est à quatorze lieuës de la Mer, dans une plaine agréable & fertile, sur le bord de la Riviere Yaqué, ou de Monte-Christo. Elle est directement au Sud de Puerto di Plata, qui est son Embarquadaire ; les maisons y sont mal bâties, mais les Eglises y sont belles, & les Habitans y sont fort pauvres, comme la plûpart de ceux des Villes Espagnoles de l'Amérique, situées à une certaine distance de la Mer.

~~Tout le Commerce est de suifs & de cuirs, & toutes leurs richesses consistent en Bétail, dont on voit de grands Troupeaux dans les Savanes voisines.~~   1667.

La résolution prise de tomber sur cette Ville, M. d'Ogeron mit à la tête du parti, qu'il y envoya, un Capitaine Flibustier, nommé de Lisle, homme de cœur & d'experience, & lui donna 400. Hommes, qui s'étoient offerts d'eux-mêmes pour cette expedition, laquelle pourroit bien être la même, que j'ai déja rapportée sur la foi du P. du Tertre, & que ce Religieux auroit déplacée & défigurée dans la plûpart de ses circonstances : ce qui est certain, c'est que dans les deux Relations que j'ai euës entre les mains, le Chef du parti est nommé de Lisle. Quoiqu'il en soit, ce Capitaine alla débarquer à Puerto di Plata, & marcha en bon ordre vers Sant-Yago. Il avoit à passer certains défilés, où trois hommes au plus pouvoient marcher de front, & pour peu que les Espagnols eussent voulu disputer ces passages, il auroit été impossible d'en franchir aucun ; mais la peur les avoit tellement saisis, qu'ils abandonnerent même Sant-Yago, & se retirerent vers la Conception, emportant avec eux ce qu'ils avoient de meilleur. Neanmoins les nôtres, à force de foüiller, trouverent quelques trésors cachés, car la Ville n'avoit pas toûjours été aussi pauvre, qu'elle l'étoit alors : elle est même trop proche de Cibao, pour n'avoir pas profité dans le têms d'un si beau voisinage, & son éloignement de la Mer l'exposant moins que beaucoup d'autres aux courses des Flibustiers, bien des gens y portoient leur meilleurs effets, comme en un lieu de sûreté. De-là, le Capitaine de Lisle envoya des partis en plusieurs endroits ; ils firent quelques Prisonniers, qu'on rançonna, enleverent & tuerent beaucoup de Bestiaux, causerent partout de grands dégats, enfin, n'y ayant plus rien à prendre, ni à détruire dans tous ces quartiers-là, le Parti reprit le chemin de Puerto di Plata, après avoir contraint les Habitans de Sant-Yago à donner 25000. Piastres pour sauver leur Ville de l'Incendie. Cette expedition valut à chaque Avanturier trois cens écus.

Quel fut le succès de cette entreprise.

1667.
Seconde prise de Maracaïbo.

La Courſe n'avoit jamais été plus floriſſante, qu'elle l'étoit alors; on ne parloit que de priſes faites ſur les Eſpagnols par les Flibuſtiers Anglois & François, alors réünis d'interêts; & de deſcentes ſur les Côtes des Iſles & du Continent, où ils pilloient non ſeulement des Villes, mais même des Provinces entieres. Les plus fameux de leurs Chefs en ce têms-là, étoient parmi les François, outre ceux, dont j'ai déjà parlé dans le Livre précedent, les nommés *Vauclin*, *Grammont*, *Ovinet*, *le Picard* & *Tributor*; & parmi les Anglois, *Roc*, *David*, *Morgan*, & *Mansfeld*. Les Villes de *Cumana*, de *Coro*, de *Sainte Marthe*, de *Caraque*, & pluſieurs autres moins conſiderables, furent priſes, pillées & rançonnées. Le Baſque ſuivi de 40. Hommes ſeulement, entra la nuit à Maracaïbo, ſe ſaiſit des principaux Habitans, & après les avoir enfermés dans la grande Egliſe, il fit avertir leurs Parens & leurs Amis, qu'il alloit leur couper à tous la tête, ſi on faiſoit le moindre mouvement, & ſi on ne lui comptoit ſur le champ la rançon, qu'il demandoit, il fallut en paſſer par-là, quoique le jour eût découvert la foibleſſe d'un Ennemi ſi inſolent. Enſuite les Flibuſtiers paſſerent au travers de la Ville, chacun tenant le Piſtolet bandé d'une main, & de l'autre le Sabre levé ſur la tête d'un Priſonnier, qu'il faiſoit marcher devant lui; & ces malheureux, après avoir fait de fort mauvais ſang pendant plus de vingt-quatre heures, ne furent délivrés qu'au moment que l'Ennemi fut embarqué, & hors de riſque.

1668.
La Paix ne fait point ceſſer la Guerre, & pourquoi.

La Paix qui fut ſignée cette année 1668. à Aix-la-Chapelle, donna moyen aux Eſpagnols de reſpirer un peu, en diminuant le nombre de leurs Ennemis; je dis en diminuant, car pluſieurs Flibuſtiers prétendirent que, n'ayant point ſigné au Traité, ni par eux, ni par leurs Plenipotentiaires; n'ayant pas même été appellés aux Conferences, ils n'étoient point obligés d'y avoir égard. Il en coûta encore aux Eſpagnols la ruine entiere de *Panama*, que Morgan prit & pilla en 1670. ayant avec lui environ mille hommes des deux Nations. Il en emporta un Butin ineſtimable, & s'étant rendu

1670.
Pillage de Panama.

rendu à un Fort, qui étoit à l'embouchure du *Chagre*, dont il avoit eu la précaution de se rendre Maître, & où le partage se devoit faire, une nuit, que tout le monde dormoit profondément, le Général, de concert avec un certain nombre de Flibustiers de sa Nation, s'embarqua sur un Navire, où il avoit fait mettre tout ce qu'il y avoit de plus précieux parmi le Butin, & fit voiles pour la Jamaïque. Quelques-uns de ceux, qu'il avoit ainsi joüés, le suivirent dans l'esperance de se faire rendre justice; tous les autres se retirerent à la Tortuë, où, de désespoir, ils se firent Habitans, & ce fut à cette occasion, que l'on commença de cultiver la plaine du Cap François; la premiere habitation fut faite par un Calviniste nommé *Gobin*, à l'endroit même, où est aujourd'hui la Ville.

1668.
|
1670.

Deux ans avant l'expedition de Panama, Morgan, à la tête d'une pareille Troupe d'Avanturiers des deux Nations, avoit pris & pillé Porto-Belo, après avoir enlevé par Escalade les Forts de *Saint Jacques* & de *Saint Philippe*, qui défendoient cette Ville, alors une des plus riches du Nouveau Monde. Il est vrai qu'il y perdit beaucoup de Monde; les Officiers qui commandoient dans ces deux Postes, ayant tous péri plûtôt que de se rendre, & ayant fait la plus grande résistance, qu'on eût vûë de long tems parmi les Espagnols de l'Amérique. Le Président de Panama, Dom Juan Perez de Gusman, s'avança envain à la tête de 1500. Hommes, pour l'obliger du moins à sortir de la Ville, où il vivoit à discretion; il n'osa entreprendre de l'y forcer. Il témoigna sa surprise, de ce que 422. Hommes, sans Artillerie, se fussent emparés de deux Forteresses, où il y avoit du Canon, & de bonnes Garnisons, & il envoya demander à Morgan de quelles armes il se servoit pour de pareilles expeditions. Morgan lui envoya un Boucanier François, dont il lui fit présent. Le Président lui fit dire qu'il étoit dommage, que de si braves gens, ne fussent pas employés en une plus juste guerre, & lui envoya une Bague d'Or, enrichie d'une belle Emeraude. Morgan reçut cette marque d'estime,

Et de Porto-Belo.

1668.
—
1670.

comme il le devoit, & ajouta, que pour satisfaire la curiosité de son Excellence, il lui avoit envoyé un arme Françoise; & que dans peu il iroit, pour le réjoüir, lui apprendre l'usage, que les Avanturiers sçavoient en faire. Nous venons de voir qu'il tint parole. Porto-Belo fut enfin obligé de se racheter, & nos Braves, dont les attaques des Forts, & les maladies avoient extrêmement diminué le nombre, s'étant rendus à l'Isle de Cuba, pour y partager leur butin, trouverent qu'ils avoient en or & en argent, tant monnoyé, que travaillé, & en joyaux, qui n'étoient pas estimés au quart de ce qu'ils valoient, 260000 écus, sans compter les toiles de soye, & autres marchandises, qu'ils avoient enlevées de la Ville, & dont ils faisoient peu de cas. En effet, ils n'estimoient que l'or & l'argent; & la prise la plus riche, si elle ne l'étoit qu'en marchandises, ils la comptoient pour rien.

1669.

M. d'Ogeron continué Gouverneur de la Tortuë.

L'année suivante, M. d'Ogeron, qui étoit passé en France pour des raisons, que je n'ai trouvées nulle part, reçut de nouvelles Provisions de Gouverneur de la Tortuë & Côte S. Domingue. L'abus, que les Gouverneurs Proprietaires des Isles du Vent avoient fait de leur authorité par le passé, avoit depuis peu obligé le Roi de ne plus donner de Commissions, que pour trois ans; se réservant le pouvoir de continuer dans ces places ceux, dont les services lui seroient agréables, comme il a toûjours fait les premiers Gouverneurs de la Tortuë, que difficilement on auroit pu remplacer. M. d'Ogeron, avant que de partir de Paris, fit présenter à M. Colbert un Mémoire, dont je crois qu'on sera bien aise de voir ici les principaux Articles; rien n'étant plus propre à nous apprendre en quel état se trouvoit alors la Colonie, & les progrés qu'elle avoit fait depuis qu'elle étoit sous la conduite de cet Officier.

Etat & avantage de cette Colonie.

» Il y avoit, dit-il, à la Tortuë & Côte de S. Domingue
» environ 400. hommes, lorsque j'en fus fait Gouverneur,
» il y a quatre ans: il y en a présentement plus de 1500.
» & cet accroissement s'est fait pendant la guerre contre

» les Anglois, & malgré les difficultés d'avoir des Engagés.
» J'y ai fait paſſer chaque année à mes dépens 300. per-
» ſonnes. L'avantage de cette Colonie, ajoûte-t'il, con-
» ſiſte premierement en ce qu'elle fournit au Roi des hom-
» mes aguerris & capables de tout entreprendre. Seconde-
» ment, en ce qu'elle tient en échec les Anglois de la Ja-
» maïque & les empêche d'envoyer leurs Vaiſſeaux, pour
» nous attaquer dans les Iſles du Vent, ou pour ſecourir
» celles, que nous attaquerons. Dans la derniere guerre le
» Gouverneur de la Jamaïque s'excuſa d'envoyer du ſecours
» à Niéves, ſur le danger, où il étoit d'avoir ſur les bras
» toutes les forces de la Tortuë. Il redoubloit même ſes
» gardes, faiſoit travailler par tout à fortifier ſes Places &
» ſes Ports; & depuis peu il m'a propoſé d'établir une neu-
» tralité perpétuelle entre nous, quelque guerre qu'il y ait
» en Europe, ce qu'il m'avoit refuſé auparavant, lorſque je
» le lui avois demandé de la part de la Compagnie. Effecti-
» vement, les Anglois n'ont rien à gagner avec nous qui
» ſommes ordinairement dans les bois; & ils en ont beau-
» coup à craindre. Le Gouverneur a ſçu que j'avois eu
» pendant un mois entier 500. hommes à la Tortuë, tous
» prêts à fondre ſur le Port Royal, que j'aurois pris aſſuré-
» ment, ſi la poudre, que j'attendois, étoit venuë. «

M. Colbert avoit témoigné ſouhaitter qu'on bâtît une Forterreſſe dans l'Iſle de S. Domingue; la Compagnie des Indes Occidentales, à qui le Miniſtre en fit faire la propoſition, demanda à M. d'Ogeron ce qu'il en penſoit; & il répondit ce qu'il repete ici à ce Miniſtre. En premier lieu, que cela engageroit à une dépenſe de 80 & 100000. liv. ſans compter ce qu'il en coûteroit pour l'entretien d'une Garniſon. Secondement, que cette dépenſe étoit fort inutile; que les François de S. Domingue ne pouvoient avoir de plus ſûre retraitte, que les bois, où ils étoient invincibles, & où les Eſpagnols, embarraſſés par leurs lances, ne tenoient pas contr'eux. En troiſiéme lieu, que la Colonie étoit en état de réſiſter à toutes leurs forces, pourvû qu'on eût

1669.

Pourquoi il ne juge pas qu'on doive bâtir une Forterreſſe à S. Domingue.

soin de rendre les chemins libres, pour la communication des Postes, & d'avoir toûjours 400. hommes bien armés à Leogane. Enfin, que quand une Flotte viendroit débarquer sur nos Côtes, elle n'y pourroit faire autre chose, que d'y brûler de mechantes Cases, qu'on rebâtiroit en trois jours; qu'il seroit même dangereux de tenter une pareille entreprise, soit parce que les Avanturiers, s'imaginant qu'une Forteresse attireroit toutes les forces des Espagnols, se retireroient ailleurs; soit parce qu'il ne falloit pas attendre de grande résistance de ces gens-là, lorsqu'ils se verroient enfermés dans une place; qu'il seroit même à craindre qu'ils ne se soulevassent contre le Commandant, & ne l'obligeassent à se rendre, comme il étoit arrivé au Chevalier de Fontenay.

Il propose un établissement à la Floride.

Mais ce qui paroissoit à M. d'Ogeron convenir davantage pour le bien de la Colonie, à la tête de laquelle il se trouvoit, c'étoit un Etablissement à la Floride. « Il n'y a, dit-il,
» que 200. lieuës de la Tortuë à ce Continent. Les vents sont
» toûjours bons pour y aller, & pour en revenir; & rien n'est
» plus facile, que de se rendre le maître de tout le Commerce
» des Espagnols, en établissant un poste, qui domine le Canal
» de Bahama. D'ailleurs la cherté des denrées, qui est toûjours
» fort grande à S. Domingue, occasionne la désertion d'un
» grand nombre de Flibustiers, qui se retirent à la Jamaïque,
» où elles sont à bon marché; & la Floride peut fournir toutes
» celles, qu'on peut trouver en quelque lieu des Indes que ce
» soit. De plus, en cas de disgrace, on auroit un refuge assûré
» & prochain; & l'on ne seroit plus en danger de voir, com-
» me il est déja arrivé, les Anglois profiter du débris de nos
» Colonies. Il n'y auroit même rien de plus capable de rassû-
» rer les François de toutes les Antilles, qu'un pareil Etablis-
» sement, qu'ils souhaittent tous avec ardeur; ne fut-ce que
» pour mettre une digue à la puissance Angloise, qui devient
» excessive dans ces quartiers-là. » Et parce que la Cour, ni la Compagnie des Indes Occidentales ne paroissoient pas en disposition de faire de grandes dépenses dans l'Amérique, M. d'Ogeron ne demandoit pour l'entreprise, qu'il propo-

foit, que ce qui proviendroit de la Tortuë, après qu'on auroit mis cette Isle en état de ne pas craindre d'être insultée : » ce qui, ajoûtoit-il, est d'une nécessité indispensable, & ne souffre point de retardement. «

1669.

Ce projet étoit sensé, & l'on verra dans la suite en plus d'une occasion, de quel avantage il eût été à la Colonie de S. Domingue : mais la Cour regardoit alors cette Colonie, comme un objet fort peu capable de l'interesser, & qui devoit beaucoup plus occuper la Compagnie des Indes Occidentales, que le Roi. On laissa donc les Anglois s'établir paisiblement dans cette partie de la Floride, que M. d'Ogeron proposoit d'occuper, & sur laquelle nous avions des prétentions d'autant mieux fondées, qu'elle avoit long-têms porté le nom de Floride Françoise, & que nous y avions eu deux Etablissemens considérables. Les Anglois lui ont donné le nom de Caroline, qu'elle doit à Charles II. Roi de la Grande Bretagne, & non à Charles IX. Roi de France, comme quelques-uns de nos Autheurs l'ont avancé, faute d'être instruits. Ce qui les a trompé, c'est sans doute que sous Charles IX. on y avoit bâti un Fort, qui fut nommé la Caroline, en l'honneur de ce Prince. Pour revenir au Mémoire de M. d'Ogeron, on ne fut pas long-têms sans reconnoître la vérité de ce qu'il y marquoit, de la nécessité de fortifier incessamment la Tortuë ; mais il y a bien de l'apparence que ce Gouverneur étoit alors très-éloigné de penser que ce fût contre ses propres Colons, qu'il dût prendre cette précaution.

Les Anglois s'établissent dans la Floride Françoise, & la nomment Caroline.

J'ai dit que les Avanturiers, en le recevant pour Gouverneur, lui avoient nettement déclaré, qu'ils ne souffriroient pas qu'on leur interdît le Commerce avec les Etrangers. Il n'avoit eu garde de rejetter ouvertement une pareille condition, à laquelle il étoit pourtant bien résolu de ne se pas soumettre, & par son adresse il étoit venu à bout d'établir peu à peu le Commerce exclusif de la Compagnie. Mais soit qu'elle en eût abusé, soit que toute gêne fût insupportable à des gens, qui dans le fond ne recon-

1670.

La Colonie se révolte contre la Compagnie, & contre le Gouverneur.

L iij

noiſſoient point au monde de Superieur; les Avanturiers ne jugerent pas à propos de ſouffrir plus long-têms qu'on les contraignît ſur un article auſſi eſſentiel. Vers le commencement de Mai de l'année 1670. M. d'Ogeron revenant du Cul-de-Sac (on appelloit ainſi cette partie de la Côte Occidentale, où nous avions alors des établiſſemens) il rencontra deux Navires, qui de leur côté l'ayant apperçû, feignirent d'aller à Coridon, où les Anglois avoient accoutumé de charger du ſel : ce qui lui fit croire qu'ils étoient de la Jamaïque ; mais en arrivant à la Tortuë, il apprit que c'étoit des Fleſſinguois; qu'ils avoient été à Bayaha, où étoit encore le Rendés-vous le plus ordinaire des Boucaniers : qu'ils y avoient traitté des Cuirs ; qu'enſuite ils étoient allé mouiller au Port de Paix, où pendant huit jours ils avoient fait la traitte avec tous ceux, qui s'étoient préſentés : qu'ils avoient même envoyé un batteau à une Habitation de la Tortuë, appellée Mil-Plantage, où ils avoient été bien reçus ; & que le Commis de la Compagnie ayant voulu s'oppoſer à leur commerce, un des deux Capitaines, nommé *Pitre Conſtant*, avoit répondu qu'il falloit être plus fort que lui, pour l'empêcher de commercer.

Quel en fut le ſujet.

Deux jours après, M. d'Ogeron apprit que tout le Cul-de-Sac étoit révolté ; il s'embarqua auſſi-tôt aſſés péu accompagné, pour s'inſtruire par lui-même de la nature & des progrés du mal, & des remedes, qu'on y pouvoit apporter. Il arriva en quatre jours au Port de Nippes, ayant touché en paſſant au petit Goave, où il penſa être arrêté, & où on lui dit que non ſeulement la révolte étoit générale dans tous ces quartiers de l'Oueſt ; mais que les Révoltez avoient envoyé dans tous ceux du Nord, pour en engager les Habitans & les Boucaniers à ſe joindre à eux. On voulut encore l'arrêter à Nippes, où il ſe trouva tout à coup inveſti par cent Fuſiliers, & le danger étoit d'autant plus grand, que les deux Navires Fleſſinguois étoient dans ce Port ; que le Sieur Renou, qui commandoit dans le Cul-de-Sac, & un autre Officier, étoient déja priſonniers ſur l'un des deux ; & que c'étoit les deux Capitaines, qui avoient excité la révolte : voici comment.

 Il fâchoit fort aux Hollandois d'être privés d'un Commerce, qu'ils avoient fait si long-tems avec les Avanturiers, ils cherchoient toutes les occasions de s'y rétablir. Pitre Constant, & son Collegue Pitre Marc, persuaderent aux Habitans de la Côte de S. Domingue qu'ils ne devoient pas souffrir qu'on les laissât manquer des choses les plus nécessaires à la vie, ni s'assujettir à une Compagnie, laquelle exerçoit sur eux la plus criante monopole. Effectivement, on assûre que la Compagnie leur vendoit soixante livres de Tabac une aulne de Toile, que les Hollandois leur dondoient pour vingt sols ; 750 livres de Tabac un Baril de Lard, qu'ils avoient des mêmes Hollandois pour deux pistolles, ou deux cent livres de Tabac, & le reste à proportion. On peut juger, par la disposition, où l'on avoit toûjours été à la Côte S. Domingue à l'égard de la Compagnie, de quelle maniere la proposition des deux Capitaines fut reçûë. Il y eut un très-grand concours à leurs bords; ils firent bien boire tous ceux, qui les visiterent, & les santez furent saluées au bruit du Canon.

 C'étoit dans la Rade de Leogane, que cela se passoit ; & le Sieur Renou, lequel faisoit sa résidence au petit Goave, qui n'en est qu'à cinq lieuës, entendant le bruit du Canon, accourut pour voir de quoi il s'agissoit. Il fut joint à Leogane par les Sieurs Gaultier & Villeneuve, Officiers de ce quartier, & ayant reconnu que les deux Navires étoient étrangers, il envoya défendre aux François de traitter d'aucunes marchandises avec eux. Les Capitaines Flessinguois trouverent ce procedé fort étrange, d'autant plus, dirent-ils, que la Terre, où ils étoient, appartenoit au Roi d'Espagne : puis ayant sçû que le Sieur Renou avoit fait saisir deux de leurs batteaux, qu'on avoit trouvés trafiquant le long de la Côte, ils allerent avec main forte au petit Goave, où cet Officier s'étoit retiré, lui enleverent les deux batteaux, qu'il leur avoit confisqués ; le firent prisonnier avec le Sieur

1670.

Le Commandant du Cul-de-Sac arrêté par les Mutins.

1670.

Villeneuve, & les emmenerent à bord de leurs Navires; après quoi les Mutins se répandirent de tous côtez, pour engager les Habitans à se joindre à eux.

Il est delivré par M. d'Ogeron, qui est insulté au petit Goave.

Tout autre que M. d'Ogeron auroit apprehendé de se commettre dans une occasion comme celle-là : cependant il ne balança pas à aller redemander ses Officiers aux Capitaines Flessinguois ; & ceux-ci, quoique pussent faire les Mutins, les lui rendirent. Il retourna ensuite au petit Goave, où on lui avoit fait esperer qu'il seroit mieux reçû, & ayant moüillé l'ancre dans le Port, il envoya à terre le Capitaine de son Navire, nommé Sanson, porter des Lettres à quelques Habitans, dont il se tenoit apparemment plus assûré; mais Sanson fut arrêté. L'on tira ensuite sur le Navire plus de deux mille coups de fusils, & le Sieur Renou fut legerement blessé ; ce qui fit prendre à M. d'Ogeron le parti de retourner à la Tortuë. Il apprit, en y arrivant, que les révoltés du Cul-de-Sac étoient sur le point de partir, pour venir se joindre aux Boucaniers, & aux Habitans des quartiers du Nord; que leur dessein étoit de s'emparer de tous les Vaisseaux, qui paroîtroient dans les Ports, & qu'ils avoient même quelque dessein sur la Tortuë. Ces avis ne

Il demande du secours au Gouverneur Général des Isles.

parurent pas l'inquietter autant, qu'on auroit crû : il ne laissa pourtant pas, ne fût-ce que pour se mettre en regle, d'envoïer Renou à M. de Baas, Gouverneur Général des Isles, pour lui faire part de ce qui se passoit, & le prier de lui envoyer un Vaisseau du Roi, qui pût l'aider à mettre les Seditieux à la raison ; mais il ajoûtoit que, s'il eût été aussi riche, qu'il auroit dû l'être, il se seroit bien fait fort de terminer cette guerre à ses frais. Le Major partit le 9. de Juin ; mais étant tombé malade en chemin, il n'arriva à S. Christophle, où se tenoit alors le Gouverneur Général, que le 25. de Septembre, M. de Baas l'envoïa sur le champ à la Grenade, où étoit une Escadre du Roi, commandée par M. de Gabaret, auquel il manda de faire voiles incessamment pour la Tortuë, & d'y agir de concert avec M. d'Ogeron, pour le rétablissement de l'authorité de Sa

Majesté

Majesté dans toute la Côte S. Domingue. Il écrivit en même tems à M. d'Ogeron, pour lui donner avis de ce qu'il venoit de faire, & l'avertir que M. de Gabaret étant Chef d'Escadre, il devoit lui obéir en tout.

1670.

Ces diligences ne produisirent pourtant rien ; car M. de Gabaret ne jugea pas à propos de se rendre à l'ordre de M. de Baas, & lui fit réponse qu'il en avoit de précis du Roi, d'empêcher le Commerce des Isles du Vent avec les Etrangers ; que, si pendant le tems marqué pour son séjour dans ces Mers, il s'y faisoit quelque chose contre les intentions de Sa Majesté, ce seroit à lui à en répondre; ainsi qu'il ne lui convenoit pas de s'éloigner. M. de Baas eut beau lui représenter qu'en vertu de la Commission, dont le Roi l'avoit honoré, non seulement les Chefs d'Escadre, mais encore les Lieutenans Généraux commandant l'armée navale, devoient lui obéir, il persista dans son sentiment, & ne partit point. Quelque tems après M. de Baas reçut une Lettre de M. d'Ogeron, du 9. Octobre, par laquelle il paroissoit que ce Gouverneur n'étoit plus si rassûré sur la révolte de son Gouvernement; il mandoit que les Mutins étoient plus insolens que jamais ; que depuis quatre jours ils étoient venus au nombre de 300. par Mer & par Terre, à dessein de piller la Tortuë, cachant leur projet sous le prétexte de lui demander quelques effets, qui leur étoient venus de France, & qu'il avoit jugé à propos de leur rendre, pour éviter un plus grand mal. Il ajoutoit, que tout le monde l'abandonnoit, & qu'il ne sçavoit bientôt plus, à qui se fier. J'ai même vû une Lettre, qu'il écrivit alors à M. Colbert, dans laquelle il proposoit de transporter tout ce qui lui restoit d'Habitans fideles, ou dans la Floride, ou dans quelqu'autre endroit du Continent de l'Amérique, ou même dans les Isles, qui bordent la Province de Honduras.

M. de Gabaret refuse d'aller à son secours.

Progrès de la révolte.

Une autre Lettre adressée au Ministre par M. du Lion Gouverneur de la Guadaloupe, & datée du 25. Novembre, nous apprend qu'on comptoit alors dans la Colonie de S.

Moyens proposés de réduire les Révoltés.

Tom. II. M

1670.

Domingue mille hommes bien armés, & très-aguerris ; que le quart de ces gens-là étoient établis, & avoient des habitations en bon état ; qu'un autre quart avoient leurs familles en France, auxquelles ils faisoient de grandes remises ; que l'autre moitié étoit de gens errans & vagabonds, n'ayant ni feu, ni lieu ; sur quoi M. du Lion faisoit observer, qu'on ne pouvoit chasser de l'Isle les premiers, sans causer un préjudice considérable à la Colonie ; qu'il n'étoit pas moins dangereux de pousser sans ménagement les derniers, qui étoient capables de se jetter entre les bras des Espagnols ou des Anglois ; mais que pour les seconds, on pouvoit saisir les biens de leurs familles ; que ce châtiment seroit plus capable, que toute autre chose, de réduire à la raison les Mutins, ou du moins de les affoiblir, en les divisant ; après quoi il seroit aisé de venir à bout du reste. Il ajoutoit qu'il ne falloit pas compter de tirer aucun secours des Isles du Vent, pour assoupir cette révolte ; que les Habitans n'y étoient gueres mieux intentionnés, qu'à la Côte S. Domingue, & qu'ils soupiroient tous après la vie licencieuse qu'on y menoit.

Suite de la révolte.

Huit jours après cette Lettre écrite, le même Gouverneur en écrivit une seconde, où il manda qu'il couroit un bruit dans les Isles, qu'on préparoit à la Côte S. Domingue un armement considérable contre les Espagnols ; que les Anglois de la Jamaïque, & les Hollandois de Curaçao devoient être de cette expédition ; que M. d'Ogeron avoit délivré des Commissions pour cela, & qu'il s'y étoit même interessé. Il est bien vrai-semblable que ce bruit étoit faux, & qu'il étoit uniquement fondé sur la pensée, qu'avoit euë M. d'Ogeron, de se retirer dans les Isles de la Baye de Honduras, où l'on disoit effectivement que le dessein étoit d'aller faire descente. Mais il y avoit beaucoup plus d'apparence, à ce qu'ajoutoit M. du Lion, à sçavoir que les Anglois de Niéves attendoient une partie des Boucaniers François, pour les joindre à eux, quand ils rentreroient à S. Christophle, où il se traittoit de les rétablir dans leurs anciens quartiers, & où ils esperoient attirer beaucoup de monde par les Privileges, qu'ils leur donneroient. Il disoit encore que la révolte alloit toûjours croissant à la Côte S. Domingue ; que les hommes mariés, les Femmes, & tous ceux, qui avoient été soupçonnés de n'entrer pas dans la cause commune, avoient été mis dehors ; que les Boucaniers avoient massacré un de leurs Syndics, pour avoir parlé en particulier à M. d'Ogeron ; & qu'on croyoit que tous ceux, qui avoient été chassés par les Mutins, s'étoient retirés à la Tortuë, où la présence du Gouverneur avoit rétabli & maintenoit la tranquillité & la subordination.

1670.

Cependant le Roi ayant été informé de ce qui se passoit à la Côte S. Domingue, & du refus, que M. de Gabaret avoit fait de s'y transporter, Sa Majesté, par une Lettre qu'elle écrivit à cet Officier le 6. de Novembre lui manda, que quand au commencement de l'année prochaine, il partiroit des Isles avec son Escadre, pour revenir en France, il ne manquât pas de passer aux environs de l'Isle de la Tortuë, & le long de la Côte S. Domingue, d'y demeurer quelque tems, d'y prendre ou couler à fonds tous les Vaisseaux Hollandois, qu'il y trouveroit ; de s'entendre avec le Sieur d'Ogeron, & de faire généralement tout ce que ce Gouverneur lui diroit pour le rétablissement du bon ordre, & la punition des coupables. Ce Prince ordonna en même tems à son Ambassadeur en Hollande, non seulement de demander aux Etats Généraux la réparation de l'attentat commis par les deux Capitaines Flessinguois, qu'on sçavoit être les autheurs de la révolte de S. Domingue ; mais de leur déclarer encore, que tout ce qui seroit rencontré de leurs Navires dans le voisinage de la Tortuë ; & de la partie de S. Domingue occupée par les François, seroient coulés à fonds, sans aucun quartier. Enfin l'Escadre, qui devoit relever celle de M. Gabaret aux Isles du Vent, eut aussi ordre de passer à la Tortuë, & d'y faire le même devoir.

Le Roi ordonne à M. de Gabaret d'aller au secours de M. d'Ogeron, & fait faire des plaintes aux Etats Généraux contre les autheurs de la révolte.

M. de Gabaret n'eût pas plutôt reçu les dépêches, dont je viens de parler, qu'il se mit en devoir de s'y conformer.

1671.
Voyage de

1671.

M. de Gabaret à S. Domingue.

Il partit de S. Christophle le premier de Fevrier 1671. avec M. de Sourdis, la Fregate l'Aurore, & deux Barques. Il arriva le 7. à la Tortuë, & sur le champ il envoya le Sieur Courbon Enseigne à M. d'Ogeron, pour lui faire part des intentions du Roi, & l'assûrer de la disposition, où il étoit de faire tout ce qu'il souhaitteroit de lui. Dès le lendemain M. d'Ogeron l'alla trouver à son bord, & lui amena un des Officiers des Révoltez, & un Maître de Barque, qu'il avoit fait prisonniers, & qui furent mis aux fers. Le jour même M. de Gabaret voyant tout soumis à la Tortuë, fit prêter un nouveau serment de fidélité aux Habitans. Le 9. il fit voiles avec M. d'Ogeron, pour le Cul-de-Sac, & arriva le 14. dans la Rade de Leogane. Dès qu'il eut jetté les ancres, M. d'Ogeron le requit par écrit d'envoyer M. de Sourdis à terre, pour sommer les Révoltez de mettre bas les armes, & de venir à bord des Navires du Roi rendre leurs respects à leur Gouverneur. M. de Sourdis y alla, fit la sommation, & l'accompagna de tout ce qu'il crut plus capable de faire rentrer les Habitans dans leur devoir : ils répondirent qu'ils étoient bons serviteurs du Roi ; mais qu'ils ne vouloient point être dépendants de la Compagnie, ni avoir M. d'Ogeron pour Gouverneur.

Ce qui se passa à Leogane.

Sur cette réponse M. d'Ogeron pria M. de Gabaret d'aller lui-même leur parler ; il y consentit, & en arrivant à terre, il trouva 3 ou 400. hommes sous les armes, sur le bord de la Mer, & un autre Corps de 200. hommes à cent pas plus loin. Il parla aux premiers, comme avoit fait M. de Sourdis, & il en reçut la même réponse. Tous crioient tumultuairement, & il n'en put tirer aucune raison. Il voulut essayer, si les menaces auroient plus d'effet ; mais les cris recommencerent. En même têms une partie du premier Corps s'alla joindre au second, & M. de Gabaret, après avoir quelque têms cherché des yeux quelqu'un, avec qui il pût entrer en négociation, apperçut un nommé Fougeray, natif du Mans, qui lui parut, & qui étoit en effet le Chef de ces Révoltez. Il l'aborda ; mais à peine avoit-il commen-

cé à lui parler, que tous les autres se mirent à crier, que 1671.
Fougeray n'étoit pas plus qu'un autre; & il y en eut, qui
voyant M. de Pouencey, neveu de M. d'Ogeron, lui dirent que son Oncle avoit fait sagement de ne s'être pas montré. M. de Gabaret de retour à son bord, tint conseil, pour
déliberer, si l'on entreprendroit de forcer ces gens-là;
mais les marécages rendant le débarquement trop difficile,
on ne crut pas devoir y penser.

Le 16. l'Escadre appareilla pour le petit Goave, qui n'est *Au petit*
qu'à 5. lieuës de Leogane; elle y arriva le 17. & trouva tous *Goave.*
les Habitans rangés en bataille dans une espece de Place
d'armes, & dans une tranchée, qu'ils avoient tirée jusqu'à la
Mer. Il y avoit assés près de terre un Navire moüillé, dont
ils n'avoient aparemment pas pensé à se rendre les maîtres. MM. de Gabaret & d'Ogeron y allerent, pour observer
de plus près les Mutins, & voir en quel endroit ils pourroient faire la descente. M. d'Ogeron écrivit aussi une Lettre aux Révoltez; mais ils ne la voulurent point lire; & se
mirent à crier: VIVE LE ROI, *point d'Ogeron*: *nous ferons ce que
Messieurs de Leogane ont fait*. Le porteur de la Lettre leur dit
que M. Gabaret alloit leur faire la guerre; ils répondirent
qu'ils l'attendoient, & se défendroient bien. Ils avoient à
leur tête un Armurier nommé Dauphiné. Cet homme ajouta qu'il étoit en état de ne rien craindre; qu'il avoit 600.
hommes, sur lesquels il pouvoit compter, & qu'il ne tarderoit pas à recevoir du secours de Leogane. Sur cette réponse on prépara tout pour faire la descente le 18. Elle se
fit en bon ordre, & l'attaque fut si brusque & si vive, que
les Mutins s'enfuirent tous dans les Bois. Alors on brûla
quelques Cases, & M. d'Ogeron voulut qu'on commençât
par la sienne.

Il s'avança ensuite avec M. de Sourdis, & entra dans le *Et à Nippes.*
Bois, pour voir, si quelqu'un ne viendroit pas le joindre;
mais les Habitans de Leogane, qui arrivoient au nombre de
trois cent, tirerent sur lui, & s'enfuirent ensuite dans le
Bois. On brûla encore quelques Cases dans cet endroit-là,

M iij

1671.

& le soir on se rembarqua. Peu de têms après un Engagé vint se rendre, & on sçut de lui que le secours de Leogane s'étoit retiré, parce que les Habitans du petit Goave n'avoient pas voulu combatre. Le 20. l'Escadre appareilla pour aller aux quartiers de Nippes & de Rochelois, où M. de Gabaret avoit envoyé une barque. Il la rencontra, qui revenoit avec une Lettre du Syndic & des Habitans, laquelle ne disoit autre chose, sinon, qu'on suivroit dans ce quartier l'exemple de Leogane & du petit Goave. Il continua sa route, & quand il eut moüillé devant Nippes, M. d'Ogeron le pria de faire une sommation aux Habitans. Elle fut faite, & la réponse fut conforme à la Lettre, qu'ils avoient écritte. On se disposoit à faire descente, lorsqu'environ cent Habitans, qui étoient rangés sur le bord de la Mer, se mirent à crier, VIVE LE ROI ; firent une décharge de leurs fusils, & rentrerent dans le Bois. On vit bien qu'on n'avanceroit pas plus avec eux, qu'avec les autres, & tous les Officiers furent d'avis de retourner à la Tortuë : ce que sur l'heure on se mit en devoir d'executer.

Les quartiers du Nord prêtent un nouveau serment de fidelité.

L'Escadre moüilla le 25. dans la rade, & le 27. MM. de Gabaret & d'Ogeron se rendirent au Port de Paix, appellerent les Habitans, & les sommerent de prêter un nouveau serment de fidelité au Roi. Ils eurent quelque peine a s'y résoudre, par la crainte de ceux du Cul de-Sac, qui étoient plus forts qu'eux, & les avoient menacés de les venir piller, s'ils traittoient avec le Gouverneur : ils obeïrent neanmoins. Le 4. de Mars ces Messieurs allerent dans le même dessein au Port François, où ils furent reçus sous les armes, & le serment de fidelité y fut renouvellé sans aucune difficulté : cela fait, M. de Gabaret se disposa à partir. Dans un Memoire, qu'il envoïa à la Cour sur son expédition, il dit, que les Prêtres, qui étoient parmi les Révoltez, étoient des vagabonds sans mission de leurs Superieurs ; qu'au cas que l'Escadre, qui devoit arriver incessamment aux Isles, & qui étoit commandée par M. de Villepars, ne soumît pas entierement les Mutins, il falloit envoyer un Navire de 30 à 36.

pieces de Canon, & de 150. Hommes d'équipage, qui arrivât à Léogane, ou au petit Goave, vers la mi-Février, qui est le têms de la coupe du Tabac, & y demeurât jusqu'à la mi-Juillet, auquel têms le Tabac se gâte s'il n'est emporté; que certainement aucun Vaisseau Etranger n'approcheroit de la Côte, tandis que celui-ci y seroit, & qu'on n'auroit pas fait cela pendant trois ans, que tous se soûmettroient. En effet, ce qui rendoit ces peuples si insolens, c'étoit l'assûrance, que leur avoit donnée un certain Suzanne, autrefois Commis de la Compagnie, & qui s'étoit depuis établi à la Jamaïque, de prendre toutes leurs denrées à un bon prix, & de ne les laisser manquer de rien.

1671.

M. d'Ogeron conduisit M. de Gabaret jusqu'au débouquement; & comme celui-ci l'assûroit qu'on lui envoïeroit de France des forces capables de se faire obéïr & respecter, il répondit qu'il seroit au desespoir, s'il n'en venoit pas à bout avec ses seules troupes; qu'il s'en flattoit, & que c'étoit pour cela qu'il avoit conservé deux maisons à l'endroit où l'on avoit fait descente au petit Goave. Cependant, ayant touché au Cap François, il y reçut avis que Pitre Marc, un des deux Capitaines Flessinguois, étoit sur le point de retourner au Cul de-Sac. Il montra sa Lettre à M. de Gabaret, qui lui dit, qu'il n'y avoit nulle apparence à cela : toutefois, à peine s'étoient-ils séparés, que l'avis fut confirmé. M. d'Ogeron envoya après M. de Gabaret; mais on ne put le joindre : & le Capitaine Hollandois, dont on auroit pû aisément se rendre le maître, échappa; mais comme le bruit étoit grand, que M. de Villepars devoit bien-tôt arriver, ce Capitaine ne s'arrêta point au Cul-de-Sac.

Départ de M. de Gabaret.

Le Gouverneur de son côté, resta peu, ou point du tout à la Tortuë, après le départ de M. de Gabaret, & retourna avec M. Renou au Cul-de-Sac. Il y trouva les esprits beaucoup moins échauffés, qu'il ne les avoit laissés. Ils avoient fait réflexion, que tant qu'on envoyeroit des Navires de Roi sur leurs Côtes, les Marchands Etrangers n'en approcheroient point, & après quelques legeres hostilités, qui ne

La révolte s'assoupit tout à coup.

leur réuſſirent point, ils s'accommoderent, à condition qu'il y auroit amniſtie pour tout le paſſé; que tout Navire François auroit la liberté de trafiquer à la Tortuë, & à la Côte S. Domingue, en payant à la Compagnie cinq pour cent d'entrée & de ſortie; mais que tout Commerce ſeroit interdit aux Etrangers. A la fin d'Avril tout étoit tranquille dans ces quartiers là, & il n'en couta à M. d'Ogeron qu'un coup d'authorité, qu'il ſçut placer fort à propos. Dans le têms, qu'on commençoit à traitter d'accommodement à Leogane, un nommé Limouſin, à la tête d'une troupe des plus factieux, entreprit de s'y oppoſer, & porta même l'inſolence juſqu'à outrager le Gouverneur. M. d'Ogeron diſſimula ſagement, bien réſolu neanmoins de ne point laiſſer impunie la hardieſſe de cet homme; il fit enſuite pluſieurs petits voyages dans les quartiers voiſins, puis il rabatit tout-à coup à Leogane.

M. d'Ogeron fait un coup d'authorité, qui lui réuſſit.

Dès qu'il eut mis pied à terre, il commença par examiner les diſpoſitions des Habitans, à l'égard de cet Avanturier, & s'étant apperçu que perſonne ne s'intereſſoit beaucoup à ce qui le regardoit, il alla, lui troiſiéme, pendant la nuit pour le ſaiſir. Les Habitans de la Côte, ceux même, qui étoient le plus à leur aiſe, logeoient alors dans des eſpeces de huttes toutes ouvertes par les côtez; mais Limouſin, qui ſe ſentoit coupable, ne s'endormoit jamais, qu'il n'eût un chien attaché au pied de ſon lit, afin d'en être éveillé au premier bruit, & d'avoir le têms de ſe ſauver. M. d'Ogeron n'étoit apparemment pas informé de cette précaution, & entra dans la hutte; mais le chien, comme s'il eût reſpecté le Gouverneur, n'aboya point; ſon maître dormoit, & il le laiſſa prendre, ſans faire le moindre bruit. Le priſonnier fut conduit à la Barque de M. d'Ogeron, lequel, avant que de paſſer outre, voulut encore voir de quel œil on regardoit cet empriſonnement. Comme il eut remarqué que perſonne ne ſouffloit, il ne craignit plus d'agir en maître. Il envoya ordre à tous les Habitans des quartiers circonvoiſins de ſe mettre ſous les armes; ils obéïrent &
ſe

DE S. DOMINGUE, LIV. VIII. 97

trouverent au nombre de 800. au lieu, qui leur avoit été marqué. Le Gouverneur vint aussi-tôt se mettre à leur tête, puis il fit débarquer le Prisonnier avec un Prêtre & un Bourreau, qu'il avoit amenés exprès. Il avertit ce Malheureux de mettre ordre à sa conscience, & après lui avoir donné tout le têms de se confesser, il le fit pendre à un arbre, sans que pas un de ses camarades fît le moindre mouvement. Il congedia ensuite tout le monde, & s'en retourna à la Tortuë, en disant qu'il n'auroit jamais cru que les Avanturiers fussent de si bonnes gens.

1671.

Il fit partir ensuite M. Renou pour la Cour, & le chargea d'une Lettre pour M. Colbert, par laquelle il supplioit ce Ministre d'obtenir du Roi une amnistie générale pour tout ce qui s'étoit passé devant & après le soulevement. Le 12. de Juillet M. de Villepars arriva avec son Escadre au petit Goave, où étoit M. d'Ogeron, qui lui dit que tout étoit soumis ; que la vûë des Vaisseaux du Roi commandés par M. de Gabaret, & les nouvelles, qu'on avoit de son approche y avoient contribué plus que toute autre chose ; qu'il croyoit pouvoir compter que cette paix seroit durable, & qu'il n'étoit plus besoin, que de la clemence du Roi. L'amnistie vint l'année suivante, dans la forme la plus étenduë qu'on le pouvoit souhaitter, & les Habitans furent rétablis dans leurs privileges, dont on les avoit d'abord déclarés déchus. M. d'Ogeron, en remerciant M. Colbert de cette grace, qui assûroit la tranquillité de son gouvernement, ne laissa pas de lui demander des Soldats, tant pour ôter aux Habitans jusqu'à la tentation de se révolter, que pour garder la Tour de la Tortuë, & une espece de retranchement, qu'il avoit fait au petit Goave, contre les Hollandois, ausquels il venoit d'aprendre, que le Roi avoit déclaré la guerre. Il ajoutoit, que n'ayant, ni Vaisseaux, ni Soldats armés, ni munitions, il étoit impossible qu'il se défendît, s'il étoit attaqué, ni qu'il empêchât le Commerce avec les Etrangers. Enfin, que tous les Navires, qui sortoient de la Tortuë ou de S. Domingue, étoient obligés de passer par un débou-

Les Habitans reçoivent l'Amnistie.

1672.

Tom II. N

1672.

quement fort étroit, où il étoit aifé à un Vaiffeau de force de les prendre tous, s'ils n'étoient foutenus d'une Garde-Côte. Il marquoit en finiffant fa Lettre, que fa Colonie pouvoit mettre fur pied 2000. Hommes, qui étant armés & difciplinés feroient capables de rendre de grands fervices au Roi.

M. de Baas forme le deffein de s'emparer de Curaçao. Defcription de cette Ifle.

La déclaration de la guerre avec les Hollandois donnoit beau jeu aux Flibuftiers François, les Sujets de cette République ayant toujours un grand nombre de Navires dans les Mers du Nouveau Monde; mais une expédition malheureufe, où on les engagea, délivra l'ennemi de cette crainte, & eut de bien fâcheufes fuites pour la Colonie. Ce fut l'entreprife de Curaçao, que M. de Baas forma fur ce qu'on lui avoit rapporté, qu'il n'y avoit que 80. Hommes dans la Forterreffe, qui faifoit la principale défenfe de cette Ifle. Curaçao eft fitué par les onze degrez de latitude-Nord; & j'ai déjà obfervé qu'on lui donne affés communément en France le nom de Coraçol. Ce n'eft qu'un Rocher de peu de lieuës de circuit: ce qui le rend confiderable, c'eft fon Port, qui eft excellent, & le voifinage du Continent, qui n'eft qu'à trois lieuës, & où les Hollandois font un très-grand Commerce avec les Efpagnols. La fituation de cette Ifle, & les ouvrages, que l'on y a faits, l'ont renduë un des meilleurs poftes de l'Amérique; & M. de Baas, après l'avoir manquée de la maniere, que nous allons voir, manda à M. Colbert, que, fi le Roi vouloit la conquerir, il pourroit à peu de frais la mettre en tel état, qu'aucune Puiffance au monde ne pourroit la lui enlever.

1673.

M. de Baas part pour cette Ifle.

Ce Gouverneur ayant donc réfolu d'attaquer Curaçao, arrêta quelques vaiffeaux du Roi nouvellement arrivés de France, y joignit tout ce qu'il put trouver de Barques fur les Côtes; & envoya deux Navires à la Côte S. Domingue, avec un ordre à M. d'Ogeron de s'y embarquer, & de lui amener tout ce qu'il pourroit raffembler d'Avanturiers. Son rendés-vous fut à l'Ifle de Sainte-Croix, où étant arrivé vers les derniers jours de Fevrier de l'année 1673., il fut fort surpris de n'y voir qu'un des deux vaisseaux, qu'il avoit en-envoyés à S. Domingue. Ce Vaisseau étoit la Petite Infante commandée par M. du Bonneau, duquel il apprit, que M. d'Ogeron ayant assemblé 400. Hommes choisis, il lui en avoit donné cent sur son bord, & s'étoit embarqué avec le reste sur l'Ecüil, que montoit M. Bodard; que les deux Navires étoient partis ensemble, & avoient navigué de conserve jusques par le travers de l'ancienne Isabelle, où ils s'étoient séparés pendant la nuit. Il y avoit trois jours, que la Petite Infante étoit à Sainte-Croix, lorsque M. de Baas y parut. Il y attendit encore cinq jours M. d'Ogeron, & n'en apprenant aucune nouvelle, il fit voiles le 8. de Mars pour Curaçao, où il moüilla le 14. plein d'esperance que la conquête de cette Isle ne lui couteroit gueres, que le voyage; d'autant plus qu'un Habitant de Sainte-Croix, qui y avoit été prisonnier pendant trois mois, & n'en étoit de retour que depuis six semaines, lui avoit confirmé, que la Garnison en étoit réduite presque à rien.

1673.

Dans cette supposition il fit descendre en plein jour une partie de ses troupes à trois lieuës du Fort; dans une Baye, qu'on appelle, la Baye de Sainte Barbe, à la vûë de 25. ou 30. Cavaliers, qui après avoir consideré la Flotte Françoise, se retirerent, & laisserent le pays libre aux François. M. de Baas, qui montoit le Belliqueux, ne put mettre à terre avec les troupes, qui y étoient embarquées, que le lendemain 15. & ce jour-là ayant joint celles, que commandoit le Chevalier de S. Laurent, Gouverneur particulier de S. Christophle, ils allerent camper tous ensemble à la vûë du Fort. Le 16. toutes les Troupes furent rangées dans leurs quartiers, après avoir essuyé le canon des Assiegés au passage d'une montagne, qui étoit à portée : ensuite M. de Baas étant monté avec le Chevalier de S. Laurent sur cette même montagne, ils apperçurent six ou sept gros Vaisseaux dans le Port, & la Forteresse en beaucoup meilleur état, qu'on ne la leur avoit représentée. Les mémoires du P. le Pers disent que M. de Baas ne laissa point d'envoyer sommer le Gou-

L'entreprise est manquée.

1673.

verneur de se rendre ; mais qu'après avoir conferé avec les Députés de ce Gouverneur, il donna ses ordres pour la retraitte. M. de Baas n'en parle point dans sa Lettre au Ministre, non plus que le Chevalier de S. Laurent, & ils se contentent de dire, qu'ayant reconnu qu'on les avoit trompé dans le rapport, qu'on leur avoit fait de l'état de la Place, ils n'avoient pas crû, qu'il fût de la prudence de s'opiniâtrer dans une entreprise, pour laquelle il s'en falloit bien qu'ils eussent des forces suffisantes. On prétend que M. de Baas fut accusé de s'être laissé corrompre par l'argent du Gouverneur de Curaçao ; mais il faut autre chose qu'une accusation vague, surtout de la part de gens, que le dépit & bien d'autres passions pouvoient faire parler, pour soupçonner la fidelité d'un homme de ce rang.

Quoiqu'il en soit, de Curaçao la Flotte se rendit au petit Goave, & de là à la Tortuë, où le Général ne doutant plus que M. d'Ogeron n'eût péri, établit pour Commandant le Sieur de la Perriere, en attendant que le Roi eût pourvû à ce Gouvernement ; mais il ne paroit pas que cette disposition ait été agréée à la Cour, puisque dès le 22. Novembre suivant, Sa Majesté, sur la présentation des Directeurs généraux de la Compagnie des Indes Occidentales, donna des Provisions de Commandant à la Tortuë, & Côte S. Domingue, en l'absence du Sieur d'Ogeron, au Sieur de la Motte. Il est vrai que cet Officier n'eut pas le tems d'user de sa Commission, le Gouverneur étant retourné à la Tortuë, avant même qu'elles fussent délivrées. Or voici le détail de la triste avanture, qui l'empêcha de joindre M. de Baas, telle que je l'ai tirée d'un memoire, qu'il envoya à M. Colbert, & que j'ai euë entre les mains. L'Eceüil, que montoit M. Bodard, & qui portoit M. d'Ogeron, M. de Pouancey son neveu, & 300. Avanturiers l'élite de la Colonie, s'étant séparé de la Petite Infante, ainsi que je l'ai dit, par le travers d'Isabelle : la nuit du 25. au 26. Fevrier, trois heures avant le jour, les Pilotes l'échoüerent sur des Cayes, qui sont au Nord de Portoric. Le jour venu, on travailla à sauver

Naufrage de M. d'Ogeron.

DE S. DOMINGUE, LIV. VIII. 101

l'Equipage & les Paffagers, & comme on n'avoit qu'une Chaloupe, on n'en put ce jour-là fauver que la moitié. Il furvint enfuite un mauvais têms, & il fallut attendre trois autres jours pour débarquer le refte. Perfonne ne fçavoit, où l'on étoit, & quand tous furent réünis, on prit le premier chemin, que l'on rencontra. Enfin l'on arriva à un lieu nommé *S. Hilaire de la Reffive*, à 12. lieuës à l'Eft de la Ville de S. Jean de Portoric, où l'on fe reconnut. Il y avoit là cinq ou fix Habitans, qui reçurent affés bien les François. Le lendemain M. Bodard, qui fe portoit mal, envoya fon Lieutenant avec M. de Pouancey, au Gouverneur de l'Ifle, pour lui demander le fecours, dont il avoit befoin, & le prier de lui permettre d'envoyer avertir M. de Baas, qui devoit être à Sainte Croix, de la fituation, où il fe trouvoit.

1673.

Le Gouverneur fçavoit déjà le naufrage de l'Eceüil, & on lui avoit même rapporté que tout l'Equipage s'étoit fauvé en chemife. Il crut cette occafion favorable, pour affoiblir la Colonie Françoife de S. Domingue, que l'Efpagne regardoit toujours, & qu'elle a encore regardée long têms depuis, comme un affemblage de Corfaires & de gens fans aveu; il retint prifonniers les deux Officiers, & envoya fon Sergent Major à S. Hilaire, avec ordre de faire camper les François, & de les garder foigneufement : enfuite il dépêcha une Barque à San-Domingo, pour donner avis de tout au Préfident, & lui demander fes ordres. Ce Préfident fit partir fur le champ deux Officiers pour Portoric, où ils ne refterent que trois jours : ils voulurent voir les François en s'en retournant, & dirent à M. d'Ogeron qu'ils alloient vifiter Leogane & le petit Goave. Il arriva dans le même têms une Barque, pour emporter toutes les armes, & quelques menuës cordages de l'Eceüil. La penfée vint alors à M. d'Ogeron de s'en emparer; il le propofa à M. Bodard, qui d'abord n'y trouva nulle difficulté : neanmoins après y avoir réfléchi, il crut l'entreprife trop hazardeufe. M. d'Ogeron lui dit, qu'il répondoit du fuccès; qu'il leur étoit fort aifé de fe rendre maître du peu d'Efpagnols, qui les gardoient; de faire

Conduite indigne du Gouverneur de Portoric.

N iij

1673.

embarquer le Contador, & les principaux Officiers dans la Barque, pour servir d'otages, & de pourvoir ainsi à la sûreté de ceux, qui ne pouvoient pas tenir dans ce Bâtiment. » Mais » personne ne voudra rester, reprit M. Bodard. Je resterai, » répartit M. d'Ogeron, tous les gens de la Côte resteront » avec moi, & je me declarerai l'autheur de l'entreprise. « Il eut beau dire, il ne put surmonter la crainte de M. Bodard, qui d'ailleurs ne doutoit pas que M. de Baas ne l'envoyât chercher, & ne vouloit pas donner aux Espagnols le moindre sujet de le traitter en Ennemi.

M. Bodard manque une belle occasion de se sauver.

Il est vrai que tout ce qu'il croïoit avoir à craindre de pis, la France & l'Espagne étant alors en paix, c'étoit de languir quelque têms dans l'espece de captivité où il se trouvoit, & il ne lui venoit pas dans l'esprit que le Gouverneur de Portoric, ni le Président de San-Domingo voulussent attenter à la vie, ou à la liberté d'un Equipage d'un Navire de Roi, qu'un accident imprévû avoit fait échoüer sur leurs Côtes. Mais M. d'Ogeron, qui connoissoit mieux que lui cette Nation, & de qui tous ces préludes avoient fort confirmé les soupçons, ne perdit point de vûë son dessein, & résolut de l'éxécuter. M. Bodard s'en défia, & prit de bonnes mesures pour l'empêcher ; ainsi la Barque s'en retourna. Il restoit encore deux canots, que les Espagnols ne faisoient point garder, parce qu'ils ne les croyoient point en état d'aller une lieuë en Mer. M. d'Ogeron n'en jugea pas de même ; d'ailleurs rien ne lui paroissoit impossible, pour se tirer des mains des Espagnols ; & la mort même, qu'il alloit affronter sur Mer, lui sembloit un moindre mal, que le triste sort, auquel il se voyoit exposé. Ayant donc trouvé trois hommes de résolution, il convint avec eux de s'embarquer la nuit suivante dans un des deux canots.

M. d'Ogeron se sauve, & arrive à la Tortuë.

Ils y étoient déjà, tous prêts à pousser au large, lorsque le courage manqua tout à coup à l'un d'eux, nommé la Forêt, qui devoit servir de Pilote. Le prétexte, qu'il prit, pour rompre une entreprise, qui l'effrayoit, fut de dire que la Jarre, où l'on avoit mis l'eau, étoit gâtée ; on lui dit qu'on en iroit chercher une autre, il répondit que le têms ne le permettoit pas, & que le jour seroit venu, avant qu'on fût de retour. On le pria de remettre au moins le Canot, où on l'avoit pris, afin que les Espagnols ne s'apperçussent de rien, & que la nuit suivante on pût s'y rembarquer ; il fit semblant d'y consentir, mais il alla l'échoüer auprès du Corps-de-Garde, & rompit la Jarre. Les Espagnols virent bien le lendemain que quelqu'un avoit voulu s'évader, & deux jours après, tous les François furent envoyés dans un lieu nommé *la Gonade* : M. d'Ogeron, je ne sçai pourquoi, fut laissé seul à la Ressive. Je ne sçai non plus ce qui arriva ensuite ; mais après que nos gens eurent passé quelques jours à la Gonade, on les mena dans une Savane, qu'on appelloit la Savane malheureuse, où on les laissa presque mourir de faim ; mais plusieurs quitterent ce Poste, où on ne les gardoit pas bien, & retournerent à la Ressive, où le Peuple étoit très-humain, & s'étonnoit fort que M. de Baas ne vînt point, ou n'envoyât personne pour retirer tant de braves gens de la misere, où ils étoient.

M. d'Ogeron profita de ce retour, gagna encore trois hommes, se saisit du même Canot, où il s'étoit embarqué pour le même dessein trois mois auparavant, & y entra lui quatriéme, sans aucunes Provisions, sans Rames & sans Voiles. Des bouts de Planches suppléerent aux Rames, les Chapeaux, & les Chemises servirent de Voiles, la Mer étoit belle, & l'on fit assés aisément le trajet de l'Isle de Portoric, à celle de Saint Domingue. Il est vrai que les quatre Voyageurs étoient plus morts que vifs, quand ils arriverent à Samana, & que, s'ils n'y eussent pas rencontré fort à propos des Boucaniers, pour leur donner les secours, dont ils avoient un extrême besoin ; ils y auroient péri d'épuisement. M. d'Ogeron éprouva en cette occasion, jusqu'où alloit l'affection des Peuples pour lui. Après qu'il se fût un peu reposé, on le conduisit à la Tortuë, où la joye de le revoir, fut d'autant plus grande, qu'elle étoit inesperée. Mais a sienne n'étoit pas bien pure, tant qu'il ne pouvoit

1673.

1673.

Conduite de M. de Baas en cette occasion.

point la partager avec les Compagnons de son naufrage.

Il apprit en même tems, que M. de Baas, ne voulant pas même révoquer en doute qu'ils ne fussent tous morts, ne songeoit point du tout à rien faire pour les retirer des mains des Espagnols. « Cependant, ajoûtoit-il dans son Me-
» moire, sur ce que M. du Bonneau, Commandant de la
» petite Infante, avoit dû lui dire, il devoit soupçonner que
» nous avions échoüé sur l'Isle de Portoric, dont les Castillans
» ont de tout tems passé pour les plus cruels & les plus mé-
» chans hommes du monde. On se souvenoit encore, que
» 23. ans auparavant, le Frere du Prince Robert, y ayant fait
» un semblable naufrage, y fut empoisonné, & tous ses gens,
» qui étoient en grand nombre, y furent massacrés au pied
» d'une Montagne, qu'on appelle encore la Montagne des
» Anglois. » Il disoit ensuite, que cette négligence de M. de Baas, dont véritablement on murmuroit partout, avoit déjà produit de fort mauvais effets, que dès le tems, qu'il étoit encore à Portoric, on y avoit mis en délibération de les massacrer tous, qu'on ne leur donnoit que deux rations de Viande en huit jours, que le Major, qui commandoit à la Ressive, avoit eu défense de leur rien vendre, & que quand on les transporta à la Gonade, on avoit posté 250. hommes sur le Bord d'une Riviere, qu'ils devoient passer, apparemment pour faire main-basse sur eux. « Après-tout, remar-
» quoit-il en finissant, que coûtoit-il au Gouverneur Général
» d'envoyer une Barque à Portoric, pour s'informer, si on
» n'y avoit point eu de nouvelles de l'Eceüil ? »

Le Chevalier de Saint-Laurent envoye redemander les François au Gouverneur de Portoric, qui refuse de les rendre.

M. de Baas en apprit enfin; mais il paroît que ce fut le Chevalier de Saint-Laurent, qui eut les premiers avis, ce qui est certain, c'est qu'il dépêcha une Barque au Gouverneur de Portoric, pour lui redemander les François, qu'il retenoit contre la foi publique, pour l'assûrer qu'il seroit exactement remboursé de tous les frais, qu'il auroit faits, & pour lui offrir de garder un nombre d'Officiers, jusqu'à l'entier payement de ce qui seroit dû. Le Gouverneur répondit qu'il n'étoit pas en son pouvoir de faire ce qu'on souhaitoit de lui,

&

& que cela dépendoit uniquement du Préſident de San-Domingo. Il accompagna ſon refus de beaucoup de politeſſe par écrit ; mais ſes manieres n'y répondirent pas, il ne voulut pas même permettre au Patron de la Barque de voir aucun François, & il le fit repartir ſur le champ. On apprit en même têms, apparemment par ce même Patron, que nos gens avoient ſix ſols à dépenſer par jour, & que néanmoins ils manquoient preſque de tout. Sur ces entrefaites, M. d'Ogeron écrivit à M. de Baas, que ſon deſſein étoit d'aller à main armée à Portoric ſe faire rendre les François, qu'on y retenoit, & qu'il le prioit de lui envoyer un ou deux Vaiſſeaux de force. C'eſt ce dont tout le monde convient ; mais M. d'Ogeron ajoûte, que M. de Baas ne l'a pas fait, qu'apparemment il ne l'a pu, & qu'il ne ſe plaint que de ſon malheur, qui le prive de 300. Hommes les meilleurs de ſa Colonie. D'un autre côté, M. du Ruau Palu, qui étoit pour lors aux Iſles Agent Général de la Compagnie, manda à M. Colbert que M. d'Ogeron n'avoit pas voulu attendre le convoy, qu'il avoit demandé.

On apprend encore par la même Lettre de M. Pallu, que M. de Baas s'étoit enfin déterminé à envoyer redemander les François Priſonniers au Gouverneur de Portoric, lequel y avoit conſenti, moyennant la ſomme de trois mille Pieces de huit, que cette ſomme ayant paru exorbitante à M. de Baas, il avoit fait partir pour Portoric la Fregatte du Roi la Friponne, commandée par M. de Gros-Bois, avec ordre de tâcher d'obtenir quelque diminution, que le Gouverneur s'étoit obſtiné à vouloir toute la ſomme, & M. de Baas à ne la point donner. « Je crois, ajoûte M. Pallu, qu'encore que M. de Baas ait bien des raiſons pour ne pas faire ce payement, il auroit mieux vallu donner l'argent, que de voir périr miſérablement des Officiers, un grand Equipage, & 300. Boucaniers, qui s'étoient ſacrifiés volontairement pour le ſervice du Roi. » Il n'y avoit plus d'eſpérance que dans l'expedition de M. d'Ogeron, & elle paroiſſoit d'autant mieux fondée, que ce Gouverneur avoit un

Tome II. O

1673.

A quoi il tient qu'il ne les relâche.

pour la dépenſe des François

1673.

M. d'Ogeron part pour Portoric.

guide, qui avoit demeuré 20. ans à Saint Jean de Portoric, & lui avoit promis de lui faire prendre cette Ville.

Il avoit assemblé pour cette expedition jusqu'à 500. Hommes, qui se trouverent prêts à partir le 15. de Septembre, sur plusieurs petits Bâtimens. Mais comme c'est alors la saison des Ouragans, il différa son départ jusqu'au 7. d'Octobre. Il étoit à peine en Mer, qu'il eut à essuyer une rude Tempête, qui l'obligea de relâcher. Deux jours après il appareilla de nouveau; mais depuis Monte-Christo jusqu'à Samana, il eut les Vents & les Marées si contraires, qu'il mit un mois entier à faire les cinquante lieuës, que l'on compte de l'un de ces deux endroits à l'autre. Il se rendit ensuite à la Gonade, qui est à l'Ouest de Portoric: on lui dit là que le Gouverneur étoit dans le dessein de rendre la liberté aux François, & qu'il avoit donné ordre de lui envoyer à Saint Jean les Vaisseaux, qui viendroient les redemander. Cet ordre fit juger à M. d'Ogeron, que ce Gouverneur vouloit chicaner, par la raison qu'encore, qu'il n'y ait que 24. lieuës de la Gonade à Saint Jean, il n'est presque pas possible de les faire par Mer à cause des Brises, qui sont extraordinairement fortes, & soufflent toûjours du côté, où il falloit aller. Il ne laissa pas de l'entreprendre, mais il y avoit à peine quatre heures qu'il étoit à la voile, qu'un Vent du Nord-Est furieux, dont il fut tout à coup assailli, le mit en grand danger. Il voulut pourtant tenir bon ; mais le lendemain le Vent tourna au Nord, & devint encore plus violent, la plûpart des Voiles furent emportées, & son Vaisseau s'ouvrit. Il fallut enfin gagner la Terre, d'où il ne fut pas possible de partir de trois semaines.

Succès de son expedition.

Ce qui inquietoit le plus M. d'Ogeron, c'est que ses vivres étoient presque tous consumés, & qu'il n'avoit pu faire de provisions de viandes à Samana, comme il s'y étoit attendu. Malgré tout cela, dès que la Mer fut pratiquable, il se rembarqua; mais les Brises se trouverent si violentes, que la moitié de sa Flotte fut contrainte de relâcher, & qu'il fut huit jours à gagner les premieres Terres de Portoric, ce qui se fait communément en deux fois 24. heures. Il n'avoit plus que deux Bâtimens, sur lesquels il y avoit 300. Hommes, il fit sa descente sans opposition, forma un Bataillon de tout ce qu'il avoit de monde, & s'avança un peu dans le Pays : il fit quelques Prisonniers, qui s'offrirent à lui faire trouver de la viande pour de l'Argent, & à donner avis au Gouverneur de son arrivée, & du dessein qui l'amenoit. Ils lui dirent qu'en attendant sa réponse, il pouvoit envoyer ses gens à la Chasse pour vivre. Il les crut, & les mit en liberté ; mais au bout de huit jours n'entendant point parler d'eux, il prit le parti de faire un détachement, & de l'envoyer à deux lieuës de l'endroit, où il étoit, pour tâcher d'avoir des vivres ; il s'y en trouva en effet, mais le détachement tomba en revenant dans une Embuscade, où dix-sept François & plus de 30. Espagnols demeurerent sur la place. M. d'Ogeron vit bien alors, qu'avec le peu de monde, qui lui restoit, il lui étoit impossible de rien entreprendre, & craignant que pendant son absence le Président de San-Domingo, qui avoit fait tirer depuis peu un grand chemin, depuis cette Capitale jusqu'à cinq lieuës de Leogane, ne tentât quelque entreprise sur le Cul-de-sac, il jugea à propos de s'en retourner à la Tortuë, où il arriva les derniers jours de l'année. Il conçut un véritable chagrin d'avoir manqué son coup. Mais ce fut bien pis encore, quand au bout de six mois, un des Prisonniers de Portoric, s'étant sauvé de cette Isle, lui apprit que son expedition n'avoit point eu d'autre effet, que de faire massacrer tous les François, qu'il vouloit secourir, à la reserve de quelques Officiers, & de quelques Particuliers, que des Espagnols avoient sauvés par pitié.

1673.

Le sort des Officiers, qu'on avoit reservés dans ce massacre, & qui avoient d'abord été menés à Saint Jean, n'eut pas été plus heureux, si la Providence n'eût renversé les desseins du perfide Gouverneur de Portoric. Ils étoient dix-sept en tout, & de ce nombre étoit M. de Poüancey. Sa bonne mine l'avoit, dit-on, fait prendre d'abord pour le Gouver-

Le Gouverneur de Portoric fait embarquer les Officiers François pour le Perou, ils sont délivrés par un Anglois.

O ij

1673.

neur de la Tortuë, & il s'étoit porté pour tel de concert avec son Oncle, lequel n'ayant pas un fort grand air, s'étoit laissé confondre avec le commun, pour être plus en état de se sauver, n'étant pas observé de si près. Quelque têms après le massacre, dont j'ai parlé, tous ces Officiers furent embarqués dans un Navire, dont le Capitaine eut ordre de les passer en Terre Ferme, pour être conduits au Perou. Mais par bonheur pour eux, le Navire qui les portoit, fut attaqué en allant à la Havane par un Corsaire Anglois, nommé *Pitrians*, lequel s'en rendit le Maître, après un très-rude combat. Les Espagnols s'attendoient bien qu'on ne leur feroit aucun quartier ; mais ils trouverent dans ceux même, dont ils croyoient avoir plus à craindre, des Protecteurs, qui leur sauverent la vie. M. de Poüancey eut surtout un fort grand soin du Capitaine, qui avoit reçu cinq coups de Fusils dans le combat, & après avoir beaucoup contribué à sa guérison, il lui procura la liberté. Pour le Corsaire, outre la gloire, qu'il s'étoit acquise par sa valeur, & le plaisir d'avoir brisé les fers de tant d'honnêtes gens, il trouva dans sa prise cent mille Ecus en Réales, ou Escalins d'Espagne, dont une partie étoit destinée à payer la Garnison de la Havane.

Il projette de chasser les Espagnols de toute l'Isle.

Sur ces entrefaites, le Roi d'Espagne déclara la guerre à la France, en faveur de la Hollande, & M. d'Ogeron, qui apprit cette nouvelle à son retour à la Tortuë, songea sérieusement à executer un dessein, qu'il avoit formé depuis quelque têms : c'étoit d'enlever aux Espagnols tout ce qui leur restoit de l'Isle de Saint Domingue. Il dressa son Plan sur celui, que les Anglois avoient suivi, en se rendant Maîtres de la Jamaïque, c'est-à-dire, qu'il projetta de se saisir de tous les Ports occupés par les Espagnols ; ou du moins de les bloquer. Dans cette vuë il commença par envoyer une Colonie vers le Cap Tiburon, sur la Côte du Sud ; il en fit ensuite partir une seconde pour la presqu'Isle de Samana, & ces deux Etablissemens, ne laissant point aux Ennemis d'autre sortie à la Mer que San-Domingo, il songea aux moyens

DE S. DOMINGUE, LIV. VIII. 109

de réduire cette Capitale. Il fçut quelque têms après que la premiere des deux Colonies, dont nous venons de parler, n'avoit point réüssi. Ses gens s'étoient placés dans une plaine, qu'on appelle aujourd'hui *le fond de l'Isle à Vaches*, & songeoient à s'y fortifier, mais les Espagnols ne leur en donnerent pas le têms ; ils vinrent en grand nombre tomber sur eux, lorsqu'ils y pensoient le moins, détruisirent tout ce qu'ils trouverent d'Edifices sur pied, & les nouveaux Colons furent trop heureux de pouvoir se réfugier ailleurs. Cet échec ne déconcerta point M. d'Ogeron, mais il ne crut pas devoir s'opiniâtrer à un Etablissement, dont il pouvoit absolument se passer pour son dessein principal ; & il s'appliqua tout entier à augmenter & à fortifier celui de Samana, qui lui étoit beaucoup plus nécessaire.

J'ai dit au commencement de cette Histoire, que Samana est une péninsule dans la partie Orientale de Saint Domingue : l'Isthme qui la joint à la grande Terre, n'a pas plus d'un quart de lieuë de large, & il est fort aisé à défendre, parce que le terrein en est marécageux. La péninsule a environ cinq lieuës de largeur moyenne, sur quinze à seize de longueur, ce qui lui en donne au moins quarante de circuit. Elle court dans sa longueur à l'Est-Sud-Est, & laisse ouverte au même air de Vent une Baye profonde de 14. lieuës, où le moüillage est à 14. brasses & plus, & si commode, que les Navires y peuvent être amarrés à terre. L'entrée & le dedans sont remplis de petits Islets & de Cayes, qu'il est aisé d'éviter, en rangeant la terre du Côté de l'Ouest. Le terrein de la presqu'Isle, quoique peu uni, est très-fertile, & sa situation très-avantageuse pour le Commerce, & pour l'atterage des Navires, qui viennent d'Europe. Nos Avanturiers avoient eu dès le commencement la pensée de s'établir dans un poste si important ; mais la trop grande proximité de San-Domingo, qui n'en est qu'à 20. lieuës, & d'où ils pouvoient s'attendre qu'on ne cesseroit point de les harceler, leur avoit fait préférer la Tortuë, beaucoup plus éloignée & plus difficile à attaquer.

1673.

Avache

Description de Samana.

1673.
Etablissement dans cette presqu'Isle.

Il ne laissa pourtant pas d'y avoir toûjours un grand nombre de Boucaniers à Samana, tant que ce Corps fut florissant : les Flibustiers y fréquenterent aussi plus qu'en aucun autre endroit de la Côte, & toutes ces raisons acheverent de déterminer M. d'Ogeron à y envoyer une Colonie, dont il donna le Commandement à un nommé Jamet. Ce Chef n'avoit que des hommes dans sa Troupe, & le Gouverneur avoit jugé, sans doute fort sagement, qu'il ne falloit point si-tôt envoyer des Femmes dans un lieu, où il faudroit d'abord être plus Soldat qu'Habitant. Mais le hazard ayant fait moüiller dans la Baye de Samana un Navire Malouin, qui portoit des Filles à la Tortuë, les nouveaux Colons prirent chacun la leur, que le Marchand n'eut aucune peine à leur laisser, parce qu'ils en payerent le prix, & M. d'Ogeron, qui dans le fond ne demandoit pas mieux, disoit-il, que d'enchaîner tous ses Avanturiers, ne fut pas trop fâché, que ceux-ci se fussent d'eux-mêmes engagés dans ses fers, quoiqu'un peu plûtôt qu'il n'eût souhaité.

1675.
M. d'Ogeron passe en France, & y meurt.

L'année suivante, la Compagnie des Indes Occidentales fut supprimée, & le Roi ayant repris tous ses droits sur les Isles de l'Amérique, les afferma cent mille Ecus à une autre Compagnie, qu'on appella la Compagnie des Fermiers du Domaine d'Occident. Sur cette nouvelle M. d'Ogeron passa en France pour proposer à la Cour son projet de la Conquête de toute l'Isle de Saint Domingue. Il croyoit avec raison qu'il ne s'agissoit que de se rendre Maître de San-Domingo, & il répondoit de prendre cette Capitale avec ses seules forces, pourvû que le Roi voulût bien envoyer une Escadre assés forte pour en boucler le Port. Il avoit aussi dressé un plan pour rendre sa Colonie florissante : il prétendoit y entretenir trois Garnisons, payer les appointemens du Gouverneur, & donner encore au Roi 40000. livres tous les ans de pur benefice, sans que Sa Majesté fût obligée de faire aucune avance ; mais étant arrivé à Paris malade d'une Lienterie inveterée, que ses dernieres fatigues avoient apparemment renduë incurable, il y mourut sur la fin de la même année, ou au commencement de la suivante, sans avoir pu voir, ni le Roi, ni le Ministre. La Compagnie des Indes lui étoit restée redevable de sommes assés considérables, dont on assure que ses Heritiers n'ont jamais touché un sol. Il est au moins certain qu'il est mort pauvre, après avoir eu bien des moyens legitimes d'amasser de grandes richesses; mais il ~~est mort avec une~~ réputation, qui rendra sa mémoire immortelle dans les fastes de la Colonie de Saint Domingue. On a pû remarquer en lisant cette Histoire, qu'il avoit été malheureux dans presque toutes ses Entreprises; mais on doit convenir qu'il fut l'homme du monde, qui mérita moins de l'être, que son courage ne l'abandonna jamais, & que sa vertu le mit toûjours au-dessus de ses malheurs.

1675.

En partant pour France, il avoit partagé le commandement entre M. de Poüancey son Neveu, qu'il avoit envoyé au Cul-de-sac de l'Ouest, & le Sieur Tarin de Cussy, qu'il avoit laissé à la Tortuë. A sa mort, ces deux Officiers, de Collegues devinrent Rivaux, & tous deux paroissoient également dignes de la place, à laquelle ils aspiroient; mais le premier, outre son propre mérite, avoit encore celui de son Oncle, qui parloit pour lui, & il n'eut pas de peine à l'emporter sur son Compétiteur. La nouvelle en fut reçuë des Avanturiers avec une joye, qu'ils firent éclater d'une maniere bien flatteuse pour le nouveau Gouverneur. Aussi n'y avoit-il rien de plus semblable à M. d'Ogeron que son Neveu: il avoit même l'air plus grand & plus noble, ainsi que je l'ai déja remarqué. Au premier abord, on le croyoit fier & hautain, peut-être même l'étoit-il un peu naturellement; mais il sçût toûjours corriger ces dehors par tant de douceur & de bonté, qu'il s'attira, & se conserva jusqu'au bout la confiance & l'affection d'un chacun. Il ne voulut jamais souffrir, non plus que son Oncle, qu'aucun Avocat ni Procureur s'établit dans son Gouvernement, de peur que les Procès ne s'y introduisissent avec eux, & jamais il n'y eut plus de bonne-foi dans le Commerce, & moins de démêlés

Caractere de son Successeur.

entre les Particuliers, que pendant le Gouvernement de ces deux Gentilshommes, qui éclairés du seul bon sens, & guidés par une droiture inflexible, & un désintéressement ~~entier~~ parfait, prononçoient des Arrêts, ausquels personne ne refusoit de souscrire.

Une Escadre Hollandoise brûle plusieurs Vaisseaux Marchands, dans le Port du petit Goave.

Cependant à peine M. d'Ogeron étoit parti de la Tortuë, qu'il parut sur la Côte du Nord de Saint Domingue une Escadre Hollandoise, composée d'un Brigantin, & de quatre Vaisseaux de 52, de 44, de 30, & de 26. Canons, sur laquelle il y avoit 900. Hommes, & qui étoit commandée par l'Amiral Jacob Binsker. M. de Cussy eût même avis que cet Amiral avoit des intelligences avec des Habitans du Cap, qui lui avoient promis de se déclarer pour lui. Il y accourut aussi-tôt, & après s'être assûré de ce quartier, il retourna à la Tortuë, où peu de jours après il fut informé que Binsker étoit entré le 15. de Juillet au petit Goave, dans le dessein d'y enlever, ou d'y brûler tous les Vaisseaux François, qui s'y étoient retirés. Ce n'étoit que de très-petits Bâtimens assés mal armés, & encore plus mal équipés, qui faisoient le cabotage le long des Côtes du Cul-de-Sac; ils ne laisserent pas, en voyant venir l'Escadre Hollandoise, de se préparer à une vigoureuse défense. Le Combat commença vers les cinq heures du soir, & dura jusqu'à la nuit. La premiere heure, on étoit à la portée du Mousquet, & les François se battirent avec beaucoup d'ordre & de valeur. Les Ennemis s'éloignerent ensuite, & alors la disproportion des forces devint plus sensible; les François n'ayant que de petits Canons, & le feu ayant pris à un de leurs Vaisseaux, qui sauta en l'air, la Victoire ne laissa pourtant point encore de balançer quelque têms. Enfin les Equipages n'en pouvant plus, il fallut faire échoüer les Navires, & se sauver. La perte des Hommes fut assés égale de part & d'autre, & fut d'environ 40. de chaque côté. Le lendemain à la pointe du jour, les Ennemis armerent leurs Chaloupes, & à la faveur de leur Canon allerent à bord des Navires François, qu'ils trouverent abandonnés, il y en avoit même

trois

trois de coulés à fonds. Ils les releverent, & quoiqu'ils ne fussent qu'à une portée de fusil de terre, & qu'ils travaillassent à découvert, on ne tira pas un coup sur eux; la peur ayant sans doute saisi les Habitans. Nous verrons dans la suite plus d'un exemple d'une pareille lâcheté; ils suprennent toûjours dans des hommes, ausquels on a vû faire des choses, qui paroissent au-dessus de l'humanité; mais cette surprise vient, de ce qu'on ne connoît pas assés la nature de cette Bravoure brutale, qui n'ayant point la vertu pour principe, & tenant plus de la férocité, que de la véritable valeur, inspirée par l'honneur & le zéle de la Patrie, prend par accès, comme la rage, n'agit que par le mouvement de quelque violente passion, & manque souvent au besoin. Il est d'une grande sagesse de sçavoir la mettre en œuvre à propos, & de n'y jamais trop compter; sur-tout dans la défense, qui demande une valeur reflechie & de sangfroid, que rien ne peut contrefaire.

1675.

L'année suivante, au commencement de Juin, M. de Cussy étant encore allé visiter le Cap, fut averti tout en débarquant, qu'on voyoit paroître quatre gros Navires, lesquels à leur manœuvre paroissoient Ennemis. Peu de têms après on en vit neuf, qui prenoient la route de la Tortuë. M. de Cussy donna aussi-tôt les ordres nécessaires pour la garde des Côtes, & s'étant jetté dans une Barque longue, qui se rencontra fort à propos sous sa main, arriva à la Tortuë 30. heures avant les Ennemis, ce qui lui donna le têms de recevoir du secours de la grande Terre, & de disposer toutes choses, pour être en état de se défendre, s'il étoit attaqué. Il y avoit dans la Rade de la Tortuë un Navire Suédois, commandé par un nommé Smith ou Esmith. M. de Cussy l'engagea à aller reconnoître les Ennemis, & à lui donner avis de tout par des signaux, dont il convint avec lui; ce que Smith executa ponctuellement. Il fit encore plus; car comme il n'étoit point suspect aux Hollandois, les voyant dans la résolution de mettre leurs Chaloupes à l'eau pour enlever un petit Navire, qui étoit moüil-

1676. Autre Escadre, dont un Capitaine Suédois rompt toutes les mesures.

Tom. II. P

lé dans le Cap, il les en diſſuada, en leur diſant qu'ils étoient découverts. Il retourna enſuite à la Tortuë, où il ramena 70. Priſonniers François & Anglois, parmi leſquels étoit le Superieur des Capucins. La Flotte ennemie continuant ſa route à l'Oueſt, prit deux petits Navires, dont l'un avoit été depêché, pour avertir le Cul-de-Sac d'être ſur ſes gardes, le débordement des Rivieres ne permettant pas d'y envoyer par terre ; ainſi dix ou douze Bâtimens François, qui étoient en traitte dans les Rades Foraines, couroient grand riſque ; mais Smith, qui avoit rejoint les Hollandois, ſe déroba la nuit de la Flotte pour les avertir, & ils ſe mirent en ſûreté.

M. de Poüancey eſt nommé Gouverneur de la Tortuë le 16. Mars 1676.

Ce fut ſur ces entrefaites, que M. de Poüancey reçut la nouvelle du choix, que le Roi avoit fait de lui pour ſucceder à ſon Oncle : j'ai dit qu'il avoit été nommé Commandant du Cul-de-ſac. Il ſe rendit auſſi-tôt à la Tortuë, qui étant le ſeul endroit fortifié de la Colonie, convenoit plus qu'aucun autre, pour être le ſéjour ordinaire du Gouverneur. Néanmoins il la trouva preſque entierement déſerte en y arrivant, & ce qui y reſtoit d'Habitans prêts à l'abandonner. Il n'en rapporte point la raiſon dans la Lettre, qu'il écrivit ſur cela à M. Colbert, le quatriéme de May de l'année ſuivante ; mais il repréſente à ce Miniſtre, qu'il ne voit rien de plus préjudiciable au bien de la Colonie, que cet abandonnement ; que l'Iſle de la Tortuë eſt plus fertile qu'aucun quartier de S. Domingue, que ſi elle venoit à tomber entre les mains des Ennemis, elle empêcheroit la communication des quartiers du Nord avec le Cul-de-Sac ; que le Port en eſt très-bon pour les Navires, qui ne tirent pas plus de dix-huit pieds d'eau, que pour les y mettre en ſûreté, il ſuffit de faire la dépenſe de 12. Canons de 24. & d'une Garniſon de 20. Soldats dans la Tour ; ce qui ſerviroit encore à retenir les libertins dans le devoir, & que ces raiſons l'ont engagé à mettre tout en uſage pour la rétablir. Il ajoûte, qu'il voit auſſi beaucoup de diſpoſition dans les Habitans à renoncer à la culture du Tabac, ce qui ſeroit la ruine du pays ; & il donne assés à entendre, que le peu de liberté, qu'on laissoit pour la vente de cette marchandise, étoit ce qui la feroit manquer ; au lieu que, si on la laissoit entierement libre, il s'en chargeroit bien-tôt 30. Navires tous les ans à la Côte S. Domingue.

1676.

Au reste, quoique le nouveau Gouverneur n'eût pas moins à cœur l'avancement de la Colonie, à la tête de laquelle il se voyoit, que ne l'avoit eû son Prédécesseur, il ne porta pas si loin ses vûës ; soit qu'il fût naturellement plus borné, & moins entreprenant ; soit que les circonstances ne fussent plus les mêmes. Il ne songea donc qu'à maintenir les Etablissemens déja formés, & il envoya même ordre aux Habitans de Samana de quitter cette presqu'isle, & de se transporter dans la plaine du Cap François.† Ces Habitans témoignerent beaucoup de répugnance à obéir ; il répondirent néanmoins qu'ils le feroient, quand ils auroient consommé les vivres, qu'ils ne pouvoient emporter avec eux ; mais les Espagnols ne leur en donnerent pas le loisir, & ils eurent tout lieu de reconnoître qu'on avoit eu raison de leur faire quitter un poste, qui ne pouvoit plus se défendre lui-même, & qui n'étoit pas à portée d'être secouru.

La Colonie de Samana transportée au Cap François.

Il est pourtant vrai qu'ils furent les aggresseurs ; car, comme pour marquer aux Espagnols que, s'ils se retiroient de Samana, ce n'étoit pas qu'ils les apprehendassent, ils s'aviserent d'aller piller le Cotuy, Bourgade éloignée de leur habitation d'environ 15 lieuës à l'Ouest, & où ils ne trouverent aucune résistance ; mais ils étoient à peine de retour à Samana, que les Espagnols eurent leur revanche. Un malheureux transfuge alla les avertir qu'il n'y avoit gueres dans les Habitations Françoises que des Femmes ; les Hommes étant répartis presque sur le champ pour la chasse : il ajouta même qu'il étoit aisé de surprendre tout à la fois l'Habitation & les Chasseurs, dont le Boucan étoit dans un endroit appellé la Montagne Ronde, & il s'offrit à les y conduire. Son offre fut acceptée, & il tint parole. Tout ce qui se trouva

Prise du Cotuy.

† il avoit fort à exercer avec raison, l'établissement de cette plaine, mais il ne devoit pas lui sacrifier un poste de l'importance de Samana, qui avec le Cap françois nous assuroit toute la Côte septentrionale de l'isle ; il auroit même dû ne rien négliger pour le mettre hors d'insulte. il auroit toujours tenu en échec la ville de San Domingo, qui n'auroit jamais été en état de nous inquieter, comme elle a fait plus d'une fois depuis, et la conquête même de cette capitale auroit été facile, si on s'étoit trouvé en forces dans un port si avantageux, et qui en est si proche. les habitants, qui s'y étoient déja assez bien établis, quoiqu'ils ne fissent appe- d'aucune pas toutes ces reflexions, ne laisserent pas de temoigner ∧

1676.

de François aux deux endroits marqués, furent passés au fil de l'épée. Un petit nombre de personnes des deux sexes se sauverent à la premiere allarme, & se rendirent en canot au Cap François. Peu de têms après il y eut des Avanturiers assés hardis pour retourner à Samana, où ils releverent quelques Habitations, & M. de Pouancey ne fut aparamment pas trop fâché de cette entreprise, qui pouvoit servir à établir de plus en plus le droit de la France sur cette Peninsule; mais il ne jugea pas à propos de laisser long-têms une poignée d'Habitans dans un lieu si exposé, & il les obligea de le quitter une seconde fois.

1678.

M. de Pouancey fait une course dans le pays Espagnol.

Ce Gouverneur regardoit dès lors le Cap François, comme le poste, qui devoit donner plus de jalousie aux Espagnols, & qu'il importoit davantage de fortifier. Effectivement les Espagnols ont toujours depuis tourné leurs plus grands efforts de ce côté-là. Au commencement de l'année 1678. on eut des avis certains qu'ils s'assembloient pour le venir attaquer; M. de Pouancey ne jugea pas à propos de les attendre; il alla au devant d'eux, & les ayant rencontrés, il mit tout en usage pour les engager au combat: ils le refuserent, & il fallut se contenter de quelques escarmouches, où ils eurent sept ou huit hommes tués. Il craignirent même aparemment de ne pouvoir pas éviter de combattre, s'ils differoient de faire retraite; & pour la faire avec plus de diligence, les Cavaliers prirent les Fantassins en croupe derriere eux. Le Gouverneur, après cette fuite, qui éloigna pour quelque têms l'ennemi des Habitations Françoises, s'attacha avec une application infatigable, à fortifier les Etablissemens les plus exposés, soit du côté de la terre, soit du côté de la mer; & il les mit tous en si bon état, que ce fut en bonne partie, ce qui sauva la Colonie dans un des plus grands dangers, où elle se soit jamais trouvée. Ce fut à l'occasion d'une seconde tentative sur Curaçao, qui fut encore plus malheureuse pour la France, que la premiere; mais qui n'eut pas des suites aussi funestes pour les François de S. Domingue.

Il y avoit quelque têms qu'on travailloit dans nos Ports à un armement confiderable, que quelques-uns crûrent d'abord deftiné pour la ville de San-Domingo. La Flotte étoit compofée de 20 Vaiffeaux de guerre, & d'un très-grand nombre de Brulots; & le Comte d'Etrées en eut le commandement. Sa premiere expédition fut la prife de l'Ifle de Tabago, où les Hollandois avoient un très-petit Etabliffement, & l'on fut affés furpris qu'une fi belle armée navale, qui pouvoit fe promettre d'exécuter les plus grands projets, s'attachât à un miferable Rocher, qui n'eft bon à rien. De Tabago le Comte d'Etrées tourna vers Curaçao; mais ne croyant pas avoir encore affés de forces pour affûrer le fuccès de cette entreprife, il avoit pris de bonne heure fes mefures pour tirer un renfort confiderable de S. Domingue. A peine M. de Pouancey étoit de retour de fon excurfion dans le pays Efpagnol, que M. de Montortier & le Chevalier de Flaccourt Commandant, l'un l'Hercule, & l'autre l'Etoile, & fuivis de deux Brulots, le Brutal & le Serpent, arriverent au Cap François, & lui préfenterent un ordre du Roi, pour mener au Comte d'Etrées 1200. Hommes des meilleurs, qu'il eût dans fa Colonie. Il obéït, quoiqu'avec la répugnance, qu'on peut imaginer, vû la fituation, où il fe trouvoit ; mais il voulut auparavant fe montrer à la tête de 800. Hommes du côté de Gohava, pour écarter de l'efprit des Efpagnols jufqu'à la penfée qu'il fongeât à fortir de fon Ifle. Il affembla enfuite au Cap les 1200. Hommes, qu'on lui demandoit ; & les Vaiffeaux du Roi ne s'étant pas trouvés en état de les porter tous, il en fit embarquer une partie fur quelques Bâtimens Flibuftiers, qu'il trouva à fa main, & fur un Navire de la Rochelle, qui étoit dans le même Port.

1678.

Prife de Tabago par le Comte d'Etrées, qui mande à M. de Pouancey, de le venir joindre avec une partie de fa milice pour une feconde entreprife fur Curaçao.

Je ne fçai ce qui l'obligea à relâcher à Puerto di Plata, mais cette relâche penfa avoir des fuites bien fâcheufes pour fa Colonie. Un jeune garçon s'échappa fans être apperçu, & alla donner avis à Sant-Yago, que le Gouverneur François ; & une bonne partie de fes meilleures Troupes,

M. de Pouancey arrive à S. Chriftophle: propofition qu'il fait à M. d'Etrées.

P. iij.

1678.

étoient en Mer. Il est assés vrai-semblable que, si M. de Pouancey avoit été instruit de cette trahison, il eût été obligé de rompre son voyage, ou du moins de le differer; mais il ne connut le danger, que quand il en fut heureusement délivré par l'indolence, ou la lâcheté des Espagnols. Il ne resta que peu de jours à Puerto di Plata, & il se rendit à S. Christophle, où il fut bien reçu de M. le Comte d'Etrées; mais quand il sçut qu'on n'en vouloit qu'à Curaçao, il ne put s'empêcher de témoigner sa surprise, & de dire qu'une pareille Bicoque ne meritoit pas l'honneur qu'on lui faisoit; qu'il répondoit bien de s'en rendre le maître avec 300. Flibustiers, & qu'il demandoit seulement qu'on fermât le port avec trois Navires. M. d'Etrées convint assés qu'on pouvoit réduire cette Isle avec des Forces bien inférieures à celles qu'il avoit; mais il ne jugea pas à propos de rien changer à la destination de sa Flotte. Il appareilla après les Fêtes de Pâques, & fit route vers Curaçao, marchant en ordonnance de bataille, avec le même appareil & les mêmes précautions, que s'il se fût agi de conquerir la nouvelle Espagne, ou le Perou.

La Flotte échoüe sur les Isles d'Avés.

On n'étoit plus qu'à quelques lieuës des Isles d'Avés, qui sont toutes environnées de Brisans cachées sous l'eau, lorsque M. d'Etrées trompé par le plus grand nombre de ses Pilotes, envoya sur le soir un ordre à tous les Vaisseaux de courir toute la nuit sur un air de vent, qu'il marqua, & qui portoit directement sur les Isles, dont il ne se croyoit pas si proche. Du Breüil son premier Pilote l'avertit du danger, où il mettoit sa Flotte; M. d'Amblimont Capitaine de Vaisseau lui envoya donner le même avis; mais il ne crut pas devoir changer l'ordre, qu'il avoit donné. Sur la mi-nuit 18. Navires, qui marchoient sur la même ligne, toucherent presqu'en même tems, & s'ouvrirent d'abord. Le Bourbon commandé par M. de Sourdis, le Dromadaire grosse Flutte de charge, deux Brulots, & l'Hopital de l'armée étoient un peu derriere; ils eurent le tems de revirer de bord, & servirent, quand le jour fut venu, à sauver les Equipages, dont on perdit 300. Hommes au plus. Quelques Bâtimens Flibuſtiers, ſe briſerent auſſi, & entr'autres celui, qui portoit M. de Pouancey, lequel étant d'abord paſſé dans un autre, reprit ſur le champ la route de S. Domingue. Il y trouva toutes choſes fort tranquilles, les Eſpagnols, quoiqu'ils euſſent envoyé des Eſpions, pour vérifier le rapport du Transfuge François, n'ayant rien oſé entreprendre, dans la crainte d'une repréſaille, qu'ils ne ſe trouvoient pas en état de ſoutenir, ou s'étant flatté que le retour du Gouverneur ne ſeroit pas ſi prompt.

1678.

Les Hollandois ne furent pas ſi timides; ils voulurent avoir leur revanche du mal, qu'on leur avoit fait à Tabago, & de celui, qu'on avoit voulu leur faire à Curaçao. Ils parurent avec un Eſcadre à la hauteur du petit Goave, & enleverent le long de cette Côte juſqu'à 12. Vaiſſeaux chargés de Tabac. Un de ces Bâtimens appartenoit à M. du Caſſe, qui le racheta ſur le champ. Ces hoſtilités ne les empêcherent pas de faire la traitte, & ils acheterent encore plus de Tabac des Habitans, qu'ils n'en avoient pris. Ils firent même aſſés entendre qu'ils regarderoient volontiers S. Domingue, comme un pays neutre, pourvû qu'on les y laiſſât faire le Commerce. L'on ne pouvoit pas leur refuſer la juſtice de reconnoître qu'ils en avoient toujours uſé avec beaucoup de droiture: ainſi malgré l'animoſité réciproque des deux Nations, & les ordres réiterés de la Cour, ils furent bien reçûs toutes les fois qu'ils parurent pour trafiquer.

Les Hollandois font pluſieurs priſes à la Côte de l'Oueſt.

Les Flibuſtiers de leur côté étoient au deſeſpoir d'avoir entierement perdu le fruit de leur dernier voyage, & M. de Pouancey, pour les conſoler, leur propoſa d'aller inſulter Sant-Yago Capitale de Cuba. 800. Hommes s'engagerent pour cette expédition, & on leur donna pour Chef le Sieur de Franqueſnay, qui l'année ſuivante fut fait le premier Lieutenant de Roi au Gouvernement de la Tortuë, & Côte S. Domingue. Le débarquement ſe fit au Sud-Eſt de la Ville, pendant la nuit, & nos Braves ſe mirent auſſi-tôt en marche par un très-beau clair de Lune. Ils étoient déja

Entrepriſe malheureuſe des Flibuſtiers ſur Sant-Yago de Cuba.

proche de la Ville, lorsqu'ils s'égarerent au pied d'une montagne, qui étoit sur leur chemin, & autour de laquelle ils tournerent long-têms, sans sçavoir où ils étoient. Il arriva même que ceux, qui avoient la tête de l'armée, se trouvant vis-à-vis de l'arriere garde, ils la prirent pour une trouppe ennemie, & la chargerent; il est vrai qu'on ne fut pas long-têms sans se reconnoître, parce qu'on se mit à crier des deux côtés en François, *tuë, tuë*; mais cet accident fit manquer l'expédition. Les Espagnols avertis par les coups de fusils, qu'ils avoient entendu tirer, se tinrent sur leurs gardes, & le jour ayant bientôt paru, il y eût eu de la témerité à aller avec si peu de forces affronter une Ville, qui pouvoit en peu d'heures mettre 4000. Hommes sous les armes. Il fallut donc songer à regagner les Navires, & l'on reprit le chemin de la Tortuë.

Autres expeditions plus heureuses.
Troisiéme prise de Maracaïbo.

Une autre trouppe de Flibustiers fut plus heureuse dans la même Isle de Cuba, où elle prit & pilla le Port du Prince; S. Thomas sur l'Orenoque & Truxillo dans le continent eurent le même sort; & le Capitaine Grammont Parisien, si célébre dans l'Histoire des Flibustiers, surprit Maracaïbo. M. Pouancey l'avoit laissé sur les Isles d'Avés, pour receüillir ce qu'il pourroit des débris du naufrage, & carener les Navires Flibustiers, qui n'étoient pas en état de tenir la mer. Quand cela fut fait, Grammont se trouva court de vivres, & le têms étant favorable pour aller dans le golphe de Venezuela, il forma sur le champ le dessein de faire une descente à Maracaïbo. Le Fort de la Barre l'arrêta d'abord; sa Garnison étoit de 70. Hommes, qui y entroient par une échelle de corde: ils avoient douze Canons avec plusieurs Pierriers en batterie, & le Commandant parut très-disposé à ne se pas rendre, qu'il n'y fût forcé; il changea néanmoins de sentiment au bout de deux jours. Les François avoient ouvert une tranchée, & l'avoient déja poussée jusqu'à la portée du Canon: ils se préparoient à dresser une batterie, & les échelles étoient prêtes pour l'assaut. Ces préparatifs intimiderent cet Officier, qui se rendit prisonnier mer de guerre, à condition d'être mis en liberté avec toute 1678. fa Garnifon, lorfque les François feroient leur retraitte. Il fortit avec fon épée, tous fes Soldats & Officiers furent defarmés, & un pareil nombre de Flibuftiers furent mis en garnifon dans la Place.

Granmont tira enfuite droit à la Ville, qu'il trouva abandonnée ; il paffa à Gibraltar, qui fit très-peu de réfiftance ; il vifita le Lac, où il enleva fans peine un grand Navire, qui ne pouvoit plus tenir la mer, & deux Barques de 30. à 40. tonneaux. Une Fregate de 12. Canons lui couta davantage ; il fit avancer un nombre de Fufiliers fur des mangles, qui bordoient le rivage du côté où la Fregate étoit moüillée ; ils firent leur décharge au fignal, qu'il leur donna, & dans le même moment il s'approcha fur des Canots, fauta à l'abordage, & malgré le feu continuel des Canons & des Pierriers, dont il eut un homme tué, & quelques autres bleffés, il refta maître du Bâtiment. Tout le Lac étant foûmis, il fit la vifite de tous les lieux, où fes prifonniers lui avoient dit qu'il pourroit trouver de l'or. Quelques-uns de fes partis en rencontrerent des Ennemis : on efcarmoucha en plufieurs endroits, & les Efpagnols furent toujours battus. Enfin Granmont raffembla tout fon monde, & réfolut de marcher vers Torilha ; mais comme il ne pouvoit efperer de fe rendre maître de cette Ville, que par furprife, il prit un détour de 45. lieuës, pour cacher fon deffein.

Etant arrivé affés près de Torilha, il lui fallut paffer une riviere fort rapide ; par bonheur il trouva, ou on lui indiqua le feul gué qu'elle eût ; mais les Ennemis étoient à l'autre bord, dans une tranchée : il paffa cependant à la faveur d'un feu très-vif, qu'une partie de fes gens fit du rivage fur la tranchée, & dès qu'une Compagnie eût paffé, elle donna tête baiffée fur les Efpagnols, qui s'enfuirent dans le Bois. Après ce coup de vigueur, il ne parut plus un Efpagnol en campagne : Torilha fe trouva tout ouvert, mais abandonné ; & les Habitans en avoient emporté tout

1678.

ce qu'ils avoient de bon. Granmont ne voyant plus aucune apparence de rien faire, se rembarqua vers le milieu de Decembre, après six mois de séjour dans ce païs, & avec très-peu de butin pour 700. Hommes, qu'il avoit avec lui. Il n'en perdit que 20. dans son expédition, & presque tous par les maladies.

Cette même année le Marquis de Maintenon, de la Maison d'Angennes, venu depuis peu de France aux Isles sur une Fregatte du Roi, nommée la Sorciere, se mit à la tête de plusieurs Flibustiers, avec lesquels il ravagea les Isles de la Trinité & de la Marguerite; mais la paix concluë à Nimegue au mois d'Août de cette même année, avec l'Espagne & la Hollande, obligea quantité d'Avanturiers à quitter la course, & à se faire Habitans; & c'est là proprement l'époque de l'affermissement de la Colonie Françoise de S. Domingue. Alors les Espagnols, à qui l'experience de plusieurs années avoit appris qu'inutilement ils entreprendroient de chasser les François de cette Isle, ne firent plus aucune difficulté de traitter avec eux. On les vit donc paroître pour la premiere fois dans nos Habitations; les François allerent chés eux: on se fit amitié de part & d'autre, & les deux Nations trouverent leur avantage dans cette bonne intelligence; mais tout cela se faisoit de la part des Espagnols sans la participation de leurs Commandants, & dura peu.

1679.
Révolte de Negres au Port de Paix.

Une révolte de Negres, qui arriva quelque têms après au Port de Paix, donna plus d'occupation à M. de Pouancey, qu'il ne s'y étoit d'abord attendu. Un de ces Esclaves Noirs, nommé *Padrejan*, après avoir été plusieurs années au service d'un Espagnol, le tua, & pour éviter le châtiment dû à son Parricide, se refugia à la Tortuë, où on lui donna la liberté. Il passa ensuite à la Côte de Saint Domingue, & y défricha un terrein dans le quartier, qu'on appelle aujourd'hui S. Louis, & qui portoit auparavant le nom de Massacre, vis-à-vis la pointe Occidentale de la Tortuë. Comme un naturel pervers ne se corrige pas aisément,

& qu'une méchante action lui sert pour l'ordinaire d'acheminement à une autre, Padrejan débaucha quelqu'uns de nos Esclaves, avec lesquels il se proposa d'égorger tous les François de ces quartiers-là. Son dessein étoit de se retirer ensuite chés les Espagnols, de qui il esperoit que cette seconde perfidie lui obtiendroit le pardon de la premiere. Il y avoit en ce têms-là assés peu de Negres dans la Colonie, & ceux, qui y étoient, avoient été presque tous enlevés aux Espagnols. Il restoit à plusieurs quelque envie de retourner chés leurs anciens Maîtres; c'est pourquoi Padrejan n'eut pas beaucoup de peine à les engager dans sa conspiration. Il en attroupa dès le premier jour jusqu'à 25. & les ayant armés de tout ce qu'il trouva sous sa main, il courut à leur tête tout le pays, jusqu'au Port Margot, pillant & massacrant tout ce qu'il rencontroit. Il alla ensuite se poster sur une montagne fort haute, qu'on a nommé la montagne de Tarare, & qui est entre les quartiers de Sainte Anne & de S. Louis. Il s'y fit une espece de retranchement avec des arbres, & de-là il ravageoit toutes les Habitations voisines, y débauchoit, ou enlevoit de force les Negres, & assommoit les François, qu'il pouvoit surprendre, ou rencontrer à l'écart.

1679.

M. de Pouancey, qui étoit au Port de Paix, ne fut pas peu embarrassé, pour réduire cette canaille. Elle occupoit un lieu presqu'inaccessible; elle s'étoit renfermée dans un assés bon retranchement, & il ne pouvoit douter qu'elle ne s'y défendît jusqu'à l'extremité. Il lui fâchoit d'exposer de braves gens à périr par les mains de vils Esclaves, dont tout le sang ne vangeroit pas assés la mort d'un seul François; & il étoit même douteux, si toutes les troupes, qu'il étoit alors en état d'envoyer contr'eux, suffiroient pour les forcer: aussi s'apperçut-il, lorsqu'il parla de les aller attaquer, que personne ne vouloit courir les risques d'une expédition, où il n'y avoit, ni honneur, ni profit à esperer. Cependant le mal croissoit, & chaque jour étoit marqué, ou par la désertion de quelques Esclaves, ou par

Ils font défaits.

1679.

le meurtre de quelque Habitant. Enfin une bande de 20. Boucaniers vint à passer par le Port de Paix ; le Gouverneur les fit appeller ; leur proposa l'embarras, où il se trouvoit, & leur dit qu'ils lui rendroient un veritable service, s'ils vouloient bien le délivrer de cette poignée d'Esclaves, qui désoloient toute cette Côte. Les Boucaniers accepterent la commission avec plaisir, & l'exécuterent sur le champ. Ils s'approcherent de la montagne de Tarare ; y grimperent avec une résolution, qui effraya les Negres, forcerent le retranchement, & tuerent sept de ces malheureux, du nombre desquels fut Padrejan. Tous les autres prirent la fuite, dès qu'ils se virent sans Chef ; les Boucaniers se mirent à leurs trousses, sans les pouvoir joindre, & ils gagnerent les terres Espagnoles, où ils furent bien reçûs.

1680.
Etat de la Colonie.

L'année suivante 1680. le Roi fit défendre aux Flibustiers de continuer la course contre les Espagnols ; mais cette défense, dont la liberté & la tranquillité du Commerce étoit le principal, ou même l'unique motif, ne pouvoit gueres venir dans des circonstances moins propres à la faire recevoir avec la soûmission dûë aux volontés du Souverain. Depuis quelque têms le Tabac étoit en parti ; c'étoit la seule marchandise, qui se tirât alors de S. Domingue, & il n'y avoit point de rigueur & de dureté, qu'on n'exerçât sur les Habitans, pour les contraindre à le donner à un prix très-modique, qu'on y avoit mis. Cette vexation les avoit réduits à la plus extrême misere, & M. de Pouancey fut instruit que la plûpart songeoient à se retirer à la Jamaïque, ou à Curaçao. Il ne trouva rien de mieux pour prévenir ce malheur, que de faire courir une Lettre, qu'il avoit reçûë de M. Belinzani, Intendant des Isles, où il étoit expressément marqué, que la résolution étoit prise de supprimer la Ferme du Tabac à la fin du Bail, & de la convertir en un droit d'Entrée. Cette lueur d'esperance parut dissiper un peu le desespoir, où toute la Colonie sembloit être plongée ; mais le Gouverneur avertit serieusement M. Colbert, qu'il ne répondoit de rien, si l'on ne tenoit point parole ;

DE S. DOMINGUE, LIV. VIII. 125

1680.

Mutinerie des Habitans du Cap François.

A peu près dans le même têms des Marchands de France ayant persuadé aux Habitans du Cap François que la Compagnie du Senegal, qui depuis quelque têms faisoit à S. Domingue la traitte des Negres, vouloit s'emparer de tout le Commerce; il n'en fallut pas davantage pour mettre en rumeur tout ce quartier; & M. de Franquesnay, qui y commandoit, fut fort surpris d'apprendre qu'une trouppe de gens armés approchoit de son Habitation. Il alla aussi-tôt au devant d'eux, & leur demanda ce qui les authorisoit à prendre ainsi les armes : ils ne répondirent, qu'en criant confusément : » Nous ne voulons point de Compagnie.» Il leur ordonna de détacher quelques-uns d'entr'eux, pour lui faire connoître ce qu'ils desiroient ; ils le firent, & il n'oublia rien pour persuader à ces Députés, que la Compagnie du Senegal n'avoit aucune prétention, qui dût les allarmer, & qu'elle ne venoit négocier, que comme un Particulier ; mais il ne les desabusa point : ils lui parlerent même fort insolemment, & il fut obligé, pour ne point aigrir le mal, de les renvoyer jusqu'au retour de M. de Pouancey, qui ne devoit pas tarder beaucoup.

Conduite ferme de M. de Pouancey en cette rencontre.

Ce Gouverneur apprit au Cul-de-Sac ce qui se passoit, & crut qu'il devoit, avant que de se montrer aux Mutins, établir au lieu, où il se trouvoit, le Commerce de la Compagnie du Senegal, dont il y avoit quelques Navires à cette Côte : il leur fit faire leur traitte devant lui ; & quand elle fut finie, il prit la route du Cap. Trois jours après qu'il y fut arrivé, les Habitans lui firent présenter une Requête, qu'il ne jugea pas à propos de répondre ; il alla les trouver, & il leur parla avec toute l'authorité, que lui donnoient son caractere, & le grand crédit, qu'il s'étoit si justement acquis dans toute la Colonie. Ils l'écouterent avec un silence, auquel la crainte, le respect, & le desespoir sembloient avoir une égale part ; & comme ils y persisterent, après qu'il eût cessé de parler, il leur dit de lui faire sçavoir par quelques-uns d'eux, pour quelle raison ils avoient pris les armes. Ils ne répondirent encore rien, &

Q iij

1680.

il parut qu'aucun n'osoit se détacher, dans la crainte d'être remarqué, ou même arrêté. » Mais, reprit le Gouverneur, » comment sçaurai-je ce que vous voulés, si personne ne » me parle ? Aussi-tôt ils se mirent tous à crier ; point de » Compagnie. Vous êtes dans l'erreur au sujet de la Com- » pagnie, repliqua le Gouverneur, elle ne prétend rien ; » elle n'a obtenu aucun privilege, qui doive vous don- » ner la moindre jalousie ; & depuis quand êtes-vous en « droit de vous opposer aux intentions du Roi ? Or Sa Majesté « veut que la Compagnie du Senegal fasse ici son Commer- » ce en toute sûreté, de la même maniere que ses autres » Sujets. « A ces mots ils lui demanderent leur Congé : il leur répondit, qu'il ne retenoit personne de force, & qu'ils pouvoient s'en aller : ce qu'ils firent.

Il appaise la sédition.

On vint lui dire un moment après, que leur dessein étoit de brûler leurs Cases, & de se refugier dans le Bois. Il jugea que s'ils en venoient là, ils pourroient bien avec le têms se porter à de plus grandes extremitez, & il crut de- voir y remedier promtement. Dès le lendemain matin, qui étoit le jour de Pâques, il prit avec lui 800. Hommes bien armés, & alla après les Mutins. Etant arrivé au quar- tier le plus proche, ils sçut qu'ils étoient assemblés au nom- bre de trois cens 7 ou 800. pas plus loin. Il leur envoya dire de lui députer quelqu'un de leur part, & ils le refuse- rent. Il fut les trouver lui-même, accompagné seulement de quelques Officiers ; & ils lui dirent qu'ils étoient bien informés que la Compagnie du Senegal vouloit faire seule tout le Commerce de l'Isle : il leur répondit qu'on les avoit trompés, & il leur parla sur cela d'une maniere si assûrée, qu'ils parurent ébranlés. Il s'en apperçut, & il leur repré- senta si vivement la grandeur de leur faute, que jettant dans ce moment leurs armes, ils lui demanderent pardon. Il leur répondit qu'il n'étoit pas en son pouvoir de le leur accorder ; qu'il manqueroit à un de ses plus essentiels de- voirs, & se rendroit lui-même coupable, s'il n'instruisoit pas la Cour de tout ce qui s'étoit passé. » Si cela est, s'écrierent-ils, il n'y a donc ici de sûreté pour personne ? » Le Gouverneur comprit où alloit cette proposition, & il dit qu'il n'entreprendroit rien contre qui que ce fût, qu'il n'eût reçû les ordres du Roi, & qu'il écriroit même d'une maniere à pouvoir répondre que ces ordres seroient dictés par la clémence. Effectivement, après avoir exposé au Ministre le fait, tel que je viens de le rapporter sur son Mémoire même, il ajouta que ces gens-là étoient fort à plaindre, ayant souffert par la Ferme du Tabac des pertes considerables: qu'au reste il n'étoit point en état de les pousser à bout, ni de s'en passer.

1680.

Au mois d'Août de la même année, le Comte d'Etrées vint moüiller au petit Goave, & écrivit de là au Ministre, que passant vis-à-vis de San-Domingo, il avoit envoyé le Chevalier d'Hervaux au Président, pour lui redemander des Prisonniers ; mais qu'ils ne s'étoient plus trouvés ; que le Chevalier ayant dit, qu'on ne pouvoit ne pas regarder en France les hostilitez des Espagnols contre les François de l'Isle S. Domingue, comme une infraction au Traitté de Nimegue ; le Président lui répartit qu'on ne croyoit pas en Espagne que les François eussent aucun droit sur un seul quartier de cette Isle. Il écrivit sur le même ton à M. de Pouancey, en lui envoyant le Traitté, dont nous venons de parler, & qu'un Prêtre lui rendit de sa part au mois de Septembre : car le reconnoissant pour Gouverneur de la Tortuë, il l'assûroit qu'autant qu'il dépendroit de lui il n'arriveroit rien de la part des Espagnols, qui pût troubler l'union entre les deux Nations : à condition toutefois qu'il tiendroit la main à ce qu'aucun François ne passât à l'Isle de S. Domingue, pour y traitter, ou pour y faire aucune Habitation. M. de Pouancey jugea sagement qu'il ne devoit pas incidenter sur cet article, qu'il regarda comme une formalité, & qu'il falloit profiter de la bonne intelligence, que promettoit le Président de garder de sa part, pour multiplier & fortifier les Habitations. Mais pour revenir à la Lettre du Comte d'Etrées, ce Seigneur y disoit beaucoup de bien du

Prétentions des Espagnols sur l'isle de S. Domingue.

1680.

Gouverneur de la Tortuë, au zele, à l'activité & au desinteressement duquel il ne se pouvoit effectivement rien ajouter : aussi malgré les mouvemens, dont nous avons parlé, & les miseres, qui y avoient donné lieu, la Colonie croissoit à vûë d'œil. Par le récensement de l'année précédente il s'y étoit trouvé 7000. personnes, dont il y en avoit au moins 3000. sur lesquels on pouvoit compter pour les Expeditions les plus difficiles ; & deux ans après le nombre des Colons étoit monté à 7848. dont plus de la moitié étoient capables de porter les armes.

Expédition de Granmont à la Côte de Cumana.

Quelque têms avant que M. de Pouancey eût reçu les nouvelles de la Paix signée à Nimegue, il avoit donné une Commission au Capitaine Granmont, qui eut une partie de son effet, quoique ce Capitaine eût eu avant son départ tout le têms d'être informé de la conclusion du Traité ; mais les Flibustiers n'étoient pas fort scrupuleux sur cet article, & il n'étoit pas aisé de retirer de leurs mains les Commissions, qu'on leur avoit une fois données. Granmont moüilla le 14. de Mars 1680. à l'Isle *Blanca*, qui est au Nord-Ouest de la Marguerite ; & le 18. il envoya chercher des Pirogues en terre ferme. On lui en amena sept le 25. Il les fit équiper en guerre, & tandis qu'on y travailloit, il envoya faire des Prisonniers, de qui il pût prendre langue. Il en eut le 3. de Juin, & il apprit par eux, qu'il y avoit sous les Forts de la Goüaire trois Bâtimens moüillés de 22. de 18. & de 12. Canons ; & qu'à Porto-Cavallo il y en avoit un de 40. pieces, qui y avoit traitté 800. Negres. Tous les préparatifs étant achevés, il fit la revûë de son monde, & il trouva qu'il avoit 180. Hommes de débarquement. Le lendemain il s'embarqua avec toute sa trouppe sur un seul Navire, laissa ordre aux autres de le venir trouver à la Goüaire, en observant ses signaux, & faisant suivre les Pirogues à la Toüe, il s'avança jusqu'à 4. lieuës de terre. Dès que la nuit fut venuë, il se mit avec tous ses gens dans les Pirogues, pour faire le reste du chemin à la rame. En arrivant dans une petite Anse, qui est à

une

une demie lieuë à l'Eſt de la Ville, il perdit ſes Pirogues, & eut un homme noyé : ce fut la ſeule perte qu'il regretta ; car ſon deſſein étoit de briſer ſes Pirogues, n'ayant pas aſſez de monde pour les garder. Il y avoit encore une heure de nuit, lorſqu'il gagna la Terre ; il ſe mit en marche ſans perdre un moment de tems, & à 300. pas de ſon débarquement, il ſurprit quatre hommes, qui avoient paſſé la nuit en vigie ; mais qui le firent découvrir à la Ville par un coup de fuſil, qu'ils eurent le têms de tirer avant que d'être deſarmés.

1680.

L'allarme fut auſſi-tôt donnée par un coup de Canon, & par le ſon des cloches ; ce qui obligea Granmont à doubler le pas. Il arriva à la porte de l'Eſt, tambour battant, & ſon Drapeau déployé ; & quoiqu'elle fût défenduë par 12. Canons, il y entra ſans réſiſtance. Il ne s'y arrêta point, & pouſſa juſqu'à un Fort éloigné de cent pas de la Ville, auquel il fit faire ſur le champ deux attaques très-vives : lui-même à la tête des Grenadiers, entra par les embraſures. Il eut un homme tué & les ennemis 26. de 38. dont la Garniſon étoit compoſée : le reſte demanda quartier & l'obtint. Granmont fit auſſi-tôt arborer ſon Drapeau ſur le Fort, & crier Vive le Roy : ce qui intimida tellement la Garniſon d'un autre Fort, laquelle étoit de 42. Hommes, que le Gouverneur vint le recevoir à la porte, & ſe rendit Priſonnier avec tous ſes gens. Tout cela fut executé avec 47. Hommes, les autres n'ayant pû ſuivre, lorſque Granmont doubla le pas, au moment qu'il ſe vit découvert. Dès que toute la Troupe fut réünie, le Général poſa des Corps-de-Garde partout, où il en étoit beſoin ; raſa les travaux avancés ; encloüa le Canon, & ſe retrancha dans les deux Forts. Le 27. il paſſa dans la Ville, d'où il fit pluſieurs ſorties ſur les ennemis, qui commençoient à paroître de tous côtez, & le lendemain, ſur l'avis qu'il eut de l'approche de 2000. Hommes envoyés de Caraque, dont la Goüaire eſt l'échelle ou l'embarcadaire, comme on parle en Amérique ; il donna l'ordre pour faire embarquer tout ſon monde.

Tom. II.   R

1680.

Il est attaqué & blessé dans dans sa retraitte.

Il s'étoit bien attendu que cette retraitte ne se feroit pas sans qu'il fût attaqué, & il resta sur le rivage avec les plus braves, pour la couvrir : effectivement il eut bien-tôt sur les bras 300. Hommes, qu'il soûtint pendant deux heures avec beaucoup de valeur ; mais il fut assez dangereusement blessé à la gorge. Un de ses Officiers eut une épaule cassée, & six Soldats resterent sur la place. Il y en avoit eu un de tué à l'attaque du premier Fort, & un de noyé en débarquant, ainsi que nous l'avons vû : c'est tout ce que couta à Granmont cette expédition, qui lui acquit beaucoup de gloire par la conduite & la bravoure, qu'il y fit paroître ; mais dont il ne remporta pas un grand butin. Il embarqua avec lui le Gouverneur de la Goüaire, & 150. autres Prisonniers, dont il comptoit bien que la rançon le dédommageroit au moins de ses frais, & le 28. il appareilla pour aller faire de l'eau aux Isles d'Avés. Sa blessure allant fort mal, & jusqu'à faire craindre pour sa vie, il renvoya tout son monde sous la conduite du Capitaine Pin son Lieutenant, & ne garda avec lui qu'une prise, qu'il avoit faite sous les Forts de la Goüaire. Il guérit enfin, & le 13. d'Août il moüilla dans la Rade du petit Goave; mais le lendemain un Ouragan le jetta à la Côte, & brisa son Navire, avec sa prise, & un autre Bâtiment armé en guerre, qui se trouva au même moüillage.

1681.
|
1683.

Mort de M. de Pouancey: en quel état il laisse sa Colonie.

L'année suivante 1681. M. de Pouancey passa en France, d'où il revint à S. Domingue, au mois d'Avril ou de May de 1682. il y mourut vers la fin de cette même année, ou au commencement de l'autre, regretté de tous ceux qui l'avoient connu. Il est pourtant vrai que malgré les soins, qu'il s'étoit donnés, pour établir l'ordre dans son Gouvernement, malgré son zele pour la discipline, sa fermeté, sa sagesse, & son expérience, il le laissoit dans l'état le plus déplorable qui se puisse imaginer. Des trois Corps, qui composoient principalement la République Avanturiere, le plus ancien ; à sçavoir celui des Boucaniers, étoit presque réduit à rien : les deux autres s'étoient unis d'interêt ; mais ce qui faisoit leur force, les entretenoit dans un esprit d'indocilité, qui donnoit bien de l'occupation, & causoit de grands embarras aux Gouverneurs ; lesquels n'ayant pas la force en main, croyoient beaucoup faire, quand ils pouvoient les empêcher de se révolter. Ce qui portoit surtout les Habitans à la mutinerie, c'étoit la misere, où ils se trouvoient réduits par la dureté, dont usoient envers eux les Commis de la Ferme du Tabac, & à quoi, malgré les promesses, qu'on leur en avoit si souvent faites, on ne remédioit point. Pour ce qui est des Flibustiers ; dans le têms même, qu'ils faisoient trembler toutes les Indes, ils étoient d'un très-petit secours à la Colonie, dont ils étoient membres, contre les ennemis du dehors ; ils empêchoient qu'elle ne pût s'enrichir par le commerce ; ils la mettoient dans un continuel danger d'être ruinée par représailles, & n'étoient presque jamais à portée de la défendre. D'ailleurs, comme ils ne reconnoissoient le Gouverneur de la Tortuë pour leur Superieur, qu'entant qu'ils étoient bien aises d'en être authorisés, ils se reservoient toujours le droit de faire fort peu de cas de ses ordres : & après qu'on les eut long-têms regardés comme un mal, qui se toleroit par nécessité, on en étoit venu jusqu'à ne les plus juger, ni nécessaires, ni tolerables ; ou du moins l'on s'étoit persuadé, que les services, qu'on en pouvoit tirer, n'entroient point en comparaison avec les maux, qu'on en devoit craindre. C'étoit là l'idée qu'on s'étoit alors formée des Flibustiers, & le principe sur quoi on se fonda dans la suite, pour la maniere de les gouverner.

1681.
1683.

D'un autre côté les Espagnols suivant toujours leur plan, de ne regarder les François établis dans l'Isle de S. Domingue, que comme des Brigands & des gens sans aveu, & leurs habitations, comme les receptacles de tous les Corsaires, qui infestoient leurs Côtes, & toutes les Mers des Indes Occidentales, continuoient, même dans les têms de paix, à leur faire une guerre implacable. Les Anglois de la Jamaïque, qui connoissoient encore mieux qu'eux ce que pouvoit devenir cette Colonie, si on lui donnoit le têms de se po-

Ce qu'elle avoit à craindre du dehors.

licer, de se fortifier, d'y établir l'authorité du Souverain & la subordination, & d'augmenter son commerce par la culture de l'Indigo, des Cannes de Sucre, du Cotton, & de toutes les autres denrées, dont le terrain de l'Isle est capable; les Anglois, dis-je, prenoient aussi déjà des mesures pour se délivrer d'un aussi fâcheux voisinage : c'est de quoi on eut des preuves bien convainquantes peu de têms après la mort de M. de Pouancey, par une Lettre, qui fut trouvée dans une Barque Espagnole. Le Gouverneur de la Jamaïque l'avoit écritte à celui de la Havane, & elle contenoit le projet d'une union des deux Nations, pour chasser les François de S. Domingue, & les moyens, dont il falloit s'y prendre pour en venir à bout.

Un Navire, Anglois pris par Granmont, & l'Equipage passé au fil de l'épée.

Peu de têms après cette découverte, c'est-à-dire, sur la fin de 1683. un Navire Anglois de 30. Canons fut apperçu croisant dans le Canal, qui est entre le Port de Paix & la Tortuë, & il y resta trois jours. On en avertit M. de Franquesnay, qui étoit au Cap; & cet Officier, qui comme seul Lieutenant de Roy au Gouvernement de la Tortuë, & Côte de S. Domingue, avoit toute l'authorité, jusqu'à ce que le Roy eût nommé un Successeur à M. de Pouancey, envoya une Chaloupe, pour sçavoir du Capitaine ce qu'il demandoit. Le Capitaine répondit qu'il se promenoit, que la Mer étoit libre, & qu'il n'avoit sur cela aucun compte à lui rendre. Sur cette réponse Franquesnay fit armer une Barque, y mit 30. Flibustiers, & les envoya pour prendre le Navire. Ils trouverent des gens, qui les attendoient, qui les reçûrent avec beaucoup de résolution, & les obligerent à se retirer fort mal en ordre. Cet échec irrita les François, & le Lieutenant de Roi engagea le Capitaine Granmont, qui étoit moüillé au Cap avec un Navire de 50. Canons, à venger l'affront, que la Nation venoit de recevoir. Granmont accepta la commission avec joye. 300. Flibustiers s'embarquerent aussi-tôt sur son bord. Il trouva l'Anglois tout fier de sa victoire; il l'acrocha d'abord; passa tout l'Equipage au fil de l'épée, & ne sauva la vie qu'au Capitaine, qu'il amena prisonnier au Cap

DE S. DOMINGUE, LIV. VIII. 133

avec sa prise, d'autant plus content de s'être ainsi signalé pour la Patrie, que ce service pouvoit lui faire obtenir sa grace pour une affaire, qui interessoit avec lui les plus célebres d'entre les Flibustiers : voici de quoi il s'agissoit.

1683.

Au commencement de cette année, ou sur la fin de la précédente, un certain Vand-Horn natif d'Ostende, qui toute sa vie avoit servi avec les François ; mais qui, selon l'ordinaire des Corsaires, avoit plus d'une fois couru sur les Navires de cette Nation, quand il en avoit trouvé l'occasion favorable ; Vand-Horn, dis je, étant allé traitter des Negres à San-Domingo, le Président lui retint toute sa Carguaison en représailles de ce qu'il avoit fait piller des Sujets du Roi Catholique. Outré de ce procedé, il jura de s'en venger ; & s'étant rendu au petit Goave, il y prit, dit l'Historien des Flibustiers, une Commission de M. de Pouancey, pour faire la Course sur les Espagnols : mais il y a bien de l'apparence que cet Autheur s'est trompé en cela, ou bien cette Commission fut beaucoup plus ancienne, qu'il ne le donne à entendre ; puisque depuis quelques années la Course étoit défenduë, ainsi que nous l'avons dit ; & qu'on fit un crime aux Flibustiers de l'expédition, dont nous allons parler. Quoiqu'il en soit, Vand-Horn assembla environ trois cent Flibustiers des plus braves, parmi lesquels Granmont, qui venoit de perdre par un coup de vent un navire de 52. pieces de Canon, & tout ce qu'il possedoit au monde, voulut bien servir en qualité de Volontaire ; mais comme Vand-Horn ne prétendoit pas s'en tenir à la simple Course, qui ne l'auroit pas suffisamment vengé, il chercha des Compagnons, avec lesquels il pût faire quelque entreprise considerable, & il en eut bientôt trouvé. Les plus considerables furent Laurent de Graff natif de Dort, dans le Comté de Hollande, Godefroy & Jonqué.

Prise & pillage de la Vera-Crux par les Flibustiers.

Comme c'étoit tous gens de la plus grande réputation, ils eurent bien-tôt assemblé 1200. Hommes d'élite, qui furent embarqué sur dix Batimens. Laurent de Graff & Vand-Horn, qui furent reconnus pour Chefs de l'Entreprise, mon-

Description de cette Ville.

R iij

toient chacun une Fregate de 50. Canons, Godefroy & Jonqué avoient aussi chacun un Navire; les autres n'étoient que des Barques. On avoit eû quelque peine à se déterminer de quel côté on tourneroit de si grandes forces; mais après quelques contestations Vand-Horn & Granmont firent résoudre l'attaque de la Vera-Crux. C'est, comme tout le monde sçait, un Port situé au fond du Golphe Mexique, par les 18. dégrez ou environ de latitude Nord. La Ville n'a jamais été, ni belle, ni bien bâtie, & l'on n'y voit point de Noblesse, ni personne, qui fasse une certaine figure; mais il n'en est gueres dans le monde, par où il passe plus de richesses. C'est l'embarquadaire de Mexico, & on la peut même considerer comme le Magazin de tout ce qui sort de la nouvelle Espagne, & de tout ce qui s'y porte d'Europe. Les Vaisseaux y mouillent entre la Ville, qui est en terre ferme, & la petite Isle de S. Jean d'Ulua, où ils sont amarrés à terre sous le Canon d'un Fort, qu'on a long-tems regardé comme imprenable; & ce Port est à l'abri des Vents de la bande du Nord, les seuls, qui soient à craindre sur cette Côte. Il n'y avoit en 1683. aucune fortification à la Ville du côté de terre; mais une espece de Fort, qui la commandoit, & où il y avoit 12. pieces de Canon, servoit également, & à la garantir contre les ennemis du dehors, & à la tenir en respect; outre cela elle avoit toujours une très-nombreuse garnison, & pouvoit en très-peu de tems être secouruë de toutes les forces de la nouvelle Espagne.

Heureusement pour les Flibustiers, tandis qu'ils consultoient sur les moïens de réüssir dans une entreprise, pour laquelle il leur eût fallu, ce semble, dix fois plus de troupes, qu'ils n'en avoient; ils apprirent de quelques Prisonniers Espagnols, qu'ils avoient faits depuis peu, qu'on attendoit à la Vera-Cruz deux Navires de la Côte de Caraque chargés surtout de Cacao, dont on manquoit absolument. Sur cet avis il fut résolu d'embarquer le plus qu'on pourroit de monde dans les deux plus grands Vaisseaux : ce qui fut executé; & la Flotte approchant de la Ville, ces deux Navires arborerent pavillon Espagnol, prirent les devants, & parurent à la vûë du port la veille de l'Assomption de la Vierge. Les Espagnols ne douterent pas en les voyant, que ce ne fussent les deux Navires de Caraque; la joye fut grande, & tout le Rivage se trouva en un moment bordé de peuple. Au bout de quelque têms on remarqua que les deux Navires n'avançoient point, & paroissoient même s'éloigner, quoiqu'ils eussent le vent bon, & tout le têms nécessaire pour entrer avant la nuit. Cela fit naître quelques soupçons : on en avertit D. Louis de Cordouë Gouverneur de la Ville, qui répondit qu'on s'allarmoit mal à propos; que les deux Navires, qui paroissoient, étoient ceux, qu'on attendoit; qu'il en avoit des Lettres d'avis, où on les lui dépeignoit de maniere à ne s'y pas méprendre. Il fit faire la même réponse au Commandant de S. Jean d'Ulua, qui lui avoit envoyé un exprès pour l'avertir d'être sur ses gardes. La nuit étant venuë, chacun se retira chez soi, & il n'y eut personne, qui ne crût pouvoir se reposer sur l'air de securité, que montroit celui, qui étoit le plus interessé à ne se pas laisser surprendre.

1683. L'Ascension

Environ la mi-nuit les Flibustiers, qui à la faveur des tenebres avoient fait leur débarquement à l'ancienne Vera-Cruz, éloignée de trois lieuës de la nouvelle, & à son Ouest; arriverent à la nouvelle sans avoir été découverts ; y entrerent sans résistance, allerent droit à la maison du Gouverneur, forcerent la sentinelle, qui étoit devant sa porte ; se saisirent de sa personne ; se rendirent maîtres de la petite Forteresse, & de tous les postes les plus avantageux ; & l'on fut étrangement surpris, lorsque, le Tocsin ayant sonné au point du jour à la grande Eglise, sur quelques coups de fusils, qu'on avoit entendu tirer ; & les Soldats de la garnison étant sortis pour se ranger à leurs drapeaux, on apperçut les François en armes dans toutes les Places, & aux avenuës des principales ruës. Le jour venu, & personne n'osant paroître, parce que les premiers, qui s'étoient montrés, avoient été d'abord jettés sur le pavé ; les Victorieux firent sortir tout le monde des maisons, & enfermerent dans

Les François entrent dans la Ville pendant la nuit, & s'emparent de tous les postes.

1683.

les Eglises la Garnison & les Bourgeois, Hommes, Femmes & Enfans ; les y laisserent trois jours & trois nuits sans leur donner ni à boire, ni à manger, & employerent tout ce tems-là à butiner. Ils porterent ensuite de l'eau à leurs Prisonniers, & plusieurs en ayant bu sans moderation, moururent sur l'heure. Ils leur firent aussi donner des vivres, mais en très-petite quantité.

Par bonheur pour ce peuple affligé, l'Evêque de la Ville des Anges, dont la Vera-Cruz dépend pour le spirituel, faisoit sa visite assez près de là ; dès qu'il eût appris l'extremité, où se trouvoit cette partie de son troupeau, il accourut à son secours, & ayant obtenu un sauf-conduit de l'Amiral Flibustier, qui étoit Laurent de Graff, il commença à traitter de la rançon des Bourgeois & de la Ville. Elle fut reglée à deux millions de piastres, dont la moitié fut payée le même jour, & les Vainqueurs ne donnerent que le jour suivant pour le terme du payement de l'autre million, parce-qu'il n'y avoit pas de sûreté pour eux à rester plus long têms dans la Ville, dont le Vice-Roy approchoit avec de grandes forces. Vers les onze heures du matin la rançon, qu'il avoit fallu faire venir de fort loin, n'étant plus qu'à cinq lieuës, & le Vice-Roi à dix, des François, qu'on avoit mis en Vigie dans le clocher de la grande Eglise, avertirent leurs Officiers qu'il paroissoit une Flotte de 14. Voiles ; & ceux-ci ne douterent nullement que ce ne fût la Flotte de la nouvelle Espagne, qu'on attendoit d'Europe.

Embarras des Flibustiers & des Espagnols : les premiers s'embarquent.

Cet incident, qui fut bien-tôt divulgué, mit également l'allarme parmi les François, & parmi les Espagnols ; ceux-là craignant de se trouver entre deux feux, & ceux-ci apprehendant d'être massacrés par leurs Vainqueurs, ne fût-ce que pour diminuer le nombre de leurs Ennemis. Les Flibustiers furent pourtant ceux, qui firent la meilleure contenance ; mais comme tous les momens leur étoient précieux, ils embarquerent en diligence tout ce qu'ils purent de leur butin, dont le meilleur consistoit en argenterie & en Cochenille ; & ils attendirent l'autre moitié de la rançon,

qui

DE S. DOMINGUE, LIV. VIII. 137

n'étoit pas loin. Elle ne vint pourtant pas à têms, parce que ceux, qui l'apportoient, s'arrêterent sur le bruit, que faisoit le Canon de S. Jean d'Ulua, lequel ne discontinuoit point de tirer depuis que la Flotte Espagnole paroissoit : ainsi cette Flotte s'approchant, les Flibustiers se virent dans la nécessité de partir. Ils s'embarquerent dans leurs Chaloupes à l'entrée de la nuit ; & pour suppléer à ce qu'on ne leur avoit pas encore payé, ils emmenerent tous les Esclaves, qui se trouverent dans la Ville, avec toutes les Femmes & Filles noires, ou mulâtres, quoique libres : ce qui montoit à 1500. personnes. Ils gagnerent ensuite sans opposition leurs Navires, qui étoient moüillés à quelques lieuës au large, sur ce qu'on appelle l'Isle, ou la Caye du Sacrifice, ainsi nommée par Grijalva, pour la raison que j'ai dite ailleurs.

Different survenu entre les Flibustiers.

Ils y passerent la nuit en grande confusion, & dans l'apprehension continuelle de s'y voir attaquer par la Flotte Espagnole : mais cette Flotte avoit encore eu plus de peur qu'eux, & s'étoit estimée fort heureuse d'avoir pû se couler dans le Port de la Vera-Cruz sans être aperçuë. Il ne fut pas aussi aisé à nos Avanturiers de se tirer d'un autre embarras, qu'ils n'avoient pas assés prévû. Ils ne leur restoit presque plus d'eau, & ils n'avoient pas songé à s'en fournir depuis leur arrivée sur cette Côte. Dans cette extremité on délibera sur ce qu'on feroit des 1500. Prisonniers, qu'on venoit d'embarquer ; les avis se trouverent partagés : on s'échauffa ; les deux chefs se prirent de paroles, & s'allerent battre. Un coup d'épée que Vand-Horn reçut, termina le combat ; mais la querelle des Chefs devint celle des Equipages ; & l'on alloit en venir aux mains, si de Graff ne se fût pressé de faire le partage du butin, & des Prisonniers, & n'eût aussi-tôt mis à la Voile, avec la plûpart des Vaisseaux. Il eut une navigation fort heureuse, & il alla prendre terre au petit Goave, d'où il étoit parti.

Mort de Vand-Horn.

Vand-Horn resta 24. heures sur la Caye du Sacrifice après le départ du sieur de Graff, après quoi il mit aussi à la voile avec une Patache & une Barque longue. Sa

Tome II. S

1683. blessure, qui étoit au bras, n'avoit point d'abord paru dangereuse ; mais lorsqu'on y pensoit le moins la gangrene s'y mit, & il mourut fort regretté de son équipage, dont l'estime & l'affection pour lui ne pouvoient aller plus loin. C'étoit peut-être l'homme du monde le plus hardi & le plus brave, & il ne pouvoit voir la moindre lâcheté dans aucuns des siens, sans lui casser la tête sur le champ. Il laissa en mourant sa Frégate au Capitaine Granmont, qui ne put la conduire à Saint Domingue, qu'après avoir essuyé toutes les traverses, ausquelles on peut être exposé sur mer. Il eut sur-tout à souffrir une affreuse famine, qui lui fit perdre les trois quarts de ses prisonniers. D'ailleurs, sa Patache s'étant écartée, fut prise par les Espagnols, & sa Barque longue disparut tout d'un coup, sans qu'on en ait jamais pu apprendre de nouvelles ; mais un Navire Espagnol, qu'il avoit pris avant ces pertes, l'en avoit dédommagé par avance.

D'un autre côté, ceux qui avoient suivi de Graff s'étoient bientôt dispersés, & ils étoient arrivés les uns après les autres en divers Ports de Saint Domingue, où malgré les défenses du sieur de Franquesnay, qui commandoit dans l'Isle, ils furent très-bien reçûs partout ; les Habitans n'ayant garde de manquer une si belle occasion de partager les thrésors de la Vera-Cruz avec des gens, qui ne cherchoient qu'à les dépenser. D'ailleurs ce Commandant n'étoit gueres en état de les en empêcher, n'ayant ni Forteresse, ni Garnison, & se voyant tous les jours exposé aux descentes des Espagnols, qui désoloient toutes nos Côtes. Il ajoûte dans une lettre, qu'il écrivit au Ministre, pour l'informer de tout ce que je viens de dire, & qui est dattée du 12. Octobre 1683. que le bruit s'étant répandu qu'il vouloit faire un exemple sur quelques-uns des plus coupables du pillage de la Vera-Cruz, il en étoit venu chés-lui jusqu'à 120. à dessein de le tuer.

La bonne intelligence rompue entre les Flibustiers

Sur ces entrefaites, Granmont entra dans le Port du Cap François, venant de la Vera-Cruz, & ce fut alors qu'il prit le Navire Anglois, dont j'ai parlé plus haut. J'ai aussi déjà remarqué qu'on avoit peu de têms auparavant découvert les intrigues du Gouverneur de la Jamaïque avec les Espagnols, pour chasser les François de Saint Domingue. Les Anglois en avoient été punis sur le champ, nos Flibustiers n'ayant pas voulu les recevoir dans un Armement, qu'ils faisoient pour aller en course, & ayant même confisqué ce qui leur devoit revenir de la derniere expedition, qu'ils avoient faite en commun. Mais cette derniere action de Granmont acheva de rompre la bonne intelligence, qui avoit été jusques-là entre les deux Colonies, & qui avoit infiniment contribué à les rendre toutes deux très-florissantes. Telle étoit la situation des choses, lorsque M. de Cussy, qui de Collegue de M. de Pouancey, étoit devenu son Competiteur, & ensuite son Subalterne; & auquel on avoit même refusé l'Emploi de Lieutenant de Roi, qu'on avoit donné au sieur de Franquesnay, fut enfin déclaré son successeur; ses Provisions sont du 30. Septembre, & il les reçut à la Cour, où il étoit allé solliciter son avancement. Il y passa encore une partie de l'hyver, & ne s'embarqua qu'au mois de Mars 1684. pour le petit Goave, où il arriva le dernier jour d'Avril.

1683.
de S. Domingue, & ceux de la Jamaique.

Il y trouva tout en désordre, & quoiqu'on y eût des avis que les Espagnols se préparoient à attaquer ce poste, on n'y faisoit point de garde. Cependant le sieur de Franquesnay y étoit; mais assés embarrassé à contenir les Flibustiers, qu'il avoit voulu déclarer Forbans, & qui étoient sur le point d'en venir à une révolte ouverte. La présence du nouveau Gouverneur rétablit un peu le bon ordre: M. de Cussy passa ensuite à Leogane, & il y trouva aussi beaucoup de séditieux, qui ne vouloient point reconnoître leurs Officiers. Comme les principaux Habitans étoient du nombre des Mutins, il crut devoir dissimuler & les prendre par douceur, ce qui lui réussit: deux jours après, chacun étoit dans le devoir. Le 28. il partit pour visiter la Tortuë, & les quartiers de la bande du Nord, où tout étoit fort tranquille. Il y demeura jusqu'au premier de Juillet, qu'il retourna au

1684.
M. de Cussy arrive à Saint Domingue avec les provisions de Gouverneur.

S ij

1684.

petit Goave. Il y étoit à peine arrivé, que Granmont l'y vint trouver avec plusieurs autres Flibustiers, & lui demanda des Commissions pour courir sur les Espagnols. Il eut de la peine à les lui accorder, d'autant plus qu'il avoit ordre de M. de Seignelay d'assembler tous les Flibustiers pour une expedition, dont nous parlerons bientôt. A la fin songeant qu'il ne pouvoit réünir tous ces gens-là, qu'en leur envoyant un homme, qui eut du crédit sur eux, il crût devoir accorder à Granmont ce qu'il lui demandoit, mais ce fut à condition de rassembler tous ceux, que le sieur de Franquesnay avoit obligés de s'éloigner, en les déclarant Forbans, & de les amener tous à Saint Domingue au têms qu'il leur marqua.

Combat auprès de Carthagene entre les Flibustiers & les Espagnols.

Laurent de Graff n'avoit pas encore osé se montrer publiquement depuis son expedition de la Vera-Cruz, & il s'étoit bientôt remis en Mer pour faire la course. Le 23. de Decembre, le Gouverneur de Carthagene ayant appris que lui, deux autres Flibustiers de réputation, dont l'un étoit ce fameux Michel la Basque, dont nous avons déjà parlé, & l'autre, Jonqué, qui s'étoit distingué dans plusieurs expeditions, croisoient autour de son Port, envoya contr'eux deux Fregates; l'une de 48. Canons & de 300. Hommes d'Equipage; l'autre de 40. Pieces & de 250. Hommes, avec un Batteau de douze Pierriers, & de six Canons, & donna ordre à ceux, qui les commandoient, de lui amener ces trois Corsaires morts ou vifs. Ils montoient chacun un Navire, dont le plus fort étoit de 30. Pieces & de 200. Hommes, & les deux autres un peu plus petits. Dès qu'ils apperçurent les Espagnols, ils allerent au-devant d'eux, les aborderent, & après un combat d'une heure & demie, ils les enleverent; Tout ce qui ne fut pas tué fut renvoyé à terre, & on les chargea d'une lettre pour le Gouverneur de Carthagene, par laquelle de Graff & ses deux Collegues le remercioient de leur avoir envoyé de si bons Navires; ils ajoutoient que jamais secours ne leur étoit venu plus à propos, leurs Vaisseaux ne valant plus rien; que s'il en avoit encore quelques-uns, dont il voulût se défaire, ils les attendroient 15.

jours, mais qu'il ne les envoyât point sans argent, dont ils avoient un très-grand besoin, sinon, qu'ils ne feroient quartier à personne.

1684.

M. de Cuſſy apprit ces nouvelles à ſon arrivée de France. On lui dit en même têms que le Capitaine Bernanos étoit parti, il y avoit trois mois, avec quatre Bâtimens, pour aller faire deſcente au Golphe de Paria, & que le Capitaine le Sage, qui montoit un Navire de 30. Canons, étoit à croiſer à la Côte de Caraque. Enfin à ſon arrivée au Cul-de-Sac, & dans le têms qu'il dépêchoit Granmont pour raſſembler les Flibuſtiers, & les aſſûrer qu'ils ſeroient les bien venus à S. Domingue, il ſçut que de Graff venoit de prendre terre à la grande Anſe, avec une nouvelle priſe, qu'il avoit faite ſur les Eſpagnols. Le deſſein de ce Capitaine étoit de prendre langue ; mais ayant ſçu que M. de Cuſſy avoit été nommé Gouverneur de Saint Domingue, & qu'il étoit au petit Goave, il l'y alla trouver, & il en fut reçû avec toute la diſtinction, que pouvoit eſperer celui de tous les Capitaines Flibuſtiers, qui avoit une plus brillante réputation ; quoique Granmont fût plus propre que lui à conduire une grande affaire.

M. de Cuſſy ne reſta pas long-têms au petit Goave, ayant été obligé de ſe rendre à la Bande du Nord pour les raiſons, que je vais dire. L'indocilité des Flibuſtiers, & le dérangement qu'avoient cauſé leurs dernieres courſes dans les affaires de Saint Domingue, n'étoient pas l'unique choſe, qui attiroit l'attention du miniſtere de ce côté-là ; on n'avoit encore pû établir dans cette Iſle aucune forme de religion, ni de Police, ni prendre aucune meſure, pour que la juſtice y fût bien adminiſtrée ; & ce déſordre commençoit à n'être plus tolerable, à cauſe de l'accroiſſement ſenſible de la Colonie. Mais comme l'authorité naiſſante d'un nouveau Gouverneur, peu verſé d'ailleurs dans l'étude des Loix, ne paroiſſoit pas ſuffiſante pour remedier à tant de maux ; le Chevalier de Saint Laurent, qui venoit d'être nommé Lieutenant de Roi au Gouvernement des Iſles Françoiſes

MM. de St Laurent & Begon paſſent à S. Domingue, & pourquoi.

de l'Amérique, & qui commandoit en l'abſence du Gouverneur General, & M. Begon, qui y étoit Intendant, eurent ordre de ſe tranſporter à Saint Domingue, d'en viſiter tous les quartiers habités par les François, & d'y travailler de concert avec M. de Cuſſy à réformer tous les abus, qui s'y étoient introduits. Ils obéïrent, & prirent terre au Cap François les premiers jours du mois d'Août 1684.

<small>Hoſtilités des Eſpagnols pendant la Tréve.</small>

Ce fut la nouvelle de leur arrivée, qui obligea M. de Cuſſy à partir du petit Goave, parce que ces Meſſieurs lui avoient donné rendés-vous au Port de Paix, & il y étoit à peine débarqué, qu'il apprit par un exprès, que lui avoit dépêché M. de S. Laurent, une choſe, dont il ne fut apparemment pas trop fâché que lui & M. Begon euſſent été les témoins. La Tréve ſubſiſtoit toûjours entre la France & l'Eſpagne; mais j'ai déjà obſervé que les Eſpagnols de l'Amérique ne vouloient, ni Paix, ni Tréve avec les François de S. Domingue. Une demie Galere de cette Nation, montée de 80. Hommes, entra la nuit du 28. Août dans le Port du Cap, à la faveur d'un beau clair de Lune. Ceux qui ſçavent combien l'entrée de ce Port eſt difficile, n'auront point de peine à croire qu'on ait pu être ainſi ſurpris, tandis qu'un Commandant General & un Intendant étoient dans la Place. Quoiqu'il en ſoit, la demie Galere aborda un Vaiſſeau Marchand, qui y étoit moüillé à côté de deux autres, y tua trois Hommes, en bleſſa quatre, & l'auroit apparemment enlevé, ſi elle n'eût apperçu grand nombre de gens, qui s'embarquoient dans des Canots, pour le ſecourir. Cette vûë l'obligea à ſe retirer au plus vîte; mais une telle hoſtilité donna bien à penſer à MM. de Saint Laurent & Begon. Toutefois M. de Cuſſy les raſſûra un peu, en leur mandant que ce n'étoit que de la canaille, qui n'oſoit ſe montrer en plein jour, même aux endroits les plus foibles, & qu'encore qu'il y eût quinze Bâtimens pareils à celui-là, qui rodoient ſans ceſſe autour des Côtes Françoiſes, il ne vouloit qu'un Vaiſſeau bien armé, pour les détruire, ou du moins les obliger à diſparoître.

Ce Gouverneur en attendant Meſſieurs les Commiſſaires au rendez-vous, qu'ils lui avoient marqué, n'étoit pas demeuré oiſif, & comme il connoiſſoit parfaitement les beſoins de ſa Colonie, la nature du mal, auquel on vouloit remedier, & ce qu'il convenoit de faire pour y réüſſir, il avoit tellement avancé l'ouvrage, lorſqu'ils arriverent au Port de Paix, il leur rendit un compte ſi exact de l'état, où ſe trouvoient les affaires, il leur communiqua des vûës ſi juſtes & ſi ſenſées, pour regler toutes choſes d'une maniere également douce & efficace, & il leur ſuggera des expediens d'une execution ſi facile, pour ſurmonter tous les obſtacles, qu'on prévoyoit; qu'ils comprirent qu'une Colonie établie ſur un fonds ſi riche, compoſée de gens capables de ſi grandes choſes, & gouvernée par un homme ſi éclairé & ſi laborieux, ne pouvoit pas manquer d'être une des plus floriſſantes du Nouveau Monde, dès qu'on ſeroit venu à bout d'y introduire l'ordre & la diſcipline, & d'y faire gouter la douceur d'un Gouvernement établi ſur la Religion & la Juſtice. Il eſt vrai que ſi on en croit M. de Cuſſy, ce travail lui avoit coûté la perte de ſa ſanté, & qu'il ne lui fut jamais poſſible de la recouvrer; mais il étoit alors beaucoup plus néceſſaire d'agir de la tête que du bras; & il eût été à ſouhaitter qu'on l'eût mis en état de n'être jamais contraint d'agir autrement.

1684.
Application de M. de Cuſſy à bien regler ſa Colonie.

Les plus grands déſordres, & les plus difficiles à corriger, étoient parmi les Flibuſtiers. MM. de Saint Laurent & Begon trouverent fort étrange qu'on eût ſouffert juſques-là que ces Avanturiers armaſſent ſur la ſeule permiſſion du Gouverneur de la Tortuë; qu'ils fuſſent ſur le pied de ne point donner de caution, ni de déclaration de leurs équipages au Greffe, ſoit avant leur départ, ſoit après leur retour; qu'ils ne rendiſſent aucun compte de ceux, qui étoient morts, ou qu'ils avoient dégradés, comme ils continuoient toujours de faire pour de certains cas de leur propre authorité, & ſans aucune formalité de juſtice; qu'ils embarquaſſent toutes ſortes de gens ſans congé du Gouver-

Abus qui s'étoient introduits parmi les Flibuſtiers.

1684.

verneur; qu'ils allassent achetter tout ce dont ils avoient besoin, & radouber leurs Navires à la Jamaïque, à Bafton, à l'Isle de Saint Thomas, & en d'autres lieux de la domination Angloise, où ils jettoient par-là un argent infini; qu'ils se fussent toûjours maintenus dans le droit de déposer leurs Capitaines, quand ils n'en étoient pas contens; qu'ils n'observassent aucune regle au sujet des prises, qu'ils n'en fissent point d'inventaire, & qu'ils les partageassent entr'eux, sans les avoir fait juger; qu'ils les conduisissent souvent chés les Etrangers; qu'ils coulassent à fond les Navires, dont ils ne vouloient pas se servir, qu'ils n'amenassent à la Côte que les Prisonniers, dont ils esperoient tirer une grosse rançon; qu'ils ne payassent le Dixiéme que quand ils le vouloient bien, & prétendissent n'être pas dans l'obligation de le payer de tout ce qu'ils ne prenoient pas à la Mer; qu'ils vendissent les Negres pris sur les Espagnols au préjudice de la Compagnie d'Afrique; enfin qu'ils traitassent à la Mer avec les Anglois.

On travaille à les faire revenir dans la Colonie.

C'étoit bien peu connoître les Flibustiers, que d'être surpris de tout cela; il y avoit même quelques-uns de ces articles, sur lesquels on auroit été assés peu fondé à les vouloir gêner. Le moyen, par exemple, de les empêcher d'aller faire des vivres, & radouber leurs Bâtimens à la Jamaïque, ou dans les autres endroits, dont j'ai parlé; la Côte de S. Domingue ne leur pouvant presque jamais rien fournir de ce qui leur étoit nécessaire pour tout cela? On convint néanmoins qu'il falloit prendre des mesures pour les assujettir à se conformer aux Loix & aux Reglemens, ausquels les autres Sujets du Roi étoient soûmis. Mais il y avoit quelque chose de plus pressé à faire, & à quoi nous avons vû que M. de Cussy avoit sérieusement travaillé, dès qu'il s'étoit vû en place. Ce corps d'Avanturiers étoit alors composé de 3000. Hommes. Il avoit été plus nombreux; mais il en avoit péri beaucoup par les maladies, & par le fer des Espagnols, sur-tout dans deux malheureuses expeditions sur Campêche, où ils avoient été bien battus. Il s'agissoit d'en

rassembler

DE S. DOMINGUE, LIV. VIII. 145

rassembler les débris, & lorsque les Commissaires voulurent entrer dans le détail des moyens, qu'il falloit prendre pour en venir à bout, ils demeurerent convaincus. Premierement, qu'il ne falloit rien négliger pour conserver le corps des Flibustiers. En second lieu, qu'on ne le conserveroit jamais, si l'on n'usoit de grands ménagemens avec eux, & si on leur interdisoit absolument la course.

1684.

Ils dresserent sur cela un Memoire, qu'ils envoyerent au Roi, & que ce Prince ne gouta point d'abord. C'est ce qui se voit par une Lettre de M. de Seignelay à M. le Comte de Blenac, Gouverneur General des Isles, où il lui dit : « Sa Majesté a examiné ce que les sieurs Chevalier de S.
» Laurent & Begon ont écrit conjointement sur le Voyage,
» qu'ils ont fait à la Côte Saint Domingue. Elle ne voit pas
» qu'ils raisonnent juste sur ce qui regarde les Flibustiers. Il
» est bien vrai qu'il ne faut pas les laisser détruire, ni les
» désesperer, ensorte qu'on les obligeât à passer dans les
» Isles Angloises, & à fortifier le grand nombre d'Anglois,
» qui sont la course; mais il faut aussi empêcher par tous
» moyens possibles, qu'ils ne se mettent en état de trou-
» bler la liberté du Commerce des Indes en Espagne. Et
» ils comprendront aisément combien cela est nécessaire;
» quand ils feront réflexion que de toutes les Nations de
» l'Europe les Espagnols sont ceux, qui profitent le moins
» des Indes; que les François, par l'abondance des Marchan-
» dises, qu'ils portent à Cadis, tirent une grande partie de
» l'argent, qu'on en apporte, & qu'ainsi, lorsque les Fli-
» bustiers font des prises sur les Espagnols, c'est moins ceux-
» ci, qui en souffrent la perte, que les François interessés
» en ce Commerce. Lors donc que les Commandans Fran-
» çois ont donné des Commissions à ces Flibustiers pour ar-
» mer en guerre, ils ont entierement excedé leur pouvoir,
» & fait contre les intentions de Sa Majesté, qui estime que
» rien ne seroit si important, que de rendre ces Vagabonds
» de bons Habitans de Saint Domingue, ou de tel autre
» endroit, où ils pourroient s'habituer, & d'où ils pourroient

Le Roi ne goute point les ménagemens qu'on a pour eux.

Tom II.   T

1684.

» faire par terre aux Espagnols une guerre, qui n'auroit rien
» de contraire au Commerce de ses Sujets. » Tout cela étoit
pensé fort juste ; mais dans la situation, où étoient les choses,
la pratique en étoit impossible ; & rien ne le fera mieux voir
que ce qui arriva dans la suite à M. de Cussy, pour être un
peu trop entré dans les vûës de la Cour à ce sujet.

Caractere M. de Cussy, & calomnies publiées contre lui.

Avant que cet Officier fût en place, il n'y avoit dans
toute la Colonie qu'une voix sur ce qui le regardoit. On convenoit qu'il étoit doux, populaire, équitable, zelé pour le bien
public, habile à ménager les esprits, sage & circonspect,
plein d'honneur & de probité. Les Flibustiers avoient une
entiere confiance en lui, & la nouvelle de sa nomination
au Gouvernement de S. Domingue ne s'étoit pas plûtôt répanduë parmi eux, que la plûpart de ceux, qui s'étoient retirés par crainte & par dépit, vinrent le trouver, & lui
jurerent une obéïssance entiere. Mais dès qu'il voulut les
mettre à l'épreuve, & les obliger à quitter la course, il ne
fut plus rien de tout ce que je viens de dire ; & il n'est pas
croyable à quel point la plûpart le dénigrerent. On commença par dire qu'avant que de passer en Amérique, il n'avoit
jamais fait la guerre qu'aux lievres & aux perdrix; on porta même l'impudence jusqu'à assûrer que lui-même étoit le premier
à l'apprendre à ceux, qui auroient pû juger le contraire : ce
qui étoit d'autant plus faux, qu'on garde encore au dépôt
de la Marine le Mémoire, qu'il présenta à M. de Seignelay,
pour lui faire connoître ses services en France. Mais de quoi
il fut particulierement accusé, ce fut d'avoir eu une passion
extrême pour le Commerce, d'y avoir toûjours donné sa
principale attention; d'avoir fait une bonne partie de celui du
dedans, & d'en avoir toujours entretenu un au dehors avec
les Espagnols, sans s'embarrasser si nous étions en paix ou
en guerre avec cette Nation ; & par cette conduite si peu digne d'un Homme, qui commandoit les plus braves gens de
la terre, d'avoir avili l'authorité du Roi, dont il étoit dépositaire, & de s'être à la fin attiré le mépris & l'indignation
de ceux, qui lui avoient témoigné d'abord plus d'estime &

d'affection. On alla même jufqu'à le foupçonner d'intelligence avec les ennemis naturels de la Colonie, qu'il gouvernoit, & l'on ne craignit point de publier, comme une chofe reconnuë de tout le monde, que fi cette Colonie avoit eu un autre Chef que lui dans les circonftances, où il fe trouva, toute l'Ifle de S. Domingue eut été acquife à la France. Nous verrons en fon lieu de quelle maniere la calomnie fut découverte, & on s'étonnera fans doute qu'après le point d'évidence, où la vertu, le defintereffement, & la bravoure de ce Gouverneur, furent mis par les foins de celui, qui lui fucceda, il y ait encore à S. Domingue des gens, qui réveillent fes cendres, en renouvellant des accufations fi évidemment fauffes, & déclarées telles de la maniere la plus juridique & la plus inconteftable.

1684.

Cependant le deffein de la Cour, en envoyant MM. de S. Laurent & Begon à S. Domingue, n'étoit pas feulement qu'ils y aidaffent le nouveau Gouverneur à regler fa Colonie; ils avoient encore un ordre particulier d'examiner un projet, dont l'execution dépendoit des Sujets de ce Gouvernement: voici de quoi il s'agiffoit. Le Comte de Peñaloffa Efpagnol mécontent de la Cour de Madrid, s'étoit offert à fervir la France, & avoit propofé de tranfporter tous ceux des Avanturiers, qui n'avoient point d'Habitation formée à San-Domingo, ni aucun attachement dans cette Ifle, à l'embouchure de *Rio-Bravo*, pour occuper ce qu'on appelle la nouvelle Bifcaye, où font les Mines de Sainte-Barbe, autrefois fi abondantes. Cette propofition revêtuë avec art de tout ce qui pouvoit la faire paroître avantageufe, & d'une exécution facile, avoit extrêmement flatté le Marquis de Seignelay, & ce Miniftre en avoit parlé à M. de Cuffy de maniere à lui faire comprendre qu'il avoit extrêmement à cœur la réuffite de cette affaire ; il lui en écrivit même encore au lieu de fon embarquement en ces termes. » Je vous » ai expliqué avant votre départ, que le Roi pourroit avoir » befoin des Flibuftiers pour une entreprife fur les Efpagnols » établis à la Côte de la nouvelle Bifcaye, & comme Sa

Etabliffement propofé dans la nouvelle Bifcaye.

Du 4. Mars 1684.

T ij

» Majesté se confirme dans cette résolution, elle m'ordonne de vous mander, qu'aussi-tôt que vous serés arrivé à
» la Côte S. Domingue, elle veut que vous travailliés à re-
» mettre ensemble tous les Flibustiers, pour partir au mois
» d'Octobre ou de Novembre.

Le Ministre ne voulut pourtant pas prendre un dernier parti sur une entreprise de cette consequence, sans avoir reçû l'avis de MM. de S. Laurent & Begon, lesquels après en avoir conferé avec plusieurs Habitans, qui restoient encore des premiers fondateurs de la Colonie de S. Domingue, se convainquirent, & lui manderent que ce projet leur paroissoit absolument impratiquable. Leurs raisons étoient, qu'il n'y avoit pas un seul Flibustier, qui n'eût une Habitation, du moins en societé avec un Habitant, & que les Habitans ne pouvoient absolument se passer du secours des Flibustiers pour se défendre contre les Espagnols ; ainsi que leur sentiment étoit que si le Roi vouloit entrer dans les vûës du Comte de Peñalosse sur la nouvelle Biscaye, elle pouvoit se servir des Flibustiers pour conquerir le pays ; après quoi il faudroit y envoyer des Soldats de France, pour le garder, & des familles pour le peupler. Ils ajouterent que la Colonie de S. Domingue ne pouvoit pas même se soutenir dans l'état, où elle étoit, si les Flibustiers s'en éloignoient trop, ou se dispersoient ; & que pour la mettre une bonne fois à couvert de la fureur des Espagnols, qui ne lui donnoient point de treve, & ne faisoient quartier à personne, le plus court étoit de se rendre maître de San-Domingo ; ce qui leur paroissoit aisé.

Negotiations inutiles avec le Président de San-Domingo.

On venoit de recevoir la nouvelle que la guerre avoit été declarée entre la France & l'Espagne ; elle n'empêcha point MM. les Commissaires d'engager M. de Cussy à faire demander au Président de San-Domingo, s'il avoit les pouvoirs nécessaires pour procéder à la reconnoissance des limites : c'étoit apparemment un des articles contenus dans leurs instructions, ou bien voyant les Espagnols s'opiniâtrer à traitter les François, même en têms de paix, comme on

fait les Corfaires, ils vouloient faire expliquer fur cela le
Préfident; mais ce General ne prit point le change, & fe
contenta de répondre que la conjoncture de la guerre préfente n'étoit pas propre pour une pareille négociation. Sur
cette réponfe on vit bien qu'il n'y avoit point d'autre parti
à prendre, que de fe préparer à fe bien défendre, & à attaquer; & ceux qui voyoient les chofes de près, convenoient
que le plus court & le plus fûr étoit d'aller d'abord à la four-
ce du mal, en portant la guerre jufqu'à la Capitale. Les
Commiffaires & le Gouverneur crurent pourtant qu'avant
toutes chofes il falloit achever de regler la Colonie, où l'on
ne pouvoit compter fur rien, tandis que tout y étoit dans la
confufion; que la fubordination n'y étoit pas gardée, & que
l'authorité du Souverain n'y étoit pas affés refpectée dans la
perfonne de ceux, qui y commandoient en fon nom.

1684.

Mais rien n'étoit plus preffé, que de pourvoir à l'adminif-
tration de la juftice; depuis qu'on avoit commencé à garder quelque regle fur cela, c'étoit les Officiers des Milices
de chaque quartier, qui la rendoient dans une efpece de Confeil établi fous l'authorité du Gouverneur; mais comme ces
Officiers n'avoient aucune connoiffance des Loix, on comprit qu'ils pouvoient faire de grandes fautes, & il fut propofé de donner un Confeil fuperieur à la Colonie, & des
Sieges Royaux aux quatre principaux Quartiers, qui étoient
Leogane & le petit Goave pour la Côte Occidentale, le Port
de Paix & le Cap François pour la Septentrionale. La propofition fut agréée, & exécutée en cette maniere l'année
fuivante. Le Confeil Superieur fut établi au petit Goave,
d'où il fut quelque têms après tranfferé à Leogane. Ces deux
poftes, & les deux autres propofés pour la bande du Nord,
eurent auffi chacun un Siege Royal. Celui du petit Goave
étendit fa Jurifdiction aux Quartiers de Nippes, de Rochelois, de la grande Anfe & de l'Ifle à Vaches. Celui de Leogane comprit tous les établiffemens de l'Arcahay & des environs. Celui du Port de Paix commençoit au Mole S. Nicolas, embraffoit la Tortuë, & finiffoit au Port François. Le

Etabliffe-
ment d'un
Confeil Sou-
verain, & de
plufieurs Sie-
ges Royaux.

reste de la Côte du Nord étoit de la dépendance de celui du Cap. Les Lettres Patentes de ces créations sont du mois d'Aoust 1685.

La Ferme du Tabac ruine la Colonie.

Cette innovation fit d'abord quelque peine aux Habitans, qui prenoient ombrage de tout, & qui s'imaginerent que c'étoit encore quelque nouveau joug, qu'on vouloit leur imposer; mais les bonnes manieres & la dexterité de M. de Cussy les rassûrerent bientôt. Le plus grand embarras de ce Gouverneur fut ensuite à les calmer au sujet de la Ferme du Tabac, qui continuoit à les ruiner, & avoit à la fin rendu si méprisable cette marchandise, laquelle avoit été long-têms la seule monnoye du pays, & avoit formé la Colonie, que quiconque n'avoit point d'autre bien étoit en danger de mourir de faim. J'ai dit ailleurs que feu M. de Pouancey les avoit engagés à prendre patience, en leur faisant esperer que cette Ferme ne seroit pas renouvellée à la fin de son bail, en ayant reçû lui-même les assûrances positives de la part de M. Belinzani prédecesseur de M. Begon; mais ou on ne leur avoit pas tenu parole, ou bien la fin du bail leur parut trop éloignée, pour attendre jusques-là. Ils se persuaderent même, que le Roi n'étoit pas informé de leur misere, ne pouvant croire que Sa Majesté, si elle en étoit instruite, n'eût pas la bonté de les soulager, & ne voulût pas lever un si grand obstacle à l'accroissement de la Colonie. Sur quoi les Principaux d'entr'eux s'étant assemblés, ils firent les propositions suivantes, que M. de Cussy se chargea d'envoyer au Ministre.

Propositions des Habitans au Roi pour augmenter le Commerce de leur Isle.

Ils offroient au Roi, si Sa Majesté vouloit leur faire la grace de supprimer la Ferme du Tabac, de lui donner un quart de tous ce qui en arriveroit en France, & de l'affranchir de tous les frais, même de celui du fret; mais sans choix, & à condition que les trois autres quarts, qui leur demeureroient, seroient pareillement francs & quittes généralement de tous droits; & que les Marchands, ou propriétaires de ces trois quarts les pourroient vendre en gros & en détail, dedans & dehors le Royaume, sans être non plus sujets à aucuns droits de quelque nature qu'ils fussent ; & ils prétendoient que Sa Majesté tireroit plus de cette maniere, que par les 40. sols pour cent, que lui donnoit le Fermier du Tabac. Ils ajoûtoient que, si on leur accordoit une demande, qui leur paroissoit si raisonnable, cela les engageroit à augmenter la culture de l'Indigo, & la fabrique du Cotton, d'où le Roy pouvoit encore retirer un grand profit.

1684.

Je n'ai pû sçavoir quelle réponse le Marquis de Seignelay fit à M. de Cussy sur tous ces articles ; mais il est certain que les choses demeurerent encore assés long-tems sur le pied, où ce Gouverneur les avoit trouvées à son retour de France, & que la Colonie se vit les années suivantes plus d'une fois sur le point de périr par le défaut du commerce, & par le dépit & le desespoir des Habitans. Enfin la Fabrique de l'Indigo devint considerable, jetta beaucoup d'argent dans le pays, & peu à peu mit plusieurs particuliers en état de faire des Sucreries avec le succès, que nous verrons à la fin de cet ouvrage. Pour ce qui est du Cotton, les Habitans y renoncerent bientôt, & arracherent les Cotonniers. La raison, qu'on en apporta dans le tems, fut qu'un Negre ne pouvoit pas filer en un an assés de Cotton pour dédommager son maître de ce qu'il avoit déboursé pour l'acheter, & de ce qu'il lui coûtoit pour l'entretenir ; mais il est d'autant plus difficile de comprendre ceci, que ces Affriquains doivent être stilés à ce travail ; & qu'une des principales richesses de la Colonie Espagnole, tant qu'elle a été florissante, étoit le Cotton ; depuis même que les Indiens eurent tout à fait manqué : par conséquent c'étoit les Negres qui le fabriquoient.

Je ne trouve nulle part en quel tems on s'avisa de planter des Cacaoyers ; il est certain qu'ils y réussirent au-delà même de ce qu'on avoit esperé, & c'est peut-être de toutes les marchandises, qu'on a encore tirées de S. Domingue, celle qui a le plus contribué à peupler cette Colonie. Nous verrons ailleurs par quel accident elle est aujourd'hui privée d'un si grand avantage. Enfin dans les têms dont je parle le

1684.

Rocou faisoit encore un des plus considérables revenus de S. Domingue; mais tout cela étoit peu de chose, & il n'y a aucun lieu de douter que la plûpart des Habitans n'eussent alors pris le parti de se retirer ailleurs, s'ils n'eussent trouvé quelque profit à faire sur les prises des Flibustiers.

J'ai dit ailleurs que M. de Pouancey en prenant possession de son Gouvernement, avoit été fort surpris de trouver l'Isle de la Tortuë presqu'abandonnée, & qu'il avoit pris extrêmement à cœur de la repeupler; il y a bien de l'apparence qu'il n'y avoit pas réüssi. M. de Cussy ne témoigna pas d'abord moins de zele que son prédécesseur pour le retablissement de ce poste; mais il y renonça enfin, ayant sçû que le terrein ne produisoit pas à beaucoup près autant qu'il avoit fait dans les premiers têms; & quoiqu'il y restât encore un assés bon nombre d'Habitans, qui n'étoient apparemment pas en état de se transporter ailleurs pour y travailler sur nouveaux frais; il ne s'y forma presque plus de nouvelles Habitations, & aujourd'hui elle est absolument deserte. Ce fut le Port de Paix, qui profita le plus de ses debris : pendant tout le gouvernement de M. de Cussy ce poste fut toujours regardé comme le plus important de la Colonie, & un des premiers soins de ce Gouverneur fut d'y bâtir un Fort, que l'abandonnement de la Tortuë rendoit absolument nécessaire, pour la sûreté du Canal, qui est entre ces deux Isles; mais ce dessein ne peut être si-tôt executé.

Fin du Huitiéme Livre.

HISTOIRE
DE
L'ISLE ESPAGNOLE
OU DE
S. DOMINGUE.
SECONDE PARTIE.

LIVRE NEUVIE'ME.

E Chevalier de S. Laurent & M. Begon n'ayant plus rien, qui les arrêtât à S. Domingue, partirent du Cap François le premier de Decembre, pour retourner aux Isles du Vent, emportant avec eux l'estime & l'affection d'une Colonie, à laquelle ils avoient fait entierement changer de face dans le peu de têms, qu'ils y avoient demeuré, & plus convaincus que jamais qu'elle ne pouvoit être en de meilleures mains, qu'entre celles de M. de Cussy. Laurent de Graff, que ce Gouverneur s'étoit fort attaché, eut ordre de les escorter, parce qu'encore qu'on eût publié depuis peu à Ratisbonne une treve de 24. ans avec l'Espagne, l'experience du passé avoit appris qu'il ne falloit pas s'y fier. Je trouve même que Laurent de Graff étoit alors muni d'une Commission en bonne forme de l'Amiral de France; mais il y a bien de l'apparence que, s'il l'avoit reçûë de M. de Cussy, c'étoit avant que les nouvelles de la Tréve fussent arrivées, puisqu'il est certain que ce Gouverneur étoit instruit que la Tréve devoit être gardée tant en-deçà qu'au-delà de la ligne : ou bien la Commission dont de Graff étoit

1684.
Depart de MM. de Saint Laurent & Begon.

1684.

porteur, n'étoit que pour garder les Côtes, & assûrer le Commerce contre les entreprises des Espagnols. Mais une simple défensive n'étoit pas du goût des Flibustiers, & tout ce que la Tréve & les efforts de M. de Cussy, pour la faire garder, produisirent, ce fut la perte, que fit la Colonie de plus de la moitié d'un Corps, qui faisoit sa principale force, & dont on ne connut jamais bien l'utilité, que quand on se vit privé de son secours.

Causes d'une excursion des Flibustiers dans la Mer du Sud.

Je parle de cette fameuse excursion, que firent à la fin de cette année un très-grand nombre de Flibustiers Anglois & François dans la Mer du Sud ; mais dont la publication de la Treve, & les défenses faites en conséquence, ne furent pas les seuls motifs. En voici un autre, que j'ai tiré d'une Lettre écrite en 1692. par M. Ducasse à M. de Pontchartrain, & que ce Gouverneur regardoit même comme la principale cause d'un évenement, dont il déploroit les suites funestes. Quelques mesures qu'on eût prises pour établir la police & l'ordre dans les Quartiers les plus frequentés de la Côte, on n'y avoit pas également réussi part tout ; & le petit Goave en particulier étant, à cause de la commodité de son Port, la retraite ordinaire de tout ce qu'il y avoit dans ces Mers de Flibustiers & de Pirates, ils s'y maintenoient dans une grande indépendance ; n'y respectoient l'authorité, qu'autant qu'elle les menageoit, ou plûtôt, qu'elle les laissoit vivre à leur mode ; & y menoient une vie afreuse. M. de Cussy, qui aimoit la vertu, dit M. Ducasse, ne put souffrir plus long-têms un si grand scandale ; & comme la Tréve lui rendoit ces gens-là moins nécessaires, il entreprit de mettre en usage, pour faire cesser tant de desordre, toute la vigueur d'une authorité soutenuë de celle du Souverain.

La maniere, dont il s'y prit, convainquit les Flibustiers qu'il en viendroit à bout, s'ils ne lui opposoient la force ouverte, ou s'ils ne se retiroient ; & ils prirent ce dernier parti ; mais il falloit se retirer si loin, qu'ils ne fussent plus du tout en danger d'être inquiettés par un homme, dont ils redoutoient la vigilance, & dont ils respectoient peut-être assés la vertu, pour ne vouloir pas être obligés d'en venir contre lui à quelque extrêmité facheuse. Les réfolutions parmi ces gens-là fe prenoient fort brufquement, & ne fe changeoient prefque jamais: on étoit engagé fans retour, dès qu'on avoit donné parole, & fouvent la parole fe donnoit fur la fimple propofition: on refléchiffoit enfuite, mais ce n'étoit qu'aux moyens d'éxécuter ce qui avoit été réfolu fans réfléxion; & il falloit y réüffir, ou mourir à la peine. Jamais ceci ne parut d'une maniere plus fenfible que dans l'occafion, dont il s'agit. Une expédition dans la Mer du Sud fut propofée, & acceptée d'abord par plus de 2000. Hommes; mais ce qu'il y a de plus fingulier, & ce qui me paroît une preuve convainquante que la Juftice divine conduifoit ces Brigands comme par la main, pour châtier les Efpagnols de ces contrées, dont le luxe & les crimes crioient vengeance au Ciel, c'eft qu'une réfolution de cette nature fut prife en même têms & fans aucun concert, non feulement par des Flibuftiers Anglois & François, entre lefquels il y avoit alors peu de concert, mais même par plufieurs troupes particulieres de l'une & de l'autre Nation; & que ce fut le feul hazard, qui les réünit.

1684.

Les premiers qui partirent pour ce grand voyage furent les Anglois, qui au nombre de fept à huit cens fortirent des Ports de la Jamaïque, & entrerent dans la Mer du Sud par le détroit de Magellan. Une autre troupe d'environ 120. alla débarquer dans le fonds du Golphe d'Uraba, & gagna par terre la Riviere de Chica, d'où elle fe rendit en Canots à Boca de Chica, bourgade à l'embouchure de cette Riviere, dans la même Mer du Sud. 430. François prirent peu de têms après la même route fous la conduite des Capitaines Grognier, l'Ecuyer, & le Picard: plufieurs bandes des deux Nations les y fuivirent; mais la plûpart furent affommés par les Indiens, à qui les Efpagnols firent entendre qu'ils leur répondroient de tous ceux, qui pafferoient deformais fur leurs Terres fans leur permiffion. Enfin 200. François s'embarquerent au Cap Francois, fur un Navire commandé par le Capitaine le Sage, pour paffer auffi le détroit de Ma-

Différentes routes que prennent les Flibuftiers.

V ij

1684.

gellan ; & on fut très-long-têms sans apprendre de leurs nouvelles. Tous les autres agirent d'abord de concert : les Anglois, qui arriverent les premiers auprès de Panama, y avoient amené quelques prises Espagnoles, qu'ils avoient faites sur leur route : ils les cederent de bonne grace aux François, & à ceux de leur Nation, qui étant venus par terre, n'en avoient point ; ainsi ils se trouverent environ 1100. Hommes sur dix Batimens, la plûpart fort petits, tous assés mal armés, sans provisions & sans munitions ; mais résolus à tout tenter pour se monter & s'équiper aux dépens des Espagnols, & sur-tout à demeurer toûjours unis : il est vrai qu'ils garderent mal cette derniere résolution.

Ils manquent la Flotte du Perou, & en sont fort maltraittés. Ces deux Nations se séparent.

Ils oserent bien pour leur coup d'essai tenter de se rendre maîtres de la Flotte du Perou, qu'on attendoit de jour en jour à Panama ; mais s'étant mis, en attendant qu'elle parût, à se divertir dans ce qu'on appelle *les Jardins de Panama*, qui sont de petites Isles fort jolies, où les plus riches Habitans de cette Ville ont leurs maisons de plaisance ; la flotte passa sans qu'ils s'en apperçussent ; y déchargea ses thrésors, y augmenta ses équipages ; y prit des troupes fraîches, & vint à son tour les chercher ; leur coula une Barque à fonds ; incommoda fort plusieurs autres ; mais ne leur tua que deux Hommes. Elle rentra ensuite à Panama, & les Flibustiers allerent se radouber à l'Isle de S. *Jean de Cueblo* à 80. lieuës de l'Ouest de cette Ville. Les vivres commençoient à leur manquer ; ils envoyerent 300. Hommes dans deux Canots en chercher dans une Bourgade nommée *Pueblo-Nuevo*, éloignée de dix lieuës de S. Jean ; mais ils n'y trouverent rien, ni pas une ame. Une Barque chargée de soye, qu'ils prirent chemin faisant, les consola un peu de ce malheur ; mais la discorde s'étant mise entre les deux Nations, les Anglois, qui faisoient le plus grand nombre, qui en vouloient profiter, pour se rendre maîtres de tout, & commettoient partout des impietés, qui faisoient horreur aux François, se retirerent, emmenant avec eux onze François, qui ne voulurent point les quitter ; reprirent les Vaisfeaux, qu'ils avoient donnés aux autres, & les laisserent avec deux Barques & un Canot. Ce fut le 9. de Juillet 1685. que se fit cette séparation.

<small>1684.
|
1687.</small>

Quelques jours après les François étant occupés à faire des Canots, la sentinelle qu'ils avoient au bord de la Mer, les avertit qu'on voyoit une voile au large. Ils y coururent en grand nombre : c'étoit un petit Bâtiment Anglois de 50. Hommes d'équipage, y compris quelques François. Ceux-ci resterent avec leurs Compatriotes, & les autres allerent chercher les Flibustiers Anglois, pour se joindre à eux. Après que nos Braves eurent perdu bien du têms à S. Jean de Cueblo, ou la pêche & la chasse ne leur manquoient point, & & d'où ils se contenterent d'abord d'envoyer de côté & d'autre de petits partis, qui ne firent pas grande fortune, ils partirent enfin tous ensemble le 8. d'Octobre, pour aller prendre & piller la Ville & le Port de *Realejo*, éloigné de 180. lieuës à l'Ouest-quart-Nord-Ouest de S. Jean, & de 260. lieuës à l'Ouest de Panama. Ils y arriverent le 22. & ayant mis pied à terre le 25. ils apprirent que les Anglois avoient pillé la Ville, & s'étoient encore emparés de celle de *Leon*, qui en est à 4. lieuës, & sur les bords du Lac de Nicaragua. Les Anglois avoient fait ces conquêtes à la barbe d'une armée, qui n'avoit osé, ni les attaquer, ni accepter le combat, qu'ils lui avoient présenté, parce qu'elle attendoit de plus grandes forces, & qu'elle n'avoit encore que six Hommes contre un. La verité est que ces Espagnols n'ayant jamais vû d'ennemis, trembloient à la vûë d'un Homme armé ; desorte que les Flibustiers, qui eussent pû être accablés par le seul nombre, trouvoient encore plus de ressource dans la poltronerie de ceux, à qui ils avoient à faire, que dans leur propre bravoure.

<small>Realejo & Leon pris par les Anglois, & Pueblo-Viejo par les François.</small>

Les François ne voyant plus rien à piller à Realejo, passerent à un gros Bourg appellé *Pueblo-Viejo*, qui en est à 3. lieuës, ils y trouverent les Espagnols retranchés dans l'Eglise, & 150. Cavaliers en bataille dans la place. Ils donnerent d'abord sur ceux-ci, qui ne les attendirent pas. Les

<small>Différentes avantures de ces derniers.</small>

V iij

autres se sauverent par une porte de la Sacristie, & abandonnerent aux Vainqueurs une assés bonne quantité de vivres, dont ceux-ci avoient grand besoin. Ces vivres étant épuisés, & les Espagnols ayant pris de bonnes mesures, pour les empêcher d'en pouvoir trouver nulle part ailleurs, ils se virent bien-tôt réduits à de grandes extrémités ; ce qui les obligea à retourner à S. Jean de Cueblo, où ils avoient marqué le rendés-vous, en cas de séparation. Les derniers s'y rendirent le premier de Janvier 1686. & le 5. 230. Hommes en partirent sur huit Canots, pour aller piller la Ville de *Chiriquita*, qui en est éloignée de 20. lieuës. Ils débarquerent la nuit du 6. à trois lieuës de la Ville, où ils n'entrerent que le 9. Ils la pillerent, & y trouverent quantité de vivres. Ils furent ensuite attirés hors de la Ville dans une embuscade, où ils perdirent deux Hommes, & en tuerent trente aux Ennemis ; ils firent plusieurs Prisonniers, dont ils tirerent de bonnes rançons, & s'en retournerent à S. Jean, où tandis que tout le monde travailloit fortement à faire des Pirogues, une Escadre de 15. Voiles parut tout-à coup à leurs yeux. Ils ne douterent point que ce ne fût des Espagnols, qui les cherchoient ; ils transporterent en diligence dans les deux Barques tout ce qu'ils avoient dans leur Navire, qu'ils échoüerent ; & se disposerent ensuite à empêcher la descente, si l'Ennemi la vouloit tenter ; mais il n'osa. Il se contenta de faire aborder le Navire échoüé, par six Pirogues armées, qui commencerent à faire un très-grand feu dessus ; elles en approcherent ensuite, & n'y trouverent qu'un Chat, qui avoit été assés heureux pour échaper à une si rude Canonade. Enfin les Espagnols y mirent le feu, pour en avoir les ferremens ; après quoi l'Escadre appareilla pour s'en retourner, ou suivre sa route.

Le 14. de Mars les François partirent de l'Isle avec deux Barques, une demie Galere de 40. avirons, dix grandes Pirogues ; & quatre Canots legers ; gagnerent la pointe du Vent de leur Isle ; y firent la revuë de leur monde, & trouverent que depuis leur séparation d'avec les Anglois, ils

DE S. DOMINGUE, LIV. IX. 159

avoient perdu 30. Hommes, presque tous de maladie. Ils formerent ensuite de nouveau le dessein d'aller piller la Ville de *Grenade*, sur le Lac Nicaragua, qu'ils avoient été obligé d'abandonner quatre mois auparavant, parce qu'un de leurs Cartiers-Maîtres, Catalan de Nation, s'étoit allé rendre aux Espagnols, & qu'ils aprehendoient avec raison qu'il ne feût découvert; mais comme ils manquoient de vivres, ils détacherent la demie Galere & quatre Canots, pour en aller chercher dans la Riviere de *Pueblo-Nuevo*, & allerent les attendre à l'Isle de *San-Pedro*, qui est à deux lieuës au Vent de la Riviere de Chiriquita. Le détachement trouva à l'embouchure de celle qu'il cherchoit, une Fregate Espagnole, avec une Barque longue & une Pirogue, qui le maltraitterent fort avec leur Canon, & lui mirent 20. Hommes hors de combat. Il eut bien sa revanche, dès qu'il eût approché les trois Bâtimens à la portée du fusil ; car pendant un assés long combat tout ce qui parut d'Espagnol ou pour manœuvrer, ou pour servir le Canon, fut tué ; mais la nuit étant survenuë, il fallut songer à la retraitte, & nos gens comptoient bien de recommencer le combat dès que le jour paroîtroit. Les Espagnols s'en douterent, & s'allerent mettre à couvert derriere des retranchemens, sous lesquels il eût été trop imprudent de les attaquer : ainsi le détachement fut obligé d'aller joindre le gros de la Troupe à San-Pedro, où ils furent huit jours sans presque rien manger ; ce qui les obligea à se répandre de côté & d'autre, pour tâcher de vivre de la chasse ou du pillage.

Le 22. d'Avril tous eurent ordre de se rassembler sur une des Isles de la Baye de *la Caldaïra*, tant pour déliberer de la maniere dont on attaqueroit Grenade, que pour voir ce que l'on avoit de munitions pour cette entreprise. On fit ensuite une ordonnance, par laquelle on condamnoit à perdre sa part du Butin quiconque seroit convaincu de lâcheté, de viol, d'yvrognerie, de desobéïssance, de larcin, & d'être sorti de son poste sans ordre. Cela fait, la petite armée sortit de la Baye sur le soir, & un coup de vent d'Est qui survint la

1684.
|
1687.

Une troupe d'Anglois se joignent aux François.

nuit, sépara tous les Bâtimens les uns des autres. A la pointe du jour ils se réünirent, & furent fort étonnés de compter treize Voiles au lieu de douze. Après s'être reconnu on chassa sur celle, qui étoit d'augmentation, & quand on eut couru dessus environ une heure, on en apperçut encore cinq autres ; ce n'étoit que des Canots, dans le premier desquels on trouva le Capitaine Touslé, un des Anglois, qui s'étoit séparé des Flibustiers François. Il venoit d'Acapulco, & avoit laissé son Navire à la Cape vis-à-vis la Baye, dont nos gens étoient sortis la veille, & c'étoit ce Navire, qu'on avoit apperçu d'abord. Touslé ne s'attendoit pas à une rencontre, qui ne devoit pas lui faire plaisir, d'autant plus qu'il étoit un de ceux, dont les François avoient eu plus de sujet de se plaindre ; aussi le firent-ils Prisonnier avec tous ses gens, qui étoient au nombre de 125. Après quoi ils allerent se rendre maîtres de son Navire, qu'ils déclarerent de bonne prise. Ils ne voulurent pourtant que lui faire peur, & après la lui avoir donné fort chaude pendant cinq heures, ils lui dirent que les François étoient plus honnêtes gens que lui & ses Anglois, & qu'ils lui en donnoient une preuve bien sensible, en lui restituant tout ce qu'ils venoient de lui enlever par une représaille très legitime, pour toutes ses insolences passées : ils le remirent donc en liberté, avec tous ses gens, & lui rendirent son Navire & ses Canots. Une conduite si génereuse leur gagna le cœur de ce Capitaine, qui apprenant leur dessein sur Grenade, les pria de trouver bon qu'il les y accompagnât, & leur promit de ne les plus abandonner. Cette proposition n'avoit garde d'être rejettée de gens, à qui un renfort de 125. Hommes venoit fort à propos pour leur Expédition.

Le reste des Flibustiers Anglois s'étoit déja dispersé, quelques-uns étoient encore à la Côte du Perou, où ils firent d'étranges ravages, d'autres passerent aux grandes Indes, & il y en eut, qui se trouvant assés riches, pour n'avoir plus besoin d'un métier aussi périlleux, retournerent en Europe, & ne penserent plus qu'à joüir tranquillement des Thrésors,

Tréfors, qu'ils avoient amaffés au prix de tant de fatigues & de tant de crimes. Pour revenir à nos Flibuftiers, ils s'embarquerent tous enfemble dans leurs Piroques, & dans leurs Canots, laiffant le Navire & les Barques à l'abri du Cap Blanc, qui eft 25. lieuës au Vent de l'endroit, où ils devoient mettre à terre, avec ordre à ceux, qui les gardoient, de partir fix jours après, & de venir moüiller au lieu, où ils trouveroient les Piroques & les Canots. Le 17. d'Avril cette petite armée compofée de 345. Hommes, débarqua en pleine côte, & à l'aide d'un très-bon guide, marcha au travers des Bois pendant deux fois 24. heures. Elle ne laiffa pourtant pas d'être découverte; d'ailleurs, il y avoit trois femaines qu'on étoit inftruit à Grenade de fon approche. Le 9. tout le monde étant fur les dents, l'Armée paffa la nuit dans une fucrerie à quatre lieuës de Grenade. Le 10. en approchant de la Ville, elle apperçut deux Navires fur le Lac, & elle apprit depuis qu'on y avoit chargé tout ce que les Habitans avoient de plus précieux, pour le mettre en fûreté dans une Ifle, qui eft à deux lieuës de Grenade. Quelques Coureurs firent auffi un Prifonnier, de qui on fçut que les Habitans s'étoient retranchés fur la place d'Armes, qu'ils avoient environnée d'une forte muraille, avec quatorze Pieces de Canon & fix Pierriers, & qu'il y avoit fix Compagnies de Cavalerie détachées, pour attaquer l'arriere Garde Françoife, dès que la tête de l'Armée auroit commencé de donner. Ces préparatifs étoient une fuite des avis du Cartier Maître Catalan, dont nous avons parlé,

Ces nouvelles ne firent qu'irriter le courage des Flibuftiers: fur les deux heures après midi ils marcherent vers la Ville, & en entrant dans le Fauxbourg, ils donnerent dans une embufcade, où ils perdirent un homme; mais ils pafferent fur le ventre à tous ceux, qui fe rencontrerent fur leur paffage. Ils allerent enfuite droit à cette place d'Armes, dont on leur avoit parlé, & qui étoit effectivement comme un Fort quarré, capable d'arrêter une grande Ar-

Attaque de Grenade & fa prife.

1685.
|
1687.

mée; ils l'infulterent neanmoins avec tant de réfolution, que fans autre perte que de quatre Hommes tués & huit bleffés, qui moururent prefque tous; ils s'en rendirent en peu d'heures les Maîtres, & par conféquent de toute la Ville, une des plus belles & des plus riches de l'Amérique, fituée, comme je l'ai dit, fur le bord du Lac Nicaragua, & à 20. lieuës de la Mer du Sud : mais ils n'y trouverent plus que quelques Marchandifes, qu'on n'avoit pû, ou qu'on n'avoit pas daigné emporter. Le lendemain ils envoyerent un Prifonnier aux Habitans leur déclarer que, s'ils ne rachettoient leur Ville, ils l'alloient brûler, Cette menace commençoit à operer, & déjà un Religieux étoit venu affûrer qu'on étoit difpofé à s'accommoder, lorfqu'un Flibuftier, qui avoit été pris, parce que la fatigue l'avoit fait refter en chemin, affûra les Efpagnols que fes Compagnons n'avoient garde de brûler Grenade; leur deffein étant de repaffer quelque mois après à la Mer du Nord par le Lac, & de fe fournir dans cette Ville de tout ce dont ils auroient befoin pour ce Voyage. Sur cette affûrance les Efpagnols fe tinrent tranquilles, & ne firent aucune réponfe à la fommation des Vainqueurs. Mais ils ne tarderent pas à s'en repentir; la mauvaife humeur & le dépit ayant fait executer une partie de la menace. L'occafion étoit belle de retourner à la Mer du Nord par le Lac, qui s'y décharge; mais le moyen de quitter la Mer du Sud auffi gueux, qu'on y étoit venu! Le parti fut donc pris d'y aller rejoindre les Bâtimens, qu'on avoit laiffés à la Côte.

Le 15. l'Armée partit de Grenade, & emmena un Canon & quatre Pierriers, qui ne lui furent pas inutiles. A un quart de lieuë de la Ville, elle fut attaquée par 2500. Hommes, qui après leur premiere décharge, voyant qu'on leur répondoit par du Canon, laifferent le paffage libre. Cette embufcade ne fut pas la feule, où nos braves donnerent; mais ils s'en tirerent toûjours avec le même courage & le même bonheur. Le 17. ils défirent un parti de 500. Hommes, que la Ville de Leon envoyoit au fecours de Grenade, &

qui étoit commandé par le Cartier Maître Catalan, qui les avoit trahis. Ils continuerent ensuite leur marche avec des fatigues inconcevables, & arriverent le 28. à Realejo. Le 9. de May tous les Bâtimens étant carenés & en bon état, on tint Conseil sur le parti, qu'on devoit prendre. Les sentimens furent partagés, & comme chacun s'opiniâtra à soûtenir le sien, cela produisit un Schisme, qui partagea en deux cette petite Armée, déja bien foible pour résister à tant d'Ennemis, dont le nombre croissoit chaque jour. Les uns furent donc d'avis d'aller croiser autour de Panama, où ils esperoient que les Espagnols, les croyant bien loin, auroient ouvert la Navigation; mais les autres représenterent qu'il y avoit des années, où il falloit essuyer du côté de Panama huit mois d'un têms très-fâcheux, & que s'ils avoient le malheur de s'y trouver, ils ne pourroient manquer de périr tous, ou de faim, ou par le fer des Espagnols; qu'ainsi il leur sembloit plus à propos de descendre à l'Ouest.

1685.
1687.

Comme on vit que chacun tenoit ferme dans son avis, il fut résolu de se séparer, & après qu'on eut employé à récompenser les Blessés tout ce que l'on avoit d'argent, on partagea les Barques & les Canots avec beaucoup d'équité : les autres partages se firent avec le même concert. Les François se trouverent divisés justement par la moitié en deux Bandes de 148. mais celle, qui avoit opiné pour Panama, fut renforcée par tous les Anglois, & reconnut le Capitaine Touslé pour son Chef. Les autres mirent à leur tête le Capitaine Grogniet. Le 19. la premiere Troupe s'étant embarquée avec ses Canots sur le Navire Anglois, & sur une Barque, appareilla pour Panama, & le 23. de Juin elle se rendit Maîtresse de Villia, petite Ville à 30. lieuës, sous le Vent de Panama, où elle fit 300. Prisonniers, trouva environ quinze mille Pieces de huit en Or & en Argent, & pour un million & demi de Marchandises, dont elle ne prit que les plus précieuses. Elle s'attendoit bien que la rançon de la Ville & des Prisonniers la dédommageroit d'un

Les Flibustiers se séparent en deux Bandes. Prise de la Villia.

X ij

butin si modique ; mais l'Alcaïde Major, à qui Touflé en envoya faire la proposition, lui fit réponse, qu'il n'avoit à son service que de la poudre & du plomb, qu'il arriveroit des Prisonniers ce qu'il plairoit au Seigneur, & qu'il comptoit de l'aller bientôt voir en bonne compagnie. A cette réponse, la fureur saisit les Flibustiers, qui après avoir mis le feu à la Ville embarquerent tout leur butin dans deux Canots Espagnols, & se retirerent, marchant le long de la Riviere, sur laquelle est bâtie la Villia, & qui porte le même nom.

L'Alcaïde Major leur tint exactement la parole, qu'il leur avoit donnée, & leur dressa tant d'Embuscades, que tout le Butin fut repris, les Flibustiers y perdirent même cinq ou six Hommes. Ils gagnerent enfin leurs Bâtimens, & l'Alcaïde Major leur ayant envoyé redemander les Prisonniers, qu'ils avoient eu le bonheur de conserver ; il les obtint après bien des difficultés de sa part, pour le prix de dix mille Pieces de huit. Le 22. de Juillet, les Flibustiers ayant pris une Barque Espagnole, ils apprirent de ceux, qui étoient dedans, qu'à Panama on avoit sçu la prise de la Villia, & qu'on les croyoit dans leur ancienne Isle de Saint Jean de Cueblo, où l'on étoit toûjours persuadé qu'ils avoient un Fort ; que trente-six Flibustiers des deux Nations étoient descendus du Perou, pour repasser par la Riviere *Chica* dans la Mer du Nord ; mais que les Espagnols en ayant été avertis par les Indiens, étoient allés en grand nombre au-devant d'eux, en avoient tué la plûpart, & en avoient emmené un Prisonnier à Panama : que deux Partis Anglois, chacun de 40. Hommes, avoient tenté le même passage, & eu le même sort, qu'il y en avoit aussi quatre Prisonniers à Panama ; & qu'il y avoit à *Boca del Chica* une Barque, où l'on devoit charger 800. livres d'or tirées des mines voisines, pour les porter à la même Ville, où l'on attendoit deux Navires chargés de vivres & de farines, qui apportoient aussi de Lima la paye de la Garnison.

Sur cet avis ils envoyerent leur prise, croiser au large

après en avoir fait une demie Galere, & le 30. ils se saisirent d'un Canot, où étoit un Capitaine Grec, qui venoit
se faire prendre exprès pour leur donner de faux avis. On
appelle Grecs dans ce païs là une sorte de Milice composée des gens de toutes Nations, que les Espagnols se sont
attachés en leur donnant une paye fort haute. C'étoit ce
qu'ils pouvoient opposer de meilleur aux Flibustiers, lesquels ne les méprisoient point, & les regardoient comme
les seuls ennemis, qui fussent dignes d'eux dans les Indes
Occidentales. Un de leurs partis osa bien un jour tenter de
se rendre maître du petit Goave, & y réüssit, ayant surpris
la Forteresse ; mais les Habitans s'étant d'abord rassemblés, l'y
assiégerent, l'obligerent à se rendre à discretion ; & comme leur Chef ne put montrer sa commission, qu'il avoit
laissée dans son bord, ils furent tous pendus ; ce qui ôta
pour toûjours aux Grecs l'envie de faire aucune entreprise
pareille sur la Côte de Saint Domingue. Les Espagnols les
avoient toûjours tenus dans les Places, qu'ils avoient sur la
Mer du Nord, & ils ne les envoyerent à la Côte du Sud,
qu'à l'occasion des entreprises, dont je parle présentement.

1687.
|
1685.

Le Capitaine Grec, qui s'étoit fait prendre, joüa d'abord
assés bien son rôle. Il visoit à attirer les Flibustiers sous les
Forts de Panama ; & il leur parla d'une maniere en apparence si bonne & si franche, qu'ils n'eurent pas le moindre
soupçon contre sa sincerité. Après leur avoir donné plusieurs avis de choses, dont ils sçavoient déja une bonne
partie ; il leur dit qu'il y avoit dans le Port une Fregatte,
qui entroit en charge, & une Barque longue armée en guerre, qui en sortoit tous les soirs pour faire la ronde, & y
rentroit le matin : puis il leur offrit ses services pour les rendre
maîtres de ces Bâtimens, & ils les accepterent. Le premier
jour d'Août ils s'embarquerent avec lui dans quatre Canots
pour éxécuter cette entreprise, que leur perfide conducteur
leur avoit représentée comme très-facile ; & après avoir vo-
gué toute la nuit, ils arriverent le lendemain deux heures
avant le jour à l'entrée du Port ; où à la faveur de la Lune

Sa trahison est découver- te, & il lui en coûte la vie.

1685.
1687.

ils crurent appercevoir les deux Bâtimens, qu'ils cherchoient. Comme ils attendoient que la Lune se cachât sous quelque nuage, pour entrer sans être vûs, ils virent une voile, qui sortoit du même Port ; ils la prirent pour la Barque longue, & lui donnerent la chasse ; ils l'eurent bien-tôt gagnée, & ils s'en emparerent sans coup ferir. Cette prise fut leur salut ; le Capitaine leur découvrit que le Gouverneur de Panama leur avoit envoyé un Officier, auquel il avoit promis une grande récompense, s'il pouvoit les amener dans son Port. Il leur expliqua ensuite les mesures, qu'on avoit prises pour les y faire perir ; & comme on l'eût confronté avec le Capitaine Grec, qu'il n'avoit point encore apperçû, il lui soûtint ce qu'il venoit de dire ; sur quoi le Procès fut fait à ce malheureux, qui eut sur le champ la tête coupée.

Combat auprès de Panama. Victoire des Flibustiers.

Après quelques excursions de côté & d'autre pour avoir des vivres, dont la difficulté alloit toûjours croissant, le 21. de ce même mois toute la troupe se réünit à la petite Isle Tavoga, qui est tout proche de Panama. Le lendemain 22. à la pointe du jour ils apperçurent trois voiles, une Fregatte & deux Barques, qui portoient sur eux. Ils se mirent aussi-tôt en devoir d'appareiller, mais ils commençoient à peine à défreler leurs voiles, qu'ils reçurent une volée de canon, dont il n'y eut personne de blessé. Ils étoient pourtant en grand danger, si l'Ennemi avoit pû conserver l'avantage du vent, mais il le perdit bien-tôt par son peu de résolution, & par le courage & l'adresse de nos gens, qui approcherent ensuite la Fregatte, & y jetterent quantité de Grenades, dont une étant tombée sur de la poudre répanduë, y fit un effet terrible : ils l'aborderent ensuite, & s'en saisirent après une assés vigoureuse resistance. Une des deux Barques fut en même-têms abordée par une de celles des Flibustiers, & enlevée d'abord ; l'autre, qui étoit une Barque longue, s'alla échoüer en pleine Côte, & fut brisée avec perte de la plus grande partie des Hommes. Il y en eut dans la Fregate quatre-vingts, tant morts que blessez, de six-vingts, dont étoit composé son Equi-

DE S. DOMINGUE, LIV. IX. 167

page; & dans la premiere Barque, de 70. Hommes il n'en resta que 19. qui ne fussent point blessés. Le Capitaine de la Fregate reçut cinq coups de fusil, dont il mourut peu de têms après; il en avoit reçû l'année précédente autant à Pueblo-Nuevo, où il s'étoit bien battu contre les Flibustiers, & c'étoit encore lui, qui tout récemment leur avoit dressé tant d'embuscades au sortir de la Villia.

1685.
|
1687.

Tandis que les Victorieux s'occupoient à raccommoder les manœuvres de leurs prises, & à jetter les morts à la Mer, ils découvrirent deux autres voiles, qui sortoient de Panama; ils demanderent à leurs prisonniers ce que ce pouvoit être, & ceux-ci leur répondirent que c'étoit sans doute du secours, qu'on leur envoyoit. Cela leur fit croire qu'on ignoroit encore leur victoire dans cette Ville; & pour profiter de cette erreur, ils mirent pavillon Espagnol. Les ennemis y furent pris; ils s'approcherent avec une confiance extrême jusqu'à la portée du fusil, & après qu'on les eût salués d'une décharge de mousqueterie, on leur cria d'amener; comme ils n'en voulurent rien faire, on coula bas une de leurs Barques à force de grenades, l'autre fut en même-tems abordée & enlevée par un Canot, & on y trouva des cordes toutes coupées pour lier les Flibustiers, qu'on croyoit déja prisonniers; ce qui fut cause qu'il n'y eut de quartier pour personne. Ces deux combats ne couterent qu'un Homme aux vainqueurs, mais il y en eut 22. de blessés, parmi lesquels fut le Capitaine Touflé, qui mourût peu de têms après de sa blessure. La même chose arriva à tous les autres, & cela fit juger que les bales des Espagnols étoient empoisonées. Cruauté indigne de Chrétiens, & dont on eut plus d'une preuve dans le cours de ces expeditions. Le 24. les Flibustiers envoyerent redemander au Président de Panama les prisonniers, qu'il avoit, & en ayant reçû une réponse fort brusque & fort haute, ils menacerent de couper la tête à tous les Espagnols, qu'ils avoient entre leurs mains. Peu de jours après l'Evêque leur écrivit que les Anglois, qui étoient à Panama s'étoient faits Catholiques, & n'en

Second combat & seconde victoire.

1685.
1687.

Ce qui se passe entre le Président de Panama & les Flibustiers.

vouloient point fortir. Ils virent bien que c'étoit un prétexte pour ne les point rendre ; & comme chaque jour il leur mouroit des blessés, quoique leurs blessures fussent legeres, ils crurent ne devoir plus garder de mesures avec des gens, qui en usoient à leur égard avec tant d'inhumanité : ils envoyerent 20. têtes d'Espagnols au Président, avec une lettre, où ils marquoient que, si le lendemain il ne leur rendoit le François & les quatre Anglois, qu'il retenoit, on lui envoyeroit les têtes de tout ce qui restoit de prisonniers.

Cette conduite eut son effet ; dès le lendemain 28. à la pointe du jour on leur ramena les cinq Flibustiers, & on leur apporta quantité de rafraichissemens pour les blessés, avec un billet du Président conçu en ces termes. » Je vous » envoye tous les prisonniers, que j'avois dans ma Place, » si j'en avois d'avantage je vous les renverrois de même ; » à l'égard de ceux, que vous avez entre les mains, je remets » cela à vôtre honnêteté, & suivant l'usage de la guerre. Les Flibustiers en userent bien : Ils remirent entre les mains du député du Président douze Espagnols des plus blessés avec ce Billet. » Si vous en aviés usé de la sorte, lorsqu'on » vous redemanda les prisonniers, que vous nous renvoyés, » vous auriés sauvé la vie à ces miserables, dont on vous a » envoyé les têtes, & que vous avés bien voulu laisser périr. » Nous vous renvoyons en échange douze de vos Hommes, » & vous demandons vingt mille piéces de huit pour la » rançon de ceux, qui nous restent, faute dequoi nous le » mettrons hors d'état de nous envoyer des bâles empoison- » nées, qui est une contravention aux loix & aux maximes » de la bonne guerre si criante, que si nous en voulions faire » le châtiment suivant la rigueur des Regles, qu'elle nous » prescrit, nous ne donnerions quartier à pas un des vôtres. Le 29. on leur vint dire qu'après avoir quêté dans toute la Ville, on n'avoit pû amasser que six mille piéces de huit ; ils répondirent qu'ils vouloient bien se contenter de dix mille, mais que si on ne les leur envoyoit pas, ils iroient les chercher. Le premier de Septembre on les assûra qu'ils

feroient

seroient contens, mais comme le trois riéme n'étoit venu, ils entrérent dans le port, où on leur dépécha un Chevalier de Malthe, avec l'argent, qu'ils demandoient : ils rendirent alors tous leurs prisonniers, & allerent mouiller à l'Isle d'Ottoque pour y prendre des vivres, & y carener leurs Navires.

Le 18. on leur dit dans une Sucrerie, qu'ils pilloient, qu'il y avoit deux Navires & deux Barques de Flibustiers mouillés à l'Embarquadaire de Chiriquita, qu'on avoit achevé à Panama une Galere bordée de 52. avirons, armée de cinq pieces de canon & de 40. pierriers, destinée à leur donner la chasse, & à bruler leurs Bâtimens, qu'on supposoit être encore en carene ; enfin qu'il étoit venu de Carthagene & de Porto-Belo, 500. Hommes pour équiper la Galere & deux Pirogues, qui devoient l'accompagner. Ils se douterent que tout cela étoient des bruits, que faisoit courir le Président de Panama, pour les éloigner : & en effet, ayant envoyé à Chiriquita pour sçavoir, si on y avoit vû des Flibustiers, ils trouvérent que non. Ils employérent ensuite le reste de l'année & le commencement de la suivante à differentes expéditions de peu d'importance. Ils ne songeoient qu'à avoir des vivres pour se soutenir en attendant quelque occasion favorable de prendre Panama, trop fort pour être insulté par une poignée de monde, qu'ils étoient, ou de pouvoir aller au Perou, s'ils avoient le bonheur d'enlever des Bâtimens assés grands pour ce voyage. Il est vrai, que la terreur de leur nom étoit tellement répandue partout, que l'on ne se défendoit presque plus, dès qu'on les voyoit, & l'on sçut très-mauvais gré au Président de Panama, lequel, pour leur boucher le chemin, par où ils étoient venus de la mer du Nord, avoit fait la paix avec les Indiens, qui se rencontroient sur leur passage.

Le 26. de Janvier le Capitaine Grognier les rejoignit avec 60. Hommes seulement de sa troupe, les autres l'ayant quitté pour aller faire descente en Californie. Il leur dit que son dessein étoit de chercher un endroit inhabité, où il pût se débarquer pour traverser les terres avec un compas, & ra-

Description de Guayaquil.

1685.
à
1687.

Tome II. Y

170   Histoire

1685.
1687.

cher de regagner la mer du Nord. Ils lui représenterent que ce projet étoit moralement impossible; & d'ailleurs qu'avant que de songer à s'en retourner, il falloit amasser dequoi reparoître avec honneur dans la Mer du Nord. Car cette troupe avoit eu à peu près le sort de l'autre; ils avoient tous fait beaucoup de mal aux Espagnols, ils s'étoient bien battus, mais ils n'en étoient pas plus riches. Grognier les crut, & se joignit à eux, ils parurent même disposés à le reconnoître pour leur Chef, à la place du Capitaine Anglois, qui étoit mort, & lui proposerent d'aller prendre Guayaquil, une des plus opulentes Villes de la Province de Quito, entre le second & le troisiéme degré de latitude Australe: c'étoit de toutes celles, qui avoient quelque réputation au Perou, la plus proche de Panama, aux environs duquel ils se trouvoient encore. Elle est à dix lieuës de la Mer sur le bord d'une riviere, dont l'embouchure est dans une Baye, qui porte aussi le nom de Guayaquil, de même que la riviere. Les Flibustiers la nomment par corruption Queaquille, & je trouve même des Memoires, où elle est appellée la Culatte. Il n'y peut monter que des Bâtimens de 200. Tonneaux au plus, mais les Navires mouïllent à l'abri de l'Isle de la Puna, qui est à l'entrée de la Baye, où ils sont en sûreté. Guayaquil est la seule Ville du Perou, où il pleuve, & il y pleut extraordinairement les quatre premiers mois de l'année. Elle est toute bâtie sur Pilotis, & les édifices y sont même un peu élevés à cause des inondations, qui y sont frequentes dans la saison des pluyes, & qui en feroient un marais impraticable, si on n'avoit élevé des Digues du côté de la Mer: encore la communication n'est-elle libre en quelques endroits que par le moyen des Ponts. Les Eglises & les Maisons Religieuses y sont d'une grande magnificence, & d'une grande richesse; & ce qui fait surtout l'opulence de cette Ville, c'est qu'elle fournit tout le païs de Cacao.

Les Anglois & quelques François se separent de nous.

Cependant Grognier ne goûta pas l'entreprise, qu'on lui proposoit, & les Anglois n'ayant pû s'accorder pour le partage avec le gros des François, il falut encore se séparer.

Grognier & 50. François se joignirent aux Anglois, ce qui faisoit 142. Hommes, & il en resta 162. de l'autre côté. Les premiers s'embarquerent tous dans le Navire Anglois, les seconds se partagerent dans la Fregate prise à Panama & dans une Barque longue, & leverent l'ancre de la Caldaira le 24. de Fevrier pour Guayaquil. Le 18. Mars ils furent assés surpris de rencontrer le Navire Anglois, ils l'approcherent, & proposerent de nouveau à l'Equipage de se joindre à eux, ce qui fut accepté sur le champ, & le 12. d'Avril ils découvrirent la pointe de Sainte Helene, qui est à 15. lieues sous le vent de Guayaquil, & où commence la Baye. Le lendemain ils apprirent des nouvelles de ceux des Anglois, qui les avoient quittés, lorsque la premiere separation se fit. Ils rencontrerent une prise de Vin & de Blé, que le Capitaine David avoit faite, & où il avoit mis huit Anglois pour la conduire à l'Isle de Plata, qui étoit leur rendés-vous général. Cette troupe avoit fait de grands ravages sur la Côte du Perou, & le Vice-Roy ayant envoyé 800. Hommes commandés par un de ses parens pour les combattre, les Anglois les avoient mis en fuite, après en avoir tué un grand nombre. Ils avoient aussi fait plusieurs prises, & ayant amassé chacun 5000. pieces de huit, ils s'étoient mis en chemin pour regagner la Mer du Nord par le détroit de Magellan. Mais ayant joüé, plusieurs avoient perdu tout leur butin, ce qui leur avoit ôté la pensée de sortir si-tôt de la Mer du Sud: les autres s'étoient embarqués sur le Vaisseau du Capitaine Wilner, qui les avoit quittés pendant quelque-tems, & qu'ils rencontrerent fort à propos pour eux, aux Isles de Jean Fernandez. David s'étoit joint aux autres, qui ne faisoient plus que 80. Hommes, dont un tiers étoit François. Enfin un autre Capitaine nommé Pitre-Henry avoit suivi de pres le Capitaine Suams aux grandes Indes. Les huit Anglois ajoûterent que la Flotte Espagnole étoit en carenage au Callao, qui est le Port de Lima.

Ces nouvelles réjoüirent fort nos Flibustiers, & beaucoup plus encore la résolution que prirent les huit Anglois

1685.
1688.
veau, puis se rejoignent pour l'expedition de Guayaquil.

Ils arrivent avec un nouveau renfort

1685.
1688.
devant Guayaquil.

de se joindre à eux. Ils n'y gagnoient à la verité que huit Hommes; mais le Bâtiment, qui les portoit, étoit chargé de vivres & de rafraichissemens, & rien ne venoit plus à propos à des gens, qui en avoient presque toûjours manqué depuis qu'ils étoient dans la Mer du Sud. Le 16. ils se trouverent entre la petite Isle de sainte Claire, qui n'est qu'un Rocher, & la Puna, qui a 20. lieües de tour, où ils débarquerent 260. Hommes. Ils y demeurerent cachés tout le jour, sans être apperçûs des Vigies, qui y étoient au nombre de 40. Ils firent la même chose le 17. & sur le soir on regla l'ordre des attaques suivant les connoissances, qu'on avoit eües de l'état, où se trouvoit la Ville, par des Prisonniers, qu'on avoit faits sur la Puna. Guayaquil fait presque le tour d'une petite montagne, sur laquelle on avoit construit trois forts, dont le plus grand commandoit les deux autres; & tous les trois commandoient la Ville; qui n'étoit alors fermée de murailles, que du côté de la Riviere. Ainsi tout consistoit à se rendre maîtres des Forts, & à s'assurer du Port. Surquoi l'attaque fut disposée en cette maniere. Grognier à la tête du gros de l'Armée fut chargé de se saisir du Port & de la porte de la Ville. Le Picard Commandant de la Fregate eut ordre d'attaquer le grand Fort avec 30. enfans perdus, & l'on promit 1000. pieces de huit à celui des six Enseignes, qui y planteroit le premier son Drapeau. Georges d'Hout, qui conduisoit les Anglois, eut commission de prendre les deux petits Forts, & le Capitaine de la Barque longue fut laissé au Corps de reserve, composé de 24. Grenadiers.

Ils attaquent la Ville & la prennent.

Tout étant prêt on s'embarqua pour entrer dans la Riviere pendant la nuit, mais on ne put aller que jusqu'à la pointe de l'Isle; & comme le jour eut paru, avant qu'on eût eu le tems de se cacher à terre, on fut découvert par les Vigies, & l'allarme fut donnée par-tout. Le soir du 18. l'Armée entra dans la Riviere, & ayant rencontré une Isle assés près de la Ville, elle s'y tint cachée tout le 19. La nuit étant venuë elle appareilla, & voulut gagner au dessus de la Ville, son guide l'ayant avertie que la Place étoit beaucoup plus foible & plus mal gardée de ce côté-là, mais les marées l'en empêcherent & la contraignirent de mettre à terre deux heures avant le jour à une portée de canon endeça de la Ville. Malheureusement il y avoit tout vis-à-vis une Vigie, qui la découvrit, parce qu'un de ceux, qui étoient restés à la garde des Canots, se mit à faire du feu pour fumer. La sentinelle tira aussi-tôt un coup de pierrier, & le grand Fort y répondit de toute sa volée de canons. Un moment après on commença à tirer de la Ville, & le feu devint très-grand & continuel. A la pointe du jour les Flibustiers sortirent du Bois en ordre de bataille Enseignes déployées & Tambours battant. En arrivant à la Ville ils furent attaqués par un gros de 700. Hommes, qui étoient couverts d'une muraille de quatre pieds & demi de haut & d'un fossé, dont cette muraille étoit ceinte du côté de la Riviere. Quelques-uns ayant été tués aux premieres décharges, les Espagnols encouragés par ce commencement de succès sortirent sur les autres l'épée à la main, mais ils furent reçus d'une maniere qui leur fit bien-tôt lâcher pied, & quoiqu'en se retirant ils eussent coupé les ponts, les fossés, ni la muraille ne purent arrêter nos Braves, qui pousserent l'Ennemi jusques dans les maisons. Il s'y défendit quelque tems, puis il s'enfuit dans la Place d'armes, où il tint encore une heure à la faveur d'une redoute : mais il fallut la quitter. Les deux petits Forts furent emportés avec la même facilité, mais le grand fit plus de résistance. Le canon tiroit sans cesse, & à la faveur de ce feu & de la fumée, qui empêchoit les Flibustiers de pouvoir se bien reconnoître, la Garnison fit une sortie, qui réussit d'abord : quelques Flibustiers furent blessés ; mais la victoire se déclara bien-tôt pour les Assaillans, une partie des Espagnols fut tuée, & l'autre rentra fort en desordre dans le Fort, qui sur les onze heures fut forcé avec perte pour les vainqueurs de 9. Hommes tués & de 12. blessés.

Ils y mirent une bonne Garnison pour leur servir au be-

1685.
1688.

Le butin qu'ils y firent.

174 HISTOIRE

1685.
1688.

soin, & envoyerent les Anglois courir après les fuyards, tandis que les François alloient chanter le *Te Deum* dans la grande Eglise. Cela fait, on se répandit dans les maisons, d'où pendant l'attaque les Bourgeois avoient eu soin d'emporter une partie de ce qu'ils avoient de plus précieux. On courut après, mais on ne put attraper qu'un petit Canot, où l'on trouva 22000. pieces de huit, & un Aigle de vermeil doré, qui pesoit 68. livres, & dont le travail étoit exquis ; mais ce qui le rendoit plus estimable, c'est qu'il avoit deux gros Rocs d'Emeraudes, qui composoient ses deux yeux. On trouva encore dans la Ville diverses sortes de marchandises, beaucoup de perles & de pierreries, une quantité prodigieuse de vaisselle d'argent & 70000. pieces de huit. Il y avoit dans le Port quatorze Barques ordinaires ; la Barque longue, contre laquelle nos Gens s'étoient battus à Pueblo-Nuevo, & sur les chantiers deux Navires du Roy, qui étoient presque achevés. Sur le soir le Gouverneur convint de donner pour sa rançon, celle de tout son Monde, de la Ville, de ses Forts, de son Canon & de ses Navires, un million de pieces de huit en or, & 400. pacquets de farine ; & comme il falloit faire venir cela de Quito, qui est à 80. lieuës de Guayaquil, il demanda & obtint la permission d'y envoyer le Vicaire Général, qui avoit beaucoup de credit dans le pays.

Les Flibustiers trouverent la maison de ce Gouverneur si richement ornée, & remplie de meubles si précieux, qu'ils avoüerent qu'on ne voyoit rien en Europe de plus magnifique. Mais la surprise des habitans de la Ville étoit extrême en voyant que leurs vainqueurs étoient faits comme les autres Hommes, & ne faisoient mal à personne ; car on leur avoit persuadé qu'ils étoient faits comme les Singes, & qu'ils se nourrissoient de chair humaine. Un d'eux raconte dans sa relation, qu'ayant fait Prisonniere une des Demoiselles Suivantes de la Gouvernante, & la faisant marcher devant lui pour la conduire au lieu, où tous les Prisonniers étoient gardés, cette pauvre fille se tourna vers lui, & les larmes aux yeux le conjura de ne la point manger. Il lui demanda, qui lui avoit dit que les Flibustiers mangeoient les Hommes, & elle répondit qu'on le lui avoit assûré, & qu'on lui avoit ajoûté ce que j'ai dit de leur figure. La nuit du 21. au 22. le feu prit à une maison par la négligence d'un Flibustier, & quelque effort qu'on fît pour l'éteindre d'abord, il consuma un tiers de la Ville. La crainte, qu'eurent les autres qu'on ne refusât de payer la rançon, parce qu'il avoit été stipulé qu'on ne toucheroit point aux maisons, les engagea à se plaindre les premiers, comme si c'étoit les Habitans, qui y eussent mis le feu pour les frustrer de tout le butin, qu'ils y pourroient faire ; ils parlerent sur cela fort haut, & menacerent, si on ne les dédommageoit, de faire couper la tête à 50. de leurs Prisonniers. L'artifice réussit, on leur fit de grandes excuses ; on leur dit que ce ne pouvoit être que de la canaille, qui eût fait ce coup, & l'on promit de les satisfaire.

Le 24. l'infection, que causoient les corps morts répandus çà & là au nombre de plus de 900. commençant à causer des maladies parmi les Flibustiers, ils sortirent de la Ville, après avoir démonté & encloué le canon, & se rendirent à la Puna avec 500. Prisonniers des principaux de la Ville, du nombre desquels étoit le Gouverneur. Grognier y mourut peu de jours après d'une blessure, qu'il avoit reçue à l'attaque du Fort. Cette perte fut suivie de plusieurs autres, qui mirent de fort mauvaise humeur nos Braves, lesquels commençoient d'ailleurs à s'impatienter de ce que la rançon ne venoit point, quoique le terme qu'on leur avoit donné pour cela, fût déja expiré. Pour les presser ils s'aviserent d'envoyer au Lieutenant du Gouverneur les têtes de quatre de leurs Prisonniers, & ils le menacerent de traiter tous les autres de la même maniere, s'il differoit d'avantage à remplir le traité fait avec eux. Le 13. le Capitaine David entra dans la Baye avec une prise, après avoir surpris à Paita un Courrier, qui alloit pour la seconde fois de Guayaquil à Lima, & qui y portoit au Vice-Roy de la

1685.
1688.

On cherche à les amuser.

176   HISTOIRE

1685.
1688.

part du Lieutenant la Lettre suivante. » Je donne avis à
» V. E. pour la seconde fois, que les Anglois & les Fran-
» çois sont encore à la Puna, il y a plusieurs jours, que le
» terme, qu'ils nous ont accordé pour la rançon de nos Pri-
» sonniers, est expiré. Je le fais exprès pour donner du tems
» à V. E. Ils m'ont envoyé quatre têtes de nos gens, je les
» amuserai de quelques milliers de pieces de huit de tems
» en tems. Que V. E. se dépêche, s'il lui plaît, d'armer,
» & quand ils me devroient encore envoyer trente têtes,
» j'estime que cette perte nous est bien moins préjudiciable,
» que si nous laissions vivre des gens, qui sont si mal inten-
» tionnés. Voilà une belle occasion pour nous en défaire,
» pourvû que V. E. ne perde point de tems. Il n'y avoit
pas moyen après cela de douter des intentions de ce Commandant, aussi les Flibustiers prirent-ils leurs mesures sur
cela.

De quelle manière ils passent le tems à la Puna.

Cependant ils passoient le tems fort agréablement : ils
étoient dans l'abondance de tout ce qui peut rendre la vie
agréable ; on leur fournissoit des vivres de la Ville ; ils en
avoient emporté quantité de rafraichissemens, toute la Mu-
sique de Guayaquil étoit parmi leurs Prisonniers, les Con-
certs ne discontinuoient point ; le son des Luths, des
Thuorbes, des Guitarres, des Harpes, & des autres instrumens, que la plupart n'avoient jamais entendus, rem-
plissoit les airs le jour & la nuit. Les Dames, moins pri-
sonnieres peut être entre les mains de leurs vainqueurs, que
dans leurs propres maisons, s'accoutumoient aux François,
qui ne les trouvoient ni farouches ni difficiles, il y eut même des Flibustiers, qui eurent des avantures assés singuliè-
res ; en un mot la Puna étoit devenüe pour nos Héros une
Isle enchantée, où tout leur courage n'eût pas pû tenir
contre les délices qu'ils goûtoient, & contre les charmes
des belles Espagnoles, si cela eût duré encore quelques
mois, mais il falut bien-tôt y renoncer. Le 25. on leur apporta 24. paquets de farine & 20000. pieces de huit en or,
& on leur demanda un terme de trois jours pour le reste.

Ils

DE S. DOMINGUE, LIV. IX. 177

Ils l'accorderent, mais en jurant que, si on leur manquoit de parole, ils s'en vengeroient d'une maniere terrible. Le 24. on leur vint dire qu'on ne vouloit plus payer que 22000. pieces de huit pour le restant de la rançon, & que le Lieutenant les atendoit à la tête de 500. Hommes. Ils fremirent à cette nouvelle, & plusieurs proposerent de couper la tête à tous les Prisonniers; mais l'avis le plus sage l'emporta, & ce fût de prendre ce qu'on offroit, & de se retirer avant l'arrivée du secours de Lima, qui ne pouvoit plus tarder long-têms. Quant à la proposition de faire mourir les Prisonniers, on convint que ce seroit une vengeance inutile, & que puisqu'on ne vouloit pas rester davantage dans ces Mers, il n'y avoit nulle nécessité de s'y faire connoître par des traits si odieux; mais qu'on pouvoit emmener les Principaux jusqu'à la pointe de sainte Helene, où il n'y avoit aucune sorte de surprise à craindre.

1685.
|
1688.

Cette résolution prise, on fit embarquer le même jour cent des plus distingués d'entre les Prisonniers, & on leva l'ancre aussi-tôt. On laissa, pour garder les autres, deux Canots, dont les Patrons eurent ordre de ne point les rendre, qu'ils n'eussent reçû l'argent, qu'on devoit leur apporter le lendemain, & d'avertir ceux, qui l'apporteroient, que si on vouloit avoir les cent personnes qu'on gardoit, il falloit accomplir tout le traité. La nuit suivante, l'Armée étant en route pour la pointe de sainte Helene, elle eut avis que deux Navires de guerre l'attendoient au sortir de la Baye, & dès que le jour fut venu, elle les apperçut entre la pointe & l'Isle sainte Claire. La Fregate dû Capitaine David s'approcha en même-têms & on fortifia de 80. Hommes son Equipage, qui en avoit à peine assés pour manœuvrer. Sur le midi les Navires Espagnols, qui avoient le vent sur les Flibustiers, arriverent sur eux, on se canonna jusqu'au soir, sans se faire beaucoup de mal. Le 28. après s'être disputé le vent tout le matin, on se battit encore toute l'après dîner. Les Flibustiers n'eurent qu'un Homme de blessé, mais tous leurs Bâtimens furent desagréés. Le 29. on fit la même

Départ des Flibustiers, ils sont attaqués dans leur retraite.

Tome II. Z

1685.
1688.

manœuvre, les Espagnols eurent beaucoup de monde de tués, ce qu'on jugea au sang, qui couloit par leurs sabords, & leurs ennemis ne perdirent personne. Le 31. il y eut un quatriéme combat, pendant lequel les Flibustiers eurent toutes leurs manœuvres coupées, & leurs voiles criblées, mais n'ayant laissé que quatre Espagnols dans une de leurs prises, où étoient aussi tous les vivres; ceux-ci l'enleverent, ce qui inquiéta fort nos gens. Le premier de Juin on se battit presque tout le jour, les Flibustiers eurent trois Hommes blessés, mais les Espagnols furent très incommodés de leur mousqueterie. Le lendemain on revint à la charge, le Canon des Espagnols incommoda fort les Bâtimens Flibustiers, mais la mousqueterie vengea bien ceux-ci. Enfin le troisiéme les Ennemis ne parurent plus.

Ils partagent leur butin.

Pendant tous ces combats, où ceux-ci eurent toûjours l'avantage du vent, & n'oserent jamais aborder aucun Bâtiment Flibustier, on eut soin de tenir sur le pont le Gouverneur de Guayaquil, pour lui faire voir de quelle maniere les François & les Anglois se battoient sur Mer, après lui avoir fait éprouver comment ils se battoient sur terre. On employa ensuite jusqu'au dix à rémédier aux dommages, que les Bâtimens avoient soufferts, après quoi les Flibustiers se trouvant assés éloignés de la pointe sainte Helene, & croyant fort inutile d'aller voir, si le reste de la rançon y avoit été envoyé, ils mirent les Prisonniers à terre entre le Cap Passao & celui de saint François; puis on travailla au partage du butin, lequel ne consistoit guére qu'en or, en perles & en pierreries: car on avoit négligé l'argent, jusqu'à laisser à Guayaquil toute cette belle vaisselle, dont nous avons parlé, & même une grande quantité de pieces de huit, qu'on en auroit pû emporter. Ce qui fut partagé pouvoit bien monter à 1500000. liv. selon l'estime, qu'on en fit, laquelle étoit fort haute, car on mettoit chaque pistole à 13. pieces de de huit, & l'or ouvragé valoit parmi eux 80. & 100. de ces pieces; les perles & les pierreries étoient à proportion. Suivant ce compte chaque particulier se trouva avoir la valeur de 400. pieces de huit, outre l'argent monnoyé, dont ils étoient tous fort inégalement partagés, parce qu'ils avoient joüé, & que quelques uns avoient beaucoup gagné.

1685.
|
1688.

Le 12. David se sépara de nouveau, pour s'en retourner à la Mer du Nord par le détroit de Magellan. Les autres étoient si mal montés, qu'ils ne jugerent pas devoir s'exposer à le suivre ; ils prirent donc à l'Oüest, & le 23. de Juillet ils entrerent dans la Baye de Mapalla, au voisinage du Lac Nicaragua. Le lendemain ils s'y battirent contre une Galere & deux Pirogues, qui leur blesserent cinq Hommes, & les desagréerent de plusieurs manœuvres, mais qui refuserent toûjours l'abordage. Ils sçurent depuis qu'il y avoit dessus 800. Hommes, qui avoient été envoyés contre trente François, lesquels se trouvoient dans cette même Baye ; ils s'étoient battus peu de jours auparavant en rase campagne contre 600. Espagnols dont ils avoient tué le Commandant, nommé d'Alvarado, le plus brave homme de toute la Province. Ces 30. François étoient de ceux, qui avoient quitté le Capitaine Grognier, pour aller vers la Californie. Ils dirent qu'ils étoient descendus jusqu'à 40. lieuës au vent d'Acapulco, sans avoir pu mettre à terre qu'une seule fois, & encore que ce fut en courant bien des risques, tant la Mer est grosse par tout là ; ce qui les avoit si fort rebutés, qu'ils avoient laissé les 55. autres continuer leur route vers la Californie ; qu'ils devoient encore être du côté d'Acapulco ; qu'ils étoient trop foibles pour se faire donner des vivres dans le païs de la Terre Ferme le plus peuplé ; & que leur Barque étoit trop mauvaise pour tenir long-têms la Mer sans s'ouvrir.

Un parti de François les joignent.

Sur ce recit toute la troupe appareilla le 10. d'Août pour aller chercher ces malheureux, & le 29. elle se trouva dans la Baye de *Tecoantepeque*, grande Ville accompagnée de huit Fauxbourgs, dont l'Embarcadaire leur parut trop bien gardée, pour y faire descente. Ils la firent deux lieuës au-dessous, donnerent tête baissée sur 300. Hommes, qui les y attendoient sur une éminence, & qui se retirerent après

Prise de Tecoantepeque.

Z ij

avoir fait leur décharge, & le 30. ils prirent le chemin de la Ville, qui n'en est qu'à quatre lieuës. Après avoir marché quatre heures, ils la découvrirent de dessus une hauteur, & elle leur parut si grande, que sans la faim, qui les pressoit, ils n'eussent jamais osé passer outre. Arrivés au pié d'une Riviere, qui la sépare de quatre de ses Fauxbourgs, ils apperçurent les Espagnols retranchés au-delà, ils ne balancerent pourtant pas à se mettre à l'eau, ils en avoient jusqu'à la ceinture, & en cet état ils soutinrent pendant une heure les efforts, que firent les Espagnols pour leur disputer le passage, qu'ils forcerent enfin. Maîtres du retranchement ils tournerent du côté de la Ville, & passerent sur le ventre à une seconde troupe d'Espagnols, qui ne fit pas une si longue résistance que la premiere. La Place d'armes fut ensuite emportée avec la même vigueur, puis un Monastere bâti en plate-forme, qui commandoit la Ville, & qui avoit été construit pour servir de Forteresse en cas de besoin.

Route, que prennent les Flibustiers pour se rendre à la Mer du Nord.

Le lendemain 31. Les Flibustiers maîtres de la Ville envoyerent demander ce qu'on vouloit leur donner pour la racheter du pillage. On ne leur répondit rien, ce qui leur fit juger qu'on avoit dessein de les attaquer, & comme ils virent que la Riviere s'enfloit extraordinairement, ils craignirent d'être enfermés, repasserent en diligence de l'autre côté, & se rendirent à leurs Canots, sans avoir profité en rien d'une si belle Conquête. La faim les pressoit extraordinairement, de sorte qu'ayant joint leurs Bâtimens, qu'ils avoient laissés dans le Port de Vatulco, vingt lieuës sous le vent de Tecoantepeque, ils se mirent à courir la Côte pour avoir des vivres. Ils en trouverent en quelques endroits en abondance, & ayant employé jusqu'au 20. de Novembre dans ces petites courses, sans que leur Galere, qui étoit allée jusques par-delà Acapulco, eut pu apprendre aucune nouvelle des 55. François, qu'ils cherchoient, ils se rendirent à la Baye de Mapalla, pour y déliberer, par où ils repasseroient à la Mer du Nord. Ils y arriverent le 15. de

Decembre, & y trouverent leurs Bâtimens, qui avoient fait la route en droiture, tandis qu'avec les Canots & la Galere, ils faisoient des vivres le long de la Côte. Le 17. ils tinrent Conseil ; & après avoir interrogé leurs Prisonniers, ils conclurent à prendre par la *nouvelle Segovie*. C'est une Ville du Gouvernement de Nicaragua, sur les confins de celui de Honduras : elle est située à 40. lieuës de la Mer du Sud, & à 25. d'une Riviere, qui se décharge dans la Mer du Nord, au Cap de Gracias à Dios; mais on les assûra qu'ils n'auroient gueres à combattre, que cinq ou six mille Hommes pendant une si longue route, & que le pays étoit fort aisé pour le transport des blessés & des malades.

1685.
1688.

Ils voulurent toutefois, avant que de prendre une derniere résolution, voir si tous ces avis étoient veritables, 70. Hommes s'embarquerent dans deux Canots, pour aller à la grande Terre chercher de nouveaux Prisonniers. Ils marcherent un jour & demi sans rencontrer personne, & se trouverent si fatignés, qu'il y en eut jusqu'à 52. qui s'en retournerent, fort résolus de ne plus penser au voyage, qu'on méditoit, à quoi la crainte des 6000. Hommes dont on les avoit menacés, ne contribuoit pas peu. Les 18. autres continuerent leur route, & ayant apperçu un grand chemin, ils y entrerent. Aprés y avoir marché trois heures, ils prirent trois Cavaliers, de qui ils apprirent qu'ils étoient à un quart de lieuë d'une petite Ville nommée *Chiloteca*, dans laquelle il y avoit 400. Espagnols, sans compter les Negres, les Mulatres & les Indiens. Ils leur demanderent, si l'on sçavoit qu'ils fussent là, & ceux-ci leur assûrerent que non ; sur quoi ils voulurent d'abord courir après leurs gens, pour les engager à venir avec eux piller cette petite Ville. Ils se raviserent ensuite sur ce qu'ils firent reflexion, qu'en differant ainsi leur expedition, ils s'exposoient à être découverts, & ils prirent le parti de la tenter avec ce qu'ils étoient. Ils entrerent donc dans Chiloteca, & leur hardiesse étourdit à un point les Habitans, que la tête leur tourna. Tous ceux, qui n'avoient pas leurs chevaux au pi-

Action hardie de 18. Flibustiers.

Z iij

1685.
—
1688.

quet, suivant la coûtume des Espagnols de ce pays-là, se laisserent prendre, & le Commandant fut de ce nombre. Les Flibustiers s'informerent de cet Officier, où étoit la Galere de Panama, & il leur dit, qu'elle étoit moüillée à la Caldera, où elle les attendoit, dans l'esperance qu'ils passeroient par là pour retourner à la Mer du Nord; & que le San-Lorenço, Navire du Roy d'Espagne, armé de 30. pieces de Canon, & de 400. Hommes d'Equipage, étoit dans le Port de Realejo, pour leur en défendre l'entrée.

Derniere resolution des Flibustiers pour le passage à la Mer du Nord.

Cependant les Espagnols s'étoient remis de leur premiere frayeur, & il fallut se battre, nos gens le firent à leur ordinaire, mais le nombre des Ennemis croissant toûjours, ils n'eurent point d'autre parti à prendre, que de monter sur les chevaux, dont ils s'étoient saisis, & de sortir de la Ville. Ils furent poursuivis par 600. Hommes, qui ne les purent atteindre, & qui le lendemain les ayant apperçus se rejoindre aux 52. Flibustiers, dont ils s'étoient séparés la veille, crurent apparemment avoir bien-tôt toute une armée sur les bras, & se retirerent. Tout le parti s'étant ainsi réüni se rendit le vingt-deux à bord des Bâtimens, avec quatre Prisonniers, qui furent interrogés sur le passage projetté. Ceux-ci firent les difficultés beaucoup plus grandes encore, qu'on ne les avoit faites d'abord, ce qui en dégoûta presque tout le monde. Néanmoins quelques-uns ayant représenté qu'il en falloit passer par là, ou finir malheureusement sa vie dans de plus grandes miseres encore, que celles, qu'on avoit essuyées, d'autant plus que le nombre de Flibustiers diminuoit chaque jour, & que celui de leurs Ennemis suffisoit déjà pour les accabler, il fut déterminé tout d'une voix de tout risquer pour sortir de cette Mer. La premiere chose, qu'on fit ensuite, fut d'échoüer tous les Bâtimens, à l'exception de la Galere & des Pirogues, dont on avoit besoin pour passer de l'Isle, où l'on étoit à la grande Terre.

Préparatifs & ordre de la Marche.

Cette précaution prise contre l'irrésolution de ceux, qui n'avoient pû encore se déterminer, on commença de s'arranger pour le voyage. On fit quatre Compagnies, chacune de 70. Hommes, qui faifoient enfemble le nombre de 280. & on devoit tirer tous les matins dix Hommes par Compagnie pour compofer celle des Enfans perdus. On renouvella enfuite le reglement fait dès le commencement en faveur de ceux, qui feroient eftropiés dans les rencontres, où il faudroit combattre, & il confiftoit en ce que chacun auroit pour fa récompenfe mille pieces de huit. Mais il fut ajoûté, que ceux, qui feroient bleffés dans les partis, qu'ils feroient, fans avoir été commandés, n'auroient rien; que les chevaux qu'on prendroit feroient partagés par compagnies : pour foulager ceux, qui feroient les plus incommodés, & qu'il y auroit punition pour le viol, la lacheté & l'yvrognerie. Le 27. un Navire Efpagnol entra dans la Baye, où ils étoient; il n'en vouloit qu'à leurs Bâtimens, qu'il avoit apperçus d'abord, & il les mit hors d'état de naviguer, il auroit fans doute épargné fa poudre & fes boulets, s'il avoit fçû qu'ils étoient déja condamnés. Le lendemain il revint pour combattre les Flibuftiers, qui étant grimpés fur des Rochers, d'où ils tiroient avec avantage, l'obligerent à couper fon cable pour s'éloigner. Mais comme ils jugerent qu'il pourroit bien revenir, ou, s'il s'appercevoit de leur deffein, en donner avis, afin qu'on fonnât l'allarme de tous côtés ; ils envoyerent 100. Hommes à la grande Terre, avec ordre de chercher des chevaux pour les malades, & de venir les attendre fur les bords de la Mer. Ils fe mirent enfuite à contrefaire toutes les nuits les Calfats pour faire croire qu'ils ne fongeoient qu'à s'embarquer pour continuer leurs courfes. Enfin lorfqu'ils furent prêts de partir, ils chargerent des Boëtes, des Grenades, & quatre pieces de Canon, où ils attacherent des méches de differentes longueurs, allumées par le bout, afin que faifant leur effet après leur départ, le Navire, qui les obfervoit, crût qu'ils étoient toûjours fur l'Ifle, de laquelle ils partirent à la nuit fermante fort fecretement avec tous leurs Prifonniers. Ceux-ci avoient été refervés pour porter les médicamens des Chirurgiens, les outils des Charpentiers, & les

1685.
|
1688.

Départ pour la nouvelle Segovie.

bleſſés, qui auroient beſoin de ce ſecours.

Le premier de Janvier 1688. ils arriverent en terre ferme avant le jour, & le ſoir les 100. Hommes, qu'ils avoient envoyé chercher des chevaux, les y joignirent : ils en avoient 68. & quelques Priſonniers, qui leur dirent qu'on étoit informé de leur deſſein, & qu'ils trouveroient à qui parler : mais il n'y avoit plus moyen de reculer, & l'on ſe mit en marche, après que ceux, qui étoient trop riches pour porter tout leur argent, ſe furent déchargés d'une partie ſur ceux, qui avoient perdu tout le leur au jeu, à condition de leur en rendre la moitié, quand on ſeroit arrivé à Saint Domingue. Cette précaution ne fut pas ſeulement priſe pour s'épargner la peine, qu'on auroit eûë à faire une ſi longue traitte avec une charge ſi peſante, mais encore pour prévenir les mauvais deſſeins de quelques-uns, qui au deſeſpoir de s'en retourner ſi gueux, avoient comploté de ſe défaire des plus opulents. Ce fut le 2. de Janvier, que la petite armée s'étant réünie au rendés-vous, mit le feu à ſes Pirogues, fit ſa priere & commença à marcher ſuivant l'ordre, dont on étoit convenu, & dès le 4. ils s'apperçurent que les Ennemis étoient ſur leurs aîles & à leur queuë. Le 6. étant entrés dans une de ces Hôteleries iſolées à la campagne, qu'on appelle *Eſtancias*, ils y trouverent une Lettre, qui s'adreſſoit à eux, & qui étoit conçûe en ces termes. » Nous ſommes » ravis que vous ayés choiſi notre Province pour repaſſer » en vôtre pays, mais nous ſommes fort fâchés de ce que » vous n'êtes pas plus chargés d'argent ; ſi toutefois vous » avés beſoin de Mules pour porter celui, que vous avés, » nous vous en fournirons. Nous eſperons avoir bien-tôt le » Général François Grognier (a), & nous vous laiſſons à penſer ce qui ſera des Soldats.

Ce qu'ils eurent à ſouffrir dans le chemin de la Ville.

Dès le lendemain ils trouverent une embuſcade, que les Enfans perdus délogerent d'abord. Mais partout, où ils paſſoient, on avoit ſoin de brûler les vivres, & de mettre même le feu aux Savanes, ce qui les incommodoit beaucoup, & retardoit conſiderablement leur marche, auſſi-bien que

de

de grands abbatis de bois, qu'ils trouvoient partout, c'étoit sur tout ce que prétendoient les Espagnols, qui vouloient avoir le têms d'achever des retranchemens, dont nous parlerons bien-tôt. Le 8. passant par un gros Bourg, ils y trouverent 300. Hommes, qui depuis ne les quitterent point, & leur donnerent tous les matins & tous les soirs le divertissement de leurs Trompettes, mais sans se laisser voir. Le 9. les Enfans perdus essuyerent une décharge de fusils si brusque, qu'il n'y en eut que la moitié, qui put y répondre, & qu'ils y perdirent deux Hommes. Le lendemain ils rencontrerent une nouvelle embuscade, mais l'ayant reconnuë à têms, ils donnerent dessus avec tant de furie, que les Espagnols n'eurent pas le loisir de remonter sur leurs chevaux, qui resterent aux vainqueurs. L'onziéme ils en trouverent encore une à une lieuë en deça de la nouvelle Segovie, dont ils se débarrasserent avec leur vigueur ordinaire, après quoi ils entrerent sans aucune resistance dans la Ville : aussi n'y trouverent-ils personne, ni absolument aucunes victuailles; on les avoit toutes brulées, comme on faisoit partout. Ils étoient d'ailleurs extrêmement fatigués, parce que dans les 40. lieuës, qu'ils avoient faites, on ne pouvoit pas marcher une lieuë sans être obligé de grimper sur une Montagne extrêmement haute & roide. Tous les matins ils sentoient sur ces Montagnes un froid des plus piquants, & ils se trouvoient envelopés d'un broüillard si épais, qu'ils ne se connoissoient qu'à la voix. Mais sur les dix heures le broüillard se dissipoit, & un chaud extrême succedoit sans milieu au froid excessif, que le broüillard avoit amené, & dont on ne se ressentoit point dans les plaines.

1685.
1688.

Le 12. ils partirent de la Nouvelle Segovie, & il leur fallut d'abord passer de très-hautes Montagnes, car la Ville en est environnée de maniere, qu'elle y est comme enfermée. Ils y trouverent des barricades, que les Espagnols leur avoient dressées à l'ordinaire, & ils eurent beaucoup de peine à s'en débarrasser. Le lendemain une heure avant le coucher du Soleil, ils apperçurent de dessus une éminence

Départ de la N. Segovie.

186　Histoire

1685.
1688.

où ils avoient deſſein de camper, la pente d'une Montagne, dont ils n'étoient ſéparés que par une vallée fort étroite, toute couverte de chevaux, qu'ils prirent d'abord pour des bœufs. Ils envoyerent les reconnoître de plus près par 40. Hommes, qui leur dirent que c'étoit des chevaux tout ſellés, qu'il y avoit au même endroit trois retranchemens à une portée de piſtolet les uns des autres, qui s'élevant comme en amphiteatre juſqu'au milieu de la Montagne, barroient entierement le chemin, par où il leur falloit néceſſairement paſſer ; & qu'ils y avoient vû un Homme, qui les ayant découverts, les avoit ménacés avec un ſabre nud, qu'il tenoit à la main.

Dangers où ſe trouverent les Flibuſtiers.

Nos braves comprirent toute la grandeur du danger, où ils ſe trouvoient engagés ; le chemin étoit étroit ; ſans aucun retranchement on le pouvoit défendre avec des pierres ; à droite & à gauche ce n'étoit que fondrieres & précipices, dont les bords étoient couverts de bois très-épais, & tous les Eſpagnols de 40. lieuës à la ronde étoient en mouvement pour y venir diſputer à 300. Hommes harraſſés & abbatus par la faim & par la ſoif un paſſage, où 1500. qu'ils étoient déja, euſſent pû en arrêter 15000. Comme chacun ſe regardoit ſans rien dire, de Luſſan, dont nous avons l'Hiſtoire de cette expedition, propoſa de laiſſer 80. Hommes pour garder les malades contre les 300. Eſpagnols, qui les cottoyoient, & qui campoient toutes les nuits à une portée de fuſil d'eux ; & quoi qu'il en dût couter de paſſer au travers des abîmes, dont les deux côtés de la Montagne étoient bordés ; puis de gagner parderriere le ſommet de cette même Montagne ; d'où ils auroient ſur leurs Ennemis tout l'avantage, que ceux-ci avoient pour lors ſur eux. On rejetta d'abord cet avis comme chimerique, mais quand on eut vû de plus près les retranchemens des Ennemis, on n'y trouva plus tant de difficultés, & on ne balança point à le ſuivre. On s'apperçut en même-têms que du plus élevé des retranchemens des Eſpagnols il ſortoit un chemin, qui tournant à droite alloit ſerpentant, le long du flanc de la Montagne ; on jugea que ce chemin étoit la continuation de celui, où l'on étoit, & que les Ennemis avoient fermé par leurs retranchemens, & comme il reſtoit encore un peu de jour, on envoya un Homme fort propre à ces ſortes de découvertes, avec une bonne eſcorte, pour examiner par où il étoit plus à propos de prendre pour gagner ce chemin. Il retourna au commencement de la nuit, & marqua la route, qu'on devoit tenir.

1685.
|
1688.

On travailla auſſi-tôt à faire une Place d'armes du lieu où l'on étoit campé, on l'environna de tout le bagage, & on y mit les malades avec 80. Hommes, ainſi qu'il avoit été propoſé. On ordonna à celui, qui commandoit cette troupe, de relever les Sentinelles fort exactement la nuit, de tirer à chaque fois un coup de fuſil, & de faire battre la Retraite & la Diane aux heures ordinaires : enfin on l'avertit que, ſi au bout d'une heure, qu'il auroit vû ceſſer le feu, il ne recevoit aucun avis, il cherchât à ſe ſauver, comme il pourroit. Tout étant ainſi reglé, la priere ſe fit tout bas, pour n'être point entendu des Eſpagnols, & à une heure de nuit, environ deux cens Hommes partirent au clair de la Lune : après avoir marché une heure, ils entendirent qu'on faiſoit la Priere dans les retranchemens, & elle fut accompagnée & ſuivie d'une infinité de coups de fuſils. Au reſte on peut juger de la difficulté des chemins, que nos Avanturiers eurent à franchir, par le têms, qu'ils y employerent, car ils furent toute la nuit à faire un quart de lieuë. Le lendemain 14. à la pointe du jour, ils étoient à peu près à la hauteur des retranchemens, qu'ils avoient à leur gauche ; lorſqu'ils apperçurent une Ronde, que le broüillard empêcha de les découvrir. Le broüillard tombé ils allerent où ils avoient vû la Ronde, & trouverent que c'étoit le chemin, qu'ils cherchoient. Alors ils firent alte pendant une demie heure pour reprendre haleine. Ils entendirent auſſi-tôt les Eſpagnols, qui faiſoient leur priere du matin ; & à peine s'étoient-ils remis en marche, qu'ils ren-

Comment ils s'en tirent.

1685.
|
1688.

Les retranchemens des Espagnols sont forcés.

contrerent deux Sentinelles, sur lesquelles ils furent obligés de tirer un peu plûtôt, qu'ils n'auroient voulu.

Il n'en fallut pas d'avantage pour donner l'allarme dans les retranchemens, ceux qui gardoient le plus haut au nombre de 500. se voyant pris en queuë disparurent à la premiere décharge des Flibustiers, & le broüillard les sauva. Ceux qui étoient dans les deux autres retranchemens passerent au-dessous du premier, & s'y défendirent l'espace d'une heure contre nos gens, qui combattoient à couvert du troisiéme. Le broüillard duroit encore & empêchoit ceux-ci de tirer juste : ils se douterent que leurs coups ne portoient point, quand ils virent que l'Ennemi ne reculoit donc pas ; ils sortirent sur eux, les tirerent à bout portant, & les obligerent à se sauver. Ils ne le pouvoient faire que par le chemin, qui étoit au-dessous des retranchemens, mais une chose, dont ils s'étoient avisés, pour le rendre impraticable, qui étoit de l'embarrasser d'arbres entassés les uns sur les autres, & d'éclaircir le bois des deux côtés, fut leur perte ; les Flibustiers ne manquant pas un seul coup en tirant contr'eux. Après qu'on les eut poursuivis quelque têms, on retourna au retranchement d'en haut, où ceux qu'on y avoit laissés, étoient aux prises avec les 500. Espagnols, qu'on en avoit chassés, & qui étoient bien-tôt revenus sur leurs pas ; mais qui enfin voyant toute la troupe réünie contr'eux quitterent de nouveau la partie & s'enfuirent tout de bon. On les poursuivit avec de grandes difficultés, parce qu'ils avoient embarrassé jusqu'aux moindres sentiers ; Aucun ne demanda quartier, parce qu'ils avoient ordre de ne le point donner, & que cet ordre est toûjours accompagné dans ces pays-là d'un serment de ne le point demander.

Les Espagnols perdirent en cette occasion leur Général, qui étoit un brave Officier Walon. C'étoit lui, qui avoit donné le dessein des retranchemens, qui ne pouvoient être meilleurs, & qu'assûrément les Flibustiers n'eussent jamais forcés de front, eussent-ils été 20000. Quelqu'un l'avertit de

prendre garde aux derrieres ; & il répondit, que si les Ennemis étoient des Hommes, il les défioit de passer en huit jours par quelque côté que ce fût ; que si c'étoit des Diables, il n'y avoit point de retranchemens, qui pûssent les arrêter. Mais il fit une triste experience de cette maxime, qu'à la guerre il ne faut rien négliger & ne croire rien d'impossible à un Ennemi, que le desespoir oblige de tout tenter. Toutefois, si la Ronde, qu'il avoit envoyée sur les hauteurs, & les Sentinelles, qu'il avoit posées dans le chemin, eussent fait leur devoir, il auroit apparemment culbuté les Flibustiers dans les précipices, qui bordoient ce chemin. On trouva dans sa poche une Lettre, que lui avoit écrite le Général de Costa-Ricca, dattée du 6. Janvier, ou après avoir marqué les mesures, qu'il devoit prendre pour réussir dans son projet, il finissoit par ces mots. » J'espere que Dieu favo-
» risera nos desseins, puisqu'ils ne sont que pour le réta-
» blissement de sa gloire, & pour la destruction de ces nou-
» veaux Turcs. Donnés courage à vos gens, quoiqu'à vô-
» tre exemple ils en auront assés, ils seront récompensés
» dans le Ciel, & s'ils ont l'avantage, ils auront beaucoup
» d'or & d'argent, car ces larrons en sont chargés.

1685.
1688.

Cependant dès qu'il ne parut plus d'Ennemi à la vûë des retranchemens, les Victorieux y chanterent le *Te Deum* en actions de graces, & envoyerent 60. Cavaliers avertir ceux, qu'ils avoient laissés au bagage, du succès dont le Seigneur avoit favorisé leurs armes. Ceux-ci avoient couru un grand risque, & ils n'en avoient été délivrés que par la lâcheté des 300. Hommes, qui campoient auprès d'eux. Ces Espagnols, du moment qu'ils entendirent tirer dans les retranchemens, ne douterent pas que les Flibustiers ne les attaquassent de front, ne pouvant se persuader qu'ils eussent passé par les côtés, & ils se douterent bien que leur camp seroit assés mal gardé, mais au lieu de donner dessus, comme ils pouvoient faire avec avantage, ayant gagné une éminence, qui le commandoit, ils s'amuserent à parlementer, & envoyerent aux nôtres un Officier, qui leur dit qu'on ne dou-

Ce qui s'étoit passé au bagage.

toit point qu'ils ne fussent de braves gens, mais qu'ils ne pourroient jamais resister à tant de forces réünies contr'eux; que leurs Compagnons, qui avoient osé attaquer le retranchement, y avoient été bien battus, qu'on avoit fait quartier à ceux, qui l'avoient demandé; & que s'ils vouloient se rendre aux mêmes conditions, on les feroit repasser en toute sûreté dans leur pays.

L'assurance avec laquelle cet Officier parloit, fit croire à plusieurs qu'effectivement leurs camarades avoient été défaits, & quelques-uns n'étoient pas éloignés de se rendre, mais les autres jugerent qu'il ne falloit pas aller si vite; ils amuserent l'Officier pendant quelque têms, puis ayant apperçu de loin les Cavaliers qui venoient à eux d'un air, qui leur annonçoit la Victoire, ils reprirent tous courage, & l'on fit à l'Officier Espagnol la réponse suivante. » Quand » vous auriés assés de forces pour faire perir les deux tiers » de ce que nous sommes, vous ne feriés pas encore assû- » rés de la Victoire; & n'y restât-il plus qu'un de nous, il » ne craindroit point de se battre contre vous tous. Lorsque » nous avons quitté la Mer du Sud, nous nous sommes » déterminés à passer à celle du Nord, ou à perir; & quand » vous feriés autant d'Espagnols, qu'il y a de brins d'herbes » dans cette Savane, nous ne vous craindrions pas, & » malgré vous nous passerons & nous irons où nous vou- » lons aller. Comme on expedioit cet Officier les Cavaliers arriverent étant tous bottés aux dépens des Espagnols, ce qui acheva de le convaincre que la Victoire des François étoit complette. Il monta aussi-tôt à cheval pour en aller porter la nouvelle à ses gens; on le suivit de près, & on rencontra l'Ennemi à la portée du mousquet du camp. Tous étoient à pié, & on leur laissa faire leur décharge, qui ne blessa personne. Après quoi on les enfonça l'épée à la main. Ceux qui sauterent d'abord sur leurs chevaux se sauverent, tout le reste fut pris ou tué. Enfin une si glorieuse journée ne couta aux Flibustiers qu'un Homme tué & deux blessés, mais ils n'étoient pas encore tout à fait sans inquiétude.

DE S. DOMINGUE, LIV. IX. 191

Leurs Prisonniers leur dirent qu'à six lieuës de là ils trou- veroient encore un retranchement bien gardé; ils craigni- rent alors avec raison, que les fuyards n'eussent tourné de ce côté là, & il leur parut d'une conséquence infinie de les prévenir. Ils commencerent par couper les jarrets de tous les chevaux, qu'ils ne vouloient pas emmener, puis ils partirent en diligence pour aller coucher à deux lieuës de là, en un endroit, qui étoit le seul passage pour aller au retranchement, dont on les avoit menacés. Ces précautions leur réüssirent : ils passerent le 15. sans aucune résistance le retranchement, qui étoit encore imparfait, & le 17. qui étoit le seiziéme jour de leur marche, ils arriverent sur les bords de cette Riviere, après laquelle ils avoient tant soû- piré, mais sur laquelle ils eurent beaucoup plus de risques à courir, & infiniment plus à souffrir, qu'ils n'avoient fait pendant tout le cours de la plus fatiguante marche, qu'il soit possible d'imaginer. Cette Riviere prend sa source dans les Montagnes de la nouvelle Segovie & se décharge dans la Mer du Nord au Cap de Gracias à Dios, après avoir coulé pendant la moitié de son cours avec la rapidité d'un torrent, au travers d'un nombre infini de Rochers d'une grosseur énorme, & par des précipices, dont la seule vûë est capa- ble d'effrayer les plus assûrés. Outre cela on y compte jus- qu'à cent chutes, & il y en a sur-tout trois, qu'on ne peut regarder sans fremir. Ces chutes rendroient la Riviere ab- solument impratiquable, si au-dessus de chacune on ne trou- voit une espece de lagon d'eau dormante, où l'on s'arrête, & d'où l'on transporte par terre son Piperi au-dessous de la chute.

Ces Piperis, les seules voitures, dont on puisse se servir sur une si dangereuse Riviere, ne sont autre chose que qua- tre ou cinq troncs d'un bois fort leger, appellé *Mahot d'Herbes*, dont on ôte l'écorce, & qu'on attache ensemble avec une liene, laquelle croît par-tout dans les bois. La situation la plus commode, ou dumoins la plus sûre, où l'on puisse se tenir dessus est d'être debout, encore y enfon-

1685.
|
1688.

Ils arrivent à la Riviere. Sa descrip- tion.

Maniere d'y naviguer.

1685.
1688.

ce-t'on deux ou trois pieds dans l'eau : ainsi on en a jusqu'à la ceinture, & si on y étoit plus de deux ensemble, on s'y embarrasseroit, car il faut les faire fort petits pour pouvoir passer par-tout entre les Rochers, qui sont fort proche les uns des autres. Une Flotte composée de pareils Bâtimens, est bien-tôt fabriquée ; les Agrets coûtent encore moins à préparer, ils consistent tous dans une longue perche, que chacun doit tenir à la main pour se soûtenir contre le courant, & s'empêcher d'être emporté avec trop de violence sur les Rochers, ou dans les précipices. Encore ne les évite-t'on pas toûjours, quelque précaution qu'on prenne, & nos Avanturiers se trouverent plus d'une fois ensevelis avec leurs Piperis dans des boüillons d'eau, d'où plusieurs ne se seroient jamais tirés, s'ils n'avoient eu soin de se lier sur ces machines volages ; il y en eut même quelques-uns, qui y furent pris, le poids de leurs corps ayant retenu les Piperis assés long-têms sous l'eau, pour les noyer.

Assassinat de cinq Anglois.

On peut juger qu'il étoit assés difficile de porter des vivres sur de pareilles voitures ; on y avoit embarqué un peu de chair de cheval salée, mais elle se corrompit au bout de deux jours. La chasse étoit bonne tout le long de cette Riviere, mais les armes & la poudre avoient été moüillées dès le commencement : enfin sans les Bananiers, dont ce pays est rempli, tous seroient morts de faim. Le 20. de Fevrier nos Avanturiers trouverent la Riviere plus large & moins rapide, & quelques lieuës plus bas elle étoit si belle, que s'étant tous rassemblés, ils se partagerent en plusieurs bandes de 40. pour faire des Canots. Ce fut alors que toute la Troupe fut informée d'un accident funeste, qui étoit arrivé dès les premiers jours de leur Navigation, & dont très-peu avoient été instruits jusques là, parce que jamais ils ne s'étoient trouvés ensemble depuis leur embarquement. J'ai dit plus haut que quelques-uns de ceux, qui avoient perdu leur argent au jeu, avoient complotté de se defaire de ceux, qui en étoient les mieux fournis, & que c'étoit ce qui avoit engagé les plus sages à se décharger d'une partie de ce qu'ils avoient

de

DE S. DOMINGUE, LIV. IX.

de plus précieux en le donnant en garde à plusieurs sous certaines conditions. Tous ne prirent pas cette précaution, & l'on remarqua en particulier cinq Anglois, qui passoient pour être fort riches, & qui ne s'étoient dessaisis de rien. Un jour, qu'ils avoient à passer un endroit, où les bords de la Riviere étoient extrêmement chargés de hâlliers, quelques malheureux les y allerent attendre, & prirent si-bien leurs mesures pour les tuer, qu'ils n'en manquerent aucun ; après quoi ils les dépoüillerent, & les laisserent sur le rivage, où ces cadavres furent apperçus de ceux, qui suivoient. Les Assassins ne parurent plus, ce qui joint à quelques autres indices, les fit reconnoître pour les auteurs d'un coup si détestable.

1685.
1688.

Je ne sçai si tous les autres Anglois en furent instruits d'abord, ce qui est certain, c'est que sans s'amuser à faire des Canots, ils descendirent jusqu'à la Mer dans leurs Piperis. Ils y rencontrerent un Bâteau de la Jamaïque, & ils voulurent engager le Patron à aller demander pour eux une assûrance au Général de cette Isle, d'où ils étoient partis sans commission ; mais ce Patron leur demanda plus, qu'ils n'étoient en état de lui donner ; la plûpart ayant perdu, par le renversement des Piperis, presque tout l'argent, qu'ils avoient. Ainsi ils furent obligés de rester avec les Indiens de ces quartiers-là, de tout têms affectionnés à leur Nation. Les François s'étoient séparés en deux bandes, l'une de 120. & l'autre de 140. la premiere arriva le 9. Mars au Cap de Gracias à Dios, ayant fait suivant leur estime plus de 300. lieuës sur la Riviere, dont le cours en droite ligne, n'est marqué que de 80. mais ils avoient long-têms couru au Sud - Est avant que de faire le Nord, où étoit leur route. Le 14. un Batteau Anglois en prit 50. qu'il mena au petit Goave, où ils arriverent le 8. d'Avril. M. Dumas, qui y commandoit en qualité de Lieutenant de Roy, les y reçut en vertu de l'amnistie, que le Roy avoit accordée à ceux, qui étant partis depuis la publication de la paix, n'en avoient pû être instruits dans leur route ; ceux-ci se trouvoient dans le cas,

Arrivée des Flibustiers à la Mer du Nord.

Tome II.   B b

1685.
|
1688.

dumoins on voulut bien le fuppofer; & comme ils eurent averti M. Dumas que leurs camarades étoient allés dans une Ifle de la Baye de Honduras, pour y fubfifter, en attendant une occafion favorable de paffer à Saint Domingue, il en donna avis à M. de Cuffy, lequel envoya auffi-tôt ordre à Laurent de Graff d'armer un Navire pour les aller chercher; mais les débordemens des Rivieres empêcherent cet Officier de recevoir la lettre du Gouverneur. Le 20. d'Avril il en arriva 42. fur un Vaiffeau Anglois, & 60. autres les fuivirent de près. Il en reftoit encore 90. que M. de Cuffy ne comptoit pas de revoir, au moins fi-tôt, parce qu'ils avoient joüé & perdu leur butin; & dont effectivement la plûpart ne retournerent jamais dans la Colonie.

Avanture d'une autre troupe de Flibuftiers.

Les Avantures des 55. Flibuftiers, qui avoient tourné du côté de la Californie, ont quelque chofe d'auffi fingulier, que tout ce que nous venons de voir. Arrivés à l'entrée de la Mer vermeille, ils mirent à terre fur trois petites Ifles, qu'on appelle les trois Maries, & qui n'étoient point habitées. Ils y refterent quatre ans entiers manquant prefque de tout, & fans avoir jamais ofé débarquer fur cette grande prefqu'Ifle, dans la crainte des Efpagnols, ou des Indiens, qui étoient en grand nombre dans ces quartiers-là. Enfin ils fe refolurent à retourner fur leurs pas, & à aller chercher leurs camarades dans la Mer du Sud. Ils ne les y trouverent point, & ils pouffèrent jufqu'au Détroit de Magellan, dans le deffein de rentrer par là dans la Mer du Nord. On peut juger ce qu'il leur couta, pour faire ainfi 2000. lieuës dans un Canot contre le vent. Ils étoient déja engagés dans le Détroit, lorfque faifant reflexion, qu'ils n'emportoient rien d'une Mer fi remplie de richeffes; ils eurent honte de paroître ainfi les mains vuides à Saint Domingue, & ils reprirent la route du Perou. Ils apprirent, chemin faifant, qu'il y avoit au Port d'Arica un Vaiffeau chargé d'Argent, nouvellement tiré des Mines du Potofi, dont ce Port eft l'Echelle. L'avis étoit vrai, & la charge du Navire valoit deux Millions, ils allerent le chercher, & le prirent, ils s'y embarquerent enfuite, & appareillerent pour le Détroit de Magellan, où il eurent le malheur d'échoüer; ils fauverent néanmoins une partie de l'argent, conſtruifirent une double Chaloupe des débris du Navire, & s'en revinrent le long des Côtes du Breſil, juſqu'à l'Iſle de Cayenne, où pluſieurs ſe ſont établis : quelques-uns paſſerent en France, & d'autres retournerent à S. Domingue.

1685.
|
1688.

Enfin le Capitaine le Sage, qui avec 200. Hommes avoit pris la route du Détroit de Magellan, eut auſſi ſes Avantures, & fut même le plus heureux de tous. N'ayant pû paſſer le Détroit, parce qu'il y arriva dans une ſaiſon trop avancée; il prit le parti d'aller croiſer le long des Côtes d'Affrique, & il y fit pluſieurs bonnes priſes, qui pendant deux ans l'entretinrent dans l'abondance de toutes choſes; mais il en fit ſurtout une, qui le rendit très-riche, auſſibien que tous ſes gens. C'étoit un Vaiſſeau venant des grandes Indes, où il y avoit une très-grande quantité de poudre d'or. Il appartenoit à un jeune Hollandois, qui après s'être fiancé en Hollande, avoit voulu faire ce voyage, pour aſſûrer un bon doüaire à ſa future Epouſe. Le Sage, après une ſi heureuſe rencontre, quitta la Mer d'Affrique, & ſe rendit à l'Iſle de Cayenne, d'où la plûpart de ceux, qui l'accompagnoient, repaſſerent peu de têms après à Saint Domingue.

Et du Capitaine le Sage.

Cependant deux choſes inquiéterent long têms M. de Cuſſy au ſujet des Flibuſtiers, qui avoient paſſé à la Mer du Sud, & il ne ſçavoit trop, s'il devoit plus craindre d'apprendre qu'ils euſſent échoüé dans leur entrepriſe; que de les voir revenir chargés des dépoüilles de ces riches contrées. Comme la plûpart des Habitans de S. Domingue leur avoient fait des avances conſiderables, il y avoit tout lieu de croire que, s'ils réüſſiſſoient dans leur expedition, ce feroit une amorce pour en recommencer ſouvent de pareilles, & il n'en pouvoit arriver que le dépériſſement entier d'une Colonie, dont les principales forces ſeroient toûjours à l'autre extrêmité de l'Amérique. Mais s'ils ne revenoient

1685.

Inconveniens des Courſes des Flibuſtiers.

1685.

pas, ou s'ils revenoient sans avoir rien fait, tous ceux, dont ils avoient reçû l'argent, se trouveroient sans ressource, & c'étoit dequoi achever de ruiner le Commerce, que personne à S. Domingue ne seroit plus en état de soûtenir. D'ailleurs le nombre des Habitans sembloit diminuer, au lieu d'augmenter, & le Gouverneur dans ses Lettres au Ministre, en attribuë particulierement la cause à la grande quantité de Negres, qu'on commençoit d'introduire dans l'Isle; car, dit-il, on les préfere aux Engagés, lesquels aprés avoir rempli le têms de leur service, se faisoient Habitans, & peuploient la Colonie.

Dans le même-têms qu'il écrivoit ces Lettres, il en reçut de M. de Seignelai, qui lui marquoient, que le Roy persistoit toûjours dans la pensée qu'il falloit ménager les Flibustiers, & conserver avec soin ce Corps, dont on pouvoit tirer des services importans dans les occasions; mais qu'il étoit nécessaire d'empêcher leurs Courses sur les Espagnols, non-seulement parce qu'ils n'en retiroient aucun avantage réel, & que les folles dépenses, qu'ils faisoient au retour de leurs expeditions, ils les alloient souvent faire chés les Etrangers, & les Ennemis de l'Etat; mais encore parce qu'elles troubloient, & ruinoient même entierement le Commerce des Indes, auquel les Sujets de S. M. avoient le principal interêt: & comme M. Begon lui avoit déja dit, que l'intention du Roy étoit d'établir le Commerce avec les Espagnols, d'où l'on pourroit tirer de l'argent en échange de nos denrées, il apporta tous ses soins à mettre ce projet en execution, & tenta de rendre marchands ceux des Flibustiers, qu'il n'avoit pû venir à bout de rendre Habitans. Mais bien des choses empêcherent ce dessein de réüssir.

M. de Cussy tente envain de les faire cesser.

Les Espagnols de S. Domingue étoient déja instruits des ravages, que faisoient les Flibustiers dans la Mer du Sud; il ne s'en faisoit guéres moins dans la Mer du Nord, & l'on peut bien juger que, si dans le têms même, qu'on ne les molestoit point, ils n'avoient pas discontinué leurs hostilités sur les quartiers de l'Isle occupés par les François, ils n'avoient garde de se tenir dans l'inaction dans un têms, où ils pouvoient ajoûter à leurs autres titres pour nous faire la guerre, le droit d'une juste répréfaille. Ils se montrerent donc plus souvent que jamais sur nos Côtes, qu'ils défolerent entierement, & les Habitans commencerent à dire assés haut que, si le Roy ne vouloit pas les défendre contre leurs Ennemis, ils se refugieroient tous à la Jamaïque. Ces menaces n'empêcherent pourtant pas encore M. de Cussy de suivre son plan, persuadé que le meilleur moyen de se délivrer des Espagnols, étoit de n'aller pas si loin courir sur eux, ce qui laissoit nos Côtes dégarnies, mais de les bien garder, & qu'alors n'y ayant plus rien à gagner pour l'Ennemi par le pillage, il seroit aisé de l'engager à un Commerce également utile aux deux Nations. Sur ce principe, ayant sçû au commencement de Juillet, qu'un Navire Flibustier étoit entré au petit Goave, & se préparoit à en sortir, pour aller courir sur les Espagnols, il alla lui-même se saisir de ce Bâtiment.

1685.

Mais ces coups d'authorité ne lui réüssissoient pas toûjours également, parce qu'il n'avoit pas la force en main pour se faire obéïr. Ainsi ayant appris vers le même-têms que Granmont & Laurent de Graff préparoient à l'Isle à Vaches un grand armement pour aller prendre Campeche; il s'y rendit en diligence, & leur declara que de pareilles entreprises étoient absolument contre le service & l'intention du Roy. Granmont lui répondit que Sa Majesté ne pouvoit avoir desapprouvé son dessein, puisqu'elle n'avoit pas encore eu le têms d'en être instruite. M. de Cussy répliqua qu'il ne convenoit pas à des sujets d'éluder ainsi les ordres de leur Souverain par des plaisanteries. Il lui parla ensuite avec beaucoup de bonté, lui dit des choses si sensées, & lui fit si-bien connoître, que son veritable interêt, aussi-bien que celui de tous ses Compagnons, consistoit à entrer dans les vûës du Prince, & à s'y conformer, que ce Capitaine l'assûra qu'il ne tiendroit pas

M. de Cussy veut empêcher l'entreprise des Flibustiers sur Campeche, & n'y réüssitpas.

Avache

1685.

à lui, que la partie ne fût rompuë ; mais il s'éleva dans le moment un bruit confus de gens, qui crioient que l'affaire étoit trop avancée pour reculer, & que si le Gouverneur ne vouloit pas leur donner une commission pour courir sur les Espagnols, ils se serviroient de celle, qu'il leur avoit donnée pour la Chasse & pour la Pesche. J'ai déja observé que les Flibustiers n'avoient souvent d'autre droit pour faire la guerre aux Espagnols, que celui, qu'ils prétendoient ne pouvoir être contesté à personne, d'aller pescher & chasser partout, & que les Espagnols ne voulant pas souffrir qu'ils fissent l'un & l'autre sur leurs Côtes & dans leurs terres, ce refus rendoit selon eux legitimes toutes les hostilités, qu'ils exerçoient contre cette Nation. M. de Cussy vit bien alors qu'inutilement il insisteroit, & se contenta, en se retirant, d'avertir les chefs de faire de serieuses reflexions aux suites d'une desobéïssance si formelle aux ordres du Roy.

Prise de Campeche.

Dès qu'il fut parti, le vent se trouvant bon, les Flibustiers mirent à la voile au nombre de 1100. Hommes de débarquement, & arriverent le 5. de Juillet à Campeton, qui est à 14. lieuës de Campeche, & où ils laisserent leurs Navires. Le lendemain à deux heures du matin ils partirent de Campeton au nombre de 900. sur 22. Canots, qui avoient chacun leur Pavillon, & ramant doucement & avec ordre ; ils vinrent moüiller vers les cinq heures du soir à la portée du Canon de la Ville. Le 7. sur les 9. heures du matin Granmont, qui commandoit en Chef, donna les ordres nécessaires pour la descente, le plus grand Navire de la Flotte, & deux Barques s'étoient aussi approchés pendant la nuit, ainsi toutes les Troupes mirent à terre en même-têms, & parurent en bataille à la vûë des Espagnols, qui sembloient frapés de la foudre, & ne faisoient en apparence aucun mouvement pour se défendre. On tira seulement quelques coups de Canon d'un Vaisseau du Roy d'Espagne, qui étoit moüillé sous la Forteresse, mais le feu ayant pris aux poudres, ce Bâtiment sauta en l'air. Cette tranquilité apparente des Ennemis ne rendit Granmont que plus circonspect, & bien lui en prit. Après qu'il eût marché un grand quart de lieuë, il rencontra une embuſcade de 800. Hommes, qui firent une très-grande décharge ſur lui, mais ils ne tuerent que deux Hommes, & n'en bleſſerent que cinq ou ſix. Les Flibuſtiers ne s'amuſerent pas à répondre de leurs fuſils, ils donnerent l'épée à la main ſur les Eſpagnols, qui prirent d'abord la fuite, & qu'ils pourſuivirent juſqu'à la Ville : ils y entrerent avec eux, mais toûjours en ordre de Bataille.

Alors les Habitans parurent ſous les armes retranchés avec du Canon à tous les Carrefours de la Ville. Granmont, qui ne vouloit pas perdre de monde, s'aviſa ſur le champ de placer des Fuſiliers ſur les maiſons, qui étoient en terraſſe, pour tirer ſur ceux, qui ſervoient le Canon. Cela eut tout l'effet, qu'il s'en étoit promis, les batteries furent bien-tôt abandonnées, & les Flibuſtiers ſe trouverent en peu de têms maîtres de 40. pieces de Canon. Ils les tournerent contre la Ville, qui ſe ſoûmit d'abord, & avant midi Campeche fut au pouvoir d'une troupe de Flibuſtiers ſans Artillerie, & que le moindre Ravelin bien défendu auroit dû arrêter un mois. Il reſtoit à prendre la Forsterſſe, où il y avoit 400. Hommes de Garniſon, 18. pieces de Canon de 24. & ſix autres plus petites. Granmont donna trois jours à ſes gens pour ſe repoſer & ſe rafraichir ; puis ayant fait venir de ſon Navire 100. boulets, & de la poudre à proportion, il monta dix pieces de Canon de celles, qu'il avoit priſes dans la Ville, & plaça cette batterie dans la priſon, qui étoit aſſés proche de la Forsterſſe. Tout étant prêt, il fit battre à Breche pendant neuf heures, pendant leſquelles 600. Flibuſtiers firent un feu continuel de mouſqueterie, dont tout l'effet fut d'empêcher aucun Soldat Eſpagnol de paroître, & de hâcher en pieces trois Drapeaux, qui étoient plantés ſur la Forsterſſe. Cependant le Canon ne faiſoit preſque rien, ce qui fit différer l'aſſaut au lendemain, & Granmont deſeſperant de réüſſir par la force, cherchoit quelque ſtratagême pour ſe rendre maître de la Place, lorſqu'un Anglois, qui étoit dedans, cria au Corps-de-Garde avancé des Enfans perdus, qu'ils pouvoient y entrer, qu'elle étoit abandonnée. On le dit au Général, qui ne crut pas devoir déferer à un tel avis, sans l'avoir bien examiné, il s'approcha lui-même, & dit à l'Anglois de tirer tous les Canons à la volée; il le fit, & l'on connut qu'ils étoient chargés à mitraille. Toutefois comme il étoit fort tard, Granmont jugea à propos de differer au lendemain à prendre possession de la Forteresse.

<small>La Forteresse est abandonnée par les Espagnols.</small>

Dès que le jour fut venu, Laurent de Graff eut ordre de prendre 80. Hommes & d'entrer dans la Place. Il n'y trouva que l'Anglois, un Canonnier, & un Enseigne, qui avoit mieux aimé s'exposer à tout, que de fuir comme les autres. C'étoit un Homme de condition, fort brave & plein d'honneur. Il fut reçû du Général Flibustier comme il le méritoit; Granmont le renvoya fort genereusement, lui fit rendre tout ce qui lui appartenoit, & y joignit encore de fort beaux présens. Cependant comme les Espagnols pouvoient assembler en peu de têms jusqu'à 13000. Hommes; on prit ses précautions pour être en état de se défendre, au cas qu'on fût attaqué, mais personne ne parut. Dès que Granmont fut un peu rassûré de ce côté-là, il logea ses Soldats dans les meilleures maisons de la Ville, où ils vécurent à discretion jusqu'au 26. du mois d'Août: le butin qu'ils y firent fut très-peu considerable, aussi-bien que celui qu'ils firent à la campagne, où Granmont envoyoit des partis tous les jours à 10. ou 12. lieuës à la ronde; ils étoient même fort surpris de ne trouver personne, que quelques Sauvages; mais un jour, qu'ils étoient montés à cheval au nombre de 130. ils tomberent dans une embuscade, où le Gouverneur de Merida commandoit en personne 900. Espagnols, & ceux-ci firent leur décharge si à propos, qu'ils tuerent 20. Hommes aux François. La partie étoit trop inégale, & les Flibustiers se déterminerent à la retraite: ils la firent en bon ordre & en braves gens, mais il y en eut deux, qui demeurerent Prisonniers.

<small>La Ville est brûlée.</small>

Dès le lendemain Granmont envoya prier le Gouverneur

meur de Merida, de lui rendre ses deux Hommes, & lui promit de lui renvoyer tous les Prisonniers, qu'il avoit faits jusques-là, sans en excepter même le Gouverneur de Campeche, ni les autres Officiers; & il lui fit ajoûter, que s'il refusoit une offre si avantageuse, il mettroit tout à feu & à sang dans la Ville. Le Gouverneur répondit qu'il pouvoit brûler & massacrer tout ce qu'il voudroit, qu'il avoit de l'argent pour rebâtir la Ville, & des Hommes pour la repeupler & le combattre, & qu'il étoit venu à ce dessein. Granmont ne repliqua rien, mais prenant l'Envoyé du Gouverneur par la main, il le promena par la Ville, où il fit mettre partout le feu: il fit ensuite couper la tête à cinq Espagnols, puis il le renvoya, en lui ordonnant de dire de sa part à son Maître qu'il avoit commencé à executer ses ordres, & qu'il alloit achever. Il ne continua pourtant pas à répandre le sang innocent, quoique le Gouverneur lui eût envoyé faire une seconde réponse aussi haute que la premiere, mais il réduisit toute la Ville en cendres, fit sauter la Forteresse, brûla le jour de Saint Louis dans un feu de joye, qu'il fit en l'honneur du Roy, pour 200000. écus de bois de Campeche, qui étoit le meilleur de son Butin, & partit pour la Côte S. Domingue.

L'Histoire des Flibustiers assûre qu'il donna la liberté à tous les Prisonniers; mais M. de Cussy ne le dit pas dans la lettre, qu'il écrivit à M. de Seignelay, pour l'informer de cette expedition. Ce Gouverneur ajoûte que les Flibustiers ayant pris deux Navires, Laurent de Graff prétendit qu'il lui en appartenoit un, & que sur ce que Granmont fit difficulté de le lui ceder, il s'emporta en de grandes ménaces. Néanmoins on les réconcilia, & il fut resolu de faire present à M. de Cussy du Navire, qui étoit le sujet de la contestation. Ces deux Chefs se séparerent ensuite, & quelque-têms après de Graff se trouva seul au milieu de trois Vaisseaux Espagnols, de 60. de 54. & de 50. Canons, qui le démâterent, & penserent le couler à fond, mais n'oserent jamais l'aborder. Enfin, après avoir essuyé le plus ter-

202   HISTOIRE

1685.

Son Duel avec Sandhova

rible feu, qui se puisse voir, il se sauva pendant la nuit fort griévement blessé, & ayant perdu neuf Hommes. Il eut dequoi se consoler de ce malheur par la cession, que lui fit M. de Cussy du Navire, qui avoit fait le sujet de son démêlé avec Granmont, & par des Lettres de naturalité & de grace pour le meurtre de Vand Horn, qu'il avoit fait demander au Roy, & qui lui furent rendües peu de têms après son retour de Campeche. Les unes & les autres sont du mois d'Août de cette même année 1685. & dans le Brevet de naturalité il est marqué que sa femme se nommoit Petruline de Gusman, & étoit native de l'Isle de Teneriffe. Au reste, je n'ai pas cru devoir suivre pour la datte de la prise de Campeche l'Historien des Flibustiers, qui la place en 1686. La Lettre de M. de Cussy, que j'ai déja citée, & qui est dattée du 13. Août 1686. marquant positivement qu'elle fut faite en 1685. & parlant de tout ce qui se passa au retour de Granmont, de son different avec de Graff, du Combat de celui-ci contre les trois Vaisseaux Espagnols, toutes choses arrivées les derniers jours d'Août, ou même dans le mois de Septembre.

1686.

Il est nommé Lieutenant de Roy

L'année suivante Granmont, dont la derniere expedition avoit été en quelque sorte legitimée par de nouvelles entreprises des Espagnols sur les Côtes de S. Domingue, lesquelles donnoient droit de les regarder comme Ennemis, fut nommé Lieutenant de Roy à la sollicitation de M. de Cussy, lequel vouloit se l'attacher, aussi-bien que Laurent de Graff, qui fut en même-têms nommé Major. La commission du premier est du 30. Septembre, celle du second est du premier Octobre de la même année 1686. Le dessein du Gouverneur étoit de donner à Granmont le Commandement de la Côte du Sud, mais ce projet n'eut point d'effet: Granmont, sur le premier avis qu'il eut de l'honneur que lui faisoit le Roy, voulut faire une derniere course: il arma un Navire, où il mit environ 180. Hommes, & l'on n'a jamais pu sçavoir ce qu'ils étoient devenus. Ce fut une vraye perte pour la Colonie. Granmont ne le cedoit pour la vraye bravoure & l'intrepidité à aucun Capitaine Flibuſtier, & aucun ne lui étoit comparable pour la conduite d'une entrepriſe, & pour le conſeil. J'ai déja dit qu'il étoit de Paris ; il perdit ſon pere étant fort jeune, ſa mere ſe remaria, & un Officier devint amoureux de ſa ſœur. Granmont trouva à redire aux aſſiduités de cet Officier & le lui dit à lui-même ; il fut traité en petit garçon, & quoiqu'il ne fût en effet qu'un écolier, il mit l'épée à la main contre l'Officier, le bleſſa de trois coups mortels, & obtint ſa grace à la ſollicitation de ce même Officier, qui mourut peu de têms après de ſes bleſſures. Il entra enſuite au ſervice, ſe diſtingua fort dans le Regiment Royal des Vaiſſeaux, & fit pluſieurs Campagnes ſur Mer, où il acquit une grande réputation. Enfin ayant eu le Commandement d'une Frégate armée en courſe, avec un cinquiéme de profit, il prit auprès de la Martinique une Flute Hollandoiſe, qui valoit bien 400000. liv. la mena à S. Domingue, où il perdit au jeu, ou conſuma en débauches, non-ſeulement ſa part, mais encore celle de ſes aſſociés, & n'oſant retourner en France, il ſe fit Flibuſtier. Sa bonne grace, ſes manieres honnêtes, je ne ſçai quoi d'aimable, qui gagnoit les cœurs, beaucoup de déſintereſſement, tout cela joint à toutes les parties d'un grand Capitaine, le diſtinguerent bien-tôt des autres Chefs de ce Corps, qui étoit alors dans ſa plus grande réputation. Mais avec des vertus, qui l'auroient pu élever aux premiers honneurs de la guerre, il avoit tous les vices d'un Corſaire. Il porta la débauche des femmes & du vin aux plus grands excès, & l'irréligion juſqu'où elle peut aller.

1686.

Laurent de Graff étoit en Mer, lorſque ſon Brevet arriva à Saint Domingue, il y étoit même aſſés mal à ſon aiſe. S'étant trouvé à la Côte de Carthagene, avec un Vaiſſeau de 48. Pieces de Canon, monté de 200. Hommes d'Equipage, il le perdit ſur un Recif à deux lieuës de Terre, en pourſuivant une Barque. Par bonheur pour lui, avec ſon Canot, il prit la Barque, & elle ſe trouva aſſés

1687. De Graff eſt fait Major.

grande pour contenir tout son Monde. Il se rendit de là au Golphe de Darien, où les Indiens, à la sollicitation des Espagnols, lui dresserent une Embuscade, & lui tuerent 25. Hommes. Il se remonta ensuite de deux Barques, & d'un petit Bâtiment de six Canons; les deux Barques, où il y avoit 30. Hommes, reprirent la route de Saint Domingue, le reste de ses Gens l'obligea à continuer la course sur son petit Navire; mais il ne la continua que jusqu'à ce que des Envoyés de M. de Cussy l'eussent trouvé, & lui eussent remis de sa part le Brevet du Roi, dont j'ai parlé. Cette grace, que lui fit le Roy, délivra les Espagnols du plus terrible Ennemi, qu'ils eussent encore eu dans le corps des Avanturiers, & elle ne procura pas à la Colonie un aussi sûr appui, qu'on l'avoit esperé. La course étoit l'Element de cet homme, il s'en faut bien qu'il ait soutenu jusqu'au bout dans un service plus honorable la gloire, qu'il avoit acquise dans son premier genre de vie.

Laurent de Graff étoit Hollandois, ainsi que je l'ai déjà remarqué. Il entra jeune au service d'Espagne, en qualité de Matelot, il fut ensuite Canonnier, & en cette qualité, il commença à se distinguer par son adresse; car on dit, qu'il étoit aussi sûr de son coup sur Mer, que le plus habile fusilier le peut être sur Terre. Sa Bravoure égalant son adresse, il fut avancé, & parvint jusqu'à commander un Vaisseau. Il fut envoyé dans l'Amérique, où les Flibustiers trouverent en lui un Ennemi digne d'eux. Au bout de quelque têms il fut pris, & se trouvant parmi de si braves gens, il ne put se résoudre à les quitter. Il s'enrôla donc parmi eux, & ne demeura pas long-têms simple Flibustier: les François le reconnurent bientôt pour un de leurs principaux Chefs, & il fit honneur à leur choix. Il remplit de telle sorte toutes les Côtes Espagnoles de la terreur de son nom, que dans les prieres publiques on y demandoit à Dieu d'être garanti de la fureur de *Laurencillo*. C'étoit le nom que de Graff avoit porté tout le têms qu'il avoit servi l'Espagne. Ce n'est pas qu'il leur fît tout le mal, qu'on mettoit sur son compte; mais souvent les Flibustiers faisoient courir le bruit qu'il étoit à leur tête, persuadés que son nom seul avançoit de beaucoup la défaite des Ennemis. Aussi n'y avoit-il rien que les Espagnols n'eussent donné pour l'avoir en leur puissance. Il le sçavoit bien, & ne doutoit pas qu'ils ne lui fissent un très-mauvais parti, s'ils le tenoient jamais. Pour éviter ce malheur, il ne se battoit point, qu'il ne plaçât un Homme avec une mêche allumée auprès des poudres, pour faire sauter le Navire, s'il avoit le malheur d'être forcé. Peu s'en fallut que cela n'arrivât un jour, que les Habitans de Carthagene le sçachant auprès de leur Ville sur une simple Barque, détacherent après lui deux Vaisseaux de 50. Pieces de Canon. Il se crut perdu, dès qu'il les vit, & il alloit donner l'ordre de mettre le feu aux poudres; lorsque le désespoir ayant ranimé son courage, il fit des efforts si incroyables, qu'il se rendit Maître des deux Navires: si cependant cette action n'est pas la même, que j'ai rapportée ailleurs, dans laquelle de Graff fut secondé de Michel le Basque, & dont les circonstances sont un peu plus vrai-semblables. L'Histoire des Flibustiers ajoûte que dans un autre occasion l'Amiral & le Vice-Amiral des Gallions ayant eu ordre de le prendre à quelque prix que ce fût, le rencontrerent fort mal équipé, & le mirent entre deux feux, ayant chacun 1500. Hommes d'Equipage; qu'il leur tua beaucoup de monde, démâta l'Amiral de son grand mast, & se sauva; que ce fut le bruit de cette action, qui détermina la Cour à lui donner de l'emploi dans la Colonie, & que l'Amiral Espagnol ayant été mandé à Madrit, fut mis au Conseil de Guerre, condamné à perdre la tête, & executé.

1687.

Un des principaux motifs qu'avoit eu le Roi, en prenant Granmont & de Graff à son service, étoit de les engager à faire quitter la course aux Flibustiers, parmi lesquels personne n'avoit jamais eu autant de crédit que ces deux Hommes. C'est pourquoi, M. de Seignelai recommanda

Les Espagnols se rendent Maîtres du petit Goave, & en sont chassés.

particulierement à M. de Cuſſy de les diſtribuer dans les Quartiers, où il croiroit leur préſence plus néceſſaire pour ce deſſein. Il ajoûte dans la Lettre, qu'il écrivit ſur cela à ce Gouverneur, que Sa Majeſté étoit ſi perſuadée du mal, que produiſoit cette Courſe, qu'elle étoit dans la réſolution de donner ordre au Commandant de l'Eſcadre, qui devoit partir inceſſamment pour l'Amérique, de prendre tous les Flibuſtiers, qui ſeroient rencontrés en Mer, & de les mener à la Martinique, pour y être jugés comme Forbans, ſuivant la rigueur des Ordonnances. Mais comme le Roi avoit été informé en même têms, que les démi-Galeres Eſpagnoles continuoient à faire de grands ravages ſur les Côtes de Saint Domingue; ce Prince fit avertir le Gouverneur qu'on lui enverroit inceſſamment une Frégate pour garder ces mêmes Côtes contre de pareilles entrepriſes.

La Cour penſoit alors ſérieuſement à la Conquête de San-Domingo. M. de Cuſſy fut averti de faire ſecrettement ſes préparatifs, & c'eſt ce qui le rendit ſi facile à recevoir les Flibuſtiers, qui ſur la fin de cette année, commencerent à revenir de la Mer du Sud, & dont il exigea ſeulement qu'ils allaſſent dans les habitations, pour les fortifier. Il avoit eu tout le têms de reconnoître qu'une conduite plus ſévere pouvoit avoir de funeſtes effets: le petit Goave étoit preſque abandonné, & il s'en étoit peu fallu que cette même année les Eſpagnols ne demeuraſſent Maîtres de ce Port. Le 10. d'Août ils y entrerent au nombre de 85. ſur une Pirogue & un Brigantin, & ayant mis pied à terre à la pointe du jour, ils ſe rendirent Maîtres du Fort, où il n'y avoit perſonne; ils pillerent enſuite le Bourg, où ils exercerent de grandes cruautés, & maſſacrerent entre autres le ſieur Dupuy Procureur du Roi, & Capitaine du Quartier, avec ſon Epouſe, qui étoit enceinte. Enfin les Habitans les plus proches ſe raſſemblerent, contraignirent l'Ennemi à rentrer au plus vîte dans le Fort, où ils l'aſſiegerent, & le forcerent. Il s'en ſauva vingt-cinq, le reſte fut tué ou pris, & les

Chefs furent pendus. On en usoit ainsi par représailles, non seulement des cruautés, qu'ils avoient exercées en surprenant la place, mais encore, parce que l'année d'auparavant, un Capitaine Flibustier nommé Brea, ayant été pris par la Flotte de Barlovento, avoit été pendu avec neuf ou dix de ses Gens, & tout le reste de l'Equipage retenu prisonnier, & traitté de la maniere du monde la plus cruelle. Je ne sçai pourtant si cette surprise du petit Goave n'est pas la même, dont j'ai fait mention plus haut en parlant des Grecs.

1687.

Pour revenir au projet du Siege de San-Domingo, il étoit fondé sur ce qu'on prévoyoit que les Espagnols ne tarderoient pas à entrer dans la querelle des Hollandois, contre qui nous étions alors en guerre ; mais on ne vouloit pas que ceux de l'Isle Saint Domingue pussent raisonnablement se plaindre qu'on les eût traittés en Ennemis, avant qu'ils le fussent dans les formes. On cherchoit même par toutes sortes de voyes à les engager à bien vivre avec les François, & le Roi ayant appris que des Officiers vouloient empêcher nos Marchands de faire aucun Commerce direct avec eux, le trouva mauvais, & fit sçavoir sur cela ses intentions à M. de Cussy. Le Gouverneur s'y conforma ; mais tandis qu'il ne faisoit qu'executer les ordres, qu'il recevoit de Sa Majesté, il portoit à Saint Domingue tout l'odieux d'une chose, qui déplaisoit à bien du monde. On avoit dans le fond quelque raison de n'approuver pas une conduite, qui ne produisoit aucun des bons effets, qu'on en avoit attendus, & qui en avoit de fort désavantageux à la Colonie ; car non seulement les demi-Galeres Espagnoles pilloient & ruinoient toûjours nos Côtes, mais on apprit vers ce même têms qu'il se faisoit à San-Domingo un grand armement, lequel devoit d'abord tomber sur l'Isle de Cayenne, puis sur celle de Sainte Croix, & enfin sur la partie Françoise de S. Domingue. On avoit même quelque sujet de croire, que la bonne intelligence ne dureroit pas long-têms avec les Anglois de la Jamaïque, où le Duc d'Albe-

1688.

On se prépare des deux côtés à la Guerre : mauvaises manieres des Anglois.

marle, qui en étoit Gouverneur, retint & maltraita fort
les Flibustiers François, qui revenoient de la Mer du Sud, & les
obligea d'écrire le contraire à Saint Domingue : on les auroit même apparemment perdus tout-à-fait sans la mort du
Duc d'Albemarle, qui arriva l'année suivante. Alors celui
qui commandoit à sa place, lés renvoya à M. de Cussy,
mais il retint leurs armes & leur argent, quoique M. de
Cussy lui eût renvoyé une Barque, que des Forbans François avoient prise sur des Anglois.

Conduite des François à leur égard.

Ces manieres des Anglois, qui correspondoient si mal
à celles, que les François avoient toûjours eûës à leur égard,
ne firent pas changer de systême à M. de Cussy ; il avoit
établi de Graff Commandant à l'Isle à Vaches, & lui avoit
donné ordre de faire une rude guerre aux Forbans, dont
toute cette Côte du Sud étoit remplie. De Graff s'acquitta
parfaitement de sa commission, faisant paroître un grand
zéle pour le service, beaucoup de fermeté, & une équité,
dont les Anglois & les Espagnols eurent tout lieu de se
loüer. Aussi ses soins eurent-ils le succès que le Gouverneur s'en étoit promis. Il vint encore à bout par la confiance, que tout le monde avoit en lui, de peupler en peu
de têms tout ce quartier, & de le rendre très-florissant.
Mais on l'en tira un peu trop tôt pour une expédition, qui
ne réüssit pas. Voici dequoi il s'agissoit.

Gallion é-choüé aux Se-renilles, & ce qui en arrive.

Un Capitaine Espagnol ayant été pris par des Forbans, &
délivré par Laurent de Graff, fit confidence à son Liberateur
que 80. ans auparavant un Gallion richement chargé étoit
demeuré échoüé sur les Serenilles, petites Isles à 30. lieües
au Sud-Ouest de la Jamaïque, l'assûra que toute sa charge y étoit encore, & s'offrit à l'y conduire : de Graff crut
ne devoir pas négliger un tel avis, & envoya l'Espagnol à
M. de Cussy. Le Gouverneur, après s'être assûré, autant qu'il
étoit possible, de la sincerité de cet Homme, arma une Barque longue & trois autres petits Bâtimens, y fit embarquer
le Capitaine, & envoya ordre au sieur de Graff de les conduire aux Serenilles. De Graff se préparoit à obéir, lorsqu'il

DE S. DOMINGUE, LIV. IX. 209

qu'il reçut un contre-ordre, dont voici quelle fut l'occasion.

1688.

Le 12. de Janvier 1689. le Sr. de Latre arriva à la Côte Saint Domingue avec un Navire de Roy & une Corvette, & ayant appris que la guerre avoit été déclarée à la Hollande, il forma le dessein d'aller enlever deux Navires de force de cette Nation, qu'on lui avoit dit être moüillés dans la Baye de Mancenille, à la Côte de Cuba. Mais comme il n'avoit pas un Equipage suffisant pour une pareille expédition, il demanda permission à M. de Cussy de lever 60. ou 80. Hommes dans son Gouvernement. Il l'obtint à condition de ne point passer ce nombre, & de ne pas faire toute cette levée au même endroit; mais il garda mal ces conditions, & il prit jusqu'à 120. Hommes dans le quartier de l'Isle à Vaches. Il tira ensuite droit au Cap de Cruz, qui forme la Baye de Mancenille, & il comptoit d'y surprendre les Ennemis. Mais comme il avoit eu l'imprudence de divulguer son dessein, il les trouva, qui l'attendoient en très bonne situation. Il n'y avoit plus à reculer, il fallut se battre, il le fit en brave Homme, mais il fut tué & son Vaisseau pris. M. de Cussy en ayant reçû la nouvelle, envoya sur le champ un exprès au Sr. de Graff pour lui commander d'aller chercher les Hollandois, & de les combattre, quelque part qu'il les rencontrât. De Graff appareilla sur l'heure, entra dans la Baye de Mancenille, & n'y trouva pas un seul Bâtiment : il fit quelques Prisonniers de qui il apprit que cinq jours après le combat, les Hollandois s'étoient retirés avec leur prise à cinq lieües de là dans les Cayes du Sud de Cuba, où ils avoient encore été joints par deux Bâtimens de leur Nation, de 20. & de 16. pieces de Canon. De Graff n'avoit pas assés de forces pour les y aller attaquer, & il crut ne pouvoir rien faire de mieux, que de suivre sa premiere destination.

1689.

Navire du Roy pris par les Hollandois.

Avache

Il arriva heureusement aux Serenilles, & n'eut pas de peine à trouver la carcasse du Gallion échoüé; un petit Bâtiment Anglois étant actuellement dessus, occupé à pescher,

Les Anglois se rendent maîtres du Gallion é-

Tome II.   D d

1689.
choüé sur les Serenilles.

ce qu'il faisoit depuis quatre ans regulierement une fois l'année. De Graff étoit plus fort que lui, il ne jugea pourtant pas à propos de le chasser de là, mais il fit societé avec lui, à condition qu'il ne retourneroit pas à la Jamaïque avant la fin de la pesche. Il envoya ensuite chercher des vivres & des Plongeurs à Saint Domingue, mais ce secours ayant trop tardé, il arriva un si grand nombre de Navires Anglois, que de Graff ne jugea pas à propos de se mesurer avec eux, & leur abandonna le Gallion, dans lequel on prétend qu'ils trouverent de grands thrésors.

La Tréve que nous avions avec l'Espagne subsistoit toûjours, mais on s'attendoit bien qu'elle ne tarderoit pas à se rompre, & M. de Cussy avoit eu de nouveaux avis de se préparer à attaquer San-Domingo, avec toutes ses forces, dès qu'il en recevroit l'ordre. Le Roy avoit plus que jamais à cœur cette entreprise, & cela paroît par la Lettre du Ministre au Gouverneur de Saint Domingue. » Vous pouvés » croire, lui disoit-il, que vous n'aurés de vôtre vie rien de » plus grand à executer, & vous pouvés compter, en réüs- » sissant, sur des graces particulieres de Sa Majesté, sur tout » qu'Elle vous en donneroit le Gouvernement. Je vous prie » de m'informer des mesures que vous prendrés pour l'éxé- » cution de ce projet. Cette Lettre est du 13. Janvier 1689. elle trouva M. de Cussy, qui venoit de terminer une fâcheuse affaire, & qui auroit apparemment eu des suites funestes, sans la fermeté du S. de Franquesnay, qui commandoit au Cap François. Voici comment la chose se passa.

Revolte au Cap François.

On ne pouvoit guéres apporter plus de soin au soulagement de la Colonie, qu'en apportoit le Gouverneur dans toutes les occasions, mais il s'en falloit bien, qu'il fût secondé par tous ceux, qui s'étoient chargés de fournir aux besoins des Habitans. Le Tabac ne se vendoit point, ceux des Habitans, qui n'étoient pas en état de faire de l'Indigo, se trouvoient pour la plûpart reduits à la derniere misere, & ce qui ôtoit à bien des Flibustiers l'envie de se fixer sur des habitations, c'est que depuis quelque-têms on ne leur por-

toit ni Engagés, ni Negres. La Compagnie, qui s'étoit main- 1689.
tenuë en poſſeſſion du commerce excluſif des Noirs, avoit
été d'une extrêmité à l'autre : elle avoit d'abord rempli la
Côte Saint Domingue de ces Eſclaves, & nous avons vû
le préjudice, que la Colonie en avoit ſouffert. Rebutée enſuite par quelques voyages, qui ne lui avoient pas réüſſi,
elle avoit ceſſé tout-à-fait d'en porter. Enfin une compagnie
de Marchands Maloins avoit obtenu du Roy une permiſſion,
qui avoit été publiée par ordre de Sa Majeſté dans tous les
quartiers, de faire la traitte avec les Eſpagnols dans toute
l'étenduë de ces Mers, & toutes les douceurs, que ce commerce attiroit aux Habitans, & qui faiſoit ſubſiſter 3. à 400.
perſonnes au moins, alloient à ces nouveaux Traiteurs.

 Cette innovation fit murmurer, & il y eut des eſprits
aſſés mal faits pour accuſer M. de Cuſſy d'en être l'auteur,
& de faire le commerce avec les Eſpagnols, ſous le nom
des Maloins. De ces diſcours on paſſa bien-tôt aux plaintes,
& les plaintes n'ayant rien produit, on eut recours à la voye
de fait. Le quartier du Cap parut tout à coup en armes, &
un nommé *Chevalier* ſe mit à la tête des mutins : mais on
a cru qu'il ne faiſoit que prêter ſon nom à quelqu'un, qui
étoit ſous main le veritable Chef de la révolte, d'autant
plus qu'il fut propoſé d'abord de nommer un Gouverneur
à la place de M. de Cuſſy. Quoiqu'il en ſoit, Chevalier
ayant ſçû qu'il y avoit dans la Baye de Mancenille près de
Monte-Criſto, une Barque Eſpagnole, qui y faiſoit la traite,
il y alla & l'enleva. Après cette expédition il parcourut toute
la Côte, laiſſant par-tout des ſemences de révolte, qui
groſſirent bien-tôt ſon parti. Il ne reſtoit plus qu'à s'aſſûrer
de quelque poſte important ; il choiſit une Colline, qui eſt
préſentement enfermée dans la ville du Cap, y fit monter
du Canon, & s'y retrancha de maniere, qu'il n'étoit pas
aiſé de le forcer. M. de Franqueſnay, qui commandoit dans
ce quartier-là, n'avoit point aſſés de troupes pour réprimer
une pareille mutinerie, & ne pouvoit pas compter ſur les
Habitans. Il commença par envoyer un exprès à M. de Cuſſy,

D d ij

qui étoit au Cul-de-Sac, pour le prier de se rendre en diligence au Cap, sans quoi il étoit en danger de succomber au nombre des factieux, qui croissoit tous les jours ; les quartiers voisins entrant déja tout ouvertement dans la sedition.

Elle est reprimée. M. de Cussy partit sur le champ avec 70. Hommes, de la fidélité desquels il se tenoit assûré, laissant pour commander dans tous ces quartiers de l'Oüest le Sieur Dumas, auquel il enjoignit expressément, s'il se faisoit le moindre tumulte, de couper court au mal par une prompte punition des coupables. Cependant M. de Franquesnay avoit assemblé un nombre de Soldats & d'Habitans fidéles, capable au moins de tenir les mutins en respect, & s'étoit retranché dans la place vis-à-vis de Chevalier. Peu de tems après ce Rebelle envoya lui dire qu'il n'avoit pris les armes, que pour empêcher les correspondances, que le Gouverneur entretenoit avec les Ennemis de l'Etat, au grand préjudice de la Colonie, & qu'il étoit prêt de desarmer, pourvû qu'on lui donnât l'assûrance d'un prompt remede à un desordre si criant. Franquesnay fut outré de cette insolence, & vouloit faire pendre l'Envoyé de Chevalier, mais on lui représenta que cette action, toute juste qu'elle seroit, pourroit avoir des suites fâcheuses, & on l'engagea à prendre un parti, qui lui réüssit. Il fit réponse à Chevalier, qu'il ne manqueroit pas d'informer la Cour des sujets de plaintes, qu'on avoit donnés aux Habitans, qu'il ne doutoit pas que Sa Majesté n'y eût égard, si elle les jugeoit raisonnables, que cependant il lui conseilloit de retourner chez lui, & d'y demeurer tranquille en attendant la réponse ; qu'en faisant autrement, il se rendroit criminel, & que s'il vouloit suivre son conseil, il croyoit pouvoir l'assûrer, que ni lui, ni aucun des siens, ne seroient jamais recherchés pour tout le passé.

Rien ne pouvoit venir plus à propos à ceux, qui avoient suivi Chevalier, que cette declaration. La plûpart commençoient à s'ennuyer dans leur retranchement, & à craindre les suites de cette révolte ; ils s'écrierent tous que rien n'étoit plus raisonnable, que ce que proposoit M. de

Franquefnay, & chacun fe retira dans le moment. Il y a bien de l'apparence que Chevalier recommença bien-tôt à cabaler, ou que ne s'étant retiré, qu'après que tout le monde l'eût abandonné, le Lieutenant de Roy ne fe crut pas engagé à fon égard par la parole, qu'il avoit donnée en général. Ce qui eft certain, c'eft qu'il entreprit de fe rendre maître de fa perfonne. Le coup étoit hardi ; pour y réüffir il indiqua une revûë de tous les Habitans de la plaine du Cap, & choifit pour cela le quartier Morin, où il avoit fon habitation. Chevalier fe douta d'abord du piége, qu'on lui tendoit, & délibera avec fes amis, s'il fe trouveroit à la revûë: ils lui dirent de ne rien craindre, & lui protefterent qu'ils ne fouffriroient point qu'on entreprît rien fur fa perfonne ; il les crut, & fit bonne contenance. Tous les Habitans étant fous les armes devant la porte du Commandant, on vint dire à Chevalier que M. de Franquefnay vouloit lui dire un mot ; Chevalier y alla, & il ne fut pas plûtôt entré dans la chambre, que le Commandant le prenant par le bras, *Chevalier*, lui dit il, *je t'arrête de la part du Roy*. Chevalier étoit venu affés bien accompagné, il tourna la tête pour voir, fi on ne fe mettoit pas en devoir de le fecourir ; mais comme il vit que perfonne ne branloit, *Je fuis mort*, s'écriat'il, *Non*, reprit Franquefnay, *je t'affûre de nouveau que de ma part il ne te fera fait aucun mal*. C'étoit lui promettre peu de chofes, ou pour mieux dire, rien du tout. En effet Chevalier ayant été embarqué le même jour fous bonne garde pour le port de Paix, fuivant l'ordre que M. de Cuffy en avoit envoyé en partant du Cul-de-Sac ; il fut mis entre les mains de la Juftice. On l'interrogea fur ce qui l'avoit engagé dans cette révolte, mais il ne voulut nommer perfonne : on lui fit fon procès, & il fut pendu.

M. de Cuffy arriva au port de Paix peu de jours après cette expédition, & fe rendit dès le lendemain au Cap François, après avoir renvoyé la meilleure partie de fa troupe au Cul-de-Sac. Il fit de grandes recherches des caufes, qui avoient contribué à la révolte, & il n'en trouva point d'autres, que celles, dont j'ai parlé. Cela l'engagea à user de clemence, il ratifia la parole que Franquesnay avoit donnée aux révoltés, mais ce fut à condition qu'ils lui livreroient trois d'entr'eux, qui vraisemblablement étoient dans le même cas que Chevalier. On ne lui en put remettre que deux, le troisiéme étant en fuite. Il en fit pendre un au Cap, & envoya exécuter l'autre au Cul-de-Sac pour y servir d'exemple, il rendit compte ensuite à la Cour de tout ce qui s'étoit passé, & manda qu'il n'étoit pas possible de se comporter mieux, qu'avoit fait le Sr. de Franquesnay, qui s'étoit d'abord trouvé seul, & avoit été fort long-têms sans sçavoir à qui se fier. Le Ministre lui répondit que le Roy avoit fort agréé qu'il eût puni les Chefs de la révolte, que Sa Majesté vouloit bien accorder le pardon, qu'il lui demandoit pour les autres, & que les services du Lieutenant de Roy ne seroient pas oubliés.

Vers la fin de cette année, M. de Cussy reçut une Lettre du Controlleur Général, au sujet des droits de Poids & de Capitation, que ce Ministre jugeoit qu'on devoit établir à la Côte Saint Domingue; & il lui répondit qu'il y avoit tout à craindre d'une pareille proposition; qu'il n'en faudroit pas d'avantage pour dissiper entierement la Colonie, qu'une partie des Habitans se jetteroit dans les bois, & qu'un très-grand nombre passeroit à la Jamaïque. Il donna en même-têms avis à M. de Seignelay de la lettre du Controlleur Général, & de la réponse qu'il y avoit faite : & il lui fut mandé, que puisque ces droits n'avoient pas encore été levés à Saint Domingue, Sa Majesté trouvoit bon qu'il ne permît point qu'on les y exigeât, au moins jusqu'à nouvel ordre. Cette lettre étoit dattée du 3. Septembre 1690. un mois après le Ministre lui en écrivit une seconde, par laquelle il lui faisoit sçavoir que le Roy avoit permis à des Marchands de Saint Malo d'armer quelques Fregates pour aller faire la course dans le Golphe Mexique, & sur les Isles Angloises; mais que l'intention de ce Prince étoit que ces Fregates gardassent les Côtes de Saint Domingue, cha-

DE S. DOMINGUE, LIV. IX. 215

cune à leur tour. La lettre ajoûtoit qu'un des objets de cet armement étant le commerce avec les Espagnols, le Roy vouloit non seulement qu'il laissât aux Capitaines la liberté de le continuer, mais encore qu'il leur donnât toutes les facilités, qui dépendroient de lui, pour le faire sûrement. Ces ordres arriverent apparemment trop tard pour avoir leur effet, il y a même bien de l'apparence que M. de Cussy ne les reçut point.

1689.

Quelques mois auparavant, c'est-à-dire, vers le commencement du mois de Juin, le Gouverneur étant au Cul-de-Sac, les Flibustiers au nombre de 240. amenerent dans ce port quelques Barques, qu'ils avoient prises sur les Anglois, & lui demanderent des commissions pour aller en course. Il leur dit qu'il valoit bien mieux faire quelque entreprise considerable, & qui tournât au profit de la Colonie ; il leur proposa la prise de Sant-Yago de los Cavalleros, & ajoûta qu'il se mettroit lui-même à leur tête, & se feroit suivre de toutes les milices des quartiers voisins du Cap. Ils se laisserent persuader, & le Gouverneur ayant aussi-tôt envoyé par-tout ses ordres, partit pour le port de Paix, où il arriva le 17. de Juin accompagné des troupes, qu'il avoit fait embarquer avec lui. Il y fit la revûë de son armée, qui se trouva composée de 400. Cavaliers, de 450. Fantassins & de 150. Negres destinés à conduire les bagages & les chevaux de main. Il s'embarqua le 19. pour le Cap, où il moüilla le 21. La Cavalerie y arriva le 24. & il partit le lendemain pour se rendre au quartier général de l'assemblée, qui étoit une habitation du Sr. de Franquesnay dans la plaine de Limonade à quatre lieuës du Cap. Toutes les troupes y furent réünies le 26. & y séjournerent jusqu'au 28. Franquesnay les mit à discretion de ses troupeaux, & chaque Homme emporta de la viande pour deux jours. Le 29. l'armée campa sur les bords de l'Artibonite, le 30. à la Savane de Doña Ignessa, & le premier Juillet à la riviere de Rebouqué. Le Général fit de là un détachement de 120. Hommes, pour se saisir des metairies du Gouverneur de Sant-Yago, où

Entreprise sur Sant-Yago par M. de Cussy.

1689.

étoient les Vigies ou Sentinelles des Espagnols. On les manqua, parce qu'ils étoient couchés dans le bois ; mais on y tua plusieurs bêtes à corne, ce qui fut un grand soulagement pour l'armée.

M. de Cussy envoye son Secretaire au Gouverneur.

Elle ne s'arrêta point en ce lieu-là, & elle alla camper dans une autre métairie proche la riviere de la Gonave, où elle séjourna, & où elle trouva encore quantité de bestiaux, dont elle profita. Sur les deux heures après-midi on apperçut sur des hauteurs voisines plusieurs Cavaliers, qu'on poursuivit inutilement, & M. de Cussy voyant qu'il étoit découvert, & qu'il ne pouvoit plus compter d'avoir des Prisonniers, prit le parti d'envoyer à Sant-Yago Boyer son Secretaire, qui étoit fort consideré des Habitans de cette Ville. Boyer partit seul, & arrivé au milieu d'une Savane, d'où il pouvoit aisément être apperçu, il fit un signal de parlementaire, en mettant son mouchoir au bout de son mousqueton ; un Lieutenant vint aussi-tôt à lui, & Boyer lui assûra qu'il pouvoit venir parler à son Général en toute sûreté. Il y vint & feignant d'abord de ne pas sçavoir qu'il y eût guerre entre les deux Nations, il demanda à M. de Cussy ce qu'il prétendoit avec tant de troupes. Le Gouverneur lui répondit qu'il venoit sçavoir si le Président étoit assés honnête homme, pour accepter le combat, qu'il avoit le dessein de lui offrir en pleine Savane, pour décider à qui demeureroit l'Isle de Saint Domingue, à moins que les Espagnols n'aimassent mieux se ranger volontairement sous l'obéïssance du Roy Très-Chrêtien ; auquel cas il promettoit de les laisser joüir de tous leurs privileges. Il ajoûta que jusques-là il n'avoit fait aucun dégât, s'étant contenté de tuer autant de bêtes, qu'il en falloit pour la subsistance de son armée, & qu'il alloit continuer de marcher lentement pour leur donner le tems de prendre leur parti, & même de se mettre en état de défense, s'ils ne jugeoient pas à propos d'accepter ses offres.

Ce qui se passe entre M. de Cussy & Président.

L'Officier répondit qu'on n'auroit pas le loisir d'avertir le Président, mais que le Gouverneur de Sant-Yago ne manqueroit

queroit pas de le venir trouver, & se feroit un plaisir de mesurer ses forces avec les siennes, qu'il ne falloit pas compter que les Espagnols fussent dans la disposition de vouloir changer de Maître, & qu'il n'en étoit aucun, qui ne fût prêt de sacrifier mille vies, pour marquer à son Roi son zéle & sa fidelité. Si l'on en croit quelques Memoires, le General François ne s'attendoit pas à une telle réponse, n'ayant entrepris cette expedition que sur les assûrances, qui lui avoient été données par un Capitaine Malouin, nommé Praillé, que la plus grande partie des Espagnols de l'Isle étoient fort disposés à se donner à la France, & qu'en particulier la Garnison de San-Domingo, laquelle n'étoit point payée depuis très-long-tems, souhaittoit fort ce changement. Quoiqu'il en soit, l'Officier, dont je viens de parler, fut fort caressé de M. de Cussy, qui le regala de son mieux, & le renvoya avec une Escorte conduite par Boyer.

1690. un Officier du Gouverneur.

Quand ils furent arrivés au lieu, où ils devoient se séparer, l'Officier témoigna au Secretaire, qu'il avoit été très-sensible aux politesses de son Maître, qu'il en conserveroit le souvenir toute sa vie, & que jusques-là, les François ne leur avoient point fait la guerre de cette maniere-là. Le quatriéme, l'Armée campa à la Riviere d'Amine, où elle trouva toutes sortes de rafraîchissemens en abondance. Environ cinquante Espagnols parurent encore sur les hauteurs; mais ils n'y resterent pas long-tems. Le 5. on marcha jusqu'à la Riviere Yaqué, ou de Monte-Cristo, & l'on campa à une lieuë & demie de Sant-Yago, sans rencontrer qui que ce soit, ce qui fit soupçonner quelque Embuscade, de sorte qu'on se tint sur ses gardes. Le 6. on passa sans opposition la Riviere, qui est fort rapide, & à une demie lieuë de la Ville, on se trouva dans un défilé, où deux Hommes avoient de la peine à passer de front. M. de Cussy devoit s'attendre à y être attaqué, & fortifier la tête & la queuë de son Armée; il ne le fit point, & cette faute pensa lui coûter cher. L'Avant-Garde passa sans

Les Espagnols dressent une Embuscade aux François.

rien rencontrer; mais le centre & l'arriere-Garde étant engagés dans le défilé, se virent tout à coup attaqués par des gens, qui les découvroient de haut en bas, & combattoient sans être vûs, les uns avec les armes à feu, les autres avec les Lances. Effectivement, le défilé, où ils se trouvoient, étoit une espece de Ravine, que les Torrens avoient considerablement creusée, & dont les bords étoient fort couverts.

Ils sont repoussés avec perte. La Vignette qui est à la tête du second Tome, représente ce Combat.

Le centre, où étoit M. de Cussy s'arrêta, & fit un feu si terrible, que l'Ennemi, ne le pouvant soutenir, s'enfuit d'abord : on le poursuivit, & plusieurs se jetterent dans la Riviere pour se sauver. L'Arriere-Garde embarassé du bagage, & où il y avoit un assés bon nombre de jeunes gens, qui n'avoient point d'Armes, souffrit beaucoup. Deux Officiers, & quarante Hommes y furent tués. Le General, qui fut instruit de ce désordre y envoya M. de Franquesnay avec 150. Hommes; mais ceux contre qui il marchoit, ne l'attendirent point. D'un autre côté, ceux qui avoient fui audelà du Fleuve, voyant le mouvement de cet Officier, qui marchoit avec une grande vitesse, crurent qu'il lâchoit le pied, & que tous les François étoient en déroute; aussitôt ils repasserent l'eau à la nage, & rentrerent dans la ravine; mais ils y trouverent M. de Cussy, qui les chargea si vigoureusement à la tête des Flibustiers, qu'il y en eut un très-grand nombre de tués, & que le reste fut dissipé en un moment. Parmi les premiers plusieurs s'étoient enyvrés avec de l'Eau-de-Vie, & ils se jettoient avec tant de furie sur les François, que ceux-ci étoient obligés de reculer quelques pas en arriere pour les tirer. La précipitation avec laquelle les autres se sauverent, leur firent abandonner leurs Armes & leurs Chevaux.

Prise de Sant-Yago.

Après cette Victoire il ne parut plus d'Ennemis, que de loin sur les Collines, & l'on entra dans la Ville sans résistance. Elle est située dans une peninsule, que forme la Riviere Yaqué, & tous les côtés de la Riviere sont naturellement fortifiés par des Falaises inaccessibles d'une hauteur prodigieuse, & d'une lieuë & demie de circuit. On respire sur ces Falaises, & dans tout le Pays d'alentour, un air très-pur, & les Habitans de ces Quartiers-là vivent très-long-têms. J'ai dit ailleurs, que la Riviere Yaqué rouloit l'Or ; on prétend qu'il n'y a point de Famille un peu nombreuse à Sant-Yago, qui n'en retire trois ou quatre gros par jour. Les François en entrant dans la Ville, la trouverent absolument deserte, & les Eglises toutes ouvertes ; les Maisons même avoient été démeublées ; mais on y avoit laissé des Vivres & des Boissons, M. de Cussy défendit d'y toucher, quelques-uns ne laisserent pas malgré cette défense de donner dessus, & en furent incommodés ; cela fit croire qu'on les avoit empoisonnés, & toute l'Armée demanda avec instance la permission de s'en vénger, en mettant le feu à la Ville : elle l'obtint, mais à condition d'épargner les Eglises, & les Chapelles.

1690.

Retraite des François.

Au bout de 24. heures, M. de Cussy voyant le têms tourner à la pluye, & craignant surtout le débordement des Rivieres, dont quelques unes, comme celles d'Yaqué & de Maux, font alors d'étranges ravages, donna l'ordre pour le départ. Il passa la Riviere le 7. & alla camper à une lieuë & demie au-delà. Le lendemain il campa dans une Métairie, où il trouva beaucoup de Bestiaux, qu'il fit tuer, & le jour suivant 9. du mois, quoiqu'on se fût écarté de la premiere route, l'Avant-Garde fut attaquée, & eut un Homme blessé ; mais l'Ennemi s'enfuit d'abord : cependant M. de Cussy avouë que cent Hommes de résolution en cet endroit auroient pu l'arrêter. Le 10. il passa de bonne heure la Riviere de Maux, & se reposa le reste du jour. Les Chevaux étoient extrêmement fatigués, & il falloit se pourvoir de Viandes pour plusieurs jours. L'onziéme on prit plus de soixante Chevaux, qui vinrent fort à propos pour remonter la Cavalerie, laquelle en avoit beaucoup perdu, & le 12. on passa la Riviere de Rebouque, où MM. de Saint Laurent & Begon avoient fait proposer aux Espagnols de fixer les limites des deux Colonies de ce côté-là. Le 13. L'Ar-

E e ij

mée traversa la Riviere de Doña-Ignessa , & le 14. celle de
l'Artibonite. Le 15. M. de Cussy permit à l'Infanterie de
se débander , & de prendre les chemins les plus courts ; &
il fit porter les blessés , qui ne pouvoient plus marcher, ni
souffrir le Cheval, sur des Brancards à Bayaha, pour y être
embarqués dans des Canots. Lui-même arriva le 16.
au Cap, avant qu'on sçût au Cul-de-Sac qu'il en étoit
parti. Il trouva dans ce Port des Flibustiers, qui l'attendoient
pour avoir une Commission : ils avoient à leur tête le Capitaine Bernanos , & leur dessein étoit d'aller prendre Sant-
Yago de Cuba. Il les expedia ; mais je n'ai pû sçavoir qu'elle
fut le succès de cette entreprise , je trouve seulement que
Bernanos fit, chemin faisant, quelques prises sur les Anglois.

Prise de S. Chriftophle par les Anglois. L'Armée de M. de Cussy étoit extrêmement fatiguée
d'une si longue marche, il assûre néanmoins dans sa Let-
tre au Ministre, que tous lui protesterent en arrivant, que
s'il vouloit les mener à San-Domingo, ils étoient prêts à
partir, persuadés que cette Capitale étant prise, toutes les
autres Villes & Bourgades ouvriroient leurs portes aux
François. Mais il falloit pour cette Conquête plus de forces, que le Gouverneur n'en pouvoit alors mettre sur pied,
& d'ailleurs, le Voyage, qu'il venoit de faire, & où il avoit
beaucoup souffert du manque d'eau, l'avoit convaincu que
ces sortes d'expeditions se devoient faire par Mer, c'est-à-
dire, qu'il falloit avoir des Navires pour boucler le Port,
& débarquer les troupes à deux ou trois lieuës de la Ville.
D'ailleurs, la nouvelle qu'il venoit de recevoir de la prise
de Saint Christophle par les Anglois, & qu'une partie des
Habitans devoient passer à la Côte de Saint Domingue,
ne lui permit pas de s'éloigner. Au reste, cette nouvelle
de la perte de Saint Christophle, ne dut pas fort surprendre M. de Cussy, si on en croit quelques Mémoires. Car
on prétend que pendant la nuit, qu'il passa à Sant-Yago, il
s'y répandit un bruit, que les Anglois nous avoient chassés
de cette Isle ; mais que le jour étant venu, il ne fut

jamais possible de découvrir, qui en étoit l'Auteur.

Quoiqu'il en soit, les plus considérables Habitans de cette belle Colonie, furent transportés à la Martinique, & les autres furent destinés pour la Côte de Saint Domingue : il en arriva une bonne partie au Port de Paix, peu de de têms après le retour de M. de Cussy, & on leur y distribua des Terres. Il en restoit encore environ 300. Hommes, Femmes, Galeriens, Negres, & Mulâtres, que le General Anglois confia à un nommé Jasmes Smith, lequel s'étoit fait naturaliser François. Smith partit à la fin de Septembre, & ayant reconnu Monte-Cristo, on fut fort surpris de lui voir prendre le large, mettre deux Canons chargés à mitrailles à l'avant de son Navire, avec les Canonniers prêt à y mettre le feu, & faire monter sur le Pont tout son Equipage armé de Pistolets & de Coûtelats. Les François lui demanderent le sujet de tout cet appareil, & il répondit qu'il étoit averti de bonne part, & même de quelques-uns d'entre eux, qu'ils avoient comploté de se saisir de son Bâtiment, il ajoûta qu'il avoit peine à le croire, vû les bons traittemens qu'il leur avoit faits à tous ; mais que la prudence l'obligeoit à prendre ses précautions. Il est vrai que jusques-là il en avoit parfaitement bien usé avec eux, & qu'avant qu'ils fussent embarqués, il leur avoit rendu toutes sortes d'assistances, ce qui leur avoit fait désirer de l'avoir pour conducteur : c'étoit apparemment, où il avoit visé. Il continua donc sa route, ainsi équipé, presque toûjours hors de la vûë de terre. Il arriva enfin à l'extrêmité Occidentale de l'Isle, & après avoir fait endurer la faim & la soif à ces malheureux pendant huit jours, il leur dit qu'il avoit manqué le Port de Paix, où il avoit ordre de les débarquer, & que n'ayant plus de vivres, les Vents contraires ne lui permettoient pas d'aller plus loin, qu'ainsi il étoit obligé de les mettre à terre. Il fit aussi-tôt embarquer tous les Hommes dans deux Chaloupes, sous prétexte d'aller chercher des Habitans pour les secourir, & il retint leurs hardes, en disant qu'elles ne se-

1690.
Une partie des Habitans transportés à S. Domingue.

roient que les embarasser; il fouilla ensuite les Femmes & les Enfans, qu'il laissa presque nuds sur le rivage, puis il appareilla & disparut. Le peu de François, qui se trouverent dans ce quartier, firent de leur mieux pour soulager ces miserables, à qui leur perfide conducteur n'avoit rien laissé que la chemise, & dont plusieurs moururent bientôt de chagrin & de miseres, quelque soin qu'on en pût prendre. Enfin, trois des plus riches Habitans de Saint Domingue s'étant trouvés à la Pêche dans le voisinage, accoururent à leur secours, fretterent un Canot & une Chaloupe, & en emmenerent une bonne partie au petit Goave, ou M. de Cussy se trouvoit par hazard. Il envoya aussi-tôt chercher les autres, les fit tous distribuer chés les Habitans, qui les reçurent, comme s'ils eussent été leurs propres Freres, & ayant sçu que Smith étoit à la Jamaïque, où il avoit eu le front d'assûrer qu'il avoit remis ses passagers au lieu de leur destination, il y envoya demander au Gouverneur justice contre ce Scelerat.

Les Espagnols viennent attaquer le Cap François.

Du petit Goave, M. de Cussy se rendit au Port de Paix, pour être plus à portée de sçavoir des nouvelles des Espagnols, qui paroissoient avoir dessein de prendre leur revanche de la prise de Sant-Yago. Peu de jours après y être arrivé, il sçut de quelques Prisonniers Anglois, qu'on avoit apparemment faits sur la Côte, que la flotte, qui avoit pris Saint Cristophle, avoit fait voiles pour Portoric, afin d'y joindre les Espagnols à dessein de chasser les François de l'Isle Saint Domingue. Sur cet avis il partit le 10. de Janvier pour se rendre au Cap, où il arriva le même jour, ou le lendemain. Le 12. on entendit quelques coups de Canon; & le 14. des Chasseurs vinrent avertir qu'il y avoit cinq gros Navires moüillés, à dix-sept ou dix-huit lieuës du Cap. Aussitôt le Gouverneur fit augmenter le nombre des Sentinelles avancées, & le 17. une de ces Sentinelles accourut à toute bride lui dire, qu'elle avoit apperçu un grand nombre de Chevaux, qui étoient tout en nage de sueur, & & qu'on laissoit apparemment reposer dans quelque Savane, où des Espagnols en assés petit nombre les gardoient. Ce même jour, ou le lendemain, la Flotte de Barlovento composée de six gros Vaisseaux & d'une Frégate, & sur laquelle il y avoit 2600. Hommes, en débarqua 1200. parmi lesquels il y avoit 300. Lanciers, à six lieües du Cap, & vint ensuite moüiller assés près de ce Port. Elle mit encore à terre 500. Hommes, qui allerent joindre les autres du côté de la Savane de Limonade, & ne trouverent nulle part de résistance : non plus que ceux, qui venoient par terre de San-Domingo, au nombre de sept à huit cens.

Cette inaction des François venoit de leur mésintelligence. Au moment qu'il avoit fallu prendre son parti pour agir contre un Ennemi si puissant, MM. de Cussy & de Franquesnay s'étoient trouvés d'avis contraire ; & le mal fut que le plus mauvais prévalut. Le Gouverneur, qui d'abord s'étoit avancé avec 30. ou 40. des plus braves, pour reconnoître l'Ennemi, proposa d'aller dresser une Embuscade aux Troupes débarquées du côté de Bayaha, & de la Riviere de Jaquezy ; & ces quartiers, qui n'étoient point encore défrichés, étoient très-propres à ce dessein. Le Lieutenant de Roi, au contraire, vouloit qu'on allât se poster dans la Savane de Limonade, où il falloit nécessairement que les Ennemis passassent, pour attaquer le Cap par terre, & qu'on les y combatît. Rien au fond n'étoit moins sensé que ce projet ; on ~~avoit pu tout au plus assembler mille Hommes~~, les Espagnols en avoient plus de trois milles ; pourquoi, disoit M. de Cussy, nous exposer à combattre en plaine contre des forces aussi superieures, tandis que nous le pouvons faire ailleurs, où l'avantage du nombre ne pourra servir de rien à nos Ennemis ? Il eut beau faire, il ne gagna rien, tout le monde commença à crier confusément à la Savane, on se mit aussi-tôt en marche, & le General, qu'on n'écoutoit plus, fut contraint de se laisser entraîner.

Il arriva le 20. dans cette plaine, qui a une lieüe en quarrée, & qui est parfaitement unie ; & le 21. l'Armée Espagnole parut. Il l'attaqua ~~sur les neuf heures avec la~~

Combat où MM. de Cussy & de Franquesnay sont tués.

*quoi qu'il se combatit H ulle [?] 1691.
sans ordre, la*

même précipitation, qui avoit présidé à la délibération, & la Victoire, ne laissa point de balancer plus d'une heure & demie, quoique les François combattissent sans ordre. Mais un Officier Espagnol s'appercevant que ses Fusiliers ne pouvoient plus soutenir le feu des Flibustiers, & commençoient à s'ébranler, fit un signe de son Chapeau, pour faire lever 300. Lanciers, qui étoient couchés sur le ventre, & qui fondirent avec tant de furie sur nos gens, qu'ils forcerent le centre après un très-rude combat. Alors les deux ailes se trouvant séparées, la plûpart prirent la fuite, & il ne resta plus qu'un gros des plus braves autour de MM. de Cussy & de Franquesnay, qui firent des prodiges de valeur. Le Gouverneur sur-tout se distingua d'une maniere surprenante. Il avoit reçu un coup d'Armes dans le corps, & il se trouva au milieu de six Lanciers, contre lesquels il se défendit avec une intrepidité, qui attira l'attention de toute l'Armée ennemie ; il en tua deux avant qu'aucun eût osé l'approcher ; il cassa ensuite la tête à un troisiéme avec son Pistolet ; enfin percé de Lances, il tomba mort auprès de ses Braves, parmi lesquels étoit Franquesnay, qui avoit aussi vendu fort cher sa vie aux Espagnols : le Chévalier de Buterval son Neveu, 30. Officiers, & 4. à 500. Hommes des plus braves de la Colonie, périrent en cette occasion, après s'être battu avec toute la bravoure possible. ✝

Suites de cette défaite.

∧ On a toûjours cru que les Espagnols avoient perdu dans ce combat pour le moins autant de monde que nous, & on a sçu depuis qu'ils avoient embarqués 180. Blessés ; mais ils eurent grand soin de cacher leur perte, & ils commencerent par enterrer leurs morts, dont on trouva néanmoins encore 60. apparemment dans des lieux écartés. D'ailleurs, ils étoient Maîtres de la Campagne, où personne n'osoit paroître. Aussi ne manquerent-ils pas de profiter de leur Victoire ; ils parcoururent en Vainqueurs toute la plaine du Cap, brûlerent le Bourg, emmenerent un grand nombre d'Enfans, de Femmes, & d'Esclaves, & massacrerent tous les Hommes, qu'ils purent surprendre. Il est vrai

✝ mais la plûpart

X il y a même bien de l'apparence qu'elle se seroit déclarée pour eux, s'ils [?] avoient voulus profiter de l'avantage du terrein. La Savane de Limonade est bornée au nord par la mer, ou plûtôt par une forêt impenetrable de mangles qui en bordent le rivage ; elle l'est au sud par une chaîne de montagnes ; à l'est par un bois d'une demie lieüe de largeur, appellé le Bois de Caracol ; à l'ouest par le fossé, ou nommer ainsi un bras de la Riviere garavai, autrement la grande riviere, à cause de sa profondeur. C'étoit là qu'il auroit fallu se poster, comme on fit quelques années après avec succès : mais la tête avoit tourné à nos braves, ils étoient enyvrés au feu Savane, enivrés par [?] qu'ils avoient remporté par [?] travail [?] la faveur du bord d'insubordination rendit inutiles tous les efforts de leur valeur ; ce qui assûra leur défaite, puisqu'un ✝

Une partie des fuyards avoient jetté leurs armes pour courir plus vite, les mulâtres Espagnols plus legers qu'eux à la course les heurent presque tous à coups de lances. ceux qui avoient gardé leurs fusils faisoient volte face, quand ils se sentoient trop pressés, se détournoient en joüe les mulâtres, ceux-ci varioient d'un autre côté. les petits bois, dont les savanes sont semées, serveroyent aussi de r[e]ssource à ceux qui peuvent les gagner, les Ennemis n'ayant pas s[ce]û entreprendre d'en aller les y déloger.

[Handwritten French manuscript — partially legible]

...sentir son mal, en connoître le principe est ... en savoir l'infaillible ... remède ... spécifique, qu'il n'en faille pas davantage ... la guérison immanquable. Nous avons ... pour cela, et nous ne guérissons point ; ... las l'avouer, nous sommes du nombre de ces ... qui dans l'accablement où les a jettés la violence ... s'endurcir n'ont pas même la force de voir ... ce qu'ils sçavent ... ... leur santé, encore moins de faire aucun ... ... la nature. ... ... ces funestes extrémités consiste à ... esprits ... rendre le mouvement qu'ils avoient ... en sorte que le malade rendu à lui-même ... plus aisément seconder son art. Mais ... du Divin Sauveur qui vient à notre ... pourvû, et nous fournir ... ressource ... impuissance fatale, qui seule ... rendu inutile tout ce qu'il a fait pour... ... quelle est elle cette ressource ? c'est ... l'exemple de ses souffrances.

Je dis l'exemple de ses souffrances, car elles ... revivent ... toutes les grâces ... pour vaincre l'extrême foiblesse que ... ... causée ; et si je dis l'exemple de ses souffrances, ... de comparable aux impressions q... ... elles me ... une s'étoient refugiés dans les bois, où quelques-uns furent même aſſés heureux, pour mettre en ſûreté leurs familles, une partie de leurs effets, & leurs Negres. Ces Eſclaves firent paroître en cette rencontre une fidelité, à laquelle on ne s'étoit point attendu, & dont ils ont donné depuis des marques éclatantes dans toutes les occaſions, où ils auroient pû racheter leur liberté au prix d'une trahiſon, qui ne leur auroit rien coûté. Ce n'eſt pas la ſeule preuve, qu'on ait qu'ils ſont capables de ſentimens, & veritablement attachés à leurs maîtres ; en quoi il faut convenir que les François recüeillent les fruits de la douceur, avec laquelle ils les traitent, & plus encore du ſoin qu'on a dans la Colonie d'en faire de bons Chrétiens. Enfin les Eſpagnols chargés de dépoüilles, mais beaucoup plus contens de nous avoir humiliés, & d'avoir repris ſur nos Habitans un aſcendant, dont la perte leur avoit tant coûté, & que rien ne leur a encore fait perdre depuis ; ſe retirerent chez eux, ou ſur la Flotte, qui après avoir ſurpris quelques Vaiſſeaux Marchands, & quelques autres petits Bâtimens, partit au commencement de Février du Cap François. On ne s'y attendoit pas dans la Colonie, & les quartiers du Nord ſur-tout craignoient fort de ſe voir dans la néceſſité de ſubir le joug d'une Puiſſance à laquelle ils n'étoient pas en état de rien oppoſer : auſſi y fut-on également ſurpris & joyeux d'une retraite ſi ineſperée.

On crut enſuite pendant quelque-têms que le deſſein des Ennemis étoit de faire dans les quartiers de l'Oüeſt ce qu'ils venoient de faire dans ceux du Nord, & leur Flotte prit effectivement la route du Cul-de-Sac ; mais après y avoir tenu les eſprits dans l'incertitude, où iroit tomber l'orage, & fait quelque-têms mine de tenter une deſcente, elle tourna tout-à-coup vers les Côtes de Cuba. Tel fut le ſuccès de cette campagne, pendant laquelle on fit une funeſte experience de ce que tant d'autres ont déja montré, que la valeur n'eſt rien, ſi elle eſt mal conduite ; & le peu de fond qu'on doit faire ſur ces Milices levées ſans choix, qui ſont long-têms incapables de diſcipline, & ne ſervent ſou-

1691.

vent qu'à embarrasser dans une action. Il y a bien de l'apparence que les 300. Flibustiers, qui perirent dans cette occasion, s'ils eussent été seuls, & se fussent entendus avec leurs Chefs, seroient venus à bout des Espagnols, à qui leur seule présence avoit d'abord glacé le courage.

Les troupes refusent de piller le Bourg de Gohava.

Le Sr. le Clerc de la Boulaye Major à la Côte du Nord, & que M. de Cussy, en partant du port de Paix, avoit laissé pour y commander, n'eut pas plûtôt appris ce qui se passoit au Cap, qu'il s'y rendit en diligence, pour tâcher de rassûrer les Habitans; mais en voulant trop bien faire, il pensa tout perdre. Il se mit en tête de rendre sur le champ la pareille aux Ennemis, & se proposa d'aller brûler le Bourg de Gohava (a), situé au Sud de la plaine du Cap, vers le milieu de l'Isle. Il rassembla en assés peu de tems 800. Hommes, avec lesquels il traversa les Montagnes jusqu'à un détroit, qu'on nomme la Porte: c'est apparemment ce qu'Ojeda avoit appellé *Puerto de los Cavalleros* ou *Ponta de los Hidalgos*, & qui est communément regardé comme le commencement du pays Espagnol de ce côté-là. Il est fort vraisemblable qu'il attendit jusques-là à declarer son dessein. Ce qui est certain, c'est qu'alors toute sa troupe se mutina & demanda, si pour bruler quelques chetives cases, il étoit de la prudence d'exposer la principale ressource d'une Colonie, qui venoit de perdre une partie de ce qu'elle avoit de meilleur, & s'il n'étoit pas plus sage de se tenir sur la défensive, en travaillant avec soin à réparer ses pertes. Ces raisons & ces murmures firent assés peu d'impression sur l'esprit du Commandant, Homme qui ne manquoit pas de bonnes intentions, mais sans experience, d'un génie très borné, & qui n'avoit aucune capacité pour la guerre. Il vouloit donc pousser sa pointe, sans trop écouter les rémontrances de ses Officiers, mais le Sr. des Long-Champs Capitaine de Cavalerie lui dit résolument qu'il ne le suivroit pas, & tournant la bride de son cheval, reprit la route du Cap, où il fut suivi par la plus grande partie de l'armée. Ce fut alors une nécessité pour le Major de prendre le même parti,

Le Sr. Dumas Lieutenant de Roy, qui commandoit au Cul-de-Sac, & en qui toute l'authorité resídoit pour lors, comme étant le premier Officier de la Colonie, prit des mesures beaucoup plus justes. Après avoir donné ses ordres pour la sûreté des quartiers de cette Côte contre les entreprises de la Flotte Espagnole, dont on ne sçavoit pas encore la retraite, ou dont on craignoit le retour; il rassembla environ 300. Flibustiers, avec lesquels il s'embarqua sur un Navire Malöin, & sur quelques autres petits Bâtimens, dans le dessein d'empêcher les descentes. Peu de têms après, voyant que les Ennemis ne paroissoient point, il envoya ses 300. Flibustiers au Sr. de Graff, qui commandoit à l'Isle à Vaches, & auquel il donna ordre de faire la course le long de la Côte; ensuite il se rendit au Cap dans un Bateau armé en guerre. Il trouva ce quartier dans le plus grand desordre: les Fuyards, qui avoient si lâchement abandonné leurs Officiers & leur Gouverneur, avoient fait presque autant de mal, que les victorieux même, & la plûpart de ceux, qui s'étoient refugiés dans le bois n'avoient pas encore osé retourner chez eux. M. Dumas commença par faire restituer ce que chacun reconnut lui avoir été volé par cette canaille: il nomma ensuite un Juge Royal & un Procureur du Roy pour administrer la Justice à la place de ceux, qui avoient été tués; il choisit les plus braves & les plus experimentés Habitans, pour remplacer les Officiers de Milice: il défendit la vente des boissons à la campagne, afin que le Bourg, qui avoit été entierement brûlé, se rétablît plûtôt; il interdit la chasse avec les chiens, parce que les campagnes ayant été ravagées, on n'y avoit plus de ressource pour la vie, que dans les cochons marons; & ces animaux les exterminoient par tout, où on les employoit. Enfin il fit la revûë de tous les quartiers de la dépendance du Cap, & il y trouva environ 1000. Hommes en état de porter les armes, parmi lesquels on comptoit grand nombre de mutins, dont il y avoit beaucoup plus à craindre qu'à esperer, si les Espagnols s'avisoient de revenir; & qui après avoir été par leurs discours sédi-

1691.

M. Dumas Lieutenant de Roy se transporte au Cap & y rétablit l'ordre.

Avaches

1691. tieux la veritable cause de la perte de leur Gouverneur, le poursuivoient encore après sa mort, en cherchant tous les moyens de noircir sa réputation.

Monsieur Dumas, après avoir établi dans ces quartiers le Sieur de la Boulaye pour Commandant, se disposoit à retourner au Cul-de-Sac, lorsqu'une grande Barque Angloise arriva avec un passeport de M. de Blenac. Elle étoit chargée de 300. personnes, reste infortuné de la Colonie Françoise de Saint Christophle, qui avoit été destiné pour l'Isle de Sainte Croix, & qu'on avoit refusé d'y recevoir. Le Lieutenant de Roi de Saint Domingue fut plus humain, il distribua ces malheureux dans les habitations, qui avoient le moins souffert, & ils n'y furent pas inutiles dans la suite. De toutes les Colonies des Isles Françoises de l'Amérique, celle de Saint Christophe avoit toûjours été la mieux reglée & la plus policée. La dispersion, qui s'en fit dans les autres, y porta des manieres, des sentimens, & des principes d'honneur & de religion, qu'on n'y connoissoit guéres auparavant. C'étoit sur-tout dans celle de Saint Domingue, que ces besoins étoient sensibles, & où le changement le fut d'avantage. (a)

Fin du neuviéme Livre.

HISTOIRE
DE
L'ISLE ESPAGNOLE
OU DE
S. DOMINGUE.
SECONDE PARTIE.

LIVRE DIXIÉME.

N avoit fait une grande diligence pour informer la Cour de la mort de M. de Cussy, & de la prise du Cap François, puisque dès le 25. Mars le Ministre envoya ordre à M. d'Eragny, Gouverneur Général des Isles, de secourir de toutes ses forces la Côte S. de Domingue, que la mort de ses deux premiers Officiers mettoit dans un danger visible d'être envahie par les Ennemis de l'Etat. On songea ensuite à donner un successeur à M. de Cussy, & le choix n'étoit pas difficile à faire. Le seul M. Ducasse avoit une connoissance parfaite de l'Isle de S. Domingue, & nul autre ne rassembloit en lui un plus grand nombre des qualités nécessaires, pour y être à la tête des François, dans les circonstances, où ils se trouvoient alors. M. Ducasse étoit de Bearn, il fut d'abord employé par la Compagnie du Senegal, à laquelle il rendit de grands services, & qui l'en récompensa en le nommant un de ses Directeurs. Il passa en cette qualité à Saint Domingue, à dessein d'y établir un Bureau pour la traite des Negres. Il y fut très-mal reçû, le seul nom de Compagnie révolta les Habitans, &

1691.
M. Ducasse nommé Gouverneur de S. Domingue.

F f iij

on en vint jufqu'à prendre les armes pour l'obliger à fe rembarquer. Ce fut alors, qu'il commença à développer cette intrepidité, cette habilité, cette éloquence, & ce grand talent d'infinuation, dont il a fi fouvent fait ufage dans la fuite. Il vint enfin à bout de calmer la premiere fougue des Habitans du Cap; car c'eft dans ce Port, qu'il avoit pris terre, & où il s'étoit bien attendu de trouver plus de réfiftance. Il montra d'abord les ordres du Roy, qui l'authorifoient; il fit voir enfuite que les intentions de Sa Majefté, aufquelles la Compagnie fe feroit toûjours un devoir & un plaifir de fe conformer, étoit de procurer à la Colonie de Saint Domingue un avantage, qu'elle ne connoiffoit pas encore bien, dans la multiplication des Negres : que ni lui, ni ceux, qui l'avoient chargé de leurs affaires, n'avoient point d'autre but, & qu'on ne vouloit, ni toucher à leurs privileges, ni gêner en rien leur commerce. Enfin il fut affés heureux pour faire comprendre aux plus échauffés, & la néceffité, où ils étoient d'avoir un plus grand nombre d'Efclaves Noirs, & l'impoffibilité de fe les procurer par une autre voye, que par celle de la Compagnie ; ils avoüerent qu'ils s'étoient allarmés mal à propos, & ils confentirent à tout ce qu'il voulut.

Ses diverfes avantures.

La Compagnie fut fi fatisfaite de fa conduite en cette rencontre, qu'elle ne crut pas devoir charger un autre du premier tranfport des Negres, qu'elle envoya à Saint Domingue, & elle lui fit équiper pour cela un Navire de 26. pieces de Canon, appellé *la Banniere*. A peine fut-il en Mer, qu'une tempête le contraignit de relâcher en Angleterre, où pour furcroit de difgrace une longue & facheufe maladie le retint plufieurs mois. Il ne voulut pas que fes Armateurs fouffriffent de ce délai, & il fit partir fon Navire fous les ordres de fon Capitaine en fecond, dont le voyage fut fort heureux. Pour lui, dès qu'il fut bien rétabli, il achetta un autre Bâtiment à deffein d'aller à Curaçao négocier des Negres, pour les aller revendre à Saint Domingue, mais comme nous étions en guerre avec les Hollandois, il fe munit d'une commiſſion de l'Amirauté d'Angleterre. La premiere terre de l'Amérique, où il aborda, fut l'Iſle de Saint Chriſtophle, où le Chevalier de Saint Laurent commandoit, il en reçut encore une commiſſion Françoiſe, pour lui ſervir au beſoin; mais cette ſeconde précaution gâta tout. Il n'étoit pas éloigné de Curaçao, lorſqu'il fit rencontre d'un gros Navire Hollandois, dont le Capitaine lui fit crier d'amener, & voulut voir ſa commiſſion: il répondit qu'un coup de Mer lui avoit emporté ſa Chaloupe; le Capitaine Hollandois lui envoya la ſienne, & il s'y embarqua, portant avec lui ſa commiſſion Angloiſe. Un Officier Hollandois étoit reſté ſur ſon bord comme otage; on le laiſſa apparemment ſeul, & il profita de cette ſolitude pour tacher de découvrir quelque choſe, qui fît connoître que le Navre fût Ennemi: enfin il apperçut une boëte ſur la table de la grand'-chambre, & il l'ouvrit. C'étoit une eſpece de tabatiere, où M. Ducaſſe avoit mis ſa commiſſion Françoiſe, & qu'il avoit laiſſée là par mégarde. L'Officier la mit dans ſa poche, & à ſon retour ne manqua pas de la montrer à ſon Capitaine, qui ſur le champ envoya faiſir le Bâtiment, & le mena à Curaçao, où il fut jugé de bonne priſe. Ducaſſe ne perdit point courage pour cela, il acheta un autre Vaiſſeau à Curaçao, & le chargea de Negres pour Saint Domingue. Il les débarqua dans le quartier de l'Iſle à Vaches à la Côte du Sud, puis ayant doublé le Cap Tiburon, à deſſein d'aller moüiller au petit Goave; il tomba, comme je l'ai marqué ailleurs, dans une Eſcadre Hollandoiſe, qui le prit. Il traita avec l'Ennemi pour la rançon de ſon Navire, & il acheta deux ou trois autres Bâtimens chargés de Tabac, avec leſquels étant heureuſement arrivé en France, il ſe trouva que malgré ſes pertes, ſon voyage lui avoit apporté du profit.

La Compagnie comprit qu'un auſſi habile homme étoit plus capable qu'aucun autre de conduire ſes entrepriſes, & ayant de nouveau armé la Banniere, pour le même deſſein, que la premiere fois, elle le lui confia encore. Ce ſecond voyage fut beaucoup plus heureux que le premier; mais

1691.

Avache

Il entre dans le ſervice du Roy.

1691.

après que Ducasse eut débarqué & vendu ses Negres à S. Domingue, il lui arriva une chose, qui le tira de la condition de Marchand, & commença cette haute réputation, qui l'a élevé aux premiers honneurs de la Marine. Comme il s'en revenoit en France, il rencontra une grosse Flute Hollandoise, qu'il attaqua, & l'ayant accrochée, il sauta lui vingtiéme à l'abordage & s'en rendit le maître. Un moment après son Navire & sa prise furent separés, je ne sçai par quel accident, & son Equipage ne doutant point qu'il ne fût ou pris, ou tué avec tout son monde, se mit à fuïr à force de voiles. Tout autre que lui se seroit alors cru fort heureux d'en être quitte pour rester Prisonnier de Guerre de ceux, qui un moment auparavant étoient les siens, & d'avoir sa conquête même pour prison; mais il sçut conserver toute sa superiorité, quoique son Navire, malgré les assûrances, qu'il lui faisoit donner de sa victoire, s'éloignât toûjours. A la fin il le fit revenir à force de signaux, & il conduisit sa prise à la Rochelle, d'où le bruit de son avanture s'étant bien-tôt répandu, elle vint jusqu'aux oreilles du Roy, qui ne voulut pas qu'un aussi brave homme restât d'avantage au service de la Compagnie. Il le fit entrer dans le Corps de la Marine, où Ducasse se distingua de telle sorte dans toutes les occasions, qu'il étoit déja Capitaine de Vaisseau, quand il fut nommé Gouverneur de Saint Domingue: ses Provisions en cette derniere qualité sont du premier de Juin.

Tentatives inutiles des Anglois sur Saint Domingue.

Cependant les Anglois voulurent profiter de la consternation, où ils supposoient encore les François de Saint Domingue. L'onziéme de May un Cavalier de la ronde avertit sur les quatre heures du matin le Sr. Deslandes, qui se trouvoit alors à Leogane,/qu'il paroissoit plusieurs Vaisseaux; cet Officier fit aussi-tôt tirer l'allarme, & courut sur le champ à la petite Riviere, où il y avoit deux Vaisseaux de la Rochelle, & une prise Espagnole en rade, qui chargeoit pour France. Tout en arrivant il envoya ordre par écrit aux Capitaines de ces Navires, de les échoüer & de les bruler, mais

mais il ne fut pas obéi. Vers les neuf heures les Ennemis entrerent dans la rade, & se saisirent des trois Vaisseaux. La Flote Angloise étoit composée de quatre Navires de 50. & de 40. pieces de canon, de cinq grands Bateaux de 12. & de 10., d'un Brigantin Flibustier, qui avoit été pris sur les Côtes de Cuba avec 66. Hommes commandé par un nommé Madere; de deux Gaulettes & de quelques Chaloupes. Après avoir canonné ce quartier pendant trois jours, ils tenterent une descente, qui ne leur réüssit pas, le Sr. Dumas avant que de se rendre au Cap François, ayant fait tirer de bons retranchemens par-tout, où il y avoit quelque chose de semblable à craindre. Ensuite les Ennemis apprenant qu'à l'Esterre, autre quartier à deux lieuës du premier, il y avoit un Navire Flibustier qu'on y avoit échoüé à 100. pas d'un retranchement pareil, à celui qu'ils venoient d'attaquer; ils y envoyerent les Bateaux & les Chaloupes avec un grand nombre de Soldats pour le prendre, mais Deslandes qui les observoit, fit partir en même-tems par terre les mieux montés de ses Cavaliers, qui y arriverent aussi-tôt que les Anglois, & les repousserent avec grande perte.

Le lendemain la Flotte leva les ancres, à l'exception de deux gros Navires & de la prise Espagnole, qui furent laissés pour amuser les troupes de la petite Riviere, & elle alla pour tenter la descente du côté de l'Esterre. M. Deslandes y envoya 150. Hommes, qui y arriverent avant elle; les Chaloupes ne laisserent pas de s'avancer à la faveur du canon, mais le canon ne fit point de mal, & les Chaloupes furent repoussées avec perte. L'Officier, qui les commandoit, détacha alors un Homme pour parlementer; on lui dit que le Major étoit à la petite Riviere, & qu'il revînt le lendemain. Il s'en retourna, & dès qu'il eut regagné son bord, le canon recommença à joüer: peu de tems après les Navires, qui étoient restés à la petite Riviere, se réjoignirent à la Flotte, qui s'approcha un peu d'avantage de l'Esterre; Deslandes s'y rendit en diligence, & les prévint. Comme on ne doutoit point qu'ils ne voulussent tenter de nouveau la descente, le Major recommanda de ne point tirer que les Chaloupes ne fussent échoüées ; mais le Général Anglois jugea plus à propos de négocier, il envoya à terre deux Officiers & un vieux Corsaire nommé Coqueson, lesquels dirent à M. Deslandes, qu'ils serviroient d'Otages, s'il vouloit bien nommer des Députez, qui allassent traiter avec leur Général. Deslandes y consentit & envoya deux Officiers, mais il leur défendit de rien conclure. Le Général Anglois leur proposa de se mettre sous la protection du Roy d'Angleterre ; qui ne les abandonneroit pas, comme faisoit le Roy de France, & les maintiendroit dans l'abondance de toutes choses : ils répondirent que ce n'étoit point là une proposition à faire à d'honnêtes gens, qu'ils ne manquoient de rien, & qu'ils esperoient bien-tôt lui rendre une visite à la Jamaïque.

Il vit bien par cette réponse qu'on étoit en état de ne le pas craindre, il redemanda quelques Anglois, qui s'étoient mis sous la protection de la France, & on l'assûra que s'il en vouloit faire autant de tous les François & de tous les Negres, qui s'étoient refugiés à la Jamaïque, on feroit un échange. Il ne repliqua rien, les Otages furent rendus de part & d'autre, & M. Deslandes crut que les Anglois alloient recommencer à canonner, mais ils leverent les ancres & allerent à dix lieuës de là faire de l'eau & des vivres aux Vases & à Mont-Roüy. C'étoit un samedi, & le mardi suivant après-midi ils reparurent vers la petite Riviere, où ils resterent 24. heures sans moüiller. Ils firent ensuite la même manœuvre devant l'Esterre, M. Deslandes les suivant toûjours. Là un Irlandois qui s'étoit sauvé de la Flotte, vint l'avertir que leur dessein étoit de piller & de bruler le petit Goave ; il y envoya aussi-tôt ses ordres pour qu'on s'y tînt prest, & fit dire qu'il s'y rendroit incessamment. La Flotte prit en effet la route du petit Goave, & le Major se mit aussi-tôt en marche pour la suivre, ayant fait embarquer une partie de ses troupes dans des Chaloupes ; il apprit chemin faisant que six Chaloupes avoient pillé quelques pauvres Habitans à une lieuë du petit Goave, & que la Flotte faifoit route vers le Port de Nippes. Elle y arriva effectivement avant lui, & mit 500. Hommes à terre en trois endroits, fans que le Commandant de ce pofte, qui n'avoit que 50. Hommes, pût les en empêcher. Mais au bout de deux heures les Vaiffeaux ayant apperçu le fecours qui approchoit, tirerent des coups d'appel. Le Général, qui commandoit le débarquement en perfonne, jugea à propos de fe rembarquer au plus vite ; & quelque diligence qu'il fît, & quoique pour favorifer fa retraite il eût mis le feu à cinq ou fix magafins, qui étoient au bord de la Mer, le Commandant le chargea fi à propos, qu'il lui tua fix Hommes. Quatre autres, deux François & deux Irlandois fe vinrent en même-têms rendre à lui, & l'affûrerent qu'on leur avoit fait prendre les armes à coups de bâton. Un Flibuftier François qu'ils avoient pris pour pratique, fe fauva auffi, & dit à M. Deflandes que les Ennemis avoient beaucoup de bleffés, & qu'ils avoient embarqué deux Officiers morts ; les François dans toutes ces attaques ne perdirent qu'un Homme.

1691.

Le Major reçut enfuite avis par des Prifonniers, qu'il fe faifoit un grand armement à Porto-Belo pour chaffer lesFrançois de S. Domingue, que l'on y devoit même embarquer des familles pour les établir dans les habitations Françoifes & qu'il devoit venir 3000. Hommes par terre des Milices de Cuba, de Portoric, & de la partie Efpagnole de Saint Domingue, pour attaquer les quartiers les plus avancés dans les terres, tandis que la Flote agiroit fur les Côtes. Il y avoit bien de l'apparence que les Anglois faifoient courir ces bruits pour intimider les François & les empêcher de rien entreprendre au-dehors ; toutefois le Sr. Deflandes crut devoir prendre fes fûretés : après quoi étant retourné chez lui, il y avoit à peine une demie heure qu'il y étoit arrivé, lorfqu'un Cavalier vint l'avertir en diligence d'un complot formé par 200. Negres pour maffacrer tous leurs maîtres, & s'emparer des habitations. Deux Negres de la confpiration avoient

Confpiration de Negres découverte & punie.

G g ij

été saisis sur quelques indices, & en avoient d'abord nommé les Chefs. On les mena à M. Deslandes, qui les fit mettre à la question pour sçavoir les complices, & ils en nommerent plusieurs, qui furent pareillement interrogés. On travailla ensuite à instruire le procès des coupables, & le Major fit pour cela une assemblée des Officiers de Milice & de Justice, à laquelle il présida. Deux jours après deux des Chefs de la Conspiration furent rompus vifs, trois autres eurent une jambe coupée le lendemain, & il y en eut encore deux, qui furent condamnés à être rompus, mais ils étoient en fuite. Deslandes n'ignoroit pas, dit-il dans sa lettre au Ministre, que c'est à la Justice de connoître de ces crimes. » Mais ces Messieurs, ajoûte-t'il, sont si inte-
» ressés qu'ils ne travaillent que quand il y a de l'argent à
» gagner, & par leur négligence ils ont plus d'une fois laissé
» sauver des Negres coupables de vol & d'homicide. »

Arrivée de M. Ducasse. Etat où il trouve la Colonie.

M. Ducasse arriva au Cap au mois d'Octobre suivant, & fut bien surpris de trouver la Colonie moins forte de 4000. Hommes (a), qu'il ne l'avoit vûë peu d'années auparavant, sans fortifications, sans munitions & sans Vaisseaux; les Flibustiers, qui avoient été si long-tems la terreur de l'Amérique, presque tous péris ou entre les mains des Anglois, & le Cul-de-Sac menacé par une puissante Flote d'Espagne. C'étoit encore le même bruit, dont j'ai déja parlé, & qui paroissoit se confirmer, ce qui obligea le nouveau Gouverneur à se transporter dans les quartiers de Leogane & du petit Goave avec les Vaisseaux du Roy, qui l'avoient amené, & un Marchand de Nantes, dont il se proposoit de renforcer l'Equipage de 300. Hommes. Les Anglois avoient aussi armé en Angleterre pour se joindre aux Espagnols, à ce qu'on croyoit, mais ils furent battus au sortir de la Manche : & la Jamaïque n'étant pas en état de rien entreprendre, M. Ducasse ne crut pas avoir rien à craindre de ce côté-là, & il ne songea plus qu'à se garantir contre les entreprises des Espagnols. Ce qui lui parut sur-tout avoir besoin d'un remede pressant, ce fut la négligence avec la-

(a) Le P. Le Pers prétend qu'il y a ici de l'exagération, parce que M. Ducasse n'avoit jamais vû la Colonie beaucoup plus peuplée, qu'elle ne l'étoit alors.

quelle on gardoit les Côtes. Il n'y paroissoit pas un Navire de force depuis long-têms, & tous les Marchands, qui y étoient venus cette même année, avoient été enlevés par les Ennemis.

La conduite, que M. de Cussy avoit tenuë pendant tout le têms de son Gouvernement, étoit encore un probleme pour bien des gens, & M. Ducasse trouva les Officiers & les principaux Habitans dans une grande désunion à ce sujet. Il voulut approfondir cette affaire, & il y a bien de l'apparence qu'il en avoit reçû l'ordre de la Cour. Enfin, après un examen très exact, il manda au Ministre qu'il n'avoit rien trouvé dans tout ce qu'avoit fait son prédécesseur, qui ne fût d'un très-bon Sujet, détaché de tout interêt, & rempli de zéle ; que le commerce, qu'on lui imputoit, étoit une pure calomnie & une lache recrimination de quelques malfaiteurs, qu'il avoit châtiés, qu'il étoit même dans de très-grosses avances pour le Roy, & qu'il étoit mort avec beaucoup de gloire, & très-peu de bien. Il y eut plus ; un malheureux ayant été surpris en répandant partout les mauvais bruits, dont je viens de parler, fut arrêté & confessa qu'il l'avoit fait par ressentiment, pour une punition, qu'il avoit reçûë de M. de Cussy, & qu'il avoit bien meritée. M. Ducasse crut devoir une réparation authentique à la memoire d'un Homme, dont il respectoit la vertu, & fit faire une rétractation publique & une amende honnorable au calomniateur : conduite qui fit sans doute beaucoup d'honneur à Monsieur de Cussy, dont de pareils témoignages mettoient la mémoire à couvert des ombres même de tout reproche, mais qui montroit dans le nouveau Gouverneur une grande droiture, & une grande noblesse, & combien il étoit éloigné de cette basse politique, dont de grands Hommes même n'ont pas toûjours été exempts, & qui consiste à relever sa réputation aux dépens de ceux, à côté ou à la suite desquels on se trouve.

Quelque-têms avant toutes ces discussions, on avoit proposé au Ministre de réünir tous les quartiers occupés alors

1691.

Il examine la conduite de M. de Cussy, & le jugement qu'il en porte.

Etat de la Colonie Françoise de Saint

1691.

Domingue en 1691. Projet d'abandonner tous les quartiers, à la reserve de deux.

par les François dans l'Isle de Saint Domingue à ceux de l'Isle à Vache, & du Cap François, & cette proposition, qui étoit du sieur Donon de Galifet, pour lors Lieutenant de Roy de l'Isle Sainte Croix, étoit accompagnée d'un mémoire instructif toûchant l'état actuel de cette Colonie, qu'on fera peut-être bien-aise de voir ici. Le Cap François, dit M. de Galifet, est situé dans le meilleur air de toute l'Isle, le Port en est bon, & admirablement bien placé pour les Vaisseaux, qui viennent d'Europe. Le terrain y est très fertile & bien arrosé, & il y a dequoi nourrir 6000. Hommes. Il n'y en a présentement que 1000. & pas une seule personne de considération. Le Port de Paix est à huit lieües sous le vent, on y compte 80. Habitans au plus, & il n'y en peut avoir d'avantage ; la rade n'est pas bonne, l'air y est mauvais, & le terrein sterile. On y voit néanmoins un assés grand nombre de Volontaires, gens faineants, qui vivent de la chasse, & logent à la campagne sous des huttes. Tout compris, ce poste est de 500. personnes. Son Fort est un Tuf approchant du Roc, qui a 453. toises de circonference par le haut, & la Mer en environne 190. toises. Le reste est un terrain plat, où l'on rencontre l'eau à deux ou trois pieds de profondeur. La partie, qui regarde la Mer, monte en amphitéatre ; celle qui est environnée de la terre est presque escarpée de la hauteur de 40. à 50. pieds : mais il y a des côteaux, qui le commandent sur tous les côtés de terre, depuis 160. jusqu'à 300. toises d'éloignement. Il faudroit faire de grands épaulemens pour se couvrir des commandemens de revers ; & pour donner du flanc à ses côtés, il faudroit rentrer les courtines en escarpant.

La Tortuë est vis-à-vis, il y a 100. Hommes ; pays difficile, uniquement propre à disperser les forces de la Colonie. Nous avons vû plus d'une fois qu'on n'avoit pas toûjours pensé comme cela, mais on n'a point pensé autrement dépuis, & il n'y a pas aujourd'hui une ame à la Tortuë. J'ai dit que toute la Côte Occidentale de Saint Domingue portoit ordinairement le nom de Cul-de-Sac, mais depuis le têms dont je parle, on a restraint communément ce nom à un quartier assés borné, qui fait un enfoncement à 50. lieuës sous le vent du port de Paix; il y a, continuë le mémoire, 50. Habitans dans ce quartier, & du terrein pour y en mettre encore deux fois autant; mais l'air y est mauvais, on y manque d'eau, & celle même qu'on tire des puits est saumâtre. Leogane est six lieuës au-delà. C'est une plaine d'environ quatre lieuës de long sur une & demie de large, bordée d'un côté de la Mer, & de l'autre d'une chaine de Montagnes. Les rades y sont tout ouvertes, le terrein fort bon. On y compte 200. Habitans; ce sont les plus aisés de la Colonie. Le grand Goave est quatre lieuës sous le vent. Il y a 30. Habitans, & c'est tout ce qu'il peut y en avoir. Le petit Goave en est éloigné de deux lieuës, il y a 60. Habitans, & c'est trop. L'air y est mauvais, les terres n'y valent rien, le Bourg bien bâti, & le Port excellent. Nippes est six lieuës plus loin, même nombre d'Habitans, environ 100. Hommes portant les armes, & 700. dans toute cette partie Occidentale. Le quartier de Nippes n'a pas plus d'étenduë que celui du petit Goave, & tous ces quartiers sont séparés par de très-mauvais chemins.

1691.

On ne compte ordinairement qu'une lieuë du grand Goave au petit Goave.

Enfin l'Isle à Vaches est au Sud vers la pointe de l'Oüest. Le quartier habité est dans la grande terre. C'est un païs plat, coupé de quantité de Rivieres, d'une fertilité merveilleuse, & il pourroit y avoir 10000. Hommes logés au large. Il n'y avoit alors que 20. Habitans & 80. Hommes portant les armes. Or la raison pour laquelle le sieur de Galifet vouloit qu'on reduisît toute la Colonie à ce quartier & à celui du Cap, c'est qu'outre la bonté & la commodité de leurs Ports, ce sont les seuls capables d'une peuplade assés forte pour faire une grande résistance, & que par la même raison il n'étoit pas à craindre, que les Ennemis s'établissent puissamment dans ceux qu'on abandonneroit. Mais il paroît que M.' Ducasse ne pensoit pas ainsi. Car ayant reçû au mois de Novembre un troisiéme avis que les Espagnols se préparoient sérieusement à le venir

Les Ennemis s'avancent par mer & par terre, pour attaquer la Colonie & se retirent sans rien faire.

1692.

attaquer, il prit ses mesures pour défendre tous les postes, & il le fit avec tant de succès, qu'il apprit depuis que les Espagnols, après s'être avancés jusqu'à 15. lieuës du Cap, s'étoient retirés sur le bruit de ses préparatifs. La réputation du sieur de Graff contribua aussi beaucoup à cette retraite, car ceux qui venoient par terre au nombre de plus de 2000. sous la conduite du Gouverneur de Sant-Yago, ayant sçû que ce redoutable Flibustier étoit à la tête des Milices du Cap, & les attendoit dans un poste avantageux, la desertion se mit aussi-tôt parmi eux, & le Commandant, s'il n'eût fait retraite, couroit risque d'être entierement abandonné.

Indocilité des Flibustiers.

M. Ducasse délivré d'inquiétude de ce côté là, n'étoit pas absolument sans embarras. Tant que la Colonie avoit été ménacée d'une irruption, il étoit venu à bout, quoiqu'avec de grandes peines, de retenir les Flibustiers dans les postes, où il jugeoit leur secours nécessaire. Mais du moment qu'on eut appris que le projet des Espagnols étoit avorté, il ne fut plus possible de les arrêter, & cinq ou six de leurs Bâtimens se mirent en Mer. La conduite ferme, quoique moderée, qu'avoit tenuë à leur égard M. de Cussy les avoit extrémement aigris, & jamais on ne les avoit vûs plus indociles, ni plus scélerats. Ce qu'il y avoit de plus fâcheux, c'est que leur exemple devenoit contagieux, & que la plûpart des jeunes gens vouloient par libertinage embrasser cette profession, d'où il s'ensuivoit que des habitations déja toutes formées demeuroient en friche, & que la Colonie se trouvoit tout à la fois dégarnie d'Hommes, d'armes, & de munitions. Le nouveau Gouverneur ne concluoit pourtant pas de tout ceci, comme faisoient quelques autres, qu'il falloit absolument exterminer ce Corps. C'étoit selon lui un mal, mais un mal nécessaire; on avoit besoin de ces gens-là pour les mettre aux trousses des Anglois & des Espagnols. Ils avoient depuis peu fait quantité de prises sur les premiers, & cette petite guerre empêchoit les uns & les autres de rien entreprendre sur nous, à moins qu'ils ne
reçussent

reçussent de grandes forces d'Europe, ce qui arrivoit rarement. Il falloit donc user de bien des ménagemens avec un Corps, dont on ne pouvoit se passer, & dont il y avoit tant à souffrir & à craindre.

1692.

Une autre chose tenoit fort au cœur à M. Ducasse, c'étoit la maniere, dont en usoient les Ennemis à l'égard des Prisonniers, qu'ils faisoient sur nous. Les Espagnols les traitoient avec une dureté & une barbarie, à laquelle il étoit difficile qu'ils resistassent long-têms, & la plûpart périssoient en effet bien-tôt de miseres, de fatigues, & de chagrin. Les Anglois étoient un peu plus humains, mais pour leur ôter toute esperance de revoir jamais Saint Domingue, ils les faisoient passer en Angleterre par les premieres occasions, qui se présentoient. De cette sorte un Homme pris étoit ordinairement un Homme perdu pour la Colonie. Pour remedier à un si grand mal, le Gouverneur de Saint Domingue voulut établir un cartel avec les Ennemis, & il commença par Milord Jusquin Gouverneur de la Jamaïque, lequel accepta sans peine la convention, qu'il lui proposa, & la garda de bonne foi. Les Espagnols ne furent pas si traitables, & l'on en peut juger par ce billet, que M. Ducasse écrivit au Gouverneur de la Havane, en datte du 2. Fevrier 1692. » Un de nos Corsaires vient de m'amener trois Pri-
» sonniers de vôtre Isle, lesquels je vous renvoye ; ils pour-
» ront vous informer comment je les ai traités. Le Roy mon
» Maître m'ayant honoré du Gouvernement de cette Côte,
» j'ai voulu, Monsieur, commencer de cette maniere, &
» vous dire qu'il ne tiendra qu'à vous & à MM. les Offi-
» ciers, qui commandent dans les Indes, que nous ne la
» mettions réciproquement en pratique. Je dois aussi vous
» dire, Monsieur, que le Président de S. Domingue en agit
» avec une cruauté, qui n'a point d'exemple, faisant égor-
» ger les Prisonniers, & traitant d'une maniere barbare
» ceux, qui échapent à cette fureur, les faisant mourir de
» faim, les outrant de travail, & les enfermant la nuit dans
» des cachots, où ils respirent à peine. S'il ne modere cette

Mesures qu'il prend pour retirer les François Prisonniers des mains des Anglois & des Espagnols.

Tome II. Hh

» cruauté, je ferai obligé de ne faire aucun quartier aux Espa-
» gnols : je ne m'y refoudrai pourtant qu'avec peine, & je fuf-
» pendrai jufqu'à ce que j'aye reçû de vos nouvelles. Si vous
» négligés cet avis, Dieu vous imputera l'éffufion du fang,
» qui fera répandu. Je vous offre même de rendre les Efpa-
» gnols que j'ai, fi tous les Commandans veulent renvoyer
» les François. » Il y a bien de l'apparence que M. Ducaffe
ne s'étoit adreffé à ce Gouverneur, qu'après avoir inutilement fondé le Préfident, mais il eft certain que les Efpagnols ne changerent rien à leurs manieres, & nos Commandans n'ont jamais pû fe refoudre à ufer d'une répre-
faille, qui n'auroit rien produit, & dont notre Nation n'eft
pas capable.

Lettres in-
terceptées par
les Anglois.
Effets qu'elles
produifent.

C'étoit alors les Anglois, qui fe faifoient voir plus fouvent fur nos Côtes, & ils y faifoient de grands ravages.
Il eft vrai que les Flibuftiers leur rendoient bien la pareille, les
defcentes de ceux-ci à la Jamaïque pour y enlever des Negres
étoient fi fréquentes, qu'on n'appelloit plus cette Ifle à S.
Domingue, que *la petite Guinée*. Les Anglois réfolurent
enfin de s'ôter cette épine du pié, & ils crurent la chofe
facile à l'occafion que je vais dire. Trois Vaiffeaux Marchands de la Rochelle furent pris vers ce même têms à la
vûë du port de Paix, un quatriéme de Saint Malo fe fauva
en s'échoüant à la Côte, où il fut fecouru par les Habitans.
On n'eut pas plûtôt avis du malheur des autres, que M. Dumas Lieutenant de Roy du Cul de-Sac eut ordre d'envoyer
un Bateau à la Jamaïque pour redemander les Prifonniers,
& ils lui furent rendus, mais on leur avoit trouvé des lettres, qui cauferent une grande joye aux Anglois : elles
contenoient un recenfement général de toute la Côte Occidentale depuis l'Ifle-à-Vaches jufqu'à l'Artibonite, & comme il étoit conforme à celui, que j'ai rapporté de M. de
Galifet, les Anglois furpris de la foibleffe de nos quartiers
voulurent en profiter. Il fut réfolu d'armer inceffamment
pour aller brûler & détruire tout ce que nous avions d'habitations dans le Cul-de-Sac, & l'on prépara pour cette ex-

pedition deux Vaisseaux de guerre, une Barque longue Espagnole de 24. Canons, & sept ou huit Bâtimens Marchands, sur lesquels on embarqua 3000. Hommes. Cet armement fut fait avec une extrême diligence, & le Commandant n'attendoit plus que le vent pour appareiller, lorsqu'une diversion faite par hazard, & sans qu'on fût informé de leur dessein, sauva la Colonie: à quoi contribua aussi un des plus étranges évenemens, dont on ait jamais oüi parler.

Vers le commencement de Juin de cette année 1692. un fameux Corsaire François nommé Daviot, qui s'étoit fort distingué à la tête des Flibustiers dans la derniere expédition de M. de Cussy à Sant-Yago de los Cavalleros, partit du petit Goave sur un Vaisseau, où il y avoit 225. Flibustiers, & suivi d'un Bateau, qui en portoit 65. pour aller piller une des Côtes de la Jamaïque. Y étant arrivé, il débarqua sans opposition 135. Hommes au Nord de l'Isle. Il y avoit en cet endroit là une Bourgade nommée Sainte Anne, où il se fabriquoit beaucoup de sucre ; nos Avanturiers y firent un très-grand ravage, & en emmenerent 52. Esclaves, qui furent à l'instant embarqués dans le Bateau, lequel étoit moüillé dans un petit Havre voisin, tandis que la Frégate louvoioit au large. Un gros têms, qui survint sur ces entre-faites, mit le Bateau en très-grand danger d'échoüer, & le Pilote ne put éviter ce malheur, qu'en coupant au plus vite son cable, & tirant au large, sans pouvoir même attendre les Flibustiers, qui étoient à terre : & comme il ne lui fut pas possible de se soûtenir en pleine Mer, il n'eut point d'autre parti à prendre, que de faire vent arriere, pour gagner le petit Goave, où il entra heureusement. La Frégate avoit été témoin de cette manœuvre, & quoi qu'elle fût aussi fort incommodée de la Mer, elle demeura long-têms à la Cape, dans le dessein d'embarquer les Flibustiers, qui de leur côté firent inutilement bien des efforts pour s'y rendre. Il y en eut même, qui s'étant opiniâtrés à vouloir passer dans un Canot, se noyerent malheureusement. Les autres furent contraints, pour ne pas subir

1692.

Expédition dans la Jamaïque.

1692.

un fort pareil, de regagner la terre, où ils fe virent bien-tôt attaqués par les Anglois. Ils perdirent quelques Hommes aux premieres décharges ; mais l'Ennemi ne tint pas long-têms devant eux, & fut contraint de fe fauver avec perte. La tourmente ceffa enfin & les François voulurent s'embarquer, mais la Frégate ne paroiffoit plus ; elle manquoit d'eau, & elle en étoit allé faire dans l'Ifle de Cuba. Ce nouveau contre-têms les embarraffa fort ; il y avoit déja 15. jours qu'ils étoient à terre, ils fe voyoient continuellement à la veille d'être accablés par le nombre des Ennemis, & ils ne fçavoient plus quelle mefure prendre pour fortir de l'Ifle, lorfqu'ils furent furpris d'un accident, qui les occupa affés, auffi bien que les Anglois, pour empêcher les uns & les autres de penfer à fe faire la guerre.

Tremblement de terre extraordinaire à la Jamaïque.

Cet accident fut un tremblement de terre, auquel on ne voit peut-être rien de femblable dans aucune Hiftoire. Il commença fur le midi 19. Juin par un bruit fourd, comme d'une volée de Canon tirée de loin : ce bruit fut bien-tôt fuivi de fecouffes fi terribles, qu'on eût dit que l'Ifle alloit fe fondre & s'abîmer. Cependant le têms étoit fort calme, & le Ciel très ferein. Les Flibuftiers, dont le nombre étoit réduit à 115. fe trouvoient alors affés près de la Mer fur le bord d'une petite Riviere, où il y avoit plufieurs Canots, & ils tenoient environ 40. Prifonniers, qu'ils avoient faits en differentes rencontres. Dès qu'ils fentirent la terre trembler fous leurs pieds, ils s'embarquerent tous dans les Canots, mais les ayant faits tourner à force de les charger, ou par la précipitation avec laquelle ils y entrerent, ils furent encore bien heureux de pouvoir regagner le rivage ; ils voulurent alors fe fauver plus avant dans les terres, & ils fe mirent à courir de toutes leurs forces ; mais la Mer, qui dans ce moment venoit de franchir fes bornes avec un mugiffement affreux, couroit encore plus vîte, & les eut bien-tôt atteints. Plufieurs furent engloutis dans les vagues, il y en eut qui tomberent dans des abîmes, qui s'ouvrirent fous leurs pas ; tous les autres s'aviferent de grimper au haut des arbres, & quelques-uns de ces arbres ayant ensuite été renversés par la violence du tremblement, ils eurent l'adresse de s'attacher aux plus hautes branches, où ils se soûtinrent dans la chute des arbres. Il en étoit resté un bon nombre dans les Canots; ils furent emportés bien-loin au large par le reflux de la Mer, laquelle étant venuë ensuite à monter avec une rapidité surprenante, il leur fallut faire des efforts incroyables avec leurs rames, pour n'être point brisés contre la Côte. Mais ils tinrent bon, & quoique la Mer baissât & montât encore six fois en cinq heures, ils ne voulurent point quitter l'abri, qu'ils trouvoient sur ses ondes contre ses fureurs & les secousses de la terre.

1692.

Suite de ce tremblement.

Enfin vers les cinq heures du soir le tremblement cessa, les Flibustiers se rassemblerent & ne se trouverent plus que 80. avec 60. fusils & leurs Prisonniers, dont aucun n'avoit songé à se sauver, & dont fort peu avoient peri. La perte que causa dans l'Isle ce cruel accident, ne se peut estimer, 11000. ames y perdirent la vie, le port Royal fut presque entierement abîmé, son Fort s'écroula en bonne partie, & fondit dans la Mer; presque tous les Vaisseaux, qui restoient dans le Port, ou furent brisés, ou sombrerent sur leurs ancres : la Ville, qui étoit à deux lieuës dans les terres, fut renversée, des montagnes entieres coulerent dans les plaines, d'autres se fendirent par le milieu, & ouvrirent de nouveaux abîmes : quelques unes s'étant éboulées, bouche-rent certains détroits, par où l'on passoit d'une extremité de la Ville à l'autre, & il fallut y envoyer des milliers de travailleurs pour les déboucher. Mais pour revenir aux Flibustiers, la perte d'une partie de leurs camarades, & de presque toutes leurs armes les avoit fort déconcertés, & ils songeoient plus que jamais aux moyens de quitter un séjour si fatal, lorsqu'ils apperçurent une voile en Mer; ils relâcherent aussi-tôt leurs Prisonniers, & s'étant tous mis dans deux grands Canots, ils allerent pour s'embarquer dans ce Navire de gré ou de force.

H h iij

C'étoit un Brigantin Anglois, qui avoit coupé ses cables, pour prendre le large pendant le tremblement de terre. Les Flibustiers s'en approcherent d'assés près pour crier au Capitaine d'amener; il n'en voulut rien faire, & un gros têms, qui survint avec la nuit, les obligea tous de regagner la terre au plus vîte, ce qu'ils ne purent faire sans courir de grands risques. Cependant sur le premier avis, que l'on avoit eu au Port Royal avant le tremblement de terre, de la descente des François à Sainte Anne, on avoit détaché deux Navires de l'armement, dont je viens de parler, & & la Barque longue, avec ordre de combattre Daviot partout, où on le pourroit trouver, & l'on fit en même-têms partir une Frégate & deux Bateaux pour veiller sur ceux des Flibustiers, qui pourroient être à terre. Les deux Navires & la Barque longue rencontrerent Daviot à la hauteur de Cuba, & l'attaquerent avec toute la vigueur possible; mais il se défendit avec tant de bravoure, & manœuvra si-bien, que sans perdre plus de deux Hommes, il en tua 70. aux Anglois. La Barque longue voulut tenter l'abordage, mais Daviot l'évita. Elle y retourna, & plusieurs Anglois & Espagnols ayant sauté à bord, n'eurent pas le têms de se mesurer avec les Flibustiers, parce que le feu prit par hazard aux poudres, & que le Navire s'ouvrit. Vingt & un François se sauverent & furent Prisonniers des Anglois, qui les recüeillirent.

Pendant ce têms-là, ceux qui étoient restés à la Jamaïque remontoient en Canots vers la tête de l'Isle, résolus de traverser de là dans celle de Cuba, mais ayant tenté ce passage, ils se virent bien-tôt contraints de regagner la terre, parce que la Mer devint tout à coup fort grosse. En attendant le calme ils se mirent à faire bonne chere des provisions, qu'ils avoient enlevées sur leur route, & qui consistoient en volailles, moutons, vins & eaux-de-vie; l'endroit, où ils se trouvoient, étoit inhabité, par conséquent fort propre à les tenir cachés, mais la fumée du feu, qu'ils allumerent pour cuir leurs viandes, les trahit. Dès qu'ils se virent découverts, ils se rendirent, contre le sentiment d'un petit nombre des plus braves, à condition d'être envoyés à Saint Domingue. On les embarqua dans la Frégate, & ils y étoient à peine rendus, qu'ils apperçurent les deux Navires & la Barque longue, qui revenoient de leur expédition contre Daviot, & de qui ils apprirent le malheur arrivé à ce Capitaine.

1692.

Les Anglois respirerent alors, & revinrent de la peur, qu'ils avoient euë. Ils différerent le plus qu'il leur fut possible, de renvoyer leurs Prisonniers à Saint Domingue, de peur qu'y faisant connoître la situation, où se trouvoit leur Isle, on ne fût tenté de la conquerir; mais M. Ducasse n'étoit pas en état de faire aucune entreprise, ayant perdu dans l'expédition de Daviot près de 250. des plus braves Flibustiers, qui fussent à la Côte de Saint Domingue. D'ailleurs les Anglois, malgré le malheur arrivé à la Jamaïque, & les Espagnols le tinrent long-têms dans la crainte d'être attaqués avec des forces, ausquelles il ne se voyoit pas trop en état de résister. Il en recevoit des avis de toutes parts, & en arrivant au Port de Paix le 12. Avril 1693. il apprit que la veille on y avoit tiré l'allarme. On avoit effectivement vû onze voiles à six ou sept lieuës sous le vent, & sur cette nouvelle le Gouverneur fit mettre sous les batteries le Vaisseau du Roy *l'Emporté*, commandé par M. Damon, & sur lequel il étoit venu de France. Il y demeura jusqu'au 18. sans qu'on entendît parler de rien, mais ce jour-là un Chasseur arriva de vingt lieuës, & apprit au Gouverneur, qu'un Vaisseau de Nantes, qui partoit du Cul-de-Sac, où il avoit chargé, avoit rencontré un Navire de guerre Anglois, qui l'avoit obligé de s'échoüer à terre, que l'équipage s'étoit sauvé, & que le Capitaine l'avoit prié de lui rendre une lettre de M. Dumas, dont il étoit porteur. Cette lettre marquoit qu'on voyoit encore huit ou dix voiles à cinq ou six lieuës au large, & qu'à la fin de Mars on avoit vû de l'Isle à Vaches douze Vaisseaux, & quatre Barques, lesquels avoient moüillé avec pavillon François,

1693.
La Colonie est menacée de nouveau par les Anglois & les Espagnols.

puis avoient arboré celui d'Angleterre.

Préparatifs de M. Ducasse pour le défendre.

Alors M. Ducasse ne pouvant plus douter que l'Ennemi n'en voulût à quelqu'un de ses quartiers, mais ne sçachant pas sur lequel l'orage devoit tomber, fit avertir de Graff, qui commandoit toûjours au Cap, de se tenir prêt, & de prendre des vivres pour trois ou quatre jours, afin de pouvoir se rendre avec toutes ses forces au Port de Paix, si ce poste étoit attaqué; mais de ne point quitter les environs du Cap, tant qu'il y auroit le moindre danger pour ce quartier, au secours duquel, si les Ennemis s'y attachoient, M. de la Boulaye, qui commandoit au Port de Paix, fut aussi averti d'accourir au plûtôt. Il n'étoit pas aisé de prendre d'aussi bonnes précautions pour Leogane & le petit Goave, par la raison qu'il falloit trois semaines pour en avoir des nouvelles par terre, & que la Mer étoit fermée, les Navires qu'on avoit vûs, étant entre deux. Le parti que prit M. Ducasse, fut d'envoyer l'Emporté, avec ordre d'aller reconnoître l'Ennemi, & au cas qu'il eût attaqué quelque quartier, ou qu'il fût moüillé dans les rades, de mettre à terre environ 100. Flibustiers, sous la conduite du Major Bernanos, puis de faire toute diligence pour le venir prendre. Au cas qu'il ne trouvât rien, il lui enjoignit d'aller passer le long des Côtes de la Jamaïque, & de pousser jusqu'au débouquement de Bahama, pour tacher d'y enlever quelque Vaisseau. Damon executa ponctuellement ses ordres, mais il ne trouva rien, ce qui fit juger à M. Ducasse, que le nouveau Gouverneur, qu'on attendoit à la Jamaïque, y avoit bien amené assés de forces pour remettre son Isle de la perte causée par le tremblement de terre, mais qu'il n'étoit pas en état de rien entreprendre sur Saint Domingue, & il écrivit sur le champ à Monsieur de Pontchartrain, pour lui représenter l'importance d'une entreprise sur la Jamaïque, & la facilité d'y réüssir. Sa lettre est du 4. de May.

Le premier de Juin il en écrivit une autre au même Ministre, pour lui donner avis du mauvais succès, qu'avoit eu l'attaque de la Martinique par les Anglois; que la moitié

tié de sa Colonie étoit en course, que Godefroi, un des plus fameux Flibustiers François, avoit été pris par deux Navires Espagnols, que c'étoit une des plus grandes pertes, que pût faire la Colonie, & qu'il feroit tout ce qui dépendroit de lui pour sçavoir, où on l'auroit mené, & pour le retirer: enfin qu'il couroit des bruits confus que les Espagnols étoient en chemin pour venir l'attaquer. Ces bruits ne l'inquiétoient pourtant pas beaucoup, & il ajoûtoit que si la Cour ne goûtoit pas l'entreprise sur la Jamaïque, il prioit qu'on lui envoyât du moins quatre Vaisseaux de 40. à 50. Canons, pour aller chercher l'Armadille. Quelques jours après il reçut des nouvelles du Sr. Berger, qu'il avoit envoyé au Gouverneur de Sant-Yago, ou au Président de San-Domingo; cet homme lui mandoit qu'il avoit été fort-bien reçû, & qu'on avoit envoyé au devant de lui un Capitaine avec un détachement de 20. Soldats, pour empêcher qu'il ne lui fût fait aucune insulte, d'où M. Ducasse concluoit presque la fausseté des bruits, qui couroient des préparatifs des Espagnols.

1693.

Sur ces entrefaites on intercepta plusieurs lettres de l'Archevêque de San-Domingo, dans l'une desquelles, adressée au Marquis de la Velez Président du Conseil des Indes, ce Prélat insistoit particulierement sur deux points; le premier, que les François, par le peu d'attention de la Cour, étoient sur le point d'être les seuls maîtres d'une Isle, qui entre leurs mains pouvoit devenir un puissant Royaume; le second, qu'il n'y avoit point d'autre moyen de les en empêcher, que d'y faire venir des Flamans, & de les y établir, ainsi qu'il l'avoit déja proposé. » Je sçai, ajoûtoit-il, que la
» Chambre du Commerce de Seville s'oppose à ce projet
» sous prétexte que les Flamands négocieront le long des
» Côtes de l'Amérique; comme si les Anglois & les Hollandois ne faisoient pas tous les jours cette traitte, & ne
» fraudoient pas le Roy d'Espagne de ses droits, au lieu que
» les Flamands offrent de faire enregistrer tous leurs effets
» avant que de les embarquer, d'en payer les droits au Port,
» qu'on leur indiquera, & le faire de même à leur retour. Les

Lettres de l'Archevêque de San-Domingo interceptées.

1693.

autres lettres du Prélat rouloient toutes sur l'état déplorable, où étoit réduite la Colonie Espagnole de Saint Domingue. Il disoit entr'autres choses que les Habitans n'avoient pas dequoi se couvrir, & que les femmes étoient obligées d'aller à la Messe avant le jour; que la livre de pain n'y valoit jamais moins de deux réales, qui font 15. sols de notre monnoye; qu'à peine y pouvoit on avoir de la farine pour faire des hosties, & du vin pour la Messe; que les Ecclesiastiques y étoient dans la derniere indigence, & que lui même n'avoit pas dequoi en entretenir un pour porter sa croix devant lui, ni un Laquais pour porter sa robe; enfin que les Eglises étoient sans ornemens, & qu'on n'y pouvoit pas faire l'Office Divin avec la décence convenable; aussi prenoit il dans d'autres lettres des mesures pour obtenir du Roy, qu'il agreât sa demission, & en cas que cette grace lui fût refusée, pour pouvoir aller à Rome exposer au souverain Pontife les besoins de son Diocese.

Projet proposé par M. Ducasse.

Cette découverte fit d'autant plus de plaisir à M. Ducasse, qu'elle lui paroissoit une conviction qu'il n'avoit rien à craindre, au moins de long-têms, de la part des Espagnols de San-Domingo, & il n'omit rien pour faire comprendre à la Cour, que jamais on n'auroit une plus belle occasion de conquerir une Isle laquelle étoit assés fertile pour nourrir autant de monde que la France en contient, & d'où l'on seroit à portée, après l'avoir peuplée, de faire toutes les autres Conquêtes, que l'on voudroit. » Mais, ajoûte t'il, si » l'on manque cette occasion, si on laisse faire la paix, ou » si on donne aux Flamands le loisir de nous prévenir, ce » sera un coup manqué pour toûjours. » Venant ensuite aux moyens de réüssir dans cette entreprise, il prétendoit que les seules forces de l'Isle, soûtenuës de l'Escadre de M. de Pointis, dont il ne sçavoit, dit-il, ni ne vouloit sçavoir la destination, suffiroient pour chasser les Espagnols de l'Isle, ou pour les y assujettir, d'autant plus qu'il n'y avoit que San-Domingo à prendre, lequel ne résisteroit pas plus de quatre jours, & que le reste n'ayant aucun secours à attendre, étant bien traité, se trouvant dans l'abondance de tout, n'auroit aucune peine à changer de Souverain.

Je n'ai pû découvrir ce qu'on pensa en Cour de ces propositions; ce qui est certain, c'est qu'on y étoit toûjours persuadé que les Anglois & les Espagnols songeoient à unir leurs forces contre la Colonie Françoise de S. Domingue. M. de Pontchartrain, dans une lettre, qu'il écrivit à M. Ducasse le 29. Juillet de cette même année, lui manda qu'on lui écrivoit d'Angleterre que près de Gravesand sur la Tamise, il y avoit trois Fregates Angloises de 36. à 40. Canons, avec pavillon Espagnol, lesquelles en attendoient sept autres, qu'on assûroit être destinées contre lui. Monsieur Ducasse de son côté n'étoit plus en état de rien entreprendre, lorsque cette lettre lui fut renduë: presque tout ce qu'il avoit de Flibustiers étoit en course, & il n'auroit pas même eu dequoi se défendre, s'il eût été attaqué. A la verité il ne craignoit pas beaucoup de l'être, il voyoit bien toûjours quelque apparence d'union entre les Anglois & les Espagnols, mais il regardoit comme fort éloignés tous les projets qu'ils pouvoient former, il sçavoit d'ailleurs que la Jamaïque n'étoit pas remise de ses dernieres pertes, & il répondoit bien d'en faire la Conquête, dès que ses Flibustiers seroient de retour, pour peu qu'on voulût l'aider de quelques Vaisseaux.

Au bout de cinq ou six semaines, c'est-à-dire, vers la fin de Novembre, il eut avis par un Prisonnier, qui s'étoit sauvé de la Havane, que l'Armadille composée de six Navires, avoit passé le Canal de Bahama avec la Flotte de la nouvelle Espagne à la fin d'Août, & que la premiere devoit moüiller à Portoric, & de là aller à San-Domingo; sur quoi il écrivit au Ministre, que selon toutes les apparences ces préparatifs se faisoient contre le Cap François & le Port de Paix; qu'il étoit fort inquiet de ce que les Flibustiers ne revenoient point, & que la prudence ne lui permettoit point de dégarnir le petit Goave, où il se trouvoit pour lors; ni les autres quartiers de la Côte Occidentale: ainsi que c'étoit

1693.

Ce qui en empêche l'éxécution.

Ce qui fait manquer le dessein des Espagnols & des Anglois sur la Colonie Françoise de Saint Domingue.

une nécessité de lui envoyer du secours de France, si on ne vouloit pas exposer la Colonie à une irruption, qu'elle n'étoit point en état de soûtenir. L'ordre avoit déja été donné, lorsque ces avis arriverent en Cour, pour armer deux Navires du Roy, le *Temeraire* & l'*Envieux*, que M. du Rollon devoit conduire à Saint Domingue, avec une Flutte nommée le *Hazardeux*, chargée de vivres, d'armes & de munitions ; & ces trois Bâtimens mirent à la voile peu de têms après : mais ce secours, & tous les mouvemens, que se donna M. Ducasse pour se mettre en état de recevoir les Ennemis, furent superflus. La Flotte ne parut point, & bien des choses y contribuerent. L'Escadre du Chevalier Wheler devoit, après avoir conquis la Martinique, se joindre à l'Armadille & à la Flotte du Mexique, mais ayant échoüé dans son premier projet, elle ne se trouva point en état de tenir parole aux Espagnols. Ceux-ci comptoient sur dix Navires de guerre, & sur 6000. Hommes de bonnes troupes, y compris un Vaisseau de 70. pieces, que le Roy d'Espagne avoit envoyé au Président de San-Domingo, avec 300. Soldats, mais trois Navires de l'Armadille firent naufrage dans le débouquement, tous les Equipages furent perdus, & une bonne partie de l'argent destiné aux frais de l'entreprise. Enfin le Géneral, qui devoit commander les troupes, mourut à trois journées de San-Domingo.

L'attente de tant de forces réünies, dont on fut quelque-têms à Saint Domingue sans apprendre la dissipation, n'empêcha point M. Ducasse d'envoyer 150. Flibustiers, qui lui restoient, faire une descente à la Jamaïque ; il est vrai que ce n'étoit que pour les tenir en haleine, & pour se les attacher. Ils s'acquitterent parfaitement bien de leur commission, & ammenerent 350. Negres, qui se seroient très-bien battus, si les Espagnols & les Anglois fussent venus nous attaquer alors. Quelque-têms après les grands coups étant déja manqués, & le Gouverneur de la Jamaïque apprenant par un Vaisseau de la Rochelle, que ses Armateurs avoient pris, que le petit Goave étoit dégarni, arma quelques Bâtimens pour l'aller brûler, & ravager la Côte: mais ne croyant pas cet armement assés fort pour exécuter son dessein, & ayant sçû qu'il y avoit sur les Côtes de Cuba quatre Navires Hollandois, qui y faisoient la traitte, il les invita à se joindre à lui, & ce fut ce qui fit échoüer l'entreprise. Les Hollandois demanderent que le Gouverneur commençât par achetter leur carguaison, puis qu'il leur fît des conditions avantageuses dans le partage du butin. Ces demandes furent rejettées, & comme il s'étoit perdu beaucoup de têms dans ces négociations, l'attaque du petit Goave fut remise à un autre têms, le Gouverneur Anglois publia qu'il attendoit de grandes forces d'Angleterre, & que quand il les auroit reçûës, il ne laisseroit pas un poulce de terre aux François dans l'Isle de Saint Domingue.

Cependant tous ces bruits de guerre, & le danger, où se trouvoit continuellement la Colonie n'empêchoit pas qu'on ne travaillât avec succès à la culture des terres. M. de Pontchartrain avoit mandé à M. Ducasse, que si la Côte Saint Domingue pouvoit faire assés d'Indigo pour fournir le Royaume, le Roy y défendroit l'entrée de l'étranger: la réponse du Gouverneur dattée du 30. Mars 1694. fut, que non seulement elle le pouvoit, mais qu'il y en auroit encore de reste pour vendre à nos voisins, qui viendroient l'achetter dans les ports de l'Isle, que plusieurs y en venoient déja chercher, & qu'ils ne le trouvoient pas inferieur à celui de Guatimala. Il ajoûtoit dans sa lettre que ce dont il manquoit le plus, c'étoit des Hommes, que les Hôpitaux de France étoient pleins de gens, qui n'y faisoient rien, & qui ne lui seroient pas inutiles, & qu'on lui feroit plaisir de lui envoyer sur-tout un bon nombre d'enfans de 12. à 13. ans, qui tout en débarquant trouveroient dequoi s'occuper. Il disoit encore qu'ayant envoyé sous un prétexte specieux un fort habile homme à la Jamaïque, il lui avoit rapporté qu'on y travailloit à fortifier la Pointe, qui est proprement l'entrée du Port Royal, quoiqu'on emploïe ordinairement ces deux noms pour signifier la même chose: que dans toute

Propositions de M. Ducasse à M. de Pontchartrain pour rendre la Colonie florissante.

l'Isle il y avoit 1800. Anglois, & qu'il faisoit un armement de 300. hommes pour les harceler, mais que son avis étoit toûjours de s'attacher à chasser les Espagnols de l'Isle de Saint Domingue, & il en apporte entr'autres raisons que nos Negres étant assûrés d'être reçûs parmi eux, desertoient très facilement, ce qui ruinoit les Habitans.

M. de Pontchartrain avoit aussi chargé le Gouverneur d'examiner, si l'on pourroit faire de la soye dans l'Isle de S. Domingue; il répondit le 4. Avril que cela n'étoit pas possible, tant qu'il n'y auroit pas plus de monde dans la Colonie; que les Hommes y étoient devenus extremement rares, & que les trois quarts des terres cultivées redevenoient en friche : que si le Roy faisoit la Conquête de toute l'Isle, alors on pourroit occuper l'interieur du pays, qui étoit le plus beau du monde, & que quand il seroit un peu plus peuplé, rien n'empêcheroit de faire de la soye : que l'on avoit été contraint de cesser la culture du cotton, parce que personne n'y pouvoit subsister, un Negre n'en pouvant pas faire par an pour dix écus, & qu'à moins qu'il n'en gagnât 30. à 40. l'Habitant se ruinoit ; que le Tabac s'abandonnoit par la même raison, & que tout le monde se jettoit à l'Indigo, qui réüssissoit au-delà même de ce qu'on avoit esperé d'abord.

Prise de la Garde-Côte Angloise.

Enfin toutes les craintes, qu'on avoit eües des Ennemis s'étant dissipées, ou du moins n'y ayant nulle apparence qu'ils parussent de long-têms, M. Ducasse résolut d'envoyer faire une seconde descente à la Jamaïque, & ayant fait embarquer 400. Flibustiers sur six petits Bâtimens, il leur donna pour Commandant le Sr. de Beauregard Major & brave Homme. Quelques jours après leur départ, le Temeraire & l'Envieux, dont j'ai parlé étant arrivés, & le Solide étant sorti de Carene, M. Ducasse s'embarqua sur ce dernier avec 150. Hommes pour soûtenir les Flibustiers, ou en cas de besoin, favoriser leur retraite. Au bout de deux jours il rencontra deux Bâtimens de ceux-ci, dans l'un desquels étoit le Sr. de Beauregard, lequel lui dit qu'étant à la veille de faire descente, ils avoient rencontré un Vaisseau de guerre, (c'étoit le Garde-Côte de la Jamaïque,) qui leur avoit donné la chasse; qu'il avoit proposé à ses gens de l'aborder, mais que n'y ayant que des coups à gagner pour eux, ils ne l'avoient pas voulu, qu'ils l'avoient ensuite presque tous quitté, les uns pour reprendre la route de S. Domingue, & les autres pour aller croiser. Le parti, que prit alors M. Ducasse fut de s'en retourner pour consulter avec M. du Rollon, qui commandoit les Vaisseaux du Roy, des moyens de se rendre maître du Navire Anglois. Ces mesures furent que M. du Rollon, qui montoit le Temeraire, & M. de Montsegur, qui montoit l'Envieux, iroient faire du bois & de l'eau au Cap Tiburon, y attendroient le Solide commandé par M. de Planta, & qu'ensuite les trois Navires iroient croiser sur la Jamaïque, & tacheroient de joindre la Garde-Côte pour l'enlever.

Les trois Navires s'étant joints au Cap Tiburon, mirent à la voile, & furent quinze jours à se rendre à la vûë de terre: dès qu'ils l'eurent apperçûë, M. du Rollon détacha la Corvette la Puissante, commandée par le Sr. Cabesce pour la reconnoître de plus près. Cabesce en approchant découvrit la Garde-Côte, qui l'ayant aussi découvert & le prenant pour un Flibustier, chassa sur lui; il fit semblant de fuïr, & l'attira à la rencontre des Vaisseaux, lesquels ne l'eurent pas plûtôt apperçûë, qu'ils porterent sur elle. Elle les attendit, croyant que c'étoit encore des Flibustiers, mais le Solide étant venu se mettre par son travers, elle voulut éviter le combat. Alors le Temeraire tomba sur elle, & la mit entre deux. Le Solide la rangea à la portée du mousquet, & après en avoir essuyé quelques volées de Canons, lui fit fermer ses sabords. Dans cet état elle essuya un feu terrible, sur tout de la part du Solide, après quoi voyant le Temeraire, qui se mettoit en devoir de l'aborder, son Equipage demanda quartier. Le Solide n'eut qu'un Homme de tué, le Temeraire n'en eut point: il paroît que l'Envieux ne combattit point. L'Anglois perdit dix-sept ou dix-huit Hommes ; il en avoit 130. & 40. Canons montés, mais il étoit percé à 50. M. de Montſegur eut ordre de l'eſcorter à la Côte, où l'ayant mis en ſûreté, il alla réjoindre MM. du Rollon & de Planta à la Croiſiere. Ils n'y reſterent pas long-têms, & ils retournerent à Leogane, d'où ils étoient partis : tout ceci ſe paſſa dans le mois d'Avril.

M. Ducaſſe part pour la Ja-maique avec de grandes forces.

Quelques re-lations ne met-tent que 21. voiles & 1300. Hommes de la Côte.

Peu de têms après 200. Flibuſtiers, qui étoient à la Mer depuis plus d'un an, & une partie du dernier détachement de Beauregard arriverent à la Côte fort à propos pour avoir part à une grande entrepriſe, que M. Ducaſſe meditoit ſur la Jamaïque, & qui ſe trouva prête les premiers jours de Juin. Les trois Navires du Roy & la priſe Angloiſe en étoient, & il y avoit en tout 23. voiles & 1500. Hommes de la Côte Saint Domingue. M. Ducaſſé s'embarqua avec M. du Rollon ſur le Temeraire, & prit les devans avec les Vaiſſeaux du Roy, après avoir donné le rendés-vous général au Cap Tiburon, où il arriva le 18. de Juin. Toute la Flotte s'y étant renduë, on en partit le 24. après avoir pris un Bâtiment Eſpagnol de 80. tonneaux chargé d'Eaux-de-Vie, & de Vins de Canarie, & on arriva le 27. à la Baye

Ou Boulbaye. de Coubé à 5. lieuës du Port Royal : c'eſt une très méchante Rade, qu'on appelle encore la Rade des Vaches. Là M. Du-caſſe commanda M. de Beauregard pour faire la deſcente à la tête de 800. Hommes. Il la fit ſans réſiſtance, & marcha 14. ou 15. lieuës juſqu'au Port Moran, brûlant & ravageant tout ce qu'il rencontra. Il prit dans cette marche environ 1000. Negres, & il fit des Priſonniers, de qui l'on ſçut que les Anglois, avertis par des transfuges des préparatifs de M. Ducaſſe, avoient abandonné tous les quartiers, pour

Ou Ouategou. fortifier le Port Royal, Ouatirou dans la Baye de Kow, la Ville Eſpagnole ou Legannie, & qu'ils s'étoient bien retran-chés dans tous ces poſtes. En effet, Beauregard trouva les

Priſe du Port Moran, & du Port Marie. deux Forts du Port Moran abandonnés, & dix-huit pieces de Canon encloüées. Il acheva de ruiner les Forts, embarqua une piece de 18. & fit crever les autres. On trouva en cet endroit des vivres & des rafraichiſſemens en abondance, &

le

le détachement y demeura jufqu'au 26. Juillet. La Flotte étoit reftée à Coubé, d'où M. Ducaffe envoya au petit Goave la prife Angloife, qui fe nommoit *le Faucon*, avec quelques petits Bâtimens pour y porter les Negres, qu'on avoit pris, ou qui s'étoient rendus, au nombre d'onze ou douze cens : on prit auffi quelques Bâtimens Anglois chargés de Bœufs, de Lard & de Farines, & M. de Beauregard ayant embarqué 200. Hommes fur quatre Bateaux, alla au Port Marie éloigné d'environ 20. lieuës du Port Moran, & ravagea toute la Côte du Nord.

1694.

Cependant le Temeraire ayant été pris d'un mauvais têms le 4. de Juillet, tandis que M. Ducaffe étoit à terre, M. du Rollon fut obligé de couper fon cable. Le 8. il retourna à Coubé, où il ne trouva plus la Flotte, ce qui lui fit croire qu'elle étoit allée attaquer Ouatirou, comme on en étoit convenu. Il y arriva le 9. effuya quelques coups de Canon du Fort, & n'y rencontra point les Vaiffeaux. Il les alla chercher plus loin à Surinam-Carters, croyant que la néceffité de faire de l'eau les auroit obligés de s'y tranfporter ; mais ayant pris une Barque Angloife, elle lui dit qu'on ne les avoit point vûs de ce côté-là. Il s'imagina qu'ils étoient au Port Royal, il s'y rendit le 13. reconnut le Port, & le fit reconnoître de plus près par un Officier nommé la Couronne ; ce fut inutilement, la Flotte n'y étoit point. Comme il manquoit lui-même d'eau, il en alla faire à Bruffelt, où il arriva le 15. au foir, & le 16. il fit un détachement pour fe rendre maître d'une habitation voifine & couvrir les Chaloupes, tandis qu'elles faifoient de l'eau. Le Chevalier du Rollon commandoit les Gardes de Marine & les Soldats, & Bernanos Major du Port de Paix, étoit à la tête de 30. Habitans ; ils prirent l'habitation & s'y retrancherent : le 17. ils furent attaqués par les Anglois, mais ils les repousserent & les menerent battant jufques dans les bois. Ceux-ci revinrent trois fois à la charge, & toûjours avec le même fuccès, quoique fort fuperieurs en nombre : mais M. du Rollon ayant apperçû de fon bord de la Cavalerie, envoya fes

Le Temeraire détaché de la Flotte, ce qu'il devient.

1694.

Chaloupes à ses gens pour les embarquer, ce qu'ils firent en bon ordre, & sans que l'Ennemi osât les attaquer. M. du Rollon apprit d'un Prisonnier, qu'ils avoient fait, que la Flotte étoit à la Côte du Nord, & il fit ce qu'il put pour l'y aller joindre, mais après avoir louvoié quelques jours entre Cuba & la Jamaïque, il fut obligé faute de rafraichissemens, & par les maladies, qui se mirent dans son Equipage, de faire route pour le petit Goave, où il sçut du Faucon, qui y étoit encore, que la Flotte étoit au Port Moran. Il avoit eu envie d'y aller, mais un Pilote Anglois, & des Flibustiers l'avoient assuré que les Vaisseaux du Roy n'y pouvoient pas entrer; cela le chagrina fort, & peu s'en fallut qu'il ne fît pendre le Pilote. Après avoir mis ses malades à terre, il fit en diligence de l'eau & du bois, & le 10. d'Août il appareilla de nouveau pour aller joindre M. Ducasse au rendés-vous, qui avoit été donné au Faucon; mais comme il eut touché au Cap Mesci dans l'Isle de Cuba, les maladies & la mortalité même désolerent tellement ses Equipages, que ne pouvant presque plus manœuvrer, il fut contraint de gagner Leogane, où il arriva le 19. & où il trouva la Flotte.

Prise d'Ouatirou par M. Ducasse.

Le rendés-vous, que M. Ducasse avoit donné au Faucon, étoit le Port Moran, où Beauregard étoit déja de retour, quand ce Navire y arriva. On fit aussi-tôt embarquer tout le monde, & le 26. la Flotte appareilla pour retourner à la Baye de Coubé. Elle y entra le même jour, & le soir les Chaloupes mirent à terre les Habitans de la Côte & les Flibustiers, qui marcherent Enseignes deployées vers le Port Royal. Ils ne prétendoient pourtant que donner une fausse allarme à cette Place, à la vûë de laquelle ils demeurerent trois heures en bataille. On tint ensuite Conseil, & il y fut résolu que le sieur de Graff iroit avec tous les Flibustiers & les gens de la Côte, pour attaquer Ouatirou, éloigné de 17. lieuës à l'Est de Coubé, & où étoient les principales forces des Anglois. De Graff partit le 27. au commencement de la nuit sur 14. Bâtimens, & le 28. à trois heures après midi il moüilla à Ouatirou. Il y trouva un Vaisseau Negrier de 300. tonneaux, monté de 30. pieces, il s'avança pour le prendre, mais le Capitaine, qui avoit déja débarqué ses Negres, y mit le feu & se sauva. Dans le même moment le Canon de la Place commença à tirer sur les Bâtimens Flibustiers, qui étoient à l'ancre, mais sans effet, & le soir les ordres furent donnés pour la descente. Elle commença le lendemain 29. à deux heures après minuit, & ne fut achevée qu'à la pointe du jour, parce que les Vaisseaux du Roy étant restés à la Baye de Coubé, pour cacher le dessein de cette attaque, il fallut pour débarquer mille Hommes, se servir de Chaloupes, qui n'en pouvoient porter que 50. à la fois.

1694.

Tout le monde étant à terre on marcha d'abord aux Ennemis, qui occupoient trois retranchemens. Beauregard avoit l'avant-garde, où étoient les Flibustiers, & de Graff suivoit avec les Habitans. Il fallut essuyer dans cette marche un très-grand feu de 12. pieces de Canon, & de toute la mousqueterie des Anglois, qui étoient au nombre de 13. à 1400. & Beauregard y fut blessé au pied. Si-tôt que nos Braves eurent approché l'Ennemi à la portée du fusil, de Graff fit faire à son tour un très-grand feu sur leurs tranchées, après quoi on fonça l'épée à la main dans les retranchemens, qui furent emportés en moins d'une heure & demie. Les Anglois y eurent 360. tant morts que blessés, & parmi les premiers deux Colonels, deux Lieutenants-Colonels, & six Capitaines. Du côté des François il n'y eut que 22. Hommes tués ou blessés. On prit 150. chevaux, qu'on trouva tout sellés & tout bridés, neuf Drapeaux d'Infanterie, & sept caisses. Pendant le combat de Graff eut avis qu'il venoit 200. Cavaliers de la Ville Espagnole pour renforcer les Ennemis, il alla sur le champ à leur rencontre, & les repoussa après un Combat très vif, qui dura deux heures, & après lequel il n'y eut plus nulle part de résistance. Le lendemain de Graff détacha 500. Hommes pour lui emmener des bestiaux, faire des Prisonniers, & ravager les habitations & les sucreries ; le cinquiéme jour les Vaisseaux du Roi mouïl-

K k ij

lerent à Oüatirou, & M. Ducasse étant descendu à terre envoya d'autres détachemens pour achever de ravager le pays. Il fit ensuite chanter la Messe par un Pere Capucin, qu'il avoit amené de Saint Domingue, après quoi on ruina les tranchées, on brûla le Bourg, on creva les Canons, & le troisiéme d'Août tout le monde se rembarqua pour retourner au petit Goave, où la Flotte arriva le 14. M. du Rollon, en rendant compte de cette expedition au Ministre, loüe extrêmement les mesures justes, qu'avoit prises M. Ducasse, à la conduite & aux manieres genereuses duquel il ne craint point de dire que tout le succès en étoit dû. Il est vrai qu'il fut très bien secondé par les sieurs de Graff & de Beauregard, & que toutes les troupes firent parfaitement leur devoir. Mais on n'emporta point d'autre butin, que des Negres, dont on fait monter le nombre à 3000. le reste dit-on fut brûlé. La perte des Anglois fut très-grande, les quartiers, qui furent pillés étoient très-riches, mais je crains qu'il n'y ait beaucoup d'exageration dans ce que dit M. du Rollon, dans la lettre que j'ai déja citée : à sçavoir que vingt Isles de Saint Christophle ne valoient pas le seul quartier Moran.

Suivant les mémoires que j'ai reçûs de Saint Domingue, ce qui sauva la Jamaïque en cette occasion, ce fut une précaution, dont s'aviserent les habitans d'Oüatirou. Ils disent que chaque particulier bâtit sur son habitation une espece de Fort, où il renferma tout ce qu'il avoit de plus précieux ; que les Flibustiers après avoir forcé les trois retranchemens, qui ne tinrent pas devant eux, comptant que rien après cela ne les empêcheroit de piller, furent étrangement surpris de se voir arrêtés par ces Forts, dont les murailles étoient trop hautes pour pouvoir être escaladées ; qu'ils furent même bien-tôt obligés de s'en éloigner parce que les Anglois tiroient sur eux à couvert, & que le premier, qu'ils s'aviserent d'attaquer coûta la vie au Capitaine le Sage, & à 50. de ses gens ; qu'on délibera si on ne feroit point venir du Canon des Vaisseaux, mais qu'on y trouva des difficultés, qu'on crut insurmontables, qu'ainsi il fallut abandonner cette entreprise, & renoncer à l'esperance d'un grand Butin. Ces mêmes mémoires ajoûtent qu'il y avoit dans les Montagnes plus de 7000. Negres fugitifs, qu'on auroit pû emmener à Saint Domingue, que depuis long-têms ils souhaitoient avec ardeur d'être avec les François, & que quand ils les sçurent dans la Baye de Kow, ils leur envoyerent des Députés pour traiter avec eux, mais que ces Députés ne trouverent plus personne, les Flibustiers qui avoient été avertis, qu'un grand Corps de troupes parti du Fort Royal, marchoit à grandes journées pour les combattre, ayant été obligés de précipiter leur retraite.

1694.

*Tel fut, conclut l'Auteur de ces mémoires, le succès de cette entreprise; on y gagna 3000. Negres, beaucoup d'Indigo, & d'autres marchandises précieuses, quantité de chaudieres à sucre, & d'autres ustencilles propres à cette manufacture, mais assés peu de gloire, & elle ne décida de rien; les Ennemis de M. Ducasse, ajoûte-t'il, ont prétendu que dans cette occasion, comme en beaucoup d'autres, il avoit détourné à son profit une bonne partie du butin, mais ce sont de ces accusations, qu'il est aussi difficile de prouver qu'il est aisé de les avancer. D'ailleurs il est certain que jamais homme ne parut plus genereux que ce Gouverneur, & que par sa générosité il a infiniment contribué à peupler l'Isle de S. Domingue. Dès que quelqu'un vouloit s'y établir, & n'avoit pas dequoi faire les avances pour cela, il lui ouvroit sa bourse, lui prêtoit ses Negres sans aucun interêt, & souvent même il ne vouloit pas reprendre ce qu'il avoit prêté. Il ne pouvoit voir un homme dans la misere, sans chercher aussi-tôt le moyen de le soulager, & il avoit avec tout le monde des manieres si simples, & si bonnes, que tous le cherissoient comme leur pere. Ainsi on peut dire que quand même il y auroit eu quelquechose à dire aux moyens, dont il se servoit pour s'enrichir, c'étoit du moins au profit du Public & des Particuliers, qu'il s'enrichissoit. C'est toûjours l'auteur des mémoires qui parle.

Generosité de M. Ducasse blamée à la Cour.

Il auroit sans doute parlé autrement, s'il avoit vû une lettre de M. de Pontchartrain à M. Ducasse, que j'ai euë entre les mains, & dans laquelle ce Ministre, après avoir donné de grandes loüanges au Gouverneur de Saint Domingue sur tout ce qui s'étoit passé à la Jamaïque, lui dit qu'il avoit passé ses pouvoirs en distribuant aux Officiers des Vaisseaux du Roi une bonne partie du butin fait sur les Anglois : que les Officiers sont payés pour servir dans les occasions, où le Roi à besoin d'eux ; qu'il convient aux Commandans & aux Gouverneurs d'instruire la Cour de ceux, qui se sont distingués, & que le droit de récompenser chacun selon ses services, n'appartient qu'au Prince. Peut-être aussi que si M. Ducasse eût moins donné aux Officiers du Roi, & un peu plus aux Flibustiers, il n'eût pas été accusé d'avoir detourné le meilleur du butin : quoiqu'il en soit, il fut lui-même récompensé d'une maniere, qui marque bien la satisfaction, que le Roi avoit de ses services en cette rencontre. Sa Majesté lui donna une pension de cent pistoles, & le Brevet en fut expedié sous son nom & sous celui de sa femme, afin que cette Dame pût en joüir après la mort de son Epoux, si elle lui survivoit. Les Commandans des trois Vaisseaux du Roi ne furent pas si heureux. M. de Planta mourut peu de jours après la prise de la Garde-Côte Angloise, à laquelle il avoit eu tant de part. La maladie s'étant mise sur l'Envieux au retour de la Jamaïque, en enleva plus de 100. Hommes, & M. de Montsegur, qui le Commandoit, fut du nombre : il y a bien de l'apparence que M. du Rollon eut le même sort peu de têms après, puisque le Temeraire étoit commandé au retour par M. Descoyeux, lequel ayant été jetté par les vents sur les Côtes d'Irlande, y fut pris par deux Vaisseaux Anglois, après une des plus belles défenses qu'on ait vûë à la Mer.

Les Anglois sont repoussés du Cul-de-Sac & de l'Isle à Vaches.

M. Ducasse s'attendoit bien que les Anglois de la Jamaïque ne differeroient à tenter de se venger de l'affront, qu'ils venoient de recevoir, qu'autant de têms qu'il leur en faudroit pour se mettre en état de le faire sûrement & avec éclat. Mais il n'eût jamais cru qu'après la perte, qu'ils venoient de faire, ils dûssent se montrer si-tôt qu'ils firent sur nos Côtes. En effet ils n'eurent pas la patience de laisser venir d'Angleterre les secours, dont ils avoient besoin pour rendre la pareille aux François de Saint Domingue, & comme s'ils eussent voulu leur faire voir qu'ils n'étoient pas abbatus au point de ne pouvoir rien entreprendre avec leurs propres forces, dès-le commencement d'Octobre ils mirent en Mer trois Vaisseaux de guerre, un Brulot & deux Barques, qui moüillerent l'onziéme dans la rade de Leogane vis-à-vis l'Esterre, & qui canonnerent cette Bourgade depuis huit heures du matin jusqu'à trois heures du soir. Ils voulurent aussi enlever deux petits Bâtimens, qui étoient dans la Rade, mais le Canon & la mousqueterie de terre les en empêcherent. A la fin néanmoins ils en brûlerent un, puis leverent les ancres, & parurent prendre la route du petit Goave, où M M. Dumas & Deslandes les suivirent par terre avec 30. ou 40. Hommes. Beauregard y étoit déja, bien averti de leur départ de Leogane, & bien disposé à les recevoir : mais tous ces préparatifs furent inutiles, les Anglois passerent outre, débarquerent 38. Prisonniers François une lieuë plus haut que le petit Goave, & s'en allerent à l'Isle à Vache, où ils firent descente. Ils y brûlerent deux ou trois maisons de paille, mais sept ou huit Habitans étant accourus au bruit, les attaquerent, leur tuerent deux Hommes, & les contraignirent de se rembarquer au plus vîte.

On ne pouvoit guéres regarder cette irruption, que comme une bravade, mais M. Ducasse fut bien-tôt instruit par des voyes très-sûres qu'il se faisoit à Porstmouth un armement considerable contre lui. Il envoya aussi-tôt croiser pour faire des Prisonniers, & tous lui dirent unanimement qu'on attendoit à la Jamaïque 2000. Soldats, 17. Vaisseaux de guerre, outre un bon nombre de Marchands, & des munitions de toutes les sortes. Ces avis l'inquieterent d'autant plus que tous les Flibustiers étoient retournés en course, sans qu'il pût esperer qu'il en rentrât un seul de long-têms, & que les Anglois avoient deux Frégates, qui croisoient

1694.

Ava-

1695.
Préparatifs des Anglois & des Espagnols pour attaquer la Colonie Françoise de S. Domingue.

depuis le Port de Paix jusqu'au petit Goave, & interrompoient absolument le commerce. Il n'avoit encore aucune nouvelle des Espagnols ; il envoya le sieur Cabesce du côté de San-Domingo, pour observer s'il se faisoit quelques préparatifs dans ce Port, & cet Officier lui rapporta qu'on n'y voyoit pas même un seul Navire, & que l'on n'y parloit de rien. Mais le premier de May un Vaisseau Danois envoyé de l'Isle Saint Thomas vint à Leogane, où le Gouverneur se trouvoit pour lors, & l'avertit que cinq gros Navires Espagnols, remplis de monde, avoient moüillé à leur Isle, que deux autres avoient passé à la vûë sans s'arrêter, & que l'on avoit vû partir de Saint Christople six Vaisseaux de guerre, quinze marchands, & deux Galiottes à bombes.

Embarras de M. Ducasse, & quel parti il prend.

Tant de forces conjurées n'étoient pas encore ce qui causoit plus d'inquiétude au Gouverneur de Saint Domingue, c'étoit de ne sçavoir, si elles se joindroient pour agir toutes ensemble, ou si les deux Nations feroient leurs attaques séparement, & au cas qu'elles se réünissent, où tomberoit l'orage. Dans cette incertitude, il se détermina enfin à rester au Cul-de-Sac, & quoiqu'il n'eût pas plus de 500. Hommes pour défendre 20. lieuës de pays, il ne laissa pas d'en détacher cent sous la conduite de Bernanos, pour renforcer la Garnison du Port de Paix, dont cet Officier étoit Major, & il le chargea des ordres, qu'il envoyoit aux sieurs de Graff & de la Boulaye, tous deux Lieutenants de Roi & Commandans, le premier au Cap François, & le second au Port de Paix. Ils portoient que si le Cap François étoit attaqué, Bernanos s'y rendroit avec son détachement, & que si les Ennemis venoient en même-tems par terre & par Mer, le sieur Girardin Capitaine seroit chargé de s'opposer à la descente, que le Chevalier du Lion son Lieutenant commanderoit les Batteries, & que le sieur de Graff s'opposeroit par terre aux Espagnols, leur dresseroit par-tout des embuscades, leur disputeroit le terrain pied à pied par de bonnes tranchées, & se battroit ainsi toûjours en retraite jusqu'au Bourg, où il comptoit bien que l'Ennemi ne le pourroit jamais forcer ;

que

DE S. DOMINGUE, LIV. X. 265

que si néanmoins ce malheur arrivoit, il encloüeroit les
Canons, ou les feroit sauter, brûleroit les poudres, & passeroit au Port de Paix avec le plus de monde qu'il pourroit. Les
ordres donnés à M. de la Boulaye étoient conformes à ceux-
ci ; & comme ces deux Commandans avoient avec eux les
principales forces de la Colonie, M. Ducasse, que les Anglois eurent soin de tenir toûjours en échec du côté du Cul-
de-Sac, crut pouvoir se flatter que ces deux importans postes
étoient hors d'insulte, d'autant plus que les circonstances
étoient les plus favorables du monde, soit par la disposition
des chemins, soit par le débordement des Rivieres ; soit par
la résolution des Habitans, qui se présenterent en très-bonne
posture pour défendre jusqu'au bout les retranchemens & les
batteries.

Enfin le 15. de Juillet la flotte des Alliés forte de vingt-deux voiles & de 4000. hommes de débarquement, & où il y avoit huit Vaisseaux de Guerre Espagnols entra dans la Baye de Mancenille, où 2000. hommes envoyez par le Président de San-Domingo les joignirent. Le Sieur de Graff en donna aussitôt avis au Sieur de la Boulaye, qui lui envoya Bernanos avec 130. hommes : Bernanos se mit en mar-che le 18. & arriva le 21. Il y avoit quelques partis en campagne pour observer les mouvemens des Ennemis, & le 27. un de ces partis vint avertir le Commandant qu'ils paroissoient dans la Savane de Limonade. De Graff déta-cha dans le moment quatre Cavaliers pour les reconnoître, & ceux-ci les ayant trouvé campés au même endroit, où M. de Cussy avoit été défait, resterent une demie heure entiere à les examiner. La Garde avancée les apperçut, & en avertit l'armée ; cette armée n'étoit éloignée que d'une portée de canon d'un premier retranchement pratiqué dans un lieu appellé le fossé de Limonade, & elle vouloit apparemment se donner le temps de le bien reconnoître ; mais de Graff, qui avoit déjà perdu huit jours dans une in-action, qu'on ne comprenoit pas, sçachant les Ennemis si proches d'un retranchement, où il pouvoit en faire périr la

L l

meilleure partie, s'amufa encore le refte du jour à déliberer fur ce qu'il avoit à faire; & comme on lui eut rapporté le foir qu'il y avoit deux gros d'Efpagnols cachés dans le bois, pour fe faifir de ceux, qui retourneroient à la découverte, il réfolut de retirer fes troupes de ce premier retranchement, ce qu'il exécuta la nuit même. Il alla enfuite fe pofter dans un autre, qu'il avoit tiré à la tête de la riviere du haut du Cap, & qui défendoit le feul chemin, par où les ennemis pouvoient paffer.

Mauvaife conduite du Sieur de Graff.

Cependant la Flotte s'étoit approchée de l'entrée du Cap, en même temps que les troupes avoient paru dans la plaine, & avoit tiré toute l'après difner du 27. mais le canon de la Place mieux fervi ne permit pas à celles-ci d'aller plus loin, & la nuit étant venuë, la Flotte s'éloigna & moüilla en dehors. Le Samedi 28. le Sieur de Graff s'étant rendu de bon matin dans le retranchement, dont je viens de parler, avec ce qu'il avoit pu raffembler de monde, c'eft-à dire, avec 300. hommes au plus, travailla à s'y fortifier, & fit même venir pour cela du Cap quatre petites pieces d'une & de deux livres de Balle. Dans le même temps les Efpagnols entrerent dans celuy, qu'on avoit abandonné: leur furprife fut extrême de n'y trouver perfonne, & on les entendit s'écrier: *Où font donc les François, que font-ils devenus ?* L'indolence & le peu de réfolution du Commandant avoient fait perdre la confiance aux troupes, & le défaut de confiance fit qu'on n'écouta plus le Commandement, & qu'on ne prit confeil, que de la frayeur, qui s'étoit emparée de tous les cœurs. Les Ennemis ne trouvant donc plus de réfiftance dans la plaine, mirent le feu dans les habitations les plus proches. Puis s'avançant au bord de la Mer, ils brûlerent une Cafe, qu'ils y avoient remarquée. A ce fignal, dont ils étoient convenus avec les Commandans de la Flotte, 18. Chalouppes s'approcherent de cet endroit là, & deux autres parurent dans le Port, fonderent le moüillage, & malgré le feu de nos batteries, mirent du monde à terre.

Le Cap étoit gardé par 250. hommes de milice, une

Compagnie d'Infanterie, & de Negres : le Sieur Girardin Capitaine, qui y commandoit, avoit aſſés bien diſpoſé les retranchemens le long de la Mer pour s'oppoſer aux deſcentes, & de Graff avoit dans cette vûë détaché une Compagnie de milices pour le ſoutenir. Pour lui il ſe croioit d'autant plus en ſûreté dans ſon retranchement de la riviere du haut du Cap, qu'avant que de venir à lui il en falloit forcer deux autres. Mais on ne donna pas même aux Ennemis la peine de les attaquer, ceux qui les gardoient les quitterent ſans ordre, & allerent joindre le Sieur de Graff dans le ſien, qu'ils fortifierent beaucoup moins par cette jonction, qu'ils n'y répandirent la terreur, & n'y communiquerent la contagion de leur mauvais exemple ; outre que par leur retraite ils ouvrirent à l'Ennemi tout le quartier Morin, où il fit ſans oppoſition tout ce qu'il voulut. L'après midi du même jour, les Chaloupes étant retournées à leurs Navires, qui étoient ſous voiles, toute la Flotte alla mouiller à la bande du Nord ſur les écueils de la petite paſſe du Port, enſuite quatre Vaiſſeaux ſe détacherent, & vinrent canonner la batterie, mais le Chevalier du Lion les obligea bientôt à s'éloigner, & il y en eut même deux, qui ſe retirerent fort incommodés. Au Soleil couchant on vit reparoître huit Chaloupes, qui rangerent la Côte pour faire deſcente ; Girardin détacha vingt hommes pour s'y oppoſer, & ils y réüſſirent d'autant plus aiſément, que l'endroit, où ces Chaloupes vouloient aborder, étoit ſemé d'écueils. Les Troupes de terre avançoient toûjours, & avoient déja gagné la petite Anſe : alors le Sieur de Graff, qui ne douta plus de l'union de toutes leurs forces de terre & de Mer, & qu'elle ne ſe fît à deſſein de le venir attaquer, voulut auſſi réünir toutes les ſiennes. Ainſi il envoya le Samedi ſur les dix heures du ſoir un exprés à M. Girardin avec un commandement par écrit pour lui & pour le Chevalier du Lion, d'abandonner le Bourg & les Batteries, de laiſſer le Canon à la garde d'un nommé David, qui commandoit les Negres, & de ſe rendre auprès de lui avec tous ceux, qui étoient ſous leurs ordres. Girardin obéit ſur le champ, mais du Lion répondit

1695.

L l ij

que les Batteries du Roy ne s'abandonnoient pas comme ce-
la. De Graff lui fit dire que ses raisons lui paroissoient bonnes, lui recommanda de défendre les passes le plus qu'il pourroit, & lui ordonna, s'il étoit obligé de faire retraite, d'enclouër les Canons & de faire tout sauter. Il resta donc avec trente trois hommes bien résolus à se défendre jusqu'au bout, mais avec peu d'esperance de résister long-tems après la retraite du Sieur Girardin, & l'abandon du Bourg.

Les ennemis s'emparent du Cap & des batteries.

Effectivement le Dimanche 29. vers les dix heures du matin la Flotte s'approcha pour canonner les batteries, & sur les quatre heures après midi à la faveur d'un grand orage elle détacha ses Chaloupes pour faire la descente au même endroit, où elles l'avoient inutilement tenté la veille. Elles n'y trouverent plus aucun obstacle, & elles débarquerent 300. hommes, qui se mirent en marche par les hauteurs pour gagner les Batteries. Du Lion s'en étant aperçu détacha six hommes pour aller à leur rencontre, & tirer sur eux au travers du Bois. Son dessein étoit de les amuser, & d'avoir le tems de faire crever ses Canons & de mettre le feu aux poudres ; il fit ensuite défiler son monde, & resta seul dans les Batteries, où il avoit disposé toutes choses par des traînées de poudre, pour y mettre le feu au moment que l'Ennemi paroîtroit. Mais par malheur un grain de pluye, qui survint, rompit ses mesures, il ne laissa pas, quand il vit les Ennemis à la portée du mousquet, de mettre le feu : les poudres & le Canon sauterent, mais il n'y eut que trois pieces, qui creverent, les autres furent seulement démontées & enfoncées en terre. Il les encloüa, mit le feu au magasin du Bourg, & marcha vers les dix heures du soir pour joindre M. de Graff. Il fut poursuivi, mais il arriva sans avoir perdu un seul homme au retranchement, où de Graff lui dit qu'il avoit tenu conseil, avant que d'ordonner l'abandon du Fort & des Batteries, & que ce n'étoit que vingt-huit Canons perdus.

Le retranchement du haut du Cap abandonné.

Le Lundi matin deux heures avant le jour on eut avis que les Anglois, qui avoient fait descente au Cap, s'avançoient dans le dessein de mettre les François entre deux feux, sur quoy la résolution fut prise d'abandonner encore le retranchement de la riviere du haut du Cap, quoique par les différentes jonctions, qui s'étoient faites, il y eût dedans neuf cens hommes bien fortifiés & munis de toutes choses. Le dessein du Commandant étoit d'aller se cantonner au Morne rouge, mais la plus grande partie de son monde l'ayant abandonné, il se retira avec le reste à la riviere salée, qui en est à une lieuë & demie, & donna ordre d'abord aux Sieurs Girardin & du Lion de se rendre au Port de Paix avec leur Compagnie. Le Major Bernanos s'y étoit déja rendu, & l'on assûre que c'étoit par son conseil, que le premier retranchement avoit été abandonné, ce qui paroît peu vray-semblable ; ou bien cet Officier, comptant que les Ennemis ne forceroient jamais la descente, vouloit attirer les troupes de terre dans le milieu des habitations, où il croyoit qu'il seroit aisé de les couper & de les défaire. Le Samedi 4. de Juin Girardin & du Lion arriverent au Port de Paix dans un canot, qu'ils avoient trouvé au Port Margot, & le 13. la Flotte ennemie augmentée d'un Navire & de deux Barques, moüilla au quartier de S. Loüis à trois lieuës & demie en deça du Port de Paix, dans une rade, qui avoit toûjours paru impraticable. M. Ducasse ne pouvoit se lasser d'admirer leur hardiesse en cela, & lui attribuoit en partie le succès de leur Entreprise. Sur les deux heures tous les Navires commencerent à canonner, pour faciliter la descente, & sur les quatre heures huit Chaloupes, où il y avoit cinq cens hommes, allerent à une petite portée de Canon plus haut, pour y débarquer ces troupes. Bernanos, qui commandoit dans ce quartier, avoit posté en ce lieu-là un Officier nommé Escofier avec sept ou huit hommes. L'Officier fit son devoir, pendant vingt-quatre heures les Chaloupes firent d'inutiles efforts pour mettre à terre, mais Escofier ayant été blessé, ses gens perdirent cœur, & il fut obligé de faire retraite.

1695.

Les ennemis vont au Port de Paix.

Bernanos s'étoit mis en marche pour le soutenir, mais il fut aussi abandonné de tous les siens, ce qui l'obligea de gagner une hauteur pour tacher de les y rallier, & les cinq

Prise de S. Louis.

cens hommes débarquerent sans obstacle. Le 18. deux Navires Anglois & un Espagnol appareillerent avec deux barques, & rangerent les anses, cherchant un endroit pour faire une seconde descente, & mettre Bernanos entre deux feux ; mais le Sieur de Paty Lieutenant de la Compagnie de Niceville, lequel n'avoit que trente Negres, fit jusqu'au 20. un si grand feu de mousqueterie, qu'encore que les Ennemis eussent tiré douze cens coups de Canon, ils furent contraints de s'en retourner à Saint Louis sans rien faire. Pendant ce tems-là les cinq cens hommes, qui avoient débarqué auprès de Saint Louis, s'emparerent du Bourg, puis se répandirent dans les habitations voisines pour piller. Ils se mirent ensuite aux trousses de Bernanos, qui avoit rassemblé une partie de ses gens, & avoit gagné une petite rivière éloignée d'un demie lieuë de Saint Louis. Ils le joignirent là & entreprirent de forcer le passage, mais il le défendit si bien, qu'ils furent contraints de se retirer avec perte.

Marche des Troupes de terre jusqu'au Port de Paix. Les Espagnols, qui étoient venus par terre de San-Domingo, & les Anglois, qui avoient débarqué au Cap, ne trouverent pas la moindre résistance dans ce quartier. Après l'abandon du retranchement du haut du Cap, le Sieur de Graff ne parut plus, ni aucun homme armé, qui fît seulement mine de vouloir arrêter l'Ennemi, dans un lieu, où à chaque pas, on pouvoit lui dresser des embuscades. Ainsi rien ne l'empêcha de piller & de bruler. Le Cap & toutes les habitations voisines furent reduits en cendres ; quelques Habitans, qui furent surpris, furent massacrés ; des Negres en petit nombre, & plusieurs femmes, parmi lesquelles étoit l'épouse du Commandant, furent enlevés. La Dame de Graff étoit une Françoise, que cet Officier, qui étoit devenu veuf, avoit épousée quelque tems après qu'il eût quitté la course, & il en avoit eu deux enfans, qni furent pris avec leur mere. Elle se nommoit Anne Dieu-le-veut, & c'étoit une de ces Héroïnes, dont j'ai dit que la Colonie de Saint Domingue produisoit dans les commencemens un assés bon nombre. Un jour qu'elle prétendit avoir reçû quelque injure du Sieur de Graff, elle l'alla trouver le piſtolet à la main pour en tirer raiſon ; cette action lui parut belle, & jugeant l'Amazone digne de lui, il en fit ſa femme.

1695.

Les Ennemis ne voyant plus cet Officier, dont le nom ſeul avoit long-têms ſervi de rempart au Cap François, ſongerent à pouſſer leur victoire juſqu'où elle pouvoit aller, & ſe mirent en marche pour le Port de Paix, où leur Flotte étoit déja renduë. Il y a deux chemins pour aller du Cap François au Port de Paix, l'un plus difficile, mais plus court, il n'eſt que de vingt lieuës ; l'autre plus long d'un tiers, mais plus aiſé. Dans l'un & dans l'autre il y avoit cent endroits, où il étoit très-aiſé de faire perir une armée de dix mille hommes. Les Ennemis ſe partagerent en deux corps, croyant qu'il leur ſeroit plus aiſé de marcher ainſi ſéparément. Il paroît que le gros des Anglois marcha le long de la Mer, qui étoit le chemin le plus court, & le Port Margot s'étant rencontré ſur leur paſſage, ils le pillerent. Les Eſpagnols prirent le chemin dès terres, qu'on appelle le chemin de Plaiſance, à cauſe d'une montagne fort eſcarpée, qui porte ce nom, & qui ſe trouve ſur cette route. Les uns & les autres n'eurent à ſurmonter que les obſtacles, que leur oppoſa la nature, mais ils furent plus grands, qu'ils ne les avoient prévûs, & il en mourut un grand nombre de pure fatigue, ſurtout d'Anglois, moins accoûtumés à ces ſortes de marches ; on prétend même que pluſieurs périrent par la malice des Eſpagnols, qui ne les pouvoient ſouffrir.

Il y avoit ſix jours que la Flotte ennemie étoit arrivée devant Saint Louis, lorſque les Eſpagnols, qui venoient par Plaiſance, furent découverts à ſept ou huit lieuës du Port de Paix. La nouvelle en fut auſſitôt portée au Fort, où M. de la Boulaye ne ſe trouva point. M. de Niceville Capitaine, y commandoit ; il délibéra ſur le champ d'envoyer le Sieur Dantzé Juge du lieu, & qui faiſoit l'office d'Aide-Major, pour occuper un retranchement, qu'on avoit fait en un endroit nommé *les trois Rivieres* à trois lieuës du Fort, où les Ennemis devoient néceſſairement paſſer. M. de la Boulaye arriva dans ce moment de ſon habitation, où il avoit eu beaucoup plus de ſoin de mettre tout en ordre que dans ſon Fort. Ce Com-

Mauvaiſe manœuvre du Sieur de la Boulaye.

mandant ne fçavoit point la guerre, il s'étoit mis dans la tête que les bois étoient les meilleures fortifications, qu'on pût opposer aux Ennemis, & il s'enferma bien malgré luy dans sa Place, d'où il sortit aussi le plûtôt qu'il lui fut possible. Il ne laissa pas d'approuver la déliberation faite par M. de Niceville, & Dantzé partit avec 50. ou 60. hommes choisis. Le Sieur de Paty fut en même têms détaché avec un nombre pareil de blancs & de noirs, pour garder un autre retranchement, qui se trouvoit sur le chemin des Anglois. Ces ordres furent donnés le 20.

Le Mardy 21. avant le jour la Flotte ennemie débarqua un corps de troupes sans aucune résistance ; ces troupes marcherent aussitôt par terre, les Chaloupes suivant la côte, à dessein de forcer le retranchement que gardoit le Sieur de Paty ; mais le canon du Fort les ayant fait reculer, ils se contenterent de faire quelques ravages, puis ils camperent à une grande portée de canon du retranchement. Dès que M. de la Boulaye le sçut, il envoya rappeller le Sieur Dantzé, & une si étrange résolution fut prise & exécutée, sans avoir été communiquée à personne. Paty de son côté faisoit toûjours bonne contenance ; il détacha quatre Braves pour aller attaquer la garde avancée des Ennemis, laquelle étoit de vingt hommes, & fut forcée. Le Major Bernanos étant ensuite venu le joindre avec ce qu'il avoit pu rallier de ses gens, ces deux Officiers se promettoient bien d'empêcher la jonction des Anglois & des Espagnols, lorsque le Jeudy 24. ils furent aussi rappellés par M. de la Boulaye. Une conduite si incomprehensible étoit un mauvais pronostique pour la défense de la Place ; aussi les trois quarts des Habitans, qui s'y étoient renfermés, en sortirent sur le champ. La jonction des Ennemis se fit le lendemain, les Espagnols, aussi-tôt après la retraite de Dantzé, ayant passé le retranchement, qu'ils n'eussent jamais forcé, parce que la riviere étoit débordée, & que manquant de vivres depuis cinq jours, ils eussent été contraints de retourner en arriere ; mais le même esprit de vertige qui avoit fait abandonner

DE S. DOMINGUE, LIV. X. 273

1695.

donner au sieur de Graff le Cap, les Batteries, & les retranchemens, étoit passé au sieur de la Boulaye; & si ces deux Commandans eussent conjuré de livrer aux Ennemis les postes, qui leur avoient été confiés, ils n'auroient pû s'y prendre autrement, qu'ils ne firent.

Le 22. la Flotte Ennemie vint moüiller à *la Caye Vinaigre* à deux lieües du Fort, & les Chaloupes ayant tenté le débarquement dans un endroit nommé *l'Anse des Peres*, où il y avoit un retranchement, elles furent repoussées. Dantzé avoit été détaché de nouveau avec cent Hommes, pour garder ce poste, qui étoit très-important; mais la nuit suivante, ses gens l'ayant presque tous abandonné, il fut contraint de se retirer au Fort, & les Ennemis s'en emparerent. Le 25. le Chevalier du Lion eût ordre de brûler le Bourg, ce qu'il exécuta. Et le 26. sur les dix heures du matin deux Tambours des deux Nations alliées vinrent sommer le Commandant de leur remettre son Fort, sinon, qu'on l'alloit environner de Batteries, & que s'il se laissoit forcer, il n'y auroit de quartier pour personne. Il répondit, comme il convenoit, & ils s'en retournerent. Sur le soir un Charpentier Anglois vint se rendre, & dit que les Alliés étoient résolus de rester-là six mois, plûtôt que de ne pas réüssir dans leur entreprise; il y a pourtant bien de l'apparence qu'ils y eussent échoüé, s'ils avoient eu en tête un Homme d'expérience & de résolution. J'ai donné ailleurs la description de cette Place, 500. Hommes y étoient renfermés, rien n'y manquoit pour une vigoureuse défense, mais l'autorité du Roi étoit en des mains trop foibles & trop peu habiles, pour la faire valoir, comme il convenoit dans une occasion de cette importance.

Les Ennemis arrivent devant le Port de Paix.

M. Ducasse reçut toutes ces fâcheuses nouvelles au Cul-de-Sac, où il se croyoit tous les jours à la veille d'être lui-même attaqué par toutes les forces de la Jamaïque, car on disoit qu'il y étoit arrivé d'Angleterre un puissant renfort à ce dessein. Il voulut néanmoins partir sur le champ avec 20. Hommes, pour se jetter dans le Port de

Ce qui empêche M. Ducasse d'aller au secours du Port de Paix.

Tome II. M m

1695.

Paix, ou tâcher peut-être de rallier ceux des Habitans, qui s'étoient retirés dans des lieux, qu'ils croyoient inaccessibles; mais ayant assemblé le Conseil de Guerre, pour lui faire part de cette résolution, il n'y eut personne qui ne s'y opposât. On lui fit voir, que selon toutes les apparences il ne pourroit exécuter ni l'un ni l'autre de ces deux projets, qu'il seroit très-aisé aux Ennemis de lui couper le chemin pour le retour, & qu'il ne pourroit gueres éviter de périr, ou d'être pris, étant si peu accompagné; que quand ce malheur n'arriveroit pas, il couroit au moins risque de voir tous les quartiers attaqués en même têms, sans qu'il se trouvât dans aucun. Enfin, que sa place naturelle, dans la situation présente des affaires, étoit Leogane, qui pouvoit être regardé comme le quartier le plus considerable de la Colonie. Il avoit vû tout cela avant que de rien proposer; mais il falloit prévenir, ou arrêter les murmures des personnes peu instruites, & ôter tout prétexte aux mal-intentionnés de l'accuser d'avoir abandonné le soin d'une partie de sa Colonie. Il voulut donc paroître forcé à faire ce qu'il sçavoit mieux que personne être le seul parti qu'il eût à prendre. Il lui étoit arrivé depuis peu 200. Flibustiers, & il avoit environ mille François, & cent Negres, qui promettoient de se bien battre; tous les postes étoient bien retranchés; M. Dumas, Officier de mérite & d'une grande expérience, étoit mort deux ans auparavant, & il ne restoit plus d'Officier Major dans ces quartiers, que les sieurs Deslandes & de Beauregard; M. Ducasse envoya le premier à la petite Riviere; & le second, au petit Goave: il partagea entre eux presque tout ce qu'il avoit de forces, & il demeura entre deux, avec un détachement de cent Cavaliers.

Siege du Port de Paix.

Cependant les Ennemis n'ayant trouvé au Port de Paix aucun obstacle à faire leurs approches, se saisirent de toutes les hauteurs, qui commandoient le Fort: le 29. ils placerent une Batterie de trois pieces de huit sur la pointe des pierres. Le 3. de Juillet, une autre de trois pieces de six sur le Morne de S. Oüen : le 4. une de trois pieces de 18. & de 24. sur le Morne de Saint Bernard : le 5. une de six pieces de huit & de douze sur le Morne de Saint Oüen, plus près du Fort de 200. pas que le premier : le 6. une de trois pieces de 18. & de 24. sur la pointe du même Morne, plus proche encore de 300. pas. Le 8. ils monterent trois Mortiers à Grenade ; & le 9. ils firent servir trois Mortiers à Bombes, qu'ils avoient montés dans un fond derriere le Bourg. Comme ils coupoient sans cesse du bois pour ces Batteries, & qu'on les entendoit assés distinctement du Fort, pour sçavoir en quel endroit ils travailloient, on tira d'abord dessus ; mais M. de la Boulaye fit bientôt cesser ce feu, disant qu'il falloit épargner la poudre, qui seroit plus utile ailleurs. Les Ennemis de leur côté ne l'épargnoient pas à beaucoup près autant, & du moment que leur premiere Batterie fut en état, ils ne cesserent point de tirer : cependant au bout de quinze ou seize jours, ils n'avoient pas encore fait une seule breche, par où l'on pût monter à l'assaut. Ils avoient à la vérité ruiné un Ouvrage, auquel ils s'étoient particulierement attachés, mais on le réparoit toutes les nuits, avec du bois & de la terre.

1695.

Dès le 30. Juin, la Flotte avoit passé devant le Fort, & étoit allé moüiller les Ancres au-dessus de la Riviere salée, où elle avoit auparavant envoyé ses Chaloupes sonder le moüillage. Quelques-uns ont dit que les Vaisseaux n'avoient jamais osé entrer dans le Port, & que s'étant approchés une seule fois pour canonner la place, ils avoient bientôt été contraints de s'éloigner fort incommodés par le Canon des Assiegés. Les mêmes Mémoires ajoûtent que notre Artillerie ne joüa que dans cette occasion, & ils en apportent deux raisons, qui me paroissent également fausses. La premiere, que la poudre manquoit ; la seconde, qu'il auroit été inutile de tirer, le Camp des Ennemis étant à couvert de ces mêmes Mornes, sur lesquelles leurs Batteries étoient dressées. En effet, nous verrons dans la suite,

1695.

que la place étoit très-bien fournie de poudre, & si le Canon ne pouvoit rien contre le Camp, il pouvoit démonter les Batteries, ou du moins en rallentir beaucoup le feu. Mais ce qui paroît certain, c'est qu'on ne fit aucune sortie sur les Assiegeans, lesquels profiterent de cette tranquillité, où on les laissoit, pour envoyer des partis, qui désolerent le Pays. Les Espagnols surtout, plus accoûtumés à cette maniere de faire la guerre, pénétroient dans les retraittes les plus cachées, & n'en revenoient presque jamais, sans emmener des prisonniers, ou des Esclaves.

Mesintelligence entre les Assiegeans.

Je ne sçai non plus quelle creance donner à une circonstance rapportée au même endroit, que je viens d'indiquer, & dont les Relations des Officiers, que j'ai vûës, ne parlent point; à sçavoir, qu'après plusieurs jours d'un feu continuel, les Commandans des deux Nations confédérées, ne doutant point que le Fort ne fût extrêmement endommagé, envoyerent indépendamment, & même à l'insçû l'un de l'autre, chacun un Herault à M. de la Boulaye pour lui faire des propositions avantageuses, s'il vouloit leur rendre sa place, que la Réponse du Lieutenant de Roi fut, que pour éviter la jalousie, qui pourroit naître entre les deux Monarques, il étoit résolu de garder son Fort pour le Roy son Maître, auquel il appartenoit; que cette résolution embarassa les Assiegeans, qui n'osoient tenter un assaut, & dont les chaleurs, qui étoient excessives, emportoient tous les jours un grand nombre : qu'enfin, la mésintelligence devint extrême entre les deux Nations, que les Espagnols traitterent d'abord les Anglois avec beaucoup de hauteur, & leur firent mille affronts, & mille avanies; que ceux-ci, après avoir enduré ces manieres fastueuses, avec une espece d'insensibilité, qui ne leur est pas ordinaire, perdirent enfin patience, & chercherent une occasion de s'en venger : qu'on vit même un jour le moment qu'ils en alloient venir aux mains & qu'ils étoient déjà rangés en bataille, lorsque les plus sages des deux Partis ouvrirent les yeux sur les suites d'un démêlé, qui alloit les livrer tous à leur

DE S. DOMINGUE, LIV. X. 277

1695.

Ennemi commun; mais qu'ils eurent assés de peine à venir à bout de suspendre pour quelque têms les effets de l'animosité mutuelle des deux Nations; que malgré leurs soins cette antipathie naturelle & invincible continua de se manifester d'une maniere sensible, & fut le salut de la Colonie; que les Anglois regardoient les Espagnols comme des lâches, qu'ils avoient toûjours battus dans les Indes; que ceux-ci n'en rabattoient rien de cette hauteur, qui les suit partout: que la diversité de Religion se joignant au peu d'estime, qu'ils faisoient les uns des autres, achevoit de les rendre irréconciliables; que les Anglois ne pouvoient souffrir l'hipocrisie des Espagnols, & en rejettoient tout l'odieux sur ce qu'ils appellent le Papisme, & que les Espagnols se faisoient un mérite & un devoir de Religion de leur haine contre des gens, qu'ils ne nommoient point autrement, que des Chiens d'Heretiques.

Quoiqu'il en soit de ces inimitiés, sur lesquelles M. Ducasse avoit toûjours compté, & peut-être un peu trop, elles ne sauverent point le Port de Paix, où la bonne intelligence regnoit encore moins, que dans le Camp ennemi. Dès le 8. de Juillet, tous les Habitans, au nombre de 150. peu accoûtumés à se voir renfermés dans un Fort, & à y essuyer le feu continuel des Bombes & des Canons, présenterent à M. de la Boulaye une Requête signée de tous, excepté de leurs Officiers, pour avoir la permission de se retirer, & ajoûterent que, s'il la leur refusoit, ils sortiroient la nuit sans rien dire. On sçavoit assés ce que pensoit sur cela le Commandant, il s'en étoit expliqué plus d'une fois, & ne craignoit point de dire publiquement qu'il étoit de l'interêt de la Colonie d'abandonner les Forts & les retranchemens, & de laisser à un chacun la liberté de pourvoir à sa sûreté. Aussi ne s'étoit-il mêlé de rien; nous avons vû que les Ennemis étoient Maîtres de Saint Loüis, & à une journée de son Fort, qu'il étoit encore dans son habitation; & sans le sieur de Paty, qui s'étoit chargé de tout, rien n'y eût été prêt quand la place fut in-

Division dans le Fort.

M m iij

1695.

vestie; depuis même qu'il y fut entré, on ne s'apperçut gueres de sa présence, que par les ordres qu'il y donna à contre-têms, & tout y eût été dans la derniere confusion, si MM. de Bernanos & de Niceville n'eussent pris en main le Commandement.

Les Habitans veulent sortir du Fort, & les Soldats veulent capituler.

On étoit fort persuadé que ces deux Officiers ne souffriroient jamais qu'on abandonnât le Fort, & M. de Niceville s'étoit déclaré sur cela d'une maniere très-forte; neanmoins la Boulaye fit aux Habitans une réponse, qui ne laissa aucun lieu de douter de la disposition, où il étoit, de leur accorder ce qu'ils souhaittoient; mais comme il ne parloit pas clairement, ils lui repliquerent qu'ils vouloient sortir, & qu'ils sortiroient dès le soir même. Sur cette déclaration, le Commandant fit mettre sous les armes tous ceux, qui étoient dans d'autres sentimens, afin de favoriser la retraite de ceux-ci; mais ils changerent tout à coup de résolution. L'onziéme, ils la reprirent aussi brusquement, qu'ils l'avoient quittée, & les Soldats de leur côté demanderent à capituler, ménaçant de le faire sans la participation de leurs Officiers, comme avoit fait la Garnison de Saint Christophle. A cela, le Commandant ne dit pas un mot, & ce silence acrut de beaucoup l'insolence des uns & des autres. Il n'en fut pas de même de M. de Niceville, il parla fort haut, mais il ne gagna rien, on prétend même que quelques-uns avoient résolus de le poignarder le lendemain; mais un coup de Canon, qui lui emporta la cuisse ce jour-là même, & dont il mourut au bout de 28. heures, leur épargna ce crime. Le 13. quelques Habitans ayant été tués, tous les autres, & les Officiers à leur tête, recommencerent à se plaindre, qu'on les vouloit faire périr dans un Fort commandé de toutes parts, qu'ils ne reposoient ni le jour, ni la nuit, & que tandis qu'on les retenoit derriere des murailles à rien faire, l'Ennemi enlevoit leurs Femmes & leurs Enfans; en un mot, qu'ils déserteroient tous un à un, si l'on s'obstinoit à les retenir de force. Il est vrai qu'on ne vit jamais une si grande confusion, ni à quoi le défaut de commandement [*mieux*] dans un Chef expose des Troupes, qui se sont apperçuës de son incapacité.

Sur cette rumeur, le 14. on assembla le Conseil, où il fut déliberé tout d'une voix que, puisque personne, ni parmi les Habitans, ni parmi les Soldats, n'écoutoit plus le Commandement, il falloit sortir cette nuit-là même les armes à la main, encloüer le Canon, & prendre des mesures pour faire sauter le Magasin, où étoient les poudres & les vivres, & le Fort même peu de têms après, qu'on en seroit sorti. Sur cette délibération tout fut mis au pillage, & M. de la Boulaye fit couler les boissons. A tout autre qu'à ce Commandant une telle résolution auroit coûté beaucoup, s'il y eût été forcé, car il n'avoit encore eu que sept Hommes tués, & onze blessés. Il lui en restoit encore 530. y compris 150. Negres armés ; huit milliers de poudre, des balles plus qu'à proportion, & des vivres pour trois semaines ; mais il lui tardoit de retourner chés lui, & il y coucha effectivement deux jours après. Cependant le sieur de Paty fit assembler la Compagnie de Niceville, qu'il commandoit ; & le Chevalier du Lion celle de Girardin ; & comme ces deux Officiers, de concert avec le Major Bernanos, avoient résolu d'aller attaquer les Batteries des Ennemis, afin d'assieger à leur tour ceux, qui entreroient dans le Fort, ils se mirent en devoir de distribuer des vivres & des munitions à leurs Soldats. Mais ceux-ci refuserent de les prendre, & dirent qu'ils ne vouloient point sortir, mais capituler. Paty, outré de cette rébellion, & voyant son Sergent à la tête des mutins, lui brûla sur le champ la cervelle avec son Pistolet : du Lion cassa la tête à coups de Sabre à un de ses Soldats, qui lui avoit aussi parlé insolemment, & comme son Sergent eut enlevé la garde, & se fut embarqué dans un Canot pour passer à la Tortuë, il fit tirer dessus, & le Sergent fut tué ; les autres revinrent ; mais il y en eut un, qui s'étant caché au bord de la Mer, alla se rendre aux Ennemis, ausquels il apprit tout ce qui se passoit dans le Fort.

1695.

L'abandon du Fort est résolu.

1695.
Retraite des François.

Les Alliés n'avoient garde de ne pas profiter d'un tel avis; comme ils étoient instruits de la route, que devoient tenir les Assiegés, ils envoyerent sur l'heure poser des Embuscades, & travailler à des retranchemens aux endroits les plus propres à ce dessein. Quinze cens Hommes furent destinés à cette operation, & pour ne point dégarnir le camp, on les remplaça de tout ce qui étoit resté de Troupes sur les Vaisseaux. Tout cela fut executé avec une extrême diligence, & sans qu'on s'apperçût de rien dans la Place, où l'on ignoroit la désertion du Soldat, & où l'on ne changea rien à ce qui avoit été résolu, si ce n'est que M. de la Boulaye, qui avoit renoncé au dessein de faire sauter le Fort, parce qu'il y vouloit laisser les blessés, avoit ordonné qu'on moüillât les poudres. Sur les huit heures du soir il commença de faire sortir, sans donner le mot, & sans marquer le lieu du ralliment, ni le chemin, qu'on devoit tenir; & une heure après minuit, tout le monde étant dehors, il se mit à la tête, & commença la marche sans ordre & sans regle. Les Ennemis jetterent force Bombes dans l'endroit, par où l'on sortoit, mais elles ne blesserent qu'un Soldat. A peine avoit-on avancé quelques pas, qu'on entendit les Ennemis, qui travailloient à un retranchement: aussi-tôt on se mit en ordre. La Boulaye, Bernanos & Girardin prirent la tête avec la Compagnie de ce dernier. Cent Negresses, chargées du bagage, suivoient après, de Paty, du Lion & Dantzé, avec la Compagnie de Niceville, se mirent à la queuë, & 25. Negres Mines furent détachés pour servir d'Avant-Garde. Au bout de 300. pas la tête reçut le feu des Anglois, à la faveur duquel on vit briller les Lances des Espagnols. Il s'éleva en même têms des voix, qui crioient: « *Volte face , gagnons l'Escarpe du Fort.* » Les Officiers eurent beau représenter que les poudres étant moüillées, & le Canon encloüé, ils alloient se faire tuer, plusieurs ne laisserent pas de retourner au Fort. MM. de la Boulaye & Girardin disparurent dans le moment; & dès le lendemain, le premier, qui avoit jetté

ses

ses armes, & enfilé un petit chemin dans le coin d'un Bois, qui conduisoit à la Montagne, étoit dans son habitation avec tous ses Negres. Bernanos, resté seul à la tête, alloit de tous côtés pour encourager tout son monde, criant de toute sa force; « *Ce sont des canailles, nous leur passerons sans peine sur le ventre.*

1695.

Voyant ensuite les Officiers de la queuë fort résolus à continuer la marche, & étant convenu avec eux d'un lieu pour le ralliment, il retourna à la tête, où il fit des actions de Heros; les Negres Mines se battirent aussi en braves, & le retranchement fut forcé sans beaucoup de perte. Peu de têms après on se trouva tout à coup environné de Lanciers & de Mousquetaires; mais les premiers s'étant mêlés, & ne pouvant se servir de leurs Lances, ou plûtôt n'osant pas le faire, de peur de se blesser les uns les autres dans l'obscurité, se collererent avec les François; il n'y eut que les Negresses, dont plusieurs furent percées de Lances, parce que s'étant mises à crier, on les reconnut à la voix. On ne fut cependant qu'un quart d'heure à se débarasser de cette seconde Embuscade, mais on y fit une perte irréparable. Les Officiers de la queuë, voyant que la tête ne marchoit point, y passerent, & trouverent M. de Bernanos percé de trois Lances; dès qu'il les apperçut, il donna la main au sieur de Paty, en lui disant, *Je suis mort*, & il expira dans l'instant. C'étoit le plus brave Homme qui fût alors dans la Colonie, & il eût seul conservé au Roi le Cap & le Port de Paix, s'il y eût commandé en Chef.

Le Major Bernanos est tué.

Alors les sieurs de Paty, du Lion, & Dantzé, prirent alternativent la tête, & se remirent en marche dans un très-bel ordre. Tous étoient armés de bons Fusils, chacun avoit son gargoussier garni pour quarante coups, & la plûpart avoient encore deux Pistolets, & une Bayonnette. Ils marchoient quatre de front, présentant les armes à droite & à gauche, & faisant un feu continuel. Ils passerent ainsi une troisiéme Embuscade, & arriverent au bord d'une Riviere, où devoit être le plus grand effort des Ennemis,

Belle retraite des François.

Tome II. N n

qui étoient cachés au-delà dans des Roseaux, au nombre de 700. partie Lanciers, & partie Mousquetaires. Il y a bien de l'apparence qu'ils se découvrirent trop tôt, puisque les François, pour éviter ce passage, défilerent le long de la Greve; ils avoient pour guide un nommé Archambault, qui leur montra un peu plus loin un gué, où l'on n'avoit de l'eau, que jusqu'à la ceinture. La tête passa d'abord à la faveur d'un grand feu, que fit la queuë; puis elle couvrit à son tour le passage, qui se fit sans beaucoup de perte : ce lieu a conservé le nom de *Passe d'Archambault*. Ce Conducteur mena ensuite les Troupes au sommet d'une Montagne, appellée *la Crête des Ramiers*, où étoit le rendés-vous donné au sortir de la premiere Embuscade : elles y arriverent avant l'aurore, & un moment après les Officiers ayant entendu escarmoucher au bord de la Riviere, crûrent que c'étoit MM. de la Boulaye & Girardin; mais c'étoit des Negresses, qui crioient de toutes leurs forces, *Lanciers, Lanciers.*

Alors chacun se mit à courir; les blessés, qu'on pensoit actuellement, trouverent des forces pour se sauver, & furent suivis du Chirurgien. M. Dantzé, qui étoit lui-même blessé, se retira comme les autres; mais Paty & du Lyon ayant rassemblé environ 50. Hommes, partie François, & partie Negres, marcherent à l'endroit, d'où venoit le bruit, & chasserent les Ennemis, qui n'y perdirent pourtant que huit Hommes, au lieu que les notres en eurent douze de tués, & trois de blessés, du nombre desquels fut le brave de Paty. Ce qui fit lâcher si aisément prise aux Ennemis, ce fut le bagage, qu'ils avoient enlevé aux Negresses, & qu'ils ne vouloient point perdre. Dès qu'ils se furent retirés le Chevalier du Lyon fit transporter le sieur de Paty au poste de la Crête des Ramiers; cet Officier avoit un coup de fusil au travers du corps, & jettoit le sang par la bouche. Du Lyon déchira sa chemise, & le pensa de son mieux, puis à sa priere, il le fit porter sur un petit morne près du Camp des Espagnols, qu'on avoit découvert avec le jour, & laissa un homme avec lui : le malade envoya aussi-tôt cet homme avec un billet au Général Espagnol, pour le prier de l'envoyer prendre: le Général fit partir sur le champ son Major, & l'on a sçû depuis par des Prisonniers, qu'il en avoit eu un très-grand soin. Il ne resta pourtant point avec les Espagnols, & il fut six mois Prisonnier à la Jamaïque. Du Lion de son côté se trouva presque seul, & fort embarrassé & il erra long-têms, sans trop sçavoir où il alloit. Enfin le premier d'Août il arriva à Leogane dans un Canot, qu'il avoit trouvé à la Côte, n'ayant vécu pendant tout ce têms-là que de racines, & n'étant plus accompagné que de quatre Soldats & de quatre Negres. Il mourut peu de têms après, ayant été fait Capitaine à la place du sieur Girardin, que ses incommodités avoient obligé de repasser en France ; & ce fut une veritable perte pour la Colonie.

1695.

Tel fut le fruit de cette sortie, qui tout honteuse qu'elle étoit en elle même & dans ses causes, ne laissa pas d'avoir de bons effets. Car en premier lieu, si le Château eût été forcé, les François & les Negres, qui fussent échûs en partage aux Espagnols; auroient été infailliblement perdus pour la Colonie, au lieu que leur fuite les lui conserva presque tous. En second lieu, elle fit perdre beaucoup de monde aux Ennemis, & enfin elle donna lieu à la plus belle retraite, qu'il soit possible de faire. 200. François, car il n'en restoit pas d'avantage après la premiere embuscade, ayant passé sur le ventre à 1500. Hommes retranchés derriere des rivieres, qu'il falloit nécessairement traverser ; & cela sans autre perte que de 20. Habitans ou Soldats. Pour revenir à ceux, qui étoient retournés au Fort, ils y furent bien-tôt Prisonniers des Anglois. Ceux-ci, au moment qu'on avoit été averti dans le Camp Ennemi du dessein de la Garnison, avoient concerté entr'eux de se rendre maîtres du Fort, & d'en exclurre les Espagnols. Pour mieux cacher leur jeu, ils se mirent en devoir de donner avec ceux ci sur les François, mais après la premiere décharge, au signal d'un coup de Canon tiré d'une des batteries, ils marcherent en diligence vers le Fort, dont ils se

Les Anglois se rendent maîtres du Fort.

284   HISTOIRE

1695.   rendirent maîtres sans résistance. Alors ils leverent le masque, & les Espagnols s'étant présentés pour entrer dans la Place, ils refuserent de leur en ouvrir les portes; il n'y avoit plus d'apparence, après un coup de cet éclat, que les deux Nations pûssent agir de concert, & songer à de nouvelles Conquêtes. Elles ne laisserent pourtant pas de s'entendre assés bien pour faire le dégât dans tous les quartiers d'alentour, où elles ne laisserent absolument rien. Il n'y eut point non plus de difficulté dans le partage des Prisonniers, les Hommes furent livrés aux Anglois, les Espagnols se contenterent des femmes & des enfans: ils en envoyerent une partie à la Havane, & de là à San-Domingo. La Dame de Graff fut de cette derniere troupe avec ses enfans, & honora le triomphe des Vainqueurs dans cette Capitale, où son mari avoit été long têms si redouté. Elle y demeura même plusieurs années, malgré le traité qui fut fait à la Paix pour la délivrance de tous les Prisonniers, qu'on retenoit de part & d'autre, & ce ne fut qu'après bien des instances réïterées de la Cour de France, qu'elle fut renvoyée à son mari.

Causes de la retraite des Ennemis.   Le 7. de Juillet les Alliés se separerent pour s'en retourner chacun chés eux. On en fut surpris, on n'étoit pas assés instruit de leurs démêlés, & on ne les croyoit pas gens à demeurer en si beau chemin; mais on a sçû depuis que deux raisons les avoient empêchés de tourner leurs armes victorieuses contre Leogane & les postes voisins; la premiere, que tous les Prisonniers les avoient assûrés qu'on y attendoit une forte Escadre, commandée par M. d'Amblimont: la seconde, qu'ils croyoient les Flibustiers rentrés, M. Ducasse bien retranché, & en état de mettre 3000. Hommes sous les armes. Il leur en restoit à peine à eux-mêmes 3500. dont 1500. étoient Anglois, extrêmement fatigués, par la raison qu'ils étoient bien moins faits aux intemperies du pays & aux fatigues des marches, que les Espagnols, & fort rebutés des manieres & des hauteurs de leurs Alliés, qui de leur côté ne les pouvoient plus souffrir, de sorte que si on eût seulement eû alors un corps de mille ou douze cens Hommes à leur oppofer dans les quartiers du Nort, on eût pû avoir aifément fa revanche fur le champ du mal, qu'ils venoient de faire à la Colonie.

Cependant on ne fçut au Cul-de-Sac que le 20. d'Août ce qu'étoit devenu le Sr. de la Boulaye, & on fut encore plus long-têms fans apprendre des nouvelles de M. de Paty. M. Ducaffe dans une lettre, qu'il écrivit au Miniftre pour lui rendre compte de tout ce qui s'étoit paffé dans cette malheureufe campagne, & qui eft dattée du 30. du même mois, fait un grand éloge de cet Officier & protefte qu'il le rachetteroit volontiers de trois années de fes travaux, & même de tout fon fang; il dit qu'il avoit combattu en Héros, & qu'on devoit à fes foins le bon état, où s'étoit trouvé le Fort, quand les Ennemis en formerent le fiége. Il n'eft pas aifé de dire à qui ces fentimens & ce témoignage font plus de l'honneur ou à M. Ducaffe, ou à M. de Paty.

Quoiqu'il en foit, il fembloit que la Colonie Françoife de Saint Domingue, après la rude fecouffe, qu'elle venoit de recevoir, dût être long-têms toute occupée à reparer fes pertes, & que c'étoit pour elle faire beaucoup, que de fe bien tenir fur la défenfive. Mais dans le fonds, tant d'efforts redoublés n'avoient guéres abouti qu'à brûler des Cafes, & deux Bourgades, dont les maifons ne valoient pas mieux, tuer quelques beftiaux & des volailles, & enlever environ fix cens Efclaves des deux fexes. La perte des François ne montoit pas à 200. perfonnes pris ou tués, de forte que cette irruption pouvoit être regardée comme un de ces orages, qui crevent avec un grand fracas, fur le haut des montagnes, y forment des torrens, lefquels fe précipitant avec une grande impetuofité, & un grand bruit, laiffent néanmoins les chofes à peu près comme elles étoient auparavant. Auffi voit-on dans la même lettre, que je viens de citer, M. Ducaffe propofer le fiége de San-Domingo, avec la Conquête de tout ce que les Efpagnols poffédoient encore dans l'Ifle, & fe tenir affûrés du fuccès;

1695.

à la côte de l'Ouest

M. Ducaffe propofe le fiége de San-Domingo.

comme il auroit pû faire, lors qu'il ramena ses troupes victorieuses, & chargées des dépoüilles de la Jamaïque. D'ailleurs jamais cette Entreprise n'avoit parû plus nécessaire.
« Ce qui fait la grande force des Espagnols, disoit le Gouverneur de Saint Domingue, ce sont nos Negres fugitifs, qui exercés chés nous au maniment des armes, & sçachant tous les détours de l'Isle, s'enfuyent chés eux au moindre mécontentement. On en a vû jusqu'à 400. au Camp devant le Port de Paix, & il n'y a point d'autre remede à ce grand mal, que de prendre San-Domingo, qui n'est pas imprenable. Je ne demande au Roi que dix Vaisseaux, les Habitans exposeront bien volontiers leur vie, & donneront la moitié de leurs biens pour cette expédition. »

Mais tandis que M. Ducasse s'occupoit ainsi du projet d'une Conquête, qui ne lui paroissoit peut-être si facile, que parce qu'il la jugeoit nécessaire, on songeoit à la Jamaïque à faire un nouvel armement contre lui. On avoit fort murmuré dans cette Isle de ce que le Commandant des troupes Angloises, qui étoient sur la Flotte, n'avoit pas laissé les Espagnols attaquer les quartiers du Nord, & n'étoit pas venu tout droit à Leogane, où l'on se proposoit de le joindre avec 1200. Hommes. On vouloit réparer cette faute, ou du moins on en faisoit semblant, mais M. Ducasse fit assés peu de cas des avis, qu'on lui en donna. Effectivement les Anglois ne parurent point, & rien n'empêcha ce Gouverneur d'exécuter de nouveaux ordres de la Cour, qu'il reçut peu de têms après. Sur les premieres nouvelles, qu'on avoit euës en France du dessein des Espagnols & des Anglois contre la Colonie de Saint Domingue, le Roi avoit fait armer des Navires pour y porter les secours, dont elle avoit besoin, mais ce convoi étoit encore dans nos Ports, quand on y apprit qu'il viendroit trop tard. Le Chevalier des Augiers, qui le commandoit, ne laissa point de partir pour exécuter les derniers articles de ses instructions, qui regardoit le transport de la Colonie de Sainte Croix à Saint Domingue, & M. Ducasse fut averti en même-têms de disposer toutes choses pour la recevoir.

Si cette Colonie eût été en état de subsister par elle-même dans le lieu de sa destination, rien ne pouvoit venir plus à propos pour repeupler tous les quartiers du Cap & du Port de Paix, mais rien n'étoit plus miserable, & une Colonie ruinée n'étoit guére en état d'en recüeillir une autre, qui manquoit de tout. Cependant les ordres du Roi étoient précis, & ce Prince n'avoit laissé aux Gouverneurs de l'une & de l'autre Isle, que la liberté de déliberer sur les moyens de les exécuter. La premiere chose, que fit celui de Saint Domingue fut de mander au sieur de Graff d'avoir soin que tous les Habitans du Cap fissent le plus qu'ils pourroient de vivres. Il prit ensuite des mesures pour distribuer ces nouveaux Colons dans les quartiers, où il y avoit des habitations vuides, & toutes ces mesures se trouverent fort justes.

1695.
La Colonie de Sainte Croix transportée à Saint Domingue.

Sainte Croix est une des petites Antilles, & la plus voisine de Portoric : elle a près de 18. lieües de long sur trois ou quatre de large; son terrein est assés uni, & par-tout habitable, ce qui n'est pas commun aux autres Isles. Elle est aussi très renommée pour la bonté de ses Bois propres à la teinture & à la charpente; mais l'air y est mauvais, & les eaux mal saines : aussi les Habitans n'y joüissoient-ils presque jamais d'une parfaite santé, & les fiévres sur-tout y étoient fort fréquentes. Les premiers Conquerans de cette Isle furent les Anglois & les Hollandois, qui la partagerent entr'eux ; ils s'y broüillèrent bien-tôt, & les Hollandois furent obligés de ceder la place. Les Anglois en furent chassés à leur tour par les Espagnols, qui ne sçurent pas mieux s'y maintenir. M. de Vaugalan, qui y fut envoyé en 1650. par le Chevalier de Poincy, Gouverneur Général des Isles Françoises, la conquît sur eux. Depuis ce tems-là les François en étoient demeurés les maîtres, malgré les efforts, que firent leurs Ennemis à diverses reprises pour les en chasser. Sainte Croix avoit changé deux fois de Gouverneur dans le cours de cette année. A M. de la Saulaye, qui étoit mort l'année précedente, avoit succedé M. de Lauriere, dont les Provisions

Description de l'Isle de Sainte Croix & les differentes révolutions qu'elle a essuyées.

1696.

Ce Gouverneur signoit de Boiffy Raymé, mais dans tous les memoires où il est parlé de lui, on le nomme Boiffy Ramé.

il faut mettre cette note au bas de la page

font du premier de Janvier 1695. & le 21. Août suivant celles de son successeur furent signées. Ce successeur étoit le Comte du Boiffy Raymé, Lieutenant de Vaisseau, lequel n'étoit point encore arrivé dans son Gouvernement, quand on y reçut les ordres du Roy, dont j'ai parlé, & ce fut le Sr. Donon de Galifet son Lieutenant de Roi, à qui ils furent adressés, & qui les exécuta. Il étoit aussi enjoint à cet Officier de passer à l'Isle de S. Domingue pour y aider M. Ducasse dans les fonctions, ausquelles ce Gouverneur jugeroit à propos de l'employer. Mais il paroît qu'on lui conserva le titre de Lieutenant de Roy. Quant à la proposition qu'il avoit faite, & dont nous avons parlé plus haut, de réünir au Cap François tous les Habitans de la partie septentrionnale, le Ministre lui répondit dans cette même lettre, qu'elle lui paroissoit bon-

1696.

ne, & qu'il mandoit à M. Ducasse de s'y conformer, si par la situation des lieux, qu'il connoissoit mieux que personne, il la jugeoit utile. M. Ducasse se trouva effectivement de même avis, que M. de Galifet. Les Habitans nouveaux & anciens du Port de Paix furent, malgré l'extrême répugnance de plusieurs, transportés l'année suivante dans la plaine du Cap François, & il se passa bien du têms avant qu'on permît à personne de s'établir dans le premier de ces deux postes. Mais comme il avoit un Port très-propre à servir de retraite aux Forbans, surtout à cause du voisinage de la Tortuë ; l'on y mit un Commandant avec une Garnison capable de s'opposer à ce desordre, & ce Commandant fut le sieur Dantzé, qui avoit été fait Major à la place du Sr. de Bernanos tué à la retraite du Port de Paix.

Pour revenir à l'Isle de Sainte Croix, le Roi avoit tellement à cœur qu'elle ne se rétablît jamais, que dans les instructions du Chevalier des Augiers, il lui étoit ordonné de la dégrader entierement, de faire brûler les Habitations & les maisons, de gâter le Havre, & si quelques-uns des Habitans refusoient de s'embarquer, de les y contraindre. Cette Colonie étoit composée de 147. hommes, de femmes & d'enfans à proportion, & de 623. Negres. Comme ils emporterent

porterent fort peu de choses avec eux, & qu'ils passoient dans des quartiers ruinés par la guerre, ils eurent d'abord à souffrir ; il est vrai que leur assiduité au travail les tira bien-tôt de misere, mais ils commençoient à peine à respirer, lorsque ceux d'entr'eux, qui avoient été envoyés au Port de Paix, furent encore contraints de quitter des champs, où ils n'avoient presque pas eu le tems de recüeillir le fruit de leurs travaux ; & de se transporter dans la plaine du Cap François, que cette réünion rendit en peu de tems très florissante. Le Comte du Boissy Raymé, qui arriva au Cap peu de tems après que son Isle eût été évacuée, y fut reçû en qualité de Gouverneur de Sainte Croix, & de Commandant pour le Roi dans la partie septentrionale de Saint Domingue, que ses successeurs ont toûjours gardée, avec le droit de commander en Chef pendant l'absence du Gouverneur de la Tortuë & Côte Saint Domingue : mais ce droit ne fut pas établi d'abord, & les premiers n'en joüirent qu'en vertu d'une commission particuliere. Celle du Comte du Boissy est du 18. Septembre 1695.

1696.

Le Sr. de Graff étoit toûjours Lieutenant de Roi au Cap François, & la Boulaye au Port de Paix, mais M. Ducasse ne cessoit point d'écrire en Cour qu'il étoit d'une conséquence infinie qu'on instruisît leur procès, & qu'on fît un exemple de l'un & de l'autre. Il ajoûtoit même, que de Graff étoit fort soupçonné de s'être entendu avec les Ennemis de l'Etat ; mais après avoir rapporté les preuves, qu'on lui en avoit données, & qui paroissoient assés fortes, il ajoûte que pour lui il estime qu'il n'y avoit dans son fait que de la poltronerie. Effectivement la crainte de tomber entre les mains des Espagnols étoit capable de faire tourner la tête à cet homme, qui d'ailleurs n'étoit pas reconnoissable, depuis qu'il avoit quitté la course, & que M. Ducasse avoit toûjours regardé comme un sujet mediocre dans le service de terre. Les Espagnols de leur côté n'omirent rien pour le regagner, jusqu'à lui offrir un Brevet de Vice-Amiral ; mais il ne se fioit pas assés à eux pour

Procès fait aux sieurs de Graff & de la Boulaye.

accepter de si magnifiques offres. Au contraire les Anglois, à qui il n'avoit jamais fait beaucoup de mal, si ce n'est à la derniere expédition de la Jamaïque, le mépriserent fort après les pitoyables manœuvres, qu'ils venoient de lui voir faire; & quelques-uns ont prétendu qu'ayant fait faire au Gouverneur de la Jamaïque des propositions, qui tendoient à s'assûrer une retraite & de l'emploi dans cette Isle, il n'eut point d'autre réponse, sinon qu'après avoir trahi trois Nations il lui coûteroit peu d'en trahir encore une quatriéme. Après tout, ces bruits pourroient bien n'avoir eu d'autre fondement, que la haine de ses Ennemis, & sa mauvaise conduite pendant sa derniere Campagne, comme il paroît que M. Ducasse l'a crû; d'autant plus que sa femme lui ayant écrit de la prison, qu'on lui avoit declaré qu'elle n'en sortiroit point, tant qu'il seroit parmi les François, il porta la lettre au Gouverneur. Les Espagnols l'ont effectivement toûjours craint jusqu'à sa mort, ou du moins l'on étoit bien persuadé qu'ils ne lui pardonneroient jamais le mal qu'il leur avoit fait; de sorte qu'au commencement de la derniere guerre, le Marquis de Coëtlogon, depuis Maréchal & Vice-Amiral de France, étant entré à la Havane avec une Escadre du Roi, qu'il commandoit dans le Golphe Mexique, & ayant de Graff sur son bord, toute la Ville accourut pour voir ce fameux Laurencillo, qui avoit été si long-têms la terreur des Indes Occidentales: mais le Marquis crut devoir pour sa sûreté l'empêcher de descendre à terre.

On informe contre les Srs. de Graff & de la Boulaye.

La conduite du Sr. de la Boulaye n'étoit pas plus soûtenable que celle du Sr. de Graff; & la maniere, dont il se défendit en récriminant contre M. Ducasse, lequel, disoit-il, l'avoit laissé manquer de tout, & l'avoit déja voulu faire périr dans la Jamaïque à la tête des enfans perdus, tandis que lui-même se tenoit loin du danger: cette maniere, dis-je, de se défendre acheva de le rendre méprisable. Enfin l'indignation de toute la Colonie contre l'un & l'autre étoit à un point que M. Ducasse manda à M. de Pontchartrain que, si on n'en faisoit pas justice, il ne se trouveroit pas un homme d'honneur, qui voulût servir avec eux, & qu'on ne manqueroit pas de Bourreau pour les exécuter. Le Gouverneur ne fut pas le seul, qui écrivit sur ce ton-là, & l'ordre du Roi fut expedié pour faire passer en France les deux accusés, avec les informations contre leur conduite, dont MM. de Beauregard & de Galifet, furent chargés. Les dépositions se trouverent encore plus fortes contre la Boulaye, que contre de Graff. Mais elles ne prouvent bien que ce que j'ai déja dit de ces deux Officiers, à sçavoir, que l'un étoit l'homme du monde le moins propre pour la place, qu'il occupoit, & avoit plus pensé à conserver son habitation que son Fort ; & que la tête avoit absolument tourné à l'autre. Aussi furent-ils traités beaucoup plus en malheureux, qu'en coupables. Il ne paroît pas même qu'ils ayent passé pour lors en France, & le Sr. de la Boulaye conserva son emploi sans fonction jusqu'en 1697. qu'il obtint un congé absolu pour se retirer.

Le Sr. de Graff perdit le sien, dont M. de Galifet fut revêtu, mais il fut fait Capitaine de Frégate legere. Il a peu servi en cette qualité, qui lui convenoit pourtant beaucoup mieux, que celle de Lieutenant de Roi ; mais comme il n'y avoit pas dans l'Amérique un homme, qui connût aussi-bien que lui toutes les Côtes de la Mer du Nord, ni qui entendît mieux cette navigation, on le fit plus d'une fois embarquer sur les Escadres, qui y furent envoyées pendant la derniere guerre pour le service des deux Rois. J'ai dit qu'en 1685. il avoit obtenu des Lettres de naturalité, pour lui & pour Petruline de Gusman sa premiere femme. Il jugea à propos, je ne sçai pour quelle raison, d'en demander de nouvelles en 1703. & elles lui furent accordées. Elles sont du 7. de Mars, & elles portent que Laurent Corneille Baldran, dit de Graffe, Gentilhomme Hollandois, natif de Dorth, faisant profession de la Religion Catholique s'étoit établi à la Tortuë Côte Saint Domingue. & y avoit épousé Anne Dieu le veut, originaire de France, dont il avoit eu une fille pour lors agée de neuf ans. Cette enfant devoit être

Quelles furent les suites de ces informations.

1696.

encore à la mamelle, lorsque sa mere fut menée Prisonniere à San-Domingo, mais il paroît, par ce que nous avons dit ailleurs de la délivrance de cette Dame, qu'elle en avoir alors plusieurs, qui étoient apparemment morts dans le têms dont je parle. La fille, dont il est ici question, a été mariée avantageusement: mais en voilà peut-être un peu trop sur cet article.

Entreprises de part & d'autre sans succès.
Les Anglois de la Jamaïque continuoient toûjours à menacer la Côte Saint Domingue, & la Cour donna ordre à M. Ducasse de les prévenir, s'il le pouvoit, mais il répondit qu'il n'étoit pas en état de le faire. » Comment serois-je » en pouvoir d'attaquer la Jamaïque, disoit-il dans sa lettre » à M. de Pontchartrain ? je n'ai personne ; s'il y alloit de me » sauver la vie, je ne trouverois pas 50. Flibustiers, le re» but de tous les autres : tous les quartiers sont en proye aux » Esclaves ; je ne puis pas mettre 600. Hommes en armes, » & la Jamaïque en a encore 1600. un Port bien défendu, » une Ville & des retranchemens : si nous avions été dehors, » l'Armadille, qui étoit à la Havane, n'auroit pas manqué » de profiter de l'occasion. ... Il en faut revenir à mon prin» cipe, & se rendre maître de toute l'Isle de S. Domingue. »
Au reste la Cour avoit elle-même contribué à l'abandon, où se trouvoit alors M. Ducasse. Le Roi avoit envoyé M. Renau avec une Escadre, pour croiser aux environs de Cuba, & y attendre les Gallions au passage ; il lui avoit donné la permission de lever des Hommes à Saint Domingue, & M. Ducasse les lui avoit fournis, avec tous les secours, qui dépendoient de lui; mais comme l'Entreprise échoüa par une suite de contre-têms, ausquels toute la prudence humaine ne pouvoit parer, & sur-tout par les maladies, qui desolerent cette Escadre; il y a bien de l'apparence que les Hommes, qu'on avoit tirés de Saint Domingue pour cette expédition, n'y retournerent pas tous.

M. Ducasse avoit cependant compté quelque-têms sur une autre ressource, pour être en état de porter la guerre chés ses voisins, mais elle lui manqua encore. Le Chevalier des Augiers étoit retourné en France immediatement après avoir débarqué au Cap François la Colonie de Sainte Croix, & il s'étoit chargé de propofer à la Cour un projet de Campagne, qu'il avoit concerté avec le Gouverneur de Saint Domingue ; il le fit, & je ne fçai s'il fut approuvé dans fon entier, ou fi l'on y changea quelque chofe ; ce qui eft certain, c'eft que fort peu de têms après fon arrivée en France, il reçut du Roi les inftructions fuivantes, dont j'ai crû que je ferois plaifir à mes Lecteurs de ne rien retrancher.

1696.

» L'entreprife que les Efpagnols & Anglois ont fait l'an- Armement du Chevalier
» née derniere contre mes Sujets établis dans l'Ifle Saint Do- des Augiers,
» mingue, & les préparatifs qu'ils font à préfent pour y re- fon objet, &
» tourner, ne me laiffent pas lieu de douter qu'ils n'ayent le fuccès qu'il eut.
» deffein de détruire entierement cette Colonie. Pour pré-
» venir leur deffein, & détourner contr'eux-mêmes les pro-
» jets, qu'ils ont formés, je fais armer à Breft deux de mes
» Vaiffeaux, & à Rochefort, l'Aigle, le Favori, la Badine &
» la Loire, & je vous charge du commandement de cette
» Efcadre, y étant porté par l'experience, que j'ai de vôtre
» valeur, de vôtre prudence & de vôtre zéle à mon fer-
» vice. Comme le fecret & la diligence font néceffaires, je
» veux que vous partiés auffi-tôt que mes deux Vaiffeaux
» feront prêts, & que vous vous rendiés aux rades de la Ro-
» chelle, fous prétexte d'y relâcher par les vents contraires.
» J'ai donné mes ordres pour que vous y trouviés en ar-
» rivant les Vaiffeaux, que je fais armer à Rochefort, prêts
» à mettre à la voile, & mon intention eft qu'après avoir
» embarqué fur vôtre bord le Capitaine le Ber, vous faffiés
» entendre au Sr. de Romegou, qui commande ces quatre
» Vaiffeaux, que vous avés ordre de l'efcorter par-delà les
» Caps. Lorfque vous ferés hors de la vûë des terres, vous
» expliquerés plus amplement ce que vous jugerés à propos
» de mes inftructions au Sr. de Romegou, & vous vous
» rendrés d'abord à l'Ifle de Sainte Croix, pour y faire de
» l'eau. De là vous détacherés un des Bâtimens de vôtre Ef-
» cadre pour envoyer à Leogane avertir le fieur Ducaffe de
» vôtre arrivée, & lui porter les ordres, que je vous adreffe

» pour lui. Vous vous rendrés enfuite à Portoric, pour y
» attendre l'Armadille Espagnolle & la combattre. Si par les
» nouvelles, que vous pourrés en sçavoir par les Prisonniers
» que vous ferés, vous apprenés qu'elle soit restée à la Ha-
» vane, & qu'elle ne doive point venir à Portoric, vous irés
» à la Côte de Caraque, enlever tous les Bâtimens, que
» vous y trouverés. Mais si vous apprenés qu'elle soit à Por-
» toric, je vous permets de l'attendre à la sortie du Port, ou
» à l'entrée de celui de San-Domingo, & vous l'attaquerés
» en quelque endroit que vous la rencontriés. Ce seroit une
» perte considerable pour les Espagnols, qui interromproit
» leur commerce, & mettroit en sûreté, au moins pour deux
» ou trois années la Colonie de Saint Domingue: ainsi vous
» ne devés rien négliger pour y parvenir. Après avoir dé-
» fait l'Armadille, ou ravagé la Côte de Caraque, vous vous
» rendrés à Saint Domingue, & vous examinerés avec le
» Sr. Ducasse, si en augmentant vôtre Escadre de deux Fré-
» gates, que j'ai à cette Côte, & des autres Bâtimens Fran-
» çois, que vous pourrés y trouver, & embarquant une
» partie des Habitans, des Flibustiers & des troupes reglées,
» qui sont dans cette Isle, vous seriés en état d'aller porter
» à la Jamaïque la même terreur, & faire le même ravage,
» que les Anglois firent l'année derniere à Saint Domingue:
» il faudra en ce cas que le Sr. Ducasse commande la des-
» cente. Je sçai que les Ennemis, sur la nouvelle, qu'ils ont
» euë de la frayeur, qui se répandit dans leurs Colonies,
» lorsque vous arrivâtes l'année précédente à Saint Domin-
» gue, doivent y envoyer six Frégates. Vous pourrés vous
» informer, si ces forces ne sont pas superieures aux vôtres.
» J'attends de vôtre valeur & de vôtre zéle que vous les
» chercherés pour les combattre, mais prenés garde de vous
» engager par un zéle trop ardent dans une affaire trop iné-
» gale. Lorsque l'expédition de la Jamaïque sera faite, ou
» manquée, vous renvoyerés à Leogane trois des Bâtimens
» armés à Rochefort, & vous ordonnerés au Sr. de Rome-
» gou, qui les commandera, qu'après y avoir debarqué le

» Sr. Ducasse, il les ramene en France sans perdre de têms, avec les prises, que vous aurés pû faire. Pour vous, vous continuerés vôtre route avec les deux gros Vaisseaux armés à Brest, & celui des quatre armés à Rochefort, que vous aurés choisi, & vous vous rendrés à la Côte de Honduras, pour y enlever les Hourques. Comme vous connoissés les richesses immenses de ces Bâtimens, il est inutile de vous dire quels soins vous devés apporter pour ne les point manquer. Je vous permets de faire ensuite tout ce que vous croirés de plus convenable pour mon service, jusqu'à ce que les vents vous permettent de déboucquer le Canal de Bahama ; & comme vous le passerés le plûtôt que vous pourrés, tous les Bâtimens arrivés à la Havane depuis le commencement des Anordies, & ceux que la crainte de l'Escadre du Sr. Renau y aura retenus, en sortiront à peu près dans le même têms ; c'est pourquoi, si vous navigués avec prudence, sans vous faire connoître à l'Isle de Cuba, il vous sera facile de faire plusieurs prises considerables.

1696.

Rien n'etoit mieux imaginé que ce projet, ni rien ce me semble d'une exécution plus facile, il n'eut pourtant pas à beaucoup près tout le succès, qu'on s'en étoit promis. Le Chevalier des Augiers alla d'abord à la Côte de Caraque, & prit au Port de la Goüaire un Gallion appellé *la Patache de la Margueritte*, où il y avoit 8. à 900000. livres de Cacao de Caraque, 97000. piastres, quelques Tabacs de Verine, peu de Vanille & de Cochenille, & 40. Canons de fonte. Le 12. de Janvier 1697. il rencontra de grand matin à 12. lieuës au vent de San-Domingo l'Armadille, qu'il cherchoit. L'Amiral arriva sur lui de bonne grace jusqu'à deux portées de Canon, se mit en ligne & déploya l'Etendard Royal, comme s'il eût voulu combattre. Des Augiers en même-têms courut à terre pour gagner le vent, & y réüssit ; mais dès qu'il se fut approché, l'Amiral tint le large : au bout de quelque-têms le vent vint au Nord, & ensuite à l'Est-Nord-Est, le Chevalier pressoit l'Amiral, qui faisoit

1697.

effort pour gagner San-Domingo, & fur lequel il ne put rien gagner de tout le jour, ni de la nuit fuivante. Le feptiéme une heure avant le jour ce Vaiſſeau démâta de ſon petit maſt de Hune; alors il fit vent arriere, & quoique le Bourbon, que montoit le Chevalier, allât comme un oiſeau, il ne put jamais approcher celui-ci, & fut contraint de le laiſſer aller. Le Bon, que montoit M. Patoulet fut plus heureux, il pourſuivit le Vice-Amiral nommé *le Chriſt*, qui voulant auſſi forcer de voiles, démâta & fut pris. M. des Augiers avoit deſtiné le Favori pour courir après un troiſiéme Navire, qui portoit pavillon de Contre-Amiral; mais ce Bâtiment s'enfuit d'abord, & le Favori ne put le joindre. De là l'Eſcadre vint à l'Iſle à Vaches, & le Chevalier des Augiers s'étant abouché avec M. Ducaſſe à Leogane, il renvoya M. de Romegou en France avec ſa premiere priſe, & le Favori, commandé par la Motte d'Herant, eut ordre d'aller au Cap François avec le Chriſt: enſuite le Chevalier fit voiles pour aller chercher les Hourques aux Honduras. Elles y étoient, cependant il les manqua, & il paroît par quelques mémoires qu'il y eut un peu de ſa faute. Enfin il retourna en France, ſans toucher de nouveau à l'Iſle de S. Domingue, où il auroit trouvé un ordre de s'incorporer dans l'Eſcadre de M. de Pointis, ainſi que nous le verrons bien-tôt.

Fin du Dixiéme Livre.

HISTOIRE
DE
L'ISLE ESPAGNOLE
OU DE
S. DOMINGUE.
SECONDE PARTIE.

LIVRE ONZIE'ME.

PERSONNE ne se seroit avisé de croire qu'au milieu de tant d'hostilités reciproques, & dans le fort d'une guerre si vive, on songeât à établir un commerce reglé avec les Espagnols de l'Amérique : néanmoins le dessein en étoit pris, & sur la fin de cette même année M. Ducasse reçut des ordres très pressans de ne rien négliger pour le faire réüssir. Le Ministre lui demanda en même-têms son avis sur un projet d'Etablissement dans quelque Isle voisine du Continent, où l'on pût faire ce que les Hollandois faisoient à Curaçao. La réponse du Gouverneur à cette lettre fut, qu'après avoir bien pensé aux moyens d'introduire nos marchandises chés les Espagnols, & de former un Etablissement convenable pour l'exécution de cette entreprise, il ne voyoit rien de mieux, que la grande terre de l'Isle à Vaches; qu'on y trouvoit un Port excellent, de très-bonnes Rades, une Côte poissonneuse, un terrain fertile, des prairies pour les bestiaux, & une étenduë de pays, capable de contenir une Colonie considerable; mais qu'il n'étoit pourtant pas aisé de parvenir à ce qu'on se proposoit, & qu'il y voyoit sur-tout deux grands

1696.
Projet pour le commerce avec les Espagnols.

Avache

Tome II. Pp

obstacles, le défaut d'usage, & l'aversion que les Espagnols avoient conçûë contre les François.

Armement de M. de Pointis.

M. Ducasse étoit d'autant plus persuadé qu'on ne surmonteroit pas ce dernier obstacle, qu'il étoit instruit d'un dessein, qui se tramoit depuis long-têms, qui devoit bien-tôt éclorre, & qui ne pouvoit pas manquer d'achever de nous rendre les Espagnols irréconciliables. Il y avoit plus de trois ans que M. de Pointis préparoit un armement, dont on ignoroit la destination, & selon toutes les apparences il ne la sçavoit pas lui-même, lors qu'il commença d'y travailler. Les premieres nouvelles en étoient venuës à Saint Domingue, il y avoit plus d'un an, lorsqu'on y reçut un ordre du Roi datté du 6. Janvier 1694. lequel portoit que Sa Majesté étant informée par quelques épreuves, qui avoient été faites d'une espece de terre apportée de cette Isle, qu'il s'en formoit une matiere pareille à la bronze, plus douce & plus propre à toutes sortes d'ouvrages, qu'aucune, qui eût été employée jusqu'alors, elle permettoit au Sr. de Pointis Capitaine de Vaisseau & Commissaire général de l'Artillerie de la Marine, d'en faire tirer & porter en France la quantité, qu'il jugeroit à propos. Je n'ai pû sçavoir, si M. de Pointis fit alors le Voyage, mais il est fort vrai-semblable qu'il ne le fit pas.

Deux ans après, M. Ducasse reçut une Lettre de M. de Pontchartrain, dattée du 7. Mars 1696. par laquelle ce Ministre lui donnoit avis que M. de Pointis alloit aux Isles, avec plusieurs Vaisseaux, pour courir sur les Ennemis, qui faisoient le Commerce des Colonies Françoises; c'étoit le prétexte, & ce qu'on devoit publier du sujet de cet Armement. Dans la suite de la Lettre, M. de Pontchartrain lui faisoit entendre qu'il y avoit quelque grande Entreprise cachée sous ce dessein, & qu'il y pourroit prendre part, s'il ne jugeoit pas sa présence nécessaire dans sa Colonie. Enfin, le 26. de Septembre de cette même année, le Ministre lui manda que le Roi ayant agréé le projet d'un Armement considérable, que faisoit M. de Pointis, pour une Entreprise dans le Golphe Mexique, S. M. vouloit qu'il en fût informé : qu'à cet effet, on lui dépêchoit exprès la Frégate le *Marin*, qui étoit un des Vaisseaux accordés à M. de Pointis; que ces Vaisseaux étoient au nombre de sept, qu'il y auroit outre cela une Galiote & des Fluttes, & deux mille Hommes de débarquement, y compris ceux, qui faisoient partie des Equipages des Vaisseaux, avec lesquels & les Matelots, qu'on en pourroit tirer, M. de Pointis prétendoit être en état d'insulter une Ville de la Côte; mais qu'encore qu'il estimât ces forces suffisantes, pour esperer un succès favorable de son entreprise, néanmoins, pour l'assûrer davantage, il avoit besoin de toutes celles de la Colonie de Saint Domingue; qu'il ne manquât donc point de les assembler, & qu'on comptoit qu'il pourroit fournir mille ou 1200. Hommes, sans trop dégarnir son Gouvernement, n'étant pas à présumer que les Ennemis pensassent à l'attaquer, tandis qu'il y auroit une Escadre aussi forte dans le Golphe; que cette Escadre seroit augmentée du *Bon* & du *Bourbon*, que commandoit le Chevalier des Augiers : enfin, qu'on esperoit que, quand elle arriveroit à Saint Domingue, elle y trouveroit le secours tout prêt à être embarqué.

1696.

Carthagene n'étoit nommé dans aucune des Lettres, dont je viens de parler; mais il avoit transpiré que M. de Pointis avoit cette Ville en vûë, quoiqu'il n'y eût encore rien de bien décidé, & que la Jamaïque fût encore sur le tapis. En effet, dans la Réponse de M. Ducasse à la Lettre du Ministre, que lui apporta le Marin, & qui est du 4. Fevrier 1697. il dit : « J'ai obéi à l'ordre d'arrêter tous les » Flibustiers qui sont ici, & de faire appeller tous ceux, » qui étoient autour de cette Isle : j'ai aussi fait enroller ceux » des Habitans, qui m'ont paru propres pour l'expedition, » dont il s'agit. Tout sera prêt à l'arrivée de l'Escadre; mais je » ne suis point d'avis d'attaquer Carthagene : ma raison est » invincible : les Gallions y étant, nous aurons 6000. Hom-» mes, & une Ville forte à attaquer; mais il va se tenir

1697.
Sentimens de M. Ducasse sur cette Entreprise.

» une Foire à Portobelo, où les Habitans se trouveront avec
» les Marchandises d'Europe, & les Tréfors du Perou. C'est-
» là, qu'il faut aller, & si la Foire étoit tenuë, nous serions
» assûrés de rencontrer les Gallions. La Jamaïque est un
» coup certain ; mais il faut tenter celui des Gallions ; c'est
» mon sentiment. Tout le monde est ici prévenu que nous
» en voulons à San-Domingo : c'est le plus pressant objet
» de nos Habitans, & ils ont raison. Il n'y aura jamais un
» dessein plus convenable au service du Roi. Il renferme
» la gloire, l'utile, & la mortification de la Monarchie Es-
» pagnole, & la Clef de toutes les Indes. »

Ces avis étoient bons, mais il étoit un peu tard pour
les suivre. D'ailleurs, ce que proposoit M. Ducasse, qui
sçavoit penser en habile homme, & en bon Citoyen, étoit
à la vérité le bien de l'Etat ; mais il n'auroit pas été celui
des Particuliers, qui entroient dans cet Armement, & qui
en faisoient les frais. Ces frais étoient considérables, la
prise de San-Domingo les auroit à peine remboursés ; & où
trouveroit-on des personnes, qui voulussent faire de pareilles avances, & en courir les risques, dans l'espérance d'un
simple dédommagement, & de l'avantage de l'Etat, quelque grand qu'il puisse être ? Il ne convient qu'au Souverain, ou à la République de faire de ces grandes dépenses,
dont le remboursement n'est pas assûré, ou se fait trop attendre. On étoit assés persuadé à la Cour qu'il étoit de la
derniere conséquence de se rendre Maître de toute l'Isle de
Saint Domingue : peut-être même voyoit-on la nécessité de
cette Conquête aussi-bien que M. Ducasse ; mais le Roi avoit
toute l'Europe sur les Bras ; tant de forces confédérées contre lui demandoient toute son attention & toutes ses Fi-
nances, & il crut sagement, que n'étant pas en situation
de conquerir des Provinces dans le Nouveau Monde, il
devoit permettre à ses sujets d'en faire découler dans son
Royaume une partie des richesses immenses, dont ses Ennemis y regorgeoient. Le malheur fut que celui, qui fut
chargé de l'Entreprise, & la plûpart de ceux, qui en par-

tagerent avec lui les rifques & les fatigues, parurent avoir en vûë, bien moins la gloire, qu'ils pouvoient y acquerir, que le profit, qu'ils y pouvoient faire, & qu'en devenant Armateurs, ils femblerent oublier qu'ils étoient Officiers d'un grand Roi, & d'un Roi Très-Chrétien.

1697.

Le Baron de Pointis avoit toute la valeur, l'expérience, & l'habileté néceffaire pour fe diftinguer à la Guerre, comme il a toûjours fait. Il avoit de la fermeté, du Commandement, des vûës, du fang-froid, & des reffources. Il étoit capable de former un grand deffein, & de ne rien épargner pour le faire réüffir. Mais, s'il eft permis de juger de lui par ce qu'il parut dans toute la fuite de l'action la plus marquée de fa vie, il avoit l'efprit un peu vain, & l'idée qu'il s'étoit formée de fon mérite, l'empêchoit quelquefois de reconnoître celui des autres ; il n'avoit jamais paffé pour être intereffé jufqu'à l'Expedition, dont nous allons faire le récit ; cependant il eft vrai que l'intérêt y parut fa paffion dominante, & qu'elle lui fit faire, ou du moins tolerer des actions, qui ont deshonoré le nom François dans l'Amérique. Tant il eft vrai, que fouvent nous ne fommes vertueux, que faute d'occafion d'être criminels, ou qu'il eft certaines tentations délicates, qui non-feulement nous découvrent des défauts, dont nous nous flattions d'être exempts, mais qui en font même naître en nous, qui n'y étoient pas. Mais rien n'a fait plus de tort au Baron de Pointis, que le contrafte de fa conduite avec celle d'un Homme, qui eut bien autant de part que lui au fuccès de fon Expedition, & qu'il ne s'efforça, ce femble, de dénigrer d'une maniere indigne d'un homme d'honneur, que parce qu'il l'avoit trop maltraité, pour fouffrir qu'on lui rendît juftice.

Caractere de M. de Pointis.

Je parle du Gouverneur de Saint Domingue. M. Ducaffe alloit d'abord au bien du Service & de l'Etat, & s'il ne s'oublioit pas, il ne fongeoit à foi, que quand il avoit mis en fûreté l'interêt public, auquel il a même plus d'une fois facrifié le fien propre. Il eft vrai que fon habileté le mettoit toûjours au-deffus des plus fâcheux contre-têms, mais il vouloit que tout le monde en profitât aussi bien que lui. Il ne pouvoit former que des desseins nobles & utiles, & il lui eut été impossible d'y employer des moyens, qui ne fussent pas proportionnés à des fins si relevées. Sa valeur alloit de pair avec sa prudence : quelque revers qu'il ait essuyé, dans quelque extrêmité qu'il se soit trouvé, il n'a jamais manqué de ressource, mais il ne les a jamais cherchées que dans son courage & sa vertu. Ses pertes n'ont pas moins contribué à sa réputation que ses succès, parce qu'il s'en relevoit toûjours d'une maniere, dont lui seul étoit capable. Enfin, du caractere dont il étoit, s'il eût commandé en Chef dans l'Expédition, où son zéle pour l'Etat, le porta à s'engager comme simple volontaire ; il eut sçû mettre en œuvre toutes les bonnes qualités de M. de Pointis, & il se fût fait un plaisir de lui en faire honneur, au lieu que M. de Pointis s'efforça inutilement d'obscurcir les siennes, & de faire croire qu'elles ne lui avoient été d'aucune utilité.

Portrait de M. de Galifet. Que si la maniere, dont ce Commandant a traitté le Gouverneur de Saint Domingue, venoit de ce que celui-ci devoit à son seul mérite l'honneur qu'il avoit d'être du Corps de la Marine, il est assés difficile de deviner, surquoi étoient fondées les manieres méprisantes, qu'il affecta d'avoir pour le sieur de Galifet, lequel n'étoit assûrément méprisable par aucun endroit. C'étoit un Gentilhomme Provençal d'un grand mérite, d'un esprit excellent, d'une bravoure éprouvée, sage, équitable, plus habile dans les Loix, qu'il n'appartient, ce semble, à un Homme de Guerre, ce qui soutenu d'un grand sens naturel, & du don de la persuasion, qu'il avoit au souverain dégré, lui faisoit finir plus de Procès en un jour, qu'un Parlement n'en sçauroit vuider en un mois, & presque toûjours à la satisfaction des parties. Cette habileté, & l'amour qu'il avoit pour l'ordre, le firent quelquefois passer pour être un peu processif, & l'on ne sçauroit nier qu'il n'ait porté trop loin la sévérité de la discipline : avec cela, il acquit de grands biens, ce qui lui attira, sans doute, bien des jaloux, & fournit des prétextes à ses Ennemis pour le décrier. Si du moins il en eût fait l'usage, dont il avoit de si beaux exemples dans M. Ducasse, & dans tous ceux, qui avoient précedé ce Gouverneur, il eut été l'idole des Avanturiers, qui ne pouvoient s'empêcher de rendre justice à son mérite ; mais il ne se picqua point de cette générosité, qui avoit presque passé en obligation par la pratique de tous ceux, qui avoient eu jusques-là du commandement dans cette Colonie, & malgré toute son habileté, & toute sa circonspection, il ne sçut pas assés cacher, ni peut-être même assés moderer la passion, qu'il avoit de thésauriser. Aussi n'eut-il jamais l'amitié de ceux, qui ne pouvoient pas lui refuser leur estime. Il n'y a pas même à douter que cette disposition des Peuples ne leur ait souvent fait grossir les objets, & ne leur ait fait taxer de violence un peu de dureté & d'exactitude à soûtenir ses droits, & à exiger le devoir du service. Les choses allerent si loin, qu'à la fin les Avanturiers ne le pouvoient plus souffrir. Ils lui donnerent en plusieurs occasions des marques de leur haine, qui dûrent le mortifier beaucoup, & les plaintes, qui furent souvent portées contre lui jusqu'aux pieds du Thrône, l'empêcherent de faire son chemin, & lui attirerent des mortifications bien sensibles pour un homme d'honneur. Il est vrai, qu'il sçut toûjours s'en relever, & s'il étoit coupable, il falloit qu'il eût bien de l'esprit, pour faire ainsi revenir en sa faveur un Prince & des Ministres aussi éclairés, que ceux, au Tribunal desquels il étoit déféré, d'autant plus que ses Juges sçachant qu'il en avoit effectivement beaucoup, étoient d'un côté en garde contre lui ; & de l'autre, croyoient lui devoir moins pardonner les fautes qu'il faisoit. Enfin, il est vrai de dire qu'il fut souvent accusé, que la prévention étoit grande contre lui, qu'il ne fut jamais convaincu d'aucune faute essentielle, & que sa grande capacité fit regretter, qu'il ne fût pas agréable dans une Colonie, où elle pouvoit le rendre si utile.

1697.

1697.
Secours que M. de Pointis tire de Saint Domingue.

Cependant, outre le secours, que le Baron de Pointis comptoit de tirer de S. Domingue, il avoit encore pris ses mesures, ainsi que je l'ai déja remarqué, pour y renforcer sa Flotte des Vaisseaux, que commandoit le Chevalier des Augiers; mais l'ordre, qu'il avoit obtenu pour cela, arriva trop tard; ce qui lui causa d'autant plus de chagrin, que le défaut de ce renfort lui rendoit plus nécessaire celui, que lui devoit fournir M. Ducasse. Ce Gouverneur avoit presque désesperé d'abord de pouvoir correspondre aux intentions de la Cour, tous les Flibustiers étant dehors, quand il reçut les Lettres du Ministre; mais par un concours d'évenemens assés inopiné il eut le plaisir de les voir rentrer presque tous en même têms, comme s'ils se fussent donné le mot, dans les Ports de Saint Domingue; & par-là il se vit en état de remplir le nombre des Troupes Auxiliaires, sur lesquelles le Ministre avoit compté. Ce nombre étoit de 1200. Hommes. L'Escadre en portoit 1600. au plus, à ne compter que les Soldats, ce qui joint avec l'Equipage d'un Navire de l'Escadre de M. Renau, nommé *le Pontchartrain*, commandé par le Chevalier de Mornay, lequel se trouvoit au petit Goave; un Armateur Maloin, appellé *la Marie*, & l'Equipage de la Frégate *le Favori*, qui avoit conduit au Cap le Christ, pris par le Chevalier des Augiers, faisoit environ 3000. Hommes de débarquement, sans compter les Officiers & les Gardes de la Marine.

Il arrive au Cap.

Le Marin commandé par Saint Vandrille, étoit arrivé au Cap François dès le mois de Janvier, & l'ordre, qu'il avoit rendu à M. Ducasse, portoit qu'il retînt les Flibustiers jusqu'au 15. Fevrier. C'étoit beaucoup exiger de ces gens-là, & tout autre que leur Gouverneur n'en seroit pas venu à bout. Cependant tout le mois de Fevrier se passa, sans qu'on entendît parler de M. de Pointis, & M. Ducasse eut besoin de tout son sçavoir faire, pour les empêcher de se débander. Enfin l'Escadre parut le premier de Mars à la vûë du Cap François, & on en fut bientôt instruit au petit Goave. M. de Pointis n'entra point dans le Port du Cap,

& resta au large, où M. de Galifet alla lui rendre compte des soins, qu'il s'étoit donnés en conséquence des ordres de M. Ducasse, pour assembler les Milices de ces quartiers-là, & pour faire des vivres. Il l'avertit ensuite qu'il ne devoit pas compter sur les Vaisseaux du Chevalier des Augiers, mais que le Favori étoit dans le Port avec le Christ, & que le Sr. de la Motte d'Herant, qui commandoit ces deux Bâtimens, y avoit partagé son Equipage. Sur cet avis le Général envoya ordre à cet Officier de réünir tout son Equipage dans celui des deux Navires, qui lui paroîtroit le meilleur, & de le venir joindre: la Motte d'Hérant obéït, choisit le Christ, dégrada sa Frégate, & suivit l'Escadre, qui après avoir laissé au Cap trois Frégates, pour y embarquer M. de Galifet avec tout son monde & ses provisions, poursuivit sa route & moüilla le 6. de Mars devant l'Esterre.

1697.

M. de Pointis y trouva M. Ducasse, qui l'attendoit, & leur premiere entrevûë fut le commencement de leur mesintelligence. Le Général débuta par faire de grands reproches au Gouverneur de Saint Domingue, sur ce qu'il ne lui donnoit que 1200. Hommes, au lieu de 1500. qu'on lui avoit assûré qu'il lui fourniroit. Ce n'étoit pas trop le moyen de l'engager à être de la partie, car M. Ducasse avoit sur cela une entiere liberté. Dès le lendemain l'Escadre fit voiles pour le petit Goave, où elle arriva en peu d'heures, & où le Général mit pied à terre pour la premiere fois. M. Ducasse l'y alla trouver aussi-tôt, & lui fit voir un écrit, qui lui causa quelques momens d'inquiétude. C'étoit l'ordre, que S. Vandrille lui avoit apporté au sujet de cette Expédition, & il y étoit marqué expressément que dans le secours, qu'il devoit donner à M. de Pointis, il avoit à concilier le desir de faire réüssir une entreprise de cette importance, agréée par Sa Majesté, avec la conservation de sa Colonie. Le Baron n'avoit point été prévenu de cette clause, & il comprit qu'elle le livroit à la merci d'un homme, qui n'avoit pas déja trop sujet d'être content de lui. Mais M. Ducasse, qui voyoit aussi-bien, & peut-être mieux que lui, son dessein dans un

M. de Pointis & M. Ducasse commencent à se brouiller.

Tome II. Q q

danger évident d'échoüer sans le secours de la Colonie, n'étoit pas homme à abuser de la liberté, que la Cour lui laissoit. Il rassûra d'abord le Général en lui protestant, que sans rien stipuler pour sa personne, il se livreroit à lui, persuadé qu'il auroit égard à son caractere. Pointis répondit que le plus beau caractere, qu'il lui connût, étoit sa commission de Capitaine de Vaisseau, qu'il serviroit comme tel, suivant son rang d'ancienneté, qu'il falloit accepter cette condition, ou ne point s'embarquer.

Ce qui détermine M. Ducasse à suivre M. de Pointis.

C'est M. de Pointis lui-même, qui raconte ainsi la chose dans son Journal, & il ajoûte que M. Ducasse le quitta en disant qu'il ne pouvoit pas l'accompagner sur ce pié là; mais qu'au bout de quelque-têms il sçut que ce Gouverneur faisoit de grands préparatifs pour s'embarquer, & qu'il avoit dit qu'il serviroit plûtôt comme simple Soldat, que de n'avoir point de part à une affaire si glorieuse. Il avoit effectivement parlé sur ce ton là, & dans une lettre, qu'il écrivit à M. de Pontchartrain, pour lui rendre compte des raisons, qu'il avoit eües de suivre M. de Pointis, il en apporte trois, que l'événement a bien justifiées depuis. La premiere, que ce Général n'étoit pas en état de rien entreprendre avec les seules forces qu'il avoit; la seconde, que les gens de la Côte ne se seroient jamais embarqués sans lui; & la troisiéme, que quand bien même on seroit venu à bout de les emmener, ils se seroient mutinés cent fois, & auroient plus embarrassé, qu'ils n'auroient servi. Si de pareils motifs contribuerent moins à le déterminer, que l'esperance du butin, comme le prétendit M. de Pointis, il fut sans doute fort heureux que son devoir s'accordât si bien avec son interêt.

Les Gens de la Côte refusent de s'embarquer.

Sur ces entrefaites le bruit se répandit que les gens de la Côte refusoient tout ouvertement de s'embarquer, apportant pour raison de ce refus, que les Officiers du Roi avoient accoûtumé de les traiter avec beaucoup de hauteur, s'approprioient ordinairement tout le butin, & ne leur avoient jamais tenu parole sur rien. M. de Pointis n'avoit déja que trop contribué à réveiller ces sentimens de défiance, & ces semences d'antipathie dans le cœur des Habitans & des Flibustiers. Ses manieres fastueuses les choquoient, & leur indépendance ne s'accommodoit pas de cet air imperieux, qu'il prenoit, même avec leur Gouverneur. Ils trouvoient surtout fort mauvais qu'il se donnât le titre de Général des Armées de France de Terre & de Mer dans l'Amérique, & que dans le Gouvernement d'un homme, qui n'avoit aucun ordre de le reconnoître pour son superieur, & où il n'avoit au fond aucune Jurisdiction, que sur ses propres Troupes; il fît battre au champ pour lui, eût une garde, tandis que le Gouverneur n'en avoit pas, rendît des Ordonnances, les fît afficher de sa seule authorité, ne parlât que de decimer & de faire couper la tête, en un mot anéantît absolument le caractere de M. Ducasse, lequel souffroit sagement toutes ces hauteurs, mais ne pouvoit empêcher les mauvais effets, qu'elles produisoient à l'égard des sujets de son Gouvernement.

Pour en prévenir au moins les suites, il alla trouver le Général, & après l'avoir assûré que tous les gens de la Côte partiroient avec lui, & qu'il en faisoit son affaire, il ajoûta qu'il étoit nécessaire avant toutes choses de regler les conditions, sous lesquelles ils serviroient: il lui expliqua l'usage de la Côte, touchant le partage des prises & du butin: il lui fit promettre de donner aux Flibustiers des vivres pour six semaines, lesquels vivres seroient payés sur le butin au prix de la Côte, & il le fit convenir que tout ce qui proviendroit *des Prises*, seroit partagé homme pour homme, sans distinction de caractere; qu'on feroit des revûës, dans lesquelles on ne comprendroit que les effectifs; qu'il rempliroit de sa portion l'accord, qui avoit été fait par ordre du Roy, que lui payeroit de la sienne les Armateurs de la Côte pour leurs Vaisseaux, & qu'on prendroit sur la masse les récompenses pour les estropiés, & pour ceux, qui se seroient distingués. Que le Général accompliroit ses conventions, comme il le jugeroit à propos, avec son armement; que les Negres Esclaves, qui seroient tués, seroient payés fur le total à leurs maîtres ; que ceux, qui étoient libres, auroient leur lot comme les Flibuftiers, & que fi le butin étoit confiderable, les Efclaves feroient affranchis. Dans cette convention, dont M. de Pointis parut fort content, furent compris le Pontchartrain, du confentement du Chevalier de Mornay, qui le commandoit, & l'Armateur Maloin, & ces deux Bâtimens furent incorporés dans le corps des gens de la Côte; mais comme le Général équivoqua dans la fuite fur les termes de ce Traité, je vais rapporter ceux, dont il fe fert lui-même dans fon Journal, & nous verrons en fon lieu de quelle maniere il les entendoit.

Il dit donc qu'ayant trouvé jufte la demande, que faifoient ces gens-là, d'être affûrés de la part qu'il leur donneroit dans la diftribution des prifes, il la leur expliqua par un écrit fort court & fort net, dont il fit afficher deux copies, l'une à la porte de l'Eglife du petit Goave, & l'autre dans le Bourg, & dont il donna une troifiéme à M. Ducaffe. Il portoit que les gens de la Côte partageroient au butin homme pour homme avec les Equipages des Vaiffeaux du Roi. » J'avois
» appris, ajoûte-t'il, qu'entre diverfes manieres de partager,
» dont la plûpart étoient fort embarraffantes, pour leur ex-
» trême difcuffion, la plus ufitée étoit, comme je viens
« de le dire. Je leur declarai que je ne toucherois point aux
» parts du Roi, de l'Amiral & des Armateurs, dont je n'é-
» tois pas en droit de difpofer; je fpecifiai qu'ils partage-
» roient homme pour homme avec les Equipages des Vaif-
» feaux, aufquels, comme tout le monde le fçavoit, c'eft-
» à-dire, à tout ce que nous étions de gens compofant
» cet Armement, il avoit plû à Sa Majefté qu'il revien-
» droit un dixiéme du premier Million, & un trentiéme de
» tous les autres, que nous pourrions acquerir. On comprit
» dans cette declaration le Pontchartrain commandé par Mor-
» nay, Lieutenant de Vaiffeau, & une Frégate de Saint Malo. Je n'ai pû découvrir l'écrit, qui fut donné à M. Ducaffe, & fur la teneur duquel le procès, qui furvint dans la fuite fur jugé. Ce qui eft certain, c'eft que ce Gouverneur en fut con-

tent, qu'après avoir été garant auprès du Général de la fi- 1697.
delité de ses Troupes Auxiliaires, il le fut auprès de ces
mêmes Troupes, de la sincerité du Général, & que tous
ceux, qui ont parlé de cette convention, ont dit nettement
qu'elle portoit promesse positive de la part du Roi aux Habitans de Saint Domingue, & aux Flibustiers, qu'ils auroient leur quote-part des prises à la Flibuste, comme on
l'avoit toûjours entendu, c'est-à-dire, que les prises seroient
également partagées à tout le monde. Car quoiqu'ait prétendu M. de Pointis, il n'y eut sur cela aucune discussion avant
la prise de Carthagene.

Le Général ayant terminé une si importante affaire, *Révolte des Flibustiers a-*
croyoit n'avoir plus rien, qui l'empêchât de partir du petit *paisée par M.*
Goave, lorsqu'un nouvel incident le rejetta dans un em- *Ducasse.*
barras, plus fâcheux encore, que celui, dont il venoit de sortir. Un Officier du Pontchartrain étant en faction au Corps-
de-Garde, fit mettre en prison dans le Fort un Flibustier,
qui avoit causé quelque desordre. Cette voye de fait de la
part d'un homme, dont les Avanturiers se croyoient tout-à-fait
indépendans, les choqua, & sans s'informer, si leur camarade étoit innocent ou coupable, ils coururent au Fort le redemander avec de grands cris. L'Officier leur fit dire que
s'ils ne s'en alloient, on tireroit sur eux, mais cette menace
ne les étonna point, ils redoublerent leurs cris, & l'Officier
fit faire une décharge, qui en tua trois. Il n'en falloit pas
tant pour les mettre en fureur, ils s'attrouperent au nombre
de 200. les Officiers à leur tête; se mirent en ordre de bataille, leur drapeau déployé, marcherent ainsi vers le Fort,
l'investirent, & jurerent qu'ils ne partiroient point de là,
que l'Officier ne leur eût été livré vif ou mort. M. de Pointis averti de ce tumulte accourut pour l'apaiser, mais sa
présence ne fit qu'irriter les Mutins; il fit prier M. Ducasse,
qui s'étoit retiré d'abord, pour ne lui point donner d'ombrage, de leur venir parler; il vint, & il ne lui coûta pour remettre tout dans l'ordre, que de se montrer avec cet air de
Maître, qu'il sçavoit prendre à propos. Il leur parla même

Q q iij

1697.

d'un ton, qui auroit dû, ce semble, produire un effet tout contraire à celui qu'il prétendoit : mais tout est bon de la part de ceux, qui ont sçû prendre un ascendant sur les esprits. En effet, dès qu'ils l'apperçûrent & qu'il leur eût dit deux mots, ils baisserent la tête, comme on voit un chien, qui prêt à devorer un passant, se couche & baisse les oreilles, sous le bâton, que lui montre son maître. Toutefois de peur que leur bile ne s'échaufât de nouveau, on crut devoir leur faire une legere satisfaction, & l'Officier, qui avoit occasionné ce desordre, fut envoyé aux arrêts sur son bord.

Départ de l'Escadre pour le Cap Tiburon.

Il ne fut plus question après cela que de s'embarquer. M. de Galifet venoit d'arriver du Cap avec les Milices de ce quartier, où le Comte du Boissy-Raymé prit terre peu de têms après, & le 19. de Mars M. de Pointis mit à la voile, pour aller faire de l'eau au Cap Tiburon, où elle est fort bonne. M. Ducasse le suivit le 23. & après que M. de Galifet Lieutenant de Roi, & M. le Page Major eurent fait la revûë des gens de la Côte, dont il ne manqua pas un seul de ceux, qui avoient été commandés, le 26. M. Ducasse reçut de la part de M. de Pointis l'écrit, qui contenoit la convention faite pour le partage, ce qui me feroit croire que cette convention, & ce qui y avoit donné lieu, furent posterieurs à la sedition, dont nous venons de parler ; ce qui est certain, c'est que les deux copies, qui furent affichées, le furent, l'une le 12. & l'autre le 14. mais la chose ne merite pas un plus grande discussion. L'Historien des Flibustiers donne presque à entendre que ce fut au Cap Tiburon, que les gens de la Côte declarerent qu'ils ne suivroient point M. de Pointis, disant qu'on ne leur avoit pas rendu justice dans l'invasion de la Jamaïque ; il ajoûte qu'ils se retirerent sur une montagne, d'où on eut assés de peine à les faire descendre, & qu'on les appaisa enfin en leur faisant de grandes promesses. Il est néanmoins fort vraisemblable que cette mutinerie n'arriva point au Cap Tiburon, mais au petit Goave, & que c'est la même, que j'ai rapportée ailleurs. Cet Auteur n'est pas toûjours fort exact à bien placer, ni à bien circonstancier les faits, qu'il rapporte d'ailleurs avec assés de sincerité.

1697.

Enfin toute l'Armée étant réünie, M. de Pointis prit sa derniere résolution, car il assûre lui-même que jusqu'à son départ du Cap Tiburon, il ne l'avoit point encore fait. M. Ducasse étoit d'avis qu'on allât chercher les Galions, qui étoient indubitablement selon lui, ou à Portobelo, ou en chemin de Carthagene pour y aller. Or soit qu'on les rencontrât en Mer, ou qu'on les trouvât à Portobelo, le Gouverneur de Saint Domingue ne doutoit pas que la Flotte Françoise ne s'en rendît maîtresse avec une très-grande facilité; & M. de Pointis en convenoit. » Mais après tout, disoit » ce Général, ils peuvent être à la Mer, & vû la difficulté de » les y rencontrer, seroit-il de la prudence de fonder un des- » sein sur une chose aussi incertaine ? D'ailleurs, plus il se- » roit aisé d'enlever les Galions jusques dans Portobelo, & » moins il y a d'apparence d'en profiter : car pourroit-on » s'imaginer que les Espagnols auroient assés perdu le sens, » pour ne pas brûler, ou couler à fond leurs Vaisseaux à la vûe » de la Flotte Françoise ? J'aurois donc fait un voyage inutile, » ajoûtoit il, qui m'auroit consumé mes vivres, & mis hors » d'état d'entreprendre rien de considerable ; Portobelo étant » sous le vent à tous les postes, que je pouvois attaquer. Ce raisonnement ne persuada pourtant point M. Ducasse, il voyoit bien quelque doute dans le succès de ce qu'il proposoit ; mais où n'y en a t'il point, disoit-il ? Son chagrin fut bien plus grand quelques mois après, lors qu'il sçut qu'on auroit trouvé les Galions à Portobelo, où la confusion avoit été extrême à la nouvelle du danger, qu'ils y couroient ; & que depuis 50. ans ils n'avoient pas été si riches. En effet on assûra qu'ils portoient 50. Millions d'écus. *C'est* écrivoit-il alors à M. de Pontchartrain, *le plus grand coup manqué, qui ait été au jeu, depuis que les hommes naviguent.*

M. de Pointis délibere sur le parti qu'il doit prendre.

Premier avis, aller chercher les Galions.

Ce projet rejetté on proposa d'aller à la Vera Cruz, où l'on étoit assûré de trouver une des Flottes de la nouvelle Espagne, & il n'y avoit pas à craindre, comme à Portobelo,

Second avis, la prise de la Vera Cruz.

que les Espagnols, en brûlant leurs Navires, y frustrassent leurs vainqueurs des richesses, dont ils étoient chargés ; puisque l'argent s'y embarque précisément la veille du départ de la Flotte. M. de Pointis prétendoit bien aussi avoir assés de forces pour prendre la Ville, où l'on peut aller sans essuyer le feu du Château de Saint Jean d'Ulua, & il se flattoit même, que tout imprenable que paroissoit ce Château, par sa situation sur un Rocher au milieu de la Mer, & qu'il occupe tout entier par ses fortifications ; avec l'Artillerie qu'il avoit, & un peu de patience, il pouvoit mettre en poudre le Fort & le Rocher ; d'autant plus, qu'outre les bombes, qu'il y pourroit jetter de la Mer, il étoit aisé d'établir sur la terre, dont l'Isle n'est éloignée que de cent toises, telles batteries de Canons & de Mortiers, qu'on auroit voulu. Mais deux choses le détournerent de cette entreprise ; la premiere, que depuis quelque-têms les Espagnols ne faisoient voiturer l'argent de Mexico, que jusqu'à la Ville des Anges, qui est à 40. lieuës de cette Capitale, & de là tout d'un coup à la Vera Cruz, pour y être embarqué au moment, que la Flotte appareilloit. La seconde, que s'il manquoit ce coup, il n'avoit plus de ressource ; la constitution du Golphe Mexique, au fond duquel est située la Vera Cruz étant telle, que quand on s'y est engagé si avant, il ne faut plus penser qu'à retourner en Europe, les vents & les courants ne laissant pas assés de têms, pour aller rien entreprendre ailleurs.

Troisiéme avis, l'attaque de Carthagene.

Enfin le Général revint à Carthagene, qui avoit été sa premiere vûë. Cette Ville, disoit-il, est au vent de tous les endroits, sur lesquels on peut jetter les yeux. Si, l'ayant observée de près, on trouve l'entreprise impossible, rien n'empêchera de passer à d'autres, pourvû qu'on ne perde pas de têms. Mais sur les plans, qu'il avoit de cette Place, les Vaisseaux restant moüillés à la grande Mer, y auroient été exposés à toutes sortes d'avantures & de mauvais têms, dont la saison n'étoit pas encore passée. Ils pouvoient aussi y être attaqués par les Anglois, qu'on sçavoit être en Mer : ainsi pour n'être point pris au dépourvû, après s'être rendu maîtres des Forts

il

il falloit y laisser du monde pour les garder, & il n'en reste- 1697.
roit pas assés pour prendre la Ville. Ces considerations ne
laisserent pas d'arrêter quelque-têms le Général. Toutefois
après y avoir bien pensé, il se persuada qu'en prenant le
Fort de *Bocca Chica*, communément appellé *Boucachique*
par les François, & qui défend l'entrée de ce vaste Port,
qu'on appelle *le Lagon de Carthagene*, tout lui devenoit
facile; d'autant qu'alors ses Navires seroient en sûreté sous
le Canon de ce Fort, & que par conséquent on en pourroit
tirer jusqu'aux Matelots, pour s'en servir à l'attaque de la Ville.

A la verité la réputation de Boucachique avoit jusques-
là empêché de rien entreprendre contre Carthagene de ce
côté-là; de plus la passe que ce Fort défend, est si étroite,
& tournée de telle maniere, qu'on n'y peut entrer à la voile,
mais seulement à la Touë; d'où il s'ensuit que deux Vaisseaux mouïllés en dedans, quand même il n'y auroit point
de Fort, pourroient empêcher cette manœuvre, & par conséquent y arrêter les Flottes les plus puissantes. Or si les
Gallions étoient à Carthagene, pouvoit-on douter que cette
passe ne fût défenduë. Cet inconvenient n'étoit pourtant
pas sans remede; Boucachique & la Ville de Carthagene sont
situés aux deux extrêmités d'une presqu'Isle; on pouvoit débarquer entre deux, faire des batteries sur le bord du Lagon,
& à coups de Canon couler bas tous les Navires, qui y
seroient, ou les obliger à s'éloigner de la passe; forcer Boucachique à se rendre, ou l'abîmer de bombes, puis attaquer les
Gallions, s'ils étoient dans le Port : si les Ennemis les brû-
loient, obliger la Ville à un dédommagement, en menaçant
de la bombarder, puis passer à quelque autre expédition : si
les Gallions n'y étoient pas, faire dans les formes le siége
de Carthagene, & y employer jusqu'aux matelots, qui ne
seroient plus nécessaires sur les Vaisseaux, du moment que
l'Escadre seroit entrée dans le Port.

Tel fut le raisonnement que fit M. de Pointis, & sur le- On se déter-
quel il se détermina enfin à tourner sa vûë du côté de Car- mine à suivre
thagene. Il publia aussi-tôt son dessein, & il assûre qu'il fut avis.

1697.

Ou *Samba*.

reçû avec un applaudiffement général. Il ajoûte que M. Ducaffe lui propofa alors de détacher deux Frégates de Flibuftiers pour effayer de faire des Prifonniers, avec ordre de les mener en un lieu nommé *Sambay* à 12. ou 15. lieuës au vent de Carthagene: qu'il trouva cette propofition raifonnable, & choifit les Capitaines Pierre & Blou, lefquels partirent fur le champ, mais que s'étant amufés à courir fur de petits Bâtimens, qu'ils manquerent, ils n'allerent pas même à Carthagene, & arriverent à Sambay un jour après la Flotte; qu'un mauvais têms obligea d'y entrer le 6. d'Avril, & d'y refter jufqu'au 13. Le Général profita de ce féjour pour reconnoître exactement toutes fes forces, pour marquer à chacun fon emploi, & pour convenir des fignaux. Voici l'état qu'il nous a donné lui-même de fon Armée.

Etat de l'Armée de M. de Pointis au fortir de Sambay.

Sur fept Frégates, depuis 8. jufqu'à 24. Canons, il y avoit environ 650. Flibuftiers. Ces Frégates étoient *la Serpente*, commandée par ce brave Godefroy, qui avoit été pris quatre ans auparavant par les Efpagnols, & que M. Ducaffe avoit tant appréhendé de perdre. *Le Cerf volant*, commandé par le Capitaine Pierre; *la Gracieufe*, par Blou; *le Pembroc*, par Galet; *la Mutine*, par Pays; *le Jerzey*, par Macary; & *l'Anglois*, par Cottuy. L'Hiftorien des Flibuftiers y joint un Brigantin commandé par Sales, lequel a certainement fait cette Campagne, ainfi que nous le verrons dans la fuite. Cent dix Habitans, 170. Soldats des Garnifons de la Côte, & 180. Negres étoient difperfés fur les Vaiffeaux de Guerre, & fur les Fluttes de l'Efcadre; M. de Pointis réduit à cela le fecours, qu'il tira de Saint Domingue. D'autres le font monter jufqu'à 1500. & même à 1700. Hommes; ils y comprennent apparemment les Equipages du Pontchartrain, du Chrift & de la Marie. La plus commune opinion, eft que ce fecours étoit d'un peu plus de 1200. Hommes. L'Efcadre étoit compofée de fept gros Vaiffeaux, *le Sceptre* de 84. Canons, & de 650. Hommes d'Equipage, commandé par le fieur Guillotin, fous les ordres de M. de Pointis; *le Saint Loüys* de 64. Canons, &

de 450. Hommes d'Equipage, commandé par M. de Levi, qui fervoit de Vice-Amiral ; le *Fort* de 70. Canons, & de 450. Hommes d'Equipage, par le Vicomte de Coëtlogon, qui figuroit pour un contr'Amiral ; le *Vermandois*, *l'Apollon*, *le Furieux* & *le Saint Michel*, de foixante Canons & de 350. Hommes, par MM. Dubuiffon, Gombaut, la Motte Michel, & le Chevalier de Marolles. Suivoit *le Chrift* commandé par le Chevalier de la Motte d'Herant, avec 220. Hommes & 44. Canons, *la Mutine*, par Maffiat, avec 200. Hommes & 34. Canons. *L'Avenant*, par le Chevalier de Francine, 200. Hommes & 30. Canons. *Le Marin*, par S. Vandrille, 180. Hommes & 28. Canons. *L'Eclatante*, Galliote à bombes, par de Monts, 60. Hommes. *La Providence*, Brigantin, par le Chevalier de l'Efcoët, 30. Hommes & 4. Canons. Deux Flutes, quatre Traverfiers, qui avoient chacun un canon & un mortier. En tout 110. Officiers 55. Gardes de la Marine, 2100. Matelots, 1750. Soldats, tous bien effectifs, felon le Général, & dont voici quelle fut la difpofition pour le fiége.

 Les Capitaines de Vaiffeaux devoient fervir d'Officiers Généraux ; & fe partageant fuivant leur ancienneté, être fucceffivement à terre & fur la Flotte, qu'il n'étoit pas à propos de laiffer jamais fans Commandant. La Cour avoit établi un Etat-Major compofé de M. de Sorel Infpecteur Général des troupes de la Marine en Bretagne, que le defir de faire cette campagne avoit réduit à vouloir bien fe charger des fonctions de Major Général ; en prenant néanmoins fon rang de Capitaine : de Thefut Major, de deux Aydes-Majors Généraux, les Chevaliers de Joncourt & de Pointis, de Baraudin, Garçon Major Général, & de quelques Gardes de la Marine pour Garçons Majors ; de du Tilleul, Commiffaire, d'un Ingenieur principal, qui fut le Sr. Canette, & d'un autre Ingenieur nommé Tangy. On forma à ces Ingenieurs des Brigades des Officiers ou Gardes de la Marine, même de quelques Soldats ; qui avoient une teinture de génie. Le Chevalier de Ferriere, Ducroft & de Courfy étoient

1697.

Difpofition des Troupes.

1697.

les principaux de ce Corps. Les Chevaliers de Nesmond & de Poüillermont Enseignes; la Lande, Duché & Rochebonne Gardes de la Marine, servirent d'Aides de Camp au Général. On forma six bataillons des Soldats des Vaisseaux du Roy : le premier étoit un Corps de 150. Grenadiers tirés de tous les autres, & commandés par la Roche du Vigier Capitaine de Frégate, en qualité de Colonel, ayant pour Lieutenant-Colonel le Chevalier de Vezins Lieutenant de Vaisseau, & pour Major le Sr. de Vaujour : Saint Lazare, d'Aye, Francine, Montrosier, & Vignancour furent choisis pour commander les cinq Compagnies, dont étoit formé ce Corps. Les cinq plus anciens Lieutenants de l'Infanterie de la Marine servoient de Colonels dans les cinq autres Bataillons, de 300. Hommes chacun : c'étoit le Chevalier de Marolles, la Chesnau, de Breme, Simonet & Pimont. On y avoit dispersé des Gardes de la Marine pour augmenter le nombre des Officiers. M. de Pointis avoit encore fait des détachemens de 400. Matelots avec leurs Officiers Mariniers armés de faulx & de pistolets, à la tête desquels se devoient mettre dans les occasions MM. de Vaux, de Longuejouë, Carcavis, Siglas, de Sabran Lieutenants de Vaisseaux, qui devoient être relevés par cinq Capitaines de Brulots. Il y avoit à part un Corps de 170. Soldats tirés des Garnisons de la Côte. & il étoit commandé par le sieur de Beaumont. Les 110. Habitans & les 180. Negres en formoient deux autres, & tous les Flibustiers ne faisoient qu'une Troupe.

M. de Pointis trompé par les plans, qu'on lui avoit donnés de Carthagene.

J'ai dit que le Général avoit des plans de Carthagene, il ne tarda pas à en reconnoître le peu d'exactitude, mais ce fut à ses dépens. Ses Memoires se trouverent plus justes, en ce qu'ils lui avoient fait comprendre qu'il falloit en arrivant se saisir d'un Convent fortifié appellé Notre-Dame de la Pouppe, qui étoit sur une hauteur, dans la terre ferme à l'Est-Sud-Est de la Ville. Ils l'avertissoient que c'étoit le seul moyen d'éviter, que la plus grande partie des richesses de Carthagene ne lui échapassent, parce que consistant principalement en Or & en Emeraudes faciles à transporter; si par

DE S. DOMINGUE, LIV. XI. 317

le moyen de ce Poste, il ne se rendoit maître des avenuës, 1697.
il ne trouveroit presque plus rien dans la Ville, quand il y
entreroit. Pour parer ce coup, il résolut de mettre à terre
les Flibustiers, dès qu'il auroit moüillé vis-à-vis de Carthagene, la marche de ces gens-là accoûtumés à courir dans
les bois, pouvant être plus aisément couverte, leur irruption plus imprévûë, & en cas de besoin leur retraite plus
aisée & plus sûre par des chemins impraticables à tous les autres hommes. Il concerta ce projet avec M. Ducasse, qui ne se
refusant à rien, se chargea de l'exécuter. Etant donc arrivé
sur les quatre heures, le même jour qu'il étoit parti de Sambay, dans une très-belle anse, entre Carthagene & la pointe
d'Icacos, qui en est à quatre lieuës, à peine les ancres furent jettées, que le signal fut donné aux Chaloupes commandées pour cette descente, & elles se rendirent à bord
des Flibustiers, dès que la nuit fut fermée. En même-têms
le Fort, la Mutine, & la Galiotte à bombes s'approcherent
de la Ville; la Galiotte assés près pour la bombarder, & les
deux Vaisseaux assés pour soûtenir la Galiotte.

Tout étoit en marche le 13. lorsque M. de Pointis s'avisa MM. de Poin-
d'aller devant avec son Canot, pour examiner l'endroit, où tis, Ducasse,
la descente se feroit plus commodément; mais comme il de Levi, &
approchoit, il fut fort surpris de voir les vagues briser sur trouvent en
des Rochers à fleur d'eau; il s'en fallut même assés peu que danger à la
ces vagues ne remplissent son Canot, où MM. de Levi, Du- thagene.
casse, & du Tilleul étoient avec lui. Il coula le long de
la plage en descendant vers Carthagene, esperant trouver
quelque recoin plus favorable, mais la Mer y étoit encore
plus rude, & comme il s'étoit un peu trop approché du rivage, le Canot se mit en travers, & fut d'abord à moitié
rempli; il couroit risque d'y rester, lorsque M. de Levi
s'étant mis à l'eau, & par son exemple, faisant faire des efforts extraordinaires aux Matelots, le Canot, qui avoit touché sur des Rochers, fut remis à flot. Alors M. de Pointis
désabusé, que Carthagene fût accessible par cet endroit,
d'autant plus que le têms étoit fort calme, fit sur le champ

R r iij

318　Histoire

avertir les Chaloupes de ne point approcher.

1697.
La Flotte mouille devant Boucachique.

Le 14. la Flotte appareilla dès le matin, & se mit en devoir de ranger la Côte la sonde à la main, pour canonner la Ville ; mais le Sceptre ne put approcher assés près pour cela ; le Saint Loüys & le Fort toucherent même un peu sur la Vase, ce qui ne les empêcha pourtant point de faire un grand feu, auquel on ne se mit pas fort en peine de répondre. Carthagene n'avoit de ce côté-là que des palissades, & des bouts de murailles assés mal en ordre : mais la nature a pourvû à la sûreté de cet endroit, par les brisants, dont j'ai parlé, & qui le rendent inabordable. Le Général, qui vouloit reconnoître tous les fonds de cette plage, ne voulut pas aller moüiller ce jour-là devant Boucachique ; il fit jetter les ancres si-tôt qu'il fut sorti de dessus une plaine, qui avoit servi long-têms de promenade aux Habitans de Carthagene, & que la Mer couvroit toute entiere depuis 80. ans. Il envoya aussi-tôt les Chaloupes sonder de tous côtés, & il donna ordre au Marin d'aller moüiller devant la Passe, afin d'empêcher qu'il n'en sortît des Bateaux, pour porter des avis à Portobelo, ou pour sauver de l'argent. Les Chaloupes rapporterent qu'il y avoit 20. brasses, jusqu'auprès de terre, & que la Côte se recourbant vers le Sud, faisoit un abry près du Fort ; que partout ailleurs la Mer étoit trop grosse, pour tenter une descente, & qu'une petite pointe de terre mettoit en ce lieu-là les Vaisseaux à couvert du Fort. Sur ce rapport le Général résolut d'aller moüiller en cet endroit le lendemain, dès qu'il seroit jour, & cela fut exécuté. Mais avant que de m'engager davantage dans le récit de cette expedition ; il est à propos de donner une description exacte & succincte de l'Etat, où se trouvoient alors la Ville de Carthagene, & tous les Forts, qui la défendoient.

Description de Carthagene.

L'entrée de ce Port admirable, qu'on appelle, comme je l'ai dit, le Lagon de Carthagene, est, ainsi que je l'ai déja remarqué, fort étroite, d'où lui est venu le nom de *Bocca chiqua*, ~~duquel on a fait par corruption celui de~~

DE S. DOMINGUE, LIV. XI. 319

1697.

Boucachique. Le Fort, qui le défend, est sur la gauche en entrant au milieu & au plus étroit de la Passe, à cause d'un petit Islet, qui se trouve vis-à-vis. Il est à trois lieuës au Sud Ouest de Carthagene. On tourne ensuite pendant deux lieuës, depuis le Sud-Ouest jusqu'au Nord-Nord-Est, & l'on trouve sur la même main un second Fort, qui porte le nom de *Sainte Croix*. Les fortifications n'en étoient pas régulieres; mais sa situation le rend presque inaccessible: il n'y peut aborder à la fois que peu de Chaloupes, & l'on n'y sçauroit aller par terre, parce qu'il est environné de marécages, & d'un grand fossé plein d'eau, où la Mer dégorge. La Ville est à une lieuë de-là sur le même air de Vent; mais aux deux tiers du chemin, on rencontre de petites Isles, entre lesquelles le passage est fort étroit. Carthagene est divisée en haute & basse Ville. Celle-ci se nomme *Hihimani*, mot Indien, qui veut dire, *Fauxbourg*. L'une & l'autre étoient assés regulierement fortifiées, & elles sont séparées par un fossé, où la Mer entre, & sur lequel il y a un Pont Levis. Hihimani, qui est comme une Forteresse à 7. Bastions, est au Sud-Est de la Ville haute, qui est proprement ce qu'on appelle Carthagene, & à 400. toises Est-Sud-Est de Hihimani, on trouve dans la grande Terre le Fort de *Saint Lazare*, où l'on va aussi par un Pont Levis. Ce Fort commande les deux Villes, & il est commandé lui-même par une Montagne de très-difficile accès. Notre-Dame de la Pouppe est éloignée de douze cens cinquante Toises de Saint Lazare au Sud-Est. C'est un Couvent de Religieux, dont l'Eglise regardée d'un certain côté à la figure d'une Pouppe de Vaisseau. Je reviens à M. de Pointis.

Le 15. à midy, toute la Flotte étoit mouillée un peu au Vent de la pointe. Le sieur de Thesut fut envoyé reconnoître l'endroit de la Côte le plus propre au débarquement, & à son retour, le signal pour la descente fut donné. Les signaux avoient été réglés avec un grand soin, & chacun pouvoit être averti dans un moment de ce qu'il

La descente se fait à Boucachique.

avoit à faire, ce qui produisit un grand ordre, & une grande diligence dans les operations. Il étoit midy, quand le signal pour la descente fut donné, & aussi tôt M. Ducasse reçut l'ordre d'aller à bord du Furieux prendre 80. Negres, & de visiter avec eux les Bois, qni étoient sur le bord de la Mer; c'étoit pour voir, s'il n'y avoit point d'embuscade, & rien n'étoit effectivement plus aisé, que d'y empêcher la descente. Cela fut executé avec une extrême diligence, & M. Ducasse n'ayant trouvé personne, arbora un Pavillon blanc sur un Rocher, ainsi qu'il en étoit convenu avec le Général. Les Troupes étoient toutes prêtes dans les Chaloupes, elles partirent dans l'instant, & firent sans aucun obstacle leur descente dans une anse de sable, hors de la vûë du Fort. Il étoit deux heures après midi, M. Ducasse se mit aussitôt en marche avec ses Negres, vers le Lagon, & il trouva les chemins extrêmement rudes. M. de Pointis le suivoit à la tête d'un corps de Grenadiers, & à mesure que les Bataillons se formoient, on les faisoit défiler pour gagner un Bois, par lequel on pouvoit approcher de la Forteresse, sans être découvert.

Description du Fort de Boucachique, approches de ce Fort.

Il s'agissoit de couper la communication entre cette Place & la Ville, & cela auroit été aisé, n'y ayant en cet endroit qu'un demi quart de lieuë de trajet de la Mer au Lagon, s'il n'eût pas fallu prendre un assés long détour par le Bois, qui se trouva fort épais & fort embarassé. Des Negres furent commandés pour faire le chemin, & M. Ducasse, pour les soutenir avec 150. Flibustiers. MM. de Pointis, de Levi, & de Sorel, marchoient après à la tête des Grenadiers, à qui l'on avoit pareillement fait prendre des serpes, pour achever d'ouvrir les chemins; & après qu'on eut ainsi marché un quart de lieuë, on trouva un sentier, qui conduisoit du Fort à la Ville. M. de Pointis y fit avancer cent Grenadiers, & les alla poster à une portée de Fusil du Fort, dont l'épaisseur du Bois les couvroit: ensuite il fit plusieurs petits détachemens sur la droite & sur la gauche, pour empêcher les surprises & les sorties.

Tandis

Tandis qu'on s'établissoit ainsi à Terre, le Saint Loüys, se tirant un peu au large, commença sur les trois heures à canonner Boucachique. Le Sceptre & le Fort en firent autant peu de têms après ; la Galiotte & deux Traversiers jetterent aussi quelques Bombes ; cela dura jusqu'à minuit, & les Ennemis n'y répondirent que par un feu très-lent. Vers les six heures du soir, M. de Pointis, après avoir traversé une plaine, qui n'est qu'à une portée de Fusil du Fort, se trouva au pied d'une petite butte, où il y avoit un Village abandonné, & d'où il eut toute la commodité d'examiner la Place. C'étoit un quarré régulier, environné d'un bon Fossé sec de 18. pieds de creux, & de six toises de large : les approches de tous les côtés sont sur un Roc fort dur : les murailles avoient 32. pieds de haut & huit d'épaisseur, & ils étoient d'une pierre si dure, qu'un boulet de 36. tiré d'une portée de mousquet, n'y faisoit que blanchir ; le Rempart étoit de 40. pieds : les Bastions & les Courtines du côté de terre étoient pleins ; mais du côté de la Mer c'étoit des Citernes & des Magasins terrassés à l'épreuve de la Bombe. Il y avoit environ 18. pieds de Galerie, 24. pieds de logement, 80. pieds de Place d'Armes, & sur le Rempart, 33. Pieces de Canons montés, tous à Barbette.

Comme il étoit encore grand jour, quand on arriva au Village, on eut tout le loisir de s'y loger. Le Général y fit avancer deux Compagnies de Grenadiers, le Bataillon de la Chesneau, & 300. Flibustiers, qui y passerent la nuit. Le Bataillon de Bresme fut placé au milieu du Bois, au Carrefour du petit Sentier, & du chemin, qu'on avoit coupé, & l'on fit plusieurs détachemens pour garder les Avenuës : la nuit étant assés obscure, MM. de Sorel & de Canette, firent le tour de la Place sur le bord du Fossé, sans être apperçus : MM. de Pointis, de Levi & Joncourt, s'en approcherent aussi, & revinrent en sondant le terrain, qui à une certaine distance se trouva propre à faire des tranchées & des fascines. Sur les onze heures du soir, M. du Buisson de Varennes, qui commandoit du côté de la mer, proposa à M. de

Prise d'une Pirogue chargée d'Hommes & de munitions.

Tome II. Sf

1697.

Pointis de faire une Batterie de mortiers sur une éminence, qui étoit fort proche du Fort, & le Général y ayant consenti, on y travailla avec tant de diligence, qu'elle fut en état de tirer dès le lendemain 16. sur les dix heures. Le même jour de grand matin, tandis que l'on préparoit toutes choses pour l'attaque, on découvrit une grande Pirogue, où il y avoit 60. Hommes, & des munitions de guerre, que le Gouverneur de Carthagene envoyoit à Boucachique. Les Flibustiers tirerent dessus, & tuerent 15. ou 16. Hommes; d'autres ayant voulu se sauver à la nage se noyerent, le reste fut pris; il y avoit dans ce Bâtiment deux Cordeliers, de qui on sçut ce que M. Ducasse avoit déja appris la veille par des Prisonniers, qu'il avoit faits dans sa marche, à sçavoir que les Galions étoient à Portobelo. Ils ajoûterent que depuis la fin d'Octobre on les attendoit à Carthagene, & que leur séjour à Portobelo avoit été cette année beaucoup plus long qu'à l'ordinaire.

La place est battuë de toutes parts.

M. de Pointis envoya un de ces Religieux avec un Tambour au Gouverneur de Boucachique, pour lui représenter l'impossibilité de se défendre contre tant de forces, & lui faire des propositions avantageuses; mais quoique que cet Envoyé, devant lequel on avoit fait passer plusieurs fois toutes les Troupes, en lui faisant accroire à chaque fois, que ç'en étoit des nouvelles; & qu'on avoit promené dans toutes les Batteries, employât toutes son éloquence à vouloir persuader ce dont il étoit lui-même très-convaincu; le Gouverneur fit réponse qu'il n'étoit pas encore têms de songer à capituler; & que s'il s'y trouvoit réduit, il profiteroit des offres, qu'on lui faisoit. Alors les Mortiers, dont on avoit fait une seconde Batterie à Terre, & ceux qui étoient montés sur la Galiotte & sur les Traversiers, commencerent à tirer; & le Fort s'étant approché, fit aussi un très-grand feu. Sur les deux heures après midi, deux grands Bateaux, ou demi-Galeres, dans lesquelles il y avoit 300. Hommes, parurent vent arriere, prenant la route de Boucachique: les Flibustiers se mirent en devoir de tirer dessus;

mais s'étant trop tôt découverts, les Bateaux prirent le large, & continuerent leur chemin vers le Fort. Les Flibuſ-tiers, que MM. de Sorel, de Goyon, Canette, quelques autres Officiers, & même des Soldats étoient venus joindre, s'avancerent ſur la Gréve, & firent grand feu, de ſorte que les Bateaux, jugeant qu'il leur ſeroit impoſſible d'avancer, revirerent de bord, & retournerent à Carthagene. Un moment après, M. Ducaſſe voyant ſes Gens trop expoſés au Canon du Fort, leur propoſa d'armer deux Bateaux pour courir ſur ceux des Ennemis; mais au lieu de le ſuivre, ils tournerent droit au Fort, & firent un ſi grand feu de Mouſqueterie, qu'ils obligerent bientôt les Ennemis à ceſſer celui de leurs Canons. Ils avancerent ainſi juſqu'au pied de la Contreſcarpe, où ayant trouvé un bout de chemin couvert, qui faiſoit un logement naturel, ils s'y poſterent. M. de Pointis, en les voyant prendre ce chemin, & laiſſer M. Ducaſſe ſeul, crût d'abord qu'ils fuyoient, & ayant joint ce Gouverneur, lui dit, qu'il le plaignoit d'avoir à faire à de tels gens : mais Ducaſſe lui répondit, qu'il falloit les laiſſer faire, & qu'ils lui rendroient bientôt bon compte du Fort. Il ne fit qu'en rire, toutefois appercevant la bonne contenance des Flibuſtiers, & apprenant que M. de Sorel d'un côté, MM. de Goyon, Canette, & le Chevalier Marin de l'autre, s'étoient auſſi approchés de la Place avec quantité d'Officiers, il crut devoir les ſoutenir, & conçut quelque eſpérance, qu'une attaque commencée ſi étourdiment pourroit avoir les ſuites, dont M. Ducaſſe s'étoit flatté.

Il reſtoit encore quelques Flibuſtiers derriere, & ceux-là fuyoient véritablement : les premieres volées de Canon des Ennemis, ayant jetté par terre pluſieurs de leurs Camarades, la frayeur les avoit ſaiſis. M. Ducaſſe leur cria de revenir, mais ils n'écoutoient plus rien ; M. de Pointis, qui les rencontra, courut ſur eux la Canne à la main, mais il y gagna peu. Alors le Général accompagné de MM. de Levi & Ducaſſe, marcha vers la Mer, & quand il eut fait environ cent pas, il commanda à la Cheſneau, Lieutenant

1697.

Priſe de Boucachique.

S ſ ij

de Vaisseaux, & Commandant d'un Bataillon de Grenadiers d'aller soutenir les autres Flibustiers. Ceux-ci continuoient à faire un feu terrible, & non seulement le Canon de la Place ne tiroit plus ; mais les Mousquetaires même n'osoient plus tirer qu'à couvert de leurs retranchemens. Alors tout fut en mouvement : les Flibustiers, que les Fuyards avoient enfin rejoints, environnoient presque le Fort, avoient planté leurs Drapeaux sur le bord du Fossé, s'étoient rendus maîtres de l'entrée du Pont, & demandoient des Echelles : du Buisson de Varennes, qui étoit au poste du débarquement avec deux Bataillons, accourut avec les Troupes à travers le bois; M. de Coëtlogon descendit à Terre avec beaucoup de monde & des échelles, & MM. de Pointis, de Levi, & Ducasse, gagnerent aussi le pied de la Contrescarpe; mais au moment qu'ils y arriverent, le Gouverneur arbora le Pavillon blanc. La Garnison parut en même tems sur le Rempart, & demanda s'il y avoit bon quartier. M. de Pointis s'avança sur le Pont, & fit dire que le bon quartier y étoit, mais que c'étoit tout, & que si l'on ne jettoit sur le champ les Armes dans le Fossé, il alloit faire planter les échelles, après quoi il ne répondroit plus de rien. On vit aussi-tôt voler les Armes & les Chapeaux, & le Fort retentit de ctis de *Viva el Rey*.

Alors M. de Pointis se présenta à la Porte, qu'on fut long-tems à ouvrir, parce qu'elle étoit extrêmement embarassée de Barricades : il commençoit à s'impatienter, & à faire grand bruit, lorsqu'un Homme, qui descendit avec une corde, vint lui faire des excuses de la part du Gouverneur, & un moment après la porte fut ouverte. Le Gouverneur D. Franchés Ximenés s'approcha aussi tôt les Clefs à la main, & en les présentant au Général François, il lui dit qu'il lui remettoit les Clefs de toutes les Indes Espagnoles. M. de Pointis lui accorda la liberté pour sa Personne, pour quelques-uns des principaux Officiers, & pour le Président de Sainte Marthe, qui s'étoit trouvé renfermé dans la Place, & qui y avoit même été blessé. C'est ainsi que le Fort de Boucachique succomba dès le premier jour du Siege, sous l'heureuse témerité d'une Troupe de Flibustiers, qui y perdirent environ 40. des leurs, presque tous, lorsque s'étant découverts en courant sur la Gréve, ils essuyerent le feu des Ennemis : il y en eut environ autant de Blessés ; M. Ducasse le fut à la cuisse, M. Canette Ingenieur au bras, & M. Marin au genoux : ce dernier mourut de sa blessure. Il y avoit dans ce Fort des provisions & des vivres pour deux mois : la Garnison avoit été de 300. Hommes, suivant M. de Pointis, & de 200. selon d'autres ; il y en eut près du tiers de tué ou de blessé. La Roche du Vigier y fut mis avec cent Soldats des Garnisons de la Côte ; mais on ne voulut pas permettre à aucun Flibustier d'y entrer, ils furent même assés maltraittés par les Officiers, qui les menacerent de faire tirer sur eux, s'ils ne s'éloignoient. C'étoit, dit-on, la seule condition, que les Espagnols avoient demandée ; mais on n'en voit pas trop la raison, puisqu'ils sortoient de la Place.

1697.

Le lendemain 17. les Vaisseaux, après qu'on y eut rembarqué une partie du Monde, & les Mortiers, commencerent à se touër pour entrer dans le Lagon : cela occupa tout le jour, & l'on remit au 18. la marche, qu'il falloit faire pour attaquer le Fort de Sainte Croix. Le Vermandois entra le premier, & alla moüiller à la vûë de la Ville ; mais dès qu'il parut, les Espagnols mirent le feu à trois Gallions & à une demie Galere, qu'ils avoient dans le Port, puis ils coulerent à fond quelques autres Bâtimens dans la Passe, qui est fort étroitte entre les petites Isles, dont j'ai parlé. Les Flibustiers faisoient toûjours grand bruit sur l'affront, qu'ils prétendoient avoir reçu ; pour les consoler on leur proposa d'aller prendre & piller Notre-Dame de la Poupe ; ils y consentirent, & sur les quatre heures du soir ils furent embarqués pour passer de l'autre côté du Lagon. Comme la blessure de M. Ducasse ne lui permit pas de se mettre à leur tête, M. de Galifet fut chargé de cette Expedition ; les Flibustiers ne doutoient ni de la valeur, ni de la capacité de cet

Les Flibustiers sont commandés pour aller se rendre Maîtres de N. D. de la Poupe. Sedition à ce sujet.

Officier, mais j'ai déjà dit qu'ils ne l'aimoient pas, ils lui déclarerent tout net, qu'ils ne marcheroient point sous ses ordres, & il y en eut même, qui n'étant pas encore dans les Chaloupes, refuserent d'y entrer. Il les menaça, & usa, dit-on, de quelques coups de main, pour faire embarquer un de ces Séditieux ; mais cet Homme se défendit, & le prit à la Cravatte.

Il en porta sur le champ sa plainte au General, qui s'étant fait montrer le Coupable, ordonna qu'on le liât à un arbre, qu'on appellât un Confesseur, & qu'on lui cassât la tête, dès qu'il seroit confessé. Il ne restoit plus que le dernier Acte de cette Tragédie, lorsque M. de Galifet, qui crut cette occasion favorable, pour regagner les Flibustiers, vint demander grace. M. de Pointis se rendit très-difficile ; mais enfin, il se laissa vaincre, & le Patient fut délié. On avoit averti le General que le Capitaine Pierre étoit un de ceux, qui avoient levé l'Etendart de la Rébellion, & ce Capitaine étoit déjà embarqué : M. de Pointis se mit dans un Canot, l'alla saisir sur son Bord, & lui dit de se préparer à la mort. Il ajoûte dans son Journal, que ce coup d'authorité consterna toute la Troupe, & qu'il parut tant de soumission, accompagnée de grands cris de *Vive le Roi*, qu'il ne put s'empêcher de faire encore grace ; mais que ce fut en déclarant aux Flibustiers, qu'à la premiere plainte, que M. de Galifet lui porteroit contr'eux, il les feroit décimer. D'autres Mémoires rapportent la chose autrement, & disent que M. de Pointis fit grace, parce qu'il n'avoit point d'autre moyen de sortir d'un fort mauvais pas, où sa trop grande confiance l'avoit engagé, & de se retirer des mains de gens, qui paroissoient poussés à bout, & qui entroient en fureur. Ce qui est certain, c'est que la grace fut accordée aux conditions que M. de Galifet seroit reçû pour Commandant. Le Couvent de Notre-Dame de la Poupe, & les Fortifications, qu'on y avoit faites, ne couterent aux Flibustiers que le Voyage ; mais ils trouverent tout cet endroit-là abandonné, & entierement dégarni, de sorte qu'ils n'y firent aucun butin.

Le 18. M. de Pointis étant assuré d'être soutenu par les Vaisseaux, qui étoient entrés dans le Lagon, se mit en marche à la pointe du jour avec la meilleure partie des Troupes, ausquelles il avoit fait prendre des vivres pour deux jours, & arriva sur le midi à un vieux Château ruiné, éloigné d'une demie lieuë de Sainte Croix. Le Vicomte de Coëtlogon, qui étoit de jour, prit ensuite les devants avec une partie des Grenadiers, afin d'aller choisir un campement commode, & le plus près qu'il se pourroit du Fort, que le Vermandois eut ordre de canonner. Le General, après avoir un peu rafraîchi ses Troupes, le suivit de près, & il n'avoit pas encore fait beaucoup de chemin, lorsque des Officiers envoyés par M. de Coëtlogon, lui vinrent donner avis que le Fort étoit évacué, le Canon emporté, & le logement brûlé. C'étoit pourtant une très-bonne place : elle étoit moins grande & moins réguliere que Boucachique ; mais elle avoit de bons fossés, un chemin couvert, & un glacis en bon état ; elle étoit inaccessible du côté de la Terre, à cause des Marais, & des Bois nouvellement coupés, qui pendant plus d'une lieuë, en rendoient les approches impraticables. D'ailleurs, son Canon auroit pû empêcher les Vaisseaux d'avancer assés vers la Ville, pour la canonner. Mais le Gouverneur de Carthagene ne vouloit pas courir les risques de perdre encore cette Garnison, & il ne pût se persuader que Sainte Croix pût tenir long-têms devant des gens, qui avoient pris Boucachique en se joüant.

Comme il étoit de bonne heure, quand M. de Pointis eut rejoint M. de Coëtlogon, il voulut profiter de ce qui restoit de jour, pour considerer Carthagene de ce côté-là, & il s'en approcha de fort près, accompagné de MM. de Levi & de Sorel. Il observa qu'entre la Mer & les Marais, il n'y avoit qu'une crête de Sable d'environ 20. toises, sur laquelle battoient trois Bastions, & si basse, qu'apparemment on n'y creuseroit pas deux pieds, sans trouver l'eaul. Les Remparts étoient remplis de personnes de toutes conditions, qui regardoient le Camp des François, lequel s'étendoit depuis Sainte Croix,

1697.
Le Fort de Sainte Croix abandonné.

1697.

jufqu'à l'endroit, où étoit le General, & leur contenance paroiſſoit fort aſſûrée; ce qui n'empêcha pas M. de Pointis d'envoyer ſommer le Gouverneur D. Diegue de Los Rios, lequel répondit, que ſi on l'attaquoit bien, il ſe défendroit encore mieux. La nuit approchant, le General, qui n'avoit pas bien pû voir diſtinctement le pied du Rempart, & qui vouloit ſçavoir s'il y avoit un Foſſé, donna ordre à M. de Bremes de l'aller reconnoître : de Bremes y alla, & rapporta que l'eau du Marais baignoit preſque partout le pied des murailles, qu'il regnoit ſeulement autour d'une partie du plus gros Baſtion, appellé de Saint Domingue, une liſiere de Sable, & que de l'autre côté, ce Baſtion avoit le pied dans l'eau. Sur cet avis, il fut jugé, qu'il y auroit de la folie à vouloir attaquer la Ville de ce côté-là, & qu'il falloit paſſer l'eau pour former le Siege de Hihimani. Le ſieur de Paty fut envoyé avec les Negres, qu'il commandoit, pour chercher un lieu propre au débarquement, & comme il eût rapporté qu'il en avoit trouvé deux, MM. de Pointis, de Levi & de Sorel, traverſerent ſur l'heure avec les Grenadiers, & le Bataillon de la Cheſneau, conduits par des Priſonniers, que Paty avoit faits, & qui les menerent fort bien. Ils débarquerent vis-à-vis la hauteur, ſur laquelle étoit bâti le Fort de Saint Lazare, & ils y rencontrerent M. de Galifet, qui, aprés avoir laiſſé à Notre-Dame de la Poupe un détachement pour garder ce poſte, s'étoit avancé pour attaquer Saint Lazare; mais ſa Troupe, avec laquelle il n'étoit pas bien réconcilié, n'avoit pas voulu donner. MM. de Coëtlogon, la Motte Michel, & la Motte d'Herant paſſerent enſuite avec les Troupes, n'ayant laiſſé que 20. Hommes avec un Sergent dans Sainte Croix, & le Bataillon de Bremes entre ce Fort & la Ville, pour obſerver les mouvemens des Ennemis.

Priſe du Fort de S. Lazare.

Tandis que les troupes paſſoient, le Général s'étant mis à la tête des Grenadiers, marcha au Fort Saint Lazare, & à l'entrée de la nuit il arriva dans un Village abandonné au pied de la montagne, ſur laquelle ce Fort eſt bâti. Il eut encore le têms de bien examiner toutes choſes de cet endroit

droit là, & puis il alla camper entre le Fort & N. D. de la Poupe, dans un autre Village, où les troupes le joignirent pendant la nuit. Le matin du 20. M. Dubuisson eut ordre d'entrer dans la petite rade avec quatre Vaisseaux, pour canonner les deux Villes & soûtenir la Galiotte, & les deux Traversiers, qui devoient les bombarder ; mais il trouva les vents si contraires, & la passe si étroite, qu'il entra seul avec le Vermandois qu'il montoit. Le Saint Loüis entra le lendemain, & ce jour-là un Traversier & la Galiotte commencerent à bombarder. L'autre Traversier coula à fond en allant prendre son poste ; on le releva le 22., & on plaça son mortier à terre. Pour revenir à l'attaque de Saint Lazare, vingt Flibustiers furent postés le 20. sur la croupe d'une montagne, qui commandoit ce Fort, & cela pour favoriser les travailleurs, qui commencerent à ouvrir un chemin dans le bois, afin de gagner une autre montagne, sur la droite à demi-portée de fusil du Fort, & d'y placer un mortier. Ces travailleurs étoient soûtenus par des Grenadiers, & à mesure que le chemin s'ouvroit, on y faisoit défiler les Troupes. Sur les deux heures on arriva sur un terrein découvert, qui est au pied de la montagne, sur laquelle étoit bâti S. Lazare, & on y fit avancer les Troupes, qui y marcherent tambours battant. On tira de là deux chemins dans le bois, pour embrasser la montagne, & le Fort ; M. de Pointis ayant pris celui de la gauche, & M. de Levi celui de la droite, ils marcherent jusqu'à mi-Côte sans être vûs ; mais ensuite on les découvrit, & l'on tira sur eux avec succès. A ce feu ils opposerent celui des Grenadiers, & celui des Flibustiers, qui étoit toûjours très-vifs. Enfin MM. de Pointis & de Levi arriverent au pied des murailles, & furent bien-tôt suivis de toutes les Troupes ; ce qui étonna si fort la Garnison, qu'elle abandonna la place, & se retira dans Hihimani. Saint Lazare n'étoit considerable, que par sa situation, & n'avoit que six Canons montés, qui furent d'abord pointés contre la basse Ville, par M. de Mornay, qui avoit eu ordre d'entrer dans la Place avec cent Flibustiers.

1697.
Attaque de Hihimani.

Dès qu'ils y furent, le Canon de Hihimani commença de faire un feu si terrible sur le Fort & sur les Troupes, qu'il fallut se mettre à couvert derriere la montagne. Les François eurent dans cette attaque 60. Hommes tués ou blessés, M. de Vezins fut du nombre des premiers, MM. Simonnet & de Vaujour de celui des seconds. Le 21. on ne fit rien du côté de terre : le 22. le mortier du Traversier, qui avoit coulé à fond, étant en état, on commença à battre un ouvrage, qui étoit au milieu du Pont de Hihimani à la grande terre. Le feu de cette Place étoit toûjours très-grand, & M. de Pointis fut blessé au haut de la poitrine, ce qui l'obligea de garder le lit pendant plusieurs jours, & de laisser le commandement à M. de Levi. Il étoit deux heures après midi, lorsque la batterie, dont je viens de parler, commença de tirer, & des six premieres bombes, deux tomberent dans l'ouvrage, où elles firent un tel effet, que les Ennemis l'abandonnerent. Le 23. on travailla à une batterie de deux Canons, qui ne purent tirer que le 24. Les Ennemis y répondirent, & il y eut tant de gens blessés, qu'on fut contraint d'abandonner cette batterie. Le 25. on en dressa deux autres sur la droite & sur la gauche de Saint Lazare, & par l'extrême diligence de MM. de Levi & de Coëtlogon, elles commencerent à tirer le 26. sur les neuf heures du matin. Le même jour on en fit une troisiéme, pour battre en breche, & elle commença à tirer le 27. sur la porte de Hihimani. La nuit suivante la tranchée fut ouverte à la porte de la Chapelle du Village, dont nous avons parlé, & elle fut poussée jusqu'au pont. La nuit du 29. au 30. on travailla à une quatriéme batterie à la tête de la tranchée, pour raser deux flancs, qui défendoient le pont, & l'on y travailla avec d'autant plus de facilité, que le feu des Ennemis étoit fort ralenti.

On prend un Bateau venu de Portobelo.

L'occupation du plus grand nombre des Flibustiers pendant toutes ces attaques, fut de faire feu de leurs Boucaniers sur les batteries des Assiegés, d'aller en parti pour faire des Prisonniers, de ravager le pays, & sur-tout d'écarter les secours, qu'on cherchoit à introduire dans la Ville; commissions dont ils s'acquitterent parfaitement. Faute de chevaux & d'autres bêtes de charge, on employoit les Negres & les Matelots, que les gens de la Côte appelloient les Negres Blancs, à traîner les Canons & les Mortiers, à porter les boulets, & à dresser les batteries. Sur ces entrefaites une Barque dépéchée de Portobelo par le Général des Gallions au Gouverneur de Carthagene, entra sans se défier de rien à Boucachique, & fut arrêtée par les Frégates le Marin & l'Avenant, qu'on y avoit laissées. On y trouva des lettres en réponse aux avis, que le Gouverneur avoit donnés de l'approche des François, & elles entroient dans un fort grand détail des précautions qu'on prenoit, pour mettre les Gallions & leur charge en sûreté. Elles marquoient en particulier qu'une partie de l'argent avoit déja été débarquée dans les Châteaux, & qu'on avoit différé la résolution de faire tout reporter à Panama, jusqu'à ce qu'on fût plus instruit du dessein des François, dont le Général desiroit fort d'être éclairci au plûtôt.

Le 30. M. Ducasse monta la garde à la tranchée avec M. de Marolles 150. Hommes du Bataillon, que commandoit ce dernier, la Compagnie des Grenadiers de Montrosier, 100. Flibustiers & quelques Negres. Sur les dix heures un de ces Negres, qui étoit natif de Carthagene, s'avança jusqu'au pied de la bréche, ayant à la main un Drapeau parlementaire. On vint à lui, & on lui demanda, s'il étoit chargé de quelque proposition; il répondit qu'il étoit venu sçavoir des nouvelles de ses parens, & que s'il avoit un conseil à donner à ses Compatriotes, c'étoit de n'attendre pas qu'on vînt les forcer; qu'ils avoient à faire à des gens, ausquels rien ne résistoit, & qui ne feroient quartier à personne, si on les laissoit monter sur la bréche. Ce pour-parler fit cesser pendant quelque tems les batteries; M. Ducasse s'approcha avec quelques Officiers, le Commandant Espagnol parut, & on lui répeta ce que le Negre venoit de dire. Il demanda deux heures de suspension d'armes, pour conferer avec le

1697.

Hihimani pris d'assault.

Gouverneur, & on lui offrit de ne point tirer pendant une demie heure, après quoi on l'avertit qu'on n'écouteroit plus rien. Cependant M. Ducasse profita de l'occasion, pour observer la bréche de fort près, & il la trouva praticable. Il en alla aussi-tôt faire son rapport à M. de Pointis, & lui conseilla de faire donner sur le champ l'assaut, qui avoit été résolu pour le lendemain. M. de Pointis y consentit, & les Troupes furent commandées dans cet ordre.

Après celles de la tranchée, marchoient 200. Grenadiers, les Bataillons de la Chesneau les suivoit, puis celui de Pimont avec les pelles & les outils. 150. Hommes de Marolles, le Bataillon de Bresme, celui de Simonnet, les Flibustiers, les Habitans de la Côte & les Negres. Sur les quatre heures M. de Pointis se fit porter dans la batterie Royale, & dès qu'il y fut, il envoya ordre de donner. MM. Ducasse, de Marolles, de Montrosier & du Rollon, sortirent aussi-tôt à la tête des Grenadiers de la tranchée, M. Ducasse ayant encore avec lui 30. Volontaires, qui ne le quittoient point & se distinguerent fort dans toutes les rencontres. MM. de Levi, de Coëtlogon, & de Sorel les suivirent avec un gros d'Officiers ; les Flibustiers commandés par Macari, & soûtenus du Bataillon de la Chesneau marchoient après, mais voyant les troupes suivre les detours des boyaux & des chemins couverts ; ils couperent tout droit, & forcerent un passage, avant que les Grenadiers fussent arrivés. M. Ducasse & le Sr. le Page s'étoient mis à leur tête & le premier arbora sur le Rampart le Pavillon de France. Cependant les Bastions de la Place, qui depuis deux jours ne tiroient presque plus, firent un très-grand feu, ce qui n'empêcha pas les Troupes de sortir à l'exemple des Flibustiers par-dessus la tranchée, & de marcher à découvert l'espace de plus de 150. toises jusqu'au pied de la bréche. Les deux Marolles, Montrosier & du Rollon devancerent les Grenadiers de 20. pas, mais ils furent arrêtés vers le milieu de la brêche, & tous quatre blessés. MM. de Levi & de Sorel, & plusieurs Officiers arriverent dans le moment avec quelques Grenadiers, firent abandonner la brêche aux Ennemis, & se rendirent maîtres de la plate-forme de dessus la porte.

1697.

On songea ensuite à déloger les Ennemis postés dans deux flancs, qui battoient le pied de la bresche, d'où ils incommodoient fort les Troupes, & on en vint à bout à coups de fusils & de grenades. Ceux des nôtres, qui étoient montés sur la plate-forme, voulurent descendre alors, mais étant à la moitié des rampes, ils furent attaqués par des gens retranchés sous la voute. Le combat y fut assés vif, mais au bout d'un quart d'heure les Espagnols furent forcés, & presque tous passés au fil de l'épée. Le Commandant de Hihimani s'y étoit fait porter dans un fauteüil, & donna ses ordres avec une grande présence d'esprit; enfin voyant tout desesperé, il se nomma; & on le fit Prisonnier. Ce passage étant libre, les Troupes prirent à droite & à gauche, le long d'une grande ruë, qui aboutit à la porte de Carthagene, menant toûjours les Ennemis battant. Ceux-ci, quand ils furent à la vûë de cette porte, firent ferme, mais on les repoussa jusqu'au Pont, qui joint les deux Villes, & la porte ayant été fermée, une partie des Espagnols resta dehors. Ils revinrent alors à la charge, & firent reculer quelques-uns des nôtres, qui les avoient suivis de plus près, mais qui ayant rejoint le gros, les repousserent à leur tour. On ne douta point ensuite qu'ils ne fussent rentrés dans la Ville, parce que la nuit avoit empêché de voir que la porte étoit fermée. Ainsi on ne songea plus qu'à se retrancher à la tête des ruës, en attendant le jour.

Comme on étoit occupé à ce travail, ceux des Ennemis, qui étoient restés dans Hihimani, tenterent une seconde charge, mais on tira sur eux, & ils s'enfuirent vers la porte de la Ville, qu'on leur ouvrit, puis on récommença à faire grand feu sur nos rétranchemens. Nous eûmes ce jour-là 250. Hommes de tués ou blessés: à la derniere charge des Ennemis le Vicomte de Coëtlogon reçut dans l'épaule une blessure, qui d'abord ne parut pas dangereuse, & dont il mourut pourtant peu de têms après. Le Chevalier de Ma-

Perte des Assiegeans.

T t iij

rolles, & le Chevalier du Rollon eurent une cuisse cassée, on les leur coupa, & on ne les sauva point. Le Chevalier de Pointis neveu du Général eut le genoux fracassé & en mourut aussi. M. Ducasse, qui avoit paru le premier au haut de la bresche le sabre à la main avec ses Volontaires, & quantité de Flibustiers, fut blessé en trois endroits, & dit qu'il ne se soucioit pas de mourir après cette action. Les autres blessés furent MM. de Sorel, de Foüilleuse, de Forille, de Marigni, Hoüillon, de Francine, de Montrosier, de Boucy, de Saint Julien, de Vaujours, de Vignancourt, de Goyon, de Moussac & de la Garde. Mais la perte fut incomparablement plus grande de la part des Ennemis, il y en eut d'un seul article 200. qui s'étant refugiés dans une Eglise, y furent tous passés au fil de l'épée.

La Ville haute bat la chamade.

Le lendemain premier de May & le jour suivant on travailla à faire des batteries & à monter des Canons sur les bastions d'Hihimani pour battre la Ville, qu'on bombardoit aussi toûjours par Mer & par Terre. Le troisiéme les Assiegeants faisant grand feu de leurs Canons, M. Dubuisson de Varennes mit en travers le Vermandois & le Sceptre pour y répondre, ce qui lui réüssit de telle sorte, que le Gouverneur sans attendre l'effet des batteries, dont nous avons parlé, fit arborer plusieurs Pavillons blancs & battre la chamade. Il envoya ensuite des Députés à M. de Pointis, pour lui demander ce qu'il souhaitoit, le Général répondit qu'il vouloit la Ville & tout ce qui étoit dedans ; qu'on commençât par lui donner des Otages, & que pour lui il ne donneroit que sa parole : on ajoûte que les Députés ayant voulu parler de capitulation, il leur dit que les conquerants ne capituloient point. Le même jour on eut avis qu'il devoit arriver incessamment un secours de 11000. Hommes, lesquels devoient entrer la nuit par le Fort de Sainte Catherine, à la faveur d'une attaque, qu'ils féroient au Camp. Aussitôt M. Ducasse fut posté avec 800. Hommes vers le Bastion Sainte Catherine, & M. Dubuisson avec 500. vers le Bastion Royal ; le reste des troupes resta toute la nuit sous les ar-

DE S. DOMINGUE, LIV. XI. 335

1697.

mes, & le lendemain on fçut que le fecours, ayant appris la perte de Hihimani, s'en étoit retourné. M. de Pointis ne parle que de 500. Flibuftiers commandés par M. Ducaffe, & d'un Bataillon de 300. Hommes, qui alla attendre l'Ennemi dans des défilés, où il falloit qu'il paffât. Le Général ajoûte que le lendemain il envoya M. de Galifet avec une moindre troupe pour repouffer les Ennemis, s'ils paroiffoient, mais qu'ils ne parurent point.

Le troifiéme de Mai M. de Pointis, qui avoit pris le parti d'en ufer poliment avec le Gouverneur de Carthagene, figna enfin une capitulation, dont voici les principaux articles. 1°. Qu'il fortiroit par la brêche avec tous ceux, qui portoient les armes, tambours battant, & quatre pieces de Canon. 2°. Que les thréfors du Roy Catholique & autres effets appartenants à ce Prince, feroient remis au Général par ceux, qui les auroient entre les mains, avec leurs Livres de verification. Que les Marchands lui apporteroient auffi les leurs, & lui mettroient en main tout l'argent & les effets, dont ils étoient chargés pour leurs Correfpondants. 3° Qu'il feroit fait une fomme pour le voyage de ceux, qui prendroient le parti de s'en aller, & qu'on leur laifferoit un nombre d'Efclaves néceffaires pour le fervice d'un chacun, fuivant fon état & fa qualité. 4°. Que les Habitans feroient tenus fous peine de confifcation entiere, de declarer tout l'or, l'argent & les pierreries qu'ils avoient, & qu'on leur en laifferoit la moitié. 5°. Qu'il ne feroit point touché aux Eglifes, ni aux Convents. 6°. Qu'il feroit libre à un chacun de fe retirer où bon lui fembleroit, en abandonnant tous fes biens, qui feroient confifqués. 7°. Que ceux, qui voudroient demeurer, feroient maintenus, à l'argent près, dans leurs poffeffions, comme les autres fujets du Roy.

Articles de la Capitulation.

Sur ce qui avoit été reglé que chacun emporteroit une certaine fomme d'argent pour fe conduire, & cela fous condition d'être foüillé, le Gouverneur envoya prier le Général d'accorder aux principaux Officiers, & à quelques autres perfonnes de confideration le double de ce dont on étoit con-

M. de Pointis prend poffeffion de Carthagene.

venu. Cela montoit à 2000. écus par tête ; mais comme on ne demandoit pas cette grace pour un grand nombre de personnes, elle fut accordée. Le Général prît ensuite ses précautions, pour empêcher que ceux, qui vouloient se retirer, ne le fissent pas, sans avoir declaré ce qu'ils avoient d'argent; & le sixiéme, le Comte de Los Rios, suivi de ce qui passoit pour sa Garnison au nombre de 2800. Hommes sous les armes, sortit au milieu de deux files, formées de tout ce qu'on avoit pû rassembler de soldats, de Flibustiers, d'Habitans & de Matelots. Il étoit à cheval, aussi-bien que le Général, il le salua de l'épée, & après quelques paroles de civilité, il continua son chemin avec le Drapeau de la Ville & deux pieces de Canon, n'ayant pû emporter les deux autres, faute d'Equipage. On foüilla très-exactement les premiers, mais comme cela retardoit beaucoup, & ne produisoit pas grand'chose, le Général fit cesser, pour ne se pas mettre dans la nuit avec cet embarras. Il descendit ensuite de cheval, qu'il ne pouvoit plus soûtenir à cause de sa blessure, & s'étant fait mettre dans un fauteüil il entra dans la Ville précedé du Bataillon des Grenadiers, & environné de tous les Gardes de la Marine. Il alla d'abord à la Cathedrale, où il fit chanter le *Te Deum*; puis il fit publier qu'il donneroit le dixiéme à ceux, qui apporteroient de bonne foi leur argent, & à ceux, qui dénonceroient les particuliers, lesquels ne se declareroient pas. Il fit ensuite appeller les superieurs des Maisons Religieuses, & leur dit que la conservation, qui leur avoit été promise, consistoit à n'être point endommagés en tout ce qui n'étoit point argent, qu'il s'étoit reservé en termes formels, sans quoi il n'auroit dépendu que d'eux, de ramasser dans leurs maisons toutes les richesses de la Ville.

Butin fait à Carthagene.

Ces Declarations eurent une partie de leur effet. Pendant plusieurs jours on ne pouvoit fournir à recevoir & à peser les Especes. Toutefois M. de Pointis assûre que comme on avoit été averti de bonne heure par trois avis consécutifs du Roi d'Espagne, bien des gens avoient démenagé à la premiere allarme

allarme, que toutes les femmes de quelque considération étoient sorties avec toutes leurs pierreries, les Religieuses & 120. mulets chargés d'or, & s'étoient retirés à 40. lieuës de là: de sorte que, quand on n'eût pas manqué la premiere descente tentée pour se saisir de N. D. de la Poupe, on seroit toûjours venu trop tard. Il ajoûte que l'honneur, qu'on venoit d'acquerir aux Armes du Roi, & huit ou neuf millions, que les Espagnols leur avoient gardés, le consolerent un peu de cette perte. Mais il ne dit pas que ces millions étoient des millions d'écus. Bien des gens ont même asûré que le butin avoit été de quarante millions de livres. Suivant le compte de M. Ducasse, il fut de plus de vingt millions sans les marchandises de prix, lesquelles furent détournées avec cinq ou six millions en or ou en argent. Un autre Mémoire ajoûte qu'il ne fut permis à aucun soldat d'entrer dans une seule maison, qu'elle n'eût été bien visitée par les Officiers, dont les principaux avoient, avant que de partir, chacun d'eux cens mille écus, sans ce qui devoit leur revenir sur l'armement. Quant à l'honneur, que les François s'étoient acquis par leur bravoure, il faut convenir qu'ils le perdirent bientôt par les crimes les plus odieux, & les excès les plus criants. La Capitulation violée, les Eglises profanées, leur argenterie enlevée, les Chasses des Saints brisées, les Vierges dépoüillées jusques sur les Autels, la gêne donnée aux Religieux, grand nombre de malades, qu'on disoit n'en pouvoir pas revenir, & qu'on craignoit, qui ne communiquassent leur mal aux autres, abandonnés sans aucun secours dans l'Hôpital, où ils ont peri de rage & de desespoir : (les Flibustiers qui retournerent à Carthagene, comme nous le verrons bientôt, ayant raporté qu'ils en avoient trouvé un, qui respiroit encore, & qui s'étoit mangé le bras, & que d'autres s'étoient mangé les cuisses) : tout cela a sans doute fait souhaiter à ceux, qui sont zélés pour la veritable gloire de la Nation, qu'une Conquête si vantée pût être oubliée. On sçait le chagrin, que causa au Roi le peu qu'on lui avoit appris de ces scandales, & la religieuse générosité, avec laquelle il arma

1697.

Tome II. V u

un Vaisseau exprès pour reporter à Carthagene l'argenterie & les autres choses sacrées, dont on avoit dépoüillé les Eglises.

Conduite de M. de Pointis. Il est vrai qu'on ne se porta point si-tôt à ces excès. M. de Pointis avoit même fait publier des ordres très severes; & il fit casser la tête à son premier Charpentier, qui étoit entré dans une maison malgré ses défenses, & y avoit volé quelque chose. Il n'étoit pas tout à-fait autant maître des Flibustiers, & comme il étoit bien resolu de ne point tenir la parole, qu'il leur avoit donnée, il songea d'abord aux moyens de les empêcher d'entrer dans la Ville. Quelques Mémoires disent qu'ayant fait courir le bruit qu'une Armée de 10000. Indiens approchoit, il proposa aux gens de la Côte d'aller au-devant d'eux. Ils donnerent, dit-on, dans le piege, & tandis qu'ils couroient après un Ennemi chimerique, le General mit à quartier tout ce qu'il jugea à propos. Au bout de quelques jours nos Braves revinrent, & dès qu'ils parurent, le General leur envoya dire qu'il avoit trouvé très peu de richesses dans Carthagene, & qui ne leur conseilloit pas d'y entrer, de peur de quelque émeute. Ils reçurent ce message avec les juremens & les imprécations, qu'on peut imaginer, & après avoir jetté leur premier feu, ils voulurent aller s'éclaircir eux-mêmes de ce qui se passoit dans la Ville. Ils en trouverent les portes fermées & gardées par les Troupes du Roi; & peu s'en fallut, ajoûte-t'on, que sur l'heure ils ne se missent en devoir d'y donner l'assaut: mais M. de Pointis leur envoya dire que son dessein n'avoit jamais été de leur interdir l'entrée de Carthagene, qu'il souhaitoit seulement qu'ils n'y entrassent pas si-tôt, ni tous à la fois, de peur d'effaroucher les Habitans, qui redoutoient extrêmement leur présence, & qui ayant traitté avec beaucoup de franchise, meritoient bien qu'on eût quelques ménagemens pour eux. M. Ducasse ne dit rien de tout ceci, sinon que les gens de la Côte n'eurent pas la liberté d'entrer dans Carthagene pendant tout le tems, qui fut employé à compter l'or, l'argent & les pierreries.

Conduite de On peut bien croire que quand ils y furent une fois, ils ne

s'y comportérent pas avec plus de moderation que les autres.
Ils vérifierent effectivement bientôt les apprehensions des
Habitans, lesquels pour se garantir des avanies, qu'ils en recevoient, s'aviserent d'un stratagême, qui réüssit d'abord à
quelques-uns; ce fut de prendre des Flibustiers même pour
garder leurs maisons, & ils crurent les y engager en les
payant bien. Il y en eut veritablement, qui furent fideles,
mais ce ne fut pas le plus grand nombre. L'exemple même
de ceux, qui ne le furent pas, corrompit bientôt les autres, &
il fallut enfin renoncer à ces gardiens devenus les premiers &
les plus dangereux voleurs. M. de Pointis, à qui les Interessés alloient faire leurs plaintes, les écoutoit toûjours avec
bonté, & demandoit qu'on lui fît connoître les coupables,
pour les punir, & faire restituer ce qu'ils avoient pris,
mais c'étoit la difficulté; celui, qui venoit de faire le coup,
étoit un moment après à l'Hôpital, où il faisoit semblant de
trembler la fievre; ou bien il se déguisoit de telle sorte, qu'on
ne pouvoit le reconnoître. Leurs Officiers gardoient un peu
plus les bienséances: au fond ils pilloient comme les autres.

1697.

Ceux-ci avec les Habitans de Carthagene.

Cependant, dès que Carthagene fut rendu, M. de Pointis
declara qu'il avoit ordre de le garder, & en nomma M.
Ducasse Gouverneur. Celui-ci voulut commencer l'exercice de son nouvel emploi par entrer en connoissance de l'argent, qu'on apportoit; ce n'étoit pas l'intention du General,
qui fit une querelle d'Allemand au nouveau Gouverneur sur
quelques permissions, qu'il avoit données; il y eut même
sur cela des paroles fort vives entre ces deux Officiers; Pointis le prenant toûjours sur un ton fort haut, & Ducasse n'é-
tant pas toûjours en humeur de tout souffrir. Enfin ce dernier
se retira à Hihimani, & ne voulut plus se mêler de rien.
Quelques jours après il envoya le Sieur le Page redemander
à M. de Pointis les hommes, qu'il avoit tirés de S. Domingue,
& lui declarer, en cas de refus, qu'il le rendroit responsable du
tort, que la Colonie souffriroit d'une plus longue privation
de toutes ses forces.

Ce qui se pas-
se entre MM.
de Pointis &
Ducasse, après
la prise de
Carthagene.

Dans le fond, ce n'étoit pas le seul dépit, qui faisoit agir en

Mauvais trai-

V u ij

1697.
tremens faits aux gens de la Côte.

cela M. Ducasse; il mouroit un grand nombre d'Habitans & de Flibustiers, & ce n'étoit pas uniquement le mauvais air, qui causoit cette mortalité; les traitemens, qu'on leur faisoit, & le peu de secours, qu'ils recevoient dans leurs maladies, y contribuoient beaucoup. On les laissoit mourir de faim, plusieurs passoient des deux & trois jours sans rien prendre, & tous étoient obligés de manger les Chiens, les Chats & les Chevaux, quoique M. de Pointis se fût engagé à leur fournir des vivres, & qu'on eût compté sur cela. Lorsqu'on s'en plaignoit à lui, ou à ses Officiers, ils répondoient froidement que ces gens là étoient accoûtumés à ces fortes de mets. Il est vrai que les Troupes du Roi n'étoient gueres mieux traitées, & il se passa sur cela des choses, qui firent beaucoup crier. Quoiqu'il en soit, le General répondit au Sieur le Page, qu'encore qu'il sentît le besoin de ceux, qu'on lui redemandoit, il consentoit que M. Ducasse les retirât, pourvû qu'il lui laissât un quart des Flibustiers, & une partie des Negres. Il eût même apparemment été bien aise que le Gouverneur de S. Domingue eût pris sur le champ ce parti, mais M. Ducasse n'avoit garde de quitter Carthagene, avant qu'on eût satisfait ses gens sur ce qui leur devoit revenir du butin.

Il renvoya donc à M. de Pointis MM. de Galifet & le Page, pour lui représenter qu'il étoit juste que quelqu'un de la Colonie fût présent à la recette de l'argent, afin de calmer les inquiétudes de tant de braves gens, qui y avoient un interêt si considerable. Le General répondit que la chose lui étoit en elle-même assez indifferente, mais qu'elle étoit contre sa dignité. Le Gouverneur comprit ce que cela vouloit dire, d'autant plus que pendant quinze jours, les portes & les principaux postes de la Ville avoient été gardés par les Troupes du Roy, & qu'à la réserve d'une Compagnie des gens de la Côte, qui occupoient un poste fixe, tous les autres, comme je l'ai déja dit, étoient retenus dehors. Toutefois pendant ces pour-parlers, il s'étoit fait entre M. de Pointis & M. Ducasse une espece de réconciliation par l'entremise de

MM. de Sorel, de la Motte d'Herant, de Galifet, & de quelques autres Officiers : ces deux Messieurs s'étoient vûs, mais le dernier continuoit à ne se mêler de rien, que des affaires les plus communes, dans lesquelles il y auroit eu de l'affectation à ne vouloir pas entrer. Enfin l'or, l'argent & les pierreries ayant été mis en caisses, le Général avertit le Sr. le Page que tous les Flibustiers pouvoient entrer, s'ils vouloient, dans la Ville. On vendit ensuite à l'encan tout ce qui se trouva de meilleur dans les magasins, & le Général en fit pareillement mettre le prix en caisse. Alors M. Ducasse lui envoya de nouveau MM. de Galifet & le Page pour l'avertir que les Avanturiers murmuroient beaucoup de ce qu'on ne parloit point de partager le Butin, avant que de l'embarquer. Il répondit que ses intentions étoient fort droites, & que quand il auroit le compte du total, il feroit le partage d'une maniere, dont on seroit content. Il parla sur cela à ces Messieurs d'un ton si assûré, qu'il les persuada, & qu'ils ne craignirent point d'engager leur parole, & celle de M. Ducasse en garantie de la sienne auprès des interessés, qu'ils vinrent par là à bout de calmer.

Ce ne fut pas pour long-tems ; dès-le lendemain les Gens de la Côte voyant qu'on embarquoit toutes les caisses, s'échaufferent de nouveau, résolurent d'empêcher qu'on ne continuât cet embarquement, & parurent déterminés à forcer le Général à faire le partage. M. Ducasse, qui en fut averti, les alla trouver, les conjura de ne se point départir du respect, qu'ils devoient au Roy & à ses Officiers, & il ajoûta que s'ils vouloient absolument en venir à quelque violence, ils commençassent par lui ôter la vie, afin qu'il n'eût pas la douleur d'être le témoin de leur desobéïssance. Il leur engagea de nouveau sa parole qu'ils seroient satisfaits, & il vint encore une fois à bout de les contenir. M. de Pointis rapporte dans son Journal qu'à la premiere proposition, qui lui fut faite par M. de Galifet, d'admettre quelqu'un de la Colonie à tout ce qui se passoit dans la Contadorie, où se faisoit la recette, il lui dit que s'il lui arrivoit jamais de se

1697.

charger d'une pareille commission, il le mettroit en état de s'en repentir, néanmoins que pour ne point irriter des gens, dont il pouvoit avoir besoin pour lui aider à ramener en France les Vaisseaux du Roy, il récompensa les blessés & les estropiés, fit des gratifications considerables aux Capitaines, & à quelques Particuliers, qui s'étoient distingués, & crut que par le bien excessif, qu'il avoit fait à M. Ducasse & à ses Officiers, il les avoit réduits à ne plus rien desirer; mais que leurs prétentions allant beaucoup plus loin, il ne songea plus qu'à se tirer d'affaire par la fierté & la diligence.

On prend le parti de ne garder ni Carthagene ni Boucachique.

Ce qui faisoit craindre à ce Général de se trouver dans la nécessité d'avoir recours aux gens de la Côte pour son retour en France, c'est que s'étant rencontré à Carthagene dans une saison d'intemperie, laquelle ne manque jamais dans cette partie de la Côte des Indes, il étoit à peine maître de la Ville & des Forts, que l'air parut empoisonné, & qu'en six jours 800. personnes furent attaquées de maladies violentes, dont plusieurs moururent. C'est un inconvenient, auquel les Espagnols même n'ont point encore pû parer, & plus d'une fois les Galions ont été dégradés dans ce Port faute d'Equipages, pour les conduire en Espagne. Or les moins sujets aux maladies, qui couroient dans ce têms-là, étoient les gens de la Côte, plus accoutumés à l'air du pays : ainsi pour peu que la mortalité augmentât, M. de Pointis couroit risque de se voir à leur merci. L'apprehension qu'il en eut l'engagea à précipiter son départ, & d'abord il ne fut plus question de garder Carthagene, mais il fâchoit beaucoup à tout le monde d'abandonner Boucachique. On proposa d'y laisser les Troupes entretenuës dans l'Isle de Saint Domingue, avec 100. Negres, qu'on affranchiroit, 100. Flibustiers sur deux Frégates, deux Compagnies des Troupes de M. de Pointis de 50. Hommes chacune, y compris 15. Canonniers, & les autres Ouvriers nécessaires, & des vivres pour huit mois.

Cette proposition fut agréée, & M. de Galifet, qui s'étant fort distingué dans toutes les actions du siége, étoit alors assés bien avec les Avanturiers, fut declaré Gouverneur de Boucachique. Rien n'étoit plus du goût de cet Officier, qu'une pareille commiſſion, & il aſſûra même à M. de Pointis que, s'il vouloit lui donner 100. Hommes de plus, il garderoit Carthagene dans ſon entier. Le Général répondit que, s'il pouvoit perſuader à M. Ducaſſe de lui accorder ce renfort, il y conſentiroit volontiers, qu'il laiſſeroit même en ce cas l'artillerie dans la Ville & dans les Forts, mais que vû l'état, où les maladies avoient reduit ſes Equipages, il ne pouvoit pas lui laiſſer un homme de plus. Quelque-têms après il courut un bruit que l'on ne garderoit rien du tout, & M. de Galifet demanda au Général, s'il y avoit quelque choſe de changé dans ce qui avoit été réſolu. M. de Pointis répondit que non, à moins que ce ne fût de la part de M. Ducaſſe, qui en répondroit. Il demanda enſuite à ſon tour à M. de Galifet, ſi, la mortalité l'empêchant de lui laiſſer aucun homme de ſes propres Troupes, il ne garderoit pas bien Boucachique avec les ſeules forces deſtinées à reſter ſous ſes ordres par M. Ducaſſe. » Je le garderai avec 200. Hommes » répartit Galifet, & d'ailleurs je ſuis caution pour M. Du- » caſſe, qu'il exécutera fidellement tout ce qu'il a promis ; » pourvû qu'on tienne auſſi parole aux gens de la Côte, tou- » chant le partage. Car ſans cela, ni lui, ni moi ne pou- » vons répondre de rien. M. de Pointis ne répliqua point, mais dès le lendemain il fit mettre de la poudre dans les voutes des fortifications de Boucachique pour les faire ſauter, & cela ſans en avoir parlé, ni à M. Ducaſſe, ni à M. de Galifet, ſinon qu'il propoſa au premier de faire enlever par ſes gens les Canons de fonte, qui étoient ſur les Remparts. M. Ducaſſe communiqua cette propoſition aux Avanturiers, qui répondirent que, quand ils auroient leur portion du butin, ils feroient non-ſeulement ce travail, mais encore tout autre qu'on deſireroit d'eux. Le Général prit cette réponſe pour un refus, commanda un Bataillon de ſes Troupes, & le Canon fut tranſporté.

Le 25. de May une partie des Baſtions étant déja renver-

1697.
tis s'embarque & trompe les gens de la Côte.

sée, on mit le feu aux mines, & tout le reste sauta. Les Troupes furent aussi-tôt embarquées, & M. de Pointis s'embarqua lui-même, sans en avoir rien dit à M. Ducasse, qu'il venoit de quitter. Il mit aussi-tôt à la voile pour se rendre à la Passe, où une partie de ses Vaisseaux étoit mouillée. M. Ducasse l'ayant sçû, lui envoya MM. de Galifet & le Page, pour le prier de rendre justice à la Colonie de Saint Domingue; il répondit que le Commissaire avoit ordre de dresser le compte, & qu'on l'envoyeroit incessamment. Trois jours se passerent, sans que rien parût, le 29. M. Ducasse s'embarqua, après avoir persuadé aux Flibustiers qu'il alloit compter & recevoir de l'argent. M. de Pointis dit que ce fut sur ses ordres réïterés que M. Ducasse s'embarqua, & celui-ci s'est plaint en effet que le Général lui avoit écrit comme un Capitaine feroit à son Sergent. Enfin le Commissaire envoya le compte, par lequel les gens de la Côte étoient mis à gages & sur le pied des Matelots. » La consternation de M.
» Ducasse fut grande, dit M. de Pointis, à la vûë de ce
» compte, par lequel il vit que la part de ceux, à la tête desquels il se mettoit, alloit à 40000. écus. Il avoit de bien
» plus hautes prétentions, & il se fondoit sur l'écrit, que je
» lui avois donné, où il étoit marqué que tout seroit mis en
» quatre; dont il s'attendoit, que lui & ses gens faisant le quart
» de l'armée, il auroit deux millions. Mais quand on lui eut
» fait ouvrir les yeux, & montré que partager homme pour
» homme avec les Equipages des Vaisseaux du Roy, c'étoit
» partager ce qui appartenoit ausdits Equipages homme pour
» homme avec eux, & non pas sur la part, ni du Roy, ni
» des Armateurs, & qu'on lui eut détaillé que cette part consistoit dans le dixiéme du premier million, & le trentiéme des autres, dont le quart lui revenoit, il entra en une
» telle fureur, qu'il vouloit passer en France directement,
» laissant là son Gouvernement.

Il est vrai que le compte ayant été remis à M. Ducasse, il fit dire au Commissaire qu'il l'avoit reçû, & qu'il en iroit demander justice devant un Tribunal, où M. de Pointis ne
seroit

feroit point Juge & Partie. Il donna enfuite avis de tout à M. de Galifet, qui étoit dans la Ville, & lui ordonna de s'embarquer fans délai avec tout le monde, fans rien dire à qui que ce fût. Cet ordre fut exécuté avec une très-grande diligence, & peu de têms après M. de Pointis manda à M. Ducaffe qu'il étoit furpris de ce que les gens de la Côte n'étoient pas encore inftruits qu'il avoit le compte; il les en infttuifit lui-même auffi-tôt, & les Capitaines des Navires Flibuftiers étant allés fur le champ à bord du Pontchartrain, M. Ducaffe le leur remit. Ils le lurent & s'en retournerent à l'inftant fans rien dire, mais ayant fait voir à leurs gens ce qu'ils venoient de recevoir, il fut délibéré entr'eux d'aborder le Sceptre, où étoit M. de Pointis, & qui étoit affés éloigné des autres Navires du Roy, pour n'en être pas fecouru à têms. La préfence de M. Ducaffe, & la maniere, dont il leur avoit parlé la derniere fois qu'ils s'étoient mutinés, les continrent, mais un d'eux prenant la parole, dit: » Freres, nous avons tort de nous en prendre à ce Chien, » il n'emporte rien du notre, il a laiffé notre part à Carthagene, c'eft là, qu'il la faut aller chercher.

1697.

Cette propofition fut reçûë avec un applaudiffement général, une gayeté feroce fucceda tout à coup au noir chagrin, qui devoroit toute la troupe, comme on voit un feu fombre fortir d'un nuage épais & obfcur; & fans déliberer davantage tous les Bâtimens Flibuftiers firent voiles vers la Ville, avec de grands fermens qu'ils ne retourneroient jamais à aint Domingue. M. Ducaffe fans perdre un moment de têms, fit partir M. de Galifet pour aller avertir de tout M. de Pointis; & M. le Page, pour tâcher d'arrêter les Flibuftiers. M. de Galifet ne put parler à M. de Pointis, qui venoit d'être attaqué de la maladie du pays, & n'étoit plus en état de fe mêler de rien. Il rencontra d'abord M. de Sorel, à qui il dit que fi on vouloit lui donner 100. Hommes, il fe faifoit fort d'obliger les Flibuftiers à fuivre la Flotte; M. de Levi, que le Général avoit chargé du Commandement, furvint, & dit à M. de Galifet qu'il feroit femblant, du refte que tous ces

Les Flibuftiers retournent à Carthagene.

gens-là étoient des coquins, qu'il falloit pendre. M. le Page ne fut pas plus heureux, il lut aux Flibustiers un ordre de M. Ducasse conçû en ces termes : » Capitaines & Flibustiers, » songés vous bien que vous manqués de respect au plus grand » Roy du monde, & que l'injustice, que vous fait un de ses » Officiers, ne vous met pas en droit de sortir de l'obéïssance ? » faites réflexion que je porterai la peine de cette démar- » che, & que vous livrés mon innocence sur l'échafaut. Je » conviens qu'on nous fait une perfidie sans exemple, mais » vous devés croire qu'après avoir acquis de la gloire aux » armes du Roy, sa Justice écoutera vos plaintes, & punira » ceux, qui auront violé sa foi. Je vous commande de vous » retirer sous peine de desobéïssance, & je vous promets » d'aller porter vos raisons devant le Roy. Donné à bord du » Pontchartrain ce 30. May 1697.

M. de Pointis se plaint fort dans son Journal que M. Ducasse s'en soit tenu à de simples ordres, ou tout au plus à des menaces. » Le Pontchartrain, dit-il, sur lequel il étoit, » & la Marie de Saint Malo, dont il pouvoit disposer, étoient » parmi les Frégates Corsaires, lorsqu'elles prirent le parti » de retourner à Carthagene, que ne les suivoit-il, faisant feu » sur elles de tous côtés, tirant assés haut & assés bas, pour » ne les point endommager ? Il auroit imposé à l'Améri- » que & à l'Europe qu'il n'étoit point complice de cette in- » famie. Mais au défaut de M. Ducasse, qui certainement n'auroit pas été le plus fort, s'il eût fallu se battre, M. de Levi & les autres Commandans des Vaisseaux du Roy ne dévoient-ils pas s'opposer à ce désordre, d'autant plus qu'ils étoient bien moins en danger que lui de commettre l'authorité, & que M. de Pointis ayant fait le mal, c'étoit à lui, ou à ses Officiers à y rémedier & à en empêcher les suites funestes ? Au reste, l'Escadre des Flibustiers étoit augmentée d'un Bâtiment depuis la prise de Carthagene, car les Equipages des Vaisseaux du Roy, étant fort diminués par la mortalité, qui s'y étoit mise, M. de Pointis leur avoit laissé le Christ, après en avoir ôté jusqu'aux legumes. Leurs autres Bâtimens n'étoient pas mieux fournis de vivres, & bien des gens ont prétendu qu'ils n'étoient nullement en état de retourner à Saint Domingue. M. Ducaſſe lui-même avoit ſi peu de proviſions ſur le Pontchartrain, qu'encore qu'il eût fait une diligence extrême pour gagner ſon Gouvernement, il ne lui en reſtoit pas pour un jour, lors qu'il y arriva.

1697.

Le 31. le Capitaine Sales & deux Capitaines de Milices vinrent à bord du Pontchartrain demander paſſage à leur Gouverneur, diſant qu'ils ne vouloient point prendre d'autre parti, que celui qu'il leur ordonneroit. Mais il crut ne pouvoir rien faire de mieux, que de les renvoyer joindre les autres en leur recommandant d'empêcher le deſordre & le crime, de profiter de toutes les occaſions, qui ſe préſenteroient, pour faire rentrer tout le monde dans le devoir, & d'aſſûrer de ſa part un chacun que le Roy leur rendroit juſtice, pourvû qu'ils ne fiſſent rien, qui pût les rendre indignes des bontés de Sa Majeſté. Il ajoûta que ceux, qui ne differeroient pas de revenir à Saint Domingue, y ſeroient bien reçûs, & qu'il partiroit inceſſamment pour France. Deux jours après la Flotte appareilla ; le Pontchartrain en fit autant le même jour premier de Juin, avec la Marie ; & ces deux Bâtimens, ſur leſquels il y avoit tout au plus 50. Hommes, y compris pluſieurs Negres, arriverent en 16. jours à Saint Domingue. Le 5. un petit Bâtiment de la Martinique envoyé par M. d'Amblimont Gouverneur Général, & par M. Robert Intendant à MM. de Pointis & Ducaſſe, rencontra celui-ci, & lui rendit la lettre, qui étoit à ſon adreſſe. Elle portoit qu'une groſſe Eſcadre d'Anglois & de Hollandois étoit à la Barbade & en vouloit apparemment, ou à Saint Domingue, ou à l'Eſcadre, qui avoit pris Carthagene. Cela fit changer de deſſein à M. Ducaſſe, qui étoit tout réſolu à paſſer en France ; il crut que ſon devoir l'obligeoit à reſter dans ſon Gouvernement, & il prit le parti d'envoyer à ſa place M. de Galifet.

Le petit Bâtiment de la Martinique alla enſuite chercher M. de Pointis, le rencontra le ſixiéme, & lui donna les mê-

M. de Pointis eſt pourſuivi par une

X x ij

1697.
forte Escadre ennemie.

mes avis. Ce Général, ou celui, qui commandoit à sa place, ne crut pas devoir pour cela rien déranger à sa maniere de naviguer, & continua de porter ses feux la nuit suivante à l'ordinaire. Dès le soir même il fut découvert, & toute la nuit les Ennemis le suivirent. Il les apperçut le lendemain à la pointe du jour, & M. de la Motte Michel, qui commandoit le Furieux, les ayant voulu reconnoître, se trouva engagé sous le Canon de l'avant-garde; il fut assés heureux pour se tirer de ce mauvais pas, & M. de Pointis, pour ne pouvoir point être atteint, mais il est constant que son imprudence à porter des feux dans un Canal, où il étoit averti que les Ennemis pouvoient le surprendre, fut cause de la perte des Flibustiers, car cette Escadre seroit allée sans cela droit à Carthagene, d'où ils étoient déja partis; au lieu qu'après avoir long-tems poursuivi la Flotte, comme elle reprenoit la route de Carthagene, elle rencontra ces mêmes Flibustiers, & les attaqua avec le succès, que je vais dire, après avoir raconté ce qu'ils firent à Carthagene, lors qu'ils y furent rentrés.

Les Flibustiers à Carthagene.

On peut bien juger que les Habitans de cette malheureuse Ville fremirent d'horreur en les voyant reparoître. Car ils n'avoient point eu le tems de se mettre en état de faire la moindre résistance. La premiere chose, que firent nos desesperés, ce fut de renfermer tous les Hommes dans la grande Eglise, après quoi ils leur envoyerent des Députés, qui leur parlerent en ces termes. » Nous n'ignorons pas que vous nous
» regardés comme des Gens sans foi & sans religion, comme
» des Diables, plûtôt que comme des Hommes; les termes
» injurieux, dont vous affectés en toute rencontre de vous
» servir à notre égard, aussi-bien que le refus, que vous avés
» fait de nous laisser entrer dans le Fort de Boucachique, &
» de traiter avec nous de la reddition de votre Ville, sont
» des preuves manifestes de vos sentimens. Nous voici les
» armes à la main en état de nous venger, si nous le vou-
» lons, & vous vous attendés sans doute à la vengeance la
» plus cruelle. La pâleur, qu'on voit répanduë sur vos visa-

» ges le fait assés comprendre, & votre propre conscience
» vous dit sans doute, que vous le méritez. Nous allons
» vous désabuser, & vous faire connoître que les titres odieux,
» dont vous nous chargés, ne nous conviennent point, mais
» uniquement au General, sous les ordres duquel vous nous
» avés vû combattre. Le perfide nous a trompés ; car quoi-
» qu'il doive à notre seule valeur la conquête de votre Ville,
» il a refusé d'en partager avec nous le fruit, comme il s'y
» étoit engagé, & par là nous a mis dans la nécessité de vous
» rendre une seconde visite. Ce n'est pas sans regret, que nous
» nous y voyons forcés, & nous nous flattons que vous au-
» rés lieu de loüer notre moderation & notre bonne foy.
» Nous vous donnons parole de nous retirer, sans causer le
» moindre désordre, au moment que vous nous aurés comp-
» té cinq millions : c'est à quoi nous nous bornons. Mais si
» vous refusés d'écouter une proposition si raisonnable, il
» n'est point de malheur, à quoi vous ne deviés vous atten-
» dre, sans en pouvoir accuser que vous-mêmes, & le Géné-
» ral Pointis, que nous vous permettons de charger de toutes
» les maledictions imaginables. »

1697.

Les Habitans de Carthagene comprirent aisément qu'il n'y La Ville est au avoit point d'autre réponse à faire à ce discours, que d'ap- pillage. porter aux Avanturiers la somme, qu'ils demandoient. Un Religieux monta en Chaire, & employa toute son éloquen- ce à persuader à ses Auditeurs de livrer sans réserve tout ce qui leur restoit d'Or, d'Argent, & de Bijoux. Mais on perd plûtôt l'espérance de conserver sa vie, que celle de sauver ses Thrésors. Le Sermon fini, on fit une quête, dont le produit se trouva bien au-dessous de la somme demandée ; on assûra les François, que c'étoit tout ce qui restoit du pre- mier pillage, & de la premiere rançon ; mais ils n'en vou- lurent rien croire, & ne garderent que trop exactement la parole, qu'ils avoient donnée, de se pourvoir par la force, si on refusoit de les satisfaire de bon gré. Il n'y eut ni mai- son, ni Eglise à couvert de leurs recherches ; ils foüillerent jusques dans les Tombeaux, & trouvant partout assés peu

X x iij

1697.

de choses, ils mirent les principaux Bourgeois à la question, pour les obliger à dire, où ils avoient renfermé leurs richesses. Il y en eut même, quoiqu'en très-petit nombre, qui se portèrent en cette occasion à des cruautés, qu'on auroit peine à croire : la plûpart des autres aimerent mieux employer la ruse, que la violence ; & voici une de celles, qui eut plus d'effet.

Stratagême, dont les Avanturiers s'avisent pour tirer des Habitans toutes leurs richesses.

On fit venir les deux principaux Habitans de la Ville, & on leur demanda, où étoit tout l'Or & tout l'argent des Particuliers. Ils répondirent qu'ils n'avoient nulle connoissance qu'on eût rien caché, on eut beau les menacer & les tourner en toutes manieres, ils persisterent à protester qu'ils ne sçavoient rien. Ils parlerent d'un air de franchise, qui persuada, & on ne put se résoudre à les maltraitter. On fit néanmoins semblant de les passer par les Armes, on tira plusieurs coups de Fusils, & l'on fit ensuite venir deux autres Bourgeois. On leur dit que les deux premiers étoient morts pour n'avoir pas voulu parler, & qu'il en arriveroit autant à tous ceux, qui s'obstineroient à garder le silence sur les questions, qu'on leur feroit, & on eut soin de faire publier la même chose dans l'Eglise, où les Prisonniers étoient encore. Dès ce même jour on leur apporta plus d'un million. Ils firent alors une action, qui donna quelque estime pour eux aux Espagnols : deux d'entr'eux commirent une action brutale, & sur la plainte, qui en fut portée aux Officiers, le Conseil s'assembla, le fait y fut vérifié, & les coupables condamnés à avoir la tête cassée, ce qui fut exécuté sur le champ, malgré les instances des Accusateurs mêmes, pour obtenir leur grace.

Ils se rembarquent, & sont avertis de l'approche d'une Flotte Angloise.

Enfin, au bout de quatre jours, les Avanturiers ne voyant plus aucune apparence de rien ajoûter à ce qu'ils avoient déjà amassé, songerent à se retirer. Mais avant que de s'embarquer, les Flibustiers déclarerent aux Habitans de la Côte, qu'ils ne devoient pas s'attendre à partager également avec eux. Ils fondoient leur prétention sur ce que M. Ducasse les avoit retenus près de trois mois au petit Goave, où ils avoient fait de grandes dépenses ; au lieu que les Habitans étoient restés chés eux, jusqu'au moment du départ de la Flotte, sur laquelle ils avoient été nourris aux dépens du Roi. Ceux-ci ne manquoient pas de bonnes raisons pour repliquer ; mais tandis qu'ils étoient occupés à contester, un avis, qu'ils reçurent, les mit d'accord. La Barque de la Martinique, dont nous avons parlé, les vint avertir qu'ils couroient risque de rencontrer une Flotte ennemie, & ils la rencontrerent effectivement bientôt. Ils étoient au nombre de neuf Bâtimens, y compris le Christ, que M. de Pointis avoit laissé aux Habitans, comme je l'ai déjà dit. Ils appareillerent tous ensemble, après avoir fait le partage de l'Or & de l'Argent, & s'être donné rendés-vous à l'Isle à Vaches, pour partager les Negres & les Marchandises. On dit que sur le premier partage, chacun eut environ mille écus, & que le reste devoit monter beaucoup plus haut.

Ils avoient fait environ 30. lieuës, lorsqu'ils apperçurent la Flotte, qu'ils fuyoient. A cette vûë chacun tira de son côté, & fit force de voiles pour se sauver : le Christ commandé par Cotüy, qui avoit 250. Hommes, & portoit plus d'un million, fut pris d'abord par les Hollandois. Le Cerf-Volant commandé par le Capitaine Pierre, & qui ne cédoit au Christ, ni en forces, ni en richesses, eût bientôt après le même sort. Ce furent les Anglois, qui le prirent. M. Ducasse manda peu de tems après à M. de Pontchartrain, que ces deux Capitaines s'étoient battus en braves, qui étoient riches. Un troisiéme Bâtiment alla s'échoüer & se brûler à la Côte de Saint Domingue ; mais l'Equipage se sauva avec son Argent. Un quatriéme fut jetté à la Côte de Carthagene, & tous ceux, qui étoient dessus tomberent entre les mains des Espagnols, qui les firent travailler à relever les Fortifications, qu'ils avoient ruinées. Les cinq autres commandés par l'Amiral Godefroy, les Capitaines Blanc, Pays, Sales, Macari & Blout, aborderent avec bien de la peine en divers endroits de l'Isle de Saint Domingue. Sales & Blout prirent terre à l'Isle à Vaches, d'où le pre-

1697.

Ils la rencontrent.

mier écrivit à M. Ducasse le 26. Janvier, pour lui faire sçavoir qu'on avoit exécuté ses ordres, & que deux Flibustiers ayant massacré deux Femmes, (c'est l'action, dont nous avons parlé,) avoient été fusillés en présence des Espagnols. Que l'on avoit embarqué 120. Negresses, & que tout le monde s'étant rendu à Boucachique, les Flibustiers s'étoient revoltés contre les Capitaines, pour le partage.

M. Ducasse demande son rappel, & la réponse qu'on lui fait.

M. Ducasse, lorsqu'il reçut cette Lettre, avoit déjà dépêché en France M. de Galifet, pour aller informer le Roy & le Ministre de la conduite de M. de Pointis. La perte de tant de braves gens lui fit aussi demander son rappel, pour n'avoir pas devant les yeux le deperissement de sa Colonie. Mais plus le mal étoit grand, & moins la Cour étoit disposée à lui permettre de se retirer : « Je suis bien aise » de vous dire deux choses, lui manda M. de Pontchartrain » l'onziéme de Septembre suivant, qui doivent entierement » calmer vos inquiétudes. L'une, que les Flibustiers rece- » vront toute la justice, qui leur sera dûë ; l'autre, que Sa » Majesté vous l'a fait entiere sur ce qui vous regarde. Elle » sçait la part, que vous avez aux actions, qui se sont faites » dans cette Entreprise, & elle est autant satisfaite de votre » conduite, que vous pouvés le désirer. Elle vous en auroit » même déjà donné des marques, si elle n'avoit estimé à » propos de différer, jusqu'à ce qu'elle ait pris un entier » éclaircissement de cette affaire. Elles seront plus honora- » bles pour vous, lorsque toutes ces discussions seront fi- » nies... Vous jugés bien que dans une conjoncture aussi » pressante, & dans un têms, où votre présence est aussi » nécessaire pour la défense de la Colonie, je ne puis de- » mander votre congé. »

Le Roi rend justice aux gens de la Côte, mais ils en profitent peu.

Dans une autre Lettre du 27. Novembre de la même année le Ministre lui manda que le Roy l'avoit honoré de la Croix de Saint Loüis, & lui permettoit de la porter, quoiqu'il ne fût pas reçû : que Sa Majesté avoit fait rendre justice aux Habitans & Flibustiers, & que par la convention faite entre le sieur de Galifet & les Interessés en l'Armement, il leur reviendroit

reviendroit 1400000. livres, suivant l'Arrêt, dont il lui 1696.
envoyoit copie; qu'il seroit délivré partie de cette somme
en Argent, & l'autre en marchandises & munitions nécessaires pour la Colonie; qu'on devoit être fort satisfait de
la fermeté du sieur de Galifet, & des mouvemens, qu'il
s'étoit donnés pour cette affaire. Il est vrai que cette conduite
du Lieutenant de Roi, & l'attention de la Cour à le soûtenir, & à retirer des mains des Ennemis ceux, qui avoient
été pris en revenant de Carthagene, firent d'abord sur les esprits
aigris des Flibustiers toute l'impression, qu'on en avoit attenduë; mais le Traitté fut si mal exécuté, ou du moins son
exécution traîna si fort en longueur, que dans la suite
plusieurs s'étant mis dans la tête qu'on les amusoit à
dessein de les frustrer de ce qui leur étoit dû, quitterent
la Colonie, & passerent à la Jamaïque. M. de Galifet porta
une bonne partie de l'odieux de ces retardemens, M. Ducasse même n'en fut pas exempt; & quoiqu'avec le têms
on en eût éclairci les véritables causes, bien des gens ne
sont jamais revenus de leurs préjugés contre ces deux Officiers. Cependant tout venoit de la friponnerie d'un Commissaire chargé de l'exécution, & du dérangement des affaires d'un nommé Aufroy, & voici comment; M. de Galifet
avoit représenté au Roi qu'il étoit plus à propos de donner des Negres que de l'Argent aux Avanturiers, par
la raison que l'Argent seroit dissipé d'abord, au lieu que
les Negres engageroient ceux, qui n'étoient pas établis,
à se faire Habitans. Cet avis fut fort goûté, & M. de Galifet, qui avoit été chargé de tout, passa un Contrat avec le
sieur Aufroy, lequel s'engagea à faire passer 2000. Negres à Saint Domingue; mais ayant mal fait ses affaires, il
ne put remplir son engagement; il fallut prendre d'autres
mesures, dont plusieurs ne se trouverent pas fort justes. Il
y eut aussi en tout cela bien de la malversation de la part
de presque tous ceux, qui furent employés dans cette affaire, & il sembloit que la malédiction fût sur un bien acquis
par tant de crimes.

1697.
Les Prisonniers faits par les

Quant aux Prisonniers faits sur le Christ & le Cerf volant, ils étoient demeurés aux Anglois, qui les traiterent avec une dureté, dont parmi les Européans il n'y a que ces Insulaires, qui soient capables. Aussi leur dessein étoit que jamais aucun d'eux ne remît les pieds en Amérique. Mais ils eurent beau faire, il en mourut très-peu, soit dans la traversée, soit dans la relâche, qu'ils furent contraints de faire en Virginie, au lieu que leurs propres Equipages diminuerent de sorte, que les Prisonniers furent plus d'une fois tentés de se rendre Maîtres des Navires. Mais tandis qu'ils differoient de jour en jour, & qu'ils se flattoient d'être repris dans les Mers d'Europe par des Vaisseaux François, ils arriverent en Angleterre, à l'exception de quelques-uns, qui furent retenus en Virginie; les uns & les autres s'attendoient à pourir dans les Prisons, & ce triste sort ne pouvoit leur manquer, si les premiers n'avoient pas trouvé la paix faite, & les ordres donnés pour renvoyer en France tous les Prisonniers. Le Roi étoit déjà informé d'une partie de leurs Avantures, & ce Prince, qui, malgré toutes leurs incartades, ne croyoit pas devoir négliger des sujets aussi utiles à ses Colonies des Isles, avoit pourvû par avance à tous leurs besoins. Il est vrai que l'abondance leur fut beaucoup plus nuisible, que ne l'avoient été la disette, & les mauvais traittemens des Anglois; car comme ils ne se ménagerent pas assés dans les commencemens sur la nourriture, il en mourut en peu de têms un assez grand nombre, sur-tout de ceux, qui étoient nés en Amérique; & il n'en repassa gueres à Saint Domingue, que la moitié; mais on suppléa au reste par de bonnes recruës, dans lesquelles on eut bien plus en vûë de faire des Habitans, que des Soldats.

Révolte des Negres au Cap.

J'ai dit que le Comte du Boissy Raymé étoit demeuré chargé du commandement de toute la Colonie, pendant l'Expédition de Carthagene. Comme il pouvoit bien se reposer sur MM. Deslandes & de Beauregard, Lieutenants de Roi, de la Conservation des Postes de l'Ouest, où nous avons vû que ces deux Officiers commandoient, l'un au petit Goave, & l'autre à Leogane; il s'attacha furtout à mettre le Cap, qui étoit toûjours ménacé, en état de défense. Il visita ensuite tous les quartiers, où l'allarme étoit grande, & il n'y trouva point d'autre Officier, que M. Dantzé, Major, qui n'étoit pas plus rassûré que les Habitans. Etant retourné au Cap, il eut avis le 28. de May, que 300. Negres étoient assemblés au quartier Morin de la petite Anse; il monta aussi-tôt à cheval avec le Major, il prit avec lui six Cavaliers, & deux hommes de pied, dont il se servit pour surprendre les Negres; ils furent effectivement surpris, & il y en eut 30. d'arrêtés, Hommes & Femmes. On sçut d'eux, que l'Auteur de cette rébellion étoit un malheureux, qui, quatre mois auparavant, avoit assassiné son Maître, & avoit persuadé à toute cette Troupe d'Esclaves de se défaire une bonne fois des François. Le nombre des Coupables étoit trop grand, pour les punir tous, outre que leur punition auroit été la ruine de plusieurs Habitans; le Gouverneur de Sainte Croix, crut qu'il falloit se contenter de faire justice de celui, qui les avoit séduits, & que les autres lui promirent de lui livrer; mais il s'étoit mis en sûreté, en passant chés les Espagnols.

Au mois de Juillet suivant, la Mutine envoyée le 26. de Juin par M. de Pointis, immédiatement après qu'il eut passé le Canal de Bahama, débarqua au Cap 48. Soldats des Troupes de Saint Domingue, de cinq Compagnies, & 33. Negres de 130. qu'il avoit gardés pour passer les grands dangers. Le Comte du Boissy le fit sçavoir à M. Ducasse, qui lui manda aussi-tôt de garder les Soldats, dont il pouvoit avoir besoin, & de lui envoyer les Negres. Il sortoit lui-même d'un grand danger, auquel il n'avoit échapé que par sa fermeté, sa bonne conduite, & la valeur de Beauregard. Les Anglois s'étant séparés des Hollandois après la prise des Vaisseaux Flibustiers, se mirent aux trousses de ceux, qui s'étoient échapés; ce fut inutilement, mais ils se flaterent de s'en dédommager en pillant le petit Goave: ils le

Les Anglois font une irruption au petit Goave, & en sont chassés.

Y y ij

surprirent en effet le 8. de Juillet, & entrerent demie heure avant le jour dans le Bourg, où M. Ducaſſe étoit couché. Une garde de quatre Hommes ayant tiré, le Gouverneur ſe réveilla en ſurſault, regarda dans la ruë, & vit la Place & les Maiſons entourées d'Ennemis, qui faiſoient des décharges ſur les portes & ſur les fenêtres. Il ſe jetta de l'autre côté en bas d'une fenêtre, & gagna par les hayes une Montagne, qui eſt à un quart de lieuë, d'où il paſſa à une Maiſon aſſignée de tout têms, pour rendés-vous en pareil cas.

Il n'y fut pas long-têms ſans y voir arriver 55. ou 60. Hommes, & après qu'il ſe fut armé de tout ce qu'il put rencontrer, il deſcendit pour ſe joindre à M. de Beauregard, qui de ſon côté avoit aſſemblé un peu plus de cent Hommes, & avoit été reconnoître les Ennemis avec 25. Il les avoit trouvé retranchés, & en ayant fait ſon rapport à M. Ducaſſe, il fut réſolu d'aller ſur l'heure même attaquer le retranchement. Le Gouverneur & le Lieutenant de Roi, ſe mirent donc à la tête de près de 200. Hommes, & après avoir marché à couvert des Buiſſons, ſe rendirent à l'Egliſe, dont le retranchement étoit fort proche. Les Ennemis étoient au nombre de 950. à terre; mais il n'y en avoit qu'une partie dans le retranchement, qui fut bientôt forcé. M. Ducaſſe y étant entré par le milieu, tandis que Beauregard attaquoit la tête. Toute la réſiſtance fut à cette tête, & M. Ducaſſe, qui n'en avoit trouvé aucune dans ſon attaque, ayant percé juſques dans le Bourg, ceux qui l'accompagnoient furent effrayés du nombre d'Anglois, qu'ils y apperçurent, & s'enfuirent tous, à la réſerve de ſept ou huit. La même choſe arriva à M. de Beauregard, qui ſe trouva lui troiſiéme au milieu des Ennemis; mais il s'en tira en brave homme. Dans ce moment M. Ducaſſe courant riſque d'être pris, gagna par derriere un jardin, & retourna à l'Egliſe, d'où il ſortit bientôt avec ſa petite Troupe, pour aller attaquer l'autre tête du retranchement, & s'y cantonner en attendant le ſecours, qu'il avoit envoyé chercher à Leogane. En y arrivant, il vit un grand nombre d'Anglois, qui couroient au bord de la Mer. C'étoit le Capitaine Godefroy, qui s'étant aussi d'abord sauvé en chemise, avoit ensuite assemblé 25. Flibustiers, & poursuivoit l'Ennemi. M. Ducasse fit tirer dessus, mais sans effet, les Anglois s'embarquerent avec une diligence, qui les sauva, excepté un petit nombre, qui n'ayant pû gagner assés vîte les Chaloupes, se trouverent entre deux feux, & furent tous tués, ou pris au nombre d'environ cinquante.

1697.

Ce qui avoit le plus contribué à cette retraite précipitée des Anglois, c'est que leurs Conducteurs, qui étoient des Prisonniers François, leur ayant assûré qu'ils ne trouveroient pas quarante hommes au petit Goave, ils crurent, quand ils se virent attaqués de toutes parts avec tant de résolution, qu'ils alloient avoir sur les bras toutes les forces de la Colonie; & comme au moment qu'ils s'embarquerent, ils eurent entendu tirer l'allarme à Leogane, ils se crurent perdus. Ils eurent en tout quarante-neuf morts, huit blessés, & dix-sept à dix-huit Prisonniers. Les François n'eurent que cinq hommes tués & trois blessés, mais il y eut quarante-deux Maisons brûlées dans le Bourg. Et les Anglois emporterent environ 120000 livres en or & en argent. Il y avoit quatre Vaisseaux en Rade, dont ils n'eurent pas le tems de s'emparer. Il y en eut même un, qui envoya vingt-cinq ou trente hommes bien armés à M. Ducasse, & tira du Canon sur les Ennemis, qui le canonerent aussi de terre, & l'auroient coulé à fond, si on leur en eût donné le loisir. Ce fut par les Prisonniers, qui furent faits en cette occasion, que M. Ducasse apprit les premieres nouvelles de la prise du Christ par quatre Vaisseaux Hollandois & du Cerf-volant par les Anglois. Il envoya aussi-tôt à la Jamaïque ces mêmes Prisonniers pour réclamer les François, avec de l'argent pour assister les blessés & les malades, & il écrivit au Commandant Hollandois que le Roy ayant un Cartel d'échange avec les Etats generaux, il ne pouvoit refuser les François, qu'il avoit pris sur le Christ, & que s'il ne le faisoit pas, on sçauroit bien trouver le moyen de l'en faire repentir. Mais cette Lettre & ces menaces ne produisirent

1697.

rien pour lors. Au reste, il étoit têms pour les Ennemis qu'ils se rembarquassent; car ils étoient à peine à une demie lieuë du petit Goave, que le Sieur le Page y arriva de Leogane avec cinquante à soixante hommes, ayant fait en moins de trois heures six à sept grandes lieuës d'un chemin très-rude, à cause des montagnes, dont il est semé, & les Flibustiers répandus dans les habitations voisines étoient en mouvement pour venir au secours de M. Ducasse. Ce Gouverneur n'eût pourtant pas laissé d'être fort embarassé, s'il eût eu à faire à un Ennemi, qui eût mieux pris ses mesures; sa Colonie se trouvant alors affoiblie par l'expedition de Carthagene de mille Combattans; sans compter les Troupes reglées, qui étoient toutes dehors.

Mort du Comte du Boiffy Raymé.

Elle perdit encore un bon Officier au commencement du mois de Septembre suivant. Le Comte du Boiffy Raymé, qui n'avoit point encore vû M. Ducasse depuis son arrivée dans l'Isle, voulut lui aller rendre ses devoirs au petit Goave, & s'embarqua au Cap sur un Vaisseau Marchand, mais ayant apperçu six Vaisseaux, qu'il jugea être ennemis, il se mit dans un Canot avec trois Negres & un Soldat, esperant de gagner la terre, dont il n'étoit éloigné que d'une demie lieüe. Ses efforts furent inutiles, son Canot mal équipé fût balotté par les Courants, qui le rejetterent au large; il battit la Mer pendant neuf jours entiers, sans pouvoir gagner aucune terre, & enfin il fut jetté sur les Côtes de Cuba, auprès du Port de Baracoa, où il entra. Il y avoit cinq jours, que les vivres lui manquoient absolument, & il avoit bû de l'eau de la Mer en si grande quantité, qu'il s'en trouva brûlé. Aussi mourut-il au bout de trois jours. M. Ducasse, qui avoit sçû son départ du Cap ne le voyant point arriver, se douta qu'il lui étoit arrivé quelque accident, & envoya deux Bâtimens, l'un à la Jamaïque & l'autre à Cuba ; ce dernier le trouva mort, & le premier rapporta que le Navire Marchand, sur lequel il étoit parti du Cap, avoit été pris.

Hostilités

Les Espagnols continuoient leurs hostilités, & M. Ducasse

dit, dans une de ses Lettres qu'ils faisoient la guerre comme on ne la fait point entre les Chrétiens. Ils en usoient sur-tout d'une maniere barbare avec les Prisonniers, séparant les maris de leurs femmes, & les Enfans de leurs Peres & Meres. Les choses allerent si loin, que la plûpart de nos Habitans songerent à se retirer. Les Anglois n'étoient pas moins acharnés à détruire la Colonie Françoise de Saint Domingue, mais leurs efforts avoient toûjours été moins heureux que ceux des Espagnols. Au mois de Decembre de cette même année ils armerent à la Jamaïque quatre Vaisseaux de cinquante Canons, pour achever de ruiner le Port de Paix, mais comme ils se préparoient à faire la descente pendant la nuit, un coup de vent les sépara, & les força d'arriver vent arriere. Trois de ces Navires s'étant ensuite trouvés vis-à-vis le Bourg de la petite Riviere, envoyerent six Chaloupes à terre, avec ordre d'enclouer le Canon du retranchement de ce Poste, & d'enlever les Bâtimens, s'il y en avoit dans la Rade, mais quoiqu'il fût nuit deux Cavaliers de la ronde les apperçurent, lorsqu'elles n'étoient plus qu'à la portée du pistolet. Ils firent deux décharges sur elles, & coururent à toute bride avertir le Commandant. On tira l'allarme, & les Ennemis se voyant découverts, jugerent à propos de se retirer.

1698.
des Anglois & des Espagnols.

Au commencement de l'année suivante M. Ducasse ayant reçû avis que la Paix avoit été signée à Riswick, se rendit au Cap, d'où il écrivit au Gouverneur de Sant-Yago, pour lui faire part de cette nouvelle. Jamais Lettre ne fut écrite plus à propos : cinq cens cinquante Espagnols envoyés par ce Gouverneur avoient déja pénétré par les montagnes dans la Plaine du Cap, & ils furent rappellés au moment, qu'ils alloient commencer leurs ravages, ausquels on n'étoit pas trop en état de s'opposer. Un mois après des Anglois & des Hollandois vinrent faire à M. Ducasse de grandes plaintes des Flibustiers, qui continuoient à courir sur eux, malgré la Paix, & lui demanderent des dédommagemens, qu'il jugea à propos de leur accorder. Peu de têms aupa-

La Paix de Riswick arrête toutes les hostilités. Etablissement de l'Isle à Vaches.

Avaches

ravant il avoit reçû ordre de commencer l'Etablissement d'une Colonie à la grande terre de l'Isle à Vaches, & il y avoit envoyé M. de Beauregard. On avoit toûjours regardé ce quartier comme un des plus beaux de l'Isle & un de ceux dont il importoit davantage de s'assûrer, mais on ne s'étoit jamais trouvé en état de s'y bien établir solidement. Beauregard vint enfin à bout de le faire, & de mettre ce Poste en état de ne pas craindre d'être insulté, si la guerre recommençoit. Il y mourut l'année suivante fort regreté, & le Sieur de Paty, qui venoit d'obtenir la Lieutenance de Roi de Leogane, vacante par la mort de M. Deslandes, fut envoyé pour commander à l'Isle à Vaches, jusqu'à l'arrivée d'un nouveau Lieutenant de Roy, qui fut M. de Charitte.

C'étoit encore dans le dessein d'engager un Commerce reglé avec la N. Espagne, à l'imitation de la Jamaïque & de Curaçao, que l'Etablissement, dont je viens de parler, avoit été entrepris. On se flattoit d'autant plus d'y attirer les Espagnols, que la démarche du Roy, en renvoyant à Carthagene l'argenterie, qu'on y avoit enlevée des Eglises, les avoit charmés, & avoit effacé une partie de la prévention, où ils étoient contre tout ce qui venoit de S. Domingue. On esperoit d'achever de les gagner, en faisant absolument cesser la course, & en persuadant à ce qui restoit de Flibustiers, de se faire habitans. M. Ducasse reçut des ordres fort précis sur cela; on lui recommanda même, au défaut de la persuasion, d'y employer la force, & de se servir pour cet effet des Vaisseaux, que Sa Majesté auroit soin de tenir sur les côtes de S. Domingue. Il reçût presque en même-tems une Ordonnance du Roy, qui rétablissoit l'ancien usage de porter des Engagés aux Isles. En un mot, on n'omit rien pour lui faire comprendre combien la Cour avoit à cœur de repeupler sa Colonie, & de la mettre en état de faire un Commerce avantageux avec les Espagnols.

M. de Galifet venoit d'être nommé Gouverneur de Sainte Croix, & Commandant au Cap François, à la place du C. du Boissy, & peu de tems après il fut encore déclaré Commandant en Chef

DE S. DOMINGUE, LIV. XI. 361

en Chef de toute la Colonie, en cas d'abſence du Gouverneur. M. Ducaſſé, qui eſtimoit cet Officier, fut charmé de ce choix, mais il ne le fut pas moins d'une nouvelle preuve, que lui donna le Roi de la perſuaſion, où il étoit, que les gens de ſon Gouvernement avoient beaucoup plus contribué à la priſe de Carthagene, que ne le publioit M. de Pointis. Le Pontchartrain, ſur lequel il étoit revenu de cette conquête, avoit apporté au petit Goave trois canons de fonte; la Cour les lui avoit redemandés, & il avoit repreſenté le plaiſir, qu'on feroit à ſa Colonie, en lui laiſſant cette marque de la Victoire de ſes Sujets, & de la ſatisfaction, que Sa Majeſté avoit de leurs ſervices. Enfin, M. de Pontchartrain lui manda que le Roy lui permettoit de les garder, pour les mettre dans les Batteries de Leogane & du Cap.

1698.

droit de commander en Chef en l'abſence du Gouverneur.

L'Etabliſſement de l'Iſle à Vaches occupoit alors les principales attentions du Miniſtre, par rapport à la Côte Saint Domingue, & pour accélérer ſes progrès, le Roi forma une Compagnie ſous le nom de S. Loüys, ou de l'Iſle à Vaches, & la chargea de défricher & de peupler cette Côte, qu'il lui engagea pour trente ans, pendant lequel têms elle ſeule y pourroit faire le Commerce. Cet avantage n'étoit pas fort conſidérable, vû les grandes dépenſes, qu'il falloit faire pour l'Etabliſſement, dont la Compagnie étoit chargée; mais elle ſe flattoit de ſe dédommager de ſes frais, en étendant ſon Commerce dans le continent de l'Amérique, où il y a ſouvent de grands profits à faire avec les Eſpagnols. Du reſte, elle remplit très-exactement les engagemens, qu'elle avoit pris avec le Roy, elle donna des Conceſſions, fit toutes les avances néceſſaires, & par là ce quartier eſt devenu un des plus peuplés & des mieux établis de toute l'Iſle. Ce qui y a le plus contribué, c'eſt un Fort, qu'on a bâti ſur un Iſlet, qu'on nomme plus communément *la Caye S. Loüys*; car par là ce Port, qui d'ailleurs eſt très-commode, ſe trouve hors de toute inſulte. Mais comme ſi c'étoit le fort des Compagnies en France

Compagnie de S. Loüys.

Tome II. Z z

de se ruiner ; ou de ruiner les Particuliers ; la Compagnie de S. Loüys, ~~qu'on nommoit encore la Compagnie de S. Domingue~~, en faisant bien les affaires des habitans, a fort mal fait les siennes, & après vingt ans s'est vûë obligée de remettre tous ses droits au Roy, qui les a transportés à la Compagnie des Indes, ainsi que nous le dirons dans la suite.

M. Ducasse n'avoit pas été long-têms sans prévoir la chûte de la premiere de ces deux Compagnies. Voici ce qu'il en écrivit dès le mois de Mars de l'année suivante à M. de Pontchartrain. » La Compagnie, que vous avez formée pour
» l'Etablissement d'une Colonie à la partie du Sud de cette
» Isle, ne peut que produire un bien à l'Etat, par les espé-
» rances de ses cultures, & du Commerce avec les Espagnols.
» Je ne sçai pourtant, si ceux, qui l'entreprennent, ont bien
» connu l'importance de cet Ouvrage, & les fonds im-
» menses, qu'il demande. Ses objets sont plus grands, qu'ils
» ne pensent, vingt années ne font rien dans le tems pré-
» sent. Autrefois que la culture du Tabac formoit le pre-
» mier Etablissement, cette culture étoit facile, cette mar-
» chandise de valeur ; & delà on passoit à d'autres cultures.
» Aujourd'hui que ce moyen ne subsiste plus, il faut être
» riche, pour faire des Sucreries : il faut même avoir des
» fonds, pour faire de l'Indigo. D'ailleurs, où trouver des
» Sujets ? Les Engagés mourront, & c'est un grand hazard,
» quand il s'en rencontre quelqu'un, qui projette des Eta-
» blissemens ; ils sont trop rebutés du travail de la terre &
» de la misere. Enfin, il ne faut pas conclure du passé au
» présent, les denrées étoient autrefois d'une toute autre
» valeur, qu'elles ne le sont présentement. Le Commerce
» avec les Espagnols n'a pas non plus tous les avantages,
» qu'on se propose, & il a de grandes difficultés. Il dit, dans une autre Lettre, qu'une des causes du peu de succès de cette Compagnie dans son Commerce, c'est que la quantité des Vaisseaux a produit une abondance de marchandises, qui les a avilies. Nous ne manquons jamais de

faire cette faute dans nos Etabliſſemens nouveaux, & rien ne demanderoit plus l'attention du Miniſtere, que ce déſordre, d'où s'enſuit la ruine entiere du Commerce.

Pour revenir aux Engagés, dont l'envoi avoit donné de ſi grandes eſpérances à la Cour, le peu de profit, qu'en retira la Colonie, vint non-ſeulement de ce que la culture du Tabac étant tombée, il n'y avoit plus pour ces malheureux aucune apparence de pouvoir devenir Habitans, mais encore du mauvais choix, qu'on en fit. C'étoit des gueux ramaſſés dans les ruës de Paris, qui n'ayant jamais fait que mandier, n'étoient bons à rien, & périſſoient d'abord de miſere. Cependant de ces deux ſources s'enſuivoit le dépériſſement de la Colonie. « Les vieux Habitans, mandoit M. » Ducaſſe au Miniſtre, ſont embarraſſés de leurs perſonnes, » & ceux qui ont du bien veulent ſe retirer. Il y a dix-ſept » ou dix-huit ans que les François n'ont pas apporté un » Negre : les Denrées ne valent point d'argent : le Tabac, » qui a formé les habitations de cette Côte, eſt en Parti : » l'Arrêt donné en faveur du Fermier eſt pire encore que » le Parti, puiſqu'il détermine toute l'eſpérance de la Colonie à ſept cens milliers, quantité, qui ne peut pas occuper cinquante miſérables ; qu'il prive les Habitans de » toute eſpérance d'en tirer d'autre benefice, que le ſimple » achat ordonné par ledit Arrêt, qu'il établit une police » impraticable, & qu'il déterminera les Colons à n'en » point faire du tout, plutôt que de s'y ſoûmettre. Vous » m'ordonnés, dit-il, en finiſſant ſa Lettre, de me fortifier, » & je n'ai pas un Ouvrier, ni un Bâtiment pour charrier » les matériaux. Je ſçai que les ordres ont été pluſieurs » fois donnés aux Ports de Mer, mais ils n'ont pas eû leur » effet.

M. de Galifet écrivit dans le même-tems & ſur le même ton. » Les Habitans du plus petit Etat juſqu'au médiocre, » dit-il, ne peuvent s'occuper, ni au Sucre, ni à l'Indigo. Ils » ne peuvent s'employer utilement qu'au Tabac. Il ne vient » point ici de gens, qui apportent des fonds conſidérables

Etat miſérable de la Colonie, & d'où venoit le mal.

Efforts de MM. Ducaſſe & de Galifet pour y remédier.

1699.

» pour y former de gros Etablissemens, & c'est une nécessité,
» quand on veut faire des Colonies, de donner aux petits
» les moyens de s'agrandir en travaillant : rien n'est si propre
» à ce dessein, que le Tabac, & si on le retranche à cette
» Colonie, rien ne pourra le remplacer. J'ose avancer que
» cette culture l'avancera au moins d'un quart chaque année.
» Il me seroit impossible d'exprimer tout le tort, qu'elle a
» reçû cette année par les contre-têms survenus de la part
» des Fermiers : quantité d'Habitans ont arraché leur Ta-
» bac ; ceux qui ne l'ont pas fait, ne peuvent le vendre, ni
» aux Fermiers, faute d'argent ; ni aux autres, de peur de
» confiscation. Le Ministre estimoit trop les lumieres & le
zele de ces deux Officiers pour ne pas faire attention à
leurs avis ; il les communiqua aux Fermiers, qui ne manquerent point de raisons specieuses pour se maintenir dans
la possession de l'Arrêt, dont on se plaignoit, & voici la
réponse, que M. Ducasse fit à leurs prétentions.

M. Ducasse paroît ignorer, ce qui est cependant très-certain, à sçavoir, que M. du Rausset a eu une Commission du Roi pour commander en l'Isle de la Tortuë & autres de l'Amérique, elle est du mois de Decembre 1656.

» L'Isle de S. Domingue n'a point été achetée, mais
» conquise, & il ne se trouvera point que la Compagnie
» d'Occident ait traité avec aucun Particulier pour son Do-
» maine. Il est vrai que M. du Rausset, qui commandoit pour
» les peuples à la Tortuë, ceda à la Compagnie une habi-
» tation, une Tour, & quelques mauvais Canons, pour la
» somme de 15000 livres ; mais cette Compagnie n'y ayant
» trouvé aucun Droit établi, a maintenu les Peuples au
» même état. Sa Majesté, depuis la réunion de l'Isle à son Do-
» maine, les a aussi conservez dans les mêmes immunités, pri-
» vileges & franchises, & tous ses Ministres ont engagé sa
» parole Royale qu'il ne leur seroit jamais imposé aucun
» droit. L'exemple du Royaume est une preuve évidente de
» cette necessité, quand même les Peuples n'auroient pas
» pour eux la raison de la conquête. Ceux des Pyrenées, qui
» gardent les passages d'Arragon, ceux de Soulle, de Biscaye,
» de Navarre, Dunkerque, Ypres, Lille & les autres,
» payent ils les mêmes Tributs, qu'on paye dans le Royau-
» me ? Or on ne peut ignorer que les possessions des Ter-

» reins de cette Isle ne soient confonduës avec celles des
» Espagnols, ni que ceux-ci n'y ayent fait en 1691. & 1695.
» des incursions, où il a péri un très-grand nombre de fa-
» milles. Sa situation à la tête du Golphe Mexique, & au
» milieu de puissans Ennemis, doit obliger à en bien traiter
» les Colons, afin d'y attirer de nouveaux Habitans. Il ne
» peut y avoir une plus fausse maxime au monde, que celle
» d'imposer des droits à des Peuples éloignés. N'est-ce pas
» assés de leur interdire tout Commerce étranger ; & n'est-on
» pas maître d'imposer sur les denrées, qu'on leur envoye,
» & sur les marchandises, qu'on tire d'eux, tout ce que l'on
» veut ? La perception de ces droits se fait sans frais & sans
» murmure. En un mot, vous ne ferez jamais des Colo-
» nies, qu'en donnant aux Colons les moyens de s'enrichir.
» L'inconstance naturelle aux François & l'amour de leur
» patrie les porte tous à se retirer : il n'y a que l'esperance
» d'une fortune, qui puisse les contenir. La Cour ne laissa
pas de faire quelque attention à de si sages representations.
En effet, le Roi ayant jugé à propos cette même année d'envoyer dans toutes les Isles Messieurs Renau & de la Boulaye,
le premier, pour y visiter les Fortifications, & le second, pour
examiner tout ce qui s'y passoit au sujet de la Justice &
du Commerce. Voici ce que je trouve dans les instructions
de ce dernier, par rapport à ce que nous venons de dire.

1699.

» Il y a eu jusqu'en 1687. dans l'Isle de S. Domingue une
» Fabrique considerable de Tabacs, qui est tombée par leur
» mauvaise qualité. Sa Majesté dans le dessein de la rétablir
» a engagé les Fermiers d'en prendre jusqu'à 800 milliers
» & de les payer sur les lieux, au prix porté par le résultat,
» qui a été envoyé au Sieur Ducasse. Comme il paroît par
» ses Lettres que les Habitans ne sont pas entrés dans les
» vûës de Sa Majesté, le Sieur de la Boulaye les expliquera
» à ceux des Principaux, qui peuvent s'appliquer à cette
» Fabrique, pour les engager à la rectifier, & à rendre leur
» Tabac conforme au Mémoire envoyé par les Fermiers, qui
» en pousseront le débit aussi loin qu'il sera possible, lorsqu'on

Reglemens pour le Commerce.

1699.

» pourra être certain d'en rétablir le goût; & si les raisons
» des Habitans contre ce résultat lui paroissent justes, il
» en dressera un procès-verbal. On avertissoit ensuite le
Sieur de la Boulaye que le débit de l'Indigo étant diminué
par la paix, & que les Habitans ayant commencé à s'appliquer à la Fabrique des Sucres, il devoit prendre des mesures pour qu'ils le fissent bien, & ne le laissassent point tomber dans le discredit, où étoit celui de la Martinique.

Et pour les Fortifications des Postes.

Quant à ce qui regardoit le Ministere de M. Renau, ses instructions portoient que dans l'Isle de S. Domingue il ne devoit s'arrêter qu'aux trois endroits principaux; à sçavoir, le Cap François, le plus exposé de tous aux attaques des Espagnols, par le voisinage de Sant-Yago: Leogane, qui comprenoit le petit Goave, menacé sans cesse par les Anglois de la Jamaïque; & le fond de l'Isle à Vaches, que Sa Majesté avoit concedé à une Compagnie. Que toute la Colonie se réduisoit à ces trois quartiers, le Roy ayant défendu de laisser rétablir le Port de Paix & les autres petits Postes, pour rendre ceux-ci plus forts & plus en état de résister aux Ennemis; qu'on devoit seulement laisser une Compagnie avec un Officier Major au Port de Paix, pour empêcher qu'il ne servît de retraite aux Forbans. Dans la suite des années ce quartier s'est peuplé de nouveau, & il l'est aujourd'hui à proportion autant qu'aucun autre de la Colonie.

Etablissement des Ecossois vers le Golphe de Darien.

Une chose inquiétoit alors extrêmement M. Ducasse, & parut assés importante à la Cour, pour y donner une attention particuliere. Sur la fin de l'année précédente on eut avis à S. Domingue, par une Barque, qui venoit de l'Isle de S. Thomas, que le 15. d'Octobre quatre gros Vaisseaux & une Corvette partis d'Ecosse & portant douze cens hommes de débarquement, y avoient passé, & que les discours de quelques Officiers avoient fait présumer que leur dessein étoit de faire un Etablissement aux *Sambres* dans la Province de Darien: Au reste, il faut bien se garder de confondre, comme a paru faire l'Auteur de l'Histoire des Flibustiers, cet endroit-là avec le Sambay, où M. de Pointis relâcha en allant à Carthagene. Sambay ou Samba eſt à douze lieuës au vent de cette Ville, & les Sambres en ſont ſous le vent, environ à moitié chemin de Porto-Belo. C'eſt ce que les Eſpagnols ont appellé la Pointe de *San-Blaz*, d'où par corruption s'eſt d'abord formé le nom de *Sambalos*, & puis celui de Sambres, que nous avons donné aux Indiens de ces quartiers-là. On y trouve pluſieurs petites Iſles, dont l'une porte le nom d'*Iſle d'Or*, & c'eſt là que les Ecoſſois ſe fixerent. Les Habitans de ce Pays étoient du nombre de ceux, qu'on appelle *Indios-Bravos*, & n'avoient jamais pû être domptés par les Caſtillans, mais ils s'étoient un peu humaniſés avec les Flibuſtiers, dont quelques-uns mêmes ſe retirerent en pluſieurs rencontres parmi eux. Les Ecoſſois s'étoient flattés de les gagner auſſi, & il eſt certain que s'ils y euſſent pû réüſſir, un Etabliſſement dans un Pays auſſi riche & auſſi fertile que celui-là, les auroit rendus Maîtres du Commerce des Indes. Effectivement il leur auroit peu coûté pour y entretenir une Croiſiere, qui auroit abſolument rompu la communication de Carthagene & de Porto-Belo, troublé la Foire de cette derniere Ville, & rendu impratiquable la navigation des Gallions. C'étoit un deſſein formé dès le têms du Roy Jacques II. de concert avec les Anglois, qui eurent néanmoins un grand ſoin de faire courir le bruit que le Parlement improuvoit fort cette Entrepriſe.

1699.

ou *Sambes*.

La France de ſon côté, outre l'interêt conſiderable, qu'elle a toûjours eû dans les Gallions, prévoyoit que cette nouvelle Colonie, jointe à la Jamaïque, alloit former une puiſſance, contre laquelle toutes les forces de S. Domingue ne tiendroient pas, & qui ruineroit en un moment toutes les vûës, qu'on avoit eûës dans l'Etabliſſement du fond de l'Iſle Vaches. Auſſi M. Ducaſſe ne differa-t'il point à donner avis à M. de Pontchartrain de ce qu'il venoit d'apprendre, & le Miniſtre crut devoir d'autant moins s'endormir ſur cet avis, qu'il en reçut bien-tôt la confirmation de Hollande. On lui mandoit de plus que c'étoit une Compagnie formée

Inquiétude de la Cour à ce ſujet.

Avache

1699.

en Ecoſſe pour les Indes Orientales, qui faiſoit cette Entreprife ; mais que le Darien étoit ſon veritable & unique objet, & que les Indes Orientales n'en étoient que le prétexte. La premiere démarche de la Cour de France dans cette affaire, dont elle connut d'abord toute l'importance, fut d'en informer le Conſeil d'Eſpagne. M. de Pontchartrain écrivit enſuite au Gouverneur de S. Domingue, que ſi les Eſpagnols de Carthagene & de Porto-Belo avoient beſoin d'armes & de munitions, pour chaſſer les Ecoſſois, il ne fît point difficulté de leur en fournir, qu'il laiſſât même aller à leur ſecours ceux des Flibuſtiers, qu'il étoit plus difficile de retenir dans la Colonie ; mais qu'il eût attention à ne point choquer les Anglois, ſuppoſé qu'ils paruſſent s'intéreſſer à cet Etabliſſement.

Meſures de M. Ducaſſe, pour s'oppoſer à cet Etabliſſement.

M. Ducaſſe n'avoit pas attendu ces ordres pour agir. Il commença par négocier avec les Indiens des Sambres, qui de leur côté entrerent ſans peine en Commerce avec lui : il leur envoya enſuite une Barque avec des préſens, & chargea le Patron de remettre aux Chefs de ces Sauvages la Lettre ſuivante. » Je vous fais la préſente pour marque
» de mon ſouvenir & de mon amitié. J'apprends avec ſa-
» tisfaction que vous conſervez toûjours l'affection, que vous
» m'avez promiſe pour ma Nation, je vous exhorte à ne
» point vous laiſſer ſuborner, & vous promets une entiere
» protection. Je ſuis informé que vous m'envoyés trois Dé-
» putés, leſquels on a embarqués ſur un Navire François,
» qui étoit à la Côte de Portobelo, afin de leur faire plus
» d'honneur & de les conduire avec plus de ſûreté. Je ſuis
» inſtruit que le Roi Coco, Seigneur du Golphe de Darien,
» deſire de traiter de Paix avec moi ; vous pouvez ſans
» rien riſquer lui promettre tout, & jurer. J'envoyerai auſſi
» des François jurer la Paix de ma part, & des Bâtimens
» dans le Golphe avec toutes les marchandiſes, dont les
» Peuples auront beſoin. Je ſçai qu'une Nation étrangere
» eſt venuë s'emparer d'une portion des Terres des Indiens
» de Bocator, vous devez comme gens ſages vous unir
» avec

» avec ces Indiens, quand même ils feroient vos Ennemis, 1700.
» pour chasser ceux, qui veulent ravir vos biens. Songés
» que c'est comme un feu, qui gagne peu à peu, & qu'après
» que ces Etrangers seront en possession de cette Terre,
» ils vous raviront la vôtre. Ainsi, ne vous laissez surpren-
» dre, ni à leurs belles paroles, ni à leurs présens ; si vous
» ne les chassez, vous deviendrez leurs Esclaves. Vos En-
» voyés vous porteront des Armes & des Munitions, s'ils
» m'en demandent. » Bocator est à soixante lieuës sous le
vent de Portobelo. Il y a bien de l'apparence que la premiere descente des Ecossois fut dans ce lieu-là, d'où ils
passerent ensuite à l'Isle d'Or. On a sçû depuis qu'ils y parurent avec Pavillon blanc, pour faire accroire aux Indiens
qu'ils étoient François, mais que ces Peuples n'y furent pas
trompés, & n'eurent jamais aucun Commerce avec eux.

M. Ducasse ayant pris de si justes mesures pour empêcher
les Indiens du voisinage de l'Isle d'Or de favoriser l'E-
tablissement des Ecossois, songea à mettre en mouvement les Espagnols, que cette Entreprise intéressoit encore plus que les François : il écrivit donc aux Gouverneurs de Carthagene & de Portobelo que, s'ils avoient
besoin de secours contre ces Usurpateurs, il leur en fourniroit, & il fit donner les mêmes assûrances au Président
de Panama, sur ce qu'il apprit que les Ecossois avoient
dessein de s'étendre jusqu'à la Mer du Sud, & en avoient
déja envoyé visiter les Côtes & les Ports. M. le Marquis *Depuis Duc,*
d'Harcourt n'agissoit pas moins vivement à la Cour de Ma- *Pair & Maré-*
drid, où il étoit Ambassadeur du Roi, mais il s'apperçut *chal de France.*
bien-tôt que le secours, que la France offroit, y étoit suspect,
ou du moins y donnoit de l'ombrage. C'est ce qui paroît
par une Lettre de M. de Pontchartrain à cet Ambassadeur,
en datte du 18. Juillet, où il dit. » J'ai reçu ce que vous
» me mandez sur ce qui a été résolu en Espagne, pour
» s'opposer à l'établissement du Darien. La nécessité de
» tirer de Hollande les Munitions, dont on aura besoin,
» rendra ce secours si éloigné, & les mouvemens des

1700.

»Ecossois, pour se fortifier, sont si vifs, qu'il est fort à
» craindre que les Espagnols ne puissent pas les en chasser,
» lorsque leurs préparatifs seront achevés. Cette situation,
» qu'il est difficile qu'ils ne prévoyent pas, devroit bien
» les engager à suivre la vûë, qu'ils paroissoient avoir eûë
» pour des secours plus prompts, qu'ils ne peuvent attendre
» que du Roi.

Depuis Duc, Pair & Maréchal de France.

Le plus grand embarras étoit toûjours du côté de l'Angleterre. M. le Comte de Tallard, qui étoit à la Cour du Roi de la Grande Bretagne, avoit eû ordre d'examiner ce qu'on y pensoit sur l'Entreprise des Ecossois, & il avoit crû pénétrer que les Anglois la regardoient avec une espece de jalousie. Le Roi Guillaume avoit déclaré qu'elle s'étoit faite sans sa participation, il assûroit même qu'elle étoit contraire à la Charte, qu'il avoit accordée aux Ecossois, & il envoya des ordres à la Jamaïque & à la Barbade, de ne les point secourir : toutesfois on fut bien-tôt instruit qu'il étoit sorti des Ports d'Angleterre deux Bâtimens chargés d'armes & de munitions pour l'Isle d'Or ; qu'on y en préparoit quatre autres ; que les Hollandois même s'intéressoient dans ces Armemens ; & que la nouvelle Colonie du Darien ne se soûtenoit que par les secours, qu'elle recevoit continuellement de la Jamaïque & de la Barbade. Ces avis se confirmerent sur la fin de l'année, & l'Angleterre se préparoit à entrer tout ouvertement dans cette affaire ; Milord Bellamont, Gouverneur de la Jamaïque, avoit reçû des ordres de soûtenir de toutes ses forces les Ecossois, & il se faisoit un grand Armement dans les Ports d'Angleterre, pour leur envoyer un renfort de 1500 hommes, lorsqu'on apprit que les maladies s'étant mises parmi eux, en avoient emporté la plus grande partie, & dissipé le reste. Il y a cependant bien de l'apparence que l'approche des Troupes Espagnoles envoyées par le Gouverneur de Carthagene, contribüa beaucoup à faire prendre aux Ecossois le parti de se retirer ; ce qui est certain c'est que les Espagnols se trouvant armés voulurent profiter de l'occasion pour dompter les Indiens des Sambres, qui eurent recours à M. Ducasse, auquel ils écrivirent la Lettre suivante, elle est du mois de May 1700. & signée du Commandant de la Nation.

1700.

» Monsieur & ami, comme nous vous avons promis foi
» & fidelité, & d'être les bons amis des François, nous
» vous avons pris & prenons pour nos Protecteurs, ainsi
» que je vous l'ai témoigné de bouche, lorsque j'eus l'avan-
» tage de vous saluer au petit Goave : vous y avez répondu
» par des assûrances réciproques & de vive-voix, & par écrit,
» & nous avons compté là-dessus ; car nous avons connu
» que la parole des François est plus inviolable que celle
» des autres Nations. Nous nous jettons donc entre vos
» bras pour être secourus contre nos Ennemis, qui nous
» veulent détruire, principalement les Espagnols, qui depuis
» qu'ils ont chassé les Ecossois, nous ont fait sentir la
» haine, qu'ils nous portent, en faisant mourir un de nos
» Gens, & un François, qui étoit parmi nous. Ils ont fait
» pendre ce dernier à Carthagene, & avant que de l'expo-
» ser au Vent, ils lui ont fait mille outrages. Là-dessus
» nous vous déclarons derechef que nous sommes & serons
» les vrais amis & serviteurs du grand Roi de France jus-
» qu'à la mort. Faites en sorte, Monsieur, que le Gouver-
» neur de Carthagene soit instruit, aussi-bien que tous les
» autres Commandans, que nous sommes sous la protec-
» tion de la France.

Les Indiens des Sambres se mettent sous la protection de la France.

Cette Lettre, qui selon les apparences, fut long-têms en chemin, ne trouva plus M. Ducasse à S. Domingue, il étoit passé en Europe, & avoit eû ordre de se rendre à la Cour d'Espagne pour y regler plusieurs affaires concernant les intérêts des deux Couronnes dans les Indes. Cela causa un retardement, qui fit perdre patience aux Indiens, & ils menaçoient de se donner aux Espagnols. M. de Galifet, qui dans l'absence de M. Ducasse commandoit en Chef à S. Domingue, crut devoir parer ce coup, & voulut faire partir pour les Sambres le Sieur du Rocher, Lieutenant d'une

Aaa ij

1700.

Compagnie : ses instructions portoient d'assûrer ces Peuples que la France ne les abandonneroit pas, & de ne rien négliger pour leur faire reprendre leurs premiers sentimens, de s'informer exactement de la qualité & des richesses du Pays, & de quelle utilité il pouvoit être au Roi. Il falloit un prétexte pour couvrir le veritable dessein de ce voyage ; M. de Galifet en avoit un fort naturel, qui étoit d'envoyer une Amnistie aux Flibustiers réfugiés depuis long-têms parmi ces Peuples, & parmi ceux de Bocator. Ce dernier endroit étoit d'une bien plus grande consequence encore que les Sambres ; il étoit plus peuplé, plus riche en or, & on pouvoit aller de là en deux jours, sans aucun obstacle, à la Mer du Sud. Mais les vûës de M. de Galifet sur ces deux postes n'eurent point d'effet par le refus, que M. Patoulet fit d'y conduire le Sieur du Rocher, comme il s'y étoit engagé d'abord ; & sa raison fut qu'il avoit des ordres très-précis du Roi, de ne donner aucun ombrage aux Espagnols, lesquels en prendroient certainement de ce voyage, dont ils pénétreroient aisémenr le veritable motif.

Les Ecossois abandonnent pour la seconde fois le Darien.

Cependant on publioit depuis quelque têms, que les Ecossois étoient retournés sur le Darien au nombre de mille ou douze cens Hommes, y avoient débarqué sans aucune opposition, & se faisoient de cet Etablissement une affaire de Religion & de Nation. Ces bruits étoient fondés, mais on eut bien-tôt des avis certains que ce second convoi étoit arrivé fort delabré, que les Espagnols, qui avoient armé l'année précédente à Cadix, pour chasser les premiers, & qui, sur la nouvelle de leur retraite, étoient rentrés dans ce Port, se préparoient à en sortir de nouveau ; que le Parlement d'Angleterre avoit changé de sentiment à cet égard, & faisoit naître des incidens, qui dérangoient fort les affaires de la nouvelle Colonie. On ne laissa pourtant pas de faire partir un troisiéme convoi d'Ecosse, & quoique le Roi de la Grande Bretagne eût défendu de nouveau aux Anglois de l'Amérique de donner aucun secours aux Ecossois ; ces défenses ne furent pas mieux observées que les premieres. M.

Ducasse étoit encore à S. Domingue, lorsque les premiers avis de cette seconde tentative y arriverent, & pour en empêcher le succès il avoit conçû le dessein, que M. de Galifet forma depuis à son exemple d'envoyer aux Sambres un Officier avec 40. ou 50. Flibustiers. Ce projet n'eut point alors de suite, premierement par le départ de M. Ducasse, qui arriva peu de têms après, & puis par le refus que fit M. Patoulet, de mener ceux, que M. de Galifet avoit destinés pour cette Expedition: Les Indiens de leur côté ne recevant aucune nouvelle des François, s'en crurent abandonnés, & la crainte de tomber entre les mains des Espagnols les faisoit penser à s'accommoder avec les Ecossois, lorsque M. de Galifet fut heureusement instruit de cette disposition. Il leur envoya aussi-tôt le Sieur du Rocher, & ne douta point qu'au moins une partie des Flibustiers, qui étoient parmi ces Peuples, ne se joignissent à lui, comme il arriva en effet. Alors les Ecossois voyant les Indiens se tourner de nouveau vers les François, & résolus à ne les point souffrir davantage chez eux, ne pouvant d'ailleurs s'assûrer que les secours d'Angleterre ne leur manqueroient point ; apprenant que les Espagnols étoient partis de Cadix pour les chasser de l'Isle d'Or, & craignant que, si les maladies recommençoient à les désoler, il ne leur fût pas même possible de se retirer, ils crurent que le plus sage étoit de prévenir un malheur, qui leur paroissoit inévitable, & ils renoncerent enfin pour toûjours à une Entreprise, qu'ils n'étoient pas en état de soûtenir seuls, contre les forces réünies des François & des Espagnols.

1700.

Cette réünion n'étoit plus douteuse depuis l'avénement du Duc d'Anjou à la Couronne d'Espagne ; mais elle eut, par rapport aux Indiens des Sambres, un effet bien contraire à celui, qu'ils avoient eû tout lieu d'attendre de leur attachement à la Nation Françoise. J'ai dit que M. de Galifet avoit envoyé chés ces Peuples le Sieur du Rocher, pour y commander les Flibustiers, qui y étoient. Il en avoit informé le Ministre, qui lui répondit que le Roi auroit fort approuvé

1701.

Avénement de Philippe V. à la Couronne d'Espagne.

1701.

cette démarche, si la situation des affaires n'eût pas changé?
» Mais ajoûta-t-il, l'intention de Sa Majesté étant de main-
» tenir une parfaite correspondance entre les deux Couronnes,
» elle veut qu'on éloigne tout ce qui pourroit s'y opposer,
» & pour cet effet elle vous ordonne de rappeller du Rocher
» à S. Domingue avec tous les Flibustiers, que l'Amnistie
» engagera à y retourner, en déclarant aux autres qu'ils
» doivent tout apprehender de la juste colere du Prince, s'ils
» s'obstinent à rester. Pour ce qui est des Indiens, on ne
» laissera pas d'entretenir le Traité fait avec eux, mais après
» les avoir informés du changement arrivé en Espagne, il
» faut les exciter à se soûmettre aux Espagnols, de qui Sa
» Majesté travaillera à ce qu'ils soient bien traités. M. de
Galifet voyoit mieux que personne les inconvéniens de
cette conduite, parce qu'il avoit une connoissance parfaite
de la maniere d'agir des Espagnols avec les Indiens ; mais
elle étoit nécessaire dans les circonstances présentes ; d'ailleurs, ses ordres étoient précis, & il obéït. Ce qu'il avoit
prévû ne manqua point d'arriver ; les Indiens maltraités
des Espagnols, & n'esperant plus rien du côté des François,
appellerent les Anglois, & les menerent aux Mines du
Darien. Quant aux Flibustiers ; la plûpart ne profiterent
point de l'Amnistie, mais parmi ceux, qui étoient restés en
Jamaïque, plusieurs voyant la Guerre prête à se déclarer
entre la France & l'Angleterre, ne purent se résoudre à porter les Armes contre leur Patrie, & pour éviter de s'y trouver engagés, ils passerent dans le Continent, & se retirerent
à Bocator. Ils y furent parfaitement bien reçûs des Naturels
du Pays, avec lesquels ils s'allierent d'abord, de sorte que
ces deux Nations n'en font plus qu'une aujourd'hui.

Ce qui em-
pêche les An-
glois de suc-
comber sous
les efforts des
François & des
Espagnols.

La Guerre, qu'on prévoyoit fût enfin déclarée, & deux
choses empêcherent les Anglois de succomber sous les deux
Puissances, qui pouvoient aisément se réünir contr'eux, pour
les chasser de l'Amérique Méridionale. La premiere fut
qu'un assés bon nombre de nos Flibustiers prirent parti avec
eux : La seconde, que les Espagnols exécuterent mal de leur

côté les ordres, que les deux Rois avoient envoyés à leurs Sujets du Nouveau Monde, de se secourir mutuellement au cas qu'ils fussent attaqués. Ils continuerent même encore long-têms à en agir avec les François comme s'ils eussent été leurs plus grands Ennemis, à retenir les Prisonniers & les Negres fugitifs; & dès la premiere fois qu'on eut besoin de recourir à eux, pour défendre Léogane, qui étoit menacé par les Anglois, ils refuserent d'y marcher, leurs Officiers ayant répondu qu'ils n'en avoient point d'ordre. On ne douta point qu'il n'y eût de la collusion de la part des Chefs, qui avoient donné à M. de Galifet toutes sortes d'assûrances, de le secourir dans l'occasion, & l'on eut plus d'une preuve dans la suite qu'ils auroient bien voulu voir les François & les Anglois leur faciliter, en s'affoiblissant, les moyens de se délivrer une bonne fois des inquiétudes, que leur causent d'aussi fâcheux voisins. Il est certain que, si de notre côté nous eussions voulu tenir la même conduite à leur égard, les Indes Espagnoles eussent couru de grands risques, mais il n'étoit pas de notre interêt que les Anglois y fissent des conquêtes, & les Espagnols, qui le sçavoient bien, se tenoient assûrés que nous ne leur manquerions pas au besoin, de quelque maniere qu'ils en usassent avec nous. Quoiqu'il en soit, voici quelle fut l'occasion qui obligea M. de Galifet de recourir à eux.

Au mois de Juillet 1702. les Anglois de la Jamaïque eurent les premiers avis de la déclaration de la Guerre; les Vice-Amiraux Wetchstou & Bembou, étoient déjà en Mer avec de fortes Escadres, & sembloient menacer les Côtes du Sud & de l'Oüest de l'Isle S. Domingue: C'étoit veritablement leur dessein de les piller, car ils n'étoient pas en état de faire autre chose, n'ayant presque point de Troupes de débarquement; mais ils en vouloient encore plus à M. Ducasse, qui étoit venu avec une Escadre à S. Domingue, & qui devoit aller delà à Carthagene. L'onzième d'Aoust M. de Galifet étant au Cap reçut de bon matin avis par M. Ducler, Major de Léogane, & par M. de Villaroche, Com-

Le Vice-Amiral Bembou, attaque Leogane, & avec quel succès.

1702. mandant à Saint Loüys, que le vingt-neuf de Juillet on avoit apperçû *de la Roche à Bateau*, douze lieuës au vent du Cap Tiburon, sept gros Vaisseaux, dont l'un portoit Pavillon quarré au grand Mât, & que le 4. d'Aoust un Capitaine Marchand, étant sous le Cap S. Nicolas, avoit vû le même nombre de Vaisseaux à six lieuës au large de ce Cap, portant vers Leogane. Sur le midi du même jour un Chasseur, qui lui apportoit des Lettres de M. de Brache, Lieutenant de Roi à Leogane, l'assûra que le troisiéme il avoit vû de la Pointe de S. Marc, des Vaisseaux, qui canonnoient Leogane, & ajoûta que d'autres Chasseurs arrivant en Canot avoient vû onze autres Vaisseaux, & plusieurs Barques, qui avoient passé à Leogane par le Sud de la Gonave.

Il n'y avoit pas à douter que le dessein des Ennemis, avec tant de forces, ne fût de ruiner au moins tous les quartiers de cette Côte; & M. de Galifet prit sur le champ la résolution d'y marcher. Il fit tirer l'allarme, il détacha des Cavaliers dans toutes les Côtes, pour y assembler les Milices, & il ordonna un détachement de 150. Cavaliers, sous le Commandement de M. de Breda, pour se rendre par terre. Il envoya un Exprès aux Espagnols, pour les avertir de se mettre aussi incessamment en marche, & donna ses ordres, pour faire embarquer dans les Canots & des Chalouppes les deux Compagnies de la Garnison du Cap, deux autres qui venoient d'arriver de S. Christophle, & 200. Fantassins de la Milice, le tout sous la conduite du Sieur Bachelier, qui avoit été Major à S. Christophle, & à qui il recommanda de se rendre à Leogane en naviguant terre à terre. De cette sorte le secours François devoit être de 700. Hommes, y compris 35. Maîtres, qui étoient avec M. de Galifet, & ce Commandant comptoit sur 300. Espagnols. Il partit du Cap le 13. & le 15. à midi il arriva au passage de l'Artibonite, qui se trouva débordé. Il le passa à la nage, avec perte de plusieurs armes, bagages & équipages, parce qu'il est très-rapide. Il avoit à peine fait trois lieuës au delà de cette Riviere, qu'un Espagnol vint lui dire que

les

les Ennemis s'étoient retirés, il renvoya sur le champ tous ceux, qui l'accompagnoient pour contremander M. de Breda, qui n'auroit pas manqué de perdre du monde au passage de l'Artibonite, & il se rendit au Cul-de-Sac, où il aprit ce qui suit.

1702.

Le 7. Août le Vice-Amiral Bembou parut à la vûë de Leogane avec neuf Navires, dont le moindre étoit de 54. Canons, & deux Bateaux : le Sr. de Morville, qui commandoit la Flutte du Roy *le Gironde* envoya aussi-tôt sa Chaloupe les reconnoître, les Anglois l'ayant apperçûë, mirent toutes les leurs à la Mer, après en avoir doublé les Equipages, & la prirent. Alors le Sr. de Morville appareilla, & le vent ayant refusé du côté du petit Goave, il porta vers le Cul-de-Sac. Les Anglois détacherent cinq Chaloupes armées pour le prendre, il les repoussa à coups de canon, mais voyant que Bembou se faisoit remorquer pour venir sur lui, il mit le feu à son Navire, & sauva son Equipage, à la reserve de quatre Hommes, qui furent brûlés. Les Vaisseaux Marchands, qui étoient dans la Rade de l'Esterre, appareillerent aussi pour le petit Goave, mais ils furent coupés, il y en eut un, nommé *la Reine des Anges*, qui fut pris sous voiles, mais l'Equipage se sauva à terre ; un autre, qui se nommoit *la Reyne Marie*, fut pris au grand Goave, où il s'étoit jetté. Le troisiéme, appellé *le Saint George*, se coula à fonds au même endroit, & un Brigantin fut pris sous voiles le 8. à dix heures du matin.

M. de Brach étoit au Conseil à l'Esterre, lorsque les Ennemis parurent ; il y laissa le Sr. Ducler avec les ordres nécessaires, & monta à cheval, pour gagner la petite Riviere, où l'Escadre portoit. Il sçut en y arrivant que la Chaloupe de la Gironde avoit été prise, & peu de têms après il fut témoin du malheur arrivé à ce Navire, & aux autres, qui auroient pû l'éviter, s'ils eussent obéi plûtôt à l'ordre, qu'il leur avoit donné de se retirer au petit Goave. Toute la nuit du 7. au 8. de Brach fit travailler à monter des canons, & à mettre les batteries en état. Le matin à la pointe du jour cinq Navires se trouverent une demie lieuë au vent de la petite Riviere, & en passerent vent arriere à une portée de Canon, sans tirer ; cela obligea le Lieutenant de Roy, qui les observoit, de monter à cheval avec toute la Cavalerie, & il arriva à la Pointe avant eux. Ils porterent sur l'Esterre, & il les y devança encore. Ils étoient vis-à-vis de la batterie sur les neuf heures du matin, & ils commencerent aussi-tôt à canonner, ce qui dura deux heures : ils détacherent ensuite des Chaloupes & un Canot pour enlever un Bâtiment Nantois, qui étoit échoüé à 60. toises des retranchemens, & qui ne pouvoit être défendu, que d'un côté. Ils l'aborderent & s'en saisirent sans peine, mais le feu de la batterie les empêchant de manœuvrer pour le remettre à flot, ils le brûlerent, malgré les efforts du Sr. Ducler, qui sans être commandé, sortit du retranchement, s'avança à découvert sur le rivage, vis-à-vis du Vaisseau, & tua plusieurs Anglois ; mais n'ayant été suivi que de 15. personnes, sa hardiesse n'empêcha point la perte du Navire.

Les Vaisseaux Ennemis continuoient toûjours à canonner, & on ne leur répondit pendant tout le têms que de 17. coups de 24. qui porterent tous. On sçut par un Matelot de la Gironde, qui s'étoit sauvé, que Bembou en avoit reçu onze sur son bord, dont il avoit eu douze Hommes tués & 17. blessés, & que son Navire étoit même fort endommagé. Un autre Vaisseau fut long-têms sans pouvoir manœuvrer, & l'on vit le Vice-Amiral & un autre Navire lui envoyer leurs Chaloupes. Du côté des nôtres il n'y eut de tué qu'un pauvre Mandiant, un Negre, & un Cheval.

Pendant ce têms-là deux Frégates canonnoient les deux Navires Marchands, qui s'étoient retirés à l'Islet du grand Goave, & dont j'ai parlé ; une de ces Frégates, qui étoit de 60. pieces, voulut passer entre l'Islet & la grande terre, & demeura deux heures échoüé à la portée de pistolet d'une des deux terres. M. de Brach prétendit que, s'il y avoit eu là un retranchement, ou du Canon, ce Navire n'en seroit jamais sorti, & en rejetta la faute sur M. de Galifet, qui de son côté reprocha au Lieutenant de Roy de s'être laissé surprendre, de n'avoir pas fait observer les ordres, qu'il lui avoit donnés pour la conservation des Navires François, de n'avoir tiré que dix-sept coups de Canon, & de n'avoir pas soûtenu le Sr. Ducler, lorsque cet Officier sortit du retranchement. Bien de gens ont crû que M. de Brach ne fit pas tout ce qu'on attendoit de lui dans cette occasion. C'est néanmoins un homme de merite, & un très-bon Officier, mais on connut dans cette rencontre combien le peu de concert entre les Commandans peut être nuisible au service. Il paroît qu'alors presque tous les Officiers s'étoient réünis contre M. de Galifet, & ne manquoient jamais de raisons, ou de prétextes pour éluder ses ordres. Il est fâcheux que tant de talents deviennent inutiles, faute d'être soûtenu de celui de faire aimer le Commandement.

Le 9. Bembou parut vouloir passer au petit Goave, ce qui obligea M. de Brach à détacher M. Ducler avec toute sa Cavalerie, mais les Ennemis s'arrêterent devant la Rade, & n'oserent entrer dans le Port, quoiqu'on les eût avertis qu'ils y trouveroient plusieurs Navires, dont il leur seroit aisé de se rendre les maîtres. Le 10. ils retournerent devant l'Esterre, puis porterent sur la petite Riviere, M. de Brach les suivant toûjours à la vûë. Enfin la nuit du 10. à l'11. ils se retirerent & on ne les vit plus. Un second Matelot, qui se sauva le lendemain de la Gironde rapporta, que l'*Imprudent*, Navire du Roy, avoit été pris, que les trois quarts des Equipages de Bembou étoient des François réfugiés, que ce Général avoit voulu faire une descente, mais que la canonnade du huitiéme l'en avoit dégoûté, outre qu'il ne se fioit pas à ses Refugiés François. Il avoit pris le septiéme le Sr. de Pradines & sa Compagnie, qui arrivoient de S. Christophle dans une Barque Angloise, mais il les renvoya le lendemain à terre.

Il esperoit se dédommager du peu de succès, qu'avoit eu cette expédition, sur l'Escadre de M. Ducasse, aux trousses duquel il se mit aussi-tôt avec ses sept Navires. Il le ren-

1702.

Les Ennemis se retirent.

Combat entre le Vice-Amiral Bembou & M. Ducasse.

1702.

contra enfin le 30. d'Août à 12. lieuës de Sainte Marthe, & quoique M. Ducaſſe n'eût que quatre Vaiſſeaux, il ne refuſa point le combat. Il dura cinq jours, & le ſixiéme, qui étoit le quatriéme de Septembre, Bembou fit vent arriere & gagna la Jamaïque. Il avoit une jambe caſſée, & il en mourut peu de têms après: ſes Vaiſſeaux étoient pour la plûpart hors d'état de tenir la Mer, & il avoit perdu la moitié de ſes Equipages. M. Ducaſſe n'avoit qu'un Vaiſſeau fort incommodé, & environ 20. Hommes, tant tués que bleſſés; toutefois il ne jugea pas à propos de pourſuivre Bembou, qu'il ne croyoit peut-être pas auſſi mal en ordre, qu'il l'étoit, & il continua ſa route vers Carthagene, où il entra peu de jours après, & où ſa préſence cauſa autant de joye, qu'elle y avoit inſpiré de terreur quelques années auparavant.

Les Ennemis attaquent le petitGoave & ſe retirent. Le 20. de Decembre ſuivant, deux Navires de l'Eſcadre de Bembou parurent devant Leogane, & après y être demeurés quelque-têms, ſe montrerent au petit Goave. M. de Galifet étoit aſſés près de là fort malade, il ne laiſſa pas de ſe rendre dans ce Port, & un Priſonnier François, qui ſe ſauva à la nage d'un des deux Navires, lui apprit que Bembou étoit mort de ſes bleſſures, & que ſon collegue Wetchſtou étoit au Cap Saint Nicolas avec ſon Eſcadre. Le 26. cette Eſcadre moüilla au Cap Tiburon, & M. de Galifet en étant informé, ne douta plus qu'elle n'en voulût à la Caye Saint Louis. Il envoya avertir le Sr. le Page, qui y commandoit, d'être ſur ſes gardes, & il ſe diſpoſa à l'aller joindre. L'Eſcadre paſſa effectivement à la vûë de ce poſte, mais elle n'en approcha point, & M. de Galifet, qui s'étoit déja avancé juſqu'à un endroit nommé *le Fond des Negres*, ne fut pas plûtôt aſſûré de leur retraite, qu'il reprit la route du petit Goave. On fut quelque-têms ſans ſçavoir ce qu'étoit devenu l'Eſcadre Angloiſe, & on la croyoit fort loin, lorſqu'une partie des Vaiſſeaux, qui la compoſoient, ſe préſenta devant le petit Goave. Le Vice-Amiral avoit remonté juſqu'à San-Domingo, dans le deſſein de rabattre ſur le Caye Saint Louis, qu'il eſperoit ſurprendre, mais ayant sçû qu'on l'y attendoit, il passa au Cap Tiburon, où il partagea ses forces en deux. Une partie entra par le Canal de Nippes, & le deuxiéme d'Avril vers le Soleil couchant, elle fut apperçûë à l'entrée du petit Goave, au nombre de six voiles. M. de Breda Major, qui y commandoit, fit tirer l'allarme, & garnit tous les postes. M. de Paty Lieutenant de Roy en étoit sorti peu d'heures auparavant, & n'étoit qu'à deux lieuës, on courut après lui, il retourna, & trouva toutes choses en bon état par les soins du Major.

Il y avoit trois Vaisseaux dans la Rade, le soin de les conserver avoit attiré la premiere attention de M. de Breda, & à cet effet il avoit envoyé les sieurs de Pradines Capitaine, & la Salle Lieutenant à la *Pointe des Mangles*, qui commande l'entrée du Port, avec 30. Soldats choisis. C'étoit la nuit, & il faisoit un très-beau clair de Lune, à la faveur duquel Pradines apperçut sept Chaloupes ennemies chargées de monde, qui vinrent ranger la pointe à demie portée du mousquet; il les laissa passer, sans tirer un seul coup, & elles allerent droit aux Navires, qui appareilloient pour entrer dans le Port, & dont elles se rendirent maîtresses sans résistance. Alors le Sr. de Pradines commença de faire feu, & comme le canon du Fort en faisoit déja un très-grand, les Chaloupes se virent bien-tôt obligées de regagner leurs Navires. Elles s'étoient mises en devoir d'emmener leurs Prises, mais elles n'en purent remorquer qu'une, elles en brûlerent une seconde, & abandonnerent la troisiéme. Le lendemain on trouva une de ces Chaloupes, qui étoit à la dérive, remplie d'armes & de bagages, ce qui fit juger que le canon du Fort, & la mousqueterie de la Pointe avoit tué bien du monde aux Ennemis. L'autre partie de l'Escadre, qui étoit composée de huit voiles, entra par le Canal de Saint Marc, & rencontra trois Navires Flibustiers, qui sortoient du quartier de l'Artibonite. Le premier fut pris, les deux autres s'échoüerent à la Côte, & tous les Hommes se sauverent. Après cette Expédition toute l'Escadre se réjoignit, & le Vice-Amiral envoya une Cha-

1703.

1703.

ioupe au petit Goave porter un Prifonnier, & dire que, fi on vouloit lui renvoyer tous les Anglois, qu'on retenoit, il les échangeroit contre un pareil nombre de François: on lui répondit qu'on ne demandoit pas mieux, mais il fe retira fans rien repliquer, & ne parut plus.

M. Auger fuccede à M. Ducaffe dans le Gouvernement de Saint Domingue.

Les chofes étoient en cet état, lorfqu'on apprit que le Roy ayant declaré M. Ducaffe Chef d'Efcadre, lui avoit donné un fucceffeur au Gouvernement de S. Domingue, & que c'étoit M. Auger Gouverneur de la Guadeloupe, qu'il venoit de défendre avec beaucoup de gloire contre les Anglois. M. de Galifet en reçut la nouvelle par une lettre, que lui écrivit M. de Pontchartrain en datte du 21. Mars, & où il lui declaroit que le Roy avoit eu deffein de lui donner cette Place, mais que Sa Majefté en avoit été empêchée par les plaintes continuelles, qui avoient été faites contre lui: qu'étant néanmoins fort perfuadée que ces plaintes venoient en partie de ce qu'il avoit voulu établir la difcipline & l'ordre avec trop de feverité, & fans prendre les ménagemens néceffaires dans une Colonie nouvelle, dont il faut inftruire les Habitans de ce qu'ils doivent faire, avant que de les punir pour y avoir manqué, Elle lui avoit donné le Gouvernement de la Guadeloupe. Que fi fes habitations le retenoient à S. Domingue, le Roy ne difpoferoit de fa place qu'après qu'il auroit pris fon parti. Le Miniftre lui donnoit enfuite avis que le Roy avoit nommé le Sr. Deflandes Commiffaire Ordonnateur à S. Domingue, puis il ajoûtoit qu'il ne lui paroiffoit pas difficile d'engager les Habitans de S. Domingue à imiter les Anglois de la Jamaïque, lefquels ne faifoient plus que des armemens de Barques. Que cette forte de guerre donneroit le moyen d'employer les vagabonds & les jeunes gens, que leur légéreté porte à la defertion, & à rendre les abords de l'Ifle plus libres. Mais que pour y parvenir, il falloit ufer de toute la condefcendance, qui n'alloit point au détriment de l'authorité.

Son arrivée

M. Auger trouva effectivement toute la Colonie révol-

DE S. DOMINGUE, LIV. XI. 383

tée contre M. de Galifet, & peu de têms après il reçut une
lettre du Roy, en datte du 26. Decembre 1703. par laquelle
Sa Majefté lui enjoignoit de l'arrêter, & de le tenir en lieu
de fûreté jufqu'à nouvel ordre. Il avoit déja commencé par
l'interdire, & il paroît que M. de Galifet étoit paffé fur le
champ en France pour fe juftifier: ce qui eft certain, c'eft
qu'il ne tarda point à s'y rendre, & que fon innocence parût
dès-lors plus que vraifemblable. Le Roy n'approuva point que
M. Auger eût été fi vite dans cette affaire, Sa Majefté lui
fit écrire qu'Elle n'avoit pas trouvé bon que fur le premier
incident, qui fût arrivé entre lui & le Gouverneur de Sainte
Croix, il eût fait une défenfe publique de lui obeïr;
qu'il en avoit bien le pouvoir, mais qu'à l'égard d'un Officier, qui le fuivoit immediatement, il ne devoit en ufer que
dans un cas d'extremité & de prévarication prouvée, où il
n'étoit pas. On lui ajoûtoit dans la même lettre que
dans tout ce qu'il avoit mandé au fujet de M. de Galifet,
il paroiffoit qu'il s'étoit laiffé prévenir par quelques Officiers,
dont la conduite n'avoit pas été affés irréprochable pour mé-
riter une entiere créance, & qu'il n'étoit pas poffible qu'il
eût eu le têms de trouver les preuves de tous les faits, qui
lui avoient été avancés.

Je n'ai pû fçavoir fi M. Auger convint dans la fuite qu'il
avoit été trop credule au fujet du Gouverneur de Sainte
Croix; ce qui eft certain, c'eft que cet Officier fut jufqu'à
fa mort très-bien en Cour, où il fe juftifia au moins des
principaux griefs, dont on l'avoit chargé; qu'il remercia le
Roy du Gouvernement de la Guadeloupe, & garda celui de
Sainte Croix; mais qu'il ne retourna point au Cap, étant
mort à Paris, lors qu'il fe difpofoit à partir en 1706. qu'il eut
pour fucceffeur M. de Charite, & qu'au mois de May de
l'année précedente, il avoit obtenu l'érection de la principale de fes habitations de Saint Domingue en Comté, fous
le nom de Comté de Galifet, & cela en confideration de
ce que Commandant en Chef dans l'Ifle de Saint Domingue pendant l'abfence de M. Ducaffe, il avoit parfaitement

1703.
à S. Domin-
gue & fa con-
duite à l'é-
gard de M.
de Galifet.

1705.

Mort de M.
de Galifet.

bien servi le Roy, & mis cette Colonie dans un état très florissant.

Caractere de M. Auger.

Pour revenir à M. Auger, peu de têms avant son arrivée à Saint Domingue, une partie des habitans de Saint Christophle, chassés de nouveau de cette Isle par les Anglois, étoient venus renforcer la Colonie de S Domingue : comme ils la trouverent bien differente de ce qu'ils l'avoient vûë, il y avoit plusieurs années, dans une occasion toute semblable, ils eurent moins de peine à s'y établir. C'étoit des Habitans tout formés, la plûpart nés dans l'Amérique, fort reglés dans leur conduite, bien instruits de leur religion, & ils servirent beaucoup à policer la Colonie, dans laquelle ils venoient d'être incorporés. C'étoit aussi à quoi on s'appliquoit alors plus particulierement à S. Domingue, & cette Isle ne pouvoit pas avoir dans ces conjonctures un Gouverneur, qui lui convînt davantage que M. Auger. Il étoit né dans l'Amérique, & sçavoit comment il y falloit gouverner. Il avoit été pris dans sa jeunesse par les Saletins, & avoit passé quelque-têms dans un rude esclavage; il avoit appris dans cette Ecole à être doux, humain, compatissant, & toûjours prêt à faire plaisir : toutes les vertus Chrétiennes & Militaires perfectionnoient ce caractere, & en ont fait un des plus accomplis Gouverneurs, que la France ait eus dans l'Amérique. Mais S. Domingue ne l'a pas long-têms possedé. Son premier soin, après qu'il eut pris connoissance des affaires de son Gouvernement, fut de rappeller les Flibustiers, qui s'étoient réfugiés ailleurs, & de renouveller les alliances avec les Indiens des Sambres & de Bocator, & il y trouva des facilités, qu'il n'avoit pas osé esperer.

M. Deslandes Commissaire Ordonnateur à Saint Domingue.

Le Roy fit encore dans le même têms un présent à l'Isle de S. Domingue, qui lui a été extrêmement avantageux. Sa Majesté y envoya M. Deslandes en qualité de Commissaire Ordonnateur, & pour y faire les fonctions d'Intendant. Jusques là les Gouverneurs avoient eu toute l'autorité civile & Judiciaire, aussi-bien que la Militaire; quoique subordonnée à celle du Gouverneur Général des Isles; & même depuis

depuis l'érection des Conseils supérieurs, (car on en venoit d'en établir un au Cap François,) ils y présidoient seuls. Tant de pouvoir dégéneroit quelquefois en despotisme, & si cet abus avoit été moins à craindre dans les commencemens d'une Colonie formée au hazard, & composée de gens tels qu'étoient les premiers Avanturiers, ce n'étoit plus la même chose depuis que les Habitans s'étoient mis en regle, & s'étoient extrêmement multipliés; l'on ne pouvoit donc plus s'y passer d'un chef de Justice, & le Roi choisit pour cet emploi l'homme du monde qui y convenoit le mieux. M. Deslandes s'acquit bien-tôt dans l'Amérique la même réputation, qu'il avoit euë dans l'Asie, où il avoit été long-têms Directeur de la Compagnie des Indes, & où la plûpart des Rajas, le Grand Mogol lui-même, les Anglois, les Hollandois, les Portugais, & le Roy de Dannemarck lui donnerent à l'envie des marques éclatantes d'une confiance parfaite, & de la plus grande distinction. Avant que de se rendre à S. Domingue, il visita en qualité de Directeur de la Compagnie de l'*Assiento* toute la Côte de l'Amérique depuis Caraque jusqu'à Portobelo, & il y gagna l'affection de tous les Espagnols, avec qui il eut à traiter. Enfin il arriva à Leogane le 13. Fevrier 1705. Il y étoit attendu avec une grande impatience, & il y remplit parfaitement l'idée, qu'on s'y étoit formée de lui. La grande correspondance, qui fut toûjours entre M. Auger & lui, y contribua beaucoup ; l'un & l'autre avoit uniquement le bien public en vûë ; mais ils manquerent tous deux presque en même-têms à une Colonie, qu'ils avoient renduë méconnoissable dans le peu de têms qu'ils l'avoient gouvernée. M. Auger mourut à Leogane le 13. d'Octobre 1705. & M. Deslandes le 13. Fevrier de l'année suivante, & les pleurs, dont on arrosa leurs tombeaux, furent trop universels pour n'être pas sinceres. *(a)*

1705.

Les lettres d'érection sont du 8. Juin en 1702.

L'année qui suivit le départ de M.º Deslandes pour Saint Domingue, il se fit quelque changement dans cette Isle, par rapport au Gouvernement spirituel de la Colonie. Dans les premiers têms, à mesure qu'il se formoit une Paroisse, elle

Les Jesuites envoyés à S. Domingue à la place des Capucins.

(a) on assure qu'il y avoit un Brevet d'intendant expédié pour M. Deslandes lorsqu'on apprit sa mort.

étoit desservie par le premier Prêtre séculier, ou régulier, qui s'en emparoit : dans la suite la plûpart de celles de la Côte du Nord étoient restées entre les mains des PP. Capucins. Ces Religieux ne s'accoûtumant point à l'air du pays, & y perdant un grand nombre de Sujets, prierent le Roy de trouver bon qu'ils se retirassent, Sa Majesté y consentit, & chargea les Jesuites des Cures, qu'ils abandonnoient. Le P. Girard, qui avoit été Superieur à Saint Christophle, eut ordre de passer à S. Domingue, pour y exercer le même emploi, & il y arriva au mois de Juillet 1704. & il y fut joint quelques semaines après par le Pere le Pers. La Compagnie de S. Loüis avoit obtenu la permission de se pourvoir de Curés dans sa Concession, comme elle le jugeroit à propos : depuis qu'elle a remis ses droits à Sa Majesté, les PP. Dominiquains ont pris possession de la Côte du Sud, & en desservent les Paroisses, comme ils font celles de l'Oüest.

M. Mithon premier Intendant à S. Domingue.

Dès qu'on eut appris en Cour la mort de M. Deslandes, on lui nomma un successeur, qui fut M. Mithon, lequel n'eut d'abord, non plus que son prédécesseur, que le titre de Commissaire Ordonnateur ; mais quelque têms après il reçut un brevet d'Intendant. On ne pressa point tant de remplacer M. Auger, & M. de Charitte resta plus d'un an chargé du Commandement général, non plus par une commission particuliere, comme l'avoient été MM. du Boissy, Raymé & de Galifet, mais en vertu d'un reglement du Roy du 29. Avril 1706. qui declaroit que deformais le Gouverneur de Sainte Croix commanderoit en Chef dans l'Isle en l'absence du Gouverneur de la Tortuë.

1706.

M. d'Iberville à S. Domingue.

Cette même année 1706. M. d'Iberville, qui venoit de prendre Niéves sur les Anglois, passa au Cap François, où il arma un Brigantin de 14. Canons, sur lequel il mit 120. Hommes. Son premier dessein avoit été d'y faire un grand armement pour une entreprise sur la Jamaïque, mais après son Expédition de Niéves il ne s'étoit point trouvé en état de suivre ses premieres vûës, desorte qu'il avoit envoyé en France une partie de ses Vaisseaux : il lui en restoit encore cinq ; le *Juste*, qu'il montoit, le *Fidele*, commandé par M. de Gabaret ; le *Prince*, par M. de S. André ; la *Sphere* & le *Dudlou*. Ces quatre derniers, aufquels plufieurs Vaiffeaux Marchands s'étoient joints, avoient pris les devants & attendoient M. d'Iberville du côté de Leogane, lorfque M. de S. André eut avis que des Vaiffeaux ennemis paroiffoient, & fembloient vouloir tenter une defcente. Il prit auffi-tôt le parti d'entrer dans un Port, qu'on appelloit communément *l'Hôpital*, à fept ou huit lieuës au Nord de Leogane, & à deux lieuës du Cul-de-Sac. Il le trouva très fûr & très commode, & le nomma *le Port du Prince*, du nom de fon Navire. Quelques-uns croyent que c'eft le même, que les Efpagnols avoient établi fous le nom de *Santa Maria del Puerto*. Peu de jours après M. d'Iberville moüilla à la petite Riviere avec M. de Gabaret, & envoya ordre à M. de Saint André de l'y venir trouver ; il obéït, les Ennemis difparurent, & M. d'Iberville, qui après s'être inftruit des forces de la Colonie de Saint Domingue, avoit trouvé qu'on y pouvoit lever en peu de têms jufqu'à 1500. Hommes propres à tout, fembloit avoir formé de nouveaux projets fur la Jamaïque, mais étant allé à la Havane, je ne fçai à quel deffein, il y mourut peu de jours après y être arrivé. Ce fut une grande perte pour la Marine, & en particulier pour la Colonie de S. Domingue. Il eftimoit infiniment les Flibuftiers de cette Ifle, qu'il mettoit fort au-deffus de ceux de la Martinique, & la grande réputation, qu'il s'étoit acquife, eût immanquablement réüni fous fon pavillon tous ceux, qui avoient quitté le fervice de la France, s'ils l'avoient vû fe charger de quelque Entreprife confiderable.

1706.

L'année fuivante le Comte de Choifeul-Beaupré fut nommé Gouverneur de S. Domingue, & la premiere chofe, à quoi il penfa en arrivant, fut de fuivre le projet commencé par fon Prédéceffeur, de faire revivre la Flibufte. Il en fondoit la néceffité fur ce que c'étoit le feul remede qu'on pût apporter à la décadence de nôtre commerce, abfolument ruiné dans l'Amérique. Effectivement les Anglois s'y étoient bor-

1707.
|
1710.

Le Comte de Choifeul Gouverneur de S. Domingue.

1707.
1710.

nés à enlever tous les Vaisseaux Marchands, qui paroissoient sur nos Côtes, & ils n'en manquoient aucun. La Cour goûta fort les raisons du nouveau Gouverneur, & lui donna tout pouvoir. Il fit aussi-tôt partir M. de Nolivos sur un Navire, qui alloit à Carthagene, avec ordre de publier l'Amnistie en faveur des Flibustiers, qui s'étoient retirés sur les terres des Espagnols; c'étoit apparemment ceux des Sambres & de Bocator. La plûpart de ceux, qui avoient pris parti avec les Anglois, profiterent de cette occasion pour rentrer sous l'obéïssance de leur Prince legitime, on paya exactement à ceux, qui avoient été de l'expédition de Carthagene, ce qui leur étoit dû, tous furent rétablis dans leurs anciens privileges, & il ne restoit plus rien à desirer à M. de Choiseul, pour reprendre la superiorité, que les Anglois avoient prise sur nous dès le commencement de cette guerre, que d'avoir des Frégates, qui pûssent assûrer les Côtes de son Isle, tandis que les Flibustiers iroient desoler celles de la Jamaïque; lorsque la mort l'arrêta au milieu de ses projets. Il s'étoit embarqué sur la *Thétis*, pour repasser en France, il fut attaqué à la hauteur de la Havane par une Escadre Angloise, qui le prit après un très-sanglant combat, où il fut dangereusement blessé. On le porta à la Havane, & il y mourut le 18. de May de l'année 1711.

1711.

1712.

Le Gouvernement de la Tortuë erigé en Gouvernement général en faveur de M. de Blenac.

Il avoit eu ordre en partant de Saint Domingue d'y établir pour Commandant par *interim* M. de Valernod, & cet Officier, qui étoit homme de grand merite, étant mort la même année, M. de Gabaret Gouverneur de la Martinique passa au Gouvernement de Saint Domingue, la place de ce dernier fut donnée à M. de Charite, qui la refusa pour les mêmes raisons, qui avoient fait refuser à M. de Galifet le Gouvernement de la Guadeloupe, mais M. le Comte d'Arquian ayant été nommé Gouverneur de Ste Croix, & Commandant à la Côte du Nord, M. de Charite se trouva sans emploi, Le Comte d'Arquian fut à peine arrivé, qu'il se vit chargé du Commandement général par la mort de M. de Gabaret; mais l'interregne dura peu, dès la même année le

DE S. DOMINGUE, LIV. XI.

Comte de Blenac fut nommé Gouverneur de S. Domingue, & 1712.
Lieutenant Général des Isles. C'étoit un nouveau titre attaché
à ce Gouvernement depuis M. de Gabaret, qui en étoit revêtu comme Gouverneur de la Martinique, & l'avoit conservé en changeant de Poste ; mais en 1714. ce titre & celui de Gouverneur de la Tortuë, firent place à un autre
fort superieur à l'un & à l'autre ; le Comte de Blenac
ayant été declaré Gouverneur Général *des Isles sous le
vent.*

Tant de changemens arrivés coup sur coup empêche- Fin de la
rent de suivre le dessein, qu'avoit formé M. de Choiseul, Flibuste.
de rétablir la Course, mais ce grand nombre de Flibustiers,
qu'on avoit rassemblés de toutes parts se firent presque tous
Habitans, & ce fut un bien beaucoup plus réel, que celui,
qu'on avoit eu d'abord en vûë en les rapellant. Ainsi finit
cette fameuse Flibuste de Saint Domingue, à laquelle on
peut dire qu'il ne manqua que de la discipline & des Chefs,
qui eussent des vûës, & fussent capables de les suivre, pour
conquerir l'une & l'autre Amérique : mais qui toute tumul-
tuaire qu'elle fut, sans ordre, sans projet, sans dépendance, sans subordination, a pourtant été l'étonnement du
monde entier, & a fait des choses, que la posterité ne croira
point.

En même-tems que le Gouvernement de la Tortuë & Côte
Saint Domingue fut erigé en Gouvernement général, Leogane le fut en Gouvernement particulier, & ce fut M.
de Paty qui en fut le premier revêtu. Il fut supprimé à la
mort de cet Officier, mais il vient d'être relevé en faveur
de M. de Nolivos. On a aussi établi un Gouvernement à
la Côte du Sud, en faveur de M. de Brach, qui occupe
encore aujourd'hui cette place. Ainsi le Gouverneur général des Isles de sous le vent a sous lui trois Gouverneurs
particuliers, celui de Saint Loüis, pour la Côte du Sud,
celui de Leogane, pour tous les quartiers de l'Oüest, & celui de Sainte Croix, pour toute la partie du Nord. Il ne
falloit plus à notre Colonie, que de la tranquilité pour

Cc iij

HISTOIRE

1712.
achever de se peupler & de s'établir solidement : la Paix, qui fut signée à Utrecht en 1714. la lui procura, mais un accident fort étrange, & dont il n'est pas aisé de trouver la veritable cause, lui fit perdre peu de têms après une des plus belles portions de son commerce.

1713.
1716.
Tous les Ca-
caoyers de S.
Domingue
meurent.

Depuis plusieurs années il se cultivoit dans cette Isle une très grande quantité de Cacaoyers ; c'étoit à M. d'Ogeron, qu'on en étoit redevable : il en avoit fait planter en 1666. au port de Paix & au Port Margot, & l'essai avoit réüssi au-delà de ses esperances. Ces plantations ~~s'étoient ensuite ex-trêmement~~ ^multipliées, sur-tout du côté de l'Oüest, au Fond des Negres, aux environs de la Riviere des Citronniers, & de celle des Cormiers, & dans toutes les gorges des Montagnes de ces quartiers-là. On peut voir ce que le P. Labat, qui étoit à Leogane en 1701. en a écrit. Le P. le Pers assure que dans une Paroisse de la plaine du Cap, nommée *l'Acul*, où il étoit en 1714. un seul habitant nommé Chambillac, avoit plus de 20000. pieds de Cacaoyers. Enfin le Cacao ne valoit alors que cinq sols la livre, & le grand commerce, qu'en faisoit la Colonie de Saint Domingue, nuisoit beaucoup à la Martinique, dont de tout têms cette marchandise avoit été une des principales richesses. En 1715. la belle plantation de Chambillac perit toute entiere, sans qu'on pût imaginer ce qui avoit causé une perte si subite & si générale. Toutes les autres suivirent de près, à l'exception d'une seule, qui subsistoit encore l'année suivante au Trou de Jacquezi, & qui eut cette même année le sort de toutes les autres. Ainsi on ne vit plus dans toute l'Isle de Saint Domingue aucun Cacaoyer, si ce n'est quelques pieds qu'on cultivoit avec un soin extraordinaire dans les jardins, & qu'on montroit comme une rareté. C'est un grande perte pour le pays, dont le terrein avoit toûjours parû aussi propre à la culture de cet arbre, que celui du Continent même de Caraque, & de Maracaybo, & où plusieurs Cantons, sur-tout dans les Montagnes, ne sont guéres bons qu'à cela. On a beaucoup raisonné sur cet évenement, & il seroit difficile d'ôter de l'esprit d'un grand nombre de personnes, que cette mortalité est l'effet d'un sort jetté sur l'Isle de Saint Domingue par des habitans de la Martinique, lesquels ne pouvant faire le commerce de l'Indigo, parce que cette plante n'a jamais bien réüssi dans leur Isle, & n'étant pas assés puissants pour faire du Sucre, n'avoient guéres d'autres ressources que le Cacao.

1718.

En 1716. M. de Blenac repassa en France, & M. le Marquis de Château-Morand le releva. Il prit terre au Cap François, où il voulut être reçû sous le dais : les Habitans, qui croyoient cet honneur dû à Dieu seul, se scandaliserent fort de cette prétention, mais on les instruisit, & ils se rendirent. Le nouveau Gouverneur se vit bien-tôt à la veille d'avoir la guerre avec les Espagnols ; il fit même en 1718. la cérémonie de la declarer. Il vint pour cela de Leogane au Cap François, & ensuite s'étant avancé jusqu'au milieu de la Riviere du Massacre, que plusieurs regardoient alors comme la fin du pays François de ce côté là, il tira un coup de pistolet. Tout le fruit de cette démarche fut que les Espagnols, qui ne songeoient à rien, ne demandoient que la Paix, & n'étoient point du tout instruits de ce qui se passoit en Europe, se tinrent sur leurs gardes, & qu'un très-grand nombre de nos Esclaves se sauverent chez eux, sûrs d'y trouver un azyle contre les poursuites de leurs Maîtres. Quelques Espagnols ne laisserent pas d'en ramener plusieurs, esperant par là rétablir la bonne intelligence entr'eux & nous, mais leur exemple ne fut point imité. Il y eut même des ordres du Président de l'Audience Royale de San-Domingo, de lui envoyer tous ces Negres fugitifs, comme étant confisqués au Roy Catholique, en vertu de la Declaration de guerre du Gouverneur François Il en fit passer un bon nombre en terre ferme, il en laissa périr plusieurs de misere en prison, & il donna la liberté aux autres.

La guerre declarée aux Espagnols.

La Paix se fit peu de tems après, & le Président reçut ordre du Roy Catholique, de restituer aux François tout ce qu'il pourroit rassembler de leurs Esclaves. Il se mit en

Desertion des Negres & les suites qu'elle peut avoir.

1718.   devoir d'obéïr, & il en ramaſſa effectivement pluſieurs, mais comme on étoit ſur le point de les embarquer, la Populace ſe ſouleva & les remit en liberté. Ils ſe ſont depuis établis de maniere à ſe multiplier beaucoup, & l'on doit s'attendre que, ſi la guerre ſe rallume jamais entre les deux Colonies, ce ſeront de dangereux Ennemis pour nous. Inépendamment même d'une rupture cet Etabliſſement nous eſt déja d'un très-grand préjudice : c'eſt un attrait & une retraite aſſûrée pour nos Eſclaves, qui depuis quelques années deſertent en très-grand nombre. Les Eſpagnols long-têms avant la Declaration de la guerre, dont je viens de parler, étoient convenus avec nous de ramener dans nos habitations tous ces Negres transfuges, moyennant la ſomme de 25. piaſtres par tête ; mais ils n'ont jamais été fort exacts à garder cette convention. Il étoit aiſé de prévoir le dommage, que cette conduite alloit cauſer à la Colonie, & les Habitans de S. Domingue n'y voyoient point d'autre remede que de chaſſer les Eſpagnols de toute l'Iſle ; mais la guerre ne dura point aſſés pour donner le têms de ſonger à cette Conquête.

En 1719. M. de Château-Morand fut relevé par le Marquis de Sorel. Rien n'eût été plus tranquile que ce nouveau Gouvernement, ſi le Gouverneur, un des plus braves & des plus aimables hommes, qu'eût alors la Marine, avoit pû empêcher qu'on ne fît ſous ſon authorité bien des choſes, qu'il étoit lui-même très-incapable de faire. Toutefois les trois premieres années ſe paſſerent aſſez paiſiblement & ſes incommoditez ne lui permettant pas de faire un plus long ſéjour dans l'Amérique, il ne ſongeoit plus qu'à preſſer ſon rappel en France, lors qu'il eut le chagrin de voir troubler de ſi beaux jours par un orage, dont toute la Colonie penſa être renverſée, & que perſonne n'eut été plus propre à calmer que lui, ſi l'abus que quelques perſonnes firent de ſa confiance & du credit qu'il leur donnoit, ne lui eût pas aliené bien des eſprits : c'eſt ce que je vais tacher de developer dans le dernier livre de cette Hiſtoire.

Fin de l'onzième Livre.

HISTOIRE
DE
L'ISLE ESPAGNOLE
OU DE
S. DOMINGUE.
SECONDE PARTIE.

LIVRE DOUZIE'ME.

ES Habitans de Saint Domingue, de tout têms révoltés contre tout ce qui pouvoit gêner la liberté de leur Commerce, souffroient fort impatiemment que la Compagnie des Indes eût obtenu le Commerce exclusif des Negres. Ils ne pouvoient digerer qu'on voulût les obliger d'achetter des Esclaves au prix que des Particuliers vouloient y mettre, & comme la Compagnie, en vertu de son Privilege, n'étoit tenuë d'en fournir aux Isles que 2000. tous les ans, & qu'il en faut chaque année aux seuls quartiers du Cap-François jusqu'à trois ou quatre mille ; on se voyoit dans ces quartiers-là sur le point d'être contraint de faire cesser les travaux. On sçavoit que la plûpart des Compagnies, qui avoient précedé celle-ci,avoient souvent manqué aux paroles, qu'elles avoient données, & que quand cela étoit arrivé, on n'avoit pû avoir d'action contre personne. On n'avoit pas eu le têms de s'instruire de la difference qu'il y avoit entre la nouvelle Compagnie ; & celles, qui avoient paru jusqu'alors en France, & on ne la connoissoit encore que parce qu'elle avoit de commun avec toutes les autres ; ainsi

1722.

Mécontentement de la Colonie contre la Compagnie des Indes.

Tome II.   D d d

l'ancienne prévention étoit dans toute sa force. Mais les réflexions, dont je viens de parler, ne produisoient encore que des plaintes & des murmures, dont on n'appréhendoit aucune suite fâcheuse, lorsque le 16. d'Octobre 1722. un Navire de la Compagnie nommé *le Philippe*, commandé par Coutant, mouïlla dans le Port du Cap-François, portant trois Directeurs envoyés par la Compagnie des Indes, pour résider dans les trois principaux postes de la Colonie. Ces postes étoient le Cap-François, pour la partie du Nord : Leogane, pour celle de l'Ouest : & la Caye Saint Loüys, pour la Côte du Sud. Chaque Directeur avoit un Sou-Directeur, & plusieurs Employés.

Surquoi particulierement il étoit fondé. Ces Messieurs ne pouvoient gueres arriver dans une conjoncture moins favorable. Plusieurs Habitans avoient porté depuis peu en France une grande quantité de denrées, dans l'espérance d'en retirer de quoi payer leurs dettes, & acquerir des fonds. Ces denrées avoient été payées en Billets de Banque, dont le décri imprévû leur avoit fait perdre plus des trois quarts de leurs biens ; de sorte que la plûpart d'entr'eux, qui après 20. & 30. années de travaux sous un climat brûlant, s'étoient flattés de joüir dans leur Patrie des richesses, qu'ils avoient acquises à la sueur de leur front, se virent contraints de retourner pauvres dans une Colonie, d'où ils étoient partis fort opulens, & trop heureux de trouver pour vivre à l'âge de 60. ans une place d'Oeconome ou d'Intendant. L'arrivée de tant d'infortunés avoit répandu partout un surcroît d'aversion contre la Compagnie, qu'on s'étoit avisé de rendre responsable de ce qui s'étoit passé en France au sujet du Systême & de la Banque ; on en vit venir les Officiers avec chagrin, & l'on disoit assés haut, que n'y ayant aucun ordre du Roi adressé par le Conseil de Marine, pour leur permettre de s'établir dans l'Isle de Saint Domingue, MM. de Sorel & de Montholon n'avoient point dû les recevoir. On étoit instruit qu'au mois de Septembre de l'année précedente, il étoit venu une Ordonnance de Sa Majesté, pour mettre les piastres à huit livres,

& les autres Especes à proportion, & pour ne les recevoir qu'au poids: que M. Duclos, qui faisoit les fonctions d'Intendant avant l'arrivée de M. de Montholon, ayant reconnu l'impoſſibilité de faire exécuter ces Reglemens, ou craignant, ſi on les publioit, tout ce qui eſt arrivé depuis, avoit repréſenté au General les inconveniens d'une pareille démarche, que M. de Sorel étant entré dans ſes raiſons, avoit conſenti à ne point parler du poids des Eſpeces, & que le Conſeil l'avoit trouvé bon. Mais les choſes avoient changé depuis la venuë de l'Intendant, lequel ne connoiſſant encore le Pays, que ſur le rapport d'autruy, ne trouva d'abord aucune difficulté dans ce qui avoit arrêté M. Duclos.

1722.

Cependant le Directeur deſtiné pour le Cap-François y étant débarqué, avec tous ceux, qui devoient travailler ſous lui, Coutant ne penſa plus qu'à continuer ſa route vers Leogane, où le Comte d'Arquian, Gouverneur de Sainte Croix, & Commandant à la Côte du Nord de Saint Domingue étoit allé faire un tour; M. de Châtenoye, Lieutenant de Roy du Cap-François, & M. Duclos, Commiſſaire Ordonnateur, étoient dans les quartiers de Bayaha & de Maribarou occupés à regler quelques affaires; & c'étoit M. le Febure, Major du Cap, qui commandoit dans ce Port. Cet Officier reçut bien le Directeur & ſes Subalternes, & leur permit de ſe mettre en poſſeſſion d'une maiſon, qui leur appartenoit, & qu'on appelloit *la Maiſon d'Afrique*. Quelques jours après, le Philippe étant ſur le point de lever les Ancres, tous ces Meſſieurs voulurent ſe regaler avant que de ſe quitter, & comme la Maiſon d'Afrique n'étoit pas encore en état de recevoir tant de monde, ils mangerent à l'Auberge. On prétend qu'il leur échapa de dire pendant ce repas que les Habitans de Saint Domingue leur paroiſſoient bien fiers; mais que dans peu on trouveroit le moyen de rabattre leur fierté. Il ſe répandit enſuite un bruit, qu'on avoit entendu dire au Directeur, & au Sou-Directeur du Cap, qu'ils n'avoient beſoin de perſonne, & que tout le monde

Diſcours inſolens attribués aux Employés de la Compagnie.

avoit besoin d'eux, qu'ils ne vendroient leurs Negres, que pour des Piastres, & qu'ils n'en recevroient aucune, qui ne fût de poids, qu'on voyoit bien des Femmes vêtuës de soye, qui dans peu seroient trop heureuses d'avoir de la toile de Halle pour se couvrir : qu'il viendroit un têms, que les Habitans seroient trop aises qu'on voulût bien leur donner de la farine par le trou d'un guichet ; qu'ils n'étoient sous les ordres de qui que ce fût, que personne n'étoit en droit de se mêler de qui les concernoit ; enfin, qu'ils étoient si bien appuyés, qu'ils ne craignoient ni Gouverneurs, ni Intendans.

On peut bien juger que ces Discours ne se rapportoient pas dans l'exacte vérité, & qu'ils étoient au moins un peu exaggerés ; mais il est difficile de croire qu'ils ayent été entierement imaginés, d'autant plus que ceux, qui les avoient rapportés les premiers, passoient pour gens très-dignes de foy, & que d'ailleurs les Employés de la Compagnie l'avoient pris avec tout le monde sur un ton de hauteur, qui ne leur convenoit assûrément pas. On ne laissoit pourtant point de les traitter avec politesse, sur-tout quand on eût vû le Comte d'Arquian les recevoir chez lui à son retour de Leogane, les admettre à sa table, & leur faire toutes les honnêtetés, qu'ils auroient pû espérer du moindre de ses Officiers, mais qu'ils ne devoient pas attendre d'un Commandant d'une aussi grande naissance. Les choses resterent sur ce pied-là jusqu'au vingt-uniéme de Novembre, qu'il arriva au Cap un Courrier de Leogane, avec la Lettre suivante, dattée du 15. du même mois, & addressée à MM. d'Arquian & Duclos.

Ordres du Roi, qu'on prétend avoir été inspirés par la Compagnie des Indes.

« Messieurs, nous vous envoyons cet Exprès, qui
» vous porte un Ordre du Roy, concernant la diminution
» des Especes Etrangeres d'Or & d'Argent, que vous ferés,
» s'il vous plaît, publier dans toute l'étenduë de votre Dé-
» partement ; à la réserve du Port de Paix, où nous en-
» voyons un Exprès à M. de Cayrol, avec une Copie des
» mêmes Ordres. Nous vous prions de ne point retarder

» cette publication d'un inftant, & fi notre Exprès arrive
» avant le foleil couché, de ne la point remettre au lende-
» main. Vous aurés auffi l'attention de nous marquer l'heu-
» re & le jour, que l'Exprès vous aura remis ledit ordre, &
» ceux, où vous l'aurés fait publier, afin que nous en puiffions
» rendre compte à la Cour, fuivant fon intention.

 Outre la diminution des efpeces, l'ordre du Roi, qui étoit datté du 3. d'Août, portoit encore que les efpeces ne feroient plus deformais reçûës qu'au poids; mais ce qu'il y eut de plus fâcheux, c'eft que la lettre du General & de l'Intendant, étoit écrite de la main d'un homme, qui ayant un employ, lequel demandoit qu'il refidât ailleurs qu'à Leogane, y demeuroit neanmoins, & paffoit, non feulement pour entrer beaucoup dans les affaires du Gouvernement préfent, mais encore, pour être entierement dévoüé à la Compagnie des Indes, dont il avoit même été nommé Juge par le Roi : de forte qu'on ne fit plus difficulté de lui attribuer, & à la Compagnie, les changemens, qui allarmoient fi fort la Colonie. On fe rappella alors tous les difcours imputés au Directeur du Cap François, & à fes fubalternes, & on ne balança point à dire que la Compagnie avoit extorqué les ordres, qu'on venoit de publier, dans le deffein de retirer toutes les efpeces du Pays; que fon deffein étoit d'y en fubftituer d'autres, qui ne pourroient fervir, ni pour le Commerce avec les Efpagnols, ni même pour celui, qu'on faifoit avec les Particuliers de France; ou peut-être même des billets de Compagnie fujets à des diminutions confiderables, quelquefois à des fuppreffions totales, & toûjours très pernicieux au Commerce par la difficulté de les y faire circuler, & d'en recevoir le payement. Enfin on jugea que les Directeurs étoient informés de ce projet, & que c'étoit ce qui leur avoit fait tenir les difcours, qu'on a rapportés, que plufieurs commençoient à revoquer en doute, que la plûpart méprifoient, & que dès-lors on crut très réels, & trop ferieux pour être negligés : car on en conclut que la Compagnie des Indes vifoit à s'emparer de tout le Commerce de Saint Domingue, & plu-

1722.

Différentes dispositions des Habitans à ce sujet.

sieurs dès-lors parurent déterminés à s'opposer de toutes leurs forces à une entreprise, qu'ils regardoient comme la ruine entiere de la Colonie.

A la verité tout ce qu'il y avoit de gens en place, ou qui faisoient quelque figure dans le Pays, ne songeoient à prévenir les desseins vrais, ou prétendus de la Compagnie des Indes, que par les voies permises à des Sujets, lorsqu'il est question des ordres du Souverain, & très peu d'Habitans de quelque consideration se sont démentis dans la suite de ces sentimens. C'est ce que n'ont eu aucune peine à démêler ceux, qui ont examiné les choses de plus près. Aussi lorsqu'on les a vûs monter à cheval, porter des paroles peu mesurées, s'assembler sans ordre, & faire plusieurs autres démarches irregulieres, pour ne rien dire de plus; non seulement on leur a rendu la justice de croire qu'une force superieure, & à laquelle il ne leur étoit pas possible de résister, leur faisoient faire ce qu'ils détestoient, mais encore qu'une résistance, qu'ils n'auroient pas été en état de soutenir, n'eût servi qu'à précipiter la Colonie avec eux dans les derniers malheurs. Ils ont donc cru sagement qu'il étoit d'un zele bien entendu de se laisser entraîner jusqu'à un certain point, pour donner aux veritables Révoltez le tems de jetter tout leur feu; & en se conservant quelque credit sur leur esprit, être toûjours en état de profiter des conjonctures pour arrêter l'incendie, avant qu'il eût gagné trop loin. C'est ainsi que dans les alterations, que souffrent de tems en tems les corps les mieux constitués; le sang le plus pur, les esprits les plus subtils, & les parties les plus saines paroissent participer au dérangement des humeurs. Que si alors le malade, au lieu de ceder prudemment au mal, qui veut avoir son cours, entreprend trop-tôt de l'arrêter, ce qui n'auroit été qu'une fermentation utile pour ses suites, dégénere dans des accidens, qui ruinent le temperamment, & causent souvent la mort. Il y eut donc dans ce que je vais raconter des mouvemens, qui agiterent la Colonie de St. Domingue, à l'occasion de tout ce qui venoit de se passer: il y eut, di-je, des

DE S. DOMINGUE, LIV. XII. 399

apparences d'un systême de rébellion dans des Sujets fideles, lesquelles servirent à empêcher le progrès & les suites d'une révolte veritable, dont les Moteurs ne paroissoient point, & ne meritoient pas d'être connus; mais qui ne laissoient pas de tirer des forces de l'obscurité, où ils sçavoient se tenir.

Quoiqu'il en soit, l'ordre du Roi envoyé au Cap François par MM. de Sorel & de Montholon, avoit été publié le matin du 21. Novembre, & immediatement après cette publication, qui s'étoit faite sans aucune opposition, M. d'Arquian & M. Duclos étoient allés à bord du *Portefaix*, Flutte du Roi, commandée par M. de Tilly, qui les avoit invités à diner. M. de Châtenoye étoit au lit malade, & M. le Febure, dès que tous ces Messieurs avoient été de retour au Cap, étoit parti pour le quartier de l'Artibonite, où des affaires particulieres demandoient sa présence: ainsi il ne restoit dans la Ville aucun Officier Major en état d'agir. Neanmoins tout parut tranquille le reste du jour: le Comte d'Arquian resta à souper sur le Portefaix, M. Duclos revint chez lui au soleil couchant, & se retira vers les neuf heures, comme on sçavoit qu'il avoit accoutumé de faire tous les soirs. Alors des femmes s'étant attroupées en assez grand nombre, coururent tumultuairement à la Maison d'Afrique, à dessein, disoient-elles, de faire embarquer les Employés de la Compagnie des Indes sur la Bellonne, ou de les jetter à la mer, s'ils faisoient la moindre résistance. La Bellonne étoit un Navire de la Compagnie, arrivé depuis près de trois mois de la Loüysiane, & sur lequel j'avois fait ce trajet. Une veuve, nommée *Madame Sagona*, étoit à la tête de cette Troupe d'Amazones, qui marchoient en bon ordre, tambour battant, le pistolet à la main, & le sabre, ou une manchette au côté.

Elles ne trouverent personne dans la Maison de l'Afrique, & en ayant rompu les portes & les fenêtres à coups de pierres, elles jetterent dans la ruë tout ce qui s'y trouva, jusqu'aux papiers & aux registres. Puis ayant appris que ceux, qu'elles cherchoient, soupoient chez un le Sieur Langot,

1722.

Des femmes du Cap vont en armes pour insulter les Employez de la Compagnie.

Mauvais procedé du Directeur en cette occasion.

elles y coururent dans le moment, mais ils en étoient déja sortis. Quelques Memoires disent pourtant qu'ils y étoient encore, que la Dame Sagona ayant apperçû en entrant le Directeur, qui avoit le verre à la main, lui porta le pistolet à la gorge & lui dit : *Bois, traitre, c'est le dernier que tu boiras* ; que cet homme tout étourdi laissa tomber son verre, que du Langot le fit sauver par une porte de derriere avec tous ses gens, & qu'ils se refugierent chez les Jesuites. Cette derniere circonstance paroît absolument fausse, au moins par rapport au Directeur ; car il est certain qu'il rentra chez lui très peu de tems après que les femmes se furent retirées. Il fut extrêmement surpris d'y trouver tout le desordre, dont j'ai parlé, & il ne fut pas assez maître de ses premiers mouvemens dans une occasion, où il lui importoit beaucoup de se moderer. Il parla même de la personne du Gouverneur en des termes peu mesurés, & il fut assez imprudent pour dire que la Colonie lui payeroit bien cher ce qui venoit d'arriver.

Le Comte d'Arquian arrête le desordre.

Dans ce moment le Comte d'Arquian arriva de Bord, & apprenant ce qui s'étoit passé, il courut à la Maison d'Afrique. Le Directeur troublé commença par lui faire des excuses de son emportement : le Gouverneur, qui ne comprenoit rien à ce discours, lui répondit qu'il examineroit cette affaire le lendemain, qu'il falloit empêcher qu'on ne fît plus aucun desordre chez lui, puis adressant la parole à quelques Officiers, qui au premier tumulte étoient allé chercher des soldats aux casernes, il leur ordonna de poser une sentinelle de quinze hommes à la Maison d'Afrique. Alors un de ces Officiers raconta au Gouverneur le discours, que le Directeur avoit tenu quelques momens auparavant, & celui-ci ayant osé lui dire, *cela est faux*, l'Officier fit un geste de la main, dont M. d'Arquian arrêta les suites ; après quoi, se tournant vers le Directeur, il lui dit que pour ce qui le concernoit, il lui pardonnoit ; qu'il souhaitoit fort que la Colonie en fît de même, & qu'il auroit bien dû prendre un peu plus garde à la maniere, dont il parloit. Le lendemain le Directeur écrivit au Comte une lettre d'excuse, surce qui lui avoit échapé la veille, mais

le

le bruit se répandit ce jour-là, que dans le ravage, qui avoit été fait la nuit précedente dans la Maison d'Afrique, on avoit trouvé plusieurs monnoyes de cuivre avec ces paroles autour: COLONIES FRANÇOISES, ce qui aigrit les esprits à un point, que le Directeur fut averti que sa vie n'étoit pas en sûreté.

Les choses allerent même si loin, que le jour suivant 23. de Novembre MM. d'Arquian & Duclos l'envoyerent chercher, & lui proposerent de changer de Poste avec celui de ses collegues, qui étoit destiné pour St. Louis. Il répondit que la Compagnie n'approuveroit pas ce changement, & ces Messieurs lui répliquerent qu'ils n'étoient point garants de tout ce qui pourroit arriver, & qu'il y pensât bien avant que d'en courir les risques: il les quitta sans leur rien dire, & il alla se réfugier dans la Maison des Jesuites. Il y apprit bientôt de plusieurs endroits que la nuit suivante on devoit abbattre la Maison d'Afrique, & qu'on se préparoit à lui faire un mauvais parti; surquoi il se déguisa en Matelot, & vers les neuf heures du soir, il s'embarqua avec tous ses Commis dans la Chaloupe de la Bellone. Le Comte d'Arquian en fut informé dans le moment, & courut au bord de la mer, où il arriva assez à temps, pour les faire tous debarquer, à la réserve du Directeur, qu'on prétend qu'il ne reconnut point; mais d'autres disent avec plus de vraisemblance que cet homme avoit pris les devants, & qu'il étoit déja à bord. Le Gouverneur conduisit les autres à la Maison d'Afrique, en leur disant qu'il les prenoit sous sa protection, mais comme on l'eut averti que le projet étoit veritablement formé de renverser la Maison cette nuit là même, M. Duclos, qui l'étoit venu joindre, lui conseilla de s'y transporter en personne, ce qu'il fit sur le champ.

Au bout d'une heure quantité de femmes, & parmi elles plusieurs hommes deguisés en femmes, s'approcherent de la Maison, ayant tous des haches à la main, & commencerent à en donner de grands coups du côté, où le Corps de garde n'étoit point. Le Comte d'Arquian sortit aussitôt, & au

Nouvelle émûte. Ce qui se passa à la Maison d'Afrique.

1722.

[margin: l'on commençoit à l'abatre]

[margin: Il y avoit d'ailleurs aussi un magasin]

La Maison de campagne de la Compagnie, brûlée par les révoltés.

moment qu'il parut, un homme deguifé, qui felon toutes les apparences le prit pour le Directeur, cria à quelqu'un, qui avoit un fufil, de faire feu. Le Comte courut à lui l'épée à la main, le pourfuivit de ruë en ruë fuivi de la Garde, mais ne put le joindre. Etant retourné à la Maifon d'Afrique, il trouva qu'on l'abbattoit, il voulut faire faifir quelques-uns de ceux, qui y travailloient, mais tous s'évaderent. Un foldat coucha en jouë un homme, qui levant le fabre, lui dit qu'il pouvoit tirer, mais qu'après on verroit beau jeu : & en effet on donna avis au Gouverneur que quantité d'Habitans étoient réfolus à faire main baffe fur la garnifon, fi on fe mettoit en devoir de faire violence à un feul d'entr'eux. Il ne convenoit pas de rifquer un coup de cette nature, & le Comte d'Arquian jugea plus à propos de parler au peuple, qui étoit en grand nombre autour de la maifon.

Il parla avec beaucoup d'éloquence, & il fut écouté; chacun fe retira, & tout parut calme dans la Ville; mais peu de tems après *la Foffette* parut toute en feu. C'eft une efpece de maifon de plaifance appartenante à la Compagnie des Indes, & fituée à un quart de lieuë de la Ville. Le Comte d'Arquian y envoya fur l'heure même quelques-uns des principaux Habitans pour éloigner les incendiaires, & arrêter l'incendie; mais leurs efforts furent inutiles, & tout fut confumé, à l'exception d'une cafe, où il y avoit des Matelots malades. On avertit enfuite le Gouverneur qu'il y avoit en cet endroit là plus de trente femmes, & une fois autant d'hommes armés & deguifés; il y envoya M. de Fourment Capitaine, & cet Officier tout en arrivant fut couché en jouë par un Habitant, qui lui cria, *qui vive?* il répondit, *Habitant*, & on le laiffa approcher : il trouva toute cette troupe barbouillée de farine avec des mouftaches noires, de forte qu'il ne put reconnoître perfonne. Il commanda à tous de la part du Roi, & de M. le Comte d'Arquian de fe retirer : ils répondirent qu'ils obéïroient toûjours aux ordres de MM. d'Arquian & Duclos, mais qu'ils ne vouloient avoir affaire qu'à eux dans le Pays, & auffitôt ils fe mirent à crier : Vive

DE S. DOMINGUE, LIV. XII. 403

LE ROI, POINT DE COMPAGNIE, firent plusieurs décharges, & suivirent M. de Fourment jusqu'à la vûë du Cap, où ils se séparerent. Le 24. on sçut qu'il y avoit de grands mouvemens dans tous les quartiers voisins, & qu'il en devoit venir beaucoup d'Habitans pour se joindre à ceux de la Ville. Sur cette nouvelle le Sou-Directeur écrivit à M. le Comte d'Arquian, pour lui demander la permission de s'embarquer : elle lui fut refusée d'abord, il insista, & il l'obtint ; le Gouverneur ayant fait réflexion, que si la révolte devenoit generale, il ne seroit peut-être plus en son pouvoir de sauver ces gens-là, ou du moins qu'il en seroit fort embarrassé. Il jugea même à propos de les escorter en personne jusqu'à leur Navire, mais il prit ses mesures pour retenir ce Bâtiment en rade, jusqu'à ce qu'il eût reçû des nouvelles du General & de l'Intendant.

1722.

Tandis que ces choses se passoient, les Habitans & les Negocians dresserent une Requête pour supplier MM. de Sorel & de Montholon, de retrancher les poids des especes : ils représentoient que si ce point de l'Ordonnance avoit lieu, il étoit impossible de rien vendre, ni achetter en detail ; qu'il y auroit une perte considerable sur l'argent, vû la légereté des especes du Pays, & que cette perte jointe à la diminution, iroit à 50. pour 100. & causeroit dans l'Isle une disette d'argent, qui produiroit beaucoup de confusion dans les payemens. Le Sieur le Febure Officier de Milice, & le Sieur d'Hiribarne Marchand du Cap, furent deputez pour porter cette Requête, ils partirent le 24. au soir, & MM. d'Arquian & Duclos profiterent de cette occasion, pour informer le General & l'Intendant de l'état des choses, & pour sçavoir d'eux de quelle maniere ils devoient se comporter, si les troubles continuoient ; mais le même soir ils en reçurent une nouvelle Ordonnance, qui supprimoit le poids des especes, & ils la firent publier sur le champ. Elle rétablit le commerce, & les payemens, qui avoient cessé tout à fait, mais elle ne rendit pas la confiance & l'amitié des Habitans aux Directeurs, qu'on laissa neanmoins assez tranquilles sur la

Le poids des especes est supprimé.

E e e ij

1722. Bellonne jufqu'au 17. de Decembre; il y eut feulement une petite émûte de la part des femmes fur un bruit, qui s'étoit répandu, que le Directeur étoit rentré dans la maifon d'Afrique. Ce bruit étoit faux, & pour en convaincre les plus incredules on fit ouvrir toutes les portes de la maifon ; ce qui appaifa le tumulte. Enfin l'onziéme, les deux deputez revinrent de Leogane, & rapporterent à MM. d'Arquian & Duclos des réponfes à leurs lettres.

Lettres du General & de l'Intendant, & l'effet qu'elles produifent.

Il y avoit deux lettres communes, dont l'une devoit être lûë publiquement. Ces Meffieurs s'étoient flattés que cette lecture adouciroit les efprits, mais comme ils n'avoient pas bien connu la nature du mal, ils n'avoient pû y appliquer le remede convenable, & rien n'étoit moins propre que leur lettre à produire l'effet, qu'ils en avoient efperé; car il y étoit expreffément ordonné au Comte d'Arquian d'employer la force, s'il étoit néceffaire, pour faire débarquer le Directeur & tous fes gens, & pour leur procurer une fûreté entiere dans la Maifon de la Compagnie. Il eft vrai que dans la lettre, qui ne devoit pas être publique, on lui recommandoit d'employer toutes fortes de moyens pour engager les Habitans à redemander eux-mêmes le retour du Directeur : mais la premiere avoit porté coup, à quoi n'avoient pas peu contribué d'autres lettres écrites à des Particuliers. On y mandoit que la conduite du Comte d'Arquian n'avoit pas été approuvée, qu'on prétendoit que, fans s'amufer à haranguer, il auroit dû employer la force pour faire retirer les femmes, que fi pareille chofe étoit arrivée à Leogane, on fe feroit mis à la tête de quatre foldats pour chaffer les Mutins, & qu'on fe feroit expofé à tout évenement, plûtôt que de plier : que le même homme, dont j'ai déja parlé, & qui étoit fi fufpect à la Colonie, avoit eu querelle avec un Officier chez M. de Montholon au fujet du poids des efpeces, qu'il affûroit n'être pas une chofe nouvelle à St. Domingue, & y avoir encore lieu parmi les Efpagnols, auffi-bien que dans l'Ifle de Cuba & dans la Jamaïque ; mais que l'Officier lui avoit donné fur cela plufieurs démentis : que le même avoit eu une autre discussion avec le Directeur destiné pour St. Louis; que ce Directeur lui avoit reproché, qu'ils ne trouvoient pas dans le Pays ce qu'il avoit promis à la Compagnie, laquelle ne s'étoit gouvernée en tout ce qui regardoit la Colonie, que par ses avis. Enfin que le Sieur de Salle-Habas Capitaine réformé avoit dit à M. de Sorel que, s'il vouloit lui donner 50. hommes, il lui rendroit bon compte de tous les quartiers du Cap; & qu'en effet on armoit un Brigantin, qui devoit être commandé par cet Officier, & dans lequel le General même devoit s'embarquer pour passer au Cap. La verité étoit qu'on travailloit à l'armement de ce Navire, mais ce qu'on publioit de sa destination, n'avoit aucun fondement.

1722.

Ce qui surprenoit davantage tout le monde dans la maniere, dont le General & l'Intendant se declaroient pour le Directeur & les autres Employés de la Compagnie des Indes, c'est que peu de tems auparavant eux-mêmes avoient mandé à MM. d'Arquian & Duclos, que ces gens-là étoient venus sans ordre du Roi, ni du Conseil de Marine, que par cette raison on avoit refusé d'enregistrer leurs Patentes au Conseil de Leogane, & qu'il se faisoit même sur ce sujet des représentations au Conseil de Marine. Une lettre particuliere de M. de Montholon à M. Duclos, augmentoit encore l'embarras, en ce que l'Intendant marquoit entr'autres choses au Commissaire Ordonnateur, que si les Employés de la Compagnie demandoient à repasser en France, il ne s'y opposât point. Il n'étoit pas aisé de prendre un parti sur des ordres, qui paroissoient si peu suivis, mais les Habitans ne laisserent pas long-tems MM. d'Arquian & Duclos dans l'incertitude, où les avoient jettés ces contradictions. La nuit du 16. au 17. on entendit tirer plusieurs coups de canon. On crut d'abord que c'étoit un Forban, qui avoit déja pillé trois Navires François & un Anglois; mais le 17. à 8. heures du matin on sçut que c'étoit un signal pour avertir les Habitans de se rendre au haut du Cap, & l'on apprit peu d'heures après que tous les quartiers étoient en armes.

La révolte recommence.

Le Comte d'Arquian fit aussi-tôt partir M. de Châtenoye pour arrêter ce desordre, s'il étoit possible: Châtenoye alla par

M. de Châtenoye fait inutilement-

mer jusqu'à la petite Anse, où il monta à cheval, & tourna du côté de Bayaha, dont les Habitans s'étant joints à ceux des quartiers du Trou & de Maribarou, obligeoient tous ceux, qu'ils rencontroient sur leur passage, à les suivre. On avoit aussi fait courir des billets dans tous les quartiers, pour ordonner à un chacun de se rendre ce même jour au haut du Cap, à une lieuë de la Ville, & cela sous peine d'être brûlé. Ces billets étoient signés, LA COLONIE; & on n'a jamais pû découvrir qui en étoit l'autheur, non plus que d'aucun de ceux, qui coururent dans la suite. Un Negre inconnu les apportoit le soir, & quand on lui demandoit, à qui il appartenoit, il répondoit, A LA COLONIE. M. de Châtenoye étant arrivé au quartier de Limonade à 4. lieuë du Cap, rencontra un gros détachement de Cavaliers; il voulut leur persuader de s'en retourner chez eux, ils lui répondirent en termes très-respectueux qu'ils étoient les très-humbles serviteurs & fideles sujets du Roi, qu'ils se feroient toûjours un devoir & un honneur d'obéïr à ses ordres, mais qu'ils ne vouloient point de Compagnie. Qu'on leur avoit assûré qu'il y avoit un ordre du General & de l'Intendant, de faire débarquer le Directeur & ses Commis, qu'ils étoient même déja dans la Maison d'Afrique, & que ce jour-là on devoit assembler un Conseil extraordinaire pour enregistrer leurs Patentes, ce qu'ils étoient fort résolus de ne pas souffrir.

Le Lieutenant de Roi eut beau leur réprésenter qu'ils étoient mal informés, ils répondirent qu'avant que de se séparer, ils vouloient voir partir tous les Supôts de la Compagnie. Châtenoye repartit que c'étoit attenter à l'authorité du Roi, que d'user ainsi de violence, & de vouloir donner la loi; qu'ils devoient s'en tenir aux réprésentations, & que si on les jugeoit raisonnables, on y auroit immanquablement égard. A cela ils ne répondirent que par de nouvelles protestations de leur fidelité, ajoûtant neanmoins toûjours qu'ils ne vouloient point de Compagnie. Il y avoit parmi ces Cavaliers de fort honnêtes gens, qui faisoient assez connoître à leur contenance qu'ils étoient là bien malgré eux, & qui assûrerent en

particulier au Lieutenant de Roi, qu'il y alloit pour eux de
tout ce qu'ils poſſedoient au monde, & peut-être de la vie,
de ſe trouver ce jour-là au haut du Cap; mais il y en eut d'autres, qui mirent en déliberation, s'ils n'arrêteroient point
cet Officier, & ne l'obligeroient point à les ſuivre. Pluſieurs
s'approchoient même déja de lui, comme pour lui faire cor-
tege, mais au fond pour ſe rendre maîtres de ſa perſonne: il
s'en apperçut, & ſe tira adroitement de leurs mains. On eut
en même tems avis que les Habitans des quartiers les plus
reculez, comme ceux de Plaiſance ſur le chemin du Port de
Paix, avoient envoyé dire à ceux du Cap qu'ils étoient
prêts à monter à cheval au premier ordre, & l'on aſſûroit
qu'il n'y avoit pas juſqu'aux Eſpagnols du voiſinage, qui s'é-
toient offerts à ſecourir les révoltés, ſur ce qu'on leur avoit
dit qu'ils étoient armés pour chaſſer les Maltotiers, qui vouloient peſer l'argent.

1722.

M. de Châtenoye étant de retour au Cap, & ayant rendu
compte à M. d'Arquian de la diſpoſition, où étoient les Habitans, ce Gouverneur, le Commiſſaire-Ordonnateur, le
Lieutenant de Roi, & M. de Tilly Commandant du Portefaix, s'aſſemblerent pour déliberer ſur le parti, qu'il y avoit à
prendre dans une ſi fâcheuſe conjonéture, & le réſultat fut
qu'il falloit abſolument empêcher les Habitans armés de venir à la Ville, comme il paroiſſoit que c'étoit leur deſſein;
mais qu'il falloit le faire d'une maniere, qui ne compromît
point l'authorité du Roi. La raiſon pourquoi on ne jugeoit
pas devoir permettre que ces gens là vinſſent à la Ville, fut
que dans ces aſſemblées tumultueuſes, pluſieurs ne ſongent
qu'à venger leurs querelles particulieres, & qu'il ſe trouvoit
dans cette Troupe un nombre conſiderable de gens ſans aveu,
qui n'avoient rien à perdre, & ne cherchoient que les occaſions
de piller; qu'ils commenceroient par mettre le feu à la Maiſon
de la Compagnie, d'où l'incendie gagneroit peut-être partout: qu'ils ne manqueroient pas de prétexte pour traiter de
même tout ce qu'il y avoit dans la Ville de Particuliers aiſés,
& que dans l'obſcurité de la nuit ils feroient impunément

M. d'Arquian les va trouver.

tout ce qu'ils voudroient. Ces apprehenſions furent même confirmées par le bruit, qui ſe répandit, que quantité de miſerables, qui n'avoient pû avoir de Chevaux, venoient par mer en Chaloupe, ou en Canot, à deſſein de s'emparer d'un Navire de Nantes, nommé *le Maréchal d'Eſtrées*, qui étoit dans le Port, & avec le canon de ce Bâtiment ſoutenir des Chaloupes, qui iroient mettre le feu à la Bellonne, après en avoir coupé les cables.

Ce qui ſe paſſa entr'eux & lui.

Comme ces bruits & ces avis étoient très bien fondés, M. de Tilly retourna ſur le champ à ſon bord, où il ne fut pas plûtôt arrivé, qu'il envoya ordre au Capitaine du Maréchal d'Eſtrées de venir moüiller ſous ſon canon. Il fit enſuite armer toutes les Chaloupes & les Canots de la rade, & fut toute la nuit en cet état. Le Comte d'Arquian de ſon côté n'étoit pas peu embarraſſé : il n'avoit pas 200. ſoldats, & il étoit queſtion d'empêcher 2000. Habitans bien armés de venir au Cap. Il ſe determina enfin à les aller trouver ſeul avec M. de Châtenoye. Il arriva au haut du Cap vers les quatre heures & demie du ſoir, & voyant venir ſucceſſivement des Pelottons de Cavalerie, il jugea à propos d'atendre que tous fuſſent réünis, afin de pouvoir parler à tous. Il entra dans une maiſon voiſine, & après qu'il y eut reſté environ une heure, il apperçut les Habitans, qui défiloient du côté du Cap. Il alla au-devant d'eux à pied, & ayant joint la tête, il demanda aux premiers, où ils alloient ; ils répondirent qu'ils alloient où on leur avoit ordonné de ſe rendre : il répliqua que lui ſeul avoit droit de leur donner de pareils ordres, & qu'il leur commandoit de s'en retourner chacun chez eux. Le Gros s'étant alors approché, M. d'Arquian leur parla avec beaucoup de force & de dignité, & il n'oublia rien de ce qui étoit plus capable de les faire rentrer dans leur devoir.

Ils y parurent ſenſibles, & proteſterent que le Roi n'avoit point de plus fideles ſujets qu'eux, ni qui fuſſent plus zelés pour ſon ſervice. Qu'ils en avoient ſouvent donné des preuves, qu'ils en donneroient encore toutes les fois que l'occaſion s'en preſenteroit. Que pour lui, il ſçavoit bien que

quand

quand quelqu'un d'eux, ou de leurs proches étoient tombés
dans des fautes, qui méritoient punition, ils alloient sur ses
moindres ordres arracher le coupable d'entre les bras de sa
femme & de ses enfans, pour le conduire en prison. Qu'ils
continuëroient d'en user de même, & ne se refuseroient à
rien, quand il s'agiroit de témoigner leur obéïssance ; mais
qu'ils ne vouloient point de Compagnie, & qu'ils le sup-
plioient de faire partir la Bellonne dès le lendemain. M.
d'Arquian leur répondit qu'il étoit impossible que ce Navire
fût prêt à partir en si peu de tems, ayant à se fournir de bien
des choses, dont il ne pouvoit absolument se passer ; mais
que le jour d'après, qui étoit le 19. il appareilleroit ; à condition neanmoins qu'ils se retireroient. Ce délai ne fut accordé qu'avec de grandes difficultés ; les plus honnêtes gens
y avoient consenti d'abord, mais ils ne faisoient pas le grand
nombre ; il y eut même de grosses paroles entr'eux & les autres, & on en vint jusqu'à mettre le pistolet à la main. Il couloit encore dans le sang de plusieurs du sang de ces anciens
Avanturiers, que la fureur conduisoit bien plus souvent que
la raison. A la fin M. le Comte d'Arquian ayant donné sa
parole d'honneur, que le 19. la Bellonne & tous les Employés
de la Compagnie partiroient, tous se retirerent, faisant beaucoup valoir cet acte de soumission.

1722.

Le 18. M. Duclos fit fournir à la Bellonne tout ce dont elle
avoit besoin. Une bonne partie des provisions fut prise dans
les Magazins de la Compagnie ; le reste, où l'on put ; & le
19. le Navire mit à la voile remorqué par toutes les Chaloupes de la rade. Le Directeur avoit laissé son principal Magazin tout ouvert, M. Duclos s'y transporta, fit un inventaire
de tous les effets, qui s'y trouvoient, & eut soin qu'on les
transportât dans d'autres magazins bien fermés. D'autre part
le Comte d'Arquian croyant que les Habitans s'en étoient
retournés chez eux, comme ils le lui avoient promis, s'étoit
contenté d'envoyer la nuit du 17. au 18. un Corps de garde
au haut du Cap : mais le matin du 18. on vint l'avertir que
l'Habitation du Sieur de. \ . . . située à la petite Anse, avoit

Depart de la
Bellonne. Ha-
bitation brû-
lée.

Tome II.   F ff

été brûlée pendant la nuit avec son moulin; que les Officiers du Corps de garde ayant apperçû le feu vers les quatre heures du matin, ils avoient détaché six Cavaliers pour y aller, & tâcher de l'éteindre, mais qu'ils avoient été arrêtés à une barriere par 25. ou 30. hommes, qui les avoient couchés en joüe. Le Sieur de A... étoit celui, auquel nous vû que les Habitans attribuoient tout ce qui avoit occasionné ces troubles. Un méchant Magazin, que la Compagnie avoit aussi à la petite Anse, eut le même sort que cette Habitation, & l'on sçut depuis que tous les Habitans étoient restés par petits pelottons autour de l'endroit, où M. d'Arquian les avoit laissés, n'ayant point voulu s'en retourner sans avoir vû la Belonne à la voile. Il en étoit même venu plusieurs par mer jusqu'à la Ville; & le 19. un assés grand nombre de miserables, qui étoient yvres, y causerent bien du desordre.

Désordre arrivé au Cap.

Ils débuterent par ruiner un très-méchant Magazin de la Compagnie, qu'on appelloit la Halle; mais dans lequel, par la prévoyance de M. Duclos, il restoit peu de choses. Ils s'en prirent ensuite à un Negociant, nommé la Salle, Receveur de l'Amirauté, & fort honnête-homme: quelqu'un s'avisa de dire qu'il avoit des Billets de Banque; & cette canaille, sans rien examiner, courut chés-lui pour le brûler, MM. d'Arquian, Duclos, de Tilly, & de Châtenoye, en ayant été avertis, se transporterent assés bien accompagnés dans sa maison, pour le garantir d'insulte; mais jugeant qu'il ne falloit employer la force qu'à la derniere extrêmité, ils chargerent deux Officiers de Milices de faire retirer ces Bandits; ce qui fut exécuté sur l'heure. Ces deux mêmes Officiers monterent ensuite à cheval avec M. de Châtenoye, pour chercher & faire sortir de la Ville tous ceux, qui n'y avoient que faire, & ils y réüssirent. Les Révoltés avoient encore résolu de piller & de brûler la maison de Du Langot, qui étoit Receveur des Octrois, & ce n'étoit partout que confusion. A la verité, dès que les Etrangers furent sortis de la Ville, la sûreté & la tranquillité y furent rétablies; & cela dura jusqu'au premier de

Fevrier de l'année fuivante, que les troubles recommencerent à l'occafion d'un Navire de la Compagnie chargé de Negres, lequel entra dans le Port du Cap le 29. de Janvier. Mais avant que de parler de ces nouveaux mouvemens, il eft néceffaire de dire ce qui s'étoit paffé jufques-là dans les quartiers de Leogane.

1722.

Le Philippes commandé par Coutan, étoit parti du Cap le 24. d'Octobre, ainfi que nous l'avons vû. Dès qu'il eut moüillé à Leogane, les deux Directeurs, qu'il portoit, defcendirent à terre, avec tous leurs Employés, & celui, qui étoit deftiné pour Saint Louys, préfenta au Confeil Superieur les Arrêts du Confeil d'Etat du Roy, en datte du 10. & du 20. Septembre 1720. par lefquels Sa Majefté réuniffoit la Compagnie de Saint Loüys, ou de Saint Domingue, à celle des Indes; & il en demanda l'Enregiftrement. L'article 13. du premier de ces deux Arrêts, exemptoit la nouvelle Compagnie de payer aucun droit pour toutes les denrées, qu'elle tireroit de l'Ifle; on trouva ce Privilege contraire aux interêts du Roy, parce que ces droits formoient tout le fonds, fur lequel ce Prince payoit fes Troupes, & faifoit toutes les dépenfes, dont il a bien voulu fe charger; de forte que la Compagnie des Indes, faifant le principal Commerce du Pays, qui eft celui des Negres, il auroit fallut chercher d'autres fonds pour ces dépenfes, ou en charger la Compagnie; ce que bien des Habitans, qui n'avoient rien à perdre, & ne ménageoient rien, paroiffoient réfolus à ne fouffrir jamais, ne voulant dépendre en rien d'aucune Compagnie. D'ailleurs, le Directeur requerant ne put montrer aucun ordre, ni du Roi, ni du Confeil de Marine, pour l'établiffement des Directeurs dans le Pays; & il fe trouva encore que les deux Arrêts, qu'il préfentoit, n'étoient point adreffés au Confeil Superieur de Leogane. Toutes ces raifons firent qu'on refufa de les enregiftrer, & que le Confeil fe détermina à faire de très-humbles repréfentations à Sa Majefté contre des Privileges fi préjudiciables, non feulement à la Colonie, mais même à fes

Ce qui fe paffa à Leogane, au fujet des nouveaux droits obtenus par la Compagnie des Indes.

Fff ij

propres interêts. MM. de Sorel & de Montholon se chargerent d'envoyer ces remontrances, & promirent de les appuyer auprès du Conseil de Marine; ils adresserent ensuite à MM. d'Arquian & Duclos une copie de la Lettre, qu'ils écrivoient sur ce sujet, & leur manderent d'assembler le Conseil du Cap, afin qu'il pût se joindre à celui de Leogane; mais ayant oublié d'envoyer à ces Messieurs une copie des Arrêts du Conseil d'Etat, ou du moins des Privileges, contre lesquels, ils reclamoient, le Conseil du Cap ne fut point assemblé.

Ordonnance pour la suppression du poids des Especes.

Ce fut à peu près dans le même têms, c'est-à-dire, le 16. ou le 17. de Novembre, que l'Ordonnance du Roi pour la diminution & le poids des Especes d'Espagne fut publiée à Leogane, & qu'elle fut envoyée partout, pour y être pareillement publiée. Nous avons vû l'effet, qu'eut cette publication au Cap François; ce fut à peu près la même chose dans les autres endroits. Dès qu'elle eut été faite à Leogane, on y vit des placards affichés à la porte de l'Eglise, dans lesquels il étoit ordonné aux Directeurs de la Compagnie des Indes de sortir de l'Isle sous un mois. Les Habitans vinrent ensuite représenter au General & à l'Intendant, la confusion & le désordre, où la Colonie alloit tomber, si l'ordre du Roi s'exécutoit; & M. de Sorel, qui comprit d'abord jusqu'où cette affaire pouvoit aller, entreprit de persuader à M. de Montholon qu'il falloit supprimer le poids des Especes. L'Intendant refusa d'abord d'y consentir, mais le General lui ayant dit résolument, qu'il seroit seul responsable des suites, il se rendit, & signa une Ordonnance pour la suppression, qu'on demandoit. Elle est dattée du 19. Novembre 1722. On en envoya partout des copies, & j'ai dit que celle, qui fut adressée à Messieurs d'Arquian & Duclos, n'y arriva qu'après que le Directeur se fut embarqué sur la Bellonne.

Des mouvemens à Leogane.

M. de Montholon, voyant les esprits calmés par cette suppression, résolut de faire un voyage à Saint Loüys. Il y mena le Directeur de la Compagnie, qui étoit destiné pour ce poste, & qui y fut très-bien reçû. Dans tout le reste l'Intendant ne trouva aucune difficulté, & le Directeur fut mis sans obstacle en possession des effets de l'ancienne Compagnie. Ces Effets consistoient principalement en dettes des Habitans, lesquels entrerent d'abord en payement, pour charger le Navire de la Compagnie, & promirent de payer une partie de ce qui restoit à l'arrivée du premier Vaisseau, qu'elle envoyeroit. C'est du moins ce que M. du Montholon écrivit alors à M. Duclos. Mais tandis que les choses se passoient si tranquillement à Saint Loüys, on traittoit assés mal à Leogane le Directeur, qui y étoit demeuré; on ne le ménaçoit de rien moins que de le tuër, s'il restoit dans la Colonie; & il prit tellement ces menaces au pied de la lettre, qu'il se réfugia au petit Goave à bord d'un Navire de la Compagnie, qui étoit moüillé dans ce Port. M. de Sorel l'y suivit de près, & au bout de quelques jours il fit passer le Sieur de Nolivos, Major, du petit Goave à Leogane, à dessein d'y fonder les esprits, & d'y examiner la situation de toutes choses. Le Major commença par voir les Conseillers, & les Officiers de Milices, & il n'eut aucune peine à leur persuader d'envoyer des Députés au General, pour l'assûrer de leur fidelité; mais ils ajoûterent qu'ils croyoient l'éloignement du Directeur nécessaire dans la conjoncture présente. M. de Sorel y consentit ; mais la nuit même il se ravisa, & dès le lendemain il ramena le Directeur & tous ses Commis à Leogane, d'où ceux-ci n'étoient partis que la veille. Cette conduite aigrit fort tous les esprits, & le Directeur fut averti que, s'il sortoit le soir, il couroit risque d'avoir la tête cassée.

1722.

A la vérité, comme rien n'éclattoit encore trop au dehors, & que tout étoit assés tranquile en apparence. Messieurs de Sorel & de Montholon écrivirent le 20. à Messieurs d'Arquian & Duclos qu'ils étoient surpris que dans les émeutes du Cap, les Conseillers & les Officiers de Milice n'eussent pas envoyé des Députés, pour donner

Lettres du Gouverneur General & de l'Intendant à MM. d'Arquian & Duclos, & les réponses de ceux-ci.

1722.

des assûrances de leur zéle & de leur obéissance, & renouveller leur ferment de fidelité, & de ce que leurs quartiers étoient si agités, tandis que ceux de Leogane & de Saint Loüys étoient fort tranquilles : qu'on avoit bien remarqué d'abord à Leogane quelque agitation, mais qu'on s'y étoient tenu à des repréfentations, ou tout au plus, à quelques murmures en particulier. La réponfe du Gouverneur de Sainte Croix, & du Commiffaire Ordonnateur fut, qu'apparemment les Directeurs de Leogane & de Saint Loüys s'étoient mieux comportés que celui du Cap : que pour ce qui concernoit les Confeillers & les Officiers de Milices, ils avoient eu plus d'une raifon pour ne pas faire les démarches, dont on parloit. La premiere, qu'elles n'étoient pas néceffaires, puifqu'ils n'avoient donné aucun lieu de foupçonner leur fidelité envers le Roi. La feconde, qu'ils n'étoient pas tous raffemblés dans un feul quartier, comme à Leogane; mais qu'ils étoient fort éloignés les uns des autres. La troifiéme, qu'à la feconde émûte, le feule qui eût été confidérable, ils n'avoient pas eu le têms de s'affembler pour prendre des réfolutions communes; cette émûte s'étant faite fi brufquement, qu'ils avoient même été entraînés par force avec les autres ; & qu'à l'égard de la premiere, caufée par les Femmes, ils n'avoient pas crû qu'elle dût avoir aucune fuite ; comme en effet, elle n'en eût point eu fans les Lettres qu'on reçut de Leogane. Mais la prétenduë tranquillité des quartiers de l'Oüeft ; qu'on vouloit donner pour modele à celui du Cap, fut bientôt troublée d'une maniere, qui caufa de grandes allarmes au Gouverneur General & à l'Intendant.

Le quartier de l'Artibonite fe révolte.

Vers le 16. ou le 18. de Decembre, il parut à l'Artibonite quatre Hommes mafqués, qui arrêterent plufieurs Officiers de Milices, & leur enjoignirent de la part de la Colonie, de faire marcher tous ceux, qui étoient fous leurs ordres vers Leogane, pour en chaffer le Directeur de la Compagnie. Ces Officiers virent bien qu'il falloit au moins faire femblant d'obéir ; mais ils jugerent à propos de donner auparavant leur déclaration au Commandant du quartier, afin qu'il l'envoyât au Marquis de Sorel. On trouva enfuite en plufieurs endroits, fur-tout à la porte des Eglifes, des Billets conçûs en ces termes : « Il eſt ordonné de la part de » la Colonie, de fe trouver au Bac bien armé à la premiere » allarme. » Enfin le jour du rendés-vous, pour le voyage de Leogane, fut fixé aux 26. à huit heures du matin. Il ne s'agiſſoit plus feulement de faire partir le Directeur, mais encore de brûler tous les Vaiſſeaux de la Compagnie, avec tous leurs Equipages, après qu'on les auroit pillés : de faire le même traittement aux Maifons, Sucreries, & Cannes appartenantes aux Conſeillers, qui avoient, difoit-on, trahi la Colonie, en recevant les fuppôts de la Compagnie : d'embarquer ces mêmes Conſeillers fur les premiers Navires, qui partiroient pour France, avec défenſe à eux de remettre jamais le pied dans le Pays, fous peine d'y être pendus. Le Sieur de la Villaroche eut ordre de fe mettre à la tête de toutes les Troupes des quartiers, avec menace d'être brûlé, s'il y manquoit : le Sieur Neveu lui fut donné pour fecond, & tous les Officiers nommés dans l'Affiche furent avertis de fe trouver exactement à leur pofte, fous peine d'avoir la tête caſſée à la tête du Regiment. L'ordre de la marche étoit reglé en cette maniere.

« M. de Champflours prendra 30. Cavaliers, & paſſera » par les bas, pour prendre les Habitans de Saint Marc, des » Vazes, de l'Arcahay, & du Boucaſſin ; enfuite il fe rendra » fur la Hatte du Sieur Barochin, & y attendra le gros. Nous » ordonnons aux Officiers d'exécuter de point en point ce » qui eſt mentionné ci-deſſus, fous les peines y portées. » Nous ordonnons pareillement au Sieur Grand, Major des » Milices de Leogane, de ne point quitter le Regiment du» dit quartier, fous les peines de la préfente Ordonnance ; » & défendons qu'il foit tenu aucun confeil, que ledit Sieur » n'y foit appellé, & cela fous peine de la vie. Au cas que » les Habitans ne foient pas rendus aujourd'hui à huit heures » du matin au lieu défigné ; il vous eſt enjoint, Meſſieurs » les Officiers, d'aſſembler votre Confeil, pour aller brûler

1722.

Les Habitans de ce quartier vont à Leogane.

» dans leurs maisons tous ceux, qui y manqueront, &c.
» Donné à l'Artibonite, *Signé*, LA LIBERTE', & SANS QUAR-
» TIER. » Ces menaces eurent leur effet, presque tous se rendirent au Bac. M. le Febure, Major du Cap, étoit encore dans ce quartier, où j'ai dit que des affaires particulieres l'avoient obligé de se rendre; 30. Habitans allerent chés lui bien armé, & voulurent l'emmener avec eux pour les commander. La résistance dans ce premier moment eut été dangereuse, il monta à cheval; mais il leur remontra ensuite, qu'étant Officier du Roi, il ne lui convenoit point de marcher sans les ordres de ses Superieurs; d'ailleurs, qu'il n'étoit point de ce quartier, & que son poste étoit au Cap: enfin il fit si bien, qu'on lui permit de s'en aller. M. de Villaroche, autrefois Capitaine d'Infanterie, & alors Capitaine de Milices, ne fut pas aussi heureux. Après s'être long-têms défendu d'accepter le Commandement, qu'on lui avoit deferé, se voyant couché en joüe par plus de 200. Fusiliers, il crut devoir se rendre en apparence; mais il fit tant de marches inutiles, & marcha si lentement pour donner au Gouverneur General le loisir de prévenir son arrivée à Leogane, que dans la suite il fut cassé; & quelques Habitans, qui n'avoient pas obéï à la Sommation de se rendre au lieu, furent irrémissiblement brûlés.

Ce qui se passa dans cette marche.

Il y a deux chemins pour se rendre de l'Artibonite au Cul-de-Sac; où étoit le second Rendés-vous général, à la Hatte de Barochin, qui n'est qu'à une lieuë de ce Bourg: l'un par le haut, le long des Mornes; l'autre par le bas, le long de la Mer. Par celui-ci on compte 30. lieuës d'une Poste à l'autre, par celui-là, il n'y en a que 20. Le 27. il fût ordonné que le Commandant avec la Compagnie des Volontaires passeroit par le haut; & qu'un Officier de Cavalerie conduiroit avec un détachement ceux, qui prendroient par le bas; & que les uns & les autres feroient marcher avec eux tous ceux, qu'ils rencontreroient sur leur route: vingt hommes furent envoyés devant pour rassembler le monde, & préparer les vivres. Le 28. ces Avants-coureurs arriverent

rent dans le quartier de Mirbalais, dont les Habitans les reçurent fort bien, & se disposerent à les suivre. Ils s'étoient à peine mis en route, qu'il arriva une Lettre de MM. de Sorel & de Montholon pour M. de Villaroche, & une autre pour le Commandant de Mirbalais : 80. hommes se détacherent aussitôt pour aller trouver ce dernier, qui ne parut disposé, ni à les suivre, ni à leur rien fournir ; mais il fallut ceder à la force. Toute la Troupe alla ensuite camper au bord d'une riviere, où la Compagnie des Volontaires la joignit le même jour.

1722.

Le lendemain 29. M. de Villaroche arriva de grand matin au même endroit avec le Gros, & ordonna à ceux, qui étoient venus avant lui, de prendre encore les devants, & d'aller coucher à 4. lieuës de là, où il se rendroit le jour suivant. Il s'y rendit effectivement le 30. à huit heures du matin, ayant laissé ses gens chez le Commandant de Mirbalais, où ils firent de grands desordres. Quelque tems après le Major du Cul-de-Sac vint au-devant d'eux, suivi de douze Cavaliers, & les pria de n'aller pas plus loin, tout étant paisible à Leogane. En effet ceux, qui avoient pris par le bas, étant arrivés les premiers, le Général avoit envoyé à leur rencontre le Sieur Mithon Lécossois, Major de Leogane, pour tâcher de les faire retirer ; mais cet Officier n'ayant pû rien gagner sur eux, M. de Sorel envoya les Sieurs Mellier, Pommier & Deslandes, Officiers des Milices de Leogane, avec ordre de se joindre au Sieur Dubois Commandant de celles du Cul-de-Sac, & de faire tous ensemble un nouvel effort pour arrêter les seditieux, & il avoit donné à ces Messieurs un plein pouvoir, dont voici les propres termes.

M. le Marquis de Sorel envoye au-devant d'eux.

» Le Marquis de Sorel Chevalier de l'Ordre Militaire de
» Saint Loüys, Gouverneur & Lieutenant General pour le
» Roi des Isles sous le vent de l'Amerique, & François de
» Montholon Chevalier, Conseiller du Roi en ses Conseils,
» Intendant de Justice, Police, Finance & Marine audit Pays.
» Sur ce qui nous est revenu des murmures, que les Habitans
» faisoient contre les Directeurs de la Compagnie, & étant

Accommodement entre le General & l'Intendant, d'une part, & les Habitans de l'autre.

1722.

» informés des assemblées, qui se font dans les quartiers cir-
» convoisins, & qui tendent à des malheurs, & à des désor-
» dres infames; suivant l'esprit de bonté, qui nous anime
» toûjours pour la Colonie, & sur les instances réïterées, qui
» nous en ont été faites, nous avons dans le même esprit
» donné un ordre pour l'embarquement des Directeurs dans
» le Vaisseau *le Joli*, de Nantes, & nous avions crû par là
» rendre le calme à la Colonie. Mais nous apprenons avec
» chagrin que les murmures continuent, & voulant de nou-
» veau donner aux Habitans des assûrances de notre amitié,
» nous avons commis & commettons les Sieurs Dubois,
» Meslier, Pommier & Deslandes Officiers de Milice en ces
» quartiers, en qui ils ont de la confiance & nous aussi, pour
» leur dire de notre part, que notre intention est uniquement
» de prévenir les malheurs : & comme nous ne pouvons voir
» ce qui cause les divers attroupemens, qui se font dans les
» differens quartiers, nous donnons pouvoir ausdits Sieurs
» de prendre les mesures nécessaires auprès des Peuples pour
» les calmer, en leur accordant ce qu'ils demanderont, sans
» blesser l'authorité du Roi, & sans que notre honneur soit
» commis; ce que nous promettons d'approuver & ratifier,
» quand besoin sera. Donné à Leogane le 27. Decembre.

De quelle ma-
niere on con-
tente les vo-
lontaires pour
les dedomma-
ger du pillage
qu'on leur a-
voit promis.

Les quatre Deputés ayant reçû cette commission, s'assem-
blerent, & après être convenus de leurs demandes, ils les
mirent par écrit le 28. Elles furent accordées par un autre
Ecrit signé le 29. du General & de l'Intendant, & ce Traité
ayant été communiqué à la Troupe, que menoit M. de Villaroche, elle l'approuva, ce qui donna occasion à cet Officier
de congedier tout son monde. L'embarras fut ensuite pour
contenter les Volontaires, ausquels on avoit promis le pillage du Navire de la Compagnie, & des Habitations des
quatre Conseillers, qu'on devoit renvoyer en France. Tout
bien considéré on ne trouva point d'autre moyen de s'en
délivrer, que de faire une somme pour les dedommager.
Elle fut reglée à vingt mille francs, & ce furent les quartiers
de Leogane, de Cul-de-Sac, & de l'Artibonite, qui la four-

DE S. DOMINGUE, LIV. XII. 419

nirent: mais tant de facilité à accorder tout n'étoit pas un moyen sûr de rendre la tranquillité à la Colonie. Il resta un grand nombre de petits Habitans & de Volontaires au Cul-de-Sac, & il y en avoit environ 60. qui venoient par Mer, ausquels on n'avoit pû faire sçavoir ce qui avoit été conclu. Ils l'apprirent au Lamentin, qui est à moitié chemin du Cul-de-Sac à Leogane; ils ne desapprouverent point l'accommodement, mais dès qu'on leur parla de s'en retourner, ils répondirent qu'ils n'avoient point de vivres, & députerent au Gouverneur Général pour lui en demander. Leurs Envoyés furent mal reçûs, & la nouvelle en ayant été portée au Cul-de-Sac, où l'on publia en même tems qu'il s'étoit tenu des discours fort desavantageux aux Habitans, ceux, qui s'y étoient arrêtés, ne se presserent point d'en partir.

1722.

Dans le Traité dont je viens de parler, le Général & l'Intendant s'étoient engagés à faire partir dans le Navire de Nantes, non-seulement le Directeur de Leogane, mais encore celui de Saint Loüys, & généralement tout ce qu'il y avoit dans l'Isle d'Employés de la Compagnie des Indes. Quelqu'un s'avisa de faire courir le bruit que le Sieur Courpon, Major & Commandant à Saint Loüys, avoit retenu le Directeur établi dans ce Poste, & on en conclut d'abord que le Traité n'avoit été fait, que pour dissiper les Habitans, & qu'on ne leur tiendroit rien de ce qu'on leur avoit promis. Aussitôt des couriers furent depêchés à Mirbalais, à l'Artibonite, & à tous les autres quartiers voisins, & les ordres donnés de revenir au Cul-de-Sac, sous peine d'être brûlé. Pas un Habitant n'osa y manquer, & les Volontaires avoient été trop bien payés la premiere fois, pour se faire prier d'y retourner; je crois que ce fut alors, qu'on ôta le commandement à M. de Villaroche. Deux jours après il se trouva environ 1400. hommes au Cul-de-Sac, & M. de Sorel en ayant été informé, jugea à propos de s'y transporter, quoiqu'il ne fût pas trop bien rétabli d'une très grande maladie, qu'il avoit euë. M. de Montholon, & le Chevalier d'Hericourt Lieutenant de Roi du petit Goave, voulurent l'y accompa-

Les Habitans reprennent les armes, & se rendent maîtres de la personne du Général.

1723.

Gggij

gner. Il alla defcendre chez le Sieur de Vernon Confeiller Honoraire, qui demeuroit une demie lieuë au-delà du Bourg, & dès qu'il y fut arrivé, les Habitans, qui l'avoient vû paffer, y envoyerent 50. hommes commandés par un Officier des Milices de l'Artibonite, lefquels fous prétexte de lui faire honneur, & d'empêcher qu'on ne l'infultât, poferent des factionnaires aux portes & aux fenêtres de fa chambre, & un Corps de garde à la barriere de la Cour.

Comme le voyage l'avoit fatigué, il s'étoit couché de bonne heure, & il dormoit profondément, tandis qu'on s'affûroit ainfi de fa perfonne. A fon réveil il voulut fortir pour quelque befoin, & fut affés furpris de voir un homme le fufil fur l'épaule, qui le fuivoit partout; & fa chambre toute obfedée de fentinelles. Il demanda ce que cela vouloit dire; l'Officier vint, & après l'avoir affûré de fes très-humbles refpects, lui dit que la Colonie, à qui il étoit fort cher, craignant que les Volontaires & d'autres gens fans aveu ne lui fiffent quelque infulte, l'avoit chargé de le garder, & d'empêcher que perfonne n'approchât de la maifon, où il logeoit, excepté les honnêtes gens, qui auroient à lui parler. Le Général repartit qu'il n'apprehendoit rien, & que ces prétenduës Sauves-gardes pouvoient fe retirer; mais l'Officier repliqua qu'il lui étoit expreffément enjoint de ne le point quitter, qu'il ne fût en fûreté chez lui à Leogane, & qu'il ne pouvoit fe difpenfer d'obéïr à cet ordre. Quelques-uns ont dit que M. de Sorel demanda, fi on ne le reconnoiffoit plus pour Général, & que l'Officier ayant répondu qu'ils ne ceffèroient jamais de le regarder comme tel, & qu'ils auroient toûjours un refpect infini pour fa perfonne & pour fon caractere, il lui ordonna une feconde fois de fe retirer, ou de le faire embarquer avec les Directeurs de la Compagnie: qu'on n'avoit qu'à parler, qu'il étoit prêt de s'en aller. Que l'Officier lui protefta que la Colonie feroit au defefpoir de le perdre; qu'elle vouloit feulement voir partir les Directeurs, mais il y a dans ces dernieres circonftances des chofes affés peu vraifemblables. Ce qui eft de certain, c'eft que le Général demeura le reste du jour dans cette maison, bien gardé avec l'Intendant, qu'il dépêcha M. d'Hericourt à Saint Loüys, pour y porter un ordre précis au Sieur Courpon d'envoyer incessamment le Directeur de ce Poste à Leogane ; que le lendemain les Factionnaires furent retirés des portes & des fenêtres, mais qu'il resta une sentinelle à la barriere de la Cour.

<small>Départ des Directeurs de Leogane & de Saint Loüys.</small>

Le même jour 5. de Janvier, que les Gardes avoient été posés chez le General, les Habitans avoient détaché 400. hommes à Leogane pour être témoins du départ des Directeurs. Ce détachement arriva le même jour sur les trois heures & demie à la grande riviere, qui n'est qu'à 2. lieuës de Leogane, & toute la Milice des environs y vint à sa rencontre au nombre de 300. hommes, Enseignes déployées au son des tambours & des trompettes. Ces deux Troupes s'étant jointes, se rendirent mutuellement tous les honneurs militaires d'une maniere extrêmement leste. Deux Habitans se chargerent ensuite de régaler tout ce monde, mais comme ils étoient à table, 20. Fusiliers vinrent dire au Commandant d'un ton, qui sentoit beaucoup plus l'ordre que la menace, qu'on souhaitoit qu'il envoyât chercher le reste de la Compagnie, qui gardoit le General. Le 6. à 8. heures du matin tous marcherent en ordre vers Leogane, où ils entrerent sur les 10. heures, & se rangerent en ordre de bataille dans la grande Place. Ils poserent ensuite des Corps de gardes en divers endroits, envoyerent les Volontaires loger dans les Habitations à la campagne, & les Habitans dans les maisons de la Ville.

L'allarme avoit été grande dans cette Ville à l'approche de ces Milices ; on avoit même proposé de les repousser à force ouverte : on avoit pensé, & même commencé à se fortifier, enfin plusieurs avoient fait embarquer dans un Navire, qui étoit en rade, tout ce qu'ils avoient de plus précieux, & le Trésorier y avoit fait transporter sa caisse. La Salle-Habas, à qui on en vouloit sur-tout, & dont on avoit mis la tête à cent pistoles, s'étoit d'abord refugié sur le Brigantin, dont nous avons parlé, & qui étoit moüillé dans le port du

1723.

petit Goave; mais ayant appris l'arrivée des Habitans du Cul-de-Sac, & de l'Artibonite à Leogane, & qu'on avoit tiré sur le Navire de la Compagnie; il appareilla, & prit la route de Saint Loüys. On ne remuoit point encore au petit Goave; toutefois la Garnison, les Officiers à la tête, s'y étoit enfermée dans le Fort, & en avoit fait tourner le Canon contre la Place d'Armes du Bourg. Tous ceux, qui sçavoient qu'on en vouloit personnellement à eux, s'étoient mis en sûreté, & bien leur en avoit pris. On les rechercha bientôt, & généralement tous ceux, qu'on accusoit de favoriser la Compagnie des Indes. Enfin le septiéme, un Courier dépêché du petit Goave porta aux Habitans la nouvelle que le Directeur de Saint Loüys y étoit arrivé, & qu'il étoit embarqué sur le Navire de Nantes; ils envoyerent pour sçavoir si ce n'étoit pas un faux avis, il se trouva que non, & ce Vaisseau appareilla la nuit du 8. au 9.

Nouvelle insulte faite au Gouverneur Général.

Dès le lendemain on cessa de monter la garde chés le Général; & le même jour, les Habitans de Mirbalais arriverent à Leogane au nombre de 150. ils furent complimentés au nom de ceux de l'Artibonite, qui les remercierent fort de leur zele & de leur attachement aux interêts de la Colonie: Après quoi, voyant que les Directeurs étoient partis, ils s'en retournerent sur le champ à la grande Riviere, sans avoir fait aucun désordre. Ces Habitans étoient ceux, qu'on avoit le plus appréhendés, & qui parurent les mieux disciplinés. L'onziéme, la plus grande partie s'en retournerent chés eux, & le même jour Messieurs de Sorel & de Montholon arriverent à Leogane, avec une escorte de 12. Cavaliers. Quelques têms après, le Baron de Courseüils, ayant eu querelle avec un Officier, au sujet du Sieur de la Salle-Habas, fut envoyé aux arrêts dans le Fort. Ce Gentilhomme, qui s'étoit fort déclaré pour les Habitans, avoit une habitation à la grande riviere, où il avoit régalé pendant quatre ou cinq jours plus de 150. personnes, & il en eut même, dit-on, tout un jour, jusqu'à 3. ou 400. Dès qu'on sçut qu'il étoit aux arrêts, il se détacha une centaine de Volontaires, pour aller demander son élargissement : le Général répondit, qu'il étoit très-disposé à faire plaisir au Baron de Courseüils, & qu'on n'en devoit point douter ; mais que le sujet pour lequel il l'avoit fait arrêter, demandoit qu'il fût puni ; d'ailleurs, que cela ne regardoit en aucune maniere la Colonie. Il eut beau dire, il n'appaisa point les Mutins, & il fut obligé de les contenter, pour éviter quelque fâcheux éclat. Le 12. tout ce qui restoit d'Habitans assemblés se retira, en criant : VIVE LE ROI, ET M. LE GENERAL, ET POINT DE COMPAGNIE. Alors tout parut calme ; mais c'étoit une bonace, qui cachoit une véritable Tempête. Un article du Traitté du 29. Decembre portoit que, s'il arrivoit dans les Ports de l'Isle quelque Navire de la Compagnie, il n'y pourroit pas rester plus de 4. jours ; ce fut là dans la suite la source de bien des mouvemens, qui ne tarderent pas même à se faire sentir.

On avoit déjà reçû au Cap-François la nouvelle, & une Copie de ce Traitté, lorsque le Negrier, dont j'ai parlé plus haut, y arriva. Il se nommoit *le Duc de Noailles*, & venoit du Sénégal chargé de 318. Negres. Le Capitaine Sicard, qui le commandoit, étoit fort malade, & l'Equipage, qui montoit à 67. Hommes, se trouvoit en très-mauvais état. Deux jours après, c'est-à-dire, le 31. de Janvier, Messieurs d'Arquian & Duclos furent informés que tous les quartiers voisins étoient en mouvement, & devoient s'assembler le lendemain premier de Fevrier au haut du Cap, pour se rendre dé-là à la Ville. Ils firent aussi-tôt appeller quelques Officiers de Milices, pour sçavoir d'eux quelles étoient les prétentions des Habitans, & ils ajoûterent, que sans s'attrouper ainsi, ils pouvoient faire leurs demandes par le canal de leurs Commandans. Ces Officiers répondirent, qu'ils ne sçavoient pas qui faisoit courir des Billets dans les Habitations ; mais qu'il y avoit ordre, sous peine d'être brûlé, de se trouver le premier de Fevrier au haut du Cap, pour venir demander l'exécution du Traitté, signé le 29. à Leogane, par Messieurs de Sorel & de Montholon. M.

1723.

Arrivée d'un Negrier au Cap. Nouveaux mouvemens à ce sujet.

1723. d'Arquian répliqua que cette maniere ne convenoit point, & authorisoit le Superieur à refuser les demandes d'ailleurs les plus justes, & sur le champ il fit écrire des Lettres Circulaires, qu'il envoya partout, pour défendre de monter à cheval, & de s'attrouper. Ces Lettres ajoûtoient que ceux, qui avoient des Requêtes à présenter, eussent à les remettre à leurs Commandans. Toute la nuit du dernier de Janvier au premier de Fevrier fut employée à les porter, & elles ne furent pas inutiles; la plûpart de ceux, qui n'étoient point partis, y déférerent.

Ils s'appaisent pour peu de téms. Quelques uns s'aviserent même de faire courir des Billets tout contraires aux premiers; il y étoit défendu de la part de la Colonie à quiconque de monter à cheval, & de s'atrouper sous peine d'être brûlé, & l'on y enjoignoit à chaque quartier, de s'assembler le jour de la Chandeleur dans la Savane de son Presbytere, pour nommer quatre personnes, qui représenteroient le quartier, & viendroient en son nom faire les représentations, dont on conviendroit. Cette seconde démarche eut encore plus d'effet que la premiere; ceux mêmes, qui n'ayant pas reçû ces Billets, non plus que la Lettre du Comte d'Arquian, étoient déjà au rendés-vous, se retirerent chés eux, dès qu'ils en eurent connoissance, & il n'y en eut qu'environ 30. qui allerent jusqu'au Cap à cheval & armés, sans pouvoir dire, où ils alloient, ni ce qu'ils vouloient; car quelqu'un le leur ayant demandé, ils répondirent, qu'ils n'en sçavoient rien, mais qu'on leur avoit ordonné d'aller au Cap. On leur apprit ce qui s'étoit passé depuis, & ils se retirerent aussi-tôt. Messieurs d'Arquian & Duclos, voyant les choses en fort bon train, entreprirent de persuader aux principaux Habitans qu'il étoit de l'interêt de la Colonie, de permettre au Negrier de traiter, & ceux-ci en convinrent; mais ils ajoûterent que ceux, qui cherchoient uniquement l'interêt de la Colonie, n'étoient pas le plus grand nombre; qu'ils n'étoient pas les maîtres des petits Habitans, qui absolument n'entendroient point raison sur cet article, & que pour preuve de la sincerité, avec

laquelle

laquelle ils agiſſoient, ils alloient eſſayer de faire ce qu'on ſouhaittoit, mais ſans aucune eſpérance de réüſſir.

 Le lendemain jour de la Chandeleur un petit Habitant, qui ne ſçavoit pas lire, apporta à M. d'Arquian dans l'Egliſe un billet, qu'il avoit trouvé dans le grand chemin, & qui étoit conçû en ces termes. « Mes très-chers Freres, il paroît » qu'on veut nous inſinuer de laiſſer traitter le Negrier de la » Compagnie, ce qui feroit notre ruine, & cauſeroit le dé- » part de tous les garçons. Ainſi, il faut s'aſſembler, ſe ren- » dre au Cap bien armé, & ſe ſaiſir dudit Navire pour le brû- » ler, ou le contraindre à partir ; & s'il ſe trouve quelques » faux Freres, il faut les châtier ſans miséricorde, ni rémiſ- » ſion. » C'étoit viſiblement de la canaille, qui avoit fait cet écrit, & il fut mépriſé. On fit un peu plus d'attention à un pacquet addreſſé à Meſſieurs Juchereau de Vaulezard, Habitant de la petite Anſe ; de la Grange, Habitant de Bayaha; Coquiere, du Port Margot; & Philippe, du Cap-François. Ce dernier étoit Tréſorier de la Marine; le premier, qui vient de mourir, étoit un Gentilhomme Canadien, Enſeigne de Vaiſſeaux, & qui avoit ſervi avec honneur. Tous quatre paſſoient avec juſtice pour être de très-honnêtes gens, & fort attachés à leur devoir. Auſſi furent-ils extrêmément ſurpris qu'on ſe fût addreſſé à eux. Sur le repli du paquet étoit écrit; *Sentimens & réſolutions de la Colonie*, & il leur étoit enjoint à tous, ſous peine de la vie, ou du moins à l'un d'eux, en l'abſence des trois autres, de l'ouvrir en préſence des Quartiers aſſemblés. Ils délibérerent ſur-cela entr'eux, & ils ne trouverent aucun inconvenient à s'en aller au haut du Cap ; mais ils n'y rencontrerent perſonne. Ils ſçûrent depuis que le paquet leur avoit été envoyé dans le premier feu du mouvement, dont nous venons de parler.

 Comme on devoit nommer le lendemain quatre Députés dans chaque Paroiſſe, ils réſolurent d'attendre l'aſſemblée de ces Députés, pour ouvrir le paquet. L'Aſſemblée ſe tint le 5. au haut du Cap, les Députés s'y trouverent au nombre de 48. & le paquet ayant été ouvert, on en trouva le

1723.

On fait courir de nouveaux Ecrits, mais ſans beaucoup de ſuite.

Les Députés des Quartiers s'aſſemblent au haut du Cap, & ce qui s'y paſſe.

contenu si absurde, & si indigne, qu'à la pluralité des voix il fut décidé qu'il seroit brûlé par la main du Boureau : mais comme il auroit fallu aller chercher un Boureau au Cap, l'exécution se fit sans lui, & au milieu de l'Assemblée. Cette conduite, étoit sans doute irréguliere, & de pareilles formalités ne convenoient point dans une Assemblée, qui n'étoit revêtuë d'aucune authorité ; mais elles trouverent leur excuse dans le feu d'un premier mouvement d'indignation, qu'un bon zéle avoit allumé. On fit ensuite serment de ne jamais parler de ce que contenoit l'Ecrit qu'on venoit de brûler : ce qui n'a pas empêché qu'il n'en ait transpiré quelque chose, apparemment par ceux mêmes, qui en étoient les Auteurs. On a sçû, par exemple, qu'on y demandoit que le Juge Royal du Cap, son Lieutenant, & le Procureur du Roi fussent renvoyés en France : que les Capucins fussent rappellés, & les Jesuites congediés, qu'il y eût pleine liberté de conscience, que les deniers de l'Octroy levés dans la dépendance du Cap, y restassent pour subvenir aux dépenses, qui y sont nécessaires, & ne fussent point transportés à Leogane, pour fournir aux dépenses de ce quartier-là, & de celui de Saint Loüys, comme il arrivoit tous les jours. Les autres articles ne tendoient à rien moins, qu'à ériger le Pays en République.

Cette exécution faite, l'Assemblée agita plusieurs questions. On proposa d'abord, si on ne demanderoit pas compte des deniers de l'Octroy, & de l'employ qu'on en avoit fait. Les plus sages dirent qu'on ne devoit pas toucher à cet article, que l'Octroy avoit été accordé à Sa Majesté, pour les dépenses, qu'elle est obligée de faire dans le pays; qu'il n'appartenoit qu'à elle seule de s'en faire rendre compte; que de vouloir entrer en connoissance de l'usage, qu'elle en faisoit, ce seroit manquer au respect & à la soumission, que des sujets doivent à leur Souverain, & dont la Colonie étoit résoluë à ne se départir jamais. Ces raisons firent impressions sur ceux mêmes, qui étoient les moins bien disposés, & ils n'insisterent point. On examina ensuite si le

Negrier, qui étoit dans le Port du Cap, seroit reçû à traitter, ou non: les sentimens furent partagés, & on s'échauffa même de sorte, qu'on ne s'entendoit plus. A la fin, un des Députés cria d'une voix, qui imposa silence, que ceux, qui étoient pour l'affirmative, passassent à Stribord, & les autres à Basbord. Il fut obéi, il y eut 23. voix pour le Negrier, & 25. contre lui; ainsi il fut conclu que ce Navire seroit renvoyé, & on lui donna 10. jours de terme. On discuta encore plusieurs autres points de moindre importance; l'Assemblée dura deux jours, & les demandes, qu'elle devoit faire au nom de tous les Habitans, furent réduites à 12. articles, que l'Orateur, ou le Greffier rédigea dans un Ecrit, qui fut présenté à MM. d'Arquian & Duclos, & qui portòit en substance:

1723.

1°. Que le Negrier le Duc de Noailles, commandé par Sicard, sortît du Port du Cap-François sous 10. jours, & que tous les autres Vaisseaux de la Compagnie, qui entreroient dans cette rade, & dans toutes celles de la dépendance, n'y pûssent demeurer au-delà du même terme. 2°. Qu'il fût expressément défendu à tous, de quelque qualité & condition qu'ils pûssent être, de faire aucun parti de Negres, pout les revendre aux Vaisseaux des Particuliers, qui viendroient traitter dans ce Port, avant 30. jours expirés, depuis l'arrivée des Navires, sous peine aux Contrevenans de confiscation desdits Negres. 3°. Que pour prévenir les désordres & les abus, qui pourroient être causés dans la suite par les Placards, Affiches, & Billets anonymes, exposés & distribués au nom de la Colonie par des gens sans aveu, il fût fait défense sous peine de la vie, à toutes personnes, quelques qu'elles pûssent être, d'oser composer, attacher, & distribuer aucuns Ecrits diffamatoires, ou autres tendant à exciter des émûtes ; ceux, qui auroient des représentations à faire pour le bien public, se contentant de les mettre entre les mains des Députés de leurs quartiers. 4°. Que M. le Marquis de Sorel & M. de Montholon, fussent très-humblement suppliés, d'envoyer au Cap une Copie signée d'eux, des articles accordés aux Habitans

Demandes des Habitans à Messieurs d'Arquian & Duclos.

1723.

de Leogane & des quartiers voisins, pour être registrée au Conseil Superieur du Cap, supposé que le Traitté l'eût été dans celui de Leogane, comme le bruit en avoit couru ; étant nécessaire qu'on sçût à quoi s'en tenir à ce sujet, afin de conserver l'union & la tranquillité dans toutes les parties de la Colonie. 5o. Que lesdits Seigneurs Général & Intendant, eussent la bonté de procurer plûtôt l'augmentation des Especes, que leur diminution, eu égard à l'enlevement que les Capitaines & les Marchands en faisoient tour les jours. 6o. Que les deniers levés depuis long-têms pour fournir au payement des Negres suppliciés, ne regardant directement que les Habitans, il fût ordonné que les Receveurs de ces deniers rendroient incessamment leurs comptes pardevant les Sieurs de Vaulezard, le Seigneur, le Jeune, & la Lande Gayon, & que la solde en seroit remise par ledit Receveur, entre les mains du sieur Dantzé, élû par les Députés Syndic Général de la dépendance du Cap. Qu'il fût pareillement ordonné aux Marguilliers de chaque Paroisse de remettre entre les mains du même les deniers, qui seroient levés à l'avenir pour les Negres suppliciés, pour être repartis aux Proprietaires, suivant la taxe, qui en avoit été faite.

Diligence de MM. d'Arquian & Duclos, pour la traitte du Negrier.

Cet Ecrit fut assés bien reçû de Messieurs d'Arquian & Duclos, qui y firent une réponse favorable, & le premier fit observer aux Députés, qu'il avoit déja prévenu le troisiéme article, en défendant sous peine de la vie tous Ecrits, Affiches, Actions, & Placards séditieux, & donné même un ordre verbal de tirer sur tous les Vagabonds, & gens sans aveu, qui récidivroient à entrer à main armée dans les Habitations, & à y faire les violences & les outrages, dont on se plaignoit. Mais quelque satisfaction que ces Messieurs parussent avoir de la conduite des Députés, ils ne pouvoient digerer que les Habitans n'eussent pas pour eux la complaice de permettre au Negrier de la Compagnie la traitte de ses Negres. Ils ne se rebuterent pourtant point, & ils engagerent les principaux d'entre les Députés à se joindre à

eux pour gagner ceux, qui étoient les plus opposés à cette Traitte: ils se firent ensuite adresser une Requête par le Capitaine Sicard, qui eut grand soin d'y exposer de la maniere la plus touchante l'état déplorable, où se trouvoit son Bâtiment, & le dépérissement entier de sa carguaison. Cette Requête fut communiquée à douze Députés, qui se trouverent au Cap, & qui y firent la réponse suivante. « Aujourd'hui 17. Fevrier 1723. Nous Députés des Habi-
» tans de différents quatiers du Cap...... Nous sommes assem-
» blés au sujet d'un Ecrit en forme de Remontrance présen-
» tée l'onze du même mois par le Sieur Sicard, Capitaine
» d'un Navire Negrier, actuellement en cette rade, & si-
» gnée *Du Liquet*, faisant pour lui. Quoiqu'il nous paroisse
» que ce Bâtiment est en un triste état, suivant ce que ledit
» Capitaine expose; cependant après avoir mûrement reflé-
» chi, & consideré sa teneur, Nous n'y avons eu nul égard,
» vû qu'il nous paroît donner atteinte par icelle au respect
» & à la soumission, que nous avons pour Messieurs nos Su-
» perieurs, par divers termes, dont il s'est servi à notre su-
» jet, & que nous n'éxigeons nullement, n'ayant jamais
» prétendu être les Maîtres de la décision de son sort, que
» nous entendons dépendre de nosdits Superieurs, ausquels
» nous avons remis nos Remontrances, dont nous attendons
» réponse, pour nous y conformer. »

 Messieurs d'Arquian & Duclos ayant reçû cet Ecrit, & informés d'ailleurs de la disposition de la plûpart des esprits, jugerent à propos de ne pas différer plus long-têms à fixer le jour de la vente des Negres, & ils firent venir les Députés pour les instruire de cette résolution. De douze qu'ils étoient, il y en eut huit, qui répondirent de leurs quartiers, quelques-uns mêmes firent voir des Ecrits signés de tous leurs Habitans, par lesquels ils consentoient à la vente de Negres, pourvû qu'elle ne tirât point à conséquence. Les quatre autres déclarerent qu'ils ne répondoient de rien, parce qu'on étoit unanimement convenu de ne rien achetter de la Compagnie. Ils ajouterent, qu'il leur paroissoit

Ce qui se passa à Leogane à ce sujet.

qu'on devoit attendre sur cela les ordres du Général & de l'Intendant, lesquels ne pouvoient gueres permettre la Traitte proposée, après avoir promis de ne souffrir aucun Navire de la Compagnie plus de quatre jours dans les Ports de la Colonie. Les choses étoient en ces termes, lorsque le Chevalier d'Hericourt arriva au Cap chargé de plusieurs Lettres de Messieurs de Sorel & de Montholon, dattées de l'onziéme Fevrier pour Messieurs d'Arquian, Duclos, de Châtenoye, & de Tilly. Le General écrivoit à M. d'Arquian au sujet du Negrier, que les Habitans de Leogane trouvoient une extrême dureté à renvoyer ce Navire en l'état, où il étoit, & il lui faisoit part d'une espece de déliberation, signée de quelques Habitans de Leogane, & conçuë en ces termes.

« Les nouvelles venuës du Cap, nous ont appris l'arrivée
» d'un Vaisseau Negrier de la Compagnie, & nous ont ins-
» truits de sa mauvaise situation par la maladie du Capitai-
» ne & d'autres Officiers, & qu'on ne veut pas le laisser
» traitter conformément à ce qui a été accordé entre les Habi-
» tans de la Colonie, & les Députés envoyés de la part de M.
» le Général & de M. l'Intendant. Mais comme nous sommes
» informés que l'Equipage dudit Vaisseau a déclaré que, si on
» ne veut pas les recevoir à traitter, ils alloient se jetter à terre,
» & se mettre à la merci des Habitans, aimant autant souffrir la
» mort par leurs mains, que d'aller périr en Mer ; toutes ces
» raisons nous auroient engagés d'aller demander à M. le Gé-
» néral, qu'il nous fût permis de nous assembler, pour déliberer
» entre nous sur les expediens, qu'il y auroit à prendre dans la
» conjoncture présente, ce qu'il nous auroit permis verba-
» lement ; & ayant lû l'article 3. dudit accord, où il est dit,
» qu'il ne sera pas permis aux Navires de la Compagnie de
» traitter en cette Côte, & qu'ils n'y pourront séjourner
» que quatre jours : consideránt la triste situation, où se
» trouvent, tant ledit Vaisseau, que son Equipage, & voulant
» éviter le mal, qui arriveroit, si on lui refusoit de traitter,
» & pour prévenir les mêmes inconveniens, qui pourront se
» présenter après en pareils cas ; Notre avis est, que tant ledit

» Vaisseau Negrier appartenant à la Compagnie des Indes, 1723.
» que ceux, qui arriveront ci-après, venant de Guinée, dont
» les Passe-Ports ont été, ou seront délivrés, jusqu'au pre-
» mier du mois prochain, attendu que leurs Equipages sont
» dans la bonne-foy, soient reçûs en cette Côte, & y puissent
» traitter, comme les autres Vaisseaux appartenants aux Par-
» ticuliers, en payant les mêmes droits, mais qu'ils ne puissent
» faire leur vente qu'en détail, pour procurer à tous les Ha-
» bitans les moyens d'achetter des Negres, & par-là empê-
» cher la monopole. Et qu'au cas, qu'après ledit jour pre-
» mier de Mars prochain, il soit expedié des Passe-Ports à
» ladite Compagnie, pour continuer le même Commerce;
» pour lors on exécute à la lettre l'article, qui exclut les-
» dits Vaisseaux de traitter en cette Côte, parce qu'il est sans
» difficulté que toute la France sçaura qu'on ne veut point
» ici de Compagnie. Voilà quels sont nos sentimens, priant nos
» Compatriottes de vouloir entrer dans notre même esprit.
» Que s'ils l'approuvent, nous nous engageons de faire nos
» très-humbles Remontrances à MM. nos Superieurs pour les
» prier de l'approuver aussi. A Leogane ce 10. Fevrier 1723.»

 Le Général ajoutoit dans sa Lettre, qu'encore que cette délibération ne fût signée que de neuf Habitans, on pouvoit toûjours agir en conséquence, & qu'ils en enverroient incessamment une plus autentique signée des principaux Habitans de tous les quartiers. M. d'Hericourt assûroit la même chose, & disoit que, si le Cap-François ne vouloit point souffrir ce Navire, on pouvoit le faire appareiller pour Leogane, où il seroit bien reçû. La Lettre, qui fut renduë à M. de Tilly, étoit pour l'avertir de ne point partir sans nouvel ordre, mais de couvrir ce délai de quelque prétexte. Messieurs d'Arquian & Duclos n'étoient pourtant rassûrés qu'à demi; mais pour ne manquer à rien de ce qui étoit de leur devoir, ils communiquerent la délibération des Habitans de Leogane & la Lettre de Général aux quatre Députés, qui s'opposoient encore à la vente des Negres, & ils leur représenterent, que les quartiers du Cap se perdroient sans ressource,

1723.

s'ils laissoient sortir ce Navire, & qu'il fût reçû à Leogane; que cela prouveroit clairement qu'ils étoient les seuls autheurs de la mutinerie, comme on le publioit déjà en plusieurs endroits, & qu'ils porteroient tout le poids de l'indignation de S. M.

Nouvelle opposition de quelques Députés à la vente des Negres. La réponse de ces Députés fut, qu'ils avoient des Lettres de Leogane, où on parloit un langage bien différent de ce que mandoit M. le Général ; qu'elles leur apprenoient qu'on y étoit absolument dans la résolution de ne souffrir aucun Navire de la Compagnie : que la délibération, qu'on faisoit tant valoir, avoit été mandiée par le Général & l'Intendant à leurs amis, dont quelques-uns mêmes s'étoient retractés sur le champ ; par une déclaration contraire, qu'ils avoient déposée au Greffe ; qu'ils étoient bien assûrés que M. le Marquis de Sorel n'envoyeroit jamais celle, qu'il promettoit signée des principaux Habitans, & que tout ceci étoit un piege, qu'on leur tendoit pour les désunir d'avec les quartiers de Leogane, en les engageant à permettre la vente des Negres. Messieurs d'Arquian & Duclos repliquerent, qu'il leur seroit honteux de se gouverner par les quartiers de Leogane, & de se soumettre, pour ainsi dire, à leurs ordres ; qu'ils avoient parmi eux assés de gens capables de les conseiller, & que si les autres avoient fait quelque faute, il étoit de leur honneur de ne les point imiter : qu'ils devoient au contraire leur donner bon exemple : que le Traitté, que les Habitans de l'Artibonite & du Cul-de-Sac, avoient fait signer au Général & à l'Intendant, étoit une chose odieuse, dont ils ne devoient jamais parler, bien loin de s'en prévaloir ; que c'étoit tout ce que pourroient faire des Ennemis de l'Etat, & qu'ils pouvoient bien croire que tôt ou tard les auteurs de pareilles entreprises, & ceux, qui les soutenoient, seroient punis, aussi bien que ceux, qui avoient donné lieu à tous ces attroupemens de gens armés contre l'ordre des Superieurs.

Elle se fait pourtant & ce qui en arrive. Les quatre Députés repartirent, qu'ils n'ignoroient rien de tout cela, & qu'il ne s'agissoit point ici de leurs sentimens, sur lesquels toute leur conduite passée ne permettoit

pas

DE S. DOMINGUE, LIV. XII. 433

1723.

pas de former aucun doute, mais de la difposition, où étoient quantité d'Habitans de leurs quartiers, dont ils étoient très-bien inftruits, & qu'ils n'étoient pas les maîtres de changer. Qu'ils convenoient donc fans peine de tout ce qu'on leur reprefentoit, mais que la difficulté étoit de le faire comprendre à ceux, au nom de qui ils étoient obligés d'agir, & dont on devoit craindre quelque éclat, fi on paffoit outre. Malgré cela Meffieurs d'Arquian & Duclos voyant quelque apparence de défunir les quartiers même du Cap, & le plus grand nombre des Députés s'étant declarés en faveur de la traite du Negrier, rendirent le 17. Fevrier une Ordonnance, en vertu de laquelle Sicard pouvoit commencer la vente de fes Efclaves le 23. du même mois, à la charge de n'en faire aucun parti, & de ne point commencer avant ledit jour, à peine de confifcation.

Le 20. le Courrier de Leogane arriva, & n'aporta point la délibération annoncée par la lettre de M. de Sorel, ce qui n'empêcha point que le 23. Sicard ne vendît plus de 200. Negres, & qu'il ne débarquât le refte dans une habitation auprès de la Ville. Le 25. ou le 26. un autre Courrier, qui avoit été envoyé à Leogane par les Députez, revint avec la réponfe à leurs remontrances. On reçut par la même voye des lettres particulieres, qui apprirent que la délibération promife ayant été envoyée dans tous les quartiers, pour y être fignée par les Habitans; elle y avoit été fort mal reçuë; qu'on y étoit abfolument dans la réfolution de ne plus fouffrir aucun navire de la Compagnie; & qu'à l'Attbonite les efprits étoient fort animés, & fort difpofés à retourner à Leogane. Ces nouvelles répanduës dans toute la Plaine du Cap y cauferent beaucoup de rumeur, fur-tout parmi ceux, qui n'avoient pas confenti à la vente des Negres. On n'y parloit de rien moins, que de brûler les habitations de tous ceux, qui avoient achetté des Negres, & les plus modérés vouloient qu'au moins on les obligeât de les rendre. Quelques-uns opinoient qu'on les embarquât fur le Negrier même, & qu'on fît appareiller ce Navire

Tome II. I i i

dans le moment; d'autres se contentoient de les condamner à une amende au profit de la Colonie, ou de confisquer au profit du Roi les Negres achettés. Enfin, comme si l'on eût pris à tâche de faire voir qu'il n'est point d'extravagance, qui ne puisse sortir de la tête de gens, qui ont secoüé le joug d'une subordination legitime, il y en eut, qui dirent qu'il falloit condamner les achetteurs à une amende pecuniaire au profit du Capitaine & de la Compagnie.

Les quartiers s'assemblent de nouveau. On fit ensuite courir dans tous les quartiers de nouveaux billets portant ordre de s'assembler le 27. au haut du Cap: quelques-uns s'y rendirent fort rebutés de toutes ces courses, & y attendirent les autres avec beaucoup d'impatience; d'autant plus que le temps étoit fort pluvieux. Messieurs d'Arquian, Duclos & de Châtenoye profiterent de ces dispositions pour faire sentir aux Habitans l'irrégularité de cette conduite; qu'on n'avoit permis la traitte du Negrier, que sur les réponses du plus grand nombre de leurs Députés, qui avoient promis de s'en tenir à la décision des Superieurs; que dans toutes les déliberations on décidoit à la pluralité des voix, & qu'ils ne voyoient point pourquoi cet usage n'auroit point lieu dans l'occasion presente. Ceux, à qui ils parloient, répondirent que les autheurs des émûtes étoient des broüillons, qui seroient charmés de voir arriver des desordres, pour en profiter; que sans les lettres de Leogane la vente des Negres se seroit achevée tranquillement; que les honnêtes gens étoient au desespoir de toutes ces mutineries, & se joindroient volontiers aux Troupes du Roi pour les réprimer; mais que comme la Colonie craignoit toûjours qu'on ne voulût rétablir la Compagnie, ils ne vouloient pas pour son interêt se broüiller avec des gens, dont ils avoient tout à craindre, & de qui ils pouvoient avoir besoin. Que si on leur donnoit une assûrance que sa Majesté voulant bien oublier tout le passé, auroit encore la bonté de ne les point gêner sur ce qui concernoit la Compagnie, ils seroient les premiers à arrêter les séditieux, à les remettre entre les mains de la Justice, & à faire ren-

DE S. DOMINGUE, LIV. XII. 435

trer tout le monde dans le devoir. On leur répliqua qu'ils s'en écartoient eux-mêmes par la maniere, dont ils s'exprimoient sur le sujet de la Compagnie, & qu'il pouvoit arriver que l'intention du Roi fût qu'on la rétablît à Saint Domingue; ils répartirent qu'il y avoit bien des gens dans la Colonie, qui pourroient difficilement gagner sur eux d'obéir à de semblables ordres, & que sa Majesté ne pourroit, ce semble, leur en sçavoir mauvais gré, puisque leur désobéissance en ce cas proviendroit de leur attachement à son service. Qu'il leur sembloit que de les soumettre à la Compagnie des Indes, ce seroit comme si on leur ordonnoit de ne reconnoître plus desormais d'autres Maîtres, que des Anglois, ou des Turcs.

1723.

Attentat de quelques particuliers. La vente du Negrier s'acheve.

Ils promirent néanmoins de faire ensorte que chacun se retirât chez soi, & ils tinrent parole; mais il fallut encore permettre une assemblée de tous les Députés des quartiers, pour terminer l'affaire du Negrier. Cette assemblée se tint trois ou quatre jours après, elle fut extrêmement tumultueuse, & dura deux jours, au bout desquels quatre Députés furent détachés pour visiter les papiers du Sieur Philippes, qui avoit été chargé de la vente des Negres, afin de connoître ceux, qui en avoient acheté, & sçavoir ce qu'ils leur avoient coûté. Le Comte d'Arquian ayant été informé de cette démarche, & voyant chez lui deux de ces Députés, leur dit qu'ils leur pourroit bien arriver de se faire pendre un jour, & qu'il étoit bien aise de les en avertir en ami. L'avis eut son effet, ces deux hommes avoient été jusqueslà des plus échauffés contre la Compagnie, & depuis ce temps-là ils ne se mêlerent plus de rien. Les deux autres firent leur rapport, & après qu'on eut beaucoup contesté, il fut conclu que tous ceux, qui avoient acheté des Negres, payeroient entre les mains des Députés 200. livres par tête au profit de la Colonie; & que si dans la suite quelqu'un achettoit la moindre chose de la Compagnie des Indes, il seroit abandonné à tout événement. Cependant par un attentat que rien ne pouvoit excuser, comme si ces Députés

I i i ij

eussent voulu montrer qu'ils étoient revêtus d'un pouvoir, qu'ils contestoient à leurs Superieurs, ils firent une exception à la Loy, qu'ils venoient d'établir, & ils consentirent que Sicard vendît ce qui lui restoit encore de Negres. Cette Déliberation fut tenuë quelque temps fort secrette; Messieurs d'Arquian & Duclos en furent néanmoins instruits, & en firent remarquer l'indécence à plusieurs Députés. Ceuxci en convinrent, & l'avoient très-bien sentie d'abord, mais ils dirent qu'il y auroit trop eu à risquer en voulant s'y opposer de front, qu'il avoit fallu faire semblant d'accorder quelque chose aux Factieux, du nombre desquels étoient plusieurs Députés, mais que la Délibération n'auroit point son effet.

La tranquillité renduë aux quartiers du Cap.

Le Comte d'Arquian voulut bien paroître satisfait de cette réponse; toutefois il résolut d'employer la force, si les troubles ne finissoient point. Il se flattoit d'autant plus d'y réussir, que tous les honnêtes gens étoient fort las de tous ces mouvemens, & voyoient la nécessité d'en arrêter le cours : déja même sept à huit cens des Principaux lui avoient promis de se joindre à lui, dès qu'il jugeroit à propos d'agir contre les Mutins, & M. de Tilly s'étoit offert à débarquer avec 200. hommes, tant de son Equipage, que de ceux des autres Navires de la Rade, ajoûtant que, pour éviter toute difficulté au sujet du commandement, il serviroit en qualité de simple volontaire. Mais il ne fut pas besoin d'en venir là, les Séditieux ne se voyant pas soutenus se retirerent, & tout resta fort tranquille.

Arrivée d'un nouveau Navire de la Compagnie des Indes.

Quelques jours après *les deux Freres*, Navire de la Compagnie commandé par Butler, arriva au Cap venant de la Loüysiane, après avoir essuyé un furieux coup de Nord, qui l'avoit ouvert de toutes parts. Cela fit naître encore quelque rumeur dans les quartiers, où l'on n'étoit pas instruit des circonstances de cette relâche. Plusieurs dirent que, tantôt sous un prétexte, & tantôt sous un autre, on trouvoit toûjours moyen de recevoir les vaisseaux de la Compagnie, contre les paroles si solemnellement données. On les laissa dire ; & M. de Tilly ayant fait faire par ses Charpentiers la visite des deux Freres, ce bâtiment fut jugé absolument hors d'état de faire le voyage de France. Le Comte d'Arquian le fit sçavoir aux Députés, ajoûtant qu'il y auroit de la cruauté à l'obliger de partir, au hazard de faire noyer tout un équipage, & quantité de passagers, qui s'y trouvoient embarqués. Il leur fit observer encore que ce Navire ne devoit pas leur être suspect, n'ayant aucunes marchandises, qu'il n'étoit entré dans le port, que pour éviter un naufrage prochain, & qu'en pareil cas on ne refuseroit pas de secourir des Ennemis mêmes. Ces représentations eurent leur effet, & il ne fut plus parlé de rien.

1723.

Le Gouverneur Général & l'Intendant n'eurent pas si bon marché de leurs quartiers, où les esprits étoient bien plus animés, & où la rébellion avoit des Chefs, & des motifs, qu'elle n'avoit point eus au Cap François. Le 15. de Mars le Comte d'Arquian reçut un pacquet du Marquis de Sorel, qui lui donnoit avis que sur un Memoire, qui lui avoit été presenté par les Députés des quartiers, pour l'engager à surseoir les fortifications commencées par ordre du Roi au Petit Goave; & sur un écrit, qui avoit paru à Leogane venant de l'Artibonite, dans lequel on nommoit un autre Général que lui, & d'autres Officiers, & où il étoit défendu aux Habitans d'avoir aucune communication avec l'Etat Major, il avoit tenu le 3. un Conseil extraordinaire, où presque tous les Officiers avoient été appellés, & qu'en vertu de la déliberation de cette assemblée il s'étoit embarqué avec l'Intendant & toutes les Troupes sur le Vaisseau du Roi l'*Argonaute*, commandé par M. de Rochembaut, arrivé depuis trois jours à Leogane, & de passer au petit Goave, où il avoit donné ordre à tous les Navires Marchands de le venir joindre. Il lui envoyoit aussi plusieurs Arrêts rendus par le Conseil Superieur de Leogane, où il avoit présidé avec M. de Montholon.

Le Gouverneur Général & l'Intendant se retirent à Bord d'un Navire du Roi & passent au petit Goave.

Le premier défendoit sous peine de la vie tous placards, affiches, ordres, libelles, ou discours tendant à la sédition,

Divers Arrêts rendus par le Conseil de Leogane,

Iii iij

& enjoignoit aux Commandans & autres Officiers de Justice d'y tenir la main. Le second portoit défense à quiconque d'achetter des Negres en gros pour les revendre, fous peine de confiscation des Negres, & du principal de la vente, & de 20000. livres d'amende : il permettoit néanmoins de vendre en gros le rebut, à la charge de la part des achetteurs d'en requerir, & de faire faire la visite à leurs frais par les Commissaires, Medecins & Chirurgiens nommés par le Conseil. Le troisiéme ordonnoit l'enregistrement au Conseil, & aux Jurisdictions du Ressort du Traité fait entre le Général & l'Intendant d'une part, & les Habitans de l'Artibonite, & du Cul-de-Sac de l'autre, le 29. Decembre 1722. & en ordonnoit la lecture & publication à la diligence des Substituts du Procureur Général, & l'enregistrement de l'Election des Députés des quartiers. Par le quatriéme il étoit enjoint que les Arrêts & Déliberations des Conseils de Leogane & du Cap du mois de Janvier seroient executés selon leur forme & teneur : qu'en conséquence la levée & perception des deniers ordonnée par iceux seroit faite pour les années à venir conformément ausdites Déliberations : que le Receveur des droits d'Octrois rendroit compte par devant trois Conseillers & deux Députés de la recette, & de la dépense dudit Octroi depuis 1713. jusqu'à la presente année 1723. & ce dans trois mois pour tout délai ; afin qu'il fût ordonné par le Conseil ce qu'il appartiendroit & seroit jugé le meilleur, & pour prévenir toute dépense superfluë, & ménager l'interêt des peuples, le Conseil ordonnoit que l'ordre prescrit par lesdites Déliberations pour la revûë des Troupes du Roi, lequel avoit été interrompu, seroit rétabli, & en consequence nommoit un Conseiller dans chaque quartier pour assister à ces revûës. Le cinquiéme portoit que sans déroger au Traité fait au Bourg du Cul-de-Sac le 28. & le 29. de Decembre dernier, il seroit permis aux Vaisseaux de la Compagnie partis avec des passe-ports expediés jusqu'au jour de l'Arrêt, de traiter en cette Colonie, en payant les droits ordinaires, & que ceux dont les passe-ports seroient expediés après ledit terme, seroient exclus conformément audit Traité.

1723.

On fit au Cap sur ces Arrêts bien des réflexions. On trouva que par le premier le Conseil de Leogane s'érigeoit en Général, qu'un pareil ordre n'étoit point de sa competence, qu'au Cap François c'étoit M. le Comte d'Arquian, qui avoit fait de pareilles défenses, sans Arrêt du Conseil du Cap; & qu'en ayant informé M. le Marquis de Sorel, il en avoit été approuvé. Il parut que le second étoit fort inutile, puisqu'il y avoit assez de réglemens faits sur cet article, soit par sa Majesté, soit par les Généraux & Intendans; qu'il suffisoit de les renouveller, ou de tenir la main à leur exécution; mais que c'étoit encore l'affaire du Général & de l'Intendant, & nullement celle du Conseil, dont le devoir étoit de procurer l'exécution des Reglemens, en cas qu'ils fussent mal observés. On ajoûtoit que celui-ci pourroit faire un grand tort au commerce, les partis en gros étant avantageux aux Navires, qui par ce moyen font des voyages plus prompts; & nécessaires aux Habitans, par la raison que ceux, qui achettent toute une carguaison de Negres, les ayant à meilleur compte, les vendent aussi à meilleur prix, & donnent plus de terme, que n'en peuvent donner les Navires. Pour le troisiéme, comme le Traité, dont il ordonnoit l'enregistrement, avoit toûjours paru fort odieux à tous les bons Citoyens, on fut fort surpris de voir le Conseil de Leogane y mettre son attache par cet Arrêt, & le confirmer, aussi bien que l'Election des Députés des quartiers, laquelle ne pouvant que se tolerer pour prévenir de plus grands desordres, ne devoit pas être autorisée, ni en quelque façon legitimée par un enregistrement au Conseil. A l'égard du quatriéme, la même raison, qui avoit empêché les Députés du Cap à leur premiere assemblée de parler de ces fonds & d'y toucher, fit blâmer le Conseil de Leogane de l'avoir fait par un Arrêt: on observa de plus que ce Réglement étoit contraire à un autre du Roi même de l'année 1718, lequel avoit été enregistré. Le cinquiéme

De quelle maniere ces Arrêts sont reçûs au Cap.

fut improuvé, 1o. pour la clause, *sans déroger au Traité*, qui paroissoit une seconde confirmation & ratification de ce Traité; 2º. parce qu'il sembloit reconnoître que les articles en question venoient d'une puissance Superieure au Conseil, & qui avoit droit de donner des permissions. 3º. par la défense faite aux Navires de la Compagnie expediés après un certain terme; on estimoit qu'il n'étoit pas prudent à un Conseil Superieur de mettre ainsi le sceau par un Arrêt à l'expulsion d'une Compagnie authorisée par le Prince; expulsion, qui ne devoit être regardée que comme l'ouvrage d'une émotion.

Répliques pour le Conseil de Leogane.

Ces observations ne demeurerent pourtant pas sans repartie. On répondoit que le Conseil de Leogane devoit être loüé, pour avoir trouvé un moyen efficace de pacifier tous les troubles: qu'il ne falloit pas tant s'attacher à ce qu'il y avoit d'irrégulier & de contraire à l'authorité du Roi dans ces Arrêts, qu'à l'esprit, dans lequel ils avoient été rendus, & à la nécessité, où l'on s'étoit trouvé; enfin que le Gouverneur Général, l'Intendant & les Officiers Major avoient assisté & présidé à ces Déliberations. Mais répliquoit-on, il n'avoit pas été besoin de tout cela pour pacifier les troubles du Cap; tout y étoit rentré peu à peu dans l'ordre par la fermeté & la bonne conduite des Superieurs, & les bons offices des Conseillers, qui sans se mêler en corps dans ces affaires, avoient, conjointement avec les Officiers de Milices, & les plus notables Habitans fait entendre raison à la plus grande partie du Peuple. Au reste la nouvelle de l'embarquement du Général, de l'Intendant & des Troupes surprit étrangement tout le monde, parce qu'on en ignoroit la raison secrete. On n'en fut pas moins allarmé à Leogane, & à peine l'Argonaute avoit levé les ancres, & prit la route du petit Goave, que le Conseil Superieur s'étant assemblé, fit la Déliberation suivante, qu'il envoya aussi-tôt à M. le Marquis de Sorel.

Déliberation du Conseil Superieur

« Ce jourd'hui 6. du mois de Mars 1723. à la réquisition de tous les Habitans de Leogane, & des quartiers circonvoisins

» voisins, qui se sont rencontrés en cette Ville, le Conseil
» de Léogane s'est extraordinairement assemblé avec les
» Députés desdits quartiers, & le Procureur Général du
» Roi étant entré, a dit; qu'après les séances, que ledit Con-
» seil vient de tenir depuis le premier de ce mois conjoin-
» tement avec lesdits Députés, où présidoient M. le Géné-
» ral & M. l'Intendant, & où ont assisté tous les Officiers
» de l'Etat Major, dans lesquelles on a pris les mesures les
» plus justes & les plus raisonnables, & travaillé à mainte-
» nir l'authorité du Roi, & de ceux, qui en sont dépositaires,
» il y a lieu d'être surpris que M. le Général, aparemment
» allarmé des nouvelles venuës de l'Artibonite, où plusieurs
» Volontaires, & gens sans aveu auroient dressé & affiché
» des placards séditieux au mépris de son authorité, ait pris
» cette derniere nuit le parti de s'embarquer avec tous les
» Officiers, & les Troupes de cette garnison à bord du Vais-
» seau du Roi l'Argonaute mouillé à cette rade, & comman-
» dé par M. de Rochambaut, & y ait fait transporter les
» boulets & les munitions du Fort de la Pointe, lequel s'est
» trouvé abandonné le matin de ce jour. Il y a d'autant plus
» lieu d'être surpris de cette retraite, que tous les Habitans
» étoient dans une ferme résolution de faire exécuter avec
» toute la vigueur nécessaire les Arrêts du premier & du
» second de ce mois, pour tâcher de rendre à cette Colo-
» nie sa premiere tranquilité ; & de se joindre & unir avec
» M. le Général pour punir les contrevenans & les séditieux :
» que pour cet effet l'on avoit délivré les expéditions des-
» dits Arrêts aux Députés de chaque quartier, pour aller
» demain Dimanche 7e. de ce mois les faire publier dans tou-
» tes les Paroisses, & tenir la main à l'exécution d'iceux.
» Que cet abandon est d'autant plus sensible à ces Peuples,
» que l'on touchoit au moment de voir l'ordre mieux éta-
» bli que jamais dans cette Colonie, & qu'ils étoient dis-
» posés à donner à M. le Général des preuves invincibles
» de leur obéïssance, & de la ferme résolution, où ils sont,
» de maintenir l'authorité du Roi aux dépens de leurs biens,

1723.
presentée à
M. de Sorel
après son dé-
part pour le
petit Goave.

» & de leur propre vie : que les nouveaux troubles excités
» à l'Artibonite étoient sans fondement, ou du moins très-
» faciles à apaiser; lorsque tous les autres quartiers se trou-
» veroient réünis pour les faire cesser; que quand même il
» y auroit plus d'agitation que jamais, ils auroient cru que
» dans cette occasion M. le Général & les Officiers des Trou-
» pes auroient marqué plus de fermeté, & fait leurs plus
» grands efforts pour maintenir l'authorité du Roi. Et a re-
» quis le Procureur Général de déliberer sur les mesures les
» plus convenables à prendre dans cette occurrence : & de
» député devers Messieurs le Général & l'Intendant, pour
» les prier de venir reprendre les resnes du Gouvernement.
» Surquoi la matiere mise en déliberation, le Conseil con-
» jointement avec les Députés, & de l'avis des plus no-
» tables Habitans a nommé M. Bizoton Conseiller, & le
» Sieur Rousseau Syndic des Députés, pour aller commu-
» niquer à Messieurs les Général & Intendant la presente
» Déliberation; les assûrer de la parfaite obéïssance de tous
» les Habitans, de leur fidelité, & des fermes dispositions,
» où ils sont, de concourir de toutes leurs forces & pouvoir
» pour rétablir la tranquilité publique, & maintenir l'autho-
» rité du Roi, & les prier de venir reprendre les resnes du
» Gouvernement, afin de prévenir tous les maux & desor-
» dres, qui pourroient arriver de leur retraite, & du défaut
» de Commandement. Fait & Déliberé au Conseil le sixié-
» me jour du mois de Mars 1723. Collationné à la minu-
» te, Signé Feron Greffier.

Discours de M. de Nolivos au Conseil.

M. de Sorel ayant reçû cet acte, envoya au Conseil M.
de Nolivos pour y répondre de sa part, & cet Officier parla en ces termes. » Messieurs, quoique M. le Général ne soit
» comptable qu'au Roi de sa conduite pour l'exécution des
» moyens, qu'il croit les plus propres à soûtenir l'authorité de
» sa Majesté, & à procurer le repos & la tranquillité des
» Peuples de cette Colonie, toutefois sur la Déliberation
» sage & prudente, qui fut arrêtée hier 6. de ce mois au
» Conseil extraordinairement assemblé avec les Députés de

» tous les quartiers & les plus notables Habitans,& présentée
» par MM. Bizoton & Rousseau, M. de Sorel m'a fait l'hon-
» neur de me charger verbalement de vous témoigner l'en-
» tiere satisfaction qu'il a des fermes résolutions & des jus-
» tes mesures, que vous avez prises, pour concourir au main-
» tien de l'authorité du Roi, & à la tranquilité publique des
» Peuples, & de vous faire sçavoir que toutes ses démar-
» ches & ses intentions n'ont jamais eu d'autre but. Mais
» comme aux grands maux il faut de grands remedes, voyant
« avec douleur que les fideles Sujets restoient dans l'oppres-
» sion, sans oser suivre leur devoir, par les menaces des Ré-
« voltés de brûler leurs habitations, & de leur casser la tête;
« ces menaces les tenant dans le silence, & les éloignant
» du Gouvernement : depuis même les Déliberations justes
» & raisonnables prises le premier & le second de ce mois
» pour faire cesser tous les troubles & punir les séditieux, que
» les Députés auroient été forcez de ceder au torrent, & de
» signer un memoire pour qu'il fût sursi aux travaux d'une
» batterie ordonnée par le Roi à l'Acul du petit Goave.
» Tout cela joint aux défenses de reconnoître les Sieurs de
» Villaroche & Dubois nommés par sa Majesté Comman-
» dans de l'Artibonite & du Cul-de-Sac ; les plaintes,qui sont
» venuës de toutes parts de la licence effrenée, qu'on souffre
» impunément dans tous les quartiers ; les Volontaires ôtant
» des fers les Esclaves, que leurs Maîtres y ont mis ; que
» le Sieur Cazeaux Habitant du Cul-de-Sac, pour avoir dit
» qu'il falloit châtier ces Mutins, a été obligé de se réfu-
» gier au quartier de Leogane ; le libelle distribué, par le-
» quel on proscrit M. le Général & tous les Officiers Ma-
» jors, où on leur nomme des successeurs, des Comman-
» dans & des Capitaines dans tous les quartiers : toutes ces
» agitations ont fait penser que les bons Sujets étoient for-
» cés de ceder contre leur devoir & leur interêt au torrent
» de la Rebellion, que leur cœur & leur prudence con-
» damnent; mais en même-temps elles ont fait prendre à
» M. le Général le parti de se retirer à bord de l'Argonaute,

» pour se rendre au petit Goave, avec tous les Vaisseaux
» Marchands, tant du Cap que d'ici, d'y assembler les deux
» Conseils, & d'inviter tous les fideles Sujets à concourir
» au bien public, & à faire respecter l'authorité du Roi, étant
» soûtenus par tous les Soldats & Matelots au nombre de
» mille hommes au moins. Ce n'est donc pas pour abandon-
» ner les resnes du Gouvernement, mais pour le faire res-
» pecter, que M. le Général est sorti de Leogane ; toute
» les résolutions, qu'il avoit déja prises, ne tendoient
» qu'à cela, & à maintenir l'authorité du Roi. La grande
» confiance qu'il a en ce qui est énoncé dans votre Délibera-
» tion, suspend tout projet, pour vous inviter à porter le
» Peuple à l'obéissance, à donner des preuves de votre sinceri-
» té, en faisant arrêter le porteur d'un billet aussi séditieux, en
» lui faisant son procès, pour découvrir ses complices, en
» faisant exécuter à toute rigueur les Déliberations prises au
» Conseil le premier & second de ce mois, en faisant ren-
» dre une exacte obéissance aux Commandans des quartiers,
» à retracter le memoire presenté par les Députés le troisié-
» me de ce mois pour surseoir les travaux du petit Goave,
» & à observer enfin une parfaite soumission pour tout ce qui
» regarde l'authorité du Roi & le bien public. A ces conditions
» M. le Général accorde de laisser dès-à-présent un Officier
» Major avec une troupe de Soldats à la garde du Fort, & con-
» sent que les Vaisseaux Marchands restent dans le port ; pro-
» met même son retour, quand il sera nécessaire pour le
» bonheur de la Colonie, qui ne peut subsister, dès que l'or-
» dre & la subordination ne seront plus reconnus. » M. de
Nolivos avoit mis son discours par écrit, il voulut bien en
donner copie au Conseil, qui désiroit y répondre, & qui le
fit en ces termes.

Réplique du Conseil.

» Les Peuples protestent n'avoir jamais demandé compte à
» M. le Général de ses actions, ils se tiennent & se tiendront
» toûjours à tous égards dans le respect & la soumission
» dûs au rang & au caractere, dont il a plû au Roi de le
» revêtir. Ils le remercient de l'approbation, qu'il veut bien

» donner aux mesures prises pour arrêter le desordre. Com-
» me l'établissement seul de la Compagnie des Indes avoit
» donné lieu aux troubles, ils ont cessé par son expulsion;
» ainsi il ne s'agit plus d'apporter de grands remedes à des
» maux, qui ne subsistent pas. Les menaces des Révoltés
» n'ont plus aucun effet, & ces Révoltés mêmes sont ignorés
» & desavoüés de toute la Colonie. Les Députés se défen-
» dent d'avoir cedé au torrent, & le memoire, qu'ils ont
» pris la liberté de presenter à M. le Général au sujet des
» fortifications, n'est qu'une très-humble supplique, sans op-
» position, & avec protestation d'obéir à ce qu'il plairoit à
» M. le Général d'en ordonner. A l'égard de la batterie de
» l'Acul, loin de s'y opposer, ils la demandent formelle-
» ment. La prétenduë défense de reconnoître les Sieurs Du-
» bois & de Villaroche Commandans nommés par le Roi,
» & le billet, qui proscrit M. le Général, & tous les Offi-
» ciers Majors, & en désigne d'autres à leur place, est un
» écrit anonyme méprisé & désavoüé des Habitans. Cette
» verité est si constante, que lesdits Sieurs Dubois & de Vil-
» laroche ont toûjours continué leurs fonctions sans aucun
» trouble. Ainsi il ne s'agit plus que de découvrir les Au-
» teurs des billets, pour en poursuivre la punition suivant
» les Réglemens, ce que les Habitans ont fort à cœur. A
» l'égard du Sieur Caseaux, la discussion qu'il a euë avec
» quelques particuliers du Cul de-Sac, est une querelle, dans
» laquelle n'entre point la Colonie. Une armée est inutile,
» où il n'y a point d'Ennemis à combatre; les Habitans se
» seroient joints aux Soldats & aux Matelots, s'il en eut été
» besoin, pour soûtenir l'authorité du Roi, à laquelle ils se-
» ront toûjours soumis sous les ordres de M. le Général;
» la Colonie est aussi interessée que lui à découvrir l'Au-
» teur du libelle, & de tous les autres tendant à émotion,
» & comme on a soupçonné un Particulier, il a été hier dé-
» pêché douze Cavaliers de ce quartier pour l'arrêter. Les
» mêmes ordres ont été donnés & exécutés par les Com-
» mandans du Cul-de-Sac & de l'Artibonite. Les Délibera-

1723.

» tions des premier & second de ce mois n'ont pu être
» publiées & affichées dans les quartiers voisins, que de ce
» jour, & sont envoyées pour l'être au plûtôt dans les quar-
» tiers éloignés : les Habitans sont résolus à les faire exé-
» cuter avec toute la rigueur possible, & toûjours sous l'au-
» thorité de M. le Général. Personne ne prétend se sous-
» traire de l'obéissance dûë aux Commandans des quartiers.
» Tous protestent d'observer une parfaite soumission &
» obéissance pour tout ce qui regarde l'authorité du Roi, &
» le bien public. A l'égard de ce qui concerne le service
» de sa Majesté & le commerce, les Habitans se confor-
» meront toûjours à ce qu'il plaira à M. le Général d'or-
» donner à ce sujet, & puisqu'il a la bonté de nous pro-
» mettre son retour, lorsqu'il sera persuadé de l'obéissance
» & de la tranquillité nécessaire pour le bonheur de la Co-
» lonie ; nous nous flattons que ce retour sera prompt,
» puisque ces conditions sont entierement accomplies de
» notre part.

Effet que produit au Cap la retraite du Général.

Ce fut sur ces entrefaites, que M. de Sorel dépêcha au Cap le Courrier, dont nous avons parlé. Le Comte d'Arquian, qui comprit d'abord les suites fâcheuses, que de si étranges nouvelles pouvoient avoir, auroit bien voulu tenir le tout secret, mais il en étoit venu des avis à plusieurs Particuliers, & le bruit s'en répandit bien-tôt par tout. Chacun fit sur cela ses réflexions, & l'on porta très-loin la liberté des conjectures, & la subtilité du raisonnement. On regarda sur-tout la retraite du Général comme l'ouvrage de cet homme, dont nous avons parlé, & qu'on supposoit porter impatiemment de voir qu'il étoit le seul, à qui la Colonie en voulût personnellement, & avoir travaillé à montrer qu'on s'en prenoit à toutes les Puissances. On disoit donc qu'il pouvoit bien avoir fabriqué l'écrit anonyme, dont M. de Sorel avoit été si fort allarmé, & l'avoir fait passer à l'Artibonite, d'où il avoit paru sortir ; mais ceux, que la haine contre cet homme n'aveugloit point, jugeoient ce dernier article impossible, & vû la disposition des esprits

DE S. DOMINGUE, LIV. XII. 447

1723.

à fon égard, il étoit au moins très-difficile que fes dématches euffent pû être auffi fecrettes & auffi concertées qu'on le prétendoit. Vers la fin de Fevrier, ou le commencement de Mars, on avoit envoyé de l'Artibonite au Cap le Traité du Cul-de-Sac, pour le faire enregiftrer au Confeil Superieur de cette Ville, comme il l'avoit été en celui de Leogane, fuivant ce dont on étoit convenu par le Traité même, & l'on fçut que le porteur de ce Traité cherchoit un certain Confeiller, pour le lui remettre : M. Duclos, qui en fut averti, fit dire à ce Magiftrat qu'il lui confeilloit en ami de ne point fe charger d'une pareille commiffion, & que ce Traité ne feroit jamais enregiftré au Confeil du Cap, tant qu'il y auroit le moindre credit. Le Confeiller, qui avoit reçû le Traité, s'adreffa à M. le Comte d'Arquian, lequel lui dit auffi que s'il étoit fage, il ne fe vanteroit jamais d'avoir été chargé de cette affaire, il le crut, & le Traité ne parut point.

Un Navire de la Compagnie paroit à la vûe du Cap, & n'y entre point.

Le 25. de Mars il parut encore à l'entrée du Cap un Navire de la Compagnie, nommé *la Galatée* venant de France & allant à la Loüyfiane. M. le Comte d'Arquian, pour éviter tout fujet de plaintes, fit dire à celui qui le commandoit, nommé du Moulins, qu'il le prioit d'aller moüiller au port François, où il pourroit également faire de l'eau & du bois, & fe fournir de tous les rafraîchiffemens, dont il auroit befoin : du Moulins y confentit, M Duclos lui envoya dans ce port tout ce qu'il demanda, & le 29. il appareilla & fuivit fa route. Plufieurs Habitans dirent alors à M. d'Arquian, que ce Navire étant de relâche, & ne venant point pour traiter, rien ne devoit l'empêcher d'être reçû au Cap, & que perfonne ne l'auroit trouvé mauvais, il leur répondit que tout le monde n'étoit pas auffi raifonnable qu'eux, & qu'il vouloit éviter jufqu'aux prétextes les plus mal fondés. Auffi ne parut-il plus dans ces quartiers aucun veftige des troubles paffés.

Le Confeil de Leogane divifé.

Il s'en falloit bien que les affaires priffent un auffi bon train dans les quartiers de l'Oüeft. Non-feulement le Gouverneur Général n'avoit pas jugé à propos de retourner à

1723.

Leogane, mais il avoit même appellé le Conseil pour résider auprès de sa personne au petit Goave. Le Procureur Général, & quelques Conseillers avoient obéi, tous les autres avoient refusé de le faire, & il étoit arrivé de là que les premiers étant présidés par le Gouverneur Général & l'Intendant, & les autres se fiant sur leur nombre, chacun de ces deux corps traitoit l'autre de prétendu Conseil, & tous deux tenoient leurs séances, & rendoient la Justice à l'ordinaire. Messieurs de Sorel & de Montholon, qui prévirent les suites fâcheuses, que pourroit avoir ce schisme, & l'embarras, où l'on se trouveroit, quand il faudroit annuller les Arrêts de celui des deux Tribunaux, qui seroit déclaré illegitime, crurent qu'on ne pouvoit trop tôt arrêter le cours d'un si grand désordre, & M. Lecossois Major de Leogane eut ordre d'intimer aux Conseillers restés dans cette Ville une défense de s'assembler désormais. Il reçut cette commission le troisiéme de Mai, & il se mit aussi-tôt en devoir de l'exécuter. Il rencontra les Conseillers au nombre de huit, qui montoient l'escalier du Palais, & il remit au plus ancien l'ordre, dont il étoit porteur, & qui étoit conçû en ces termes.

Ordre intimé aux Conseillers restés à Leogane de ne plus s'assembler.

DE PAR LE ROI. Le Marquis de Sorel Chevalier de l'Ordre Militaire de Saint Loüys, Gouver- & Lieutenant Général des Isles Sous le Vent de l'Amerique, & François de Montholon Chevalier, Conseiller du Roi en ses Conseils, Intendant de Justice, Police, Finance & Marine audit pays. » Nous voyons » avec douleur qu'une partie des Conseillers du Conseil Su- » perieur continuant dans leur opiniâtreté & mauvais préju- » gé refusent d'obéir à notre ordre de l'onziéme d'Avril, » par lequel nous avons fixé notre résidence ordinaire au » petit Goave, & établi les séances du Conseil en ladite » Ville: ne pouvant plus douter de leur formelle désobéis- » sance, vû la protestation, qu'ils ont eu la temerité de faire » signifier au Procureur Général du Roi dudit Conseil le » 30. Avril, contre la sommation faite ausdits Conseillers

à

» à chacun d'eux en particulier de se rendre au petit Goave
» le second de Mai au *Te Deum*, que nous avons eu ordre de
» faire chanter, & aux séances du Conseil conformément
» à notre susdit ordre ; ce qui est une preuve convainquante
» de leur mauvaise disposition ; nous ne sçaurions prendre
» de trop justes mesures pour arrêter les suites d'une con-
» duite si irréguliere, & ne devant compter sur le zele &
» la retenuë desdits Conseillers, pour prévenir les assemblées
» illicites, qu'ils voudroient s'aviser de faire, sous l'ombre de
» tenir un vrai Conseil ; desordre, dont il ne pourroit arri-
» ver que des consequences fâcheuses pour les Cliens, qui
» séduits par l'apparence d'un Tribunal juridique, feroient
» fond sur les Arrêts, qui en pourroient émaner, d'où s'en-
» suivroient une foule de Procès & de nullitez fort préjudicia-
» ble au repos des familles, & au bien public ; nous or-
» donnons au Sieur Lécossois Major à Leogane d'empêcher
» au nom du Roi toute les assemblées desdits Conseillers, &
» particulierement celles, qu'ils voudroient former au Palais
» de Leogane, & de leur déclarer de notre part, & à tous
» les Peuples, que tout ce qu'ils pouroient faire & statuer,
» sera regardé comme nul & abusif... & que nous leur
» défendons de s'assembler sous peine de désobéissance. Don-
» né au petit Goave le second jour de Mai 1723.

1723.

Les Conseillers recûrent l'Ecrit, & répondirent à la défen- Réponse des
se verbale que le Major leur fit de la part du Roi, du Géné- Conseillers.
ral & de l'Intendant, qu'il étoit nécessaire qu'ils montassent
au Palais, pour faire la lecture de l'Ecrit, & pour y prendre
les mesures requises en tel cas. Ils s'y rendirent donc, &
la lecture étant faite, ils dresserent un procès verbal, dans
lequel ils déclarerent, qu'il n'appartient qu'au Roi de supprimer les séances d'une Cour Superieure dans le lieu, où
sa Majesté l'a établie & fixée : que faisant plus des deux
tiers du Corps, ils étoient en droit de continuer, sans avoir
égard à l'ordre, qui leur avoit été intimé au contraire, &
contre lequel ils protestoient de nullité : que néanmoins,
pour obvier aux desordres, qui pourroient naître de la

multiplicité des Arrêts émanés du Conseil, & des prétenduës séances, qu'on vouloit tenir au petit Goave contre l'authorité du Roi, & desirant d'appaiser la rumeur que ces nouveautés excitoient parmi les Peuples, en prévenir les suites, concourir autant, qu'il leur seroit possible, au bien & à la tranquillité publique, & donner à sa Majesté des preuves de leur obéïssance respectueuse, plûtôt que de soûtenir les Privileges du Conseil avec la fermeté, qu'ils seroient paroître en toute autre occasion ; ils avoient déliberé & statué de se retirer, & de cesser toute séance du Conseil, & tout acte de justice ; jusqu'à ce qu'il plût à sa Majesté d'en ordonner ; protestant contre tout qui il appartiendroit de tout ce qui pourroit arriver du retardement de l'administration de la Justice ; à l'effet dequoi très-humbles remontrances seroient faites à sa Majesté.

Etat où se trouverent ensuite les affaires dans ces quartiers.

Je n'ai pû sçavoir ce qui arriva ensuite, mais je trouve que ce Procès verbal ne fut signifié au Sieur le Maître Procureur Général que le 5. Juillet. Du reste les choses étoient assez tranquilles à Leogane, & quoique M. Lécossois n'y eût que 35. Soldats, il écrivit en France qu'il n'avoit aucune peine à se faire obéir. Il ajoûta qu'il sentoit néanmoins fort bien qu'il restoit un levain de révolte fomenté par des esprits broüillons & mal intentionnés, qu'il n'étoit pas possible de découvrir : outre qu'il ne put jamais obliger les Habitans à payer le droit d'Octroi, que le compte de l'ancien Receveur n'eût été arrêté. M. de Sorel écrivant au Ministre le 27. Septembre, lui mandoit qu'il ne voyoit pas encore beaucoup d'apparence au rétablissement de la subordination ; que depuis sa retraite au petit Goave personne n'y étoit venu pour l'assûrer de son obéïssance, qu'il n'appercevoit aucune marque de repentir, ni de la part des Habitans, ni de celle des Conseillers de Leogane, lesquels persistoient à regarder le petit nombre de leurs Confreres résidans auprès de sa personne, comme des membres séparés du Corps : que quelques-uns mêmes avoient déclaré que, si le Roi leur ordonnoit de se rendre au petit Goave, ils se retireroient du Conseil, que les placards séditieux, & les lettres anonymes continuoient à courir, & que sur la fin de Juillet le Sieur Ferrier Commandant de l'Isle à Vaches, & qui conjointement avec le Commissaire de tout ce quartier de Saint Loüys avoit travaillé fort heureusement à y maintenir l'ordre & la subordination, avoit reçû des billets, où il étoit très-maltraité, & où on lui faisoit de grandes menaces.

1723.

Avache

Après tout, depuis la retraite du Général & de l'Intendant au petit Goave, il ne paroissoit pas qu'on songeât à faire aucune assemblée, ni qu'il y eût au dehors aucun mouvement, & il est hors de doute que la présence des vaisseaux du Roi contribuoit quelque chose à cette apparente tranquillité. L'Argonaute fit au commencement d'Avril un voyage au Cap; & y porta M. de Nolivos, que le Général envoyoit en France, pour instruire la Cour de tout ce qui se passoit à S. Domingue. M. de Nolivos trouva encore au Cap le Porte-faix, sur lequel il s'embarqua, & qui fit voiles peu de jours après. L'Argonaute retourna ensuite au petit Goave, où il fut bien-tôt suivi du Héros, que commandoit M. Bigot; & M. de Sorel convint dans les lettres, qu'il écrivit alors au Ministre, que les Commandans de ces deux Navires lui avoient été par leur bonne conduite d'un grand secours dans la situation, où il se trouvoit. Mais pour revenir au voyage de M. de Nolivos, outre les Mémoires dont MM. de Sorel & de Montholon l'avoient chargé en commun, le premier lui en donna de particuliers, touchant les causes secrettes des mouvemens, dont la Colonie avoit été agitée. Il est certain que si, en ne considerant que ce qui s'étoit passé aux yeux de tout le monde, on avoit pû taxer ce Général de n'avoir pas fait paroître toute la fermeté, qu'on avoit attenduë de lui, & dont il avoit donné en tant d'occasions des preuves si éclatantes, supposé la verité de la découverte qu'il fit, toute sa conduite étoit l'effet d'une grande sagesse & d'une grande modération. C'est tout ce que j'en puis dire; ce sont là de

Bons effets de la présence des Vaisseaux du Roi.

Lll ij

ces mysteres d'iniquité, surquoi il est bon de prévenir le Public, pour l'empêcher de précipiter son jugement sur des faits, dont les ressorts lui sont cachés, mais qu'il ne serviroit de rien de lui dévoiler.

Differentes instructions données à la Cour.

La Cour, lorsque M. de Nolivos arriva à Meudon au mois de Juillet, étoit déja informée des troubles de Saint Domingue, mais comme les premieres nouvelles lui en étoient venuës par les Navires de la Compagnie, qui portoient les Directeurs, qu'on avoit obligés de sortir de la Colonie : on lui avoit fait le mal beaucoup plus grand, & les Habitans de S. Domingue beaucoup plus criminels, qu'ils n'étoient en effet. La sagesse de M. de Nolivos rectifia les idées, qu'on avoit conçuës de ce soulevement sur des rapports exagerés; il ne dissimula point l'horreur de l'attentat dans des Particuliers assés hardis pour s'atrouper & pour s'armer sans ordre, pour forcer leur Général à leur faire justice contre les Directeurs de la Compagnie, & pour capituler en quelque façon avec lui; mais il fit aisément comprendre qu'en voulant punir un crime, qui n'étoit point douteux, on couroit risque d'épargner les criminels, qu'il n'étoit pas aisé de connoître, ou du moins que les premiers & les plus rudes coups tomberoient immanquablement sur un très grand nombre d'innocens, dont la perte entraîneroit la ruïne de la Colonie. D'autres considerations fortifierent ces réflexions, & déterminerent enfin le Conseil de Sa Majesté au parti qui fut pris.

Le parti que prend le Roi

Celui de la rigueur, indépendamment même de ce que je viens d'observer, pouvoit avoir des inconvéniens, qu'il étoit également de la sagesse du Prince de prévoir, & de sa bonté de prévenir. Enfin tout balancé, après une mûre délibération, il fut jugé convenable de pousser la clemence aussi loin, qu'elle pouvoit aller, sans préjudicier à la dignité du Trône : d'autant plus que c'étoit un têms de grace, sa Majesté s'étant fait tout récemment déclarer Majeur. Le Roi accorda donc une Amnistie générale, dont il n'y eut d'exceptés que les Auteurs de la révolte, supposé qu'on les

DE S. DOMINGUE, LIV. XII. 453

1723.

pût découvrir, & ce Prince chargea, de cette importante commission, le Comte Desnos de Champmêlin, ancien chef d'Escadre de ses Armées navales. Il lui donna pour Adjoint, & pour tenir sa place en cas de mort, ou de maladie ; le Chevalier de la Rochallard Capitaine de Vaisseau, lequel devoit ensuite rester dans la Colonie pour la Gouverner à la place du Marquis de Sorel, qui avoit renouvellé ses instances pour obtenir un Successeur. Il donna à l'un & à l'autre des pouvoirs très-amples, & une Escadre composée de quatre Navires de Guerre, moins pour intimider les Coupables, ou pour subjuguer les Mutins, qu'on ne croyoit ni disposés à soûtenir leur révolte par les armes, ni en pouvoir de le faire ; que pour la dignité du Pardon, qu'un Souverain ne doit jamais accorder, que quand il est en état de le refuser. D'ailleurs, le Roi avoit si bien choisi les deux Officiers, qu'il chargeoit de finir cette grande affaire, qu'on pouvoit s'assûrer que leur sagesse & leur fermeté, jointes à l'affection, que les Habitans de Saint Domingue portoient au Comte de Champmêlin, seroient les seules armes, dont il faudroit se servir pour faire rentrer un chacun dans son devoir, & pour concilier l'honneur du Trône avec la conservation d'une si belle Colonie.

Les instructions, qui furent données aux deux Généraux sont dattées du 7. Septembre. Le 7. d'Octobre l'Escadre partit de Brest, & après une très-heureuse traversée elle entra le 25. de Novembre dans le Port du petit Goave. Les ancres n'étoient pas encore jettées, que tout le Conseil réüni à l'arrivée de l'Escadre vint rendre ses devoirs aux deux Généraux, qui mirent pied à terre le même jour, & furent extrêmement consolés, en voyant la joie, dont les Peuples donnoient les marques les plus sensibles. M. de Champmêlin déclara d'abord que leur réception se feroit le 6. de Decembre, & il differa jusqu'à ce jour-là, parce qu'il vouloit donner à tout le monde le tems de s'y trouver. Tout se passa dans cette cérémonie à la satisfaction d'un chacun ; le Superieur des PP. Dominicains, qui desservent les Cures des quar-

Arrivée du Comte de Champmélin & du Chevalier de la Rochallard au petit Goave. Leur réception.

Lll iij

tiers de l'Oueſt & du Sud, reçut les Généraux au bord de la Mer à la tête de tous ſes Religieux, & avec toutes les marques d'honneur uſitées en pareilles rencontres ; puis il les conduiſit à l'Egliſe, où la grande Meſſe fut chantée, & dès qu'elle fut finie, tous les Religieux prêterent ſerment de fidelité. Les Généraux ſe rendirent enſuite ſur la Place, où les Troupes & les Milices étoient en bataille, & leurs Proviſions y furent lûës par M. de Nolivos, qui étoit revenu de France avec eux. Cette lecture finie, ces Meſſieurs furent reçûs & ſalüés en qualité de Généraux, firent la Revûë des Troupes & des Milices ; & reçûrent le ſerment de fidelité des unes & des autres. Delà ils paſſerent au Fort, où M. de Montholon les attendoit à la tête de tout le Conſeil, qu'il leur préſenta, & qui les complimenta ; après quoi tous ſe rendirent au Palais.

Premiere ſeance du Conſeil, où ils préſident.

Le Conſeil, qui avoit pris les devants, s'y étoit aſſemblé par leur ordre, & quand tout le monde eut pris ſa place, M. de Champmêlin mit ſur le Bureau un ordre du Roi du 7. de Septembre, qui transferoit au petit Goave le Conſeil ſuperieur de Leogane, & demanda que cet ordre fût regiſtré & exécuté. Cela fut fait ſans oppoſition, & l'Arrêt de Tranſlation prononcé ſur le Réquiſitoire du Procureur Général. On fit enſuite la lecture & l'enregiſtrement des Proviſions des deux Généraux, de celles de M. de Chazel, Commiſſaire Général, de M. de Nolivos, Lieutenant de Roi, & de M. Morel Major. Le Comte d'Arquian, qui avoit été attaqué d'une grande maladie, étoit parti le 14. de Septembre, pour retourner en France, ayant envoyé quelque temps auparavant ſa démiſſion abſoluë du Gouvernement de Sainte Croix, & du Commandement des Quartiers du Nord de S. Domingue : Cette Place avoit été donnée à M. de Châtenoye ; le Chevalier d'Hericourt avoit paſſé de la Lieutenance de Roi du petit Goave à celle du Cap François, M. de Nolivos lui avoit ſuccedé, & M. Morel à M. de Nolivos. M. de Brach, le plus ancien des Lieutenans de Roi de l'Iſle, & Officier de mérite, avoit

DE S. DOMINGUE, LIV. XII. 455

été extrêmement mortifié de la préférence donnée sur lui à M. de Châtenoye; mais M. de Paty Gouverneur de Saint Loüys, & Lieutenant de Roi au Gouvernement Général, étant mort en Mer sur *le Paon* le 17. d'Octobre, en revenant de France, M. de Champmêlin, pour consoler M. de Brach le nomma Commandant à S. Loüys, & sollicita en sa faveur les deux Emplois, qui vaquoient par la mort de M. de Paty. Pour revenir, tous les enregistremens & les autres formalités étant finis, M. de Champmêlin prononça un discours, où rien ne fut omis de ce qui pouvoit inspirer du regret des troubles passés, & une grande reconnoissance pour les bontés du Roi, qui avoit bien voulu écouter sa clémence, plutôt que sa justice. Il insista fort sur ce que Sa Majesté vouloit absolument que la Compagnie des Indes fût confirmée dans le Droit exclusif de la Traite des Negres, ce qui ne l'empêcha point d'être écouté avec beaucoup d'attention & de respect. Dès qu'il eut cessé de parler, il mit son discours sur le Bureau, demanda qu'il fût registré, ce qui fut fait dans le moment, & il en fit distribuer plusieurs copies, qu'il avoit toutes prêtes, ainsi finit la premiere Séance.

1723.

La seconde avoit été intimée pour le lendemain septiéme. Le General se rendit ce jour-là au Palais, accompagné des mêmes personnes, qui l'y avoient suivi la veille, & commença par demander, qu'en conséquence des ordres du Roi, le Traité fait au Cul-de-Sac le 28. & le 29. de Decembre 1722. & les Arrêts du Conseil Supérieur de Leogane du premier & second de Mars 1723. & tout ce qui s'en étoit ensuivi, fût rayé & biffé du Registre des Greffes, tant du Conseil, que des autres Jurisdictions, ce qui fut exécuté sur l'heure par un Arrêt rendu à ce sujet. Il fit ensuite entendre qu'il seroit bien aise de sçavoir les sentimens d'un chacun au sujet des Privileges accordés à la Compagnie des Indes par les Arrêts du Roi, du 10. & du 20. Septembre 1720. de la Monnoye d'Espagne au poids ou à la piece, & de la faculté d'introduire 30. mille Negres dans

Seconde & troisiéme séance.

la Colonie. Les Conseillers promirent de fournir leurs Mémoires sur tous ces articles, & c'est tout ce qui se passa dans cette seconde Séance. Le 9. le Conseil fut assemblé pour la troisiéme fois. M. de Champmêlin mit d'abord sur le Bureau une Déclaration du Roi du 7. Septembre de la présente année, par laquelle Sa Majesté déclaroit ses intentions au sujet de la levée, perception & comptes des Droits d'Octroy dans la Colonie; il en demanda la lecture, l'enregistrement & l'exécution, & l'obéïssance fut prompte & entiere. Il en fut de même de l'article de la même Déclaration, qui rendoit incompatible l'emploi de Receveur de l'Octroy avec la Charge de Conseiller.

De quelle maniere les Généraux en usent avec le Conseil & les Habitans du petit Goave.

Jusques-là tout paroissoit assés soûmis : l'exemple du Conseil, qui sans attendre qu'on le mandât, étoit allé rendre ses devoirs aux Généraux sur leurs bords, ainsi qu'on l'a déja remarqué, avoit été suivi des Commandans de Milices, des Officiers de Justice, & des principaux Habitans; mais MM. de Sorel & de Montholon avertirent M. de Champmêlin de ne pas trop compter sur ces apparences; que les troubles étoient plutôt assoupis qu'appaisés; que tout étoit dans une inaction très-nuisible au service du Roi & au bien de la Colonie; que la justice ne se rendoit point, que les Droits d'Octroy étoient mal payés, & qu'il n'étoit pas encore aisé de distinguer les fideles Sujets d'avec ceux, dont il falloit se défier. Mais comme ces considérations regardoient bien plus les autres Quartiers, que celui du petit Goave, où le feu de la sédition avoit été beaucoup moins allumé qu'ailleurs, MM. les Généraux jugerent qu'il n'y avoit encore nul inconvénient à faire amitié à tout le monde : ils reçûrent à leur table tous ceux, à qui ils pouvôient faire cet honneur avec bienséance; ils assûrerent les Peuples de la clémence du Roi, supposé que leur conduite fût sincere, & ils crurent devoir attendre à parler de punition, qu'ils fussent mieux instruits de l'état des choses, & que les Coupables, qui ne méritoient point de grace, fussent mieux connus; qu'on pût avoir de quoi les convaincre, & qu'il fût

fût certain que la punition produiroit l'effet qu'on s'étoit proposé d'en tirer.

Le 17. l'Escadre partit pour Leogane. La consternation avoit été fort grande dans cette Ville à la premiere nouvelle de l'arrivée des Vaisseaux du Roi ; mais M. de Nolivos y étant allé tout en débarquant, & ayant donné à entendre que la clémence & la sévérité dépendroient de la conduite, qu'on y tiendroit, chacun revint de sa premiere frayeur, & la présence de M. de Champmêlin acheva de rassûrer les plus timides. Ceux qui ont vû les choses de près, & qui connoissoient mieux le terrein, sont convenus que ce Général ne fût pas assés en garde, sur-tout dans ces commencemens, contre ce caractere de bonté, qui étoit né avec lui; & qui l'avoit rendu les délices de la Marine & de nos Colonies, mais qui n'étoit pas tout-à-fait de saison dans la conjoncture, où il se trouvoit. Mais le moyen de se défier d'un naturel, dont on sçait bien que personne ne se défie, ou de renoncer au beau privilege de gagner les cœurs, quand on en a connu le prix ? Cependant il arriva de cette conduite que M. de la Rochallart, qui étant destiné à gouverner la Colonie, devoit faire l'office de Médiateur, se vit quelquefois obligé d'affecter un air & des manieres fort opposés, pour contenir dans le respect certaines gens, qui prennent aisément le mord, pour peu qu'on leur lâche la bride. Ce n'est pas que, quand il s'agissoit de se faire obéir, le Comte de Champmêlin ne fût un des hommes du monde, qui sçavoit montrer plus de fermeté dans le Commandement. Mais on l'avoit choisi, parce qu'il étoit fort aimé dans la Colonie, qu'il s'agissoit de pacifier, il crut que c'étoit assés lui dire de quelle maniere il devoit s'y prendre, & il s'imagina que ce seroit pour lui un double mérite de faire revenir les esprits & de n'y employer que la douceur. D'ailleurs, son grand âge, sa droiture naturelle, ses mœurs, qui étoient la probité & la candeur mêmes, ne lui permettoient peut-être pas cette légereté si nécessaire néanmoins dans une occasion, où il

L'Escadre fait voiles vers Leogane. Conduite du Comte de Champmêlin.

1723.

Ce qui se passa à la revûë de Leogane.

falloit passer à tous momens de la bonté à la sévérité, de l'authorité à la persuasion, de l'insinuation & du conseil aux menaces, & parler à chacun suivant son caractere, ses fautes, ses mérites & ses services. Après tout, comme il ne laissa pas de faire quelques exemples, & que ceux, qu'il avoit un peu trop menagés d'abord, se voyant abandonnés des autres, se continrent, & n'ont pas remüé depuis; il est vrai de dire que le succès a, si-non justifié, du moins couvert ce qu'un si aimable défaut pouvoit avoir eû de blamable.

Le Chevalier de la Rochallart de son côté contraint de faire un personnage, qui n'étoit, ni de son goût, ni de la Place qu'il alloit occuper, sentit d'abord que cela étoit bon pour un tems, & seulement pour rétablir l'honneur du Gouvernement, mais qu'il y avoit tout à craindre en portant trop loin la rigueur. Il avoit senti que le Privilege excessif de la traitte des Negres avoit eu besoin de la présence de l'Escadre, pour être enregistré, & il jugea qu'il convenoit, après avoir éprouvé la soumission de la Colonie, de lui accorder le Commerce général & libre des Noirs; la chose étant d'ailleurs nécessaire, si on vouloit que les établissemens continuassent à se multiplier. Ce fut sur-tout après l'arrivée de l'Escadre à Leogane, que M. de la Rochallart fit ces réflexions; il n'y avoit pas suivi M. de Champmêlin, mais il fut bien-tôt instruit de ce qui s'y passoit. Les démonstrations publiques y furent à peu près comme au petit Goave; mais les plus clair-voyans s'apperçurent bien d'abord que les dispositions n'y étoient pas les mêmes. Quoique M. de Champmêlin eût moüillé dans cette Rade le même jour, qu'il étoit parti du petit Goave, il ne fit la revûë des Troupes & des Milices que deux jours après. Elle fut suivie du serment de fidelité, que tous prêterent de bonne grace, mais parmi les cris redoublés de *VIVE LE ROI*, on entendit dans les derniers rangs quelque voix, qui ajoûterent; *sans Compagnie*. M. de Champmêlin dit dans ses lettres, que cela vint de quelque Mulâtres; qu'il n'entendit point ces paroles séditieuses, & que, quand on les lui rapporta, il crut devoir les mépriser.

Les quartiers, où il s'étoit commis de plus grands excès, étoient ceux de l'Artibonite, de Saint Marc, & du Cul-de-Sac ; mais bien des gens ont été persuadés que le feu y avoit été allumé, & qu'il y étoit entretenu par des Emissaire du Cap-François. Quoiqu'il en soit, celui, qui avoit toûjours paru à la tête de la sedition, étoit le Sieur de C*** & le Roi l'avoit nommément exclu de l'Amnistie, qu'il accordoit à la Colonie. On croyoit qu'il étoit important de se saisir de sa personne, & une des principales attentions du Comte de Champmêlin avoit été de prendre toutes les mesures possibles pour qu'il ne lui échapât point. Il dissimula les ordres, qu'il avoit de l'arrêter, il parla de lui indifféremment, comme des autres Officiers de Milices, mais toutes ces précautions furent inutiles. Rien ne rassûre une conscience, qui se condamne : C*** se sentoit coupable, & dès qu'il eut appris l'arrivée des vaisseaux du Roi il ne jugea pas à propos de rester chez lui. Il fut quelque tems sans avoir de retraite fixe, & fort incertain du parti qu'il devoit prendre; il s'avisa ensuite d'écrire à M. de * Vienne, qui commandoit un des Vaisseaux de l'Escadre, une grande lettre, où après s'être fort étendu pour prouver son innocence, il lui demandoit, s'il pouvoit en sûreté aller rendre ses respects à Messieurs les Généraux, & le prioit de lui donner sur cela un conseil d'ami, ajoûtant qu'il eût été des premiers à s'acquitter de son devoir, s'il n'étoit pas informé que ses Ennemis l'avoient extrêmement desservi. M. de Vienne montra cette lettre à M. de Champmêlin, lequel répondit que si cet Officier étoit si fort assûré de son innocence, il étoit surprenant qu'il ne se fût pas presenté avec les autres Officiers de son quartier.

1723.
Diligence de M. de Campmêlin pour se saisir du Sr de C***

* Il vient d'être nommé Gouverneur Général des Isles sous le vent de l'Amerique.

Le Général comprit bien que cette réponse ne rassûreroit pas le coupable, & comme il le croyoit encore dans son habitation auprès de Saint Marc, il résolut de l'y surprendre. Il moüilla le 22. dans cette Rade, accompagné de Messieurs de Nolivos & Lécossois ; & il envoya sur le champ le premier à terre, pour examiner ce qui s'y passoit, Noli-

Revûë & serment de fidelité à Saint Marc : C*** échape au Général, qui le casse à la tête des Troupes, & le proscrit.

M m m ij

vos retourna le même jour à bord, & apprit à M. de Champmêlin que C*** n'étoit pas chez lui : il ajoûta qu'on ne doutoit point qu'il ne fût passé chez les Espagnols. Le lendemain la Dame de C*** accompagnée de quelqu'uns de ses proches, & du Curé de la Paroisse de Saint Marc vint trouver le Général sur son bord, & implora sa clemence en faveur de son Epoux. Il répondit que si l'accusé étoit innocent, il n'avoit rien à craindre, mais que sa conduite ne le prouvoit point. Le Sieur de Villaroche Colonel des Milices, & le Sieur Neveu s'étant ensuite rendus auprès du Général, en reçurent un ordre de faire assembler le 26. les Milices de ce quartier, & de tous ceux des environs, pour la revûë, qui fut faite le même jour. Le serment de fidelité y fut prêté sans aucune opposition, mais il y eut comme à Leogane, quelques Negres ou Mulatres, qui crierent, *VIVE LE ROI SANS COMPAGNIE*. Comme le Sieur de C*** ne parut point à cette revûë, M. de Champmêlin le cassa à la tête des Troupes ; il cassa aussi la Compagnie des Volontaires, & pendant cette exécution il fut fort attentif à examiner la contenance d'un chacun, déterminé à faire pendre sur le champ le premier, qui auroit branlé. Mais tout se passa bien, cette action finit par la publication d'une ordonnance, qui enjoignoit à tous les Sujets du Roi de courir sus à C***, de l'arrêter par tout, où on le trouveroit, & de l'amener au Général. Avant la revûë un Habitant de l'Artibonite avoit apporté à M. de Champmêlin une lettre anonyme, signée *la liberté*, où on lui demandoit avec menaces qu'il laissât C*** en repos : il méprisa cette insolence, & quoiqu'il n'eût avec lui que les Officiers de l'Escadre, les Gardes de la Marine, & ses propres Gardes, il alla son chemin, & parla avec beaucoup de fermeté aux Milices & aux Habitans.

Quatriéme seance du Conseil.

Le 27. il se rembarqua, & appareilla pour le petit Goave où il avoit indiqué un Conseil pour le troisiéme de Janvier; mais en quittant le quartier de Saint Marc il jugea à propos d'y laisser le Sieur Lécossois avec 30. hommes,

& d'envoyer un autre Officier avec pareil nombre de Soldats à l'Artibonite. Le Conseil fut assemblé au jour marqué, & M. de Champmêlin y fit enregistrer l'Ordre du Roi, qui bannissoit à perpétuité de l'Isle de Saint Domingue le Baron de Courseüils : il ordonna ensuite que le Procès de C*** fût instruit, & il y eut un Commissaire nommé à ce sujet. La cinquiéme seance du Conseil se tint peu de jours après, & le Général y interdit deux Conseillers. Il marque dans une de ses lettres au Ministre que la maniere soumise, dont le Conseil avoit reçû les ordres du Roi, l'avoit engagé à les adoucir en cette occasion, & à se contenter d'interdire les deux Magistrats, dont je viens de parler, & qui avoient bien merité d'être cassés : mais que n'étant pas les seuls coupables. il lui avoit paru qu'ils étoient assez punis d'être ainsi notés parmi leurs Confreres. Il dit encore dans cette même lettre que le quartier de l'Artibonite se peuploit fort, & avoit besoin d'un Siege Royal ; qu'il y avoit laissé un Officier avec des Troupes, en attendant que le Roi y établît un Etat Major, nécessaire pour y contenir les Habitans ; ce quartier étant la retraite des Volontaires & & des Vagabonds, & celui de toute l'Isle, qui demandoit le plus d'attention : qu'il avoit donné ordre à M. de Brach d'aller dans les quartiers de Mirbalais & du Cul-de-Sac, y faire la revuë des Troupes & de Milices, d'y casser les deux Compagnies de Volontaires, & de les incorporer dans les Compagnies de Milices. Que le Privilege exclusif de la Compagnie des Indes pour la Traitte des Noirs tenoit extrémement au cœur à tout le monde ; qu'il eût été à desirer que le Roi lui eût donné le pouvoir de déclarer ce commerce libre, après s'être assûré de la parfaite soumission des Habitans sur ce point ; que c'étoit le seul moyen de rendre la Colonie florissante & d'y maintenir la tranquillité ; mais qu'il étoit absolument nécessaire d'y augmenter le nombre des Troupes.

1724.

Cinquiéme seance, deux Conseillers interdits.

Les choses étant en ces termes dans les quartiers Occidentaux, & n'y ayant plus qu'à laisser faire au tems, pour

Départ des Généraux pour les quar-

1724.
tiers du Nord.
Ce qui se pas-
se au port de
Paix.

achever de calmer les esprits, les Généraux accompagnés de l'Intendant & de M. de Chazel mirent à la voile le 15. de Janvier pour se rendre aux quartiers du Nord. Ils en commencerent la visite par le Port de Paix ; ils y firent la revûë des Troupes & des Milices, & ils trouverent les unes & les autres en bon état, & parfaitement disciplinées. Ce quartier s'étoit distingué pendant les troubles par une fidelité à l'épreuve de toutes les Lettres circulaires, & des menaces, qu'on y avoit faites aux Habitans pour les obliger d'entrer dans la rebellion, & non-seulement ils ne s'étoient en rien écartés de leur devoir, mais ils s'étoient encore mis en état de repousser par la force ceux, qui voudroient entreprendre de les en faire sortir. Une conduite si loüable engagea M. de Champmêlin à leur donner une marque de distinction, qui les flatta beaucoup ; après la revûë il déclara qu'il n'exigeoit pas un second serment de fidelité de gens, qui avoient trop bien gardé le premier, pour qu'on dût prendre contre eux une pareille précaution, & qu'il les exhortoit à servir toûjours le Roi avec le même zele & la même obéïssance. Il témoigna en particulier beaucoup de satisfaction à M. de Breda Lieutenant de Roi & Commandant de ce Poste, à M. de Cayrol Major, & à tous les autres Officiers du bon ordre, qu'ils y avoient établi, & leur promit d'en rendre compte à sa Majesté. Cela fait, il appareilla pour le Cap-François, où il moüilla le 20.

Leur réception au Cap, & le compte que M de Champmêlin en rend au Ministre.

Il avoit à peine paru dans la Rade, que Messieurs de Châtenoye, Duclos, d'Hericourt, plusieurs autres Officiers & les Conseillers se rendirent à bord de *l'Eclatant*, qu'il montoit, & l'assûrerent qu'il trouveroit les esprits dans la disposition, où il les souhaittoit ; attendant même avec une très-grande impatience les Vaisseaux du Roi. Le troisiéme de Fevrier le Conseil fut assemblé, & les Provisions des deux Généraux, celles de M. de Chazel, de Messieurs de Châtenoye & d'Hericourt furent lûës & enregistrées ; après quoi M. de Champmêlin prononça le même discours, qu'il avoit prononcé au petit Goave, & en demanda aussi

l'enregistrement, ce qui fut fait avec beaucoup de marques de zéle & de soumission. Le Conseil Superieur & les Officiers de la Justice ordinaire prêterent ensuite le serment de fidelité; les Troupes & les Milices en firent autant après la revûë. Je puis dire, ajoûte M. de Champmêlin dans la lettre, par laquelle il rend compte à M. le Compte de Maurepas de tout ce qui se passa en cette occasion. « Je puis
» dire que, si les Habitans du Cap ont été les premiers mo-
» teurs des troubles, ils ont en quelque maniere mieux ré-
» paré leur faute, & donné plus de marques de leur retour
» à l'obéissance que les autres quartiers, par l'empressement
» qu'ils ont marqué de se rendre à mes ordres, & par la
» dépense qu'ils ont faite le jour, qu'ils ont paru devant moi.
» Tous les Cavaliers étoient vêtus de neuf uniforme, & la
» plûpart des Milices aussi, & je puis dire qu'on ne sçau-
» roit voir des Troupes mieux composées. Cette magnifi-
» cence fut accompagnée de toutes les démonstrations de
» joye & de respect, qui pouvoient faire connoître la since-
» rité de leur sentiment, & le repentir de ce qui s'est passé.
» Ce quartier est très-considerable par son commerce; la
» Ville du Cap augmente tous les jours, & cet Etablissement
» merite la protection & l'attention de sa Majesté. Je dois
» ajouter que le bon ordre & la tranquillité, que j'ai trouvé
» dans ce quartier, est l'effet des soins de M. de Châtenoye,
» qui sert avec tout le zéle & l'application possible, & qui
» s'est attiré le respect & la confiance des Officiers & des Ha-
» bitans. Il est secondé par * M. Duclos Commissaire Ordon-
» nateur, qui remplit ses fonctions avec beaucoup de capacité
» & de zéle pour le service du Roi & le bien de la Colonie.
» M. d'Hericourt Lieutenant de Roi, s'est beaucoup distingué
» dans le tems des troubles au petit Goave, pendant la
» maladie de M. de Sorel; c'est un Officier, qui a beaucoup
» d'esprit & de zéle pour le service du Roi. Les services du
» Sieur Robineau Procureur Général vous sont connus, &c.

La seconde séance du Conseil se tint le quatriéme, la Déclaration du Roi au sujet de la perception de l'Octroi, &

1724.

*M. Duclos est presentement Intendant de Saint Domingue.

Ordonnance du Roi en faveur de la Colonie.

1724.

les exemptions accordées à la Compagnie des Indes y fut lûë & enregiftrée pour le premier chef, le Général s'étant réfervé à décider abfolument fur le fecond, après qu'il auroit reçû les memoires & repréfentations du Confeil fur cet article. L'Edit du Roi portant le banniffement du Baron de Courceüils & de la Dame Sagona, fut auffi lu & regiftré. Cette derniere, qui étoit à la campagne, fe rendit au Cap fuivant l'ordre, que lui en avoit envoyé M. de Champmêlin: elle reçut avec beaucoup de foumiffion l'Arrêt de fon exil, & s'embarqua peu de tems après fur la Fregate du Roi le Paon, pour paffer en France, après avoir obtenu en faveur de fes incommodités & de fon obéiffance, le choix du lieu de fon féjour, à condition néanmoins de ne pas demeurer dans un Port de Mer. Le 19. M. de Champmêlin entra au Confeil pour la troifiéme fois, & y porta l'Ordonnance, qne le Roi lui avoit permis de publier, laquelle révoquoit les exemptions accordées à la Compagnie des Indes par les Arrêts du 10. & du 20. Septembre 1720. touchant l'introduction de trente mille Negres dans la Colonie, & levoit abfolument le poids des efpeces. Par le Memoire de fa Majefté, qui lui fervoit de l'inftruction, il ne devoit faire ufage de cette Ordonnance qu'à fon retour au petit Goave, d'où il lui étoit marqué de l'envoyer au Cap, mais étant fur les lieux il eftima qu'il étoit du fervice du Roi, & de la tranquillité de ce quartier de ne pas differer à le rendre publique, par la raifon que les premiers bâtimens chargés de Negres devant felon toutes les apparences aborder au Cap, il étoit néceffaire de n'y laiffer aucune inquietude fur un fujet de cette importance.

Retour de l'Efcadre au petit Goave.

En remettant cette Ordonnance au Confeil, il prononça un fecond difcours, où il dit des chofes fi avantageufes à la Colonie, qu'on lui en offrit l'enregiftrement, fans attendre qu'il le demandât. Surquoi M. de Chazel écrivant à M. le Comte de Maurepas, lui dit que fi les chofes reftoient fur le pied où elles paroiffoient alors, le commerce de l'Ifle de Saint Domingue, lequel étoit déja très-confiderable, augmenteroit

augmenteroit beaucoup, que le Roy en retireroit de grands droits, & que les Peuples de la Colonie feroient heureux, & auffi foumis & fideles que tous fes autres Sujets. Ce Commiffaire étoit un Homme d'un grand merite; il fut nommé l'année fuivante à l'Intendance du Canada, qu'il accepta avec la plus grande répugnance, qui fe puiffe voir, & périt en allant à Quebec, dans le trifte naufrage du Chameau, infiniment regretté de toute la Marine. Le 24. l'Efcadre fit voiles pour retourner au petit Goave, & y terminer le Procès du Sieur de C***, auquel on avoit joint un Habitant nommé Fourtier; le Sieur Gabet Confeiller, qui étoit chargé de faire les informations, avoit écrit à M. de Champmêlin, que le Sieur Magnier, Habitant de l'Artibonite, un des principaux & des plus néceffaires témoins affignés; mais ami de C***, ne s'étoit point rendu au petit Goave, & alleguoit une maladie, que bien des gens ne croyoient pas fort réelle. Sur cet avis le Général, lorfqu'il fut par le travers de Saint Marc, ordonna au Chevalier de Goyon, qui montoit la Frégate *la Parfaitte*, d'aller moüiller à l'Artibonite, d'envoyer un Officier avec fon Chirurgien & deux Gardes chez Magnier, avec ordre de dreffer un Procès verbal de la maladie de cet Habitant, & de l'obliger à partir fur le champ, pour fatisfaire à fon affignation, fuppofé qu'il fût en état de faire le voyage.

L'Efcadre prit fond dans le Port du petit Goave le 28. de Fevrier; & le 2. de Mars le Chevalier de Goyon y arriva. Il rapporta à M. de Champmêlin, que Magnier étoit véritablement très-mal, & abfolument hors d'état de fortir de chez-lui. Le 8. le Confeil fut affemblé, & l'affaire des deux Accufés n'étant pas encore en état, on jugea quelques caufes particulieres. Cette Séance finit par la grace, que le Général accorda aux deux Confeillers interdits. « Mon deffein, dit-il, dans une de fes Lettres au Miniftre, n'étoit » pas de faire cette punition fi courte; mais la foumiffion » avec laquelle ils l'avoient reçûë, & la bonne conduite » qu'ils avoient tenuë depuis leur interdiction, m'avoit

Les deux Confeillers interdits font réhabilités.

1724.

» engagé à recevoir leur justification : ensuite l'empressement
» avec lequel les Conseillers résidants au petit Goave me
» demanderent le rétablissement de leurs Confreres, & celui
» du Conseil entier, qui vint en Corps me faire la même
» supplication, me déterminerent à leur accorder cette gra-
» ce. J'étois informé que depuis les derniers troubles,
» le Conseil étoit divisé.... & j'estimai que c'étoit un moyen
» de le réünir, en faisant connoître aux Conseillers interdits,
» l'obligation, qu'ils avoient à leurs Confreres du petit
» Goave. On m'avoit d'ailleurs représenté qu'ils étoient
» des plus habiles & des plus en état de travailler, la plû-
» part des autres étant vieux & infirmes. »

Sentence rendüe contre C ***, & Fourtier. Derniere Séance du Conseil. Visite du Port du Prince. Retour, mort, Eloge de M. de Champmêlin.

Le 10. de Mars le Conseil fut assemblé pour juger C * * * & Fourtier. Après la lecture des Informations, on vint aux opinions, & les accusés furent condamnés à être pendus, comme perturbateurs du repos public, & séditieux ; mais comme ils étoient tous deux en fuite, la Sentence fut exécutée le même jour en effigie. Cet Acte de Justice étonna beaucoup les quartiers de Saint Marc, & de l'Artibonite, mais personne n'osa branler. Le lendemain le Conseil se rassembla pour la derniere fois, & M. de Champmêlin y fit don au nom du Roi des biens confisqués sur les condamnés à leurs heritiers legitimes. Il prononça ensuite un troisiéme Discours, en remettant au Conseil l'Ordonnance renduë au sujet des Privileges accordés à la Compagnie des Indes. Le 22. il s'embarqua & se rendit à Leogane : il étoit bien aise de visiter ce quartier, & sur-tout de prendre connoissance du Port du Prince, dont j'ai parlé dans le Livre précédent, & auquel M. de Saint André avoit donné une grande réputation. M. de Champmêlin y envoya son Canot avec le Chevalier d'Aché, Garde Pavillon, & les deux Pilotes entretenus sur l'Eclattant. On y sonda partout, & on en leva le Plan. L'Escadre fit route pour France peu de jours après, & elle y arriva heureusement à la fin de May. M. de Champmêlin reçut en débarquant à Brest le Brevet de Lieutenant Général des

Armées du Roy, qui lui avoit été promis à son départ, & qu'il avoit si bien mérité, indépendamment même de l'important service, qu'il venoit de rendre à l'Etat. Depuis l'enfance jusqu'à une extrême vieillesse il avoit toujours servi, & s'étoit distingué par tout. Il mourut deux ans après, avec la réputation d'un aussi parfait Chrétien, que d'un grand Officier. C'étoit un de ces Hommes, que la Providence suscite de têms en têms, pour faire voir par des exemples sans replique, qu'il n'est point dans la licence des Armes de prescription contre la sévérité de l'Evangile, & qui par leur vertu attirent autant la bénédiction du Ciel sur les Entreprises, dont ils sont chargés, qu'ils contribuent à leur succès par leur valeur & leur prudence.

1724.

Ainsi finit sans effusion de sang cette malheureuse affaire, & l'on peut dire que l'on ne vit jamais mieux que, si les François sont capables de s'oublier quelquefois du respect dû à la Majesté Royale; on trouve, quand on sçait bien manier leurs esprits, de grandes ressources dans le fond inépuisable de véritable attachement, qu'ils ont naturellement pour leur Souverain. J'ai oüi dire dans le têms à M. de Champmêlin qu'il n'étoit pas possible de voir un meilleur Peuple que celui de Saint Domingue, & qu'assûrément la pensée ne lui étoit pas même venuë de se soustraire à l'obéïssance de son Prince ; que partout, où il portoit ses pas, ce n'étoit qu'acclamations de *Vive le Roy*, que protestations d'une fidelité inviolable, & qu'on remarquoit partout un air de sincerité, qui lui eût fait tomber la foudre des mains, quand bien même le Roy l'eût chargé de punir plûtôt que pardonner. Nous avons vû en effet, qu'à l'exception de quelques Particuliers en très-petit nombre, il n'y eut proprement de Révoltés, que des inconnus, & des gens sans aveu & sans nom ; car ce qui se passa entre le Gouverneur Général & le Conseil de Leogane, fut un incident étranger à l'affaire de la révolte, & ne peut gueres être regardé, que comme une picque de corps, & une prétention mal fondée, & soutenuë avec trop d'obstination;

Attachement des Peuples de Saint Domingue au Roy.

Nnn ij

1724.

aucun des membres de cette Compagnie n'ayant même été soupçonné d'avoir eu la moindre liaison avec les Mutins. Quoiqu'il en soit, le Chevalier de la Rochallart ne pouvoit pas prendre possession de son Gouvernement dans une conjoncture plus favorable ; il n'avoit à gouverner que des Peuples soumis, & soumis par le regret de leur faute, & par l'excès des bontés du Prince à leur égard. Aussi n'a-t-il eu jusqu'à présent qu'à recüeillir les fruits de paix & de subordination, que la sagesse du Roy, le grand talent de deux de ses Ministres, la prudence & la dexterité de ses Officiers, parmi lesquels on le compte lui-même avec justice, ont sçu tirer d'un accident, qui en des mains moins habiles eût pû entraîner la ruine de la plus florissante de nos Colonies. Il ne me reste plus pour finir cet Ouvrage, que de donner une notice exacte de l'Etat, où sont présentement les deux Colonies, dont j'ai fait voir la naissance & les progrès. Ce que je dirai de l'Espagnole, est tiré du Journal de M. Butet, que j'ai déjà cité en plus d'un endroit de cette Histoire.

Description de la Colonie Espagnole. Sant-Yago de Las Cavalleros.

Cet Officier partit du Cap-François au mois de Mars de l'année 1716. pour aller à San-Domingo, il prit sa route par Sant-Yago, & il dit, qu'encore qu'il ait marché 39. heures, il estime n'avoir fait que 34. lieuës communes de France à l'Est-quart Nord-Est, cinq dégrés vers l'Est. Sant-Yago n'est plus qu'un Bourg tout ouvert, sans fortifications, sans retranchemens, composé de 350. Chaumieres, & d'une trentaine de petites Maisons de Briques à un étage, avec cinq Eglises aussi de Briques ; & assés mal bâties. Il est situé sur une hauteur fort escarpée, au pié de laquelle coule la Riviere Yaqué, qui l'environne du côté du Sud & de l'Oüest. A l'Est & au Nord il y a une grande Plaine bordée de Bois assés hauts. Les Montagnes de Monte-Cristo sont à deux lieuës au Nord ; Puerto di Plata à sept lieuës au Nord Nord-Est ; les Montagnes de la Porte à cinq lieuës, & *le Begue* à sept lieuës à l'Est-Sud-Est. L'air de Sant-Yago est excellent, & le meilleur de toute l'Isle ; ce qu'on attribuë parti-

culierement à un Vent d'Eſt, qui y regne preſque toujours. 1724.
Auſſi n'y a-t'on jamais vû aucune maladie épidemique ;
M. Butet aſſûre qu'il y a vû pluſieurs perſonnes au deſſus
de cent ans ; & que quantité de Malades y viennent de la
Capitale, & de tous les quartiers de la Colonie Eſpagnole,
pour y recouvrer leur ſanté. On y trouve auſſi quantité de
François, qui, obligés de quitter leurs habitations, s'y ſont
réfugiés, comme à l'endroit le plus ſain de toute l'Iſle. On
ne compte pourtant dans le Bourg, & dans toute ſa dépendance, qu'environ 360. Hommes en état de porter les
armes, & la plûpart ſont des Mulatres, des Negres libres,
ou des Metifs. Celui qui y commande a le titre d'Alcaïde
Major, & c'eſt la Cour d'Eſpagne, qui le nomme. On ſeme
du bled aux environs de Sant-Yago, & on y fait tous les
ans pour cent mille écus de Tabac, qui ſe tranſporte tout
à San-Domingo. On y nourrit auſſi quantité de Beſtiaux,
qui ſont conduits au Cap-François, où l'on en porte encore
des Cuirs & des Viandes ſalées. Si ce Pays étoit peuplé, on y
pourroit faire un grand Commerce d'Indigo, de Cacao,
de Cotton, de Rocou, & de Sucre, le terrein y étant merveilleux pour toutes ces Marchandiſes.

M. Butet confirme ce que j'ai déjà remarqué pluſieurs *Richeſſes de ce quartier.*
fois, que le Fleuve Yaqué roule parmi ſon ſable quantité
de grains d'un or très-pur. Il ajoute qu'en 1708. on en
trouva un, qui peſoit neuf onces, & qui fut vendu 140.
Piaſtres à un Capitaine Anglois. Pour l'ordinaire ils ſont
de la groſſeur d'une tête d'épingle aplatie, ou d'une len-
tille fort mince, & on aſſûre que ceux, qui s'occupent
continuellement de cette recherche, en ramaſſent par jour
pour la valeur de huit ou neuf Eſcalins ; & quelquefois
beaucoup plus : mais la pareſſe de la plûpart des Habitans
les empêche de profiter d'un ſi grand avantage, ils aiment
mieux renoncer à ce profit, que d'être obligés d'avoir toujours le pied dans l'eau, ce qui eſt abſolument néceſſaire
pour ce travail. M. Butet dit encore, qu'un Mulatre lui
montra un plat d'argent très-fin, qui avoit été fait de deux

1724.

morceaux d'une Mine, qu'on a trouvée dans une des Montagnes de Puerto di Plata; qu'en général tout le Pays de Sant-Yago est rempli de Mines très-abondantes d'Or, d'Argent, & de Cuivre: qu'il a appris d'un Habitant de cette Ville, nommé *Jean de Bourges*, que sur les bords d'un petit ruisseau, qu'on appelle *Rio verde*, (C'est ce que nous avons nommé ailleurs la Riviere verte,) il y avoit une Mine d'Or, dont le principal rameau, où il a travaillé, a trois poulces de circonférence d'un Or très pur, massif, & sans mélange d'aucune matiere: que *Rio verde* traîne une quantité prodigieuse de grains d'Or mêlés dans son sable, que D. Francisco de Luna Alcaïde du Begue ayant sçu que des Espagnols avoient ouvert plusieurs Mines le long de ce même ruisseau, les alla visiter, & voulut s'en saisir au nom du Roy, mais que les Proprietaires s'y étant opposés, il en écrivit à la Cour d'Espagne, laquelle donna ordre au Président de San-Domingo de faire combler toutes les Mines de l'Isle; ce qui fut exécuté à la rigueur.

Le Begue & l'ancienne Ville de la Vega.

En allant de Sant-Yago au Begue, à deux lieuës au Nord-Nord-Est de ce Village, on voit encore les débris de l'ancienne Ville de la Vega; le Couvent des Peres de Saint François y est même presque tout entier, avec deux Fontaines: on y trouve aussi quelques restes de Fortifications, & de fort belles Mazures. Un Tremblement de Terre ayant renversé cette Ville, où l'on assûre qu'on a compté jusqu'à 14000. Hommes portant les armes, quelques-uns de ses Habitans se sont établis à deux lieuës de-là, & y ont formé le petit Bourg, que les François nomment *le Begue* de l'ancien nom de *Vega*, qui se prononce aussi *Bega*. Il est situé à la chute des Montagnes de la Porte, sur la rive droite de la petite Riviere de *Camon*, qu'il faut traverser pour y arriver. Ce n'est plus qu'un Village de 90. Chaumieres, mais sa dépendance est assés considerable, & les Espagnols y entretiennent deux Compagnies de Milices, composées de 210. Hommes, & gouvernées par deux Alcaïdes; & leurs Capitaines. M. Butet y compta aussi 51. François réfugiés.

DE S. DOMINGUE, LIV. XII. 471

Le Cottuy est à 10. lieuës à l'Est du Begue, sur les premieres hauteurs des Montagnes de la Porte, qui ont 12. lieuës de profondeur en cet endroit ; & deux lieuës au-delà du Fleuve Yuna, lequel sort de ces mêmes Montagnes, coule au Nord-Est, reçoit un très-grand nombre de Ruisseaux & de petites Rivieres, & va se rendre à la Mer dans la Baye de Samana. Ce Village n'a gueres que 50. Cases fort pauvres ; sa dépendance s'étend 25. lieuës le long des Montagnes en remontant à l'Est. Deux Alcaïdes y commandent, & ont sous leur ordre deux Capitaines de Milices, dont les Compagnies font tout au plus 160. Hommes. Le Terroire du Cotuy n'est recommandable que par une Mine de Cuivre, qui se trouve à deux lieuës de ce Village au Sud-Est, dans les Montagnes. Mais le principal commerce de ces Montagnards consiste dans les viandes salées, le suif, & les cuirs, qu'ils portent à San-Domingo. Ils prennent aussi quantité de Chevaux sauvages, qu'ils vont vendre aux habitations Françoises.

1724.
LeCottuy.

Du haut des Montagnes de la Porte, dont ce que l'on appelle *le Bonnet à l'Evêque*, à la vûë du Cap-François vers le Sud-Est, est une des extrêmitez, & qui remontant à l'Est-quart-Sud-Est, vont aboutir à sept lieuës du Cap Raphaël, du haut, dis-je, de ces Montagnes, on découvre toute cette admirable plaine, dont nous avons si souvent parlé sous le nom de Vega Real, & qui peut produire toutes les sortes de denrées & de plantes, que fournissent toutes les Isles de l'Amérique. Quand on est environ au milieu de la longueur des Montagnes de la Porte, on marche trois heures, pour descendre dans la Plaine de San-Domingo ; & à trois lieuës de cet endroit, en remontant à l'Est le long des Montagnes on rencontre le Bourg de Monte-Plata, où l'on compte environ 30. Familles Espagnoles : tout auprès est le Village de Boya, où nous avons vû que s'étoit retiré le Cacique Henry, avec tout ce qui restoit alors de naturels de l'Isle. On assûra à M. Butet qu'il n'y restoit pas plus de 30. Hommes, & environ le double de Femmes. Les Espagnols

La Vega Real,
Monte-Plata,
Boya.

[Note manuscrite :] Il est même fort douteux que ces indiens soyent vrai descendus des premiers habitants de l'Isle, car lors le Port a eu entre les mains un recensement, qui se fit de toute l'Isle en 1655. et dans lequel il n'en restoit que douze familles, et on sait que quand les Espagnols reprirent la Tortue sur les françois, ce qui arriva en 1655. Ils ont pu [porter] à Boya quelques indiens, qu'ils y trouverent quoiqu'il en soit.

ont dans ce canton une Compagnie de Milices.

De la plaine de San-Domingo.
Forces de la Ville, & de ses environs.

Après la Vega Real, la plus grande plaine de l'Isle est celle de San-Domingo, mais le terrein n'en est pas à beaucoup près si bon. Elle a depuis huit jusqu'à douze lieuës de largeur à la prendre des Montagnes de la Porte, qu'elle a au Nord, jusqu'à la Mer, qui lui reste au Sud. Sa longueur est d'environ 30. lieuës, depuis les Montagnes, qui sont à l'Oüest de la Ville, jusqu'à la Côte Orientale de l'Isle. M. Buret croit que de Sant-Yago à San-Domingo il n'y a que 38. lieuës communes de France, & que ces deux Villes sont presque Nord-Ouest & Sud-Est, tirant un peu plus vers l'Ouest. J'ai parlé ailleurs de la situation de cette Capitale, mais je ne sçai si elle a toujours été aussi peu fortifiée du côté de Terre, qu'elle l'est aujourd'hui; ce qui est certain, c'est qu'elle n'a qu'une simple muraille sans fossé, & aucun Ouvrage avancé. Cette muraille n'a en quelques endroits, que dix pieds de haut, & trois d'épaisseur, & point de Rempart en dedans. Au delà est une Prairie de 400. pas de large. On entre ensuite dans un petit Bois, & après y avoir fait environ un mille, on trouve sur le bord de la Mer un petit Fort, qui défend le seul endroit de la Côte, où l'on puisse débarquer : on l'appelle le Fort de *Saint Jerôme*. Il est quarré, & chaque face a environ 140. pieds de long, avec des flancs de cinq à six pieds de large, un Angle rentrant au milieu de chaque courtine, & un fossé de 12. pieds de profondeur, & large de 24. il est revêtu de bonnes murailles, sans chemin couvert, & sans palissades ; & 4. guerites occupent les pointes qu'il a de 4. espeçes de Bastions. Ce Fort a deux Ponts levis, un du côté de la Mer, & l'autre à l'opposite, avec une porte, où deux Hommes peuvent passer de front. Trente pieces de Canons de huit livres de bales, & ordinairement 25. Hommes de Garnison ; mais il a du logement pour cent. Le moüillage est bon pour toutes sortes de Vaisseaux à une petite portée de Canon, & la descente fort aisée dans une petite Anse de sable.

La force de la Citadelle.

Tout le Pays, qui est au-delà jusqu'à la Riviere Haïna, est

couvert

DE S. DOMINGUE, LIV. XII.

couvert de bois fort épais, au travers desquels on a tiré un chemin, qui conduit à Azua, & dont la premiere demie lieuë est coupée de distance en distance par trois retranchemens de maçonnerie en fer à Cheval, avec des embrazures & des batteries pour y placer du Canon. La longueur de la Savane qui borne San-Domingo à l'Ouest, est de 500. toises Nord & Sud, & se termine au Nord à quelques hauteurs couvertes de Bois, & à un Bourg, qu'on appelle *le Bourg des Illeignes*; mais si la Ville est aisée à insulter du côté de Terre, elle paroît imprenable du côté de la Mer, & de celui du Fleuve, où une bonne muraille à hauteur d'Homme, flanquée de Tours de distance en distance, bâties sur des Rochers escarpés, contre lesquels la Mer brise continuellement, & 160. pieces de Canon en batterie la défendent également, & de la fureur des eaux, & des attaques du dehors. La Citadelle, que les Espagnols nomment *la Force*, est comme je l'ai dit ailleurs, située sur une langue de Terre, que forme l'embouchure du Fleuve dans la Mer. Sa principale défense consiste dans plusieurs Batteries couvertes, qui donnent & sur la Mer & sur le Fleuve. Elles sont aussi placées sur des Rochers escarpés de 18. pieds de haut, où les Chaloupes ne sçauroient aborder, parce que les vagues y sont toujours très-hautes. Du côté de la Ville elle n'a qu'une simple muraille de 15. pieds de hauteur, & de deux pieds d'épaisseur, sans Flancs, ni Bastions, ni Ramparts, ni Fossés, ni Canons. On y entre par une grande porte, où il y a un Corps de Garde de cinq Hommes; & du milieu de la Forteresse s'éleve une grande Tour, qui sert de logement au Commandant : elle est au milieu d'une grande Place d'armes. Au Vent de la Ville, on entretient sur une pointe avancée un Corps de garde de six Hommes, pour observer les Bâtimens, qui paroissent le long de la Côte. Précaution, sur laquelle on doit fort peu se reposer, rien n'étant plus facile que d'enlever ce Corps de garde.

La Ville de San-Domingo est gouvernée par une Au-

Gouvernement de cette Capitale.

dience Royale, composée du Président, qui est en même têms Capitaine Général; de quatre Auditeurs, ou Conseillers; d'un Fiscal, ou Procureur Général; d'un Rapporteur, & de deux Secretaires. Les Isles de Cuba & de Portoric, & toute la Côte de Terre Ferme, depuis l'Isle de la Trinité jusqu'à la Riviere de la Hacha en dépendent, quant au Civil & au Politique; mais le Président n'a d'authorité, comme Capitaine Général, que dans l'Isle de Saint Domingue; la Havane, Saint Jean de Portoric, Caraque, & d'autres endroits de Terre Ferme ayant leurs Capitaines Généraux, ou Gouverneurs, qui ne le reconnoissent en rien. Le Peuple de San-Domingo élit tous les ans deux Alcaïdes, qui sont les Juges ordinaires pour les affaires civiles, & qui l'année suivante sont Alcaïdes de *la Hermendad*, sorte de Jurisdiction, qui juge des affaires criminelles, & répond à nos Maréchaussées. La Maison de Ville est composée de quatre Regidors, qui doivent être des Anciens du Peuple, & avoir passé par les Charges d'Alcaïdes; du Lieutenant de Police, de l'Alfiere Réal, qui porte l'Etendart du Roy en têms de paix & de guerre;& de deux Alcaïdes ordinaires. Tous ces Officiers ont voix dans les Elections, qui se font chaque année. Il y a outre cela une Contadorie, qui fait Corps avec le Président, regle les affaires du Roy, en ce qui concerne la perception de ses droits, le payement de ses Troupes, & les autres dépenses ordinaires & extraordinaires du Gouvernement. Cette Chambre n'a que deux Officiers, le Thrésorier & le Contador, avec un Secretaire. Le Thrésorier, le Contador, & le Président ont chacun un clef de Thrésor. Quant au Militaire, le Capitaine Général a sous lui un Gouverneur des armes, un Major, huit Aides-Majors, quatre Compagnies de Troupes reglées, chacune de 50. Hommes, entretenus & payés par la Cour, & une Compagnie d'Artillerie de 40. Canoniers : chaque Compagnie de soldats a son Capitaine, un Capitaine réformé sans solde, & qui porte le fusil, comme un simple factionnaire, & un Lieutenant. La Compagnie d'Artillerie n'est commandée

DE S. DOMINGUE, LIV. XII. 475

1724.

que par un feul Capitaine, fans autres Officiers. La Force a fon Commandant particulier payé par le Roy, mais fans Garnifon. Tous les autres Officiers n'ont aucune folde du Roy.

Des Garnifons.

Du nombre des 200. Soldats entretenus dans la Ville, il y a un détachement de 13. Hommes, commandé par un Lieutenant, qui fait toute la Garnifon de Sant-Yago, & qui n'eft jamais relevé; & un autre de 25. commandé par un Lieutenant & un Aide-Major, qui fait celle du Fort de Saint Jerôme. Le Corps de la Milice Bourgeoife n'a point de Soldats; il eft compofé de fix Compagnies de Mulatres, ou d'Indiens, & de très-peu de Blancs. Tous enfembles font 725. Hommes. La Compagnie des Negres libres, dans laquelle on a mêlé beaucoup d'Efclaves, eft de 160. Hommes. Le Bourg de Illeignes a deux Compagnies de Milice Bourgeoife, qui font 240. Hommes, prefque tous blancs. Ce Bourg eft une efpece de Fauxbourg de la Capitale. Le Village des Negres libres François, c'eft-à-dire, d'Efclaves transfuges des habitations Françoifes dans la Colonie Efpagnole, lequel porte le nom de San Lorenzo, & qui eft fitué fur les bords de l'Ozama, une petite lieuë plus haut que San-Domingo, entretient une Compagnie de 140. Hommes, commandée par un Alfiere des Troupes reglées, nommé par le Prefident. Tout cela fait 1500. Hommes portant les armes dans la Capitale, & fes environs à 10 lieuës à la ronde.

Du Clergé.

Le Clergé de cette Ville eft compofé d'un Archevêque Primat de toutes les Indes Efpagnoles, & duquel relevent immédiatement les Evêques de la dépendance de l'Audience Royale: d'un Archidiacre, de 14. Chanoines, & d'un très grand nombre de Prêtres, qui deffervent l'Eglife Métropolitaine, & les Paroiffes. Les Dominiquains, les Francifquains, les PP. de la Mercy, & les Jefuites ont d'affés belles Maifons, & toutes les Eglifes font magnifiques. Il y a auffi deux Monafteres de Religieufes fort fpacieux & bien bâtis; mais très-pauvres; & un nombre infini de Chapelles

O o o ij

particulières, qui rempliffent la Ville. L'Hôpital Général, & un autre, où l'on reçoit les Lépreux, font gouvernés par l'Archevêque & par les Officiers de la Maifon de Ville, qui en nomment les Adminiftrateurs. On affûre que le Service Divin fe fait avec beaucoup de pompe dans l'Eglife Métropolitaine, qui eft très-richement ornée, & d'une architecture fuperbe. La Ville n'a qu'une Paroiffe, & on en compte dix autres dans le refte de la Colonie ; à fçavoir, une à Alta-Gratia, une à Sant-Yago, une au Begue, une au Cottuy, une à Zeïbo, une à Monte-Plata, dont le Curé deffert auffi le Village Indien de Boya, & celui de Bayaguana ; une à Gohava, une à Banica, & la dixiéme à Azua, dont le Curé va de têms en têms dire la Meffe dans les quartiers de San-Juan de la Maguana, & de Neyva, où il n'y a ni Prêtres, ni Eglifes.

Higuey, Alta-gratia, Zeibo, Bayaguana, Bany.

Ce qu'on appelle aujourd'hui Alta-Gratia, ou le Village de Higuey, eft apparemment ce qu'on appelloit autrefois Salvaleon de Higuey. Ce Village eft compofé de 60. petites maifons, & fitué à la tête de l'Ifle, entre le Cap de l'*Engaño*, & la pointe de l'*Efpada*, à quatre lieuës du bord de la Mer. Les Efpagnols y vont en pelerinage de tous les quartiers de leur Colonie. On y voit un affés beau Couvent, & une petite Eglife bien ornée ; il y a un Alcaïde Major, & un Capitaine commandant une Compagnie de 80. Hommes dans toute l'étenduë de fon diftrict, qui eft de 25. lieuës de long, & qui en a 8. de large. Zeïbo, ou Scibo, eft plus confidérable, c'eft un gros Bourg de 180. Maifons ; mais fa dépendance n'a que 16. lieuës de long, fur 8. de large, il eft à 25. lieuës à l'Eft-Nord-Eft de San-Domingo. Deux Alcaïdes ordinaires y commandent, & ont fous eux deux Capitaines de Milices, dont les Compagnies font 230. Hommes. Le territoire de ce Bourg eft borné au Nord par celui de Bayaguana, éloigné de 18. lieuës au Nord-Eft de San-Domingo. Ce Village fitué au pied des Montagnes de la Porte, n'a que 50. Chaûmieres. Son diftrict eft d'environ 12. lieuës de long fur 4. de large. Un

DE S. DOMINGUE, LIV. XII. 477

Alcaïde ordinaire, & un Capitaine de Milices y commandent une Compagnie de 60. Hommes. A 12. lieuës à l'Oüeſt de San-Domingo, il a un quartier, nommé *Bany*, qui s'étend dix lieuës le long de Mer, juſqu'aux Salines vers la Baye d'Ocoa. Sa largeur n'eſt que de deux ou trois lieuës, entre la Mer au Sud, & des Montagnes arides & inacceſſibles au Nord : on n'y voit ni Bourgade, ni Village ; cependant on y tient une Compagnie de 140. Hommes. Ce quartier releve immédiatement de la Capitale.

Le Bourg de Gohava, ſitué au milieu de l'Iſle, eſt compoſé de 120. Maiſons, & a deux Compagnies de 125. Hommes chacune, ſous les ordres de deux Alcaïdes ordinaires, & de deux Capitaines de Milices. C'eſt le quartier le plus étendu de l'Iſle, ayant au moins 35. lieuës de long ſur 16. à 18. de large. Il a au Nord les Montagnes du Port de Paix, & celles de la Porte, qui n'en ſont qu'à 6. lieuës ; le Cap François, dont il n'eſt éloigné que de 16. lieuës, à ſon Nord-Oüeſt ; au Sud-Eſt San-Domingo à 55. lieuës ; l'Artibonite à l'Oüeſt, au Sud le quartier de Mirbalais, & les dépendances d'Azua ; & à l'Eſt le Begue, & les doubles Montagnes, qui ſont au Nord-Oüeſt de la Capitale. Il renferme dans ſa Juriſdiction le petit Village de Banica, lequel n'en eſt qu'à 7. lieuës ſur le chemin, qui conduit à Azua : 40. Hommes commandés par un Capitaine de Milices, ſont en détachement dans ce Village, & aux environs.

J'ai dit que le chemin Royal, où l'on a tiré trois retranchemens dans l'eſpace d'une demie lieuë, depuis le Fort de Saint Jerôme, eſt le chemin, qui conduit d'Azua à San-Domingo : à une portée de fuſil du plus éloigné de ces retranchemens un autre chemin, qui vient de Sant-Yago, du Cottuy, & du Begue, coupe le premier, & c'eſt dans cet endroit, que les Eſpagnols défirent en 1652. les Anglois commandés par Penn, qui étoient venus dans le deſſein de s'emparer de San-Domingo, où l'on célébre tous les ans cette Victoire avec beaucoup de pompe. Trois lieuës & demie

1724.

Gohava, Banica.

Azua.

O o o iij

1724.

plus loin, est l'embouchure de la Riviere d'Haïna, où les plus grands Vaisseaux peuvent moüiller & être en sûreté, lorsque la saison des Ouragans est passée. En suivant toûjours le même chemin, lequel regne le long de la Côte, il faut faire environ 6. lieuës pour gagner la Riviere de Nizao, laquelle a un quart de lieuë de large au-dessus de son embouchure, & se décharge dans la Mer par cinq Canaux. Sept lieuës plus loin est la Riviere d'Ocoa, & de là on en compte neuf à la Bourgade d'Azua, située à une lieuë & demie de la Mer, & composée de 300. mauvaises Cabannes, bâties de bois, & couvertes de feüilles de Lataniers : l'Eglise Paroissiale, & le Couvent des PP. de la Mercy, sont un peu plus propres. Deux Alcaïdes ordinaires, que le Peuple choisit tous les ans, rendent la Justice dans ce Bourg, dont toute la défense consiste dans trois Compagnies de 140. Hommes chacune, commandées par un Mestre de Camp de Milices, & son Lieutenant. Le Port d'Azua est à une lieuë & demie au Sud de la Bourgade; mais comme il est ouvert au Vent du Sud, il n'est pas sûr dans la saison des Ouragans.

Pauvreté des Espagnols.

Voilà ce qu'étoit la Colonie Espagnole au commencement de l'année 1717. on y comptoit 18410. Ames, parmi lesquelles il y avoit 37. Compagnies, qui faisoient 3705. Hommes portant les armes, sans parler de 400. François au moins, tant de ceux, qui étoient répandus dans les Villages ou Bourgades, que des gens de Mer, qui naviguoient le long de la Côte dans les Bâtimens Espagnols. Au reste, rien n'est plus pauvre que ces Colons : excepté la Capitale, où il reste encore plusieurs Palais & Maisons, qui se ressentent véritablement de son ancienne splendeur, partout ailleurs on ne voit que des chaumieres, & des cabannes, où l'on est à peine à couvert : on ne fait pas même présentement d'autres bâtimens à San-Domingo, lorsque les anciennes Maisons tombent, ou de vieillesse, ou par quelqu'autre accident, & partout les ameublemens répondent à la rusticité du logement. Aussi n'y a-t'il plus dans la plûpart, ni

Commerce, ni Manufacture; leurs nombreux Troupeaux les nourriffent; & c'eft auffi de là, que la Colonie Françoife tire toute fa viande de Boucherie. Nous leur fourniffons en échange de quoi fatisfaire aux plus indifpenfables néceffités de la vie ; car l'Efpagne ne leur envoit prefque plus rien, & ils ne veulent pas fe donner la peine de fe procurer leurs befoins par leur induftrie & par leur travail.

1724.

A la vérité, on leur doit cette juftice, que ce font les Hommes du monde, qui fçavent fe paffer avec moins. Leurs Hattes les nourriffent, & le Chocolat fuppléé ce qui manque à cette nourriture champêtre. Ils ne s'occupent à rien pendant tout le jour ; ils n'employent pas même alors leurs Efclaves à aucun travail pénible. Ils paffent tout le têms à joüer, ou à fe faire bercer dans leurs branles, ou Hamacs. Quand ils font las de dormir, ils chantent, & ne fortent de leurs lits, que quand la faim les preffe. Pour aller chercher de l'eau à la Riviere, ou aux Fontaines, ils montent à Cheval, n'y eût-il que vingt pas à faire ; il y a toûjours un Cheval bridé au piquet pour cet ufage. La plûpart méprifent l'or, fur lequel ils marchent, & ils fe mocquent des François, qu'ils voyent fe donner de grands mouvemens, & abreger leurs jours, pour amaffer des richeffes, dont ils n'auront pas le loifir de joüir en repos. Leur vie tranquille & frugale les fait parvenir à une extrême vieilleffe.

Leurs occupations, & leur fobriété.

Le foin de cultiver leur efprit les occupe auffi peu, que celui de fe procurer les commodités de la vie. Ils ne fçavent rien, & à peine connoiffent-ils le nom de l'Efpagne, avec laquelle ils n'ont prefque plus de Commerce. D'ailleurs, comme ils ont extrêmement mêlé leur fang, d'abord avec les Infulaires, enfuite avec les Negres, ils font aujourd'hui de toutes les couleurs, felon qu'ils tiennent plus de l'Européan, de l'Afriquain, ou de l'Amériquain. Le caractere de leur efprit participe auffi de tous les trois, & ils en ont furtout contracté la plûpart des vices. Ils ne laiffent pourtant pas de fe croire encore les premiers Hommes du monde, & de témoigner un très-grand mépris des François. Quel-

Leur ignorance, & leur fierté.

qu'un demandant un jour à un Espagnol, ce qu'il y avoit donc de si estimable chés eux, pour mépriser ainsi leurs voisins, *ay Hombres*, répondit-il. Il s'en faut pourtant bien, que cette fierté ait toûjours été soutenuë dans les occasions : ces Hommes par excellence ont été pendant bien des années le joüet de toutes les Nations de l'Europe, qui naviguoient dans ces Mers ; leurs plus gros Navires ne se défendoient presque pas contre les moindres Forbans, de simples Chaloupes en ont enlevé un très-grand nombre, & leur plus puissantes Colonies sont environnées de Nations sauvages, qu'ils n'ont jamais pû subjuguer. Ils se sont aguerris avec le têms, & leurs Milices de Saint Domingue, non plus que celles des Isles voisines, ne craignent plus de se mesurer, soit sur Mer, soit sur Terre, avec les Anglois & les François, & le font souvent avec succès.

Leur Religion.

Les Habitans de la partie Espagnole de Saint Domingue, ne sortent gueres à la Campagne que la nuit, dont les ombres servent à plusieurs de voiles, pour couvrir leur libertinage ; car ils sont pour la plûpart extrêmement débauchés. Ils pratiquent cependant tout l'exterieur de la Religion avec une exactitude, à laquelle il n'est pas possible de rien ajoûter. On ne peut croire jusqu'où va en particulier leur respect pour les choses saintes, & leur aveugle soumission pour tout ce qui leur est déclaré par leurs Pasteurs. J'ai déjà observé qu'encore que leurs Maisons, leurs Meubles, & tout ce qui est à leur usage, se sentent de la plus extrême pauvreté, leurs Eglises sont magnifiques & bien ornées. Ils sont presque tous les jours en devotion, & ils observent religieusement toutes les Fêtes, qui sont en grand nombre dans ce Diocese. Quand ils sont à portée d'entendre la Messe, ils y assistent tous les jours, aussi bien qu'au Rosaire, qu'on récite tous les soirs dans les Eglises : quelque part qu'ils se trouvent, ils ne se dispensent pas de le reciter, soit en public dans les Familles, ou chacun en particulier, & on ne les voit gueres sans un Chapelet au cou. Avec cela, quelques reproches qu'on puisse leur faire, sur ce qu'ils deshonorent la Religion

pag

DE S. DOMINGUE, LIV. XII. 481

par leurs mœurs dépravées, il faut convenir que le Chriſ- 1724.
tianiſme eſt redevable à leur Nation de la plus grande partie des progrès, qu'il a faits dans l'Amérique. Nulle autre
n'étoit plus en état de l'y établir, lorſque ce nouveau Monde a été découvert ; toutes les Provinces de l'Europe,
ſi on en excepte les Eſpagnes, étoient plongées dans des
guerres inteſtines ou étrangeres, & furent bientôt le théatre funeſte, où l'Héréſie a excité les plus ſanglantes Tra-
gédies. Ces Royaumes ſeuls ſont demeurés tranquilles au
milieu de tant de troubles, & ont conſervé la Foi dans
toute ſa pureté. On doit auſſi avoüer qu'ils ont fait paroître un grand zéle pour la converſion des Idolâtres, &
pour aſſûrer leurs conquêtes ſpirituelles dans ces vaſtes contrées. Les magnifiques Fondations, qu'ils y ont faites de
toutes parts, en ſeront des monumens éternels, qu'aucune
autre Nation n'effacera jamais.

On convient auſſi que malgré les deſordres, dont j'ai *Leurs vertus.*
parlé, les Eſpagnols (je parle au moins de ceux de S. Domingue,) pratiquent encore des vertus, qui font honneur
au Chriſtianiſme. J'ai dit qu'ils ſont grands obſervateurs de
l'hoſpitalité, & on leur donne ſouvent occaſion de l'éxer-
cer. Il y a ſur nos frontieres une quantité de fainéans,
dont le metier eſt de courir le pays ; & partout, où ils rencontrent des Eſpagnols, malgré l'animoſité reciproque des
deux Nations, ils en ſont reçûs avec beaucoup de charité. Ces bonnes gens ſe retranchent le néceſſaire, pour
avoir dequoi donner à leurs hôtes. Enfin ſi leur frugalité,
& la ſimplicité avec laquelle ils vivent, n'étoit pas le fruit
de leur pareſſe & de leur indolence, plûtôt que de leur
Philoſophie, on ne pourroit trop les loüer d'avoir ſçû ramener dans cette Iſle la vie des premiers hommes, & de
ces anciens Patriarches, dont les Hiſtoriens ſacrés & pro-
fanes nous ont laiſſé des images ſi riantes. Ils habitent le
plus riche pays, qu'il y ait dans l'Univers, ils foulent aux
pieds les plus précieux métaux ; un travail moderé les mettroit dans l'affluence de tous les biens, & ils ont trouvé le

secret de s'en passer & de les méprifer. Ce n'est pas même-feulement chés eux, qu'ils en ufent ainfi. Ils viennent fouvent dans nos quartiers avec de grands trains de chevaux, & il eft rare d'en voir un feul entrer au cabaret. Ils campent le long des chemins, laiffent paître leurs chevaux dans les campagnes, fe mettent à couvert fous des barraques, qu'ils dreffent à la hâte, & font leurs repas avec un morceau de viande boucanée, qu'ils apportent avec eux, des Bananes, qui fe trouvent partout, & du Chocolat. S'ils entrent chés le Boulenger, pour achetter un pain, ils appellent cela, faire la débauche. Il eft vrai que, fi quelque François les invite à manger, ils font honneur à fa table, mais ils boivent peu, & quand quelqu'un s'échape jufqu'à s'enyvrer, ce qui eft très-rare, il fe retire fans bruit, & va dormir. Une telle vie pourroit fans doute paffer pour délicieufe, fi l'on confidere que les commodités, dont ces Colons font privés, ne leur font pas même connuës, qu'ils joüiffent de toutes celles, que la nature offre d'elle-même; que l'ambition & l'interêt ne les troublent point, & que leurs plaifirs ordinaires font purs, fans aucun mélange d'inquietude. Pour achever ce qui regarde cette Colonie, le P. le Pers prétend qu'outre ceux de nos Efclaves fugitifs, dont le journal de M. Butet fait mention, il y en a un nombre confiderable, qui ne fe font point donnés aux Efpagnols : & fe font cantonnés dans des montagnes, où ils vivent également indépendans des deux Nations, dont l'interêt commun demanderoit affûrément qu'on ne les y laiffât pas trop multiplier.

Etat de la Colonie Françoife. La Colonie Françoife avoit en 1726. trente mille perfonnes libres, & cent mille Efclaves Noirs ou Mulâtes. On pouvoit compter parmi les premiers dix mille hommes en état de porter les armes, & dans un befoin il feroit aifé d'armer vingt mille Negres, fans que les Manufactures en fouffriffent confiderablement. Quelques-uns prétendent que peu de François font dans l'Ifle S. Domingue fans une efpece de fievre interne, qui mine peu à peu, & fe manifeste moins par le dérangement du poulx, que par une couleur livide & plombée, que tous prennent avec le tems; plus ou moins, suivant la force du temperamment, & le soin qu'on a de se ménager dans le plaisir, ou dans le travail. Dans les commencemens on n'y voyoit personne parvenir à une grande vieillesse, & cela est encore assés rare parmi ceux, qui sont nés en France. Mais les Créols, à mesure qu'ils s'éloignent de leur origine Européenne, deviennent plus sains, plus forts, & vivent plus long-tems. L'air n'y a donc absolument parlant aucune mauvaise qualité, & il ne s'agit que d'y être naturalisé.

1724.

Le caractere d'esprit des Créols François commence aussi à se débarasser du mélange des Provinces, d'où sont sortis les premiers Fondateurs de cette Colonie. Bientôt même il n'y restera plus aucun vestige du génie de ces anciens Avanturiers, ausquels le plus grand nombre des Habitans doivent leur naissance. Ils ont communément la taille assés belle, l'esprit aisé, mais un peu volage & inconstant; ils sont francs, prompts, fiers, dédaigneux, présomptueux, intrépides, on leur reproche d'avoir assés peu de naturel, & beaucoup d'indolence pour les choses, qui regardent la Religion; mais on a observé qu'une bonne éducation corrige aisément la plûpart de leurs défauts, & trouve en eux un fond riche, dont il y a tout à se promettre. L'héritage, qu'ils ont conservé le plus entier de leurs Peres, c'est l'hospitalité; il semble qu'on respire cette belle vertu avec l'air de S. Domingue. Nous avons dit jusqu'où la portoient les Indiens. Leurs Vainqueurs y ont d'abord excellé & n'étoient pas gens à les prendre en rien pour modéles; on ne peut pas dire non plus que les François l'ayent prise de ceux-ci, ces deux Nations aiant été un tems très-considérable, sans avoir aucun commerce entr'elles; & leur antipathie mutuelle n'ayant pas permis aux uns de se former sur l'exemple des autres. Enfin les Negres mêmes s'y distinguent d'une maniere, qu'on ne sçauroit trop admirer dans des Esclaves, à qui on donne à peine le nécessaire pour vivre.

Caractere d'esprit des Créols François, leurs bonnes & leurs mauvaises qualités.

P pp ij

1724.

Quoiqu'il en soit, l'hospitalité s'exerce d'une maniere admirable dans la Colonie Françoise : un homme peut en faire le tour, sans rien dépenser, il est bien reçû partout, & s'il est dans le besoin, on y ajoûte de quoi continuer son voyage. Si l'on connoît une personne de naissance, qui n'ait point de fortune, c'est à qui l'aura chés soi ; on n'attend point qu'il fasse ces démarches, qui coutent à un homme, lequel est né quelque chose : dès qu'on le sçait en chemin, on va au devant de lui ; il ne doit pas craindre d'être importun, plus long-tems il restera dans une maison, & plus il y fera de plaisir à tout le monde : du moment qu'il a touché la premiere Habitation, il ne doit plus s'embarasser pour chercher des commodités, Negres, Chevaux, voitures, tout est à son service, & on ne le laisse partir, que sous promesse qu'il reviendra, si ses affaires le lui permettent. La charité de nos Créols à l'égard des Orphelins n'est pas moins digne de loüanges : le Public n'en demeure jamais chargé. Les plus proches parens, & à leur defaut les Parains & les Maraines ont la préférence : si tout cela manque, les premiers, qui peuvent se saisir de ces pauvres enfans, les gardent chés eux, & les entretiennent de tout avec le même soin, que si c'étoit leurs propres enfans.

Inconvenient à craindre pour les successions.

Une chose, qui dans la suite pourra être sujette à de grands inconveniens, si la partie de l'Isle de Saint Domingue, que nous occupons, continuë à se peupler, comme elle a fait, sur tout depuis trente ans ; c'est qu'il n'y a point de biens nobles, & que tous les enfans y partagent également. Il arrivera de là que quand tout sera défriché, les Habitations seront tellement divisées & subdivisées, qu'elles deviendront à rien, & que tout le monde y sera pauvre. Si toute l'habitation demeuroit à l'Aîné, les Cadets seroient dans l'obligation d'en commencer d'autres, ce qui ne leur seroit pas difficile avec les avances, que leurs Parens pourroient leur faire ; & quand il n'y auroit plus de terrein vuide à S. Domingue, rien n'empêcheroit de s'étendre dans les Isles voisines, ou dans les endroits du Continent, qui appartiennent à la France, ou sont encore du droit public. Des Colonies se formeroient ainsi d'elles-mêmes, sans qu'il en coutât rien à l'Etat. Mais il y en a encore pour plus d'un siecle à défricher dans les quartiers de S. Domingue, qui ne sçauroient nous être contestés, & rien n'empêcheroit d'y varier un peu plus le commerce, afin que cette Colonie ne souffrît point de l'abondance des mêmes denrées.

Celui de tous les quartiers de la Colonie Françoise, qui l'a toûjours fait avec plus de succès, est sans contredit celui du Cap François; & il le doit sans doute autant à l'avantage de sa situation, qu'à l'étenduë & la fertilité de sa plaine. Cette plaine est l'extrêmité Occidentale de cette Vega-Real, dont nous avons tant parlé dans les premiers livres de cette Histoire, & dont plus des trois quarts demeurent aujourd'hui incultes entre les mains des Espagnols. On n'est pas trop d'accord sur l'étenduë de la plaine du Cap. Les uns la restraignent aux cinq Paroisses les plus proches de la Ville, qui sont *Limonade*, *le Quartier Morin*, *la petite Anse*, *l'Acul*, & le *Morne Rouge*. D'autres lui donnent pour bornes à l'Est la riviere du Massacre, & à l'Oüest la riviere Salée, qui est un peu au dessus du Port Margot. Suivant ce sentiment, qui paroît mieux fondé que l'autre, sa longueur est d'environ vingt lieuës & sa largeur de quatre; elle n'a au Nord d'autres limites que la mer, & au Sud elle est resserrée par une chaîne de montagnes, qui n'a en nul endroit moins de quatre lieuës de profondeur, & qui en d'autres en a jusqu'à huit. On trouve entre ces montagnes les plus belles vallées du monde, coupées d'une multitude infinie de ruisseaux, qui les rendent également délicieuses & fertiles. Les montagnes mêmes n'ont rien d'affreux, la plûpart ne sont pas fort hautes, plusieurs sont très-habitables, & peuvent être cultivées jusqu'à la cime.

La Ville du Cap François est presqu'au milieu de la Côte, qui borde cette plaine, & son Port est depuis long-tems le plus fréquenté de toute l'Isle. Aussi est-il très-sûr, & dans une situation commode pour les Navires, qui viennent de

1724.

Description de la Plaine du Cap François.

Le Port du Cap. Bayaha. Le Port Margot. Le Port François L'Acul. Le Port.

1724.
de Paix. Le Port: des Mouſtiques. Le Port à l'Ecu. Le Havre S. Nicolas.

France. Il eſt ouvert au ſeul vent de Nord-Eſt, dont il ne peut même recevoir aucun dommage, ſon entrée étant toute ſemée de récifs, qui rompent l'impétuoſité des vagues de la mer, & entre leſquels il faut chenailler avec beaucoup de précaution pour entrer ſans toucher. Neuf ou dix lieuës à l'Eſt eſt celui de Bayaha, le plus beau & le plus grand de toute l'Iſle : il a huit lieuës de circuit, & ſon entrée, qui n'a pas plus de largeur que la portée d'un piſtolet, a vis-à-vis en dedans une petite Iſle, dont j'ai parlé ailleurs, contre laquelle les Navires peuvent moüiller, en la touchant de leur Beaupré. On travaille à fortifier ce Port, & à y bâtir une Ville ; on y a déjà établi un Etat Major. Le Port Margot, ſi celebre du tems des Flibuſtiers, a auſſi une petite Bourgade : ce n'eſt pourtant qu'une ſimple rade, où l'on moüille depuis 12. juſqu'à 14. braſſes entre la grande terre, & un Iſlet, qui a une lieuë de circuit. Entre le Cap & le Port Margot, à une lieuë ſeulement du premier, eſt le Port François. Il eſt fort profond, mais on ne le fréquente pas beaucoup, parce qu'il eſt au pied d'une montagne extrêmement haute, & que les environs en ſont ſteriles. La montagne, dont je parle, s'étend le long de la Côte pendant quatre lieuës, & à ſon extrêmité Occidentale il y a un Port très-vaſte & très-profond, que les Eſpagnols ont nommé *Ancon de Luyſa*, & les François par corruption *le Can de Louyſe*, mais on l'appelle plus communément le *Port de l'Acul* du nom d'une Paroiſſe, qui n'en eſt pas loin. On y moüille par trois braſſes & demie, & l'entrée en eſt bordée de récifs. Le premier nom de ce Port, & celui du Port Margot, qui en eſt à deux lieuës, leur ont été donnés, parce que deux Dames Eſpagnoles, qui portoient ces mêmes noms, y avoient des Etabliſſemens. Du Port Margot il n'y a que cinq lieuës à la Tortuë, vis-à-vis de laquelle eſt le Port de Paix, dont j'ai donné ailleurs le plan. En continuant de ſuivre la Côte, on entre d'abord dans le *Port de Mouſtiques*, lequel eſt entre deux pointes, qui le reſſerrent beaucoup. Douze Navires y peuvent aiſément être moüillés par 10. ou 12.

braffes. Une lieuë plus loin eft le Port à l'Ecu à peu près de la même grandeur & de la même profondeur. De là il n'y a que fix ou fept lieuës jufqu'au Mole S. Nicolas, à côté duquel eft un Havre du même nom, fûr pour toutes fortes de Navires, on y moüille partout à 12. braffes, mais le pays d'alentour n'eft pas bon.

1724.

Entre le Cap François & Bayaha on rencontre la Baye de Caracol; j'ai déjà remarqué que c'eft le Puerto Real, où Chriftophle Colomb avoit placé fa premiere Colonie. Il eft dans le quartier de Limonade, à deux ou trois lieuës du Cap. De Bayaha, en tirant à l'Eft, on rencontre au bout de trois lieuës la Baye de Mancenille, dans laquelle on peut moüiller à quatre ou cinq braffes. Trois lieuës plus loin eft la Grange, & au bout de trois autres lieuës, Monte Chrifto, au detour duquel il y a une rade, où l'on trouve depuis 7. jufqu'à 30. braffes. Les Efpagnols y ont eû une Ville, ou Bourgade de même nom. L'ancienne Ifabelle, que les François de S. Domingue nomment vulgairement Ifabelique, étoit à 12. lieuës au Vent de Monte Chrifto. On y moüille par 14. braffes. Puerto di Plata, ou, comme on parle dans la Colonie Françoife, *Portoplate*, eft à 9. ou 10. lieuës d'Ifabelique: & environ 13. ou 14. lieuës plus loin on voit une pointe, qui avance fort dans la mer, & que Chriftophle Colomb appella, dit-on, *Cabo Frances*. Elle commence une grande Baye connuë fous le nom de *Baye de Cosbec*, au milieu de laquelle il y a un Port formé par un petit Iflet, & où l'on moüille par 14. braffes. De ce Port on compte dix lieuës à Samana. Après cette courte digreffion Géographique, je reviens à la plaine du Cap.

Puerto-Real ou Baye de Caracol. La Baye de Mancenille. La Grange. Monte Chrifto. Ifabelique. Portoplate. Baye de Cosbec. Samana.

En prenant cette plaine dans fa plus grande étenduë, on y compte douze Paroiffes, toutes placées à une ou deux lieuës de la mer pour la commodité des Habitans. Voici leur ordre à commencer par l'Eft: *Guanaminte*, *Bayaha*, *le grand Baffin*, *le Terrier rouge*, *le Trou*, *Limonade*, *le Quartier Morin*, *la petite Anfe*, *la Morne rouge*, *l'Acul*, *le Limbé*, & *le Port Margot*. Quelques-uns de ces quartiers ont déjà, &

Paroiffes de la Plaine du Cap.

1724.

les autres auront bientôt une Paroiſſe parallele dans les montagnes. A Guanaminte répond *Jeannante* ; au grand Baſſin, *le Four*, dont l'Egliſe ſera près de la grande Riviere : au Terrier rouge, *les Perches* ; au Trou, *Sainte Suzanne* ; à Limonade, *Baon* ; au Quartier Morin, *Sainte Roſe* ; à la petite Anſe, *le Dondon* ; au Morne rouge, *Jean Pierre* ; à l'Acul, *la Marmelade* ; au Limbé, *Plaiſance*, & *Pilate* au Port Margot.

Ses Rivieres, ſes Mines.

Il y a peu de pays au monde plus arroſé que celui-ci, il ne s'y trouve pourtant pas une ſeule riviere, que les ſimples chaloupes puiſſent remonter plus d'une lieuë, & où la marée monte plus de trois pieds. Elles ſont toutes guayables, ſans même en excepter celle qu'on a nommé la grande Riviere, dont le cours eſt de 15. ou 16. lieuës, & qui ſépare le quartier de Limonade d'avec le quartier Morin. Les plus conſiderables après celle-là ſont, la riviere Marion, qui arroſe le quartier du grand Baſſin, & celui de Bayaha : celle de Jaquezi, qui paſſe au Trou ; celle du haut du Cap, qui coupe en deux les quartiers du Morne rouge & de l'Acul ; celle qui coule à travers le Limbé, & en porte le nom ; & celle qui ſe décharge dans le Port Margot. Ce qui rend ſur tout recommandable la plaine du Cap, c'eſt ſa fertilité ; mais on prétend qu'elle a auſſi des Mines de pluſieurs eſpeces. J'ai parlé ailleurs du Morne rouge, & des raiſons qu'on a de croire qu'il renferme une Mine de cuivre. Il y en a une de ce métal au quartier de Sainte Roſe, & une d'ayman à Limonade. On croit qu'il y en a une d'Or au grand Baſſin, vers la ſource de la riviere Marion. Enfin il y a au quartier Morin de petites collines, qu'on a nommé les Mornes pelés, parce qu'il n'y croît que de l'herbe, ou des arbriſſeaux, quoique tous les environs ayent été autrefois couverts de bois de haute futaye. On ne doute preſque point que ces mornes ne renferment des Mines de fer. Mais le ſucre & l'indigo ſont pour les Particuliers, & peut-être même pour l'Etat quelque choſe de plus avantageux, que les plus abondantes Mines d'or & d'argent : il eſt vrai qu'il

s'y

DE S. DOMINGUE, LIV. XII. 489

s'y fabrique une prodigieuse quantité de ces deux marchandises.

1724.

On y compte plus de 200. moulins à sucre, & le nombre en augmente tous les jours. Chaque moulin fait 400. barriques, ou 200. milliers de sucre tous les ans, car chaque barrique est de 500. livres net, le poids de la barrique déduit. Le prix moyen de ce sucre sur le lieu, est de 13. livres le cent; ainsi chaque moulin produit 30000. livres de rente; sans compter les sirops & l'eau-de-vie de cannes, qui montent bien encore à mille écus. Que si l'on multiplie 30000. livres par 200. on trouvera que la plaine du Cap produit chaque année pour six millions de sucre, & avant qu'il soit peu, cela augmentera d'un tiers. L'Indigo peut être estimé trois millions; & il y en a de deux sortes. Il en croît en plusieurs endroits de l'Isle une sorte, qu'on nomme Indigo bâtard, & qu'on a cru long-tems n'être bon à rien. Un Habitant de l'Acul, nommé Michel Perigord, s'avisa, il y a vingt ans, d'en faire un essay, qui lui réüssit; il s'y est enrichi, & tout le monde l'a imité. Aujourd'hui cet Indigo est au même prix, que celui qu'on cultivoit seul auparavant, & qui est venu des Indes Orientales. Il faut pourtant avoüer que celui-ci a tout un autre œil, mais en récompense celui-là vient dans plusieurs terreins, qui refusent le premier. On a tenté d'en travailler plusieurs autres especes, qui sont venuës de Guinée, mais sans succès. Au reste quand je dis que l'ancien Indigo est venu des Indes Orientales, je parle avec le plus grand nombre des auteurs, qui en ont traité; mais ce sentiment n'est pas sans contradiction. Plusieurs prétendent qu'il est originaire du Continent de l'Amérique, & sur tout de la Province de Guatimala.

Sucre & Indigo qui s'y fabriquent. Deux sortes d'Indigo.

Bien des Habitans n'osent encore faire que de l'Indigo dans les montagnes, néanmoins quelques-uns recommencent à planter des Cacaoyers; s'ils réüssissent, ces quartiers seront bientôt les plus peuplés de la Colonie. Le seul Tabac produiroit cet effet, si celui de S. Domingue n'étoit

Du Cacao, du Caffé & du Tabac.

Tom. II. Q qq

1724.

pas défendu en France; mais il n'y a gueres que les Donkerquois, dont le Port eſt franc, qui s'en chargent. On ſe flatte de voir bientôt le Caffé enrichir notre Iſle ; l'arbre, qui le produit, y vient déjà auſſi beau, & auſſi vite, que s'il étoit naturel au pays : le pied en eſt fort & bien nourri, & il fleurit au bout de 18. mois : mais il faut lui donner le tems de ſe faire au terroir. D'autres prétendent que la Canelle, le Girofle, la Muſcade, & le Poivre, ſe cultiveroient avec ſuccès à S. Domingue. Il en couteroit peu, ce ſemble, pour en faire l'eſſay ; mais il faut de la patience & de la conſtance, & rien ne coûte davantage aux François. Le Côton, le Gingembre, la Soie, & la Caſſe ont été autrefois les plus grandes richeſſes de la Colonie Eſpagnole : qui empêcheroit qu'ils ne le fuſſent de la Colonie Françoiſe ?

Nombre des Habitans de la Plaine du Cap. Varieté du terroir de la partie Françoiſe de S. Domingue.

Les Paroiſſes de la plaine du Cap ſont, l'une portant l'autre, chacune de 3000. ames au moins ; mais pour une perſonne libre il y a dix Eſclaves. Il n'en eſt pas ainſi de la Ville, où l'on compte 4000. ames ; le nombre des Blancs y égale preſque celui des Noirs. Dans les montagnes les Eſclaves ſont au plus trois contre un : ſi le Cacao & le Caffé réüſſiſſent, ou ſi le Tabac revient en grace, avant qu'il ſoit peu tous ce quartiers ſeront peuplés au triple de ce qu'ils ſont aujourd'hui, & les Blancs y multiplieront à proportion plus que les Noirs. La plaine du Cap n'eſt pourtant gueres, en y comprenant les montagnes, que la dixiéme partie du terrein, que nous occupons dans l'Iſle. Celles de Leogane, de l'Artibonite, & du fond de l'Iſle Avache ne lui cedent pas même beaucoup en bonté. La premiere & la derniere ſont fort celebres par le nombre de leurs ſucreries, & la ſeconde par la quantité d'Indigo, qui s'y fabrique : mais par tout là, comme dans le reſte de l'Iſle, il y a une ſi grande varieté de terroir, que d'une lieuë à l'autre on ne croiroit point être dans le même pays. La plaine du Cap n'y eſt pas tout à fait ſi ſujette ; elle ne laiſſe pourtant pas de l'être d'une maniere aſſés ſenſible, pour ſurprendre ceux, qui arrivent de France. Par exemple les quartiers de l'Eſt, comme Guanaminte, Bayaha, le grand Baſſin, le Terrier rouge, & le Trou, quoique d'une plus grande étendue que les autres, ne ſont pas d'un auſſi bon rapport. On y voit des ſavanes naturelles, aſſés ſemblables à certaines landes de France, & dont on ne ſçauroit preſque rien tirer. Au contraire Limonade, le quartier Morin, la petite Anſe, le Morne rouge, & l'Acul, n'ont pas un poulce de terre, qui ne ſoit très-bon, ſi l'on en excepte la ſavane de Limonade, où M. de Cuſſy a été tué.

1724.

Toute la plaine du Cap eſt coupée par des chemins de long & de traverſe de 40. pieds de large tirés au cordeau, & bordés ordinairement de hayes de Citronniers, leſquelles ſont taillées avec ſoin, pour l'ornement ; & aſſés épaiſſes, pour ſervir de barriere contre les bêtes. Pluſieurs Particuliers ont auſſi planté de longues avenuës de grands arbres, qui conduiſent à leurs maiſons ; & l'on auroit bien fait de fortifier de ces hautes futayes les bordures des grands chemins ; elles fourniroient de l'ombrage aux paſſans, & remedieroient avec le tems à la diſette de bois, qui ne ſe fait déjà que trop ſentir. Les arbres viennent dans ce pays beaucoup plus vîte qu'en France, mais trop lentement encore pour des gens, qui ne penſent point du tout à l'avenir ; defaut auſſi ancien que l'Etabliſſement des Colonies dans le nouveau Monde. Oviedo le reprochoit aux Eſpagnols de ſon tems, & ſur tout à ceux de l'Iſle de S. Domingue, dont il n'attribuoit gueres la décadence qu'à cela.

Chemins de la Plaine du Cap.

La chaleur ſeroit exceſſive pendant ſix mois de l'année dans la plaine du Cap, comme dans la plûpart des autres, ſi l'air n'y étoit rafraîchi par la briſe. Les nuits d'ailleurs y ſont ordinairement aſſés fraîches. Mais il eſt vrai de dire que les vallées, qui ſont entre les montagnes voiſines, joüiſſent d'un printems perpetuel. Là, plus qu'en aucun autre endroit, la terre eſt toûjours chargée de fruits & couverte de fleurs, réüniſſant les charmes & les richeſſes des deux plus agréables ſaiſons de l'année. Ces ruiſſeaux, qu'on y

Climat des Montagnes, qui bordent la Plaine du Cap.

1724.

trouve à chaque pas serpentant dans les campagnes; ou tombant avec un doux murmure du haut des rochers, coulent des eaux d'une fraîcheur surprenante. On y respire en tout tems un air frais, & de quelque côté, qu'on porte la vûë, elle y est enchantée par une varieté d'objets, qui offre toûjours quelque chose de nouveau. Enfin les nuits y sont veritablement plus froides que chaudes pendant une bonne partie de l'année, & il faut s'y couvrir, comme nous faisons en France pendant l'Hyver. Aussi les Habitans de la plaine n'ont-ils point de remede plus assûré contre ces langueurs, où l'excès de la chaleur les jette souvent, que d'aller respirer l'air & boire de l'eau des montagnes. Ces eaux sont très-saines, & passent sur tout pour être fort détersives & fort aperitives : ce qui est certain, c'est qu'on n'y entend parler ni de pierre, ni de gravelle, ni de disurie. L'eau est la boisson ordinaire des Negres, & des plus pauvres Habitans ; mais ils peuvent la changer en limonade à peu de frais, puisque les Citrons se trouvent partout sur les grands chemins, que le sucre ne vaut gueres que trois sols la livre, & le sirop de sucre beaucoup moins. Pour ce qui est de l'eau, ceux qui n'ont pas la commodité de la puiser toûjours à la source, la peuvent garder très-long-tems fraîche dans de certains Canaris Espagnols, qui suënt continuellement, & donnent passage à l'air à travers leurs pores : les calebasses du pays font le même effet, & il s'en trouve de si grosses, qu'elles tiennent plus d'une ancre. Les Pauvres ont encore une grande ressource pour la boisson dans l'eau de-vie, qu'on fait avec des cannes de sucre, & qui a ce double avantage sur celle de France, qu'elle est moins chere & plus saine ; il ne seroit pas même difficile de lui ôter le goût de cannes, qui lui donne un déboire assés desagréable, puisqu'elle fait le fond de l'Eau des Barbades, qui ne l'a point. Les Anglois en font encore une espece de Limonade, qu'ils appellent Ponche, & on la peut varier en mille manieres, en y faisant entrer divers ingrediens, qu'on trouvera plus à son gré, ou qu'on jugera plus salutaires.

Il est peu de personnes aisées, qui n'ayent des basses-cours & des vergers bien fournis de tout ce qui peut servir aux délices de la vie. Les fruits, qu'on cultive plus communément, sont le Mamey, ou l'Abricot de S. Domingue, l'Avocat, la Sapote, la Sapotille, la Caïmite, une espece de Papaye, qu'on nomme *Mamocra*, l'Icaque, la Grenadille, la Cerise, le Coco, les Dattes d'Afrique, l'Ananas, & la Banane, qu'on croit être le *Musa* des Anciens. De tous les fruitiers de l'Europe, il n'y a gueres que la Vigne, le Grenadier & l'Oranger, qui ayent réussi dans les Isles, & parmi les moindres plantes, le Fraisier & les Melons de toutes les sortes. Le Froment viendroit très-bien dans la plûpart des Quartiers de S. Domingue, mais les plus riches Habitans trouvent mieux leur compte à achetter des farines de France ou de Canada, & les pauvres à s'en passer. Ils y suppléent par les Patates, & les autres légumes, ou grains, dont j'ai parlé ailleurs. Les volailles, qu'on éleve dans les basses-courts, sont les Poules d'Inde, les Poules Pintades, les Paons, & les Pigeons. Il est suprenant qu'on néglige d'y avoir des Faisans. Plusieurs ont des Haras de Chevaux, des Mulets, des Bêtes à corne, & des Cochons, qu'ils nourrissent à peu de frais dans leurs Savanes, où ces animaux broutent l'herbe, qui y croît, & mangent les bouts des cannes, qu'on y jette. Au reste tout y multiplie d'une maniere prodigieuse, toutes les saisons y étant propres sous un climat si chaud & si fécond.

1724.
Les fruits & les animaux domestiques.

Les Quartiers de la Côte Occidentale n'ont, ni l'étenduë, ni tous les avantages de ceux de la Côte Septentrionale : mais ils ont des agrémens, qui leur sont particuliers. La plaine de Leogane est plus unie, & par consequent plus commode pour les voitures, que celle du Cap. M. Ducasse avoit eu fort à cœur de rétablir l'ancienne Yaguana sur ses propres ruines, qu'on voit encore : il avoit même pris des mesures pour cela en 1700. avec un Ingenieur ; mais il fut appellé en France sur ces entrefaites, & son départ empêcha l'exécution de ce projet. Cependant, avant que de parler

Description de la Côte Occidentale & de la Côte Méridionale.

Q qq iij

de la Ville, qui porte aujourd'hui le nom de Léogane, & des postes les plus considérables de ces Quartiers Occidentaux, je vais reprendre la description de la Côte, où je l'ai interrompuë, c'est-à-dire au Port S. Nicolas. Ce qu'on rencontre d'abord au sortir de ce Port, c'est *le Port Piment*, puis les Salines de *Coridon*, qui sont à 6. ou 7. lieuës du Mole S. Nicolas. De là aux *Gonaives* il n'y a pas tout-à-fait trois lieuës. Les Gonaives sont une grande Baie, dans laquelle on trouve depuis trois jusqu'à cent brasses. L'Artibonite est environ deux lieuës plus loin, & il y a autant de l'Artibonite à S. Marc, qui est une Baye, où tous les Vaisseaux marchands peuvent moüiller en sûreté. De là à Leogane on compte 25. lieuës; & dans cet intervalle sont 1°. *les Vazes*, méchante rade, vis-à-vis de laquelle est dans les terres le Quartier de *Mirbalais*. 2° *Mont-Roüi*. 3°. *L'Arcahais*. 4°. *Le Port du Prince*. 5°. *Le Cul de Sac*. 6°. *Le Trou Bourdet*. Les Quartiers des Gonaives, de l'Artibonite, de Mirbalais, & de S. Marc sont devenus depuis quelques années très-considérables, & ont des Habitans fort riches. Le Cul de Sac est le plus grand enfoncement de toute la Côte Occidentale de l'Isle, laquelle côte est elle-même une maniere de Cul de Sac entre le Mole S. Nicolas & le Cap Tiburon. Après Leogane est *le Grand Goáve*, qui en est éloigné de 4. lieuës, puis *le Petit Goave* une lieuë plus loin. Un petit Village, qui porte le nom de *l'Acul*, n'est qu'à une demie lieuë de ce dernier Port, le meilleur de toute cette Côte. Celui de *Nippes*. en est à 4. lieuës. *Les Baraderes* sont au bout de 4. autres lieuës; c'est une grande Baye, où il y a quantité de petits Islots. Suivent *les Caymites* à 3. lieuës; il n'y peut entrer que des Navires de 100. ou de 150. tonneaux. *La Grande Anse* aprés 3. autres lieuës; elle n'est bonne, ni pour les Navires, ni pour les Bateaux. *Le Cap de Dame Marie*, 7. lieuës plus loin. A côté de ce Cap les Vaisseaux peuvent moüiller depuis 6. jusqu'à 30. brasses. Le Cap Tiburon est à 7. lieuës de ce dernier. On y trouve deux rivieres assés belles, où il y a jusqu'à 7. ou 8. brasses d'eau.

De là on tourne au Sud. *L'Isle Avache* est à 12. lieuës du Cap Tiburon. Elle a 8. à 9. lieuës de tour, quatre de long, & une de large. Au Nord de cette Isle on trouve *la Baye de Mesle*, où il n'entre que des Batimens de 150 tonneaux. Ce qu'on appelle *le Fond de l'Isle Avache*, est plus au Nord-Ouest. *La Baye de Cornuel* en est à une lieuë ; elle ne vaut pas mieux que la Baye de Mesle. On trouve ensuite *les Cayes d'Aquin*, qui ferment une Baye, où il peut entrer des Navires de 2. à 300. tonneaux. C'est ce que les Espagnols appelloient Yaquimo, ou, le Port du Bresil. *La Baye de Jaquemel* en est éloignée de 10. à 12. lieuës. C'est après S. Louys, le Quartier le mieux établi, que nous ayons sur cette Côte Meridionale, & il y a déjà plusieurs années, qu'on y a mis une Justice ordinaire.

1724.
Des Quartiers de la Côte du Sud.

Pour revenir à Leogane, on convient assés que sa situation n'est pas avantageuse ; elle est à 2. lieuës de l'ancienne Yaguana, entre l'Estere & la petite riviere, qui en sont comme deux Fauxbourgs. Cette Ville est à une demie lieuë de la mer, le voisinage en est marécageux, ainsi l'air n'y doit pas être fort sain, & l'embarquement & le débarquement y sont très-incommodes ; outre qu'elle n'a point de Port, mais une simple rade foraine, qui n'est pas des meilleures. Le choix d'un lieu si peu propre, ce semble, à l'emplacement d'une Ville destinée pour être le séjour ordinaire du Gouverneur Général & du Conseil Superieur, est cependant le fruit de bien des déliberations, & l'ouvrage de deux hommes des plus sages, qui ayent gouverné cette Colonie. On ne peut pas même dire qu'on n'en ait pas reconnu d'abord tout le desavantage ; les troubles survenus vers la fin de 1722. parurent encore une nouvelle raison de changer cette situation, & M. le Marquis de Sorel ne manqua point de lui donner tout le poids, que lui fournissoit un tel évenement : voici ce qu'il en écrivit conjointement avec M. de Montholon le 23. de Mars 1723. « Nous avons reçû » la dépeche de la Cour du 18. Novembre 1722. & les ob- » jections sur le Plan, que nous lui avons envoié le 13. Juin

Situation de Leogane.

» 1722. il fuffiroit pour y répondre de retracer ce qui s'eſt paſ-
» ſé dans la Colonie, dont la révolte déterminera ſans doute
» le Conſeil à préferer l'Etabliſſement du Petit Goave à ce-
» lui de Leogane, pour y mettre en ſûreté la perſonne du
» Général & celle de l'Intendant ; leur donner une réſidence
» propre à commander à la terre & à la mer, & hors des
» atteintes des inſultes d'une Populace ſoulevée. Il eſt vrai
» que le terrein du Petit Goave n'eſt pas propre au ſucre, &
» à l'Indigo, mais il eſt très-propre à produire des vivres
» & des rafraîchiſſemens pour les Vaiſſeaux, & à être peu-
» plé par de petits Habitans, comme il l'étoit avant que les
» Généraux euſſent fixé leur ſéjour à Leogane : ce ſont de
» petites vallées pleines de quantité de ſources de bonnes
» eaux.

Mais parce que ceux, qui s'étoient le plus déclarés en faveur de la ſituation de Leogane, convenoient qu'il étoit à
propos d'aſſûrer le Petit Goave pour ſervir d'azile aux Vaiſſeaux du Roi, MM. de Sorel & Montholon ajoûterent que
l'exemple des Etrangers devoit nous avoir appris qu'il
n'eſt pas à propos de multiplier les Etabliſſemens des Villes
dans les Colonies, par la raiſon que les forces diſperſées
ne valent pas une troupe raſſemblée, dont on peut diſpo-
ſer ſur le champ, & que lorſqu'une Ville devient grande
ſans contraindre le Commerce, il s'y établit des Marchands
commiſſionnaires, qui expédient plus promptement les Vaiſſeaux. J'ignore ce qui ſe paſſa enſuite à ce ſujet, mais cette
affaire n'a point été repriſe depuis. Ce qui eſt certain, c'eſt
que Leogane ne ſe peuple point, & qu'encore qu'on ait
démoli la Bourgade de l'Eſtere, pour en tranſporter les Habitans dans cette Ville, qu'on y ait rétabli le Conſeil Superieur, & qu'elle continuë d'être le ſéjour ordinaire du
Gouverneur Général & de l'Intendant, c'eſt encore aujour-
d'hui très-peu de choſe que cette Capitale de la Colonie
Françoiſe de S. Domingue.

Miſere des Negres.

Je finis par ce qui regarde les Negres, qui ſont aujour-
d'hui le plus grand nombre des Sujets de cette Colonie.
Rien

DE S. DOMINGUE, LIV. XII. 497

1724.

Rien n'eſt plus miſérable, que la condition de ce Peuple, il ſemble qu'il ſoit l'opprobre des Hommes, & le rebut de la Nature; exilé de ſon Pays, & privé du bien, dont toutes les autres Nations ſont plus jalouſes, qui eſt la liberté, il ſe voit preſque réduit à la condition des bêtes de charge. Quelques racines font toute ſa nourriture ; ſes vêtemens ſont deux méchans haillons, qui ne le garantiſſent, ni de la chaleur du jour, ni de la trop grande fraîcheur des nuits. Ses Maiſons reſſemblent à des tannieres faites pour loger des Ours ; ſon lit eſt une claye, plus propre, ce ſemble, à lui briſer le corps, qu'à lui procurer du repos ; ſes meubles conſiſtent en quelques calebaſſes, & quelques petits plats de bois, ou de terre : ſon travail eſt preſque continuel, ſon ſommeil fort court, nul ſalaire, vingt coups de foüet pour la moindre faute : voilà où l'on a ſçû réduire des Hommes, qui ne manquent point d'eſprit, & qui ne peuvent ignorer qu'ils ſont abſolument néceſſaires à ceux, qui les traittent de la ſorte.

Leur vrai bonheur malgré cette miſere.

Avec cela, ils joüiſſent d'une ſanté parfaite, tandis que leurs Maîtres, qui regorgent de biens, & ne manquent d'aucune des commodités de la vie, ſont ſujets à une infinité de maladies. Tous les jours expoſés tête nuë à un Soleil, qui devroit, ce ſemble, leur faire boüillir la cervelle; ils ne ſe plaignent jamais que du froid, de ſorte qu'ils joüiſſent du plus précieux de tous les biens, & paroiſſent inſenſibles à la perte des autres. Ce n'eſt pas même, dit-on, une bonne œuvre, que de les tirer d'un état ſi penible, & ſi humiliant, ils en abuſeroient. Il eſt vrai que ceux, qui parlent ainſi, ſont intereſſés à tenir ce langage, & ſont en même tems leurs Juges & leurs Parties. Après tout, il faut avoüer que, s'il n'eſt point de ſervice, qui flatte davantage l'orgueil humain, que celui de ces Eſclaves ; il n'en eſt point, qui ſoit ſujet à de plus fâcheux retours, & qu'il n'eſt perſonne dans nos Colonies, qui ne ſe trouve malheureux d'en être réduit à n'avoir point d'autres Domeſtiques. N'y eut-il que ce ſentiment ſi naturel à l'Homme, & en quoi

Tome II. R r

1724.

nous participons de la nature de Dieu même, de compter pour rien ce qu'on fait pour nous par crainte, si le cœur n'y a point de part. Mais c'est ici un mal nécessaire, du moins y voit-on peu de remede. Malheureux dans les Colonies, qui a beaucoup d'Esclaves; c'est pour lui la matiere de bien des inquiétudes, & une occasion continuelle d'exercer la patience. Malheureux, qui n'en a point du tout, il ne peut absolument rien faire. Malheureux enfin, qui en a peu, il faut qu'il en souffre tout, de peur de les perdre, & tout son bien avec eux.

A proprement parler, il n'y a que les Afriquains, qui sont entre le Cap Blanc, & le Cap Negre, qu'on puisse dire être nés pour la servitude. Ces miserables avoüent sans façon, qu'un sentiment intime leur dit qu'ils sont une nation maudite. Les plus spirituels, comme ceux du Sénégal, ont appris par une tradition, qui se perpetuë parmi eux, que ce malheur est une suite du Peché de leur *Papa Tam*, qui se mocqua de son Pere. Ces *Sénégallois* sont de tous les Negres les mieux faits, les plus aisés à discipliner, & les plus propres au service domestique. Les *Bambaras* sont les plus grands, mais voleurs; les *Aradas*, ceux qui entendent mieux la Culture des Terres, mais les plus fiers : les *Congos*, les plus petits, & les plus habiles Pêcheurs, mais ils désertent aisément : les *Nagos*, les plus humains : les *Mondongos*, les plus cruels : les *Mines*, les plus résolus, les plus capricieux, les plus sujets à se désesperer. Enfin les Negres *Creols*, de quelque nation qu'ils tirent leur origine, ne tiennent de leurs Peres que l'esprit de servitude, & la couleur. Ils ont pourtant un peu plus d'amour pour la liberté, quoique nés dans l'esclavage; ils sont aussi plus spirituels, plus raisonnables, plus adroits, mais plus fainéants, plus fanfarons, plus libertins que les *Dandas*, c'est le nom commun de tous ceux, qui sont venus d'Afrique.

Leur défaut de memoire: qualité de leur esprit.

On a vû à Saint Domingue des Negres, qu'on avoit enlevés au *Monomotapa*, on en a vû dans d'autres Colonies, qui étoient de l'Isle Madagascar; ni les uns, ni les autres n'ont fait aucun profit à leurs Maîtres. Ceux-ci sont presque indomptables; ceux-là périssent d'abord en differentes manieres. Pour ce qui est de l'esprit; tous les Negres de Guinée l'ont extrêmement borné; plusieurs mêmes paroissent stupides, & comme hebêtés : on en voit, qui ne peuvent jamais compter au-delà de trois, ni apprendre l'Oraison Dominicale. D'eux-mêmes ils ne pensent à rien, & le passé leur est aussi inconnu que l'avenir : ce sont des machines, dont il faut remonter les ressors à chaque fois, qu'on les veut mettre en mouvement. Quelques-uns ont crû qu'il y avoir en eux plus de malice, que de défaut de memoire, mais ils se trompoient; pour en être convaincu, il ne faut que faire réfléxion à leur peu de prévoyance dans les choses, qui les regardent personnellement.

1724.

Cela est pourtant assés difficile à accorder, avec ce que tout le monde généralement asûre, qu'ils sont très-entendus & très-fins dans les affaires, qu'ils ont extrêmement à cœur, & qu'ils y prennent souvent leurs Maîtres pour dupes. On ajoûte qu'ils raillent assés spirituellement, & qu'ils sçavent merveilleusement attraper le ridicule de quiconque; qu'ils sont très-habiles dans l'art de dissimuler, & que le plus stupide Negre dans les choses les plus communes, est pour son Maître un mystere impénétrable, tandis qu'il le perce à jour avec une facilité surprenante. Ce qui est certain, c'est qu'il semble que leur secret soit leur thrésor, ils mourroient plûtôt que de le révéler. Rien n'est plus divertissant que de voir leur contenance, quand on veut le leur arracher. Ils font les étonnés d'une maniere si naturelle; qu'il faut une grande experience, pour ne les pas croire sinceres : ils éclattent de rire de façon à démonter les plus assûrés; ils ne sont jamais déconcertés, & les eût-on pris sur le fait, les coups ne leur feroient pas avoüer ce qu'ils ont entrepris de nier. Ils ont communément le naturel fort doux; ils sont humains, dociles, simples, mais crédules, & sur-tout superstitieux à l'excès. Ils ne sçauroient garder de haine, ils ne connoissent ni l'envie, ni la mauvaise foy, ni la médisance.

Leurs vertus & leurs défauts.

R r r ij

Il est encore vrai de dire, que quand on leur a donné la connoissance de Dieu, la Religion est la chose, dont ils font plus de cas : c'est le fruit d'une raison, qu'aucune passion ne domine. Quelques exemples qu'on rapporte du contraire, ne prouvent rien contre l'expérience générale : outre que pour l'ordinaire ils n'ont d'autre fondement que l'irréligion de leurs Maîtres, qui voudroient justifier par-là le peu de soin, qu'ils apportent à l'instruction de ces malheureux.

De quelle maniere il les faut traitter. On vient à bout de corriger une bonne partie de leurs défauts par le foüet, quand on employe à propos ce remede ; mais il faut recommencer souvent. Cependant, quoique la sévérité, ou du moins un certain air sévere, doive prédominer dans la conduite, qu'on tient à leur égard, la douceur n'en doit pourtant pas être bannie. Les Anglois ne se trouvent pas bien de n'en assaisonner jamais les corrections, qu'ils leur font toûjours d'une maniere cruelle ; & il y a bien de l'apparence que, si nous les avions à Saint Domingue pour voisins à la place des Espagnols, il ne tiendroit qu'à nous de leur débaucher la plûpart de leurs Esclaves. Le Negre n'est pas traître ; mais il ne faut pas toûjours trop compter sur sa fidelité, & son attachement aveugle. Il seroit assés bon soldat, s'il étoit bien discipliné & bien conduit ; il est brave, mais souvent, c'est parce qu'il ne connoit pas le danger, ou que sa vanité le lui cache. S'il se trouvoit dans un combat à côté son Maître, & qu'il n'en eût pas été maltraitté sans sujet, il feroit fort bien son devoir, mais il ne faudroit pas l'avoir puni injustement ; car il distingue parfaitement, si l'on agit avec lui par passion, & par dureté de caractere, ou si on le châtie avec une sévérité nécessaire, & sur laquelle il sçait se rendre justice. Des Negres atroupés & soulevés se doivent dissiper sur le champ à coups de bâtons & de nerfs de bœufs ; si l'on differe, & qu'ensuite on les veüille combattre, ils se défendront bien. Dès qu'ils voyent qu'il leur faut mourir, il leur importe assés peu comment, & le moindre succès les rend presque invincibles. Le moyen le

DE S. DOMINGUE, LIV. XII. 501

plus efficace de s'affûrer de leur fidelité, c'eft de s'attacher à en faire de bons Chrétiens.

1724.

Le chant eft parmi ces Peuples un figne affés équivoque de gayeté ou de triftefse. Ils chantent dans l'affliction, pour charmer leur ennuy, & ils chantent, quand ils font contents, pour donner carriere à leur joye. Il eft vrai qu'ils ont des airs lugubres, & des airs joyeux, mais il faut les avoir pratiqués long-têms, pour fçavoir diftinguer les uns d'avec les autres. Ils font fort durs à l'égard des Animaux, qu'ils conduifent: on en a vû s'embourber exprès, pour avoir le plaifir de mettre leurs Bœufs tout en fang; ils font alors femblant d'être fort en colere, ils jurent, ils tempêtent; mais au fond, ils fe divertiffent. Bien des Maîtres ne nourriffent pas leurs Efclaves, & fe contentent de leur donner quelque relâche, pour chercher, ou pour gagner leur vie; mais quelque recherche, qu'on ait faite, on n'a pû encore découvrir de quoi ils vivent alors. On fçait d'ailleurs que ce qui fuffit à peine à un Blanc pour un repas, peut nourrir un Negre pendant trois jours. Ils ne laiffent pas de bien manger, quand ils ont de quoi, mais quelque peu qu'ils mangent & qu'ils dorment, ils font également forts & durs au travail. Il faut ajoûter que le peu qu'ils ont, ils le partagent volontiers avec ceux, qu'ils voyent dans l'indigence, fût ce des inconnus.

Diverfes particularités de ces Peuples.

Quant à la Religion, il eft bon d'obferver que les différentes fortes de Negres, qu'on tranfporte d'Afrique dans nos Colonies, fe peuvent réduire à trois Nations principales, qui font les Congos, les Aradas, & les Senegallois. A proprement parler, ni les uns, ni les autres n'ont aucune Religion. Neanmoins les Congos furent convertis au Chriftianifmes par les Portugais, il y a 200. ans; leurs Rois ont toûjours été Chrétiens depuis ce têms-là, & plufieurs de ces Negres font baptifés; mais à peine trouve t'on dans quelques-uns une légere teinture de nos Myfteres. Quelques Sénégallois, voifins de Maroc, font Mahometans & circoncis; les Aradas font plongés dans les plus épaiffes té-

Religion des Negres.

R r r iij

nébres de l'Idolâtrie, jusqu'à rendre un culte divin aux Couleuvres de leurs pays. Mais tous, en sortant d'Afrique, se défont de l'attachement à leur créance & à leur culte superstitieux, ou supposé qu'ils en eussent encore, on n'a aucune peine à les faire Chrétiens, & le plus grand embarras des Missionnaires, est pour leur différer le Baptême sans les choquer, jusqu'à ce qu'ils soient suffisamment instruits : il est même très-rare d'en voir apostasier. On ne peut gueres sçavoir quelle idée la plûpart ont de Dieu, avant que d'être éclairés dés lumieres de la foy ; mais on n'a nulle peine à leur en persuader l'existence, & en interrogeant des Enfans, on a crû entrevoir, qu'ils avoient une idée confuse d'un premier Estre Souverain de l'Univers, & d'un Esprit méchant, qui ne sçait faire que du mal. On ajoute qu'ils sont fort tourmentés du Démon avant leur Baptême, & que c'est ce qui leur fait demander ce Sacrement avec tant d'instance. Quant à la Loi naturelle, ils en ont une connoissance bien imparfaite : rien selon eux ne rend l'Homme criminel, que le Vol, l'Homicide, & l'Adultere, qui ne se fait pas du consentement des Parties interessées. Au reste, ils sont fort peu capables de comprendre les Verités Chrétiennes, & toute la science, à laquelle plusieurs peuvent parvenir, se réduit à être persuadé, qu'il y a un Dieu, un Paradis, & un Enfer. C'est beaucoup, quand leurs foibles lumieres peuvent les élever jusqu'à une connoissance superficielle de la Trinité & de l'Incarnation, & il y en a un grand nombre, qu'on ne sçauroit gueres baptiser, que dans la Foy de l'Eglise, comme on fait les Enfans, aussi les juge-t'on rarement capables de communier, même à la mort.

Effet du Bâtême en eux. Leurs superstitions.

Il est plus aisé de leur ouvrir l'esprit sur le fait de la Morale, & on leur voit quelquefois faire par rapport à leur salut des réflexions, qu'un Docteur corrompu, ne feroit pas avec toute sa science. Le Baptême produit en eux à cet égard des changemens tout-à-fait merveilleux : néanmoins, comme la plûpart faisoient auparavant profession de sortilege, quelques-uns ont bien de la peine à n'y pas revenir. Ceux qui les ont examinés de plus près, sont persuadés qu'il y a du surnaturel dans quelques maladies, ausquelles ils sont sujets avant que d'être Chrétiens, & dans les remedes, dont ils se servent pour les guérir ; mais souvent ils se croyent ensorcelés, qu'ils ne sont qu'empoisonnés : car il y a parmi eux, comme dans toutes les autres Nations, des Charlatans, dont tout le secret consiste à être d'habiles fourbes, & il est certain que leurs prétendus sorts jettés sur des Blancs n'y ont aucun effet.

1724.

Il faut convenir que dans ce qui se passe au sujet de leur Mariage, il y a des inconveniens, qu'il faudroit tâcher d'éviter. La Loi du Prince ne veut pas qu'un Esclave se marie sans la permission de son Maître ; cela est dans l'ordre : d'ailleurs, les Mariages Clandestins sont défendus & nuls. Mais si un Habitant ne permet pas à ses Negres de se marier hors de chés-lui, que fera un jeune homme, qui n'y trouve pas de Fille à son gré ? & que fera un Curé, lorsqu'un Negre, ou une Negresse de differens atteliers, après avoir eu long-têms ensemble un mauvais commerce, sans pouvoir obtenir de leurs Maîtres la permission de se marier ; viendront à l'Eglise déclarer en sa présence qu'ils se prennent pour Epoux ? On pourroit proposer sur cette matiere bien des cas, qui ne sont point trop spéculatifs, qui jettent souvent les Missionnaires, dans de fort grands embarras, & ausquels l'authorité laïque, la seule qui soit bien respectée dans nos Isles, ne peut apporter que des remedes impuissans. Je terminerai cet Article, & tout cet Ouvrage par l'Extrait d'une Lettre du P. le Pers, où l'on verra quelques particularités touchant la maniere de se conduire avec nos Esclaves, lesquelles m'ont paru meriter d'avoir ici leur place.

De leurs mariages.

« Les Dandas sont la plus vile & la plus nombreuse Classe
» des Habitans de Saint Domingue, & l'on peut dire que c'est
» principalement eux, qui nous y attirent ; sans eux nous
» n'oserions aspirer à la qualité de Missionnaires. Il se passe
» peu d'années, sans qu'on en amene au seul Cap-François deux

» à trois mille. Lorsque j'apprends qu'il en est arrivé quel-
» quelques-uns dans mon quartier, je vais les voir, & je com-
» mence par leur faire faire le signe de la Croix, en con-
» duisant leurs mains, puis je le fais moi-même sur leur front;
» comme pour en prendre possession au nom de Jesus-Christ
» & de son Eglise. Après les paroles ordinaires, j'ajoûte:
» *Et toi maudit Esprit, je te défends au Nom de Jesus-Christ,*
» *d'oser violer jamais ce Signe sacré, que je viens d'imprimer sur*
» *le front de cette Créature, qu'il a rachettée de son Sang.* Le
» Negre, qui ne comprend rien à ce je fais, ni à ce que je
» dis, ouvre de grands yeux, & paroît tout interdit; mais
» pour le rassûrer, je lui addresse par un Interprete ces pa-
» roles du Sauveur à Saint Pierre : *Tu ne sçais pas présente-*
» *ment ce que je fais, mais tu le sçauras dans la suite.* Je re-
» commande alors fortement aux Maîtres de ne pas se
» contenter d'accoutumer ces nouveaux venus à faire la
» Priere en commun avec les autres, comme il se pratique
» dans les habitations bien reglées, mais de les instruire
» chaque jour en particulier, & de ne pas manquer à les
» envoyer les Dimanches & les Fêtes à l'Eglise, où l'on
» a soin de leur faire à tous une Instruction proportionnée à
» leur capacité. Il faut avoüer qu'il y a sur cela du zéle parmi
» nos Colons, en quoi ils sont bien différens des Anglois,
» lesquels souvent ne procurent seulement pas la grace du
» Baptême aux Negres, qui naissent chez eux ; encore moins
» à ceux, qui leur viennent d'Afrique. Ces Esclaves ont de
» leur côté un véritable empressement pour recevoir le Sa-
» crement ; mais les Adultes n'en sont gueres capables,
» qu'au bout de deux ans : encore faut-il souvent pour le leur
» conferer alors, être du sentiment de ceux, qui ne croyent
» pas la connoissance du Mystere de la Trinité de nécessité
» de moyen pour le salut ; car je suis convaincu qu'encore
» qu'un Negre réponde assés bien à ce qu'on lui demande
» sur ce Mystere, ce qui est rare ; il n'entend jamais
» ce qu'il dit, plus que ne feroit un Perroquet, à qui
» on l'auroit appris par cœur. Et c'est ici où la science

du

» du plus habile Theologien feroit fort courte ; mais un
» Miſſionnnaire doit y penſer à deux fois, avant que de
» laiſſer mourir un Homme, quel qu'il ſoit, ſans Baptême ;
» & s'il a quelque ſcrupule ſur cela, ces paroles du Prophe-
» te : *Homines & jumenta ſalvabis Domine. Pſ.* 35. 8. lui
» viennent d'abord dans l'eſprit pour le raſſûrer.

» Dès qu'un Eſclave eſt baptiſé, nous nous appliquons
» fort aux moyens de lui faire conſerver ſon innocence, &
» le plus ſûr de tout eſt de le marier ; mais ici leur zéle, &
» celui de leur Maître les abandonnent ſouvent, les Habi-
» tans pour l'ordinaire ſe figurent qu'il eſt contre leur inte-
» rêt que leurs Eſclaves ſoient engagés dans le mariage, par-
» ce que la Loi du Prince, auſſi bien que celle de l'Egliſe,
» leur défend de vendre le Mari ſans la Femme, & les En-
» fans au-deſſous d'un certain âge. Les Negres de leur côté
» ne ſont jamais preſſés de ſe marier, parce qu'ils enviſagent
» ce ſecond engagement comme une eſpece de ſervitude
» plus onereuſe encore que celle, où ils ſont nés. Cette
» averſion, que toutes les raiſons du Miſſionnaire, ont bien
» de la peine à ſurmonter, a ſon origine dans la Polygamie,
» & dans l'uſage de répudier la Femme, que ces Afriquains
» regardent dans leur pays, comme un droit naturel ; &
» l'on ne vient gueres à bout de les rendre raiſonnables ſur
» ſur cet article, que par la crainte de l'Enfer, ou l'eſpé-
» rance du Paradis, qu'il faut leur remettre ſans ceſſe de-
» vant les yeux. Encore eſt-on ſouvent obligé avec cela
» d'uſer d'induſtrie, pour les amener au point, où l'on veut.
» Cette induſtrie conſiſte à ne les point baptiſer, qu'on ne les
» marie en même têms ; l'envie, qu'ils ont de recevoir le
» Baptême, les fait paſſer par-deſſus toute leur répugnan-
» ce pour le mariage ; mais il eſt néceſſaire de leur rebat-
» tre ſans ceſſe les obligations qu'ils ont contractées, en re-
» cevant ces deux Sacremens, & l'on a pour l'ordinaire, la
» conſolation de voir qu'ils s'en acquittent avec une fide-
» lité, qui fait honte aux anciens Chrétiens.

» Nous les aſſemblons particulierement les Fêtes & les

» Dimanches au sortir de la Messe de Paroisse, & après l'Ins-
» truction, que nous leur faisons d'abord, & dans laquelle
» nous nous attachons sur-tout à ce qui est de pratique
» pour eux, nous baptisons les Enfans, & nous reglons
» les petits différens, qui surviennent entre les autres.
» Cela est bien-tôt fait, parce que pour l'ordinaire ils s'en
» tiennent sans peine à ce que nous avons décidé. Nous
» les visitons aussi quelquefois dans leurs Cases, & nous obli-
» geons leurs Maîtres à nous les envoyer au têms de Pâ-
» ques pour les confesser, ce qui n'est pas une petite affaire,
» le nombre des Negres Adultes étant pour le moins de
» de deux mille dans chaque Paroisse. Quant à ce qui re-
» garde le Baptême des Adultes, chaque Missionnaire prend
» son têms pour cela. Ma coûtume a toûjours été de choi-
» sir pour cette Cérémonie les quatre principales Fêtes de
» l'année. »

Fin du Douziéme & Dernier Livre.

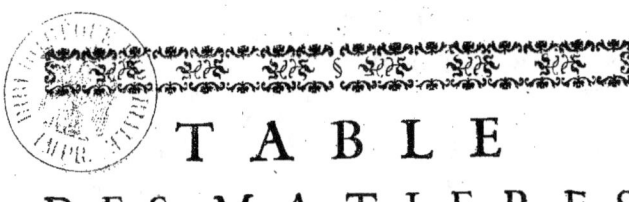

TABLE DES MATIERES

CONTENUES

Dans ce Second Volume.

A

A Cajou. Arbre fort commun dans l'Isle de la Tortuë. Page 8.
Aché. Le Chevalier d'Aché est envoyé pour visiter le Port du Prince. 466.
Acul. Port & Paroisse de la Plaine du Cap-François, ses autres noms. 486.
Acul. Petit Port auprès du petit Goave. 494.
Adam. Flibustier. 39.
Afriquains. Voyés *Negres.*
Afrique. Maison d'Afrique, nom de la maison de la Compagnie au Cap François. 395. Ce qui s'y passe au commencement de la révolte. 401.
Aigle de vermeil doré, enrichi de pierres précieuses, trouvé à Guayaquil. 174.
Aioupas, ce que c'est. 42.
Aix-la-Chapelle. La Paix signée dans cette Ville n'arrête point les courses des Flibustiers, & pourquoi. 80.

Albemarle. Le Duc d'Albemarle, Gouverneur de la Jamaïque. Sa conduite à l'égard des Flibustiers. Sa mort. 208.
Alcaïde. L'Alcaïde Major de la Villia, réponse qu'il fait aux Flibustiers. Il les poursuit. Il rachette les Prisonniers Anglois, 164. Sa mort. 167.
Alta-Gratia. Bourg Espagnol de l'Isle de Saint Domingue. Son autre nom. Particularités touchant ce Bourg. 476.
Alvarado, Capitaine Espagnol tué en combattant contre les François. 179.
Amblimont. M. d'Amblimont, Capitaine de Vaisseau. Son sentiment n'est pas suivi, & ce qui en arrive, 118. Il est attendu à Saint Domingue avec une Escadre, 284. Il envoye avertir ceux, qui avoient pris Carthagene, de se garder d'une Flotte Ennemie. 347.
Amnistie, accordée par le Roy

Sss ij

TABLE

aux Révoltés de Saint Domingue, 352. Ceux, qui en font exceptés, 359.

Anges, l'Evêque de la Ville des Anges vient au secours des Habitans de la Vera-Cruz, 136.

Anglois. Voyés *Pen, Eliazoüard, Jamaïque*. Ils abordent à l'Isle de Saint Christophle en même têms que les François; ils la partagent de concert avec eux, puis ils rompent cette bonne intelligence, & en font punis, 2. Ils traittent avec les Espagnols, & se maintiennent à S. Christophle, 5. Ils font d'inutiles efforts pour empêcher les François de s'y rétablir, 6. Les Anglois de la Jamaïque déclarent la guerre aux François, & veulent les tromper par une paix simulée, 77. Montagne des Anglois dans l'Isle de Portoric, origine de ce nom, 104. Jalousie des Anglois de la Jamaïque contre l'Etablissement des François à Saint Domingue, 131. La bonne intelligence rompuë entierement entre les Flibustiers Anglois & les François, 139. Les Flibustiers Anglois se joignent aux François dans la Mer du Sud, 156. Ils se séparent; mauvaises manieres des Anglois, 156. 157. Une partie de ceux-ci sont faits prisonniers par les François, avec lesquels ils prennent parti, 160. Nouvelle séparation, 163. Cinq Anglois Assassinés par des François, 192. Ce que deviennent les autres, 193. Un Anglois avertit Granmont, que la Forteresse de Campêche est abandonnée, 199. Tentative des Anglois sur la Colonie Françoise de S¹. Domingue, 232. Ils arment en Angleterre pour une nouvelle tentative, & font battus en Mer, 236. De quelle maniere les Anglois de la Jamaïque en usent avec les Prisonniers François, 241. Mauvais succès de leur entreprise sur la Martinique, 248. Ils sont repoussés du Cul-de-Sac, & de l'Isle Avache, 263. Ils font descente au Cap-François, 266. Ils marchent contre les Retranchemens des François, 268. Ils marchent au Port de Paix, 271. Mésintelligence entr'eux & les Espagnols, 276. Ils se rendent Maîtres par surprise du Fort du Port de Paix, 283. Ils se retirent, 284. Ils prennent un Bâtiment Flibustier, 350. Ils font une irruption au petit Goave, & sont repoussés, 355. Ils font de nouveaux efforts contre la Colonie Françoise de Saint Domingue, 359. Ce qui les empêche de succomber à la Jamaïque sous les forces réünies des François & des Espagnols, 374. Ils traittent mal leurs Negres, 500. Ils n'ont pas soin de leur faire

DES MATIERES.

embrasser la Religion Chrétienne, 504.
Anguille (l') une des Antilles, 5.
Anse. La grande Anse, Paroisse de la Plaine du Cap-François, 494.
Antigoa, un des Antilles, les François de Saint Christophle s'y réfugient, 4.
Antilles. Les Espagnols en font peu de cas, & ce qui en arrive, 1.
Aquin. Port de l'Isle de Saint Domingue. Ses autres noms. Sa description, 495.
Aradas. Negres Aradas, leur caractere, 498. Leur Religion, 501.
Archambaud. Mene les François par un chemin sûr dans leur retraite du Port de Paix. Passe d'Archambaud, 282.
Archevêque. Lettres de l'Archevêque de San-Domingo interceptées, 249.
Argenterie. Le Roi Loüis XIV. arme un Vaisseau pour reporter à Carthagene l'Argenterie des Eglises qu'on en avoit enlevée, 360.
Argonaute. (l') Voyés *Rochambault*.
Arica. Port sur la Mer du Sud, qui est l'échelle du Portosi. Les Flibustiers y enlevent un Navire richement chargé, 194. 195.
Armadille. Trois Vaisseaux de l'Armadille font naufrage, 252. Voyés *des Augiers*.
Armée. Etat de l'armée de M. de Pointis, 314.
Arquian. Le Comte d'Arquian est nommé Gouverneur de Sainte Croix, & chargé du Commandement Général de la Colonie de Saint Domingue, 388. Acceüil qu'il fait aux Directeurs de la Compagnie, 396. Sa conduite pendant la révolte de Saint Domingue, 400. 401. 402. 403. 404. 405. 407. 408. 409. 410. 414. 423. 424. 425. 428. 429. 430. 431. 432. 433. 434. 435. 436. 437. 446. 447. Il se démet du Gouvernement de Sainte Croix, & retourne en France, 454.
Arrêts rendus par le Conseil de Léogane, & ce qu'on en pense, 437. & *suiv*. Ils sont cassés, 455.
Artibonite. Le quartier de l'Artibonite se révolte, 414. 415. 416. 435. 437. 459. Ce quartier ce peuple beaucoup, 461. Situation de ce quartier, 490.
Avache. L'Isle Avache, un des principaux Boucans des Bouniers de Saint Domingue, 46. M. d'Ogeron fait un Etablissement de ce côté-là, & pourquoi, 62. Les François sont chassés du fond de l'Isle Avache, 109. Qualité de ce pays. Etablissement François en 1691, 239. Etablissement projetté dans le fond de l'Isle Avache, 297. 360. Mesures qu'on prend pour cela, 361.

Sss iij

TABLE

Le fond de l'Isle Avache concedé à une Compagnie, 366. Situation de l'Isle Avache, 490. Description de ce quartier, 495.

Avanturiers. Voyés *Boucaniers, Flibustiers, Habitans, Esclaves.* Ils se choisissent un Chef & font un mauvais choix, 10. Ils renoncent à la Tortuë, 26. Ils pillent Sant-Yago, 39. Différens corps, qui composent la République Avanturiere, 41. 56. A quelles conditions ils reçoivent M. d'Ogeron pour Gouverneur, 61. Ils se révoltent, 86. & *suiv.* Ils refusent de suivre M. de Pointis, 306. Reglement fait avec eux, 307. Ils se révoltent de nouveau, 309. M. Ducasse les appaise, 310. La mortalité se met parmi eux à Carthagene. Mauvais traittemens qu'on leur fait, 340. Ils se mutinent, 341. Injustice que leur fait M. de Pointis, & de quelle maniere ils la prennent, 345. Ils rentrent à Carthagene, & ce qu'ils y font, 348. Ils sont rencontrés au retour par une Flotte ennemie, & ce qui en arrive, 350.

Avenant, (l') un des Vaisseaux de l'Escadre de M. de Pointis, 315. 331.

Avés. Les Isles d'Avés. La Flotte du Comte d'Estrées y périt, 118.

Aufroy. Le sieur Aufroy s'engage à faire passer 2000. Negres à Saint Domingue, & ne peut remplir son engagement, 353.

Auger. M. Auger Gouverneur de la Guadeloupe est nommé Gouverneur de Saint Domingue, 382. Les ordres qu'il reçoit au sujet du sieur de Galifet, & sa conduite à l'égard de cet Officier. 383. Son caractere, 384. Sa mort, 385.

Augiers. Le Chevalier des Augiers, Capitaine de Vaisseau, reçoit ordre de transporter à S. Domingue la Colonie de Sainte-Croix, 286. & de dégrader entierement cette Isle, 288. Il arme de nouveau en France, & les Instructions qu'il reçoit du Roy, 293. Il prend un Vaisseau de l'Armadille, 295. Il manque l'Amiral & les Hourques *des Honduras,* 296. Il ne reçoit point l'orde du Roi pour se joindre à M. de Pointis, 304.

Avocats. M. de Poüancey les exclut de l'Isle de Saint Domingue, 111.

Aye. Le sieur d'Aye, un des Officiers de l'Escadre de M. de Pointis, 316.

Azua. Bourgade Espagnole de l'Isle de S. Domingue, 478.

B

Baas. M. de Baas Gouverneur Général des Isles. M. d'Ogeron lui demande du secours contre les Avanturiers

DES MATIERES.

révoltez, il envoye ordre à M. de Gabaret de passer à Saint Domingue, 88. Il forme le dessein de conquerir Curaçao, 98. Il manque son coup, 99. Sa conduite à l'égard des François prisonniers à Portoric, 105.

Bachelier. Le sieur Bachelier, Major de Saint Christophle, à Saint Domingue, 376.

Bambaras. Negres Bambaras, leur caractere, 498.

Banica. Village Espagnol de l'Isle de S. Domingue, 477.

Banniere. (*La*) Vaisseau de M. Ducasse, 230.

Bany. Quartier Espagnol de l'Isle de Saint Domingue, 477.

Baon. Paroisse des Montagnes, qui bordent la Plaine du Cap François, 488.

Baptême. Cérémonie, qui se pratique sur Mer, 43.

Baptême. Effet de ce Sacrement sur les Negres, 502.

Baraderes. Les Baraderes. Havre de l'Isle de Saint Domingue, 494.

Baraudin. Le sieur de Baraudin, Garçon Major Général à Carthagene, 315.

Bari. Le Colonel Bari est envoyé à la Tortuë pour la gouverner au nom du Gouverneur de la Jamaïque. Comment il y est reçû, 30.

Barochin. La Hatte de Barochin, 416.

Barou. Isles de Barou. Leur situation. Ce qui s'y passe, 75.

Basque. Michel le Basque. *Voyés Michel.*

Basse-Terre. Quartier de la Tortuë, 8

Bassin. Le Grand Bassin. Paroisse de la Plaine du Cap-François, 487.

Batteries Des Alliés devant le Port de Paix, 275.

Bayaguana. Bourgade Espagnole de l'Isle de Saint Domingue, 476.

Bayaha. Port de l'Isle de Saint Domingue fréquenté par les Boucaniers, 46. Sa description, & sa commodité, 49. Sa situation. On y établit un Etat Major, 486.

Beaumont. Le sieur de Beaumont, Officier de l'Armée de M. de Pointis, 316.

Beauregard. Le sieur de Beauregard, Major du petit Goave est envoyé pour faire une descente en Jamaïque. Ses gens le quittent, 254. 255. Il fait la descente à Coubé dans la Jamaïque, 256. Il est blessé, 269. Il se dispose à recevoir les Ennemis au petit Goave, 263. 174. Il est chargé d'informer contre de Graff, & la Boulaye, 291. Il est fait Lieutenant de Roy, & chargé du petit Goave pendant l'expedition de Carthagene, 354. De quelle maniere il se comporte dans la surprise du petit Goave par les Anglois, 356. Il établit une Colonie dans le fond de l'Isle Avache. Sa mort.

TABLE

mort, 360.
Begon. M. Begon Intendant des Isles. Son Voyage à S. Domingue, & ce qu'il y fait, 142. & *suiv.* Ce qu'il dit à M. de Cuſſy des intentions du Roy, 196.
Begue. Le Begue, Bourgade Eſpagnole de l'Iſle de Saint Domingue, 470.
Belinzani. M. de Belinzani Intendant des Iſles. Paroles qu'il donne aux Habitans de Saint Domingue, 124.
Bellamont. Milord Bellamont, Gouverneur de la Jamaïque, reçoit ordre de ſoûtenir les Ecoſſois du Darien, 370.
Bellonne. Navire de la Compagnie des Indes, 399. On l'oblige à partir du Cap-François avec les Directeurs de la Compagnie, 409.
Bembou. Le Vice-Amiral Bembou menace les Côtes de S. Domingue, 375. Il attaque Leogane ſans ſuccès, 377. Son combat contre M. Ducaſſe, & ſa mort, 380.
Berger. Le ſieur Berger eſt envoyé par M. Ducaſſe chez les Eſpagnols, & y eſt bien reçû, 249.
Bernanos. Le ſieur Bernanos Capitaine Flibuſtier, 141. Il fait quelques priſes ſur les Anglois, 220. Il eſt envoyé en qualité de Major du Port de Paix, pour défendre la deſcente, 248. Il s'empare d'une habitation dans la Jamaïque, 257. Il a ordre de ſuivre les Ennemis au Cap François, ou au Port de Paix, 264. Il arrive au Cap-François, 265. Il marche pour défendre Saint Loüis. Ses gens l'abandonnent, 269. Il diſpute aux Ennemis le paſſage d'une Riviere, & les oblige à ſe retirer, 270. Il ſe diſpoſe à empêcher la jonction des Anglois & des Eſpagnols, & reçoit ordre de ſe retirer, 272. Il ſe ſaiſit du commandement dans le Fort du Port de Paix, 278. Sa bravoure dans la retraite, & ſa mort, 281.
Bigot. M. Bigot, Capitaine de Vaiſſeau, commande le Heros, & ſert beaucoup à M. de Sorel, pour contenir les Révoltez de Saint Domingue, 451.
Billets ſéditieux & ſans nom, qu'on fait courir dans les habitations de Saint Domingue, 406. 415. 423. 424. 425. 434.
Binsker. L'Amiral Jacob Binſker paroît avec une Eſcadre Hollandoiſe ſur les Côtes de Saint Domingue, entre au petit Goave, & ce qui s'y paſſe, 112.
Biscaye. Nouvelle Biſcaye, projet pour s'en rendre maître, 147.
Bizoton, Conſeiller du Conſeil Supérieur de Leogane, eſt chargé de préſenter au Général & à l'Intendant la délibération du Conſeil, 442.

Blanc,

DES MATIÈRES.

Blanc. Capitaine Flibuftier, 351.

Blanca. L'Ifle Blanca, fa fituation, 128.

Blenac. Le Comte de Blenac, Gouverneur Général des Ifles, 145. Le Comte de Blenac, fils du précédent, premier Gouverneur Général des Ifles fous le Vent, 380.

Blou, Capitaine Flibuftier. M. de Pointis l'envoye à la découverte, & il s'en acquitte mal, 314. Son retour à Saint Domingue, 351.

Boca del Chica. Bourgade Efpagnole. Sa fituation, 155.

Boca del Toro, ou *Bocator*, fa fituation, 75. 369. Les Ecoffois veulent s'y établir, 368.

Bodard. M. Bodard commandant le Navire de Roy d'Eceüil, embarque M. d'Ogeron, & 300. Avanturiers fur fon bord, pour l'expedition de Curaçao, 99. Il échoüe contre l'Ifle de Portoric, 100. Il manque une belle occafion de fe fauver, 101. il empêche M. d'Ogeron d'en profiter, 102. Ce qu'il devient, 108.

Bœuf. Chaffe du Bœuf, 44.

Boiffy. Le Comte du Boiffy Raymé Gouverneur de Sainte Croix, 288. Il eft declaré Commandant pour le Roy dans la partie feptentrionnale de S. Domingue, 289. Il arrive au Cap François, 301. Il eft chargé du Commandement général pendant l'Expédition de Carthagene & diffipe une révolte de Negres, 354. Sa mort, 358.

Boiffons. Qui font en ufage ou qu'on peut faire aifément à S. Domingue, 494.

Bonneau. M. du Bonneau commande un Vaiffeau du Roy, va à S. Domingue pour y embarquer des Avanturiers & les mener à Curaçao, 99.

Bonnet à l'Evêque. Ce que c'eft, 471.

Boucachique ou *Boccachica.* Fort, qui défend l'entrée du Lagon de Carthagene, 313. 319. Il eft attaqué par les François, 321. Sa prife, 323. On le fait fauter, 343.

Boucan. Ce que c'eft, 6. 42. Les principaux Boucans des Boucaniers, 46.

Boucaniers. Sorte d'Avanturiers, leur origine, 69. Les Efpagnols inftituent une Milice pour leur donner la chaffe, 10. Ils donnent la chaffe aux Efpagnols dans la Jamaïque, 27. Defcription des Boucaniers, 42. & fuiv. Succès de la guerre entr'eux & les Efpagnols, 46. 48. Comment les Efpagnols en viennent à bout. Divers échecs qu'ils reçoivent, 50. 51. Une troupe de Boucaniers vient à bout des Negres revoltez, 124. Ils font prefque réduits à rien, 130.

La Boulaye. Le Sr. le Clerc de

TABLE

la Boulaye, Major à S. Domingue, veut aller piller le Bourg de Gohava, ses gens refusent de le suivre, 226. Il est établi Commandant à la Côte du Nord, 228. Ordres qu'il reçoit de M. Ducasse, 264. Ses mauvaises manœuvres à l'attaque du port de Paix 271. 273. 275. 227. 278. 279. 280. Il disparoît au commencement de la retraite, 280. On lui fait son procès, 289. Charges contre lui, 290. Il conserve son employ, 291. Il se retire, *Là même.*

Boulaye. M. de la Boulaye est envoyé à S. Domingue pour y examiner en quel état la Justice, la Police & le Commerce y sont, 365.

Bourges. Jean de Bourges, Habitant de Sant-Yago. Connoissances qu'il donne à M. Butet, 470.

Boya. Bourgade Indienne de S. Domingue. Sa situation, en quel état elle est, 471.

Boyer. Secretaire de M. de Cussy qui l'envoit faire des propositions au Gouverneur de Sant-Yago, & ce qui en arrive, 216.

Brach. M. de Brach Lieutenant de Roy à Leogane, 376. Il est attaqué & sa conduite en cette occasion, 377. *& suiv.* Il est fait Gouverneur de S. Loüys, 389. Il est fait Commandant par *interim* dans tout ce quartier-là, 455. Il est envoyé au Cul-de-Sac & à Mirbalais, pour y faire la revûë, 461.

Breda. M. de Breda Lieutenant de Roy du Port de Paix, est envoyé avec un détachement à la Côte de l'Ouest, 376. Il est Contremandé, 377. Ses diligences à la vûë des Navires Anglois, 381. M. de Champmêlin fait l'éloge de sa bonne conduite, 462.

Breme. Le Sr. de Breme Officier dans l'Armée de M. de Pointis, 316. Le Bataillon de Breme, 328.

Breüil. Du Breüil premier Pilote du Comte d'Etrées, l'avertit du danger, où est la Flotte, 118.

Bronze. Matiere pareille à la Bronze, qui se tire de S. Domingue, 298.

Broüillard extrêmément épais, & fort froids, 185.

Butet. M. Butet Lieutenant de Roi de Bayaha. Journal de son Voyage à San-Domingo, & ses remarques, 468. *& suiv.*

C

Abesce. Le sieur Cabesce attire un Vaisseau Anglois sous le Canon de trois Navires François, qui le prennent, 255.

Cabesterre, quartier de la Tortuë. Pourquoi il n'est pas habité, 8.

Cabo Frances. Ce que c'est, sa si-

DES MATIERES.

tuation, 748.
Cacaoyers. Ils réüssissoient fort à S. Domingue, 151. ils y meurent tous; 390. on recommence à en planter, 489.
Caffé. Esperance que donne cet arbre à S. Domingue, 490.
Caldaïra. Baye de Caldaïra, 159.
Californie. Des Flibustiers partent pour aller faire descente en Californie, 169. ce qu'ils devinrent, 194.
Callao. Le port de Lima, 171.
Camon. Riviere de Camon, 470.
Campeche. Deux expéditions des Flibustiers à Campeche, où ils perdent beaucoup de monde, 144. prise de Campeche, 198. & suiv.
Campeton. Port à 14. lieuës de Campeche. Les Flibustiers y débarquent, 198.
Canette. Le Sr. Canette Ingenieur principal au Siége de Carthagene, 315. il s'aproche de Boucachique pour l'observer, 321. il s'avance sur la Greve & fait feu sur les Ennemis, 328.
Canon. Trois pieces de Canon de fonte, apportées de Carthagene, sont accordées à la Colonie de S. Domingue pour marque de la part, que les Habitans ont euë à cette Expédition, 361.
Cap Blanc. Sa situation, 161.
Cap François. A quelle occasion on a commencé à établir ce Port, 81. M. de Poüancey reconnoît qu'il est important de le fortifier, 116. Rumeur au Cap François au sujet de la Compagnie du Senegal, 125. Eloge de ce Port, 238. Les Anglois s'en rendent les maîtres, 266. Le Bourg & toutes les Habitations voisines sont brûlés, 270. Une partie de la Colonie de Sainte Croix y est transportée, 287. Tout le reste est transporté dans la plaine voisine, 289. Nécessité de fortifier le port du Cap, 366. Combien le Quartier du Cap achette tous les ans de Negres, 393. La révolte commence au Cap, 399. Elle y recommence, 405. Ce qui se passe au haut du Cap entre M. de C. d'Arquian & les Habitans, 408. Nouveaux mouvemens au Cap, 423. Ils s'appaisent un peu, 425. Assemblée au haut du Cap & ce qui s'y passe, 425. & suiv. Demandes des habitans du Cap, 427. Ils s'opposent de nouveau à la Traitte du Negrier de la Compagnie, 432. Nouvelle assemblée des Deputez des quartiers du Cap, 434. & suiv. Ce qu'on pensa au Cap de plusieurs Arrêts rendus par le Conseil de Leogane, 439. On prétend que le feu de la révolte étoit allarmé par des Emissaires du Cap, 459. De quelle maniere M. de Champmélin est reçû au Cap, 462. & suiv. Ce qu'il pense de ce quartier, 464. De la Ville,

Ttt ij

TABLE

du Port & de la Plaine du Cap, 485. *& suiv.*

Capucin. Un Pere Capucin chaffé de la Tortuë, 15. Le Superieur des Capucins prifonnier des Anglois, délivré par un Suedois, 114. Un Pere Capucin chante la Meffe dans l'Ifle de la Jamaïque, 260. Les PP. Capucins, ne pouvant fupporter l'air de S. Domingue, demandent au Roy la permiffion d'en fortir & l'obtiennent, 386. Les Revoltés les redemandent, 426.

Caracol. Baye de Caracol, fon premier nom & fa fituation, 487.

Caraque. Ville Efpagnole du Continent de l'Amerique fujette aux courfes des Flibuftiers, 80.

Caroline. D'où vient ce nom, 85.

Carthagene. Ville Efpagnole du Continent de l'Amerique expofée aux courfes des Flibuftiers, 56. Belle action de Laurent de Graff près de Carthagene, 140. Le Gouverneur de Carthagene envoit du fecours au Prefident de Panama contre les Flibuftiers, 169. Pourquoi M. Ducaffe n'eft point d'avis qu'on attaque Carthagene, 299. Ce qui determine M. de Pointis à l'attaquer, 312. Defcription de Carthagene, 318. *& fuiv.* La Ville fe rend à M. de Pointis, 334. Il l'abandonne, 342.

Les Avanturiers y retournent & la rançonnent de nouveau, 348. Le Gouverneur de Carthagene envoye des Troupes contre les Ecoffois du Darien, 370. Un François pendu à Carthagene, 371. M. Ducaffe y entre aux acclamations de la Ville après fa victoire, 380.

Caffe. Une des richeffes de l'Ifle S. Domingue, 490.

Cathalan. Un Cathalan deferte de l'armée des Flibuftiers, & ce qui en arrive, 159. 161. Il mene du fecours contre eux à Grenade & il eft défait, 163.

Catholiques. Traitement fait aux Catholiques à la Tortuë par le Vaffeur, 15.

Cayenne. Plufieurs Flibuftiers s'établiffent à l'Ifle de Cayenne en revenant de la Mer du Sud, 195.

Caye vinaigre. Sa fituation, 273.

Caymans. Ifles defertes, leur fituation, ce qui s'y paffe, 24.

Caymites. Ifles & Havres, leur fituation, 494.

Cayonne. Quartier de la Tortuë, 8. M. de Fontenay y fait fa defcente, 19. & les Efpagnols auffi, 21.

Cayrol. Le Sr. de Cayrol Major du Port de Paix reçoit les ordres de la Cour, 396. M. de Champmêlin lui donne de grandes loüanges, 462.

Cazeaux. Le Sr. Cazeaux habitant du Cul-de-Sac, obligé de fe réfugier à Leogane & pour-

DES MATIERES.

quoi, 443. 445.
Cerf volant. Vaisseau Flibustier pris par les Anglois, 351.
Chagre. Le Chagre Riviere de l'Amerique une des retraites des Flibustiers, 57.
Chambillac. Habitant de S. Domingue perd une belle Cacaoyere, 390.
Champmêlin. Le Comte Desnos de Champmêlin est envoyé avec une Escadre à S. Domingue, pour pacifier cette Colonie, 453. Son arrivée au petit Goave & sa réception, là même & suiv. De quelle maniere il en use avec le Conseil & avec les Habitans du petit Goave, 456. Il va à Leogane, & ce qui s'y passe, 457. 458. Il visite les autres quartiers de cette Côte, 459. 460. Il retourne au petit Goave 460. Il part pour les quartiers du Nord, 461. Ce qui se passe au Port de Paix. De quelle maniere il est reçû au Cap François, 462. 463. Il retourne au petit Goave, & y fait justice de quelques-uns des Chefs de la révolte, 465. 466. Témoignage qu'il rend aux Habitans de S. Domingue, il est fait Lieutenant Général. Sa mort, son éloge, 466. 467.
Charite. M. de Charite est nommé Lieutenant de Roy dans le quartier de l'Isle Avache, 360. Il est fait Gouverneur de Sainte Croix, 383. Il est chargé du Commandement général, 386.
Il est nommé Gouverneur de la Martinique; il refuse ce poste, & perd le sien, 380.
Chasse partie. Ce que c'est, 52.
Chat. Les Espagnols après avoir long-temps canonné un Vaisseau Flibustier, n'y trouvent qu'un Chat, 158.
Châteaumorand. Le Marquis de Châteaumorand est nommé Gouverneur Général des Isles sous le vent. Comment il veut être reçû, 391. Il declare la guerre aux Espagnols, là même. Il est relevé, 392.
Châtenoye. M. de Châtenoye Lieutenant de Roy du Cap François, va au-devant des Révoltés pour tacher de les empêcher de s'assembler, & ce qui lui arrive en cette occasion, 405. 406. Il va les trouver avec le d'Arquian, 408. 410. Il est fait Gouverneur de Sainte Croix & Commandant dans le quartier du Nord de S. Domingue, 454. M. de Champmêlin fait son éloge, 463.
Chazel. M. de Chazel Commissaire Général sur l'Escadre de M. de Champmêlin; sa réception, 454. 482. Ce qu'il mande à M. de Maurepas de l'état de la Colonie. Il est nommé Intendant du Canada, sa mort & son éloge, 464. 465.
Chevalier. Habitant de S. Domingue se met à la tête d'une troupe de revoltés & ravage toute la Côte, 211. Il est a-

T t t iij.

TABLE

bandonné de ſes gens, 212. Il eſt arrêté & pendu, 213.

Chiloteca. Ville Eſpagnole du Continent de l'Amerique, eſt priſe d'emblée par 18. Flibuſtiers, 181.

Chiriquita. Ville Eſpagnole du Continent de l'Amerique, pillée par les Flibuſtiers, 158.

Choiſeul. Le Comte de Choiſeul-Beaupré Gouverneur de S. Domingue entreprend de rétablir la Flibuſte, 387. Il eſt tué en repaſſant en France, 388.

Chriſt. Vaiſſeau Vice-Amiral de l'Armadille pris par M. Patoulet, 296. M. de Pointis le laiſſe aux Flibuſtiers, 346. Il eſt pris par les Hollandois, 351.

Cinquantaine. Ce que c'eſt, 10.

Cochons. Les Bois de S. Domingue fourmillent de Cochons, 6. Ils multiplient extrêmement à la Tortuë, 8. Chaſſe du Cochon, 44.

Coco. Seigneur du Darien veut traiter de paix avec M. Ducaſſe, 368.

Coëtlogon. Le Maréchal de Coëtlogon à la Havane, 290. Le Vicomte de Coëtlogon ſert de Contre-Amiral dans l'Eſcadre de M. de Pointis, 315. Il ſe prépare à eſcalader le Fort de Boucachique, 324. Il a ordre de bloquer le Fort de Sainte Croix, 327. Il eſt bleſſé à mort, 333.

Colbert. Pourquoi M. Colbert n'accepte pas une propoſition, que lui fait M. d'Ogeron, 62. Il ſouhaite qu'on bâtiſſe une Foltereſſe dans l'Iſle de S. Domingue, 83.

Colonies. Etat des deux Colonies qui partagent l'Iſle de S. Domingué en 1665, 41. Utilité de la Colonie Françoiſe de S. Domingue pour le Royaume, 83. Elle ſe révolte, 85. & *ſuiv*. Ses forces en 1672, 21. Elle croît à vûë d'œil, 688. Portrait, que l'Archevêque de San-Domingo fait de la Colonie Eſpagnole en 1693, 250. En quel état ſe trouva la Colonie Françoiſe après la priſe du Cap François & du Port de Paix, 285. Révolte de la Colonie Françoiſe, 391. & *ſuiv*. Etat de la Colonie Eſpagnole en 1716, 468. & *ſuiv*. Etat préſent de la Colonie Françoiſe, 482. & *ſuiv*. Moyen aiſé d'établir des Colonies, 485.

Commerce. Projet pour l'établiſſement du Commerce avec les Eſpagnols de l'Amerique, 297.

Compagnies. La Compagnie des Indes Occidentales traite avec le Sr. de Rauſſet, 35. Le Roy lui concede la Tortuë & elle en nomme M. d'Ogeron pour Gouverneur, 37. Les Avanturiers refuſent de ſe ſoûmettre à elle, 61. Monopole qu'elle exerce à S. Domingue, 81. M. d'Ogeron meurt ſon créan-

DES MATIERES.

cier pour des sommes considerables, 111. La Compagnie du Senegal fait mal le commerce des Negres, 211. M. Ducasse lui rend un grand service à S. Domingue, 230. La Compagnie des Indes obtient le commerce exclusif des Negres, 393. Elle envoit des Directeurs à S. Domingue, & ce qui s'en ensuit, 394. On lui attribuë des ordres de la Cour, qui occasionnent une révolte générale, 397. Ses privileges allarment la Colonie, & le Conseil de Leogane refuse de les enregistrer, 411. Le Roy veut qu'elle soit maintenuë dans le privilege exclusif pour la traite des Negres, 455. La Compagnie de S. Loüis ou de S. Domingue est chargée de faire un Etablissement dans le quartier de l'Isle Avaches, & en obtient le commerce exclusif, 361. Elle remplit ses engagemens & se ruine, 362.

Compagnon. Faire la course à *Compagnon bon lot*, ce que c'est, 52.

Congos. Negres *Congos.* Leur caractere 498. Leur religion, 501.

Conseils. Conseil superieur établi au petit Goave, 149. Conseil superieur établi au Cap François, 385. Le Conseil de Leogane soûtient ses Arrêts. sa Déliberation au sujet de la retraite du Général au petit Goave, 440. & suiv. Il est appellé au petit Goave, & se divise à cette occasion, 448. Il se réünit à l'arrivée de l'Escadre de M. de Champmêlin, 453. Il est transferé au petit Goave, 454.

Conseillers. Les mutins veulent faire embarquer les Conseillers de Leogane pour France, 415. Un Conseiller du Cap François se charge de proposer l'enregistrement du Traité du Cul-de-Sac, au Conseil superieur du Cap, & on l'avertit de n'en rien faire, 447. Deux Conseillers de Leogane interdits, 461. ils sont rétablis, 465.

Constant. Pître *Constant* Capitaine Hollandois, contribuë beaucoup à la révolte de la Colonie contre M. d'Ogeron, 86.

Controlleur. M. le Controlleur Général veut établir des droits à S. Domingue, 214.

Coqueson. Corsaire Anglois envoyé pour otage à M. Deslandes, pendant qu'on traitera avec son Général, 234.

Coquiere. Le Sr. Coquiere habitant du Port Margot reçoit un paquet anonyme, 425.

Coraçol. Voyez Curaçao.

Cordeliers. Deux Peres Cordeliers sont pris en voulant se jetter dans le Fort de Boucachique. On en envoit un au Gouverneur de ce Fort pour l'engager à se rendre, 322.

TABLE

Cordouë. D. Louys de Cordouë Gouverneur de la Vera-Cruz se laisse surprendre par entêtement, 135.

Coridon. Salines de Coridon, où elles sont, 494.

Cornuel. La Baye de Cornuel, sa situation, 495.

Coro. Ville de la Province de Venezuela, prise & pillée par les Flibustiers, 80.

Costa Ricca. Lettre du Général de Costa Ricca, touchant les mesures, prises pour empêcher les Flibustiers de repasser à la Mer du Nord, 189.

Côte. Les gens, ou les Freres de la Côte, 52. Voyez *Avanturiers & Flibustiers.*

Cotton. Les Habitans de S. Domingue ne trouvent pas leur compte à cultiver cette plante, & pourquoi il y a lieu d'en être surpris, 151.

Cotuy. El Cotuy, Bourgade Espagnole de Saint Domingue pillée par les François, 115. sa situation, 471.

Cotuy. Capitaine Flibustier, 314. Il est pris commandant le Christ, 351.

Coubé. La Baye de Coubé dans la Jamaïque, sa situation, 256.

Couleuvres. Les Negres Aradas adorent les Couleuvres, 502.

Couronne. Le Sr. de la Couronne Officier est envoyé par M. du Rollon au Port Royal de la Jamaïque, 257.

Courpon. Le Sr. Courpon Major & Commandant à S. Loüys, 419. M. de Sorel lui envoye ordre de faire partir le Directeur de la Compagnie des Indes pour Leogane, 421.

Courseüils. Le Baron de Courseüils est mis aux arrêts, & ce qui en arrive. Pourquoi les Révoltez s'interessoient à ce qui le touchoit, 422. Il est banni de S. Domingue, 464.

Coursy. Le Sr. de Coursy Officier de l'Armée de M. de Pointis, 315.

Coutant. Commandant du Navire de la Compagnie des Indes, *le Philippes* amene à S. Domingue trois Directeurs. Son arrivée au Cap François, 394. Il arrive à Leogane, 411.

Creols. Leur caractère, 483. Negres Creols, leur caractere, 498.

Cruz. Cap de Cruz dans l'Isle de Cuba. Sa situation, 209.

Cuba. Les Côtes de Cuba frequantées par les Flibustiers, 56.

Cueblo. L'Isle de S. Jean de Cueblo, rendez-vous des Flibustiers de la Mer du Sud. Sa situation, 155.

Cul-de-Sac. C'est-à-dire, toute la Côte de l'Ouest, 26. 29. Révolte au Cul-de-Sac, 86. Précautions de M. Ducasse pour la sûreté de tout ce quartier, 274.

Cul-de-Sac. Bourgade, sa situation, 239. Les Révoltez en font leur rendés-vous, 416. M. de Sorel s'y transporte, 419.

DES MATIERES.

419. Il y est arrêté, 420. Traité du Cul-de-Sac, 421. Ce Traité est cassé, 455. Le quartier du Cul-de-Sac, un de ceux, qui avoient eu plus de part à la révolte. mais animé d'ailleurs. 459.

Culate. Voyez *Guayaquil.*

Cumana. Les Côtes de Cumana sont souvent pillées par les Flibustiers, 80.

Curaçao. Isle de l'Amerique. Sa description & sa situation, 98. M. de Baas l'attaque sans succès, 99. M. le Comte d'Etrées perd sa Flotte en y allant, 118.

Cusac. M. de Cusac Chef d'Escadre prend & coule à fond plusieurs Vaisseaux Anglois, 2. Il abandonne S. Christophle pour aller en course, 3.

Cussy. M. Tarin de Cussy. M. d'Ogeron l'établit Commandant à la Côte du Nord de S. Domingue. Il demande le Gouvernement, 111. Sa vigilance à écarter les Ennemis, 112. 113. Il est fait Gouverneur de S. Domingue, 139. Ses diligences pour faire revenir les Flibustiers, qui s'étoient dissipés, 141. Son application à regler sa Colonie, 143. Son caractere, 146. Les ordres qu'il reçoit de la Cour au sujet de la nouvelle Biscaye, 147. Il travaille à calmer les Habitans, 150. Il abandonne la Tortuë, & établit le quartier Général au Port de Paix, 152. Eloge que Messieurs de Saint Laurent & Begon font de lui, 153. Ce que produisent ses efforts pour obliger les Flibustiers à garder la Tréve, 154. Il envoit chercher des Flibustiers dégradés à la Baye de Honduras, 194. Il fait inutilement de nouveaux efforts, pour empêcher les courses de ces gens-là, 196. 197. Il est averti de se préparer au Siege de San-Domingo, 206. Les ordres, qu'il reçoit au sujet du commerce avec les Espagnols, donnent occasion de l'accuser de le faire lui-même, 207. Son entreprise sur Sant-Yago, 213. *& suiv.* Combat, où il est tué, 223. Sa memoire justifiée contre les calomnies de ses Ennemis, & l'origine de ces calomnies, 237. 240.

D

Damon. Le sieur Damon, Commandant d'un Vaisseau du Roi, 124.

Dandas. Negres Dandas. Ce que c'est. Leur caractere, 498. 303.

Danois. Un Vaisseau Danois envoyé à M. Ducasse, pour l'avertir des desseins des Espagnols sur sa Colonie, 269.

Dantzé. Le sieur Dantzé juge du Port de Paix, faisant l'Office d'Aide-Major, est envoyé pour occuper un retranchement, & arrêter les Enne-

TABLE

mis, 271. Il est rappellé, 272. Sa conduite à la retraite du Port de Paix, 280. 281. Il est blessé, & se retire, 282. Il est fait Major & Commandant au Port de Paix, 255. 288.

Dantzé. Le sieur Dantzé est élû Syndic Général des Députés pendant la Révolte, 428.

Darien. Etablissement des Ecossois dans la Province du Darien, 366. & suiv.

David. Flibustier Anglois, 80. Ses expeditions dans la Mer du Sud, 171. 175. 177.

David. Commandant des Negres au Cap, 207.

Daviot, Capitaine Flibustier, va piller les Côtes de la Jamaïque, 243. Il attaqué par les Anglois, & son Navire s'ouvre, 246.

Délibération de quelques Habitans de Leogane, mandiée en faveur du Negrier de la Compagnie des Indes, 430.

Délibération au nom de tout ce quartier annoncée, & qui ne paroît point, 433.

Délibération du Conseil Supérieur de Léogane, addressée à Messieurs de Sorel & de Montholon, 440.

Demandes des séditieux des quartiers du Cap, 426.

Demandes des Députés des mêmes quartiers, 427.

Demon. Le pouvoir qu'il paroît avoir sur les Negres avant leur baptême, 502.

Députez. Les Habitans des quartiers du Cap élisent quatre Députez dans chaque Paroisse. Ces Députez s'assemblent au haut du Cap, 425. & suiv. Une partie de ces Députez consent à la traitte du Negrier de la Compagnie des Indes, 429. Raisons qu'apportent les autres, pour n'y pas consentir, 432. Nouvelle assemblée des Députés, & leur délibération, 435. 436.

Desaguadero, ou Riviere Saint Jean, sa situation, 75.

Descoyeux. M. Descoyeux, Son combat sur les Côtes d'Irlande, 262.

Deslandes. Le sieur Deslandes, Major à la Côte de l'Oüest, repousse les Anglois, 232. & suiv. Voyés encore les pages 263. 274. 354. 355. Il meurt Lieutenant de Roy, 360. M. Deslandes, Commissaire Ordonnateur à S. Domingue, 382. 384. Son éloge & sa mort, 385.

Le sieur Deslandes Officier de Milices de Léogane, 417.

Dieppe. Les Vaisseaux de Dieppe font le commerce avec les Avanturiers, 9.

Dieu-le-veut. Anne Dieu-le-veut, épouse le sieur de Graff, à quelle occasion, 270. Elle est prise par les Espagnols, la même. Elle est menée à San-Domingo, où elle demeure long-têms. Les Espagnols ne l'ayant renduë mê-

DES MATIERES.

me après la Paix, qu'après bien des instances réiterées de la Cour, 284.

Directeurs. Arrivée de trois Directeurs de la Compagnie des Indes à S. Domingue, 394. Discours insolens qu'on leur attribuë, 395.

Le Directeur du Cap-François, & ses Employés sont insultés par des Femmes. Mauvais procedé du premier en cette rencontre, 299. 400. Il s'embarque furtivement sur la Bellonne, 401. Le Sou-Directeur, & les Employés s'y embarquent aussi avec la permission du Comte d'Arquian, 403. Ils partent tous pour France, 409.

Les deux autres Directeurs présentent au Conseil de Léogane les Arrêts du Roy en faveur de la Compagnie, 411.

Le Directeur destiné pour Saint Loüis y est bien reçû, 413. Celui de Leogane y est maltraitté, *la même.* Départ de tous les deux pour France, 421. 422.

Dominiquains. Les PP. Dominiquains deffervent les Paroisses des quartiers de l'Oüest & du Sud, 386. Ils prêtent serment de fidelité entre les mains de M. de Champmêlin, 454.

Dondon. Le Dondon, Paroisse des Montagnes, qui bordent le Cap-François, 488.

Dunquerque. Le Port de Dunquerque est le seul, où le Tabac de Saint Domingue puisse entrer, 490.

Dubois. Le sieur Dubois Commandant des Milices du Cul-de-Sac, 417. 443. 445.

Dubuisson. Le sieur Dubuisson de Varennes, commandant le Vermandois dans l'Escadre de M. de Pointis, 315. Il dresse une batterie de Mortiers pour battre Boucachique, 322. Il accourt à la tête de deux Bataillons pour l'assaut de Boucachique, 324. Il entre le premier avec son Navire dans le Lagon de Carthagene, & va moüiller fort proche de la Ville, 325. Il entre dans la petite rade pour canonner la Ville, 329. Son feu oblige la Ville à capituler, 334.

Ducasse. M. Ducasse, les Hollandois lûi prennent son Vaisseau à la Côte de l'Oüest de Saint Domingue, & il le rachette, 119. Il est nommé Gouverneur de Saint Domingue. Ses diverses avantures jusques-là, 129. *& suiv.* En quel état il trouve la Colonie, 236. Il fait rendre justice à la memoire de M. de Cussy, 237. Son sentiment sur la maniere, dont on devoit en user avec les Flibustiers, 240. Il prend des mesures pour empêcher que les François Prisonniers, chez les Anglois & les Espagnols, ne soient maltaittés, 241. Son expedition en Jamaïque, 256. *& suiv.* Sa

V v v ij

TABLE

générosité à l'égard des Habitans, 261. Il est blâmé d'avoir distribué aux Officiers des Vaisseaux du Roy la meilleure partie du butin de la Jamaïque. Sa Majesté lui donne une pension, qui doit passer à sa Femme, 262. Il veut se transporter aux quartiers du Nord pendant le Siege du Port de Paix, & on l'en empêche, 274. Il propose le Siege de San-Domingo, 285. Il est averti de recevoir à S. Domingue la Colonie de Sainte Croix, 286. Il est d'avis de réünir tous les Habitans du Port de Paix au Cap-François, 288. Il demande qu'on fasse le procès aux sieurs de Graff & de la Boulaye, 289. Il reçoit ordre de prévenir les Anglois de la Jamaïque, & mande qu'il n'est pas en état de cela, 292. Il reçoit ordre d'établir le Commerce avec les Espagnols, 297. Ce qu'il pense de cette entreprise. Il reçoit les premiers avis de l'armement de M. de Pointis, 298. Ce qu'il pense de la destination de cet armement, 299. Son caractere, 301. Ce qui se passe à ses premieres entrevûës avec M. de Pointis, 305. Il refuse d'abord de l'accompagner aux conditions, que celui-ci lui propose, & ensuite il change d'avis, & pourquoi, 306. Il traitte avec M. de Pointis des conditions, aus- quelles les gens de son Gouvernement veulent s'engager, 307. Il appaise une sédition, 309. Il est d'avis qu'on aille attaquer les Galions, 311. Il courre risque de périr avec M. de Pointis, 317. Il fait la premiere descente à la tête des Negres, 320. Il est blessé à la prise de Boucachique, 325. Ce qui se passe tandis qu'il monte la garde à Hihimani, 331. Il monte à l'assault, & arbore le premier l'Etendart de France sur le Rempart, 332. Il est encore blessé, 334. Il est déclaré Gouverneur de Carthagene. M. de Pointis lui fait une querelle d'Allemand, & il ne veut plus se mêler de rien, 339. Ce qui se passe ensuite entre lui & M. de Pointis, 340. 341. Il empêche les Flibustiers de se révolter, 341. Il presse M. de Pointis de satisfaire les Flibustiers. Il assure à ceux-ci, qu'ils seront contents : ce qu'il dit en voyant que M. de Pointis l'avoit trompé, 344. Il envoit aux Flibustiers une défense par écrit de retourner à Carthagene, & les mesures qu'il prend pour empêcher le desordre, 346. Il arrive à Saint Domingue, & ce qui lui fait quitter le dessein de passer en France, 347. Il y envoit M. de Galifet, ce que M. de Pontchartrain lui mande au sujet de ce qui s'est passé à Carthagene. Il est fait

DES MATIERES.

Chevalier de S. Loüis, 352. Il est surpris au petit Goave par les Anglois, 356. Il les repousse. Ses diligences pour retirer les François pris par les Anglois & les Hollandois, 357. Il reçoit des plaintes des uns & des autres, & leur fait raison 359. Il reçoit de nouveaux ordres d'empêcher les courses des Flibustiers, 360. Son sentiment sur la Compagnie de Saint Loüis, 362. Il mande en Cour l'état déplorable de sa Colonie, & ce qui l'y avoit réduite, 363. 364. Ses diligences pour s'opposer à l'établissement des Ecossois dans la Province du Darien, 366. & suiv. Il est appellé en Espagne & en France, 371. Il se bat pendant cinq jours contre le Vice-Amiral Bembou, & avec quel succès. 380. Il est fait Chef d'Escadre, 382.

Duché. Le sieur Duché, Garde de la Marine sur l'Escadre de M. de Pointis, 316.

Ducler. Le sieur Ducler, Major de Léogane, 375. Belle action de cet Officier, 378.

Duclos. M. Duclos, ci-devant Commissaire Ordonnateur au Cap François, & présentement Intendant à S. Domingue. Sa conduite pendant la révolte de cette Colonie, 396. 401. 403. 404. 405. 409. 410. 412. 413. 423. 427. 428. 429. 430. 432. 433. 434. 436. 447. M. de Champmêlin fait son éloge, 463.

Ducrost. Le sieur Ducrost, Officier de l'armée de M. de Pointis, 315.

Dumas. Le sieur Dumas Lieutenant de Roy à Saint Domingue. Reçoit les Flibustiers revenus de la Mer du Sud, en vertu de l'amnistie du Roi, 193. Ordres qu'il reçoit de M. de Cussy, 212. Il rétablit l'ordre dans les quartiers du Nord après la retraite des Ennemis, 227. Ses précautions pour empêcher les descentes des Ennemis, 335. Il retire des Prisonniers François de la Jamaïque, 242. Il donne avis à M. Ducasse qu'il paroît des Vaisseaux Anglois, 247. Il suit les Ennemis par terre, pour empêcher la descente, 263. Sa mort, 274.

Dumoulins, Capitaine d'un Vaisseau de la Compagnie, va au Port François, & pourquoi, 447.

Dupuy. Le sieur Dupuy, Procureur du Roy, & Capitaine de quartier au petit Goave, est massacré avec sa Femme par les Espagnols, 206.

E

Ecüil. L'Eceüil, Navire du Roy échoué contre l'Isle de Portoric, 99.

Eclattant. L'Eclattant Vaisseau que montoit M. de Champmêlin, 462.

V u u iij

TABLE

Eclattante (l') Galiote à Bombes de l'Escadre de M. de Pointis.

Ecossois. Les Ecossois entreprennent de faire un Etablissement dans la Province de Darien, 366. & s. Ils se retirent, 370. Ils y retournent, & se retirent une seconde fois, 272.

Ecu. Petit Port de Saint Domingue, 19. Sa situation & sa description, 487.

Ecuyer. L'Ecuyer, Capitaine Flibustier à la Mer du Sud, 155.

Efferra. Petite Riviere de l'Isle de Cuba,

Eliazoüard, Gentilhomme Anglois, va s'établir à la Tortuë selon le P. du Tertre, 28. Il s'en retire, & pourquoi, 29.

Embarcadaire, ce que c'est, 129.

Emporté. L'Emporté, Vaisseau du Roy, qui porte M. Ducasse à Saint Domingue, 247.

Enambuc. M. d'Enambuc, Gentilhomme Normand, s'établit à Saint Christophle, 2. Il en est chassé par les Espagnols 4. Il retourne à Saint Christophle, 6.

Enfans. M. Ducasse demande des Enfans pour peupler Saint Domingue, 253.

Enfer. L'Enfer de le Vasseur, ce que c'étoit, 15.

Engagés. Quatriéme Classe des Avanturiers, 9. 56. On leur préfere les Negres, & ce qui en arrive, 196. Ordonnance du Roy, qui rétablit l'usage d'en envoyer à Saint Domingue, 360. Ils n'y réüssissent pas, & pourquoi, 363.

Enseigne. Belle action d'un Enseigne Espagnol, 200.

Envieux. Voyés *du Rollon,* & *de Montsegur.*

Eragny. M. d'Eragny, Gouverneur Général des Isles, reçoit ordre de secourir la Colonie de S. Domingue, 229.

Escadre de M. de Pointis, 314. 315.

Esclaves. Nombre des Esclaves à Saint Domingue, 482.

Escoët. Le Chevalier de l'Escoët, Commandant d'un Brigantin de l'Escadre de M. de Pointis, 315.

Escofier. Le sieur Escofier, Officier du Port de Paix, empêche pendant 24. heures les Ennemis de mettre à terre. Il est blessé & abandonné de ses gens, 269.

Espagnols. Les Espagnols négligent les Antilles, 1. Ils se retirent de la Tortuë, 8. Ils en chassent les François, 9. Ils ne s'en assûrent pas, 10. Ils font d'inutiles efforts pour en chasser le Vasseur, 12. 13. Ils l'attaquent de nouveau, 21. Ils s'en rendent Maîtres par capitulation, 23. Action cruelle d'un Espagnol, 38. Succès de la guerre que les Espagnols font aux Boucaniers, 47. & *suiv.* Idée qu'ils ont des Flibustiers, 55. Ils chassent les François du fond de

DES MATIERES.

l'Isle Avache, 109. Ils ne profitent pas de l'absence de Monsieur de Poüancey, & de toutes les forces de la Colonie, 119. Ils commencent à traitter avec les François de S. Domingue, 122. Leurs hostilités pendant la Tréve, 142. ce sont les Espagnols qui profitent le moins du Commerce des Indes, 145. Lâcheté des Espagnols établis sur la Mer du Sud, 157. Ils sont soupçonnés d'empoisonner leurs fléches, 167. Ils sont forcés dans trois retranchemens, 188. La Cour veut établir le Commerce avec les Espagnols des Indes, 196. 207. Combat de Sant-Yago, où les Espagnols sont défaits, 217. Ils se préparent à prendre leur revanche sur le Cap-François, 222. Combat où ils défont M. de Cussy, Ils se retirent sans profiter de leur Victoire, 225. Ils se joignent aux Anglois pour chasser les François de Saint Domingue, & avec quel succès, 261. & suiv. Mésintelligence entr'eux & les Anglois, 276. Les Anglois les empêchent d'entrer dans le Fort du Port de Paix. Ils partagent le butin, & se retirent, 284. Ils font la guerre en Barbares, 359. Difficulté de les mettre en mouvement pour s'opposer à l'établissement des Ecossois, dans la Province du Darien, 369.

Ils refusent de secourir les François contre les Anglois malgré les conventions faites avec eux, & pourquoi, 375. Ils gardent mal la convention faite avec eux au sujet des Negres fugitifs, 392. Les défauts & les vertus des Espagnols de Saint Domingue, 478. & suiv.

Isle Espagnole. Quand elle a commencé en France d'être connuë sous le nom de Saint Domingue, 6.

Estancias, ce que c'est, 185.

Esterre. Quartier de la Plaine de Léogane, 233. Bourgade de l'Esterre démolie, 496.

Estrées. Le Comte d'Estrées perd sa flotte en allant à Curaçao, 117. Ce qui se passe entre ce Général, & le President de San-Domingo, 121.

F

Faucon. Le Faucon, prise Angloise, 257.

Favori. Le Favori, Frégate dégradée au Cap-François, 305.

Febvre. (Le) M. le Febvre, Major du Cap François, reçoit les Directeurs de la Compagnie des Indes, 395. Il va au quartier de l'Artibonite pour ses affaires particulieres, 399. Les Révoltés de ce quartier veulent l'obliger à se mettre à leur tête, 416.

Le sieur le Febvre, Officier de Milices, député au Général & à l'Intendant, 403.

TABLE

Femmes. Caractères des premieres Femmes de S. Domingue. Des Femmes armées commencent la révolte au Cap-François, 399. Elles vont avec plusieurs Hommes déguisés en Femmes, pour abbattre la maison de la Compagnie des Indes, 401. Nouvelle émûte de la part des Femmes, 404.

Ferrier. Le sieur Ferrier, Commandant de l'Isle Avache, reçoit des Billets remplis de menaces de la part des séditieux, 451.

Ferriere. Le Chevalier de Ferriere, Officier de l'Escadre de M. de Pointis, 315.

Fiévres. Les Boucaniers étoient sujets à des Fiévres, dont ils ne faisoient pas grands cas, 46. On prétend que les François ne sont jamais à Saint Domingue, sans une espece de fiévre ; comment elle se manifeste, 482.

Filles envoyées à la Tortuë, & à la Domingue, 63. 64.

Flaccourt. Le Chevalier de Flaccourt est envoyé par le Comte d'Estrées à S. Domingue, pour y embarquer les Milices de cette Colonie, 117.

Flamands. L'Archevêque de San-Domingo propose d'appeller des Flamands, pour peupler le pays Espagnol de Saint Domingue, 249.

Flessinguois. Deux Navires Flessinguois excitent une révolte à Saint Domingue, 86.

Flibustiers. Origine de ce nom, 7. Les Flibustiers s'emparent de la Tortuë, *la même.* Ils se prêtent aux Anglois pour la Conquête de la Jamaïque, 26. Description des Flibustiers, 51. *& suiv.* M. d'Ogeron se les attache, & à quel dessein, 65. Le Roy leur défend de continuer la course, 124. Leur indocilité, & les inconveniens, qui en arrivent, 131. Le Roi trouve mauvais qu'on leur ait donné des Commissions, 145. De quelle maniere ils en usent avec M. de Cussy, 146. Le Roi veut se servir d'eux pour l'expedition de la nouvelle Biscaye, 147. Ils sont nécessaires à la Colonie de Saint Domingue, 148. Ce qui les détermine à passer dans la Mer du Sud, 154. Ils partent pour ce voyage, 155. Leurs Avantures & leurs expeditions, 156. *& suiv.* Inquiétudes de M. de Cussy au sujet de cette entreprise, 295. Ce qui le rend facile à bien recevoir les Flibustiers au retour de la Mer du Sud, 206. Leur indocilité, & ce que M. Ducasse en pensoit, 240. Deux cens cinquante des plus braves périssent à la Jamaïque, 247. Les Flibustiers refusent d'aborder la Garde-Côte Angloise, 255. Ils rentrent tous dans les Ports de Saint Domingue fort à propos, pour l'entreprise de M. de Pointis, 304.

DES MATIERES.

304. Un Flibuſtier eſt mis en priſon, & tous les autres ſe révoltent, 309. Comment on les appaiſe, 310. A quoi M. de Pointis projette de les occuper. Etat de leur flotte, 314. 317. Leur hardieſſe fait prendre le Fort de Boucachique dès le premier jour, 322. & ſuiv. On ne veut pas les y laiſſer entrer, & pourquoi, 325. On les envoye pour ſe ſaiſir de Notre Dame de la Poupe, *la même*, Ils refuſent M. de Galifet pour Commandant, & ſe révoltent, 326. Ils trouvent Notre Dame de la Poupe abandonnée, *la même*. Ils refuſent d'attaquer le Fort de Saint Lazare, 328. Leur occupation pendant le reſte du Siege, 324. 330. De quelle maniere ils montent à l'aſſault à Hihimani, 332. pluſieurs paſſent à la Jamaïque, 353. On veut les réduire, même par la force, à ſe faire Habitans, 360. Le parti que prennent au commencement de la derniere guerre ceux des Flibuſtiers, qui s'étoient retirés à la Jamaïque, 374. Pluſieurs reviennent dans la Colonie: projet de M. de Choiſeul ſur ce qui les regarde, 388. Ils ſe font Habitans, & ainſi finit la Flibuſte, 389.

Floride. M. d'Ogeron propoſe un Etabliſſement à la Floride, 84. Il propoſe même d'y transporter tout ce qui lui reſ-

toit d'Habitans fidéles, 89.

Flotte. Force de la Flotte combinée des Eſpagnols & des Anglois armée contre la Colonie Françoiſe de Saint Domingue, 265. Elle arrive devant Saint Louis, 271. Elle moüille devant le Port de Paix, 273.

Fond. Le petit & le grand fond, 48. Le fond des Negres, 380.

Fontenay. Le Chevalier de Fontenay eſt nommé Gouverneur de la Tortuë, 18. Il y eſt reçû ſans peine, 19. Il y rétablit la Religion Catholique. Il eſt le premier, qui s'intitule Gouverneur pour le Roy de la Tortuë & Côte Saint Domingue, 20. Il laiſſe imprudemment dégarnir la Tortuë des Flibuſtiers. Il eſt attaqué par les Eſpagnols, 21. Il ſe défend avec beaucoup de courage, 22. Il ſe rend par capitulation, 23. Il retourne à la Tortuë, & peut s'en faut qu'il ne s'en rende le Maître. Son retour en France. Sa mort, 24. 25. 26.

Force. La Force, nom de la Forterreſſe de San-Domingo, 473.

Forêt. La Forêt empêche M. d'Ogeron de ſe ſauver de Portoric, 102.

Fort. Le Fort, Vaiſſeau de l'Eſcadre de M. de Pointis, que commandoit le Vicomte de Coëtlogon, 315. 317. 318. 321. 322.

Foſſette. La Foſſette, maiſon de plaiſance de la Compagnie des

TABLE

Indes brûlée par les seditieux, 402.

Fougerais. Un des Chefs de la premiere révolte de Saint Domingue, 92.

Four. Le Four, Paroisse dans les Montagnes, qui bordent la plaine du Cap François, 488.

Fourment. Le Sr. Fourment Capitaine des Troupes à Saint Domingue,

Fourtier. Fameux révolté, est exclu de l'Amnistie. On lui fait son procès 465. Il est pendu en effigie, 466.

Francine. Le Chevalier de Francine commandant le Navire l'Avenant de l'Escadre de M. de Pointis, 315.316. & *suiv.*

François. Ce sont les François, qui profitent le plus du commerce des Indes, 145. Les Flibustiers François se séparent des Anglois dans la Mer du Sud, & pourquoi, 156. Ils font prisonniers une partie des Anglois, & en usent bien, 160. Les Espagnols les insultent auprès du Cap, 266. Attachement des François à leur Souverain, 467. François refugiés dans les Habitations Espagnoles de l'Isle de S. Domingue, 469. 470. Hospitalité des François, 490.

Franquesnay. Le Sr. de Franquesnay premier Lieutenant de Roy de Saint Domingue, 119. Son expédition à Sant-Yago de Cuba, 120. Sa conduite dans une mutinerie du Cap François, 125. Ce qui se passe entre lui & un Navire Anglois, 132. Ce qui se passe entre lui & les Flibustiers, qui revenoient de la Vera Cruz, 138. Sa fermeté dans une nouvelle révolte, 210. 211. Combat de Sant-Yago, 218. Son peu de concert avec M. de Cussy, 223. Sa mort, 227.

le Furieux. Navire de l'Escadre de M. de Pointis.

G.

Gabaret. M. de Gabaret reçoit ordre d'aller secourir M. d'Ogeron contre les révoltés de son Gouvernement, 88. Il refuse d'y aller, & les raisons qu'il en apporte, 89. Le Roy lui ordonne d'y aller & il obéit 191. M. de Gabaret à S. Domingue, 92. & *s.*

M. de Gabaret commandant le Fidele, Navire de l'Escadre de M. d'Iberville, 387.

M. de Gabaret passe du Gouvernement de la Martinique à celui de S. Domingue, sa mort, 388.

Gabet. Le Sr. Gabet Conseiller au Conseil superieur du petit Goave, chargé de faire les informations contre les Chefs de la révolte, 465.

Galet. Capitaine Flibustier commandant le Pembrok à Carthagene, 314.

Galifet. Le Sr. Donon de Gali-

DES MATIERES.

fet Lieutenant de Roy dans l'Ifle de Sainte Croix. Defcription qu'il fait de la Colonie de S. Domingue, & fes vûës pour la rendre floriffante, 238. Il eft chargé d'évacuër l'Ifle de Sainte Croix, 288. Il eft fait Lieutenant de Roy du Cap François, 291. Son caractere, 302. Il affemble les Milices des quartiers du Nord pour l'entreprife de Carthagene, 305. Il fait la revûë des gens de la Côte, 310. Les Flibuftiers refufent de le recevoir pour Commandant, 325. Il demande la grace des coupables, 326. Ce qui fe paffe entre lui & M. de Pointis à Carthagene, 340. 341. 342. Propofitions qu'il fait au fujet de Carthagene 343. M. Ducaffe l'envoit en France, 352. Succès de fa négociation à la Cour, 353. Il eft nommé Gouverneur de Sainte Croix & Commandant Général en cas d'abfence du Gouverneur de Saint Domingue, 360. Sa Lettre à M. de Pontchartrain fur le mauvais état de la Colonie, 363. Il veut envoyer un Officier aux Sambres, & ne peut y réüffir d'abord, 371. 372. Il l'envoit enfuite, 373. Il reçoit avis de l'approche des Ennemis, & fa conduite en cette occafion 375. & fuiv. Les Ennemis reparoiffent, 380. Il eft nommé Gouverneur de la Guadeloupe, & pourquoi le Roy ne lui donne pas le Gouvernement de S. Domingue, 382. Il eft interdit par M. Auger. Il paffe en France, fe juftifie, fait ériger une de fes Terres en Comté, refufe le Gouvernement de la Guadeloupe, & meurt, 383.

Gallions. M. de Pointis apprend des nouvelles des Gallions, 322. 331. Garde-Côte de la Jamaïque prife par les François, 255.

Gaultier. Le Sr. Gaultier Officier de Milice à Leogane, 87.

Gibraltar. Bourgade de la Baye de Maracaïbo, où fe recüeille le meilleur Cacao de l'Amerique, 71. Elle eft prife & pillée par les Flibuftiers, 72. elle eft prife une feconde fois, 121.

Gingembre. Les Efpagnols en ont fait un grand commerce à S. Domingue, 490.

Girard. Le Pr. Girard Superieur des Jefuites de S. Chriftophle reçoit ordre de paffer à S. Domingue, 386.

Girardin. Le Sr. Girardin Capitaine d'une Compagnie empêche le débarquement des Ennemis au Cap François, 267. Il reçoit ordre d'abandonner le Bourg & les Batteries, & obéit, là même. Sa conduite à la retraite du Port de Paix, 80. Il repaffe en France, 283.

Giraut. Domeftique de M. d'O-

TABLE

geron, qui lui confie son Habitation du Port Margot, 60.

Gironde. La Gironde, Flutte du Roy brûlée à l'approche des Ennemis, 377.

Goave. Le grand Goave; des Boucaniers défrichent le grand & le petit Goave, 51. Situation du premier, 239.

Le petit Goave. Monsieur d'Ogeron court risque d'y être arrêté, 86. L'Escadre de M. de Gabaret au petit Goave, & ce qui s'y passe, 93. Combat du petit Goave, 112. Les Flibustiers s'y maintiennent dans une grande indépendance, 154. Les Espagnols s'en rendent les maîtres & en sont chassés, 206. Sa situation 239. 496. Le Marquis de Sorel se retire au petit Goave avec l'Intendant & toutes les Troupes, 437. Il y appelle le Conseil superieur de Leogane, 448. Ce Conseil y est transferé 454. Le petit Goave se ressent moins de la sedition, que les autres quartiers, 456. Commodité de ce Port, 494.

Gobin. Premier habitant du Cap François, 81.

Godefroy. Fameux Capitaine Flibustier, 133. Il est pris par les Espagnols. Inquietude de M. Ducasse à son sujet, 249. Il commande la Serpente à l'expédition de Carthagene, 314. Il poursuit les Anglois, qui avoient surpris le petit Goave, 357.

Gohava. Le S. de la Boulaye veut aller piller cette Bourgade, 225. Sa situation & l'état où elle est, 377.

Gombaut. Le Sr. Gombaut commande un Vaisseau de l'Escadre de M. de Pointis, 215.

Gonade. Le Gonade, quartier de l'Isle de Portoric, où l'on envoit les François, qui avoient fait naufrage contre cette Isle, 103.

Gonaives. Les Gonaives, quartier de la Côte Occidentale de S. Domingue, 494.

Goüaire. La Goüaire. Embarcadaire de Caraque. Granmont s'en rend le maître, 128. & s.

Gouverneurs. Pouvoir excessif des Gouverneurs de Saint Domingue, & les remedes, qu'on y apporte, 385.

Goyon. Le Chevalier de Goyon, Officier de l'Armée de M. de Pointis à Carthagene, 323. Il commande la Frégate la Parfaite dans l'Escadre de M. de Champmêlin; il reçoit ordre d'aller à l'Artibonite, & pourquoi, 465.

Gracieuse. Voyez *Blou*.

Graff. Le Sr. Laurent de Graff fameux Flibustier, un des Chefs de l'Expédition de la Vera-Cruz, 133. & suiv. Il se bat contre Vand-Horn & le blesse à mort, 137. Prise qu'il fait auprès de Carthagene, 140. Il escorte MM. de S. Laurent & Begon, 153. Ex-

DES MATIERES.

pédition de Campêche, 197. & *suiv.* Nouvelles expéditions, 201. Il est blessé, il reçoit des lettres de Naturalité & de grace, 201. Il reçoit un Brevet de Major, 203. Son Histoire & ses premieres Avantures; sous quel nom il fut connu d'abord. 204. 205. M. de Cussy l'envoit aux Serenilles, & pourquoi, 208. & *suiv.* Ordres qu'il reçoit de M. Dumas, 227. Sa reputation empêche les Espagnols d'approcher du Cap François, où il commandoit, 240. Ordres qu'il reçoit de M. Ducasse pour la défense du Cap François, menacé de nouveau par les Ennemis, 248. Il attaque Oüatirou dans la Jamaïque, & y force les retranchemens des Ennemis, 258. Ordres qu'il reçoit encore de M. Ducasse pour la défense du Cap François, 264. Sa mauvaise manœuvre à l'attaque de ce Poste, 265. & *s.* On lui fait son procès. Soupçons contre sa fidelité, & sur quoi ils étoient fondés, 289. Les Espagnols l'ont toûjours craint jusqu'à sa mort. Les Anglois le mépriserent, 290. Il perd sa Lieutenance de Roy, & il est fait Capitaine de Fregate, 291.

La Dame de Graff. Voyez *Anne Dieu le veut.*

Grand. Pierre le Grand fameux Flibustier enleve le Vice-Amiral des Gallions, 57.

Le Sr. Grand Major des Milices de Leogane. Ordre qu'il reçoit des seditieux, 415.

Grange. La Grange. Montagne sa situation, 487.

Le Sr. de la Grange Habitant de Bayaha; paquet qui lui est adressé, 425.

Granmont. Gentilhomme Parisien fameux Flibustier, 80. Il surprend Maracaïbo, 120. & *suiv.* Son expédition à la Côte de Cumana, où il est blessé, 128. & *suiv.* Il prend un Navire Anglois & passe tout l'Equipage au fil de l'épée, 123. Expédition de la Vera-Cruz, où il sert en qualité de volontaire, 133. & *suiv.* Vand-Horn en mourant lui laisse sa Fregate, avec laquelle il prend le Navire Anglois, dont nous venons de parler, 138. Il demande une Commission à M. de Cussy, & à quelle condition il l'obtient, 190. Il part pour prendre Campeche malgré M. de Cussy, 197. Succès de cette Expédition, 198. & *suiv.* Son démêlé avec Laurent de Graff, 201. Il est fait Lieutenant de Roy. Son Histoire, son caractere. Sa mort, 202. & 203.

Grecs. Un Capitaine Grec entreprend de trahir les Flibustiers, & ce qui lui en arrive. Ce que c'étoit que ces Grecs, 165. 166.

Grenade. La N. Grenade, sa situation. Elle est surprise par

Xxx iij

TABLE

les Flibuſtiers, 73. D'autres Flibuſtiers ſe propoſent de la prendre & de la piller, 159. Ils l'exécutent, 161. & ſuiv.

Grognier. Capitaine Flibuſtier va à la Mer du Sud, 155. Il ſe ſépare avec une partie de la Troupe, 163. Il réjoint l'autre, il ne goûte pas l'Entrepriſe de Guayaquil & ſe ſépare de nouveau, 169. & ſuiv. Il revient encore, 111. Attaque de Guayaquil, 172. Il meurt d'une bleſſure reçûë à l'attaque du Fort de cette Ville, 175.

Grosbois. M. de Grosbois commandant la Fregatte du Roy la Friponne, eſt envoyé au Gouverneur de Portoric par M. de Baas, & n'obtient rien, 105.

Guanaminte. Paroiſſe de la plaine du Cap François, 487.

Guatimala. L'Olonnois veut aller attaquer la Ville de Guatimala, & ce qui l'en détourne, 74. Riviere de Guatimala, 75. Pluſieurs croyent que l'Indigo de l'Amerique eſt venu de la Province de Guatimala, 489.

Guayaquil. Ville & Riviere du Perou. Ses autres noms. Deſcription de la Ville, 170. Priſe de la Ville par les Flibuſtiers, 172. & ſuiv.

Guilaulme. Le Roy Guilaulme d'Angleterre declare que l'Entrepriſe des Ecoſſois dans la Province de Darien s'eſt faite ſans ſa participation, 370. Il défend aux Anglois de leur donner aucun ſecours, 312.

Guillotin. Le Sr. Guillotin commande le Sceptre, Vaiſſeau Amiral, ſous les ordres de M. de Pointis. 314.

Guinée. La Jamaïque eſt appellée par les Flibuſtiers la petite Guinée, & pourquoi, 242. Indigo de Guinée, 489.

Guſman. D. Juan Perez de Guſman Preſident de Panama. Ce qui ſe paſſe contre lui & Morgan Flibuſtier Anglois, 81. Petruline de Guſman premiere femme de Laurent de Graff, 202.

H.

Habitans. Un des corps d'Avanturiers, 9. 56. mutineries des Habitans du Cap François, 25. Deſeſpoir des habitans de Saint Domingue, & ce qui le cauſoit, 150. 151. Pluſieurs habitans de Saint Domingue ruinés par le ſyſtême & la Banque, ce qui indiſpoſe la Colonie contre la Compagnie des Indes, 394. Differentes diſpoſitions des Habitans au ſujet de la révolte de S. Domingue, 398. Requête des Habitans à MM. de Sorel & de Montholon, 403. Voyez *Révolte*.

Habitation brûlée par les ſeditieux du Cap François, 409.

Haina. Riviere de l'Iſle de S. Domingue, 478.

Halle. La Halle, Magaſin de la

DES MATIERES.

Compagnie des Indes ruiné par les seditieux, 410.

Harcourt. Le Marquis depuis Duc & Maréchal d'Harcourt, ses diligences à la Cour d'Espagne pour empêcher l'Etablissement des Ecossois dans la Province de Darien, 369.

Havane. Le Gouverneur de la Havane envoit une Fregatte contre l'Olonnois, 67. Ordre qu'il avoit donné au Capitaine, 68. Lettre de l'Olonois à ce Gouverneur, 69. Lettre de M. Ducasse au Gouverneur de la Havane, 241.

Hazardeux. Le Hazardeux. Flutte du Roy chargée de vivres pour S. Domingue, 252.

Hericourt. Le Chevalier d'Hericourt Lieutenant de Roy du petit Goave, accompagne M. de Sorel au Cul-de-Sac, 419. M. de Sorel l'envoit à Saint Loüys, & pourquoi, 421. Il arrive au Cap François chargé des ordres de M. de Sorel, 430. Assurances qu'il donne à ce quartier, 431. Il est fait Lieutenant de Roy du même quartier, 454. M. de Champmêlin fait son éloge, 463.

Hermendad. Ce que c'est, 474.

Heros. Le Heros, Navire du Roy arrive au petit Goave, 451.

Hervaux. Le Chevalier d'Hervaux est envoyé au President de San-Domingo par le Comte d'Etrées, 127.

Higuey. Bourgade Espagnole de l'Isle de S. Domingue. Sa situation, 476.

Hihimani. Ville basse, ou Faux-bourg de Carthagene, 319. Attaque de Hihimani 330. Il est pris d'assaut, 130. 131. 132.

Hiribarne. Le Sr. Hiribarne Marchand du Cap François député à MM. de Sorel & de Montholon, 403.

Hollandois. Ils Promettent aux Avanturiers de ne les laisser manquer de rien, 6. Un Navire Hollandois secourt à propos M. de Fontenay, 25. Les Hollandois chassent les Espagnols de la Côte Occidentale de S. Domingue, & ne s'y établissent pas, 41. Les Avanturiers déclarent qu'ils ne souffriront pas qu'on leur interdise le commerce avec les Hollandois, 61. Avantage de ce commerce pour les Avanturiers; les Hollandois prennent des mesures pour qu'on ne les empêche pas de le continuer. Sedition à ce sujet, 87. & suiv. Flotte Hollandoise sur les Côtes de S. Domingue, 113. Les Hollandois font plusieurs prises sur la Côte Occidentale, 119. Navire Hollandois pris par le Capitaine le Sage, 195. Navire François pris par les Hollandois à la Côte de Cuba, 209. Le Gouverneur de la Jamaïque invite des Hollandois à se joindre à lui, pour ravager les Côtes de S. Domingue, & cela

TABLE

lui fait manquer son coup, 253. Un Navire Flibustier fort riche pris par les Hollandois, 351. M. Ducasse leur redemande inutilement des Prisonniers en vertu du Cartel, 357. Des Hollandois se plaignent à M. Ducasse de l'infraction de la Paix, & il leur fait raison, 359.

Honduras. M. d'Ogeron propose de mener sa Colonie dans la Province de Honduras, 89.

Hôpital. Voyés le *Port* ou *Prince.*

Hospitalité. A quel point cette vertu a toûjours été pratiquée dans la Colonie de Saint Domingue, 483.

Hotman. M. Hotman frere du Chevalier de Fontenay arrive à la Tortuë, il s'oppose en vain à la descente des Espagnols, 21. Il se charge d'une Entreprise difficile, & il est trahi par un transfuge, 22. Il est donné pour otage aux Espagnols, 24.

Hourques. Navires Espagnols richement chargés, le Chevalier des Augiers a ordre de les prendre, 295. Il les manque, 296.

Hout. Georges d'Hout Flibustier Anglois commande ceux de sa Nation à l'attaque de Guayaquil, 172.

I.

Jamaïque. Les Flibustiers & les Boucaniers aident aux Anglois à se rendre maîtres de la Jamaïque, 26. 27. La guerre declarée entre les François de Saint Domingue & les Anglois de la Jamaïque, 77. Les Anglois de la Jamaïque prennent des mesures pour chasser les François de S. Domingue, 131. 132. Ils se préparent de nouveau pour le même dessein, 242. Ils sont prévenus. Etrange accident, qui rompt les mesures des uns & des autres, 243. Ravages que fait un tremblement de terre dans la Jamaïque, 245. Expédition des Flibustiers en Jamaïque, 242. Le Gouverneur de la Jamaïque veut avoir sa revanche, & ce qui l'en empêche, 253. Expédition de M. Ducasse en Jamaïque, 256. & *suiv.* Ce qui sauve la Jamaique, 260. Nouveaux préparatifs à la Jamaïque contre les François de S. Domingue, 286. Ils continuent à menacer cette Colonie, & M. Ducasse reçoit ordre de les prévenir, le tout sans suite, 292. Le Chevalier des Augiers a ordre de porter la guerre dans la Jamaïque, 294.

Jamet. Avanturier de la Tortuë lequel est chargé d'un Etablissement à Samana, 110.

Jaquemel. Quartier de la Côte Meridionnale de S. Domingue, 495.

Jardins de Panama. Ce que c'est, 155.

DES MATIERES.

Iberville. M. d'Iberville à la Côte S. Domingue. Ce qu'il pense des Flibustiers de cette Isle, ses desseins, sa mort, 386. 387.

Jean Fernandés. Isles de la Mer du Sud, 171.

Jean-Pierre. Paroisse des Montagnes, qui bordent la plaine du Cap François, 488.

Jeannante. De même.

Jerzey. Navire Flibustier à Carthagene, 314.

Jesuites. Les Jesuites prennent à S. Domingue la place des Capucins, 385. Les séditieux demandent qu'ils soient chassés, 426.

Jeune. Le Sr. le Jeune, habitant du Cap François, 428.

Illeignes. Bourg des Illeignes, sa situation, 473. Sa Garnison, 475.

Imprudent. L'Imprudent, Navire du Roy pris par les Anglois, 379.

Indigo. La Colonie de S. Domingue pouvoit donner en 1694. assés d'Indigo pour en fournir tout le Royaume, & pour en vendre à nos voisins, 253. Ce qui s'en fabrique, tous les ans dans la Plaine du Cap François, 489. à Leogane & à l'Artibonite.

Infante. La petite Infante, Navire du Roy embarque des gens de la Côte pour l'expédition de Curaçao, 99.

Joncour. Le Chevalier de Joncourt Aide-Major Général

Tome II.

dans l'Armée de M. de Pointis, 315. 321.

Jonqué. Fameux Capitaine Flibustier, ses expéditions, 133. 140.

Isle d'Or. Les Ecossois s'y établissent, 387.

Jusquin. Milord Jusquin Gouverneur de la Jamaïque établit un Cartel pour les Prisonniers avec M. Ducasse, & le garde de bonne foi, 241.

Juste. Navire de Roy que montoit M. d'Iberville, 387.

K.

Kow. Les Baye de Kow en Jamaïque, 256.

L.

Labat. Le P. Labat Dominiquain. Version de cet Auteur sur la conquête de la Tortuë, 30.

Lagon. De Carthagene, 313.

Lamentin. Quartier proche de Leogane. 419.

Lande. Le Sr. de la Lande Garde de la Marine sur l'Escadre de M. de Pointis, 316.

Le Sr. de la Lande Gayon habitant du Cap François, 428.

Langot. Le Sr. du Langot Receveur du Droit d'Octroy: les Directeurs de la Compagnie des Indes sont insultés chés lui par les Femmes, 399. Les séditieux veulent piller & brûler sa maison, 410.

Yyy

TABLE

Latre. Le Sr. de Latre arrive à S. Domingue avec deux bâtimens ; il est battu & tué par les Hollandois, 209.
Laurencillo. Voyez de Graff.
Lauriere. M. de Lauriere Gouverneur de Sainte Croix, 287.
Lécossois. Le Sr. Mithon Lécossois Major de Leogane intime aux Conseillers restés dans cette Ville une défense de s'assembler, 448. Il mande en France qu'il n'a pas de peine à se faire obéir à Leogane, où il commande, 430. M. de Champmélin le laisse Commandant à S. Marc, 460.
Leogane. Premier Etablissement des François à la Côte Occidentale de S. Domingue, 41. Ce quartier s'accroît beaucoup, & à quelle occasion, Ce qui se passe dans cette rade à l'occasion de la révolte de S. Domingue, 87. MM. de Gabaret & d'Ogeron à Leogane, & ce qui s'y passe, 92. Etat de ce quartier en 1691. 239. M. Renaut reçoit ordre de fortifier Leogane, 366. Leogane érigé en gouvernement particulier, 389. Allarme à Leogane à l'arrivée des séditieux, 421. Consternation des Habitans de cette Ville à la nouvelle de l'arrivée de l'Escadre du Roy, 457. M. de Champmélin y fait la revûë, & ce qui s'y passe, 458. Richesse de la Plaine de Leogane, 4. 490. Inconveniens de la situation de cette Ville, & ce qui se passe à ce sujet, 495.
Leon. Ville de la Mer du Sud prise par les Flibustiers Anglois, 157.
Lepreux. Hôpital des Lepreux à San-Domingo, 476.
Levi. M. De Levi Capitaine de Vaisseaux commande le Saint Loüys dans l'Escadre de M. de Pointis, 315. Il se trouve en danger de perir, & comment il s'en tire, 317. Ses Exploits pendant le Siége de Carthagene, 320. 321. 323. 324. 327. Il demeure chargé du commandement de l'Escadre, & parle durement à M. de Galifet, 345.
Lieutenant. Le Lieutenant du Gouverneur de Guayaquil cherche à amuser les Flibustiers, 175. 176.
Limbé. Quartier de la Plaine du Cap - François, 487.
Limonade. Savane de Limonade, ou M. de Cussy est defait, 223. Les Espagnols s'avancent jusques-là, & ce qui s'y passe, 265. Le quartier de Limonade, paroisse, 481. La Savane de Limonade est sterile, 491.
Limonade. Boisson aisée à faire à S. Domingue, 492.
Limousin. Séditieux ; M. d'Ogeron le fait pendre, 96.
Lion. M. Du Lion Gouverneur de la Guadeloupe. Ses lettres à M. Colbert au sujet de la révolte de S. Domingue, 89. 90.

DES MATIERES.

Le Chevalier du Lion, sa bonne conduite & sa bravoure à l'attaque du Cap François, & du port de Paix, 267. 273. 279. & pendant la retraite, 282. En quel état il se sauve à Leogane; Il est fait Capitaine, sa mort, 283.

Lisle. De Lisle Capitaine Flibustier, son Expédition à Sant-Yago, 39. 79.

Logerie. Le Sr. de la Logerie est proposé par M. d'Ogeron pour être Gouverneur subalterne à la Tortuë, 63.

Longuejoüe. Le Sr. de Longuejoüe Lieutenant de Vaisseau dans l'Escadre de M. de Pointis, 316.

Longschamps. Le Sr. des Longschamps Capitaine de Cavalerie s'oppose au dessein de M. de la Boulaye sur Gohava, 226.

Lonvillers. M. de Lonvillers est envoyé à la Tortuë par M. de Poincy son oncle, à quel dessein, & avec quel succès, 14.

Lormel. Officier Flibustier dans la premiere Expédition de Sant-Yago, 39.

Loüys XIV. Ne goûte point les ménagemens de MM. de Saint Laurent & Begon pour les Flibustiers, 145. Il arme un Vaisseau pour reporter à Carthagene l'argenterie des Eglises, 337.

Louis XV. Ce qui le détermine à user de clemence envers les Révoltés de Saint Domingue, 452.

Luna. D. Francisco de Luna Alcaïde du Begue, ce qu'il fait au sujet des mines d'or de S. Domingue, 470.

Lussan. Le sieur Raveneau de Lussan, Autheur de l'Histoire du Voyage des Flibustiers dans la Mer du Sud. Avis qu'il donne pour se tirer d'un mauvais pas, 186.

M

Macary, Capitaine Flibustier, 314. 351.

Maçon, pointe au Maçon, quartier de la Tortuë, 8.

Madagascar. Negres de Madagascar, peu propres aux Colonies, & pourquoi, 498.

Magnier. Le sieur Magnier, Habitant de l'Artibonite, ne peut servir de témoin contre C***, 86.

Maintenon. Le Marquis de Maintenon ravage les Isles de la Trinité, & de la Marguerite à la tête des Flibustiers, 122.

Maître. Le sieur le Maître, Procureur Général du Conseil de Léogane, 450.

Maloins. Une Compagnie de Marchands Maloins obtient la permission de faire le Commerce avec les Espagnols dans l'Amérique, & ce qui en arrive, 212. Intentions du Roi à ce sujet, 212.

Mancenille. La Baye de Man-

Yyy ij

TABLE

cenille dans l'Isle de Cuba, 209.

La Baye de Mancenille dans l'Isle de Saint Domingue. Ce qui s'y passe, 211. Sa situation, qualité de son Port, 487.

Manchette. Sortes d'armes des Boucaniers, ce que c'est, 44.

Mansfeld, célébre Flibustier Anglois, 80.

Mapalla. La Baye de Mapalla, sa situation, 179.

Maracaibo. Baye, Port & Ville. *Voyés* la Carte. C'étoit un des lieux les plus fréquentés des Flibustiers, 57. Sa description, & sa prise, 70. La Ville est rançonnée, 72. Elle est prise une seconde fois, 80. Elle l'est une troisiéme fois, 120.

Marc. Le P. Marc Capucin, est chassé de la Tortuë par le Vasseur, 15.

Pitre *Marc* Capitaine Flessinguois, un des Autheurs de la premiere révolte de Saint Domingue, 87. M. de Gabaret néglige de s'en saisir, 95.

Margot. Le Port Margot, sa situation, & sa capacité, 11. 41. 486. Son premier Etablissement, 41. Il est fréquenté par les Flibustiers, 46. Sa Paroisse, 488.

Marguerite. La Marguerite Gallion Espagnol, pris sous le canon de Portobelo, 57.

L'Isle de la Marguerite. Voyés *Maintenon.*

Mariages des Negres. Leur difficulté, 503. 505.

Marie. Le Port Marie dans la Jamaïque, sa situation, 257.

La *Marie*, Vaisseau Maloin, se joint aux Flibustiers, pour l'Expedition de Carthagene, 307. 308.

Le Cap de Dame Marie. Sa situation, 494.

Marin. Le Marin, Frégatte du Roi commandé par M. de S. Vandrille est dépêchée à M. Ducasse, pour l'avertir de l'armement de M. de Pointis, 299. 331.

Le Chevalier Marin, Officier de l'Escadre de M. de Pointis, 323. Il est blessé, & meurt de sa blessure, 325.

Marmelade. La Marmelade, Paroisse des Montagnes, qui bordent la Plaine du Cap-François, 488.

Marolles. Le Chevalier de Marolles, commandant un des Vaisseaux de l'Escadre de M. de Pointis, 315. Il monte à l'assault de Hihimani, avec un autre Officier de même nom, 332. Il a la cuisse cassée, & en meurt, 334.

Martin, un des Assassins de le Vasseur, 17. *& suiv.* Ce qu'il devient après la prise de la Tortuë, 24.

Martinique. Isle de l'Amérique, les Anglois l'attaquent sans succès, 248. Soupçons des Habitans de Saint Domingue, contre ceux de la Martinique,

DES MATIERES.

au sujet des Cacaoyers, 390.

Massacre. D'où est venu ce nom à plusieurs lieux de l'Isle de Saint Domingue, 47. Riviere de Massacre. Sa situation, 50.

Massiat. Le sieur Massiat commandant la Mutine, Navire de l'Escadre de M. de Pointis, 315.

Matamana. Rade ou Baye de l'Isle de Cuba, sa situation, 74.

Matelots. Le nom que les gens de la Côte donnoient aux Matelots, 331.

Matelotage, ce que c'est, 42.

Maux. Riviere de Maux dans l'Isle de Saint Domingue, sujette aux débordemens, 219.

Memoire séditieux présenté à M. de Sorel, 437.

Mer du Sud. Expeditions des Flibustiers dans la Mer du Sud, 154. & suiv.

Merida Ville Espagnole du Continent de l'Amérique, 71. Le Gouverneur de Merida tué à l'attaque de Gibraltar, 72. L'Olonnois propose le pillage de Merida, 73. Ce qui se passe à Campêche, entre le Gouverneur de Merida & Granmont, 200.

Mesci. Le Cap Mesci dans l'Isle de Cuba, 258.

Mesle. La Baye de Mesle, sa situation, 495.

Meslier. Le sieur Meslier, Habitant de Léogane, 417.

Michel le Basque fameux Flibustier. Ses Exploits, 57. 69. 140.

Milplantage, quartier de la Tortuë, 8. 86.

Mines. Negres Mines, leur bravoure à la retraitte du Port de Paix, 280. 281. Leur caractere, 498.

Mines d'Or, d'Argent, & de Cuivre, trouvées dans plusieurs quartiers Espagnols de l'Isle de S. Domingue, 470. Autres Mines dans les quartiers François, 488.

Mirbalais. Quartier de la partie Occidentale de Saint Domingue, 417. 422.

Mirbalet. L'Embarcadaire de Mirbalet, rendés-vous des Boucaniers, 46.

Mithon. M. Mithon, premier Intendant de Saint Domingue, 386. Mithon Lécossois. Voyés *Lécossois*.

Mondongos. Negres Mondongos, leur caractere, 498.

Monnoye. Monnoye de Cuivre trouvée dans la maison de l'Afrique, 401.

Monomotapa. Negres de Monomotapa peu utiles aux Colonies, & pourquoi, 498.

Montagnes. La Montagne, quartier de la Tortuë, 8.

Montagne des Anglois dans l'Isle de Portoric, pourquoi elle est ainsi nommée, 10.

Montagne ronde, Rendez-vous des Boucaniers, 115.

Montagnes qui bordent au Sud la Plaine du Cap-François, séjour délicieux, 491.

Montbars. Le sieur Montbars

Y y y iij

TABLE

Gentilhomme de Languedoc, surnommé l'Exterminateur, d'où venoit sa haine contre les Espagnols, ce qui lui arriva au College à ce sujet. Les maux qu'il leur a fait, 53. 54.

Monte-Christo. Son Port, sa situation, 487.

Monte-Plata. Bourgade Espagnole de l'Isle de Saint Domingue, 471.

Montholon. M. de Montholon, Intendant à Saint Domingue, 395. Il se charge d'envoyer à la Cour les remontrances des Habitans touchant les Priviléges de la Compagnie des Indes, 412. Il mene à Saint Louis le Directeur destiné pour ce poste, *la même*. Il consent avec peine à la suppression du poids des especes, *la même*. Ses différentes démarches par rapport aux troubles de la Colonie, 413. 414. 417. 418. 419. 430. 437. 448. 454. 456. Son sentiment sur la situation de Léogane, 495.

Montortier. Le sieur de Montortier, commandant l'Hercule, est envoyé à Saint Domingue, pour y embarquer les Milices de la Colonie, 117.

Montrosier. Le sieur de Montrosier, Officier de l'Escadre de M. de Pointis, 316.

Mout-Roüy. Rade ou Baye de la Côte Occidentale de Saint Domingue, 234.

Monts. Le sieur de Monts, Commandant d'une Galiotte à Bombe dans l'Escadre de M. de Pointis, 315.

Montsegur. Le sieur de Montsegur, commandant l'Envieux à la Côte de Saint Domingue, 255. Sa mort, 262.

Montserrat, une des petites Antilles. Une partie des François de Saint Christophle s'y établit, 5.

Morante. Le Port Morante dans la Jamaïque, ses deux Forts sont abandonnés, 236. Idée que M. duRollon avoit de ce quartier, 260.

Morel. M. Morel est fait Major du petit Goave, 454.

Morgan, fameux Flibustier Anglois, se rend maître de Portobelo. Ce qui se passe entre lui & le President de Panama, 81. 82.

Morin. Le quartier Morin, Paroisse de la Plaine du Cap-François, est pillé par les Espagnols, 267. 487.

Mornay. Le Chevalier de Mornay, Lieutenant de Vaisseau, commandant le Pont Chartrain, 304. Il se joint aux gens de S. Domingue, pour l'Expedition de Carthagene, 308. Il a ordre d'entrer dans le Fort de Saint Lazare, dont il tourne le Canon contre Hihimani, 329.

Morville. Le sieur de Morville commandant la Gironde. Est obligé de brûler son Navire, 377.

Motte. Le sieur de la Motte,

DES MATIERES.

nommé Commandant à la Tortuë pendant l'abfence de M. d'Ogeron, n'en prend point poffeffion, 100.

Le Sr. la Motte d'Herant fe joint à l'Efcadre de M. de Pointis avec le Chrift, qu'il commandoit, 305. Il travaille à reconcilier M. de Pointis & Ducaffe, 341.

Le fieur de la Motte Michel, commandant le Furieux, un des Vaiffeaux de l'Efcadre de M. de Pointis, 315. Il court rifque d'être pris au retour, 348.

Mouffac. Voyés *Rauffet.*

Mouftiques. Port des Mouftiques- Sa fituation & fa capacité, 486.

Mulates. Quelques Mulates crient à Leogane, *Vive le Roy fans Compagnie*, 458.

Mutine. La Mutine Navire Flibuftier à Carthagene, 314. La Mutine Navire de l'Efcadre de M. de Pointis, 316. 317. Elle remet au Cap-François les Soldats & les Negres, que M. de Pointis avoit retenus pour paffer les grands dangers, 355.

N.

Agos. Negres Nagos, 498.

Negres. Révolte de Negres au port de Paix, 122. Ils font défaits, M. de Cuffy fe plaint qu'on préfere les Negres aux Engagés. Inconvenient qu'il y trouve, 196. Fidelité des Negres à la prife du Cap François, & d'où vient leur attachement à la Nation Françoife, 225. Confpiration de Negres découverte, 235. De quelle maniere elle eft punie, 236. 7000. Negres de la Jamaïque fugitifs dans les Montagnes, veulent fe donner aux François, & les trouvent partis. On en avoit pris 3000. fur les Anglois, 261. Un Negre natif de Carthagene confeille aux Habitans de cette Ville de fe rendre aux François, 331. Les Negres transfuges dans la partie Efpagnole de S. Domingue font un grand tort à la Colonie Françoife, 392. Privilege exclufif pour la Traite des Negres, fes inconveniens, 393. 464. Du caractere & de la réligion des Negres, 496. *& fuiv.*

Negrier. Arrivée d'un Negrier au Cap François, & ce qui fe paffe à cette occafion, 423. *& fuiv.* Diligences de MM. d'Arquian & Duclos pour la Traitte de ce Navire, & ce qui en arrive, 428. *& fuiv.*

Nefmond. Le Chevalier de Nefmond, Officier dans l'Armée de M. de Pointis, 316.

Neveu. Le Sr. Neveu eft donné pour fecond par les féditieux à M. de Villaroche, 415. Ordre qu'il reçoit de M. de Champmêlin, 460.

Nicaragua. Les Flibuftiers courent aux environs du Lac Ni-

TABLE

caragua, 57. Situation de ce Lac, 73.
Niceville. Le Sr. de Niceville Capitaine se rend maître du commandement du port de Paix pendant le Siége, 271. La Garnison complotte de le tuer. Il l'est d'un coup de Canon, 278.
Nieves. Une des petites Antilles. Les Espagnols y prennent plusieurs Vaisseaux Anglois, 3. Les Anglois y attendent plusieurs Boucaniers François pour aller avec eux reprendre St. Christophle, 90.
Nippes. Port de la Côte Occidentale de S. Domingue. On y veut arrêter M. d'Ogeron, 86. Ce qui se passe entre les Habitans de ce quartier-là & M. de Gabaret, 94. Les Anglois y font une descente, & sont chargés dans la retraitte, 235. Etat de ce quartier en 1691. 239. Situation & capacité de ce Port, 494.
Noailles. Le Duc de Noailles. Voyés Negrier.
Nobles. Il n'y a point de biens Nobles à S. Domingue parmi les François, 489.
Nolivos. M. de Nolivos Major du petit Goave, est envoyé aux Flibustiers, qui s'étoient retirés dans les terres des Espagnols, pour leur offrir une amnistie, 388. Le Gouvernement particulier de Leogane est rétabli en sa faveur, 389. M. de Sorel à l'envoit Leo-gane pour sonder les Esprits, 413. Son discours dans le Conseil de Leogane, 442. Il va au Cap François, & s'y embarque pour aller instruire la Cour de tout ce qui se passe à S. Domingue, 451. Il arrive à Meudon, & le compte qu'il rend de la sédition de S. Domingue, 452. Il est fait Lieutenant de Roy du petit Goave, 454. M. de Champmélin l'envoit devant lui à Leogane pour y disposer les Esprits à la soûmission, 457. Il l'envoit à Saint Marc pour examiner ce qui s'y passe, 459.
Normans. La plûpart des premiers Colons de la Tortuë étoient Normands, 6.

O.

OCoa. Riviere d'Ocoa. Sa situation, 478.
Octroy. Les séditieux demandent que les deniers de l'Octroy levés dans la dépendance du Cap-François, ne soient point portés ailleurs, 426. Le Conseil de Leogane rend un Arrêt, qui ordonne que le Receveur des droits d'Octroy rende ses comptes par-devant trois Conseillers & trois Députés de la recette, 438. L'employ de Receveur de l'Octroy est déclaré incompatible avec la charge de Conseiller, 456.
Ogeron. Bertrand d'Ogeron Sr.

de

DES MATIERES.

de la Bouëre est nommé Gouverneur de la Tortuë, 35. 37. Ses premiers Etablissemens dans l'Isle de S. Domingue, 41. Son caractere & ses differentes avantures, 57. & suiv. Son attention à augmenter le nombre des Habitans, 76. Il envoit un Parti contre Sant-Yago de los Cavalleros, 79. Il est continué dans le Gouvernement de la Tortuë. Etat de sa Colonie, 82. Il ne juge pas qu'on doive construire de Forteresse à S. Domingue, 83. Il propose un Etablissement à la Floride, 84. La Colonie se révolte contre lui, 85. Il court risque d'être arrêté, & demande du secours au Gouverneur Général des Isles, 88. Progrès de la révolte; il propose de transporter ailleurs sa Colonie, 89. M. de Gabaret reçoit ordre d'aller à son secours, & d'agir de concert avec lui, 91. Ce qui se passe dans les quartiers Occidentaux, 92. 93. La révolte s'assoupit, 95. Il fait un coup d'authorité qui lui réüssit 96. Il reçoit ordre d'aller joindre M. de Baas, pour une Entreprise sur Curaçao, 98. Il fait naufrage sur l'Isle de Portoric, & ce qui lui arrive ensuite, 100. & suiv. Il se sauve & arrive à la Tortuë, 102. Il part pour aller délivrer ses gens à Portoric, 106. Ce qui fait échoüer son Entreprise, 107. Il projette de chasser les Espagnols de toute l'Isle de S. Domingue. Il passe en France, & y meurt 110. C'étoit lui qui avoit planté à S. Domingue les premiers Cacaoyers, 360.

Olonnois. L'Olonnois celebre Flibustier, son Histoire, ses Avantures, & sa mort, 66. & suiv.

Orphelins. Le soin qu'on en prend dans la Colonie Françoise de S. Domingue, 484.

Ottoque. L'Isle d'Ottoque dans la Mer du Sud, 169.

Oüatinigo. Riviere du Continent de l'Amérique. Compagnie qui se forme pour y faire une Entreprise, 58.

Oüatirou. Quartier de la Jamaïque, sa situation, 256. Il est pris & pillé par les François, 258.

Oviedo. Reproche que fait cet Historien aux Espagnols de son temps, 491.

Ovinet. Fameux Flibustier François, 80.

P.

PAdrejan. Negre, qui se fait chef d'une révolte, 122. Il est défait & tué, 123. 124.

Page. Le Sr. le Page Major à S. Domingue fait la revüe des Gens de la Côte destinés à l'Expédition de Carthagene, 310. Il monte à l'assault à Hihimani avec M. Ducasse, 332. M. Ducasse l'envoye à M. de

TABLE

Pointis, pour lui redemander les hommes de son Gouvernement, 339. Et aux Flibustiers, pour les empêcher de retourner à Carthagene, 345. Il fait une marche forcée pour secourir le petit Goave, 358.

Paix. Le Port de Paix. Premier défrichement fait au Port de Paix, 35. Ce qui fait croître cet Etablissement, 51. Messieurs de Gabaret & d'Ogeron y font prêter un nouveau serment de fidélité, 94. Ce quartier profite des débris de la Tortuë, 152. Etat où il étoit en 1691. 238. Les Ennnemis arrivent devant le Port de Paix, 273. Ils en font le Siége, 274. Division dans le Fort, 277. La Garnison en sort, 280. Les Anglois y entrent, 283. Une partie de la Colonie de Sainte Croix est envoyée dans ce quartier pour le repeupler, 287. On oblige tous les Habitans de se transporter au Cap-François. On laisse un Commandant dans le Fort, 288. 366. Fidelité de ce quartier & marque de destinction, que lui donne M. de Champmélin, 462.

Palu. M. du Ruau Palu, Agent Général de la Compagnie aux Isles, 105.

Panama, Ville du Continent de l'Amérique, exposée aux courses des Flibustiers, 56. Elle est prise & pillée par Morgan, 80. Jardins de Panama, 156. Les Flibustiers sont battus devant la Ville, *la même*. Saison d'intemperie à Panama, 163. Tentative du President de Panama, pour attirer les Flibustiers dans son Port, 165. Combat auprès de Panama, Victoire des Flibustiers, 166. Second Combat & seconde Victoire, 167. Ce qui se passe entre les Flibustiers & le President de Panama, 168.

Paon. Le Paon fregate du Roy. Voyés de *Paty* & *Sagona*.

Parfaite. La Frégate la Parfaite de l'Escadre de M. de Champmélin, 365.

Paroisses. Changemens arrivés dans les Paroisses de Saint Domingue, 385. 386. Paroisses de la Colonie Espagnole, 476. Paroisses de la dépendance du Cap François, 485. 487. 488.

Parquet. Le sieur du Parquet tué à l'attaque de Saint Christophle, 3. Honneurs que les Espagnols lui rendent après sa mort, 4. Le sieur du Parquet, Gouverneur & Proprietaire de la Martinique. Ce qui se passe entre lui & M. d'Ogeron, 58.

Passao. Le Cap Passao, sa situation, 178.

Patache. La Patache de la Marguerite, Gallion pris par M. des Augiers, 295.

Patoulet. Le sieur Patoulet prend le Vice-Amiral de l'Armadille,

DES MATIERES.

296. Il refuse de mener du Rocher aux Sambres, 372.
Paty. Le sieur de Paty, ses exploits à l'attaque & à la retraite du Port de Paix, 270. 272. 277. 279. 280. 281. Il est blessé, 282. Il se fait conduire au Commandant Espagnol, qui en prend un très-grand soin, 283. M. Ducasse fait son éloge, 285. Il commande les Negres à Carthagene, 328. Il est fait Lieutenant de Roy, & Commandant à l'Isle Avache, 360. Lieutenant de Roy au petit Goave, 381. Premier Gouverneur particulier de Léogane, 389. Sa mort, 455.
Pays, Capitaine Flibustier à Carthagene, 314. Il retourne à Saint Domingue, 351.
Pelagie. La Pelagie, Navire sur lequel M. d'Ogeron passe la premiere fois en Amérique, 58.
Pembroc. Le Pembroc, Navire Flibustier à Carthagene, 314.
Pen. L'Amiral Pen à San-Domingo, & ensuite en Jamaïque, 26.
Peñalosse. Le Comte de Peñalosse propose la Conquête de la nouvelle Biscaye, 147.
Perches. Les Perches, Paroisse de la dépendance du Cap-François, 488.
Peres. L'Anse des Peres, sa situation, 273.
Perigord. Michel Perigord s'avise le premier de faire l'essai de l'indigo bâtard, 489.
Perriere. Le sieur de la Perriere est nommé Commandant à la Tortuë par M. de Baas, mais sans effet, 100.
Pers. Le Pere Jean-Baptiste le Pers Jesuite. Sa Version de l'Histoire de du Rausset, 32. Ce qu'il dit de la retraite de M. de Baas à Curaçao, 99. Son arrivée à Saint Domingue, 386. Ce qu'il dit au sujet des Esclaves déserteurs, 382. Sa conduite l'égard des Negres, 503.
Philippes. Le Philippes, Navire de la Compagnie des Indes, 425.
Picard. Le Picard, fameux Flibustier, 80. Il va à la mer du Sud, 155. Ses exploits à la prise de Guayaquil, 172.
Pierre fameux Capitaine Flibustier à Carthagene, 319. M. de Pointis l'envoit à la découverte, & il s'en acquitte mal, la même. Il se révolte contre M. de Galifet, & ce qui en arrive, 326. Il est pris par les Anglois, 351.
Pilate. Paroisse de la dépendance du Cap-François, 488.
Piment. Le Port Piment, sa situation, 494.
Pimont. Le sieur Pimont Officier de l'Escadre de M. de Pointis, 316.
Pin. Le Capitaine Pin, Lieutenant du Sr. de Granmont, dont il ramene les troupes à S. Domingue, 130.

Z z z ij

TABLE

L'Acul des Pins, sa situation, 50.

Piperis, ce que c'est, 191.

Pitre Henry, Flibustier Anglois à la Mer du Sud, passe de-là aux Indes Occidentales, 171.

Pirrians, Corsaire Anglois délivre des Officiers François, qu'on menoit au Perou, 108.

Place. Frederic Deschamps sieur de la Place, est établi Commandant à la Tortuë, 29. 32. Il s'y fait extrêmement aimer, 35. Il reçoit ordre de faire reconnoître M. d'Ogeron en qualité de Gouverneur, & obéit, 37. 61.

Plaine. Particularités, description & richesses de la Plaine du Cap François, 485. Avantages de la Plaine de Léogane, 493.

Plaisance. Montagne & chemin de Plaisance. Paroisse de la dépendance du Cap François, 488.

Planta. Le sieur du Planta, commandant le Solide, contribuë à la prise de la Garde-Côte Angloise, 255. Sa mort, 262.

Platæ. Isle de Plata, rendés-vous des Flibustiers Anglois dans la Mer du Sud, 171.

Poinci. Le Commandeur de Poinci, Gouverneur Général des Isles envoye le Vasseur à la Tortuë, 11. Il fait d'inutiles efforts pour l'en retirer, 14. Réponse insolente, que lui fait le Vasseur, 16. Il est rappellé des Isles, & y demeure malgré la Cour, 16. 17. Ce qui l'inquiétoit le plus au sujet de le Vasseur, 17. Il nomme le Chevalier de Fontenay Gouverneur de la Tortuë, 18. Il envoye M. de Vaugalan à Sainte Croix, 287.

Pointe. La Pointe, l'entrée du Port Royal en Jamaïque, 253.

La Pointe auprès de Leogane. Voyés *le Plan de Leogane*, 495.

La Pointe des Mangles, c'est l'entrée du Port du petit Goave, 381.

Pointis. Le Baron de Pointis, Capitaine de Vaisseaux, Commissaire Général de l'Artillerie de la Marine, prépare un armement, sans qu'on en sçache la destination, 298. On croit qu'il a Carthagene en vûë, 299. Son caractere. Sa conduite à l'égard de M. Ducasse, 301. Ses diligences pour fortifier son armement : il paroît à la vûë du Cap, 304. Il se broüille avec M. Ducasse, 305. Les Gens de la Côte refusent de le suivre, & pourquoi. Reglement fait avec eux. 306. 307. Les Flibustiers se révoltent, & sa présence augmente la sédition, 309. Il passe au Cap Tiburon, 310. Il prend sa derniere résolution, 311. & *suiv*. Etat de son armée, 314. La disposition qu'il en fait, 315. Il est trompé par les Plans, qu'on lui avoit donnés de

DES MATIERES.

Carthagene, 316. Il court risque de périr auprès de cette Ville, 317. Ses exploits pendant le Siege de Boucachique, 319. 320. 321. Boucachique se rend, 324. Il appaise par un coup d'authorité une nouvelle sédition des Flibustiers, 325. Il marche vers le Fort de Sainte Croix, 327. Il approche fort près de la Ville pour la considerer, 327. Il traverse le Lagon pour assieger le Fort de Saint Lazare, 328. Il le prend, 329. Il attaque Hihimani, & y est blessé, 330. Il se fait transporter dans les Batteries, & ordonne l'assault, 332. Le Gouverneur de Carthagene offre de capituler, la réponse qu'il lui fait, 334. Articles de la capitulation, 335. Il fait son entrée dans la Ville, 336. Les mesures qu'il prend pour empêcher les Espagnols de rien détourner, 376, 337. Sa conduite à l'égard des Gens de la Côte, 338. Il nomme M. Ducasse Gouverneur de Carthagene, & se brouille avec lui, 339. M. Ducasse lui envoye Messieurs de Galifet & le Page. Pourquoi, 340. De quelle maniere il parle à M. de Galifet, 341. Ce se passe entr'eux au sujet de Carthagene, 342. 343. Il s'embarque & trompe les Gens de la Côte, 344. Il tombe malade, 345. Il est poursuivi par les Ennemis, 348. Son imprudence à porter des feux la nuit est cause de la perte des Gens de la Côte, *la même*.

Le Chevalier de Pointis, Aide Major Général dans l'armée de son Oncle, 315. Il meurt d'une blessure reçûë à l'attaque de Hihimani, 334.

Pommier. Le sieur Pommier Habitant de Léogane, député de M. de Sorel, pour traitter avec les Habitans, 417.

Ponche, ce que c'est, 492.

Pontchartrain. Le Comte de Pontchartrain donne avis à M. Ducasse qu'on arme en Angleterre contre lui, 251. Il s'informe, si on ne peut pas tirer de Saint Domingue de l'indigo & de la soye, 253. 254. Ce qu'il mande à M. Ducasse après l'Expedition de la Jamaique, 262. & après celle de Carthagene, 352. Ses diligences touchant l'Etablissement des Ecossois dans la Province de Darien, 361. *& suiv*. Ce qu'il mande à M. de Galifet, au sujet du Gouvernement de Saint Domingue, 382.

Le Pontchartrain, Navire de l'Escadre de M. Renau. Voyés *Mornay*. M. Ducasse s'y embarque pour retourner à Saint Domingue, 345.

Port au Prince, Par qui il fut ainsi nommé. Sa situation, 387. M. de Champmêlin le fait visiter, & en fait lever le

TABLE

Plan, 466.

Le Port du Prince dans l'Isle de Cuba. L'Olonnois y prend quatre Barques, & ce qu'il en fait, 69. Une troupe de Flibustiers le pille, 120.

Le Port François. Incommodités de ce Port, 447. Sa situation, 486.

Le Port Royal, Capitale de la Jamaïque. M. d'Ogeron forme le dessein de l'attaquer, 77. Dommage qu'y cause un grand Tremblement de Terre, 245. Les Anglois le fortifient, 256.

Porte. La Porte, ce que c'est, 226. Montagnes de la Porte. Leur situation, 471.

Portefaix. Flutte du Roy, 399. 451.

Portobelo pris & pillé par Morgan, 81. 82. On en envoye du secours à Panama, 169. Pourquoi M. de Pointis n'y va pas chercher les Gallions, 311.

Portoplatte, ou *Puerto di Plata*, 423.

Portoric. Un Navire François y fait naufrage, & de quelle maniere l'Equipage y est traitté, 101. & *suiv.*

Portugal. La Révolution de Portugal fournit à M. d'Ogeron une occasion de donner aux Flibustiers des Commissions au nom du nouveau Roy, 65.

Potosi. Voyés *Arica.*

Poüancey. M. de Poüancey, neveu de M. d'Ogeron, ce que les Révoltés lui disent à Leogane, 93. Il fait naufrage à Portoric, 100. M. Bodard l'envoye au Gouverneur de Portoric, 101. On le prend pour M. d'Ogeron, 107. Il est embarqué pour le Perou, & sauvé par un Corsaire Anglois, 108. M. d'Ogeron le laisse Commandant au Cul-de-Sac, 111. Il est nommé Gouverneur de la Tortuë, 114. Il rappelle les François établis à Samana. Différence de sa maniere de gouverner avec celle de son Oncle, 115. Il fait une course dans le Pays Espagnol. Son application à mettre sa Colonie en sûreté, 116. Il est appellé à Saint Christophle par le Comte d'Estrées. Proposition qu'il fait à ce Général, 117. 118. Révolte de Negres, 123. Son embarras causé par le mécontentement de sa Colonie, & comment il y remedie, 124. Mutinerie des Habitans, qu'il appaise par sa fermeté, 125. Sa mort, 130.

Poüillermont. Le Chevalier de Poüillermont, Enseigne dans l'armée de M. de Pointis, 316.

Poupe. Notre-Dame de la Poupe, Monastere fortifié au-dessus de Carthagene. On avertit M. de Pointis, qu'il faut occuper ce Poste, & pourquoi, 316. Origine de ce nom, 319. Les Flibustiers sont commandés pour se saisir de ce

DES MATIERES.

Pofte, 325. Ils le trouvent abandonné, 326.

Pradines. Le fieur de Pradines Capitaine, eft commandé pour arrêter les Ennemis à l'entrée du Port du petit Goave. Comment il s'en acquitte, 381.

Praillé, Capitaine Maloin, faux avis qu'il donne fur Curaçao, 217.

Préfident. Conduite du Préfident de San-Domingo à l'égard des François dégradés à Portoric, 101. Il fe prépare à venir attaquer la Colonie Françoife, 107. Réponfe qu'il fait au Comte d'Eftrées, 127. Il reconnoit M. de Poüancey pour Gouverneur de la Tortuë, mais prétend que les François n'ont rien à Saint Domingue, la même. Ce qui fe paffe entre les Flibuftiers & le Prefident de Panama, 164. & fuiv. Le Prefident de Sainte Marthe bleffé à Boucachique, 324. Le Prefident de San-Domingo reçoit ordre de reftituer aux François, les Negres réfugiés dans fa Colonie, 391. Ce qui l'empêche d'exécuter cet ordre, 292. jufqu'où s'étend le pouvoir de ce Préfident, 474.

Prêtres fans Miffion à Saint Domingue, 94.

Prifonniers. Lettre de M. Ducaffe au Gouverneur de la Havane touchant les Prifonniers, 241. Comment font traités les Prifonniers faits par les Anglois & les Hollandois auprès de Carthagene, 354.

Providence. La Providence, Brigantin de l'Efcadre de M. de Pointis, 215.

Procureurs. M. de Poüancey les exclut de fon Gouvernement, 111.

Pueblo Nuevo, Bourgade Efpagnole fur la Mer du Sud, fa fituation, 156. Riviere de Pueblo Nuevo, 159.

Pueblo Viejo, Bourgade Efpagnole fur la Mer du Sud. Les Flibuftiers y entrent l'épée à la main, 157.

Puerto Cavallo. Sa fituation, 128.

Puerto de los Cavalleros. Voyés Porte.

Puerto di Plata, eft l'embarquadaire de Sant-Yago de los Cavalleros, 78. M. de Poüancey y relâche, & ce qui en arrive, fa fituation, 117. Voyés Portoplatte.

Puna. Ifle vis-à-vis de Guayaquil. Les Flibuftiers y font des Prifonniers, 172. Ils s'y retirent après la prife de la Ville, & pourquoi, 175. De quelle maniere ils y paffent le têms avec leurs Prifonniers, 176.

Purgatoire de le Vaffeur, ce que c'étoit, 15.

Q

Queaquille. Voyés Guayaquil.

TABLE

R

Rade, nom du Port de la Tortuë, 7.
Ramiers. La crête des Ramiers, ce que c'est, 282.
Ratisbonne. Tréve de 24. ans publiée à Ratisbonne, 153.
Rauſſet. Jéremie Deſchamps, ſieur de Mouſſac & du Rauſſet, ſe rend Maître de la Tortuë, 28. & *ſuiv*. Il en obtient le Gouvernement, paſſe en France, eſt mis à la Baſtille, & obligé de s'accommoder avec la Compagnie d'Occident pour la Tortuë, 35.
Realejo, Ville Eſpagnole ſur la Mer du Sud, priſe & pillée par les Flibuſtiers, 157.
Rebouque. Riviere de Rebouque. Propoſitions faites aux Eſpagnols touchant cette Riviere, 219.
Refugiés. Des François refugiés font la meilleure partie des Equipages de Bembou, qui ne s'y fie pas, 379.
Renau. M. Renau eſt envoyé aux Indes Occidentales avec une Eſcadre pour un deſſein, qui échouë, 292.
M. Renau eſt envoyé à S. Domingue, pour y fortifier les principaux poſtes, 365. 366.
Renou. Le ſieur Renou, Commandant au Cul-de-Sac de S. Domingue, eſt arrêté priſonnier ſur un Navire Fleſſinguois, 86. 87. Il eſt délivré par M. d'Ogeron, 88. Il retourne au Cul-de-Sac avec M. d'Ogeron, 95. M. d'Ogeron l'envoye en Cour, 97.
Reſſive. Le Reſſive, quartier de l'Iſle de Portoric, où l'on envoye les François dégradés dans cette Iſle, 101.
Retraitte du Port de Paix, 280. & *ſuiv*.
Révoltes arrivées à Saint Domingue, 86. & *ſuiv*. 405. & *ſuiv*. Voyés *Padrejan*, *Chevalier*, *Negres*.
Reine. La Reine des Anges, la Reine Marie, deux Vaiſſeaux pris par les Anglois, 377.
Ringot. Le Ringot, quartier de la Tortuë, 8.
Rio bravo. Riviere de la nouvelle Biſcaye, 147.
Rio verde. Riviere de Saint Domingue, où il y a de l'Or, 469.
Rios. D. Diegue de los Rios, Gouverneur de Carthagene, ſa réponſe à la ſommation de M. de Pointis, 328. Il demande à capituler, réponſe que lui fait M. de Pointis, 334. Il ſort de la Place, 336.
Riviere, par laquelle les Flibuſtiers retournent de la Mer du Sud à la Mer du Nord. Difficultés d'y naviguer, 191.
Les trois Rivieres, leur ſituation, 271.
Rivieres de la Plaine du Cap François, 488.
Robert. Le Prince Robert. Ce qui lui arrive à l'Iſle de Portoric,

DES MATIERES.

toric, 104.

Robineau. Le fieur Robineau, Procureur Général au Confeil du Cap François. Son éloge, 463.

Roc, Flibuftier Anglois, 80.

Rochallart. Le Chevalier de la Rochallart, eft nommé Gouverneur Général des Ifles fous le Vent. Voyés *Champmêlin*, Conduite qu'il eft obligé de tenir avec les Révoltés, 457. Il prend poffeffion de fon Gouvernement dans des conjonctures très-favorables, 468.

Rochambault. Le fieur de Rochambault arrive à Saint Domingue avec l'Argonaute, 431. Il va au Cap-François, puis il retourne au petit Goave. Bon effet de fa préfence, 451.

Roche. La Roche à bateau, fa fituation, 376.

Rochebonne. Le Chevalier de Rochebonne, Garde de la Marine, Aide de Camp de M. de Pointis, 316.

Rocher. Le fieur du Rocher, Lieutenant d'une Compagnie. M. de Galifet veut l'envoyer aux Sambres; & pourquoi, 271. M. Patoulet refufe de l'y mener, 272. Il y va, 273.

Rollon. M. du Rollon vient à S. Domingue avec une Efcadre, 254. Il prend la Garde-Côte Angloife, 255. Son expedition en Jamaïque, 2, 6. & f. Sa mort, 262.

Le Chevalier du Rollon à la Jamaïque, 257. Il meurt d'une bleffure reçûë à l'affaut de Hihimani, 334.

Romegou. Le fieur de Romegou commandant une Efcadre. Ordre du Roy pour lui, 293. Il retourne en France, 296.

Ronde La Ronde, Habitant de la Tortuë, 29.

Roffey. Le fieur du Roffey, Capitaine de Vaiffeau arrive à S. Chriftophle, 2. Il eft attaqué, & s'enfuit, 34. Il retourne en France, & on le met à la Baftille, 5.

Roffey, *Roffet*, & *Rauffet*, 28. & *fuiv.*

Rouffeau. Le fieur Rouffeau, Syndic des Députés de Léogane, eft envoyé à Meffieurs de Sorel & de Montholon, 442.

Roux. Le Roux, Flibuftier à Sant-Yago de los Cavalleros, 39.

Rozas. D. Gabriël Rozas de Valle Figueroa chaffe les François de la Tortuë, 21. & *fuiv.*

S

Sabran. M. de Sabran, Lieutenant de Vaiffeaux dans l'Efcadre de M. de Pointis, 316.

Sage. Le Sage Capitaine Flibuftier croife du côté de Caraque, 141. Il paffe à la Mer du Sud par le détroit de Magellan, 155. Il fait une prife très-riche, 195. Il eft

TABLE

tué en Jamaïque, 260.

Sagona. La Dame Sagona se met à la tête d'une troupe de Femmes armées : & son Expedition, 390. Elle est exilée, 364.

Saint-André. M. de Saint-André, Capitaine de Vaisseaux, entre dans le Port au Prince, & lui donne le nom de son Vaisseau, 387.

Saint Barthélemi, une des Antilles, des François chassés de Saint Christophle s'y réfugient, 5.

Saint Christophle, Les François & les Anglois y arrivent en même têms, & la partagent entr'eux, 2. Les premiers sont chassés par les Espagnols, 3. 4. Les Anglois s'en rendent les Maîtres, 220. Une partie des Habitans sont transportés à Saint Domingue, & ce qui leur arrive en chemin, 221. 222. Seconde prise de cette Isle par les Anglois. Eloge de cette Colonie, 384.

Saint Domingue. En quel têms, & pourquoi les François ont donné ce nom à l'Isle Espagnole, 6. On y envoit une Colonie de la Tortuë, 20. Etat de cette Isle en 1665, 37. La Côte du Nord se peuple beaucoup, 65. Gouvernement Général établi à Saint Domingue, 384.

Saint Eustache, une des petites Antilles, des François chassés de Saint Christophle, s'y établissent, 5.

Saint George. Navire, qui se coule à fond, étant poursuivi par les Anglois, 377.

Saint Jean, Riviere de Saint Jean. Voyés *Desaguadero.*

Saint Jerôme. Le Fort de Saint Jerôme près de San-Domingo, 482.

Saint Laurent. Le Chevalier de Saint Laurent, Gouverneur de Saint Christophle à Curaçao, 99. Il envoye redemander au Gouverneur de Portoric. Les François dégradés sur cette Isle, 104. Il passe à Saint Domingue, & ce qu'il y fait, 141. &s. Le Roy n'approuve pas les ménagemens, qu'il a eus pour les Flibustiers, 145. Il n'approuve point l'Entreprise sur la nouvelle Biscaye, 148. Il part de Saint Domingue, & le bien qu'il avoit faits à cette Colonie, 153.

Saint Lazare. Le sieur de Saint Lazare, Officier de l'armée de M. de Pointis, 316.

Saint Lazare. Le Fort de Saint Lazare au-dessus de Carthagene, 319. M. de Pointis s'en rend le Maître, 328. En quel état étoit ce Fort, 324.

Saint Loüis. Le quartier de S. Loüis auprès du Port de Paix, 122. Les Ennemis s'emparent du Bourg & le pillent, 269. 270.

Le Saint Loüis, Vaisseau de l'Escadre de M. de Pointis, commandé par Monsieur

DES MATIERES.

de Lévi, 314. 315. 321.

La Caye Saint Loüis, sa situation, 361. 366.

Compagnie de S. Louis, *la m.* 413. Elle fait place à la Compagnie des Indes, 386. Ce qui se passe dans ce quartier à l'arrivée du Directeur de la Compagnie des Indes, 413.

Saint Marc. M. de Champmêlin à Saint Marc, 459. Il y fait la revûë, & ce qui s'y passe, 460. Situation de ce quartier, capacité de son Port, 494.

Saint Martin, une des petites Antilles; des François chassés de Saint Christophle, s'y réfugient, 5.

Saint Michel. Le Saint Michel, Vaisseau de l'Escadre de M. de Pointis, 315.

Saint Nicolas. Mole & Port de Saint Nicolas, capacité du Port. Sterilité du terrein des environs, 487.

Saint Thomas. Ville Espagnole sur l'Orenoque pillée par les Flibustiers, 120.

Saint Vandrille. Le sieur de Saint Vandrille commandant le Marin, arrive au Cap-François, & apporte à M. Ducasse les ordres de la Cour, touchant l'Entreprise du Baron de Pointis, 304.

Sainte Anne. Bourgade de la Jamaïque. Ce qui la rend recommandable. Les Flibustiers y font de grands ravages, 243.

Sainte Barbe. Le Baye de Sainte Barbe dans l'Isle de Curaçao. M. de Baas y fait sa descente, 99.

Mines de Sainte Barbe, leur situation, 147.

Sainte Claire. Isle de Sainte Claire, sa situation, 172.

Sainte Croix. L'Isle de Sainte Croix. M. de Baas y donne rendés-vous à M. d'Ogeron, 98. Description de cette Isle, & les diverses révolutions qu'elle a souffertes, 287. Elle est évacuée, mesures que prend le Roy, pour empêcher qu'elle ne se rétablisse, 288. La qualité de Gouverneur de Sainte Croix réünie à celle de Commandant dans la partie du Nord de S. Domingue, 289.

Fort de Sainte Croix auprès de Carthagene. Sa situation fait sa force, 319. Il est abandonné, 327.

Sainte Helene. La Pointe de Sainte Helene, sa situation, 171. Les Flibustiers y menent leurs Prisonniers, & les y abandonnent, 177.

Sainte Marthe, Ville Espagnole, pillée par les Flibustiers, 80.

Sainte Rose, Paroisse de la dépendance du Cap-François, 488.

Susanne. Sainte Susanne. Item.

Sales Capitaine Flibustier à Carthagene, 314. Il demande passage à M. Ducasse sur son bord, & pourquoi il ne l'obtient pas, 347. Il arrive à S.

Aaaa ij

TABLE

Domingue, 361.
Salle. Le sieur de la Salle négociant au Cap-François, Receveur de l'Amirauté, les Séditieux veulent piller sa maison, & pourquoi, 410.
Le sieur de la Salle, Lieutenant, 381.
Le sieur de la *Salle-Habas*, Capitaine réformé, aigrit les Séditieux, & comment, 405. Sa tête est mise à prix, & il se sauve à S. Loüis, 421. 422.
Samana. La presqu'Isle de Samana fréquentée par les Boucaniers, 46. M. d'Ogeron y envoye une Colonie, 108. Description de cette Péninsule, 109. La Colonie en est rappellée, 115.
Sambalos. Voyés *San-Blaz.*
Sambay. Situation de ce lieu. M. de Pointis y fait la disposition de son armée, 314. 367.
Sambres Indiens du Continent de l'Amérique, leur situation. Les Ecossois veulent s'établir parmi eux, 366. 367. M. Ducasse leur écrit à ce sujet, 368. Ils lui écrivent de leur côté, 371. On les abandonne aux Espagnols, & ils se donnent aux Anglois, 314.
San-Blaz. La Pointe de San-Blaz, sa situation, 367.
San-Domingo, Ville Capitale de l'Isle Espagnole. Etat où elle étoit en 1665, 38.
Messieurs de Saint Laurent & Begon, sont d'avis qu'on s'en rende maître, 148.
M. de Cussy reçoit ordre de se préparer à l'attaquer, 210.
Les Flibustiers offrent d'en aller faire le siege, 220.
M. Ducasse en propose le siege, 285. 300. Description de San-Domingo, & des environs, 472. & *suiv.*
San-Pedro. Bourgade Espagnole, sa situation, son Commerce; elle est pillée par l'Olonnois, 74.
L'Isle *de San-Pedro* dans la Mer du Sud. Sa situation, 159.
Sanson, Capitaine d'un petit Navire. M. d'Ogeron l'envoye aux séditieux, qui le retiennent, 88.
Sant-Yago de Cuba, Expedition malheureuse des Flibustiers sur cette Ville, 119.
Sant-Yago de los Cavalleros. Ville de la Colonie Espagnole de Saint Domingue, 38. Elle est prise & pillée par les Flibustiers, 39. Situation de cette Ville, 78. Elle est prise de nouveau, 79. Elle l'est une troisiéme fois par M. de Cussy, 215. & *suiv.* Combat de Sant-Yago, 217. 218. Voyés la *Vignette qui est au commencement de ce Volume.*
Un parti d'Espagnols de cette Ville est rappellé, au moment qu'il alloit piller le quartier du Cap-François, 359. Description de Sant-Yago, 468. 469.

DES MATIERES.

Savane. La Savane brûlée, un des principaux Boucans des Boucaniers, 46.

La *Savane malheureuse* dans l'Isle de Portoric, 103.

Saulaye. M. de la Saulaye Gouverneur de Sainte Croix, 287.

Sceptre. Le Sceptre, Vaisseau que montoit M. de Pointis, 314. 321.

Scibo, ou *Zeibo*. Bourgade Espagnole de Saint Domingue, sa situation, 476.

Segovie. La nouvelle Segovie, sa situation, 181. Les Flibustiers la trouvent abandonnée, 185.

Seignelay. Lettre du Marquis de Seignelay à M. de Blenac au sujet des Flibustiers, 145.

Autre Lettre du même à M. de Cussy, au sujet de la nouvelle Biscaye, 147.

Autre, au sujet des Flibustiers, qui troubloient le Commerce des Indes, 196.

Autre, pour l'avertir de se préparer à attaquer San-Domingo, 210.

Autre, au sujet des droits, que le Contrôleur Général vouloit établir à Saint Domingue, 214.

Seigneur. Le sieur le Seigneur, Habitant du Cap-François, 428.

Senegal. M. de Poüiancey établit à Saint Domingue le Commerce de la Compagnie du Sénégal, 125. Voyés *Ducasse*.

Sénégallois. Negres Sénégallois leur caractere, & leur tradition, 48. Leur Religion, 501.

Serenilles, petites Isles, leur situation. Un Gallion y demeure échoüé, & ce qui en arrive, 208. *& suiv.*

Serpente. La Serpente, Bâtiment Flibustier à Carthagene, 314.

Sicard, Capitaine d'un Navire Negrier de la Compagnie des Indes. Il arrive au Cap-François, 423. Il fait présenter une Requête à Messieurs d'Arquian & Duclos, pour avoir la permission de traiter, & ce qui se passe à ce sujet, 429. *& s.* Il commence la vente de ses Negres, & ce qui en arrive, 433. *& suiv.*

Siglas. Le sieur Siglas, Lieutenant de Vaisseau dans l'Escade M. de Pointis, 316.

Simonet. Le Sr. Simonet, Lieutenant d'Infanterie de la Marine, sert de Colonel dans l'armée de M. de Pointis, 316. Il est blessé, 330.

Smith, ou *Esmith*, Capitaine Suédois. Services qu'il rend à M. de Cussy, 113. 114.

James *Smith* se fait naturaliser François, trahison qu'il fait à une partie de la Colonie de Saint Christophle, 221. 222.

Soldats. Les Soldats se révoltent au Port de Paix, & ce qui en arrive, 279.

Solide. Le Solide, Navire que commandoit M. de Planta, 255.

A a a a iij

TABLE

Sorel. Le Marquis de Sorel, Inspecteur Général des Troupes de la Marine en Bretagne, & Capitaine de Vaisseaux, fait les fonctions de Major Général au siege de Carthagene, 315. 320. 321. 323. 324. 328. 332. Il est blessé à l'attaque de Hihimani, 334. Il est nommé Gouverneur Général des Isles sous le Vent, 392. Il rend une Ordonnance, qui suprime le poids des Especes, 412. Il consent à l'éloignement du Directeur de la Compagnie des Indes, puis se ravise & le ramene à Léogane, 413. Il envoye au-devant des Séditieux, & députe quelques Habitans avec un plein pouvoir pour traiter avec eux, 417. On lui donne des Gardes, 420. Il retourne à Léogane, où il est encore obligé de céder aux Séditieux, 422. Il envoye le Chevalier d'Hericourt au Cap-François avec plusieurs Lettres, & ce qu'elles contiennent, 430. Il mande qu'on peut en toute sûreté permettre la Traite des Negres, 431. Il se retire par Mer au petit Goave. divers Arrêts du Conseil de Léogane, 437. *& suiv.* Délibération du Conseil de Léogane, sur sa retraite au petit Goave, 440. Il lui envoye M. de Nolivos pour y répondre, 442. Effet que sa retraite produit au Cap-François, 446. Il appelle au petit Goave tout le Conseil de Léogane, dont la plus grande partie refuse d'obéïr, 448. Il défend aux Réfractaires de s'assembler, *la même.* Il envoye M. de Nolivos en France, 451. Il avertit M. de Champmélin de ne pas trop compter sur les apparences, 456. Ses efforts pour faire transporter le quartier général de Léogane au petit Goave, 495. *& suiv.*

Sourdis. M. de Sourdis accompagne M. de Gabaret à Saint Domingue, 92. Il va à terre sommer les Révoltés de se soumettre, & la réponse qu'ils lui font, 92. 93. Il sauve le Bourbon, qu'il montoit, du Naufrage de la Flotte de M. le Comte d'Estrées, 118.

Soye, ce qui empêche qu'on ne tire de la Soye de Saint Domingue, 254. Les Espagnols en ont autrefois tiré beaucoup, 490.

Sucre. Les Cannes de Sucre à la Tortuë, 8. Quantité de Sucre, qui se tire tous les ans du Cap-François, 489.

Surinam Carters, quartier de la Jamaïque, 257.

Suzanne, Ancien Commis de la Compagnie d'Occident, établi à la Jamaïque, promet aux Habitans de Saint Domingue, de prendre leurs marchandises à bon prix, & de ne le laisser manquer de rien, ce qui contribuë à leur révolte, 95.

DES MATIERES.

T

Tabac. Excellent Tabac à la Tortuë, 8. Les Habitans paroissent disposés à renoncer à la culture du Tabac, & pourquoi, 114. Le Tabac en parti, & ce qui en arrive, 124. La Ferme du Tabac ruine la Colonie, proposition des Habitans, 150. Le Tabac abandonné par les Habitans, & pourquoi, 254. Cause & effets de l'abandon du Tabac, 363. Mauvaise façon du Tabac de Saint Domingue, à quoi la Cour attribuë sa chute, 365. Tabac de Saint Domingue défendu en France, & ce qui en arrive, 489. 490.

Tabago. L'Isle de Tabago conquise par le Comte d'Estrées, 117.

Tallard. Le Comte, depuis Duc & Maréchal de Tallard, Ambassadeur de France à la Cour d'Angleterre. Ses diligences au sujet de l'Etablissement des Ecossois dans la Province de Darien, 370.

Tangy. Le sieur de Tangy, second Ingénieur au siege de Carthagene, 315.

Tarare. Montagne de Tarare, les Negres révoltés s'y retranchent, & y sont forcés, 123.

Tavoya. Isle Tavoya, sa situation, 166.

Tecoantepeque, grande Ville Espagnole sur la Mer du Sud, prise & pillée par les Flibustiers, 179.

Téméraire. Le Téméraire, Vaisseau que montoit M. du Rollon, 252. 254.

Terrier. Le Terrier Rouge, Paroisse de la Plaine du Cap-François, 487.

Terroir. Varieté du Terroir dans la Plaine du Cap-François, 49.

Tertre. Le P. Tertre, Dominiquain, ce qu'il dit de la mort de le Vasseur, 18. Ce qu'il dit de la Tortuë, après que les Espagnols l'eurent abandonnée, 28. Il conseille à M. d'Ogeron de faire une habitation à la Jamaïque, 60. Ce qu'il dit de la premiere Expedition de Sant-Yago, 79.

Madame du Tertre, Sœur de M. d'Ogeron. Elle met son Frere en état de faire une seconde tentative, pour s'établir dans l'Amérique, 60.

Thesut. Le sieur de Thesut, Major dans l'armée de M. de Pointis, 315. Il est envoyé pour reconnoître un lieu propre au débarquement, 319.

Thibault, un des Assassins de le Vasseur, 17. Il s'empare du Gouvernement, 18. Il compose avec le Chevalier de Fontenay, 19. Il perd par un accident la main, dont il avoit frappé le Vasseur, 21. Ce qu'il

TABLE

devint après la perte de la Tortuë, 24.
Thoisy M. Patrocles de Thoisy est nommé par la Cour Gouverneur Général des Isles, 16. M. de Poinci refuse de lui ceder la place ; & il se retire, 16. 17.
Tiburon. M. d'Ogeron envoye une Colonie vers le Cap Tiburon, 108. Ce qu'elle devint, 109. M. de Pointis au Cap Tiburon. Ce qui s'y passe, 310.
Tilleul. Le sieur du Tilleul, Commissaire dans l'armée de M. de Pointis, 315. Il court risque de perir auprès de Carthagene, 317.
Tilly. Le sieur de Tilly, Lieutenant de Vaisseau, commandant le Portfaix à Saint Domingue, 319. Ses diligences pour empêcher le desordre pendant la révolte, 407. 408. Il reçoit ordre de ne point partir pour France, 431. Offres qu'il fait au Comte d'Arquian, 436. Il part, 451.
Tolede. D. Frederic de Tolede, commandant une flotte Espagnole, reçoit ordre de chasser les François & les Anglois de Saint Christophle, 2. Il fait sa descente sans opposition, 3. Honneurs qu'il rend à M. du Parquet après sa mort, 4. Il traite avec les Anglois. 7.
Toré. Charles Toré, Chef des Boucaniers, est défait par les Espagnols, 50. 51.

Thorilha, Ville Espagnole dans la Province de Venezuela. Les Flibustiers vont pour la piller, & la trouvent abandonnée, 121.
Tortuë. L'Isle de la Tortuë. Description de cette Isle, les Avanturiers s'y établissent, 7. 8. Les Espagnols les en chassent, 9. Les Anglois s'en emparent, 10. Ils en sont chassés par le Vasseur, 11. Voyés *le Vasseur, Fontenay, du Rausset.* M. d'Ogeron est nommé Gouverneur de la Tortuë, 37. Etat de la Tortuë en 1665, 41. Pourquoi la Tortuë est préferée à Samana, 109. M. de Poüancey la trouve presque abandonnée, & ce qu'il en pense, 114. M. de Cussy est obligé de l'abandonner, 152. Etat de cette Isle en 1691, 238. Le titre de Gouverneur de la Tortuë changé en celui de Gouverneur Général des Isles sur le Vent de l'Amérique, 20. 388.
Tousté, Capitaine Flibustier Anglois, est fait Prisonnier par les François, qui le délivrent ensuite, & ausquels il se joint, 160. Les François se divisent en deux bandes, dont l'une le reconnoît pour Chef, 163. Ce qui lui arrive à la Villia, 164. Il est blessé à mort, & meurt de sa blessure, 167.
Tracy. Le Marquis de Tracy vient à Saint Domingue, pour mettre la Compagnie d'Occident

DES MATIERES.

dent en possession de cette Colonie, 61.
Tremblement de Terre extraordinaire à la Jamaïque, 244. & suiv.
Treval M. de Treval, Neveu du Commandeur de Poinci, joint le Chevalier de Fontenay au Port de l'Ecu, 19.
Tributor, fameux Flibustier François, 80.
Trinité. L'Isle de la Trinité ravagée par le Marquis de Maintenon, 122.
Trou. Le Trou, Paroisse de la Plaine du Cap-François, 487.
Trou-Boudet. Le Trou-Boudet, quartier de la Côte Occidentale de Saint Domingue, 494.
Truxillo, Ville Espagnole du Continent l'Amérique ravagée par les Flibustiers, 120.

V

Vaërnard, Capitaine Anglois à Saint Christophle, 2. 5.
Valernod. M. de Valernod Commandant par *interim* à Saint Domingue, sa mort, son éloge, 388.
Vandelmof, Officier Flamand, est envoyé contre les Boucaniers, 48. Il est tué dans un combat contre eux, 49.
Vand-Horn, fameux Flibustier. Son Expedition contre la Vera-Cruz, 133. Il se bat avec de Graff, & il est blessé à mort, 137.

Varennes. Voyés *du Buisson*.
Vasseur. Le sieur le Vasseur est nommé Gouverneur de la Tortuë, 11. Il en chasse les Anglois, 12. Il en repousse les Espagnols, 12. 13. M. de Poincy tâche envain de le tirer de la Tortuë, 14. Il s'y rend odieux, & en chasse les Catholiques, 15. il s'y rend indépendant, & se fait reconnoître Prince de la Tortuë, 16. Il est assassiné, 17. 18.
Vatulco, Ville Espagnole du Mexique sur la Mer du Sud, 180.
Vauclin, fameux Flibustier François, 80.
Vaugalan. M. de Vaugalan chasse les Espagnols de l'Isle de Sainte-Croix, 287.
Vaujour. Le sieur de Vaujour, Officier dans l'armée de M. de Pointis, 316. Il est blessé à l'attaque de Hihimani, 330.
Vaulezard. Le sieur de Vaulezard, Gentilhomme Canadien, Enseigne de Vaisseaux, Habitant de la Plaine du Cap-François, 425. 428.
Vaux. Le sieur de Vaux, Lieutenant de Vaisseaux dans l'Escadre de M. de Pointis, 316.
Vases. Les Vases, méchante rade à la Côte Occidentale de Saint Domingue, 494.
Vega. La Vega Real, grande Plaine de l'Isle de Saint Domingue, 471.
La Conception de la *Vega*, ruines de cette Ville, 470.

TABLE

Velez. Le Marquis de la Velez, Président du Conseil des Indes, 299.

Venables, Commandant des Troupes Angloises à Saint Domingue, battu par les Espagnols, 26. 27.

Venezuela. Baye de Venezuela, ou de Maracaïbo, 70.

Vera-Cruz, prise & pillage de cette Ville par les Flibustiers, 139. & *suiv.* Pourquoi M. de Pointis ne va point de ce côté-là, 311.

Vermandois. Le Vermandois, Navire de l'Escadre de M. de Pointis, 315. 325. 329.

Vernon. Le sieur de Vernon, Conseiller Honoraire au Conseil de Léogane. M. de Sorel est gardé chez lui par les Révoltés, 420.

Vezins. Le Chevalier de Vezins, Lieutenant de Vaisseaux dans l'Escadre de M. de Pointis, 316. Il est tué à l'attaque de Hihimani, 330.

Vienne. M. de Vienne, Capitaine d'un Vaisseau de l'Escadre de M. de Champmêlin. C*** lui écrit, & ce que lui dit M. de Champmêlin, 459.

Vigier. Le sieur de la Roche du Vigier, Lieutenant de Frégate dans l'Escadre de M. de Pointis, 316. Il est fait Commandant de Boucachique, 325.

Vignancourt. Le sieur Vignancourt, Officier dans l'armée de M. de Pointis, 316.

Villaroche. Le sieur de Villaroche, Commandant à S. Loüis, 375. Il est forcé par les Séditieux du quartier de l'Artibonite, de se mettre à la tête des Milices de ce quartier, 415. Sa conduite en cette occasion, 416. 417. Ils lui ôtent le Commandement, 419. On accuse les Habitans de l'Artibonite de refuser de le reconnoître pour Commandant, 443. Sur quoi cette accusation étoit fondée, 445. Il reçoit ordre d'assembler ses Milices pour la revûë, 460.

Villia. La Villia, petite Ville Espagnole sur la Mer du Sud. Sa situation, ce qui s'y passe entre les Flibustiers & l'Alcaïde Major, 163. 164.

Villeneuve. Le sieur de Villeneuve, Officier du quartier de Léogane, est arrêté par les séditieux, 87. 88.

Villepars. M. de Villepars est attendu avec une Escadre sur les Côtes de Saint Domingue, 94. Il arrive au petit Goave, & trouve tout soumis, 97.

Ulua. Saint Jean d'Ulua. Voyés la *Vera-Cruz.*

Volontaires. Les Volontaires, pendant la derniere révolte de Saint Domingue, ne veulent point se séparer, sans être dédommagés du pillage, qu'on leur avoit promis, 418. Ils se rassemblent de nouveau, 419. On les envoye dans les habitations de la Campagne, 421

DES MATIERES.

Ils obligent M. de Sorel à ôter les Arrêts au Baron de Courseüils, 423.
    La Compagnie des Volontaires est cassée à Saint Marc, 460.
    Deux autres Compagnies de Volontaires cassées & incorporées dans les Compagnies de Milices, 461.

Walon. Officier Walon, tué en défendant les retranchemens qu'il avoit faits, pour arrêter les Flibustiers, 188.

Wetchstou. Le Vice-Amiral VVetchstou sur les Côtes de Saint Domingue, 376. 380.

Wheler. Le Chevalier VVehler, projets pour l'Escadre Angloise, qu'il commandoit, 252.

Willis, Avanturier Anglois, les François le choisissent pour leur Chef, & s'en repentent bientôt, 10. Il est obligé de sortir de la Tortuë, 11.

Wilner, Flibustier Anglois dans la Mer du Sud,

X

Ximenès. D. Franchés Ximenès, Gouverneur de Boucachique. Ce qu'il dit à M. de Pointis, en lui remettant sa place, 324.

Y

Yaqué, Riviere de l'Isle de Saint Domingue, qui roule de l'Or avec son Sable, 219. 459.

Yuna, Riviere de l'Isle de Saint Domingue. Son cours, 471.

Z

Zeibo, Ville Espagnole de l'Isle de Saint Domingue, 476.

Fin de la Table des Matieres du Second Volume.

FAUTES

A CORRIGER DANS LE SECOND VOLUME.

Page 37. Ligne 32. Mulâtre, *lisés*, Mulate. Cette Faute se trouve en quelques autres endroits.
Page 43. Ligne 21. Maritime, *lisés*, Marine.
Page 46. Ligne 24. L'Isle à Vache, *lisés*, L'Isle Avache. Cette Faute est aussi en plusieurs endroits.
Page 50. Ligne 4. se rendirent, *lisés*, se rendoient.
Page 57. Ligne 26. surnommé, *lisés*, nommé.
Page 67. Ligne 5. inconsideremment, *lisés*, inconsiderément.
Page 80. Ligne 9. *& en quelques autres endroits*, Grammont, *lisés toûjours*, Granmont.
Page 90. Ligne 16. des ajoutoit, *ôtés*, des.
Page 122. Ligne 25. leur Commandant, *lisés*, leurs Commandants.
Page 128. Ligne 26. Porto Cavallo, *lisés*, Puerto Cavallo.
Page 147. Ligne 25. Brio Bravo, *lisés*, Rio Bravo.
Page 159. Ligne 5. Page 161. Ligne 27. Page 163. Ligne 1. Cartier Maître, *lisés*, Quartier maître.
Page 169. Ligne 22. prendre, *lisés*, surprendre.
Page 202. Ligne 6. Vand-Hom, *lisés*, Vand-Horn.
Page 256. Ligne 33. Page 258. Ligne 22. Page 260. Ligne 20. Moran, *lisés*, Morante.
Page 257. Ligne 22. Page 261. Ligne 10. Fort Royal, *lisés*, Port Royal.
Page 279. Ligne 1. ni à quoi, *lisés*, ni mieux à quoi.
Page 334. Ligne 32. par le Fort de Sainte Catherine, *lisés*, par la porte de Sainte Catherine.
Page 351. Ligne 34. Blout, *lisés*, Blou.
Page 398. Ligne 33. alterent, *lisés*, ruinent.
Page 414. Ligne 6. ou à tout au plus, *ôtés*, à.
Page 451. Ligne   émané, *lisés* émanés.
Page 454. Ligne 14. qu'il complimenta, *lisés*, qu'il les complimenta.
Page 477. Ligne 34. Pen, *lisés*, Venables.

PERMISSION DU R. P. PROVINCIAL.

JE souffigné Provincial de la Compagnie de Jefus dans la Province de France, permets au Pere Pierre-François-Xavier de Charlevoix, de la même Compagnie, de faire imprimer un Manufcrit, qu'il a compofé, & qui pour Titre: *Hiftoire de l'Ifle Efpagnole, ou de Saint Domingue*, lequel a été lû & approuvé par trois Theologiens de notredite Compagnie. Fait à Paris le 27. de Janvier 1730.

P. FROGERAIS.

APPROBATION.

J'Ai lû par ordre de Monfeigneur le Garde des Sceaux, un Manufcrit intitulé, *Hiftoire de l'Ifle Efpagnole, ou de Saint Domingue*, & j'ai crû que l'Impreffion en feroit très agréable au Public. A Paris le 29. Juin 1730.

HARDION.

PRIVILEGE DU ROY.

LOUIS, PAR LA GRACE DE DIEU, ROY DE FRANCE ET DE NAVARRE: A nos amez & feaux Confeillers, les Gens tenans nos Cours de Parlement, Maiftres des Requeftes ordinaires de noftre Hoftel, Grand Confeil, Prevoft de Paris, Baillifs, Senefchaux, leurs Lieutenants Civils, & autres nos Jufticiers qu'il appartiendra, Salut. Noftre bien amé LOUIS GUERIN, Libraire à Paris, Nous ayant fait remontrer qu'il lui auroit été mis en main un Ouvrage qui a pour titre: *Hiftoire de l'Ifle Efpagnole, ou de Saint Domingue, par le Pere de Charlevoix. Pyrrhus, Tragedie du Sieur Crebillon*, s'il Nous plaifoit luy accorder nos Lettres de Privilege fur ce néceffaires: offrant pour cet effet de le faire imprimer en bon papier & beaux caractères, fuivant la feüille imprimée & attachée pour modele fous le contrefcel des Prefentes. A CES CAUSES voulant favorablement traiter ledit Expofant, Nous luy avons permis & permettons par ces Prefentes, d'imprimer ou faire imprimer ledit Livre ci-deffus fpecifié, en un ou plufieurs volumes, conjointement ou féparément & autant de fois que bon lui femblera, fur papier & caractères conformes à ladite feüille imprimée & attachée fous notredit contrefcel, & de les vendre, faire vendre, & debiter par tout noftre Royaume pendant le tems de *huit années* confecutives, à compter du jour de la date defdites Prefentes. Faifons défenfes à toutes fortes de perfonnes de quelque qualité & condition qu'elles foient, d'en introduire d'impreffion étrangere dans aucun lieu de notre obéïffance: comme auffi à tous Imprimeurs, Libraires & autres, d'imprimer, faire imprimer, vendre, faire vendre, débiter, ni contrefaire ledit Livre cy-deffus expofé, en tout ni en partie, ni d'en faire aucuns extraits, fous quelque pretexte que ce foit d'augmentation, correction, changement de titre, ou autrement, fans la permiffion expreffe & par écrit dudit Expofant ou de ceux, qui auront droit de luy; à peine de confifcation des exemplaires contrefaits, de quinze cens livres d'amende contre chacun des contrevenans, dont un tiers à Nous, un tiers à l'Hostel-Dieu de Paris, l'autre tiers audit Exposant; & de tous dépens, dommages & interests, A la charge que ces Presentes seront enregistrées tout au long sur le Registre de la Communauté des Libraires & Imprimeurs de Paris dans trois mois de la date d'icelles; que l'impression de ce Livre sera faite dans notre Roïaume, & non ailleurs; & que l'Impetrant se conformera en tout aux Reglemens de la Librairie, & notamment à celui du 10. Avril 1725. & qu'avant que de l'exposer en vente, le Manuscrit ou Imprimé, qui aura servi de copie à l'impression dudit Livre, sera remis dans le même état, où l'Approbation y aura été donnée, ès mains de notre très-cher & feal Chevalier Garde des Sceaux de France, le Sieur Chauvelin; & qu'il en sera ensuite remis deux Exemplaires dans notre Bibliotheque publique, un dans celle de notre Château du Louvre, & un dans celle de notredit très-cher & feal Chevalier Garde des Sceaux de France, le Sieur Chauvelin, le tout à peine de nullité des Presentes : du contenu desquelles vous mandons & enjoignons de faire jouïr l'Exposant, ou ses ayant causes, pleinement & paisiblement, sans souffrir qu'il leur soit fait aucun trouble ou empêchement. Voulons que la copie desdites Presentes, qui sera imprimée tout au long au commencement ou à la fin dudit Livre, soit tenuë pour dûement signifiée, & qu'aux Copies collationnées par l'un de nos amez & feaux Conseillers & Secretaires, foi soit ajoûtée, comme à l'Original. Commandons au premier nostre Huissier ou Sergent de faire, pour l'execution d'icelles, tous actes requis & nécessaires, sans demander autre permission, & nonobstant Clameur de Haro, Chartre Normande & Lettres à ce contraires : CAR tel est nostre plaisir. Donné à Paris le neuvième jour du mois de Juillet, l'an de grace mil sept cens trente, & de nostre Regne le quinziéme. Par le Roy en son Conseil.

SAINSON.

Je reconnois que le Privilege de Pyrrhus de M. de Crebillon, compris dans le Privilege ci-dessus, appartient à mon frere Jacques Guerin. Fait à Paris ce 19. Juillet 1730. H. L. GUERIN.

Registré, ensemble la Déclaration ci-à-côté, sur le Registre VII. de la Chambre Royale des Libraires & Imprimeurs de Paris, N°. 617. fol. 575. conformément aux anciens Reglemens, confirmés par celui de 1723. A Paris le trente-un Juillet mil sept cent trente.
Signé P. A. LE MERCIER, Syndic.

PROJET D'UN CORPS D'HISTOIRES DU NOUVEAU MONDE,

Par le Pere DE CHARLEVOIX, *de la Compagnie de* JESUS.

QUOIQUE l'on ne comprenne ordinairement sous le nom de Nouveau Monde, que la seule Amérique, je lui donne ici une signification plus étenduë; car j'y comprens tous les Pays, qui étoient inconnus aux Européens avant le XIV. siecle. Or voici en peu de mots le Plan de ce Corps historique, que je n'ai pas crû devoir proposer au Public, jusqu'à ce que je fusse en état de lui annoncer que la premiere Partie est déja sous la Presse.

Je commence par faire observer que la plûpart des Provinces de ce que j'appelle le Nouveau Monde, n'ont entr'elles aucune liaison, & qu'il en est même peu, dont l'histoire puisse naturellement entrer dans celle d'une autre. Quel rapport, par exemple, y a-t-il entre la Nouvelle Angleterre & la Nouvelle Espagne? On ne peut gueres écrire l'histoire d'un seul Royaume de l'Europe, qu'on ne touche à celle de tous les autres : on ne s'aviseroit pourtant pas d'écrire une Histoire générale de toute cette partie de l'Ancien Monde ; combien à plus forte raison seroit-il insensé de vouloir faire un Ouvrage suivi de celle de l'Amérique ? Il en faut donc séparer les parties, qui n'ont aucune dépendance les unes des autres ; réünir celles, dont on ne pourroit parler séparément, sans tomber dans des redites, ou sans les mutiler, telles que sont la Nouvelle France & la Loüisiane, & donner au Public toutes ces Histoires l'une après l'autre. Or voici ce que j'ai imaginé pour leur donner une uniformité, qui en fasse un tout lié par la méthode, qu'on y gardera.

Je mettrai à la tête de chaque Histoire un Catalogue exact de tous les Auteurs, qui auront écrit sur le même sujet, ne l'eussent-ils fait qu'en passant, pourvû que ce qu'ils en ont dit, mérite qu'on y fasse quelqu'attention. Je marquerai en même tems les secours, que j'aurai tirez de chacun, & les raisons, que j'aurai euës de les suivre, ou de m'en écarter ; en quoi je tâcherai de faire en sorte, qu'aucune prévention, ni aucun autre intérêt, que celui de la vérité, ne conduise ma plume.

A ce premier préliminaire j'en ajoûterai un second, qui sera une Notice générale du Pays. J'y ferai entrer tout ce qui regarde le caractere de la Nation, son origine, son gouvernement, sa Religion, ses bonnes & ses mauvaises qualitez, le climat & la nature du pays, ses principales richesses ; mais je rejetterai à la fin de l'Ouvrage tous les Articles de l'histoire naturelle, qui demanderont d'être traitez en détail, & toutes les Pieces, qui n'auont pû avoir lieu dans le corps de Histoire, & qui pourront néanmoins apprendre quelque chose d'intéressant : comme ce qui regarde le Commerce & les Manufactures, les Plantes & les Animaux, la Médecine, &c.

Pour ce qui est du corps même de l'Histoire, j'y garderai le même ordre, que j'ai suivi en écrivant l'Histoire de l'Isle de Saint Domingue, & dont il m'a paru que le Public n'étoit pas mécontent. Je n'y omettrai rien d'essentiel, mais j'y éviterai les détails inutiles. Je sçai que la nature de cet Ouvrage en demande, que d'autres Histoires ne souffriroient pas. Des choses assez peu intéressantes en elles-mêmes font plaisir, quand elles viennent d'un Pays éloigné, mais je comprends qu'il faut choisir & se borner.

De cette maniere on pourra avoir une connoissance entiere de chaque Région du Nouveau Monde ; de l'état, où elle étoit, quand on l'a découverte : de ce qu'on a pû apprendre de l'histoire de ses premiers habitans ; de ce qui s'y est passé de considérable, depuis que les Européens y sont entrez ; de ce qu'elle renferme de plus curieux ; & l'on sçaura ce que l'on doit penser de ceux, qui en ont écrit jusqu'à présent. Ainsi l'Histoire du Nouveau Monde ne sera plus en danger de périr par sa propre abondance ; les choses, qui sont véritablement dignes de la curiosité des Lecteurs, n'y seront plus noyées dans les inutilitez, pour ne rien dire de plus ; ni embarassées dans les contradictions, & il sera aisé de faire un discernement juste de ceux d'entre les Auteurs des Relations & des Voyages, qui méritent seuls le décri,

qu'ils ont attiré sur tous les autres, d'avec les Ecrivains, qui par leur sincérité, & leur application à s'instruire, se sont rendus dignes d'être regardez comme des guides sûrs & des témoins irréprochables.

Au reste, il étoit bien tems de rendre ce service au Public, tandis que nous avons encore des regles certaines de critique pour distinguer les Pieces légitimes & authentiques de ce nombre prodigieux d'Ecrits hazardez, dont la plûpart alterent la vérité jusqu'au point de la rendre méconnoissable, & qui en feroient enfin perdre absolument la trace, si on laissoit aller le débordement plus loin. Jamais en effet la demangeaison d'écrire n'a été plus loin qu'en cette matiere. Qui pourroit nombrer les Relations, les Mémoires, les Voyages, les Histoires particulieres & générales, qu'ont enfanté la curiosité de voir & l'envie de raconter ce que l'on a vû, ou ce que l'on a voulu passer pour avoir vû ? Mais il nous reste encore un rayon de lumiere, à la faveur duquel nous pouvons dégager la vérité de ce monstrueux amas de fables, qui l'ont presqu'entierement éclipsée ; & dont la plûpart, quoique soutenuës des agrémens du stile, & du pernicieux assaisonnement de la satyre, du libertinage & de l'irréligion, ne demeurent en possession d'être entre les mains de toutes sortes de personnes ; au grand préjudice des mœurs & de la piété, que parce qu'on ne leur a encore rien opposé de meilleur.

Si dans la revûë, que je ferai de toutes les Pieces, qui ont quelque rapport à mon Ouvrage, il m'en échappe quelques-unes, ce sera pour l'ordinaire, parce qu'il ne m'aura pas été possible, ou que je n'aurai pas jugé qu'il convînt de les tirer de l'obscurité, où elles seront demeurées ensevelies, & mon silence à leur égard sera la seule critique, qui leur convienne. S'il m'arrive pourtant d'en omettre, qui méritent de n'être pas oubliées, je réparerai ce défaut, dès qu'on m'en aura averti. De cette sorte, si on peut reprocher avec fondement à ces derniers siecles une licence effrénée d'écrire, plus capable d'établir parmi le commun des hommes un vrai pyrrhonisme en fait d'histoire, que d'instruire ceux, qui s'adonnent à cette lecture, & plus propre à dégrader les Héros, qui ont rempli le Nouveau Monde de l'éclat de leurs exploits, & de leurs vertus, par le fabuleux, qu'on y a mêlé, qu'à leur procurer l'immortalité, qui leur est dûë ; on trouvera dans cet Ouvrage un remede à ce désordre, & ceux qui viendront après nous, seront plus en état, qu'on ne l'a été jusqu'ici, de faire justice à tout le monde.

On me demandera peut-être, si je me suis flatté de pouvoir executer un dessein si vaste, & pour lequel il semble que la plus longue vie seroit encore trop courte. A cela je réponds que la nature de cet Ouvrage ne demande pas que toutes les parties, qui le composeront, soient de la même main ; qu'il ne souffrira point de la diversité du stile ; que cette diversité y aura même son agrément ; & qu'il ne sera question que de suivre toujours le même plan, ce qui est fort aisé. C'est ici à peu près la même chose, que la découverte de l'Amérique. Le plus difficile étoit fait, quand elle fut une fois commencée. Il y a donc

tout lieu de croire que l'entreprise continuëra après moi, & que si j'ai l'avantage d'en avoir donné l'idée, ceux qui me succederont, auront la gloire de l'avoir perfectionnée.

Il ne me reste plus qu'à prévenir le Public sur la dépense inévitable dans l'exécution d'un tel projet, afin que le prix des Volumes ne le révolte point. Premierement, on n'y doit épargner, ni les Cartes, ni les Plans ; & je suis persuadé que cet Article ne trouvera point de contradicteurs. Rien n'est plus nécessaire dans l'Histoire, dont la Géographie & la Chronologie sont les deux yeux ; surtout, lorsqu'il s'agit de Pays, qui ne sont pas assez connus. En second lieu, on fera graver tout ce que l'Histoire naturelle fournira de plus curieux ; mais on ne le fera, que quand on pourra s'asûrer d'avoir été bien servi. Enfin, il y a dans les differentes manieres de s'habiller & de s'armer de tant de Peuples divers, dans les cérémonies de leur Religion, & dans leurs coutumes, bien des choses qu'on sera fort aise de voir représenté au naturel ; mais on aura soin d'ailleurs de retrancher tout ce qui ne servira qu'à enchérir inutilement les Volumes, & tout l'Ouvrage sera dans la même forme & du même caractere que ce Projet.

Comme rien ne nous astraint à aucun ordre dans l'arrangement des sujets, & qu'il est assez indifférent par où commencer ce Corps Historique, on imprime actuellement une Histoire du JAPON en deux Volumes. L'accueil favorable, que le Public a fait au grand Projet du P. DU HALDE sur la CHINE, a donné lieu de juger qu'on ne devoit point différer de publier cette Histoire, par la raifon que ces deux Empires, malgré la différence du caractere des deux Peuples, ont entr'eux de grands rapports, & font en quelque façon un monde policé à part, féparé du nôtre par une infinité de Nations barbares; en forte que l'hiftoire de l'un doit naturellement faire defirer celle de l'autre.

Il eft vrai que jufqu'à préfent on a plus travaillé fur le Japon, que fur la Chine, fans doute parce que le Chriftianifme y avoit fait de plus prompts & de plus éclatans progrès, & peut-être auffi, parce que la vertu & la valeur des Japonnois, la nobleffe de leurs fentimens, l'élévation de leur génie, & la beauté de leur naturel, ont picqué davantage la curiofité du Public : mais perfonne n'a encore entrepris de réünir dans un Corps d'Hiftoire tout ce qui regarde ce fujet, la plûpart de ceux, qui l'ont traité, s'étant prefque bornez à l'Hiftoire Eccléfiaftique, & l'ayant écrite dans un détail, qui n'eft pas du goût de notre fiecle ; & les autres ne nous ayant laiffé que des Mémoires tronquez, fans liaifon, & qui ne font bien connoître, ni le Japon, ni les Japonnois.

Il a paru depuis peu un Ouvrage, dont le titre fit efpérer au Public d'y trouver tout ce qu'on peut defirer fur cette matiere (a); mais il n'y eut peut-être jamais de Titre moins rempli, & ceux, qui ont lû ce Livre, conviendront que, fi on en retranche ce qui eft étranger au fujet, les redites, & certains détails de Voyages & de Commerce, qui n'intéreffent que peu de perfonnes, il ne reftera pas des deux Volumes *in folio*, dont il eft compofé, de quoi remplir un Volume raifonnable *in douze*. Il eft vrai que dans ce peu, il y a des chofes neuves, des recherches faites avec jugement, & qui peuvent fervir à éclaircir bien des endroits des Hiftoires précédentes ; mais tout n'y eft pas exact, & autant que ces nouveaux Mémoires peuvent répandre de jour fur ceux, que nous avions déja, autant ont-ils befoin d'en recevoir.

On trouvera dans l'Hiftoire du Japon à la fuite de ce Projet, les Faftes chronologiques de toutes les découvertes, & des principaux Etabliffemens qui ont été faits par les Européens depuis le milieu du quinziéme fiecle jufqu'à préfent, dans l'Afie, l'Afrique, & l'Amérique.

AVIS DES LIBRAIRES.

Comme la dépenfe des gravûres montera fort loin, & qu'on ne tirera qu'un affez petit nombre d'Exemplaires de cet Ouvrage, on ne pourra donner au Public les deux Volumes en feüilles à moins de 18. livres ; mais *ceux qui voudront s'affûrer d'un Exemplaire, on leur en fera une remife dont ils auront lieu d'être contens.* Ils pourront s'adreffer à l'AUTEUR au Collége de Loüis le Grand, & en fon abfence au P. PICHON Procureur des Penfionnaires du même Collége ; ou aux Sieurs MICHEL GANDOUIN, Quai de Conty, aux trois Vertus ; JEAN-BAPTISTE LAMESLE, rüe de la vieille Bouclerie, à la Minèrve ; & GIFFART, rüe Saint Jacques, à Sainte Thérefe.

(a) Hiftoire Naturelle, Civile & Eccléfiaftique de l'Empire du Japon, par le Docteur Engelbert Kœmpfer.

www.ingramcontent.com/pod-product-compliance
Lightning Source LLC
Chambersburg PA
CBHW070359230426
43665CB00012B/1179